世界文明史（上）
文明的興起

劉增泉　著

序

　　大學時期曾經修過鄧元忠先生的西洋現代化研究，其扎實的理論基礎和淵博的知識，以及爲人的謙恭，堪爲典範。尤其他的學者風範、思想和精神，更令我敬佩不已。孔思曾先生的中世紀史，脈絡清晰，化繁爲簡，獲益良多。1985年7月負笈法國留學，思索撰寫文化不滅的論著，經過三十年，這部書終於可以完稿。對於一個知識分子而言，我想他們應該具備一些文化常識。

　　無論是歷史系的學生、研究學者、作家、名嘴等，似乎都在打破舊有的藩籬，進而轉到觀察過去，對過去的文化產生興趣。諸如：談話性的電視節目，以及各種媒體，對於世界文化都有不少的介紹。可惜，譁衆取寵的多，眞正的知識少。電視公司則以「以上言論，不代表本臺立場」作爲結尾。

　　國內世界文化史方面的專書著作並不多，有一些翻譯著作或可彌補一些我們對世界文化的知識不足。過去的大學生除了自己的專業之外，鮮有時間來學習一門課以上的歷史，本書對於他們而言，似乎最適宜不過。當然，它也適用於已受過學院般教育，並且仍願意檢查和統一他過去印象的專業人士，以及願與現代思潮及知識的進步共同前進的熱心讀者。同時，亦有益於準備高、普考的考生。

　　這部書是根據許多相關史料、論文、書籍、前人研究的成果，以及多年教授的經驗而撰寫。在專業課程「西洋上古史」、「西洋中古史」連續教授了二十多年，而教授「西洋近代史」、「西洋現代史」也有多年的教學經驗；是故，把這些工作努力集結在這部書上。本書也竭力表明西方文化的重要性：西方文化，就文化的任何方面觀察，都是不能忽略的。西方文化的本質及其對世界文化的影響，更是無遠弗屆。

　　撰寫一部世界史，實在是一樁極浩瀚並需要極大能耐才可能完成的工作。得敘述史前以來，五、六千年裡，個人、各民族、各國家等生活的故事。我們如何把握在有限篇幅內將人類的歷史遞嬗、成就，要言不煩地寫入？得將許多人物時代的思想栩栩如生地呈現於讀者面前、敘述戰爭、描繪革命、比較帝國與共和國、突顯群衆領袖與偉大軍人的特性、指出人類曾經如何生活著；還得述及那些發現新眞理與研究舊眞理的哲人，將經驗昇華成藝術的天才、創造者、發明家，憑著勇氣及天賦去改善人類生活的偉人，必須要將這些人物的貢獻，依照眞實分量書寫出來。著作能從舊文化灰燼中煽起新的火焰嗎？能從若

干世紀的古墓中，使過去的野蠻陳跡重新以眞實色彩呈現於現代人眼前嗎？

這是一椿非常艱辛的工作。在地質學家、天文學家們習慣以千年、萬年、百萬年來衡量宇宙者看來，這困難似乎又微不足道。他們看待人類歷史不過是第四紀的一個偶然事件，我們這個星球僅僅是宇宙群星中的一粒微塵而已。照這樣的看法，所謂人類的世界史，只要一部專著也就夠了。

講一個綿延幾千年的故事，總要有個框架。本書描繪世界歷史的過去，所遵循的是延續和變化的幾個階段。這些階段可以概括爲幾個大事件：第一個重大事件是求生存，它包括人類從遠古開始的歷史，從西元前5000年過渡到之後的農業社會，人們有了安定的生活，這爲人類文化帶來了巨大的變化。第二個重大事件是發展出一主要的宗教，這其實是從西元四世紀開始的，爲歐洲人的生活和思想帶來深遠的影響。第三個重大事件是十六世紀起，歐洲人發現一個更廣闊的世界，從而走出了原來的歐洲世界，以國家和歐洲作爲人們考慮問題的新框架，以至最後想到世界的其他地區。第四個重大事件是十九、二十世紀，面對大衆消費和交通的發展，使世界文化擁有現在的特點；同時，也喪失了許多原有的文化形式。

歷史不是固定且永恆的事情，人們會選取自己的偏好與意識形態去佐證課題。是故，探討歷史事實記載是浪費時間的；但事實卻是不可或缺的，它仍然是所有知識本體的骨幹，對事實的意義所作的解釋與結論則是知識體的血與肉。部分歷史學者以少數的知識來解釋歷史，進而改變歷史內涵，但歷史爲政治服務的情形，在歷史上不曾缺乏。當然，這些對歷史的改變，必然是對歷史非客觀研究的結果，但歷史裡也布滿了破碎學說的殘骸。

古代文明起源於美索不達米亞、中國、埃及、希臘和羅馬。然而，近代文明卻由西方人創造，即使它曾歷經一千餘年的黑暗時期，但文藝復興、啓蒙運動、工業革命，使西方人在長長的歷史大河中跑在前方。不過，這只是歷史的一個片段，在文明的競爭中，起起落落乃一個定律。不可否認，近代文明和西方文明有千絲萬縷的關係，近代文明可見的一切，幾乎莫不源自西方。日本明治維新以西方科學爲藍本；晚清到民國初年的西化運動，也是以西方的民主、科學爲號召；孫中山推行的共和政體亦是西方政治體制。然而就歷史的巨流而言，這是三十年河東、三十年河西的定律。十六世紀之後，近代西方強盛的國家按先後次序爲：葡萄牙、西班牙、英國、法國，而今安在？二十世紀是美、蘇爭霸時代，如今蘇聯早已解體。美國又能安穩坐上二十一世紀的世界強國寶座嗎？

高亞偉先生說，受教者在中國史的研讀中，看到近代中國屢次被人欺凌而

難以振作，而世界史的教材，又大多由歐美史家撰寫，在這類著作中，只能看到歐美白種人的偉大貢獻，同時無異證明了中華民族的無能與外國的偉大。近百年以來，中國人的民族自卑感愈來愈甚，民族自信心愈來愈低落。實際上，一個民族的興衰在世界史上乃是屢見不鮮之事。主事者若以整個人類歷史演進的歷程作為依據，足以說明中華民族的偉大，也可以從中探索近代中國衰弱的原因，進而指引中國應走的途徑。以「縱和橫」的歷史做比較分析，當代中國恢復漢唐天威乃勢之所趨。古代希臘城邦毫無國家觀念，爭先恐後和波斯結盟以打擊自家人，因而波斯操縱了整個希臘的政局。而現代這段歷史又在中國重演。所謂「修昔底德的陷阱」意指：斯巴達和雅典兩大霸權，對於彼此勢力消長的不安全感。美國應以史為鑑，不要再重蹈覆轍。馬歇爾（George Marshall）將軍曾言：「我非常懷疑，一個政治家若連伯羅奔尼撒戰爭和雅典衰亡都不曾在心中回顧一下，他如何能以完整的智慧和深度的信心，去思考今日某些基本的國際問題。」歷史充滿了重複與新奇、相似與相異，因為歷史就是數百萬相似或相異的人們，生活的非完整紀錄。

本文完成多蒙蘇郁祺老師協助校稿，在此深表謝忱！

Contents
目錄

第一編
歷史的開端

第一章

初　曙

第一節　文化的意義

何謂文化

　　舉凡過去人類所留下來的古蹟、社會與政治組織，包含文學、藝術、科學、思想等人類智能的產品，謂之「文化」（Civilization）。而這些人類遺產為後人所運用，並為多數人所接受。由此為基礎又開創新的文化，形成人類社會的產業。換言之，文化史的研究，除了政治、戰爭之外，更重要是注意人類文明的發展進程。無論是美索不達米亞、埃及，乃至於希臘、羅馬、印度、中華文明等，都是在我們既有文化之外，早已存在，同時又有價值的文化事蹟。

　　如此，人類所發生的細枝末節之事，也就不足言道了。例如：高速公路上發生的連環車禍、大巨蛋的拆與不拆、蔡英文要競選總統等。這些事情與文化的關係僅能是文化史裡面的一個小小環節，對於人類文化的進程，似乎也就無關痛癢了。

研究文化史之重要

　　文化史是一個複雜的概念。例如：北美洲的愛斯基摩人（Eskimo），在文字以及食、衣、住、行方面，為人類適應寒冷惡劣的自然環境提供了寶貴的資料依據，是人類文化史上的一朵奇葩，但是他們在社會和政治型態則沒有脫離野蠻的狀態。分布於現今墨西哥東南部、瓜地馬拉、宏都拉斯、薩爾瓦多和貝里斯（Belize）的馬雅文明，在天文學、數學、農業、藝術、文字等方面，都有很高的成就，但在冶金上卻不如非洲的古努比亞人（Nubia）。

　　而現代的文化，實際上也夾雜著一些獸性、野蠻和未開化的成分。如伊斯蘭國公開殺死無辜者、日本東京地鐵毒氣殺人事件等。或許現代科技的進步，確實超越了過去的各種文明，然而現代的科技也有可能吞食人類文明的優點，智慧型手機改變了人們的生活方式，即是一例。

　　研究文化史的目的，不僅是探索「人」為何而來？現今文化如何產生？當文化潮流有所偏差時，又要如何地去修正它？伊斯蘭國大肆破壞亞述古蹟，這是對文化錯誤的認知所使然；他們在畫分一個文化的新紀元，心裡很容易在刺激、感情、利他、偏見、自私或錯誤的觀念下盲目地破壞，把一切智慧之門都破壞了。但是受過歷史嚴格訓練的史學家，會利用過去的經驗，冷靜地觀察思

考所發生的事件，藉此來研究文化這一課題。

自然界變遷與文化的關係

　　人類的渺小與宇宙之大相比，人類的文明在宇宙中實在微不足道，在地球的歷史中也是後到的，而且只是簡短的枝節。宇宙在經過漫長的時期之後，才由星雲組織成各太陽系（Solar System），過了很長的時期之後，地殼才形成，又過了一段無限漫長時間，生物才在地球上滋長。隨之，人類的誕生，而演化過程又經歷很長的時間；是故，人類的出現在時間史上也只是瞬間之事。那麼人類又如何知道過往之事呢？那是因為文化的積累，使人類發明許多物件。而望遠鏡和其他科學儀器的發明，人類始知「天外有天」的道理，由此，人類才知道自然的變遷。人類的進化是漫長的，甚至是停滯的。

　　文化本來就是人類的自然狀態，且是所有人類都具備的能力，分類其經驗，以象徵方式編碼分類（亦即運用語言），並將這種抽象概念教導給其他人，透過文化知識傳承。在望遠鏡所顯示的世界和僅有光線經過的這些無限大的宇宙中，我們得知人類文化舞臺的地球，是最小之一的星球，人類文化更是小到不可見。即使如此，自然的變遷與文化的關係仍是密不可分，透過人類文化的進展、科學知識的昌明，這些不僅可以擴大和增進我們的時間及空間知識，也可以進一步讓我們了解生物進化的歷程。

地質學上的地層與時間

　　地質年代——地球形成於46億年前，至今已經發生無數次的地殼變動與生物演化。為了方便說明各種事件的演變，地質學家研究地殼之時，需按各時期岩石的構造而辨別岩石與土壤之連續，於是將地球的歷史分成許多不同的年代，稱為地質時代。雖然地球在46億年前就誕生了，卻直到35億年前才出現簡單的生命——藍菌。所以在此之前，地球上沒有生物，僅有岩石，炎熱的地球被濃霧與蒸氣所籠罩。最後，地層開始有生物化石，此類化石又被發現於各層之中。

　　相同的地層中，找到的化石也大同小異，藉由生存於不同地質年代的生物，可以幫助了解我們地球上生物的演化。而生物與適應周圍的環境也因而形成有一定規律的進化。

生物之發現與種族之起源

生命的起源──生物的原始形態存在於水中，當海洋表面結成冰時，在冰晶縫隙裡，有機小分子聚成了大分子，生命於是開始。這個時候尚無脊椎動物。地質學家習慣把地球的歷史切成兩段，一段稱前寒武紀，另一段的開端就是古生代的第一紀。寒武紀被認為是動物出現的時候（5億4,000萬年前），寒武紀動物活動範圍只限於海洋，但在古生代的延續下，有些動物轉向陸地。

中生代時期，才是爬蟲類時期，中生代以迄今所知最大的一次生物絕滅宣告完結。如恐龍和魚龍（Ichthyosaur）都退出了地球上的這個舞臺。新生代（Cenozoic）是地球歷史上最新的一個地質年代。此時期，哺乳動物從微小簡單的哺乳動物發展到占據各個生態圈的巨大動物群，鳥類和被子植物也有很大的發展。新生代現在一般被分為三個紀：古近紀、新近紀和第四紀。古近紀時期，羊齒、松柏等逐漸為樟樹、柳樹等替代，這時期的被子植物是喬木；蛇頸龍、海生蜥蜴等逐漸為小型鯨、海獅、海象等海生哺乳類替代，哺乳動物迅速繁衍，占有爬行動物以往的各種生態領域。新近紀時期，動、植物已接近現代，貨幣蟲已完全滅絕，出現三趾馬。第四紀時期，人類的存在已被確證。

由以上的論述，我們可以知道各種生物的進步或進化是很緩慢的。有些生物已經滅絕了，但新的物種則接續他們的前輩漸漸生成；不過最初的變化極其微小，不易被察覺。若把地球誕生至今的這段日子當成一年，那麼，11月的第三個星期，魚類才出現，而蜥蜴在12月中間出現，人類則要到12月31日的晚上才出現。

人類的演化

人類與其他的哺乳類動物、脊椎動物一樣發展演化，就骨骼、筋肉與神經上的器官而言，與哺乳動物並沒有多大的區別，而且許多特別的器官也有相同的作用，我們如果生了相同的病，可以用一樣的藥品治療。人類演化是從250萬年前的更新世開始，在物種的演化過程中算是新近發生的，所以現在的形態僅屬部分的，而非固定，仍在演化中。

另一種說法是達爾文的進化論：「物競天擇」、「適者生存」。人類的演化，之所以在演化史上占一席之地，乃源於人類的演化速度比其他生物快許多。然而，我們所知道的最早人類遺跡，卻很難放在最近的地質時代，即第四紀冰河期，地球處於冰期與間冰期交替出現的循環。而前述人類要到一年中的

12月31日晚上才出現，前此有許多生物族群卻都已經滅絕。換言之，人類應該是物種演化過程中的幸運者，即使到現在還在演化的過程中。

早期頭顱與骨骼的推測

人類的起源——人與人猿之間的基因非常相近，所以早期人類學家以尋獲的骨骼作爲例證，來斷定其究竟是屬於早期人的，還是屬於猿人祖先的，這是很困難的一件事。西元1967年，薩里奇（Saric）提出：人屬與黑猩猩屬分離時間在距今500萬年前。實際上，在中新紀和次新紀中，我們都找到了在人類還沒有出現以前的靈長類（Primates），說明人類源自於猿人。隨著新的人猿化石和人類化石的發現，人們對這個問題的認識也在不斷發展和變化。

人類進化的過程可分爲三大階段：人猿階段、亦人亦猿階段、能製造工具人的階段。後階段包括猿人和智人兩大時期。人似乎至少有下列特質：首先是直立姿勢；其次是姆指與大腦的作用；再者是清晰發音的能力。隨著時代的演進，人類所使用的工具變得越加複雜與精煉，亦隨之創造了語言與下葬儀式。

西元1891年，杜布瓦（Dubois）在荷屬印尼東爪哇省的梭羅河畔發現爪哇猿人，這是生活在更新世的直立人。而海德堡人（Homo Heidelbergensis）則是人屬當中，一種已滅絕的物種，可能是歐洲尼安德塔人的祖先。最早發現的海德堡人遺骸是一副下顎，西元1907年出土於德國海德堡附近的毛爾（Mauer）地區。除了前臼齒掉落外，保存良好。海德堡人的腦容量大約是1,100到1,400毫升（高於現代人類的平均值1,350毫升），身高平均約1.8公尺，肌肉比現代人發達。從其牙齒的特徵可知，上方的臼齒是平行的，但絕不像人猿的牙齒，其爲原人或人類是無疑的，故稱之爲海德堡原人。西元1911-1913年，在英格蘭皮爾當（Piltdown）發現了原人，但後來證實是僞造的古人類顱骨與下顎骨化石。西元1921年發現的羅德西亞人（H. Rhodesiensis），許多專家相信他是屬於人屬海德堡種。

由以上遺跡可知，對人類早期頭顱與骨骼的推測，可能因爲造假而誤判，但近年來由於粒線體DNA以及稍晚的Y染色體DNA，增進了我們對人類的認識。今天所有的人類則都同屬單一的群體：智人或是智人亞種，並沒有物種區隔。

本能與文化

本能（Instinct）是指一個生物體趨向於某一特定行爲的內在傾向。其固定

的行爲模式非學習而來，也不是繼承而來。固定行爲模式的實例可以從動物的
行爲觀察得到，它們進行各種活動不是基於此前的經驗，如繁殖行爲。海龜會
自己朝海的方向前進；蜜蜂通過舞蹈來交流信息；螞蟻與黃蜂實行一個複雜的
共同生活與和諧的工作；海狸能築其所需要的堤壩；鳥能營巢和進行有規則之
遷徙；蜘蛛能織網；大猩猩（Chimpanzee）在人類未有婚姻制度之前，已通過
愛情而有家庭生活了。其他的例子還有：動物之間的戰鬥、求偶行爲、逃生
等。更進一步說，動物的動作與所產生的式樣都可以喚起人類藝術的活動，但
美術感覺的發達卻爲人所獨有的。人之所以超出其他的動物者，在於他的才智
能由觀察和經驗而獲益，能模仿、採取及改善一切動物個別所具的本能活動，
並能融合各種動物的本能活動，形成一個較爲豐富的生活與文化。

地理上的變遷

地球的山脈因爲時期的不同而有很大的差異。陸地的或升或降，都在地動
山搖之下進行著。例如：喜馬拉雅山脈是由印澳板塊與歐亞大陸板塊碰撞形成
的，在地質學上來說，是比較後起的。根據古地質學的研究，印度板塊至今
仍以每年大於五公分的速度向北移動，喜馬拉雅山脈仍在不斷上升中。印度半
島，是由盤古大陸的南部分裂而成，是世界最古陸地之一，但卻沒有高山；這
裡地理特徵繁多，如冰河、熱帶雨林、谷地、沙漠和草地等。

在第四紀之早期，蘇門答臘和爪哇都與馬來半島連結在一起，並伸出印度
洋一千餘英里。直布羅陀與達達尼爾都是一個地峽（陸橋），原本生物都能在
大陸上互相走動。臺灣和大陸也有一個東山地峽（陸橋），後來這些地峽慢慢
沉到海中，才造成今日各大陸的獨立。此外，義大利西西里島嶼與非洲之間也
曾有過地峽，北歐的斯堪地那維亞在第一次冰河期時尙爲一個海島，波羅的海
也爲一個陸地環抱之內湖。經過長時期的地理變遷，滄海桑田在地質學上而言
是地質活動所造成。在板塊邊緣常會出現地震、火山、造山運動及海溝。現在
的聖赫倫拿島（Saint Helena）與好望角（Cape of Good Hope）中間的海床，
比先前測量時，距海平面已增高一英里。

氣候對文化的影響

氣候對文化會產生一定的影響，這一點是毫無疑義的。非洲撒哈拉沙漠、
新疆塔克拉瑪干沙漠、智利的阿塔卡馬沙漠（Atacama Desert）、阿拉伯沙
漠，因爲沒有雨水也沒有河流，動植物自然就稀少，即使有人跡，也是極少數

的游牧民族罷了。

二十世紀初期，澳洲的土著仍然過著狩獵的生活，他們不會訓練野生動物，也不會飼養牲畜。然而現代不毛之地，可能是因為氣候的變遷形成荒漠、廢墟。過去為人口密集的地區，今日人煙稀少。裏海是世界上最大的湖泊，其雨量記載，因時代不同而有很大的差異。古代裏海沿岸居民認為裏海是海洋，可能是因為它的水很鹹，而且看起來無邊無際。西元前四世紀，亞歷山大率領大軍東征印度時所經過的興都庫什山脈，今日的旅行家要到此地已困難重重。西元前四世紀初期，愛琴海克里特島上的山巔，早已被皚皚白雪所覆蓋，直到今天依然如此；但在此之前，山上卻可以種植小麥等五穀雜糧，且有大批的人口定居。古代氣候變化著實和文化的進程有絕大關聯，而中國歷代饑荒也都和雨量的缺乏有關係。

舊世界文明

美索不達米亞、埃及、印度、中國，可謂是古文明的發源地，綜觀這些文明的特徵，似乎都有河流經過。底格里斯河和幼發拉底河，沿河兩岸形成的沖積平原就是美索不達米亞。西元前6000年左右，此地的蘇美人掌握了農業和灌溉技術，文明於焉展開。

古埃及文明的產生和發展則與尼羅河密不可分，尼羅河幾乎每年都氾濫，淹沒農田，但同時也使淹沒的土地成為肥沃的耕地，因此文化也易於形成。中華文化歷史悠久，也是得益於天然之屏障可阻擋邊疆民族入侵，而適宜的氣候更讓文明延續下來。印度文化與恆河、印度河緊密相連，它的文化也持續數世紀之久。埃及文化亦曾傳入非洲內陸，但遭到挫折，終至消失了。由於地緣關係，埃及文化對愛琴文明有很大的影響，而歐洲的文化又來自於希臘，終至這股文化也影響到北歐和西歐地區。

新航路、新大陸之後，歐洲人又將文化傳入美洲。而美洲大陸的印第安人文化在舊石器時期從亞洲經由白令海峽傳到當地，猶如早期的日本文化吸收中華文化。

世界之脊骨

世界連續的山脈與高原地帶──從地中海南部和東部起，連續的山脈與高原由敘利亞穿過阿拉伯半島、伊朗、中國、日本，再沿美洲洛磯山脈與南美洲安地斯山脈，這個地帶包括世界最多的沙漠與不毛之地，也包含古代文化的發

源地。地中海北面則可延伸至北極冰原地帶，其南面與東面非洲、亞洲南部與阿根廷、智利境內巴塔哥尼亞（Patagonia）等地，都找到人類文明的遺跡。可見這一條世界之脊骨上，涵蓋了舊世界諸文明和新世界中美洲文明。

東西之分野

東方和西方的界定──按照歐洲人的觀點，東方與西方的畫分，以歐洲爲中心向東畫分，分爲近東、中東、遠東。傳統上，中國將其以西的國家都當成了西方，印度也被視爲西方，「唐三藏去西天取經」中所說的西天就是印度。甚至新疆和中亞也被當作西方，而稱爲西域。近代有人在東西之間劃一條線，即子午線──格林威治東經30度。在此線以西是波羅的海盆地、多瑙河流域、愛琴海和大陸希臘地區；此線以東包括俄羅斯、小亞細亞西岸、愛琴海一部分地區、地中海各島嶼、賽普勒斯島。

而羅德島（Rhodes）和克里特島在此線以西，所以屬於西方。埃及和印度洋及其西岸在此線的東方。此外，亞歷山大城、君士坦丁堡、基輔、列寧格勒等城市，也都分布在子午線的東方。

第二節　史前時代

舊石器時代

　　這個時期又分爲早期、中期、晚期舊石器時代。因爲人類的史前時代沒有歷史紀錄，確定史前時代材料是研究的關鍵；要清楚分別原始人的遺骨和類人猿的遺骨，有一定的難度。舊石器時代初期，時間大致在距今約250萬年到1萬年之間，這個時期中的人類經歷了從最初能夠使用工具的能人（Homo Habilis），到能夠直立行走的直立人，再到智人的階段。所以，要把這個時期的器物做一釐清，分辨何者是人工所爲、何者是自然能力消磨構成的，確實是一件很困難的事情。大約在十九世紀末期的非洲，一支被認爲能人的現代人類祖先，製作出了已知最早的石製工具，我們把這一時期稱爲石器時代，即指人類以石頭作爲工具的時代。例如：燧石和角岩被削成用來切東西的工具或武器。然而這個時期的石器也有可能不是人工做成的，而是由河流地層運動產生。近年來，不斷有考古新發現，如肯亞的一個頭顱骨，其時代爲150萬年到160萬年間，自這時起，人類已進入自己所屬的生物和文化歷史。

手斧

　　手斧在石器時代是人類常使用的工具，它通常是火石（Flint）或燧石組成，其形狀大小是於手能操持之。手斧的一側刃是由石頭與石頭相互碰撞而形成。東非猿人的地層面處出現過類似的人工製品，它們是破碎的圓石和石片。所有石砍器一眼看上去就知道是實用工具，其中許多模樣各異，似乎是偶然的成品。實際上，在亞洲和歐洲地區的石器時代，所使用的手斧是相同的。燧石器的發現都是在河流的堆積物之中，人類早期遺骸的發現也同樣在湖床上。這些較高的土堆是由河流所挾之泥沙沉澱而成，而杏仁狀的手斧在高原上的黃土層中也可以找到。寬廣的高原黃土層經過冰河時期，後來氣候變得乾燥，又經過風力所挾帶的堆積物形成了一個呈鋸齒形且堅硬的刃。早期的人充分了解石頭的原則，他們用一個厚重的錘石除去燧石邊緣的薄片，而不整齊地砍刃。人類文化最早的證據是東非猿人在奧多維峽谷的生活遺址，此也證實手斧時代的猿人尙在過狩獵的生活。

中石器時代的洞穴文化

中石器時代的特色是巨大環境和文化的變化，並針對特殊環境在當地做出不同的調適。此時的特點是細石器的製作，將細小石器鑲嵌在矛柄、骨頭、鹿角、木器，以及不常見的磨光石器上。

人類在舊石器時代晚期，最初洞居的生活時間很短暫，但在其短期居留的痕跡上面，是一層層的生活破碎殘餘物，表示後來有人幾乎連續不斷地在這些不同的洞穴和岩壁中住了千年之久。許多洞穴都位於深淵和隱蔽的河谷邊上，河谷不受土地帶上寒風的侵襲，而這些洞穴和岩壁成為可喜的棲息地。法國境的庇里牛斯山的阿拉戈洞穴（Arago Cave）曾經挖掘出一個頭蓋骨和許多顎骨，這些骨骸在解剖學上似乎介於直立人和智人之間，約20萬年到13萬年間。西元1856年在德國尼安德塔（Neanderthals）發現了原始人類的骨骸，之後的100年間，相當數目的尼安德塔人骨骸在各地挖掘出來，而以西歐最多，近東、北非和亞洲也時有出現。

尼安德塔人最初出現於厄姆（Eem）間冰期，法國多爾多涅（Dordogne）地區曾發現大量的尼安德塔遺址，當地的深淵河谷和巨大的石灰石懸崖絕壁，在維塞爾（Weichsel）冰河期提供良好的遮風避雨處，其中一個遺址是在雷埃濟附近的莫斯特洞穴（Moustier），這即是莫斯特時期。

莫斯特使用的工具由石片製成，其中最典型的製品是尖器和削器。這些中石器時代遺址上處處可見的人工製品，適用於狩獵、木工和製皮。在法國南部梭魯特（Solutre）發現了舊石器時代大量的馬骨骸，有十萬匹馬骨發現於該地的一廣闊區域內。這是石器時代的大獵場，在法國北部的聖阿舍利（Saint-Acheul）地區發現了燧石器。西元1947年，中國考古學家斐文中在周口店洞穴中找到了一個完整的頭蓋骨，這個直立人的頭骨估計是在50萬年前到35萬年之間。在西班牙北部的一個洞穴中有十三個地層，包括由舊石器晚期到銅器時期的十一個時期。

莫斯特時期的工藝

莫斯特工藝在技術上和複雜程度上，都和較早的傳統工具製造不同。尼安德塔人的人工製品都是複合的形式，由若干不同的部分組成。一個木質的槍可以有一個石質的鋒，一個燧石的刮器可以有一個骨柄。鋒刃器、刮器及其他石器的製作，首先在於仔細準備石核，而後將準備好的石核仔細加以裂解，以便工匠可以打下事先規定好尺寸的大石片。先把石核砍為石片，再將其一面加

以修飾而成。在這個時期中，手斧完全爲尖物所取代。經此革新之後，莫斯特文化卻停滯了。法國諾曼第附近的澤西島（Jersey）曾發現一個舊石器中期的洞穴，許多人類的遺物，被一全無人類遺跡之層所隔絕，其爲數世紀之堆積物當無疑義；同時在該層之上，發現同形式象徵的殘跡，以及在該層之下所發現的不同形式者。精緻且尖銳之物的獲得亦說明了舊石器中期人類生活情景。長老在篝火旁錘擊燧石，孩子們模仿他，學習用那些銳利的碎片；他們以狩獵爲生，有些人獵取猛獁象、野馬、馴鹿、野牛以及歐洲古牛。從遺留的灰燼中，我們斷定這時期的人類穴居中，必定是有火的。

尼安德塔人

他們長得很醜，前額很低、眉骨突出、頸項似猿、身軀矮小。其頭顱的輪廓比最低級的澳洲土著還要落後。他們的小腿較大腿短，其膝尚屬彎曲的，所以還不能完全直立。他們和現在的人類不同，因爲他們有粗大的肢骨，肢骨在股骨和前臂骨處呈弓形；這些反映出尼安德塔人有較大的肌肉力，但身體很笨拙，行動也很遲緩。讓人驚訝的是，他們已實行有禮節的埋葬了。

克羅馬儂人

法國克羅馬儂（Cro-Magnon）地區的洞穴中發現了完整人類的骨骸，證實是舊石器時代較新的人，即真人的一個主要類型，所以稱作克羅馬儂人。他們的身高爲5英尺10英寸到6英尺4英寸，他們的前額較尼安德塔人高，眉骨則較低，面闊、鼻窄，腦袋亦較大，甚至較近代的一般人還大，這也是最早真人的標本。但是蒙塔涅（Montagne）的格里馬迪洞穴（Grimaldi）也發現了屬於舊石器晚期的兩具骨骸，他們與克羅馬儂人有一些差別，其形狀似今天的黑人。

洞穴裡的藝術家

我們對於克羅馬儂人生活的寫真，可以從洞穴中的壁畫得知。法國多爾多涅（Dordogne）的拉斯科洞窟（Lascaux Caves）群壁畫大約作於西元前15000年到10000年之間，畫上的人像跟棍子，躺在一頭被激怒的野牛前面，野牛鬃毛倒豎、腸開肚破。人的下方畫著一隻鳥，也可能是繪有鳥形的的圖騰或旗幟。西班牙北部阿爾塔米拉（Altamira）洞窟的史前壁畫：一頭碩大的野牛和一大群野獸你追我趕，浩浩蕩蕩地奔跑——馬、野豬、猛獁象，還有別的動

物，都是石器時代獵人們渴望得到的獵物。這些畫家也是獵人，準確地描繪這些動物的神韻、活力和速度，就可以獲得一種魔力，使他們能在捕獵之前先控制動物們的靈魂、抽走牠們的力氣。

獸骨用途

獸骨用途漸廣——克羅馬儂人進入西歐，約在舊石器時代晚期。這個時期主要的特徵為燧石工具製作之改良、骨與角應用增加、繪畫與縫紉之應用，以及弓箭之發明等。他們用獸骨、巨象的長牙或鹿的叉角片，製造多種工具；鹿角倒鉤的尖端，則製為魚叉，以備投擲鮭魚之用；飛槍、鑿錘，都用骨或角製造，又有骨針、扣針鑽湯瓢、口笛等物。克羅馬儂人及其同時代的他種人，對工具的製作又顯示出特別的技巧。他們發明了一種新方法，可以使燧石邊緣易於鋒利：普通取得燧石片的方法多用一塊石頭去敲另一塊石頭，而現在使用壓擠法，在一塊燧石的邊緣加以重的壓力，使它裂開來，如此所獲得的燧石片可以較小、較平直。骨與角使用的數量很多，又以馴鹿的角為最，因此稱之為馴鹿時代。

新石器時代

在考古學上，新石器時代是石器時代的最後一個階段，以磨製石器為主，大約從10,000年前開始，結束時間約在7,400年前不等。不過，有些地區，如中美洲，在西元後仍停留在新石器時代，但亦出現高等文明，如馬雅文明。就任何方面看來，新石器時代的人，差不多都是同一形體，其身體短而小，且帶有一個長的頭顱。新石器時代的遺跡，在小亞細亞、美索不達米亞、巴勒斯坦、埃及與克里特島以及歐洲大陸等都可以找到。在這個時代，人類開始農業和畜牧，將植物的果實種子加以播種，並把野生動物馴服以供食用；人類不再只依賴大自然提供食物，因此其食物來源變得穩固，同時農業與畜牧的經營也使人類由逐水草而居改為定居，節省下更多的時間和精力。人類亦已經能夠製作陶器、紡織，在這樣的基礎上，人類生活得到更進一步的改善，開始關注文化事業的發展，使人類開始出現文明。舊石器時代是以最初粗糙的手斧開始，度過了100萬年中大部分的時間。在這漫長的歲月裡，最初製造工具的亞人逐漸進化成真人，即智人。農耕時代以新石器時代開始，繼而以青銅和鐵器時代，至今仍在前進中。

陶器與藝術

　　最初的陶器是由人手所捏造的，尚不知用陶輪。其乾之法也是由太陽曝晒或由露天火焰烘烤，而不知使用火爐或窯加以燒煉；隨後製窯業成為一項重要的手段，使藝術得有表現。換言之，對於陶器上所施之輪廓圖形及各種顏色之裝飾也逐漸進步。罈罐之類的陶器，最初不過供實用目的而已，並不美觀；繼而才興起了一種習慣，將某種物質如石墨之類，揉在罈子的外面，使它發出一種墨色的光澤。在埃及和小亞細亞地區，另外發現製造有色陶器的新方法：用某種含有氧化鐵的黏土摻進去，經過火烘，即轉為紅磚般的深紅色彩，紅色窯器遂遍布於近東。至於裝飾的技術，大抵是在未燒之前刻畫或壓一些簡單的花紋在軟土胚上。之後，他們又開始在那些精細的瓶子或罈子上面畫上一些真正的圖像，如人物、船隻、野獸、戰爭等。

狗之馴養

　　第一種受馴養的動物也許是狗。最初那些野狗逡巡於人類居處四周，拾取他們餐後所遺留下來的肉類或骨頭。漸漸地，野狗的膽量也變大了，便更緊密地追隨人們，而失去牠們的野性，終於變成人們平時的夥伴、行獵時的助手、忠實的朋友，狗因其天性是親近與柔和的，是故被原人首先所馴養。

湖上居民

　　房屋之建築是為了安全的緣故。在古代，房屋是建在樹林中的，有些則圍以較高的籬笆；在濱湖的地方，有些房屋甚至是建在水上的，用長而粗的木頭，削尖一端，釘入水中，穿過水下的汙泥而到達硬的地層，椿頂仍然露出水面；也許有數百數十根這樣的木椿釘在一個方形的範圍內，然後將房子建在上面。西元1854年，在瑞士一個乾旱湖泊的水面下，見到了新石器和早期青銅時代史前建於湖濱木椿上的房屋基礎，這種湖上居所類似今天在西伯里斯島及其他地方所見到的方式，不僅古代站臺的木椿還保存著，而且在下面的泥炭堆積裡還找到了大量的木器、骨器、石器、陶器、裝飾品，以及剩餘的食物等。

　　類似的湖上居民還存在於蘇格蘭、愛爾蘭等地方，這些湖上村落的居民比起那些在丹麥和蘇格蘭海岸堆積貝殼，而做成被稱為貝塚的土墩之早期新石器時代人，在知識上和技術上進步很多，在年代上也可能晚得多。這些貝塚人也許是在西元1萬年前，湖上村落可能從西元前5000年起到信史時期一直持續有人居住；湖上居民除了已有中等體型的狗之外，還有牛、山羊和綿羊，他們漸

漸知道應該以其所豢養的家畜作為食物了；他們在湖上村落之土臺上種植五穀，並用麻紡線，這些足以表明他們已經到了耕稼時期。

手斧與房屋的遺跡

新石器時代有一項重要的發明——手斧。斧之為物雖微，然而其變動生活的力量卻很大，因為有了手斧，人類可以伐木、築屋、建造木筏和舟楫，這些事物，如不使用手斧，便不易做成。手斧的發明使穴居人離開潮溼而黑暗的岩洞，住到木屋裡去，即近森林的地方。木材缺乏的地區，房屋則用泥土築成，或用樹枝編織而成，外面蓋上一層淤泥。最初的斧頭是粗重的石塊，一邊削成尖銳型，這種斧頭必定是用皮帶綁在椿桿上面，後來才有人將斧頭在砥石上面摩擦，把它的邊磨利，再過些時，人們將斧頭上鑽一個孔，以便插入木板，這麼一來整柄的斧就製成了；其用途除砍伐木材外，還用於剝除動物的皮和採掘野根等。另一方面，常出現的形式是切割刀。切割刀是一種屠宰動物用的工具，只有一個邊刃，而這個邊刃未加修整。今日的實驗證明，切割刀在剝皮和肢解獵物上都很有效。手斧形狀種類繁多，許多地方一直沿用到6萬年以前。

犁和輪子的發明

犁和輪子的發明——西元前3500年，美索不達米亞和埃及的農民就開始使用犁。早期的犁是用Y形的木段製成，下方的枝段雕刻成一個尖頭，上面的兩段分枝則做成兩個把手。將犁繫上繩子，由一頭牛拉動，尖頭增加了一個能把泥土推向旁邊的傾斜底板——犁鏵。犁的發明在農業上是一項極大的進步，將以前倚賴婦女手中之鋤頭所做的工作，改由家畜中的牛隻所曳之犁代替了。而這樣笨重的犁必須由男子才能運作，家畜之飼養與犁耕之創始，實為游牧生活進入了農業生活的分界點。

輪子的發明不但是交通運輸的一大突破，更是人類技術的一項重要成就；輪子這種工具原來並不存在於大自然的動物或植物中。自然世界有些動物會滾動，但是沒有動物是在輪子上移動。輪子的出現大約在6,000年前左右的美索不達米亞、高加索、中歐等地。最初的兩大用途就是轉運貨車及陶器製造進步時旋轉的陶輪。最早的車輪以木製成，中間鑽一個洞，裝上車輪。橫切樹幹並不能製造好的車輪，因為樹幹的切面缺乏足夠的強度；車輪要以直切的木板裁成圓形方才而用。西元2002年，在斯洛維尼亞（Slovenia）出土了最早的木製輪（距今約5,300年）。

商業與巨石文明

新石器時代貿易範圍很廣，它的文化亦隨之由大陸傳播於遠方各海島。在瑞士較晚期的湖村裡，發現了來自波羅的海的琥珀串珠。在新石器時代晚期，克里特島與埃及、賽普勒斯早已有船隻來往通商。銅和青銅的引進，產生一個很重大的結果——開礦、踏勘礦山，以及商務的發展。銅礦在賽普勒斯、克里特島、西班牙、義大利、不列顛各地被開採；銅和青銅物品從西班牙帶到西歐，從義大利帶到中歐，從賽普勒斯帶到敘利亞，銅的交換從一地又到一地，區域的廣泛，實在令人驚訝。現在西歐的那些巨石和石墓建築讓人百思不解，這些巨石陣時間長短不一。

在英國埃姆斯伯里（Amesbury），巨石陣大約建於西元前4000-2000年間，屬新石器時代晚期至青銅器時代，那裡的幾十塊巨石圍成一個大圓圈，其中一些石塊足有6公尺之高。中國巨石文化中最常見的建築為石棚，年代多在西元前3000-4000年的新石器時代。法國卡奈克巨石陣（Carnac），由石陣、支石基、岩塊和單獨樹立的石頭組成，當地有三千多塊史前時期的居民所樹立的石頭，是世界上最大的史前石陣。這些石頭是在新石器時代樹立起來的，估計其年代在西元前4500年左右，按其數目之大，與這些巨石豎立的困難推測，他們那時應該已有一個很高的社會組織了。

青銅時期與鐵器時期

銅之發生於新石器時代中的某個時候：一些牧人或獵人碰巧在那些含有銅礦脈的石頭上燒他們的營火，忽然看見一些紅色的珠粒滾到灰裡。此後，銅與青銅便支配人類，成為工作與戰爭必需的金屬，約有2,000年之久。然而，鐵礦比銅礦分布得廣，產量也較為豐富，為什麼較早不能以鐵代銅呢？此主要原因是：「熔鐵」很不容易，而且鑄成小模型，也很困難。埃及尚未用鐵以前的千百年，早已知道有此物了。西元前1500-1200年之間，有人發現，鐵在燒熱而可錘薄的時候，能夠製成各種式樣，又將尚未退熱之鐵猝然投入水中，能夠鍛成堅韌的性質。煉過的鐵，用來鑄刀劍，比用青銅鑄的要好得多。鐵製兵器很快地通用於小亞細亞、埃及和歐洲；居住在小亞細亞的西臺人是最早知道應用鐵器的民族。是故，地中海各國把青銅時期放在鐵器時期之前，便已成為習慣。

第三節　早期思想

原始哲學和語言

　　語言、音樂和跳舞似為人類最早的活動。早期人類的想法，很少想到貼近自身以外的東西，換言之，思想很少超越實際經驗的範圍，而語言是思想的手段，正如簿記是商業的手段一樣。語言把思想記錄和傳遞下來，使得思想能發展成為越來越複雜的觀念。

　　語言是新的手，用以把握和保持的。原始人在他們的講話以前，也許看得很清楚、模擬得很巧妙，能作手勢、能笑、能舞、能生活而不去思索他是從哪裡來的，或他為什麼活著。他們的思想可能相當於現代四、五歲聰明小孩的水平，但是既然還沒有語言，或語言還很少，也就無法把他所得到的想法傳達給別人，而發展成傳統，或和別人商量對這想法應採取什麼一致行動。

　　馴鹿的人繪畫的都是日常熟悉的東西，對它們也沒有任何崇敬的意味。他們也許覺得畫了一隻野獸就可以把這種野獸引來，其繪畫似乎是為了得到獵物一般的符籙，但並不像是表示崇拜的圖畫。

　　現今各個未開化民族的語言常有豐富的語彙，文法與發音的系統也甚為複雜，而語言卻是古代的存留物，最初的語言可能是少數驚嘆詞和名詞的集合，可能用不同的聲調來說這些名詞以表示不同的意思。現代語言包括幾千個詞，但是較早的語言只有幾百個詞，有人說現代人使用近千個詞就過得去了，不難想像晚至新石器早期所用的詞彙會不會比這更多。人們可能有那些不貪好談話和描述的日子，為了敘述目的，他們寧願舞蹈和表演而不用口說；口語的成長最初的確是個很緩慢的過程，語法形式和抽象觀念的表示在人類歷史上則出現得很晚。

音樂與舞蹈

　　文化程度最低的民族對於音樂才能通常卻是較高的。原始人最易為音樂所感動，因為音樂刺激了他們，可以使其想像力達到最高程度；古希臘人以為音樂還可以診病。但最原始的音樂並不是一個悅耳的調子，不過是把喧噪的聲音分成節奏罷了。當跳舞跳到精疲力竭的時候，則喧噪之聲音越長、越大，即越好。原始人對於拍子有極敏銳的音感，而諧音與曲調大約是同時發生的。音

樂與跳舞間的關係較音樂與詩之間的關係更早且更密切，因爲在抒情詩與敘事詩發生之前，合唱曲或仿摹的跳舞和啞劇便產生原始的戲劇了。關於樂器起源的問題，一般認爲「管」（Pipe）或「弦」樂器最早出現。此外，類似獵人的弓，或爲一個鑼，或爲發音之石板，或爲一個皮製之鼓，都是不能確定的。人類早期的進步與其他動物的活動是一樣的，其工作與遊戲都很難截然分割。

紋身與藝術

紋身的習俗，起源甚早。根據現有的考古材料，它至遲在新石器時代晚期就已經出現，並以其獨特的魅力爲人們所注目。在埃及的古墓中可以找到放置塗綠面和紋飾身體之物的石調色板，姑且無論其爲一個文明的標記或野蠻的標記，其最低限度卻足以表示這個修飾之技術非近世才有。在中國河姆渡文化中發現了管狀骨針、製作精美的帶柄骨匕和木匕等。骨針的尖端一般都較銳利，有的中空；骨匕則有鋒利的刃部，它們可能都是紋身的工具。今日一些少數民族也很注重製飾的技術。中國古代，甚至到二十世紀五〇年代初，有些民族還保持著這一習俗。而「藝能」的一切經久和滿意的結果，都是藝術，一切原始的藝術，都是實用的與具美術性的。

未開化人的心理

在遙遠的古代，人對自己和世界是怎樣想的呢？舊石器晚期的人，他們繪畫並不表示對日月星辰和樹木曾有什麼注意；他們一心想著的只是鳥獸和人，他們可能把白天和黑夜、太陽和星星、樹木和山林，看成是理所當然的事物──就像孩子們把用餐時間和播種農具的簍犁看成是當然的一樣。以我們能做出的判斷來說，他們不畫幻想、不畫鬼怪這類的東西。無疑地，他們對所做的夢感到激動，在他們的腦海裡，夢境常和清醒時的印象混淆，把他們搞糊塗了；他們埋葬死者，並用食物和武器陪葬，我們合理推測，早期的人用食物和武器陪葬，是因爲他們懷疑被埋者是不是眞的死了。實際上，野蠻人或蒙昧的人常有敏銳的觀察力，並在其所熟悉的職務上也能表現很大的技能；但他的信仰、理論及傳述，文明人卻以爲是幼稚和愚蠢的，因爲他們的心境和整個教育在他們的幼稚時期就已經養成了；對於某種特別事體的經驗雖是豐富的，但他們的經驗終屬有限。是故，原始人在語言發達之前還沒有傳統，或只有極少的傳統；在他們先人的心裡曾經是那樣微弱又膚淺的印象，現在經過多少世紀裡一代一代的磨練，已成爲深刻錯綜的老一套了。

泛靈論和拜物教

遠古人類認為天下萬物皆有靈魂或自然精神，並在控制間影響其他自然現象。他們認為「一棵樹和一塊石頭都跟人類一樣，具有同樣的價值與權利」。也就是原始人基於對夢境的恐懼，或基於對變化律則（The Law of Metamorphosis），於是逐漸發展出超越界限的意識，從而認為一切自然萬物之背後，皆存在一種具有神奇力量的精靈，一如人類的靈魂可以自由來去一般。原始人最初信仰石頭或認為某種特殊的石頭對於他們有利益而崇拜，並附之以神祕的、超自然的性質，以及支配人類命運的力量，這樣一個被尊為神聖之物，叫做拜物（Fetish），而該物之應用或信奉便是拜物教（Fetishism）。

瑪那與護身符

瑪那（Mana），此一名詞在大洋洲諸語系中被普遍地使用，它是美拉尼西亞語（Mana）的音譯，直譯則是「魔法」之意。在「崇拜或尊奉石頭、花草、動物和其他自然物有自然現象」與「應用這些物以造出神蹟和魔術」之間要畫分一個鴻溝，是很困難的，因為他們以為這些物有神祕力量或魔法（Mana）；這些超自然的神祕力量，可以通過自然力量（水、火）或物件（石頭、頭骨）而起作用，也因此這些物用作驅邪和符咒，並以治療和奇異之力都歸之於「瑪那」。

魔法在遠古人類的生活中占了很大的部分，「瑪那」現今仍為一些土著宗教的基本概念。四大文明古國，也經過了很長的時期，繼續以此為治療和學識之用；一般人認為「瑪那」可以附在人體或物體之上，能被人獲得、遺傳、轉移、消耗或丟失。鬼魂或精靈都被認為具有瑪那，瑪那本身不是崇拜對象，但被認為擁有它的人能借用其力量使別人得福或遭禍；是故被人所信仰的人或許是天生具有瑪那力量，或許是由於被訓練成比別人有更大的瑪那力量，這些人就變成醫師和藥師了；這樣一個術士的器具或藥包，都是同類物集合而成的，各種小物件如皮塊、小石子、石英和動物或植物等，因為這些東西被他們視為有利的符咒緣故，自然為他們所重視了。今天這種護身符（Amulet）仍在不同人類族群中存在，根據其本身的文化，有不同的護身符信仰。例如：西洋的幸運兔腳、幸運錢幣與十字架、中國道教的符籙，都是一種護身符。

魔術與醫學

今日一些地區土著的醫生和器具，所用名稱仍為醫師、藥師和藥包，這足以表明疾病的診治和健康之恢復，是這種魔術用途的重要目的之一。醫師、藥師診病之時，極力用恐嚇的方法，或以擊鼓而作出極大之喧噪，或虐待病人，或給他所討厭之藥劑，或說些命令和咒罵的話，把這些話語和詛咒視為極有效力的治療法。但魔術用於巫學不能當作信仰疾病起於惡魔的一個確實標記。現代的人對於疾病雖不作如此想，卻仍然說「除塞」，或問一個朋友他怎樣「染病」；可見疾病可以由魔術轉移到其他某一動物或某一個人的身上而解除之，這個觀念似乎由來已久，並且好像無影的魔鬼附於病人之身。而得病的學說，在近代顯微鏡發現微生物及細菌以後，反而得到一個有趣的相似處，因為眼睛不能見的微生物與細菌可以致病，而微生物與細菌多附於小昆蟲的身體上，或散布於空氣之中。

巫術

在8萬年前，尼安德塔人已開始安葬死者，是擁有靈魂的意識及信仰時，人類已有巫術信仰。當人類開始有宗教的意識時，巫術憑藉對大自然的一些神祕和虛幻的認識，創造出各式各樣的法術，期望能寄託和實現某些願望，原始的民族相信有一種人具有能力對付冥冥之中的可怕東西，這種人稱為「巫」。有時他們使用蟲來進行施法，即蠱道巫術，不過現在已經泛指使人生病的法術。而「巫」也是人類最早的專門職業，是提供人力所不能完全駕馭之事的一種力量；史前時代的巫師不僅是巫教和巫術的活動主持者，也是當時科學文化、知識的保存、傳播和整理者，特別是在天文學、醫學方面有不少的貢獻。雖然其所能掌握的科學文化知識有很大的局限性，但巫師是當時解釋世界精神的領袖，是史前時代的智者或知識分子。

占卜

占卜被認為是同神祇交流溝通的一種方式，通常由一位專門的人來進行，諸如男女的祭司、沙門、占卜師或先知；巴比倫人、西臺人、伊特拉斯坎人都曾以動物的肝臟作為占卜的依據，如果肝臟情況欠佳，那就是凶兆，如果肝很健全，那就是吉祥徵兆；羅馬人則飼養一些聖雞，悉心地觀察牠們是否正常進食，如果牠們對飼料置之不理，即視為凶兆；某些鳥類的飛行方式也被看成是一種徵兆，伊特拉斯坎人利用鳥類的飛行來規劃新城的布局；其他的徵兆還

有觀察冒出的煙、油類漂在水上形成的圖紋以及一些自然現象，諸如冰雹、閃電、雷鳴和地震等。

第四節　歷史與紀錄

歷史

　　人類及其行為之最早紀錄是藉口頭傳說留傳後世。這些紀錄未見筆錄，但口耳相傳，為眾人熟悉，且多和寓言相互混淆。例如，古希臘人曾述說古代英雄手刃九頭蛇，以及如何與獨眼巨人博鬥，又如何和神祇作戰。而羅馬人則謂羅慕洛斯和勒莫斯這對孿生兄弟是由一頭母狼扶養長大，羅慕洛斯更成為羅馬的第一任國王；在西方的歷史上都有上述的記述，但很少人會認為這是真實的故事。

　　所謂歷史，乃是詳實記載所發生的事情，換句話說，它始於博學多聞之人所作之記述。而各民族信史時期亦各不相同，埃及的信史可以溯及西元前3000年；中國的信史和希臘人信史都約略在西元前800年；德國的信史僅始於西元前一世紀；俄羅斯的信史僅溯及西元九世紀；而一些野蠻部落甚至到今天都還沒有歷史。

　　文化史開始於最古老文明之民族且直至今日。古代曾經是最遙遠的時代，近代則是我們生活的時代。古代的歷史開始於古老已知的民族，如埃及人和加爾底亞人（西元前3000年），並涉及到東方各民族，如中國人、印度人、波斯人、腓尼基人、猶太人、希臘人和羅馬人。古代史結束於西元五世紀，此時西羅馬帝國已經滅亡。

　　近代的歷史則開始於西元十五世紀，始於印刷術之發明，美洲和東印度群島之發現（歐洲人觀點），及科學文藝之復興；近代史多論述西方民族，諸如：西班牙、義大利、法國、德國、俄羅斯和美洲。在古代和近代之間約有十個世紀，它既不屬於古代也不屬於近代，我們稱之為中世紀。

古代各民族史料之來源

　　亞述人、希臘人和羅馬人不復與我們並存，大部分古代民族都已消滅。若欲知悉他們的宗教風俗和美術，我們只能從其遺跡中探求消息。此類遺跡即書籍文獻、紀念物、題銘及語言等，而這些史料都是我們研究古代文明的「工具」。我們稱這類方法為「來源」，因為我們從上述的史料中進一步探求知識。

　　古代民族曾傳下紀錄以給予後人，一些民族且傳下聖書，例如：中國人、印度人、波斯人和猶太人；希臘人和羅馬人則傳下歷史、詩歌、演說詞、哲學論集，但書籍不能供給我們所需的一切資訊。我們既無一冊亞述或腓尼基方面的書籍，其他民族所傳之書又少，不足以供參考；須知古人撰著不如今人勤勞，故古人之著述不如今人之多，且須一一用手謄寫，冊數自亦有限；尤其不幸的是此類手稿或遭割裂，或已散失，即使有保存之書籍也不易理解；辨認此類手稿之學問稱爲古文字學。

　　古人和現代人一樣，建立各種紀念物；建宮殿給君王居住，興廟宇以祀奉死者，此外還有堡壘、橋梁、引水道、凱旋門等建築物，這些建築物或已毀損，或被敵人所消滅，或爲百姓所破壞，但還是有若干流傳於後世，這是因爲人們不願意去毀壞它，或人們不能破除它；此類少數紀念物屹立於地上如同廢墟一般，主要是因爲年久失修之故，但所保存的遺跡已足以讓我們了解古人的狀況。其中如西安的大雁塔、小雁塔，埃及之金字塔和菲萊神廟（Philae Temple）、波斯的波斯波利斯宮殿（Persepolis）、雅典的帕德嫩神廟（Parthenon Temple）、羅馬競技場（Colosseum）、法國尼姆（Nîmes）方形神殿（Maison Carrée）以及嘉德水道橋（Pont du Gard），這些建築物如今都成爲熱門旅遊景點。但大部分的紀念物皆由地下發掘出來，深淺不一，例如，亞述之宮殿僅須挖掘小山丘就能發現遺跡，而邁錫尼的陵墓卻須挖到40英尺之深，且遮蓋這些建築物不僅僅是時間的問題，其中還有人爲的因素。古人在興建屋宇之時，不像現在的人們會先平地基或先清地基。換言之，即不先掃除遺跡而直接在遺跡之上建物。新建築物隨著時間的推移而傾頹，其遺跡即覆蓋於前代遺跡之上，於是有好幾層的古跡。德國人薛里曼（Schliemann）挖掘特洛伊城遺址，就有五層遺跡，最深者達50英尺。

古物學

　　古代有一個城市因偶然的原因而保存下來：西元79年，維蘇威火山噴發的灰燼掩埋了兩座城市──龐貝和赫庫蘭尼姆（Herculaneum），後人除去灰燼後，龐貝城重見天日，城市如同2,000年前一樣，我們還能找到路上馬車經過的轍跡、牆壁上的壁畫、器皿、家具，甚至麵包、硬果、橄欖等物；而突然遭遇災難的居民骨骸亦四處可見。紀念物使我們得知古代的民族，紀念物之學稱爲古物學。

題銘學

　　書籍之外的寫作稱之爲題銘。多鐫刻於石頭上，有時也鐫刻於銅器上。龐貝城之題銘則用水彩或木炭塗鴉於牆上，還有馬賽克上的人物和動物鑲嵌。安卡拉（Ancyra）則有鐫刻於青銅上的奧古斯都銘文，它吹噓了奧古斯都不朽的功業。大部分的題銘多屬墓誌銘，其他題銘之作用則類似於今天的通告，內含公布之法律、章程、規則等，題銘之學稱爲題銘學。

語言學

　　古人語言所使用之語言也可以表示其歷史如何。比較兩種語言之文字，我們即知兩者有一共同的根源，也就是使用這兩種語言的民族，同出一源的證據。語言之學稱爲語言學。

　　然而書籍、紀念物、題銘、語言等，不足以讓我們盡通全部的古代史。考古發掘不斷出土新的資料，學者也對其做了注解；但我們所知道的仍然像是瞎子摸象，只是觸及其中一部分，還有更多的知識是間斷的，此中若干間斷將永久存在而無法彌補。

人種與民族

　　地球上之人不盡相同，或則身材不同，或則面貌不同，或則頭髮和眼睛不同。其他如語言、智慧，及情操彼此互異；我們即根據此之不同，將人類分爲若干種，而名之爲人種。所謂人種即一群彼此相同但與其他有別之人，一種之共同性質即構成種型，例如，黑種之種型爲黑皮膚、鬈髮、白齒、凸唇、突顎。人類學關於人種及其分類部分稱爲民族學。

　　主要之人種分爲：白種人居住在歐洲、北非及西亞地區；黃種人居住在東亞，中國人、蒙古人、土耳其人及匈奴人皆屬之；黑種人居住在中部非洲，黑皮膚、鬈髮；紅種人居住在美洲，即印第安人，皮膚呈銅色。

雅利安人

　　美索不達米亞和埃及是古文明發源地之一。加爾底亞人在幼發拉底河平原，埃及人在尼羅河流域。他們在此安居樂業，我們還不能確知其來源。西元前二十世紀到二十五世紀之間，這個民族的雅利安人和閃族人（Semites）遷移到歐洲和西亞地區。雅利安人和閃族人表面上並沒有多大的差異，二者皆屬於白種人，他們是游牧民族，性格強悍好戰。我們還不能完全確定他們的源起。據推測，應該是來自喜馬拉雅山西北之山麓，或有可能來自俄羅斯平原。

但他們的特徵在其精神上之傾向，在他們的語言，有時也在他們的宗教。一般學者通稱使用雅利安語者為雅利安人，在亞洲有印度人與波斯人；在歐洲有希臘人、義大利人、西班牙人、斯堪地那維亞人、斯拉夫人與克里特人。

閃族

我們稱使用閃族語的人為閃族，阿拉伯人、猶太人及敘利亞人皆屬於同一支民族。但有一種民族雖然使用雅利安語或閃族語，卻不是雅利安人或閃族人，就如同黑人講英語而非英國人。多數歐洲人都認為他們是雅利安人，實際上，他們不是雅利安人，而是被雅利安人征服，使用雅利安語的人之子孫，就像後來的埃及人被阿拉伯征服而講阿拉伯語一樣。

世界上的大民族除了華夏民族之外，還包括了雅利安人、閃族人等。居住在印度的雅利安人曾產生世界之大國，而古代印度人更是富有宗教與哲學思想的民族，古代希臘人則富有美術和科學之思維。中國人與波斯人更是東方大帝國肇建者，羅馬人為古代西方大帝國奠基人；由此又分裂為義大利人、法國人、德國人、荷蘭人、英國人等。文明開始於美索不達米亞、中國、埃及、加爾底亞；到了西元前十五世紀，雅利安人和閃族人也扮演了重要角色。

第二章

埃及文明

第一節　從起源到西克索人的入侵

尼羅河文明

今天，我們所知道的古埃及歷史文明，開始於西元前3200年，這段時期是從新石器到有文字記載的時期，它保持了埃及文化的古老性與延續性。然而我們對它的歷史有深刻了解，則是在西元1822年左右才開始萌芽。法國學者尚波力翁（Champollion）根據當時到埃及學者們之資料（西元1798年跟隨拿破崙到埃及的考古學者），成功地解讀古埃及象形文字，致使我們對埃及有更深一層的認識。

尼羅河的定期氾濫孕育了三角洲地區生生不息的生命，而這種大河文明更帶來具有與眾不同的獨特文明性格。氾濫過後的尼羅河地區，隨之帶來了豐富而適於耕作的淤泥，尤其提供了兩岸綠洲的水源和耕地。古埃及人擅於對尼羅河氾濫的週期性作出有利的判斷，他們利用尼羅河的漲潮和退潮，平均地分配水源，並有效地增加灌溉面積，且對沼澤地區進行排水工程，他們對於水資源的充分利用亦發揮了尼羅河定期氾濫所給予的正面作用及意義。

根據早期所遺留下來的文獻資料顯示，古埃及人在西元前4000年時來自撒哈拉沙漠地區，西元前4000年末期，他們建立了上埃及和下埃及兩個王國；這時期他們意識到，需要有一個強而有力的中央集權力量，掌管人民的生活起居及勞動和公共利益，於是將上埃及的首都定都於希拉孔波利斯（Hiérakonpolis），即位於現今的利比亞和阿拉伯沙漠邊緣，而下埃及則定都於布陀（Buto），全區由廣闊的三角洲所形成。由於上、下埃及的特殊關係，因而呈現了兩個重要的意義：

一、「地理因素」使得這種中央集權的政治制度處於不穩定狀態。下埃及的河川密布，在扇形地中有多處沼澤，使得通行困難。上埃及則為一狹長的谷地，東西兩側山巒起伏，在山峰外更是一望無際的沙漠。由於上、下埃及地理環境有極大的差異，因此在戰亂時期中央的極權制度便自然地畫分出來。正因埃及地理位置的重要性，也使得它和西亞及愛琴海地區，很早就已經建立起雙邊的關係。

二、首都安置的特色。如果首都位於北部，如孟斐斯（Memphis），則可促使兩個自然的區域交通聯繫，但容易遭受外敵入侵；若位於南部，如提尼斯（Thinis），則因地處偏僻，且接近努比亞（Nubie）的繁盛區域，可以使人文

發展與富庶生活同時並進，亦可避免大量的移民以防止敵國的征服，不過由於遠離了商貿活動，提尼斯的發展也有其局限。所以無論首都設置在哪裡，都須秉持一個要素：以航行順暢的河流爲據點，並促使河道交通順暢便利，讓對外往來及聯繫極爲頻繁，這樣才能使中央政府處於穩定狀態中，並減少其分裂之危機。

在西克索人（Hyksôs）入侵之前，埃及曾經出現過統一的局面，人口的流動並未對埃及造成很大的影響；相對地，埃及人建立了一種極獨特的文明，這種文明也一直持續至西元前1200年。

古王國時期

東方文明由佩呂斯地峽（Péluse）（位於尼羅河三角洲東北部）傳入之後，歐貝德（Période d'Obeïd）文明和那什文明（La Civilisation de Jemdet Nasr）也相繼傳入，終於在西元前3200年，埃及經由一場革命之後而統一。考古學家在希拉孔波利斯發現了蠍子王（Scorpion）象牙權標，蠍子王可能是最早的統治者；所顯示的圖像中，蠍子王頭帶白冠，後面有兩個侍者爲之持扇，頗有王者威嚴，蠍子王的腳底下有若干名的奴隸替其勞動。在此幅畫中，有王公貴族、平民、奴隸和外國人及被征服的異族，完全反映了當時城邦內的階級制度，也反映了當時希拉孔波利斯一部分城邦的眞實社會情景。

提尼斯王朝

在納爾邁（Narmer）法老的統治時，他持有兩頂王冠，分別是上埃及的白色王冠與下埃及的紅色王冠，希臘人則稱他爲美尼斯（Ménès）國王，他統一上下埃及，創建了第一王朝。

埃及的君主制度起源於西元前3200年左右，從這個時候，便開始了埃及三十個王朝的第一王朝，王朝延續直到西元前332年亞歷山大大帝侵入埃及爲止。

第一王朝的第四位法老傑特（Djet）和第五位法老登（Den），他們已經開始進行遠征，並曾攻打西奈半島（Sinai）的貝都因人（Bédouins），亦曾經侵入紅海附近的港口城市。

第二王朝和第一王朝皆建都於提尼斯城，因此這兩個王朝被稱爲「提尼斯王朝」，此時它們在三角洲的頂端處建立起孟斐斯城，用以觀察下埃及的一舉一動。在阿比多斯（Abydos）法老的陵墓被發現後，我們得知埃及的第一王

朝有八位國王。不過在薩卡拉（Saqqara，位於孟斐斯城）附近，考古學者發
現了一座第二王朝時期國王的墓地，此明顯地可以看出埃及首都逐漸由南向北
遷移，這一時期的埃及依然內戰頻仍，政治表現也極其平庸。

孟斐斯王朝

　　西元前2700-2400年，美索不達米亞地區出現了人類史上第一個帝國（阿
卡德），此時與之相輝映的埃及則是第三、第四和第五王朝時期，同時它們也
是古埃及的鼎盛時期，由於皆定都孟斐斯，故稱之爲「孟斐斯王國」。它們實
行專制神權政治制度，並奠定了中央集權的官僚組織。第三王朝的國王爲左塞
爾（Djéser），著名大臣爲印和闐（Imhotep），國王自詡爲太陽神之子，並極
盡奢侈，他將大權委於大臣。政治權力被書記把持，一般平民則淪爲奴隸；第
三王朝後期，經濟混亂，人民以物易物，貨幣制度消失。

　　第四王朝時期，是埃及歷史上的黃金時代，這一時期的國王──古夫，或
稱基奧普斯（Chéops）、哈夫拉（Khafra），或稱齊夫倫（Chiphren）、孟卡
拉（Menkaure）等，相繼建造了金字塔，是爲「金字塔建築全盛期」，他們
向南擴張到亞斯文（Assouan）和努比亞，向東侵略西奈半島。

　　第五王朝則富有神權性，它是由赫里奧波里斯（Héliopolis）的祭司所建
立的王朝，尊崇太陽神－賴神（Ré）。此時，賴神亦取代了孟斐斯的普塔神
（Ptah），在文化和藝術的發展過程中臻於頂峰。西元前二十四世紀，由於法
老烏尼斯（Ounas）發動對努比亞的戰爭，又發生饑荒，使得第五王朝開始走
向沒落。古王國時期也隨之結束了黃金時代。

　　第六王朝的國王佩比一世（Pépi I）曾率軍出征，但佩比二世（Pépi II）
卻昏庸地統治埃及94年（由六歲至一百歲），由於遭受貝都因人的攻擊，導致
埃及越來越多的省分開始獨立自主，且政客們經常挑起窮人與富人的矛盾，潛
在的社會革命一觸即發，國家也逐漸衰弱。

　　西元前2280年，埃及產生了四個不同的政權，彼此間相互對立。東方人開
始侵略尼羅河三角洲，孟斐斯繼續被舊王朝統治。第六王朝瓦解之後，赫拉克
來俄波利斯（Hé-rakéopolis）統治者（省長）因提夫（Antef）逐漸控制了尼羅
河三角洲與中埃及，並建立第九王朝和第十王朝。他們在阿西尤特諸王公的支
持下與底比斯相對抗。

中王國時期

中王國時期，大約在西元前2100-1788年，這一時期包含第十一王朝和第十二王朝。西元前2065年貝都因人的勢力被逐出埃及，第十一王朝亦開始興起，由門圖荷太普（Mentouhotep）所建立，他平息所有的反對勢力而自立為國王，並將權力延伸至上埃及。這是埃及的繁盛時期，對巴勒斯坦及努比亞仍然進行征伐。

第十二王朝是由阿蒙涅姆赫特（Amenemhet）和辛努塞爾特（Sésostris）所統治，在辛努塞爾特時期，埃及更是黃金時期。阿蒙涅姆赫特無論在文學、藝術、建築或文化方面均有極大的成就。而辛努塞爾特除了修築尼羅河至紅海之間的運河外，還大舉修建宮殿及眾多的神廟。他針對沼澤地進行了排水工程，極大地改善耕作條件。

第十二王朝的法老王有下列幾項的改革措施：

1. 將摩埃瑞斯（Moeris）湖改良成為排水、灌溉均宜的湖泊。

2. 通過殖民化政策改善與人民之間的關係。

3. 在辛努塞爾特統治時期，埃及省長的職權被取消，省長失去了統轄地方的權力，權力重新歸屬中央政府。

4. 行政和宗教中心在底比斯，它距海有100公里，故能躲避貝都因人及東方敵人的侵襲；法老王的陵墓多在伊埃特－塔多伊（Ikhet-Taoui）地區。

5. 平民普遍接受教育，宗教權利平等，可以有個人的墓地。

6. 在埃及統治下的腓尼基人，將商業帶至敘利亞，並推展至克里特島。

7. 成功地防禦貝都因人和努比亞人的入侵，且征服部分的努比亞人。

阿蒙神（Amon）在第十二王朝時期，成為埃及最高神祇，取代了原本的神祇——卡普多斯（Coptos）及埃爾蒙迪斯的芒杜神（Mentou d'Hermonthis）。這時期埃及已達到「政教合一」的境界，神祇專職保護法老政權的穩固及延續性，祭司和行政官員各有政治上的利害關係。

西元前1800年，埃及發生了第一批外敵入侵者——西克索人的入侵。同一時期的巴比倫也被西臺人與卡西特人所征服，此是必然之趨勢。君主政體再也無法獨斷獨行，必須在社會中有不同的作為才能繼續生存。

法老制度

法老政體從提尼斯時期就已確定，它具有濃厚的宗教特色。法老是「大房子」的主人，他是荷魯斯（Horus）及太陽神賴（Ré）的兒子，備受阿蒙神寵

愛；他頭戴兩頂王冠，並有三位女主人隨行於側。神龕周圍有紙莎草及睡蓮兩種植物裝飾，一旁還有蘆葦和蜜蜂，這些東西象徵南方和北方的財富。法老的職責在於確保王國的秩序及正義和物質上的繁榮，他是中央集權的君主，具有絕對的權力，他的言行意志即是法律。法老之下設有宰相，統籌軍政、財政、政治、司法、祭祀及水利等職，但這些職位大部分由皇室親屬或王子分別擔任。

法老制度中軍隊確保了物質來源，憑藉著強大的軍事武力，對內鎮壓人民，對外進行征戰，時而搶奪敵人的財產、土地，把戰俘納爲奴隸。祭司擅長將政治權力加諸於法老，使他成爲了人民精神上的枷鎖，強化他的統治地位，迫使人民接受「君權神授」的觀念。從另一角度觀之，埃及的勞動人口也接受了法老的統治方式。法老的高壓統治及對百姓的剝削，則可由金字塔之建築證明。

美尼斯家族開創了行政管理的先例。有時國王與國家的財產互相混淆，國王的僕人亦成爲行政官員。但最棘手的莫過於地方問題（尤其是省長的權力），地理上狹長的地形缺少了迅速便捷的公路網，交通困難，因而產生了一些特別的現象──一旦國王權勢衰弱，地方勢力即迅速竄起。

在第四王朝至第十二王朝之間，強勢的王權和宗教結合。這時期，國王做到了「省長管制」的工作。前述，國王除了修築金字塔，更大肆地向人民徵稅。爲了使人民對國王效忠，國王必須保證社會的秩序，以及維護各地水壩和溝渠等水利設施，並防止敲詐勒索及不義之事發生，國王要求地方官員爲各種糾紛的仲裁者。加強大麥、小麥、水果、蔬菜等作物生產，使人民在經濟上得到滿足。捕魚、打獵、紡織、製油等亦爲人民帶來財富。

戰俘是最佳的勞動力，他們開採黃金、寶石等珍貴的礦產；挖掘沙漠附近的巨石，作爲修建金字塔石塊的材料；木材方面，則仍賴進口。所謂「公營企業」即是政府所負責的產業，不論是土地或礦山皆由公家企業開採，手工業及工業也由公營企業掌控。祭司、行政官員、士兵、僕人等，由政府負責其生計。

長期以來，尼羅河流域的商業活動停滯不前，此與政府的絕對控制有密切的關係；城市生活有一定的局限性，埃及境內亦極少有外國人，商業純粹是屬於自給自足型的經濟。

社會

埃及的社會主要是依循一個原則——即法老統治體系。百姓不斷勞動以供養國王，與古代中國王朝一樣，「普天之下莫非王土，率土之濱莫非王臣」，埃及的資源皆屬於法老所有。勞動者是一般的農民，他們生活質樸、順從、努力工作，依附於法老王之下。手工業者是一群平民，他們技藝高超，作品栩栩如生，具有豐富的藝術色彩。古埃及人的職業以雕刻家、工匠、畫家、金銀匠等最多，他們集中於城市，較農民自由，所遭受的剝削也較少。

埃及的士兵數量少，且大部分是傭兵，他們四處征戰，但不受尊重，戰爭勝利可獲得土地，效忠於法老。書記是國家的僕人，即今日的公僕，他們是屬於特權階級，對人民傲慢、專橫，常利用職務之便濫用職權。

祭司通常是由極具威望的人擔任，也是寺廟管理人，他們是神祇與國王之間的媒介，並因國王的賞賜而富有；他們擁有神聖使命，因此成為特權階級，常用神權驅使人民，權傾一方。

宗教、精神生活及文化

埃及宗教對原始圖騰的崇拜頗受爭議，神祇由許多動物或人的形狀之器物為表徵，在宗教傳承中，「神祇」一直以地方化和平民化的姿態與人們接觸，動物形狀的神祇源自埃及本土，人形神祇則大多自外傳入。

埃及宗教強調與自然、宇宙合一；有太陽神、火神及光神；也有城市的保護神，例如：阿蒙神是底比斯守護神、阿頓神（Aton）為阿瑪納（Amarna）保護神。一般神祇皆具有動物之形狀，如男神為公羊、公牛、鷹或豺狼；女神為母牛或母獅、雌貓等；除此之外，各種植物、花草、水果亦被崇拜。眾神中以太陽神最受崇拜，並和月神有著密不可分的淵源，由此產生許多富有神祕色彩的傳說。

埃及神祇性質與自然環境或地區性有很大關係，如南方的神祇又比北部的神祇活潑、更政治化及富有人情味。北方之神祇有孟斐斯的普塔神（Ptah）、赫里奧波里斯（Héliopolis）有太陽神－賴神、尼羅河三角洲有荷魯斯神、德哈（Dendérah）有山羊神、哈托爾（Hathor）有母牛神；南方埃爾蒙迪斯（Hermonthis）有芒杜神（Mentou）、卡普多斯（Coptos）有敏神（Min）、底比斯的月神孔蘇（Khonsou）以及阿蒙神及其子等。但從第五王朝起，赫里奧波里斯的太陽神則成為埃及最高的神祇，直至第十二王朝，才由底比斯的阿蒙神所取代。

在宗教信仰中，人們不需任何教義或神學之說，他們懷著一顆虔誠的心來膜拜神祇。冥世一直爲埃及人所重視，最深入民心的故事乃奧西里斯的傳說：奧西里斯（Osiris）是尼羅河三角洲的國王，由於其弟塞特（Seth）深具野心，最後將其殺害，隨之把屍體切成塊丢入尼羅河中。他的妻子（同時也是奧西里斯之妹）伊西絲（Isis）得其妹奈夫提斯（Naphthis）之助，共同拾回屍塊並一一拼湊起來，塗上防腐劑後埋葬了他，之後他的靈魂復活。從此奧西里斯成爲死者之王以及尼羅河之神，伊西絲痛哭其夫之死的眼淚亦成爲尼羅河水，並且每年固定氾濫，他們的兒子荷魯斯（Horus）也成爲繼承人，爲人們所崇拜的太陽神；埃及法老則是奧西里斯的後代；奧西里斯也是靈魂的審判官及陰間的國王。埃及人對奧西里斯的崇拜是復活觀念的表現，反映了農作物一歲一枯榮的過程。

埃及民間信仰深刻地烙印於人民心中，尤其是對巫術的崇拜及祕密儀式（來自祭司），以渾沌原始神祇的創造來解釋世界起源，這對後來的天體演化論形成一定的影響。

在靈魂觀的概念上，則有一些轉變，例如，在古王國時期，只有國王能與奧西里斯或賴神合一，他們生活在九泉之下；到中王國時期，人民和官員也有此權利，但必須沒有犯過錯誤才允准。人死後必經由奧西里斯的審判，他們將死者之心取出置於秤上，衡量是否合乎眞理，若不合乎眞理則永遠被放逐於墳墓之中，不得重見光明；若合乎眞理，則接受封賞，快樂地雲遊。這種靈魂觀影響埃及人的前世、今生、來生的思想。人們爲了使靈魂在死後能獲自由，相信魔法能帶來神祕的力量，並使靈魂重量得以平衡。

科學

埃及人在很早以前就已經累積許多關於天文學、化學、醫學、數學、物理等科學知識，今日的考古學者在埃及的金字塔中發現許多不可思議的知識及巫術，他們在讚嘆之餘亦用更加謹愼的態度來探討古埃及的歷史。宗教和科學也有密不可分的關係，證明了科學及人文方面影響。埃及人與兩河流域人民皆深信宗教及經驗哲學，現代人也無法用純粹科學的角度來闡釋當時眞正的科學內涵。

天文學

天文觀察是祭司的職責，目的在找出吉、凶、禍、福的徵兆，在上古時

期，埃及人即懂得如何觀察星象，新王國時期已經知道四十多個星座，並有類似「星象圖」的記載。他們以天文的基礎制定曆法，最初使用陰曆後改用陽曆。由於尼羅河每年定期氾濫，攸關農作物的生長，故精確地計算河水的漲退潮是國家的政策；根據天文學家的看法，每年古埃及曆的七月十九日（即陰曆的六月十五日左右）是尼羅河的漲潮日，此時前後潮頭會到達孟斐斯，埃及人把它定為一年之始，這一天，在下埃及正好是太陽和天狼星共同出現的日子。此項創舉最早可追溯至西元前4245年或西元前4242年之間，埃及人據此制定自己的曆法，並依照尼羅河作物生長的規律，將一年分為三季，各四個月，每月三十天，年終增加五個特別的節日，共為三百六十五天，可謂全世界最早的陽曆。

醫學

因為巫術的威望而對醫學有所局限，對解剖學和心理學也只有初步的認識。但醫生們皆有所長，並將醫術和巫術運用在一起，他們可以治療牙痛、腹痛、外傷及眼睛方面的疾病；在木乃伊的製作過程中，運用了許多解剖、神經、血液、器官等方面的知識；因此，古埃及人在骨折處理、外科醫學方面、藥典等，特別發達。古埃及醫學是同時代中最先進的醫學體系之一。木乃伊主要是作為將來復活之用，融合了許多古代的物理、化學知識。

數學

古埃及人數學的天分極高，他們擁有算術、代數和幾何知識，且從金字塔的修建，我們確信他們充分掌握了必要且高超的數學知識，他們已知幾何學的運用，並能求得三角形、梯形和圓形的面積（定圓周率為3.16）。雖然在當時無法使用詳細的文字記載，但如同古代中國一樣，他們以類似繩結的方法，用各種方法留下其計算過程。

文學

文學作品以敘事詩及民間故事為主；在民間故事中，有許多諷刺性的評論，也有道德及神祕玄學的啟示。最有名的敘事詩是拉美西斯二世（Ramsès II）的《卡疊什戰役》（*Bataille de Qadesh*），它深切地反映新王國時期的文學發展，也是研究古埃及軍事史的主要材料。宗教類的文學作品則以《阿頓頌詩》（*Aton*）最為著名，它影響爾後《舊約聖經》中讚嘆耶和華神的創作。其

他還有一些奴隸階層的自傳及旅行者之類的著作，此也反映了當時的社會狀況。

藝術

新王國之後的藝術作品有明顯的進步，數量也增多，表現手法更加成熟及穩健。整個古埃及的藝術新穎而有活力，藝術的創作顛峰期和君主統治的極盛期相關，國王支持藝術的發展，並提供資金使其不輟。

古埃及人常使用金、銀、青銅、玻璃等作爲原料，許多雕刻藝術鑲於建築上，展現富有創意的特殊技藝。

建築

金字塔的成就，以及神廟的建造，爲埃及塑造了古代文明的象徵。這些建築多和宗教有關，是法老的墳墓。「馬斯塔巴」（Mastaba）則是古埃及貴族墓室華麗的建築。埃及神廟建築也保有濃厚的宗教氣息及現實主義的精神。阿蒙神廟建立於中王國時期，但卻直至新王國之後才完成，它擁有許多的柱廊和柱頭，是一個非常龐大的建築群。卡奈克神廟（Temple de Karnak）則具有宏偉之氣勢，其總面積達5,000平方公尺，神廟由一百三十多根巨石柱支撐，石柱達120公尺高，柱身有許多各式各樣的浮雕，此亦反映出當時的思想及風俗。

帝王谷法老陵墓內的日常生活雕像，無數珍貴的金銀財寶，由此更能顯現出法老的高貴與權威。埃及一直受到傳統藝術的影響，因此它的光芒一直是獨特的，並在尼羅河峽谷中持續地大放異彩。

第二節　新王國時期

第十八王朝

埃及王位的繼承方式，若無合法的男性繼承人，需將王位傳予女兒，而女兒則嫁給同父異母的兄弟，這些兄弟皆由王室和外國公主（米達尼公主）或是平民所生。

圖特摩斯（Thoutmôsis）在執政三十年之後，由於膝下無子，便將政權交予他的女兒——哈特雪普蘇（Hatshepsout），由哈特雪普蘇與其夫圖特摩斯二世共同執政。圖特摩斯二世本已指定由圖特摩斯三世繼承，但哈特雪普蘇卻沒有執行而獨攬大權，在阿蒙祭司的同謀下，將攝政權延長了22年，以致於無論圖特摩斯三世表現多傑出，終究被掩其光芒，也造成他統治初期的艱難。

哈特雪普蘇統治時期，埃及堪稱平靜，她喜歡將自己神格化，並用各種男性名稱爲自己取名；她喜愛男性裝扮，並戴假鬍子。她建造許多宏偉建築，如代埃勒－巴哈瑞（Deirel-Bahari）神廟，豎立方尖碑，並於帝王谷爲自己建築一座巍峨的陵墓。但她沒有軍事才能，致使小國紛紛興起。

繼哈特雪普蘇之後，圖特摩斯三世開始他的雄才大略，除了十七次親征之外，還直搗巴勒斯坦及敘利亞，迫使亞述和巴比倫與埃及建立友好關係。在軍事擴張方面亦達到空前規模，埃及的邊界——南到尼羅河第四瀑布，北到小亞細亞、兩河流域及小亞細亞地區都是其勢力範圍，這是埃及新王國的極盛期。

埃及王位由阿蒙霍特普及圖特摩斯家族輪流繼承，傳位至阿蒙霍特普三世（Amernophis Ⅲ，西元前1411-1357年）時，他爲埃及奠定藝術的基石——許多神廟、塔樓、宮殿都有一定藝術價值；在對外關係上，爲和鄰國建立良好的關係，「和平外交」是其政策主軸。

阿蒙霍特普四世（Amernophis Ⅳ，西元前1370-1352年）繼位後，對國家事務漠不關心，但對太陽神卻有著狂熱的信仰，並改名阿肯那頓（Akhénaton）。他對埃及宗教進行改革，首先削弱了阿蒙祭司過度膨脹的權力，並離開首都底比斯，來到埃赫塔頓（Akhoutaton，意爲阿頓的視線），傳播他的宗教理念，他深信太陽的圓盤即象徵著太陽展開無垠的雙手，將綻放出萬丈的光芒照耀每一個人，並散播著快樂及繁榮。

他的宗教狂熱令人不解，他以赫里奧波里斯的太陽神－賴神代替底比斯的阿蒙神；阿頓崇拜的早期階段是以阿頓爲最高神，但同時不否認其他神祇的神

性，與傳統的埃及宗教並無衝突；但後期階段，阿肯那頓就顯示出原始一神教的色彩了。從另一角度而言，出於宣傳及簡化的宗教，使得阿頓信仰開始普遍，他的宗教深得人心；阿頓信仰含有科學思想和自然主義，其理論基礎在於太陽的能量是地球上所有生命的最終能源。

阿蒙霍特普四世對於埃及藝術的貢獻良多──他擺脫了祭司及傳統的束縛，使藝術風格獨樹一格，並充滿蓬勃的新興氣息。但他不擅於治國，晚年時期，各邦紛紛獨立，埃及國勢遭受打擊，他膝下無子，只好傳位至六個女兒之中的兩位女婿。

第十九王朝

拉美西斯二世（Ramses II，西元前1298-1235年）是埃及歷史上最著名的法老，開羅的博物館仍保存拉美西斯二世木乃伊。他統治埃及很長的時間，沉醉於強大國力的虛幻中，外強中乾的結果，導致國勢不振，祭司們趁虛而入，攫取自身利益。他一再誇大戰績，大肆迎娶西亞美女為嬪妃，妻妾子女數以百位計，並好大喜功修建神廟、宮殿，城牆等。拉美西斯二世死後，埃及就開始走下坡。他以九十一歲高齡過世，是埃及新王國時期的代表人物。

他的繼任者為麥倫普塔（Menephtah，西元前1235-1224年），此時海上民族威脅著埃及，他們在利比亞登陸，並和各族結盟，例如：亞該亞人（Achaeans）、呂基亞人（Lycian）等；麥倫普塔率兵與其交戰，並殲敵近9,400人，取得了對利比亞人及海上民族的勝利，成功地抗禦了來自外部勢力對埃及的威脅。他統治期間，希伯來人逐漸興起，在他之後，埃及又開始遭受外族的入侵。直到第二十王朝拉美西斯三世（西元前1198-1166年）時，再次將海上民族擊退，他是埃及歷史上最關鍵的人物，也是最後一位還具有影響力的法老。此時，首都仍在底比斯，但社會已是一片紛亂，負責建造陵墓的底比斯工匠受到不平待遇，因而引發一連串的抗爭，他們挑戰貪贓的官員，社會形成明顯的階級關係，埃及出現「富者越富，貧者越貧」的情況。

拉美西斯三世之後，實際掌控政權的是阿蒙神祭司，法老僅是虛位君主，國家走上徒具虛名的道路。

新王國的君主制度

埃及曾被西克索人入侵，但經由十八王朝的法老們重建聲威，使得人民對於王權的概念又重新賦予新的定義，而埃及也成為一個地跨西亞北非的大國。

在神學的解釋方面，人們依舊認爲：法老由神賦予神力，他既是阿蒙神的兒子、賴神的兒子，也是奧西里斯的兒子。由於法老的超然神力，使他在自然的傳承中擁有特殊的待遇。他不但擁有多位妻子，而且其繼位者皆有神性，王位的傳承是由阿蒙神授予，王子擁有與他父親神似的外貌（事實上，亞歷山大後來也接受這種宗教上的觀念，稱自己爲宙斯的兒子，並且認爲應該去拜訪他的母親奧林匹亞絲）。因爲西克索人帶來的危機，使君主權力更爲加強，法老掌握了精銳部隊（重裝步兵、輕裝步兵、戰車兵），並可以指揮他們。

戰爭使大量財富和勞動力湧入埃及，封建制度逐漸消失，自由民因西克索人的入侵而無法從事商業活動，國王和平民間亦不再有階級存在，簡化爲主奴的關係，因此逐漸地發展出奴隸制度的經濟。由於原料短缺，以及重大工程人力需求孔急，迫使法老不斷地對外發動戰爭，被征服的人民或被流放，或爲奴隸。東方來的大批奴隸也導致埃及農民及手工業者的生活出現困境，因爲他們失去許多工作機會；名義上，國王仍舊是財富分配者、施恩者和保護者，但人民卻沒有因此而更富裕。

將西克索人驅逐之後，新王國有兩種勢力開始發展起來：一是阿蒙神的祭司，因爲他們是國王最初的支持者，並深獲國王的信賴及恩寵；當西克索人被逐後，他們理所當然地接受國王所賜予的贈品，如戰俘、土地管理及貢品等。法老也順理成章地成爲大祭司，掌控政權，並自由地發布命令；此外，祭司、農民、僕役、奴隸等，亦都可以參政。二是職業軍人，透過戰爭的勝利，他們可領有土地作爲獎賞。是故，祭司和軍人亦都成爲這一時期的中堅分子。

三角洲東部阿瓦里斯（Avaris）曾是西克索人統治埃及時期的首都。拉美西斯二世下令在東北尼羅河三角洲新建一座城市爲首都，並將其命名爲培爾－拉美西斯（Pi-Ramses，意爲拉美西斯的家）。但底比斯在新王國時期的重要性遠超過前者，並躍升爲首都，更是新王國政權的搖籃。

君主制度在社會經濟方面的影響：當時可能存有資本主義，有少數的個人自由經濟權，但受國家的管理。在埃及的文獻中，籍冊（徵稅）已用於財政上。土地歸王室或神廟所有，由士兵、官員及祭司管理，農民負責耕作。手工業者和農民必須以食品替代財稅，且有類似行會形式的團體，隨著生產力的提升，埃及商業開始蓬勃發展。

新王國時期，工藝技術進步很多，青銅器被普遍使用，已有許多大型工作坊，各類工匠製造武器以供軍隊使用，冶煉金屬有皮革製的腳踏風箱工具，提高了工作效率。手工業者雕刻著精美裝飾品，製造金耳環、項鍊、寶石飾品等。當時也有紡織品、帆布的嫻熟運用，使帆船業勃興。農具方面，有梯形

型，新式的灌溉技巧則提高農業生產力。

商業方面，雖然統治階級不合理徵稅，讓人民負擔沉重，但埃及的貿易依然活躍，例如：努比亞的香料、象牙、金銀，兩河流域的油品、織物，都是埃及人交換的商品。由戰爭的戰利品、公共工程及資金的增多，豪奢物品的充斥與品味的高雅，我們可以確定新王國是埃及真正鼎盛的時期。

新王國時期的文明——建築

新王國時期的建築數量在埃及可說是首屈一指，不論是在盧克索（Luxor）、代埃勒－巴瑞、底比斯或卡奈克（Karnak），或是尼羅河西岸懸崖的帝王谷，都有許多神廟及王宮建築，這些建築至今仍令我們驚嘆。不論是哈特雪普蘇的壯麗陵墓、圖特摩斯三世的花崗石方尖碑（Obelisks）、阿梅諾菲斯三世的陵寢，與各法老王所修建的神廟，或圖特摩斯四世的壁畫、浮雕等，都被認為是不朽之作。尤其法老的陵寢，無論是在雄偉的岩洞或隱蔽的山谷中，它們都有著精美和精緻的技藝，是藝術的瑰寶。

文學

新王國時期在文學上有輝煌的成就，各種紀念碑皆有文字雕刻，官方文字也發揮作用。例如，圖特摩斯三世的勝利年鑑不斷地被翻抄，大部分皆是用來歌頌神祇或國王的功績。此時已有墓葬文學，例如：《死者之書》、《復活之書》、《山谷、白天和黑夜之書》，內容多為讚美、咒語及虔誠的文字敘述。此外還有宮廷詩，如西元前1291年戰勝卡疊什的宮廷詩、戰勝努比亞的梅納弗塔的以色列石柱、龐達吾爾（拉美西斯三世的兒子）（Pentaour）的作品。文學作品深刻反映出宗教情感。此外，民俗文學也極發達，在創作的新體裁方面也有文書的論戰，各種奇幻的故事、抨擊性的小冊子、包羅萬象的愛情故事等，但多為私人文學；詩詞方面，也有阿肯那頓的《太陽讚美詩》，及《雅歌》等創作。

藝術

新王國的藝術傳承自古王國的美學，也感染了東方藝術精緻。在小飾品上，他們能以極精細的雕工，琢磨出微乎其微的作品，在首飾、雕像或浮雕上也展現出優雅的風格，甚至顯示出帶有女性品味的華麗韻味。在雕像的表現上，他們創造了一種神和人的合體，在神廟梁柱上、牆壁及金字塔內都有精美

藝術表現，一種融合自然及現實主義的精神展現。大作品有各種雕像、獅身人面像等。埃及新王國的藝術秉持古王國特色，是一種不斷追求美的積極展現。

宗教

人民心中仍存古老的宗教形式，雖然阿肯那頓在位時期推行的宗教改革活動，這是古埃及歷史上最重大的事件之一，但人們對阿蒙神的虔誠不移，使得祭司的地位也越來越重要。與神明溝通的責任和權利屬於法老，而法老將此責任託付給祭司們。祭司是神與人之間的媒介，介入人們的生活中乃是必然的，祭司常以神諭告示神聖動物的降生。

東方香料使製作木乃伊的技術亦更加進步，屍體更能保持不腐。人們篤信神學，認為死者在賴神的保護下，重返天堂，或在通過苦難之後，死者靈魂可經由奧西里斯的審判後，幸福地生活在冥間。

埃及人信仰巫術，人們認為墓葬應先讓死者有安身之處，經由作法使得死者能於日間搭乘賴神行駛的船，生活在大地上，日間也能活於光明之中，不再黑暗。故他們很重視死者的墳墓，若死者富有德性且對人生有貢獻，則可藉由巫術來擊破妖魔的詭計，使死者能順利重返天堂。通常在墳墓的牆壁下，都有大量的巫術咒語，可見當時巫術的盛行及受重視的程度。

西臺王國

西元前二十世紀，西臺人（Hitties）生活於黑海或裏海的西部地區，在建立王國後便開始向南擴張，直至西元前十六世紀初，他們開始和胡里特人（Horrites）、米達尼人（Mitanniens）、印歐人、雅利安人接觸。

此時胡里特人居住於旺湖（Van）附近，而和胡里特人緊連的國家正是米達尼。之後，米達尼併吞了胡里特，以幼發拉底河為中心，不但占領美索不達米亞地區，還定都於哇蘇加尼（Washoukanni），他們的文化也傳播到鄰邦。在亞尼克人、巴比倫人、印歐人的多重影響下，西臺人建立自己的文明。

西臺王國並非純粹西臺人建立的國家，而是由西臺民族融合少部分印歐民族共同組成，國祚長達三百多年。最早的首都定於庫薩爾（Koussar），國王馬西里斯（Mursilis）征服了巴比倫，並開始統治漢摩拉比所建立起的帝國，之後，再將首都遷往哈圖沙（Hattousas）。

西元前十五世紀、十四世紀，西臺國王蘇比魯留馬斯（Suppululiumas，西

元前1380-1340年）消滅了米達尼王國，並征服敘利亞。但因內部爭鬥不斷，終於在西元前1190年結束。

文明

西臺人留下一個極具特色的文明，它帶有一種神祕感，人們對西臺人並無整體概念，但他們的文化傳播力量影響甚鉅，他們將胡里特及美索不達米亞的文化間接地傳給印歐民族，如弗里吉亞人、亞述人及呂底亞人。

軍事

西元前十六世紀西臺人已發現鐵礦，並且已知鐵的硬度較銅爲高，開始提升煉鐵技術，用以製造武器和工具，這項技術是西臺人最大的成就之一。西臺人在軍事方面有許多發明，由於戰車戰和攻城戰使得他們的裝備成爲當時最先進的，攻城戰讓人驚嘆，他們曾經以八天的時間攻破防守堅固的卡其米希城（Carchemish），創下軍事史上的紀錄。一些小藩國及聯盟在王權強大時，他們團結一致，當王權削弱時，他們開始傾向獨立，所以西臺王國常在王位繼承時出現許多的紛爭。

宗教

對西臺人而言，宗教是神聖的，在文獻中，同一個神常出現不同的名字，他們預知了伊特拉斯坎人的出現。西臺人的主神是阿瑞那（Arinna）的太陽女神及夥伴暴風雨神、帖蘇布（Teshub）氣候神。鹿神和太陽神也加入了宗教行列，祂們是屬於印歐語族帶來的神祇，也包容了胡里特人及伊阿西里加亞（Iasilikaia）的聖殿諸神。

西臺人的神祇具有可愛的性格，會發怒、會懶惰，但也會改過，並擁有四季循環的故事。

法律及社會

西臺王國的法律非常嚴格，他們不但須遵守各項協約，並強調道德法典，法典中常使用附加條款，並給予商業和農業較高的保護。法律雖然嚴格，但國家卻極少使用死刑，且強調經濟賠償及個人的責任。

社會階級分爲自由人、貴族、商人和手工業者，以及被亞尼克或亞述所統治的人。與美索不達米亞早期居民不同的是：人們小心地伸張正義，並且以字據、重要文件爲行事的依據，並以「人」爲主。

藝術

　　藝術的表現上，西臺人以混合性爲主，不但擁有多套的書寫系統，也使用多種語言，在西臺的手工業或雕刻作品上，常發現這種特色。西臺人較注重「人」的表現，無東方藝術的莊嚴限制，故藝術的表現也更爲自由、開放。

　　此外，繪畫中的國王，大部分出現於祭祀或打獵時，很少以征服者的姿態出現，王后面對著一個替她打扇的侍女，並懷抱嬰兒於膝上，充分發揮母愛的光輝，雕刻作品表現簡單而純樸，沒有任何複雜的雕飾。

　　西臺的青銅雕像、石頭、印章等，常在敘利亞及美索不達米亞被發現。宗教的大型浮雕往往被刻在巨石上，有許多神祇、妖魔及各種迎神活動，其表現的手法並不是很精緻，且缺少了透視和布局的技巧。

　　在伊阿西里加亞，有一塊描繪西臺人對於神祇虔誠的作品。當中衆神們富有生命力，祂們正迎接一對神祇夫婦，其雕刻的作品不但有感情，且充滿了活力。

文學

　　西臺人所留下的部分文獻讓人難以解讀，考古學家們也大傷腦筋，因爲西臺人使用多種語言，導致研究更爲困難。例如，他們除了使用各國文字外，並使用古老的象形文字及遠古語言，但經解讀之後，發覺文獻雖然粗糙，卻不失幽默，不嚴謹卻富有教育意義。

　　西臺文學中有一些歷史性文件及外交函件，但大部分的書板都已被燒毀，以史詩留下最多，詩中不但富有詩意，更包含趣味。一些贈予國王的詩，也顯示了當時國王壽宴的情形，如哈杜一世（Hattaui I）的作品，反映出米爾西勒二世（Mursili II）的禱告情況及豐富描述。

第三節　東方世界──印歐民族到來和海上民族的入侵

印歐語系

　　西元前2000年，出現了一波極特殊的浪潮，即「印歐民族」的現象。長期以來，人們對「印歐民族」這個名詞，仍然沒有確切的定義，直到德國的部分學者提出「印度和日耳曼語系共同融合的民族就是印歐語系」，才有比較明確的說法。但此一說法，又引起熱烈地討論。現今，我們可用一個較客觀的說法來定義──沒有所謂「印歐民族」的稱謂，他們是一群在西元前二十世紀生活於歐亞平原（或從德國到西伯利亞之間）的民族（約在新石器時代），他們的共同生活方式，發展出許多相似的文明。

　　這個觀點雖然不能確定當時有獨立的種族或國家，但卻影射一個不爭的事實：歐洲人和居住於伊朗地區的人，他們曾共同屬於這個社會，我們可以明顯地發現他們的共同點。根據史料，我們得知印度語、伊朗語、希臘語、日耳曼方言、義大利－克爾特語、斯拉夫方言、波羅的海方言及古老的土耳其方言等，都存在著許多相近的特點。

　　此時期的政治制度尚未健全，領導者的職稱及性質亦不嚴謹，各部落由其首領分別統治著，他們大部分是游牧民族，並馴養著許多活動力強的動物，已知使用馬車。在大規模遷徙時，馬車發揮了極高的效力，此外，馬車也作為交通工具、搬運家用物品等，馬也成為財富的象徵，印歐民族活動範圍亦更能擴展開來。

　　印歐民族已知使用銅器、鐵器等金屬品，在生活上有長足的進步，他們也懂得利用農具增加農業的生產，並種植不同的作物以利於日常的糧食供應。與埃及一樣，印歐民族對自然的崇拜不遺餘力。依據杜梅澤勒（G. Dumézil）的說法，印歐民族擁有非常多的神話，並對諸神命名，他們敬畏大自然力量。

活動範圍

　　印歐民族的活動範圍以下伏爾加河（Besse-Volga）及聶伯河（Dniepr）之間的平原為起點，再向外擴展，大致上可分為三個時期：首先經過色雷斯（Thrace）、伊利里亞（Illyrie）、多瑙河流域的路線，然後再向西、向南發

展。不過義大利的克爾特人，此時已經發展到高盧、波河平原、中歐等地方。在這個地區先後出現許多文明，如西元前2100-900年的青銅器時代出現了「地區煙火筒文明」（Gobelets à Zone）（萊茵河－多瑙河、波希米亞文明），緊接著是呂薩西安（Lusacienne）文明，而呂薩西安文明也是當時最重要的文明之一，這一時期重要的歷史事件，即是多利安人及愛奧尼亞人第一次移民浪潮的開展——西元前1750年，他們往南通往色薩利（Thessali）及伯羅奔尼撒地區，並襲擊了克里特島。

其次是從色雷斯出發，經過高加索的庫邦（Kouban）以及博斯普魯斯海峽。印度－波斯人是古代米底人（Médes）及波斯人的祖先。這個時期是從波斯東南方的巴克特里亞（大夏）（Bactriane）前進印度。

再者，歐洲中部的印歐民族通過博斯普魯斯海峽，推翻了特洛伊二世（Troie II，西元前2600-2250年）文明，西臺人開始在小亞細亞定居，他們成功地壓制亞尼克人（Asianiques）。此時美索不達米亞發生重大的變化，即卡西特人的入侵，以及西克索人侵入埃及。

在種族大遷徙和混亂時期，仍有地區得以倖免，由於有喘息的機會，因此發展出高度的文明，這種文明更顯示出其獨特性。例如，西元前1750年克里特島遭受侵襲，但之後的第二王朝卻在文化上有其卓越的成就。此時，愛琴海南部的基克拉澤斯群島（Cyclades）開始與克里特島有了聯繫，並孕育出邁錫尼文明。在希臘地區，亞該亞人（Achéens，愛奧尼亞人之後繼者）開始定居於伯羅奔尼撒半島的阿爾高里德（Argolide）地區。

埃及新王國的建立

由於西克索人在埃及的統治引起了各階級的反抗，南部的上埃及始終牢固地掌握在底比斯王朝的手中，而埃及國王們也逐漸意識到，透過征服其他地區可保障埃及人自身之權益，故開始進行反抗西克索人行動及對其他地區之占領。尤其當埃及國王們發現腓尼基、敘利亞之富庶及豐饒時，他們即展開建立新王國的行動。西元前1580年時，阿莫西斯（Ahmosis）聯合愛琴海上的克里特人，南北夾攻占領西克索人的首都阿瓦里斯，並將西克索人趕出埃及。於是阿莫西斯建立了埃及新王國（The New Empire），創立第十八王朝，並定都底比斯。

在與西克索人交戰中，法老恢復政權，掌控軍備，並享有最高權力，重視國防及領土的擴張；埃及亦由圖特摩斯一世及圖特摩斯二世（西元前1530-

1504年）開始，成爲強大國家。

圖特摩斯二世是一位雄才大略的君主，由尼羅河至幼發拉底河，他大力擴張疆域，開發農村，並征服鄰近地區至敘利亞、巴勒斯坦等地。圖特摩斯二世對埃及很有建樹，但執政三十年後，便傳位於其女哈特雪普蘇（西元前1520-1480年），她亦充分發揮優秀的治國能力，爾後再傳於其夫之妾所生之子──圖特摩斯三世。

此時埃及國力強盛，擁有當時先進的武器裝備，戰車配備完整。這支軍隊是由武藝精湛的國民兵及傭兵組成，在戰爭中他們的戰力極其強大。但戰爭又和文化密不可分，戰爭使埃及與鄰邦的外交更爲頻繁，偏遠的城邦也和埃及保持密切的往來，是故巴比倫的楔形文字及東方通用的文字在埃及頻頻出現。

埃及之對外的關係

圖特摩斯三世在位期間發動了十七次對外戰爭，並親自率軍擊退敵人。他在美吉多（麥吉杜）、卡疊什（Kadesh）、卡爾赫美什等地取得一系列軍事勝利。並平服巴勒斯坦附近地區，大修神廟，開始和平外交，使西亞各國成爲埃及的附庸和友邦。

此時埃及強大的對手是米達尼人，他們定居於小亞細亞，沒有自然邊界地區（占有目前的土耳其東南部、敘利亞北部與伊拉克北部），由貴族領導。而鄰近的幼發拉底河的河灣是一片價值極高、土地肥沃的地區，承接著東方貿易往來之要道。由於它位置優越，西北部的西臺人、東南部的亞述人更覬覦此地。

在身處緊張情勢之中，米達尼人不得不採取一連串的保護措施，他們與埃及共同制定一個平衡政策，同意埃及將邊界擴展至奧龍特，直接和亞洲接觸，間接提供埃及在敘利亞、腓尼基海港從事商業貿易活動。

雙方王室聯姻，埃及和米達尼的來往也更爲密切，在阿蒙霍特普三世（Amenhotep III，西元前1405-1370年）及阿蒙霍特普四世（西元前1370-1352年）時期，在西亞地區，埃及充分展現它的政治之影響力。

埃及和西臺王國

阿蒙霍特普四世實行宗教改革，並獨尊一神──太陽神「阿頓神」，排除祭司擅權。他不善治國，祭司也從中作梗，政事不順，他尤其不懂外交關係。此時西臺人在蘇庇路里烏瑪一世（Soubiliouliouma，西元前1388-1347年）的領

導下開始國富兵強，勢力也擴張到腓尼基和敘利亞一帶，迫使米達尼必須在埃及和西臺之間保持中立。

　　繼位者霍朗赫布（Haremhab）國王開創第十九王朝，他重新整頓埃及的國力，傳位至拉美西斯一世時，為了重振在西亞的聲威，他和西臺國王哈圖西勒三世（Hattousili III）戰於西北卡疊什，在戰敗之後，雙方協議停戰，西臺國王並親臨底比斯，將女兒嫁給拉美西斯為妃，並與埃及保持和諧關係。

　　關於埃及第十九王朝國王塞提一世（Séthi I）和拉美西斯一世的軍事成就，皆被記載於卡奈克及盧克索神廟的岩壁上。此外，還可以看到塞提國王收復巴勒斯坦和腓尼基的銘文。它記載了西臺王國在戰爭期的「盟邦」，包括佛里吉亞人（La Phrygie）、龐特人（Le Pont）、西里西亞人、米達尼人、卡爾凱美什（Karkemish）及阿勒頗（Alep）、那哈瑞納（Naharina）國王等。

　　在哈圖西勒三世嫁女至埃及之前，西臺和埃及戰事不斷，雙方軍民傷亡慘重，皆感疲憊。西元前1278年時，西臺人在受到亞述人的威脅後〔此時亞述國王為薩勒瑪那爾一世（Salmanazar I）〕決定與埃及（西元前1278年）議和，並將議和之事雕刻於埃及神廟的石壁及西臺王國的書板上，這也是現今保存的第一個國際條約。條約的內容在各神祇的保護下，雙方必須共同允諾維持和平及友誼，並反對第三國的干涉，彼此遵守以奧龍特為邊境的條文。哈圖西勒三世的嫁女聯姻，亦維持五十多年的和平與兩國的霸權。

　　西元前1250年，亞述開始侵犯巴比倫，西臺人也逐漸沒落。埃及在西元前十二世紀時仍然控制西臺王國。西元前1180年，弗里吉亞人席捲了東部地中海地區，西臺王國亦隨之解體。

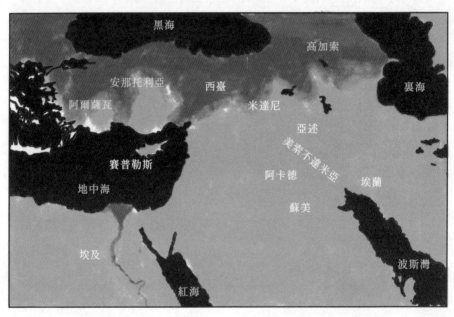

圖1-2-3　古代近東概覽

第三章

美索不達米亞

第一節　蘇美、阿卡德、巴比倫

國家

美索不達米亞與埃及都是一個文化悠久的地方，位於兩河流域的中下游，地勢平坦，古希臘人稱之爲「美索不達米亞」，即是指河間之地。氣候炎熱，土地因河流的灌溉而肥沃，生長棕櫚樹、椰棗等作物。

美索不達米亞的兩河流域，如同尼羅河之於埃及，但不如尼羅河封閉。它通過敘利亞沙漠，沿著幼發拉底河直至敘利亞北部，這個地區，人們稱之爲「肥沃月彎」，其地理環境條件十分良好；北部及西部通向地中海，而南部則通往印度洋（這一地區相當於現今伊拉克）。

此地區由北到南大致分爲三部分：北部稱爲「亞述」，即現今的巴格達至波斯灣等地；中部稱爲「巴比倫」，而位於巴比倫的北方稱爲「阿卡德」（Akkad），南部則是蘇美地區。

由於兩河流域的南北條件不盡相同，產生兩種不同的生活方式。北部多丘陵，並有豐富的雨水，盛產木材、砂石等；南部地處氣候炎熱區，雨水稀少，生產椰棗、黏土等，但遇到兩河每年的氾濫期，即會造成許多沼澤地。爲了解決問題，需大量地使用人力來從事於灌溉、蓄水、排澇等工作，因此發明了蓄水的方法，即建造類似水壩的儲水大槽，在四周圍建以水壩，且在每年的河水氾濫之後，因水量充足，可將大水槽內的水引導到小渠道，再引至田裡而得以灌溉。

考古挖掘顯示，早在西元前4000多年，美索不達米亞即已有三處文明：歐貝德（Obéid）文明、烏魯克（Ourouk）文明以及那什（De jemedet-Nash）文明。當時居民們可能是亞尼克人，他們在黏土、石頭、骨頭、銅器及寶石上留下了文化遺跡。

而另一個是位於伊朗高原上的埃蘭（Elam）文明，首都爲蘇薩（Susa）。他們的銅器、陶器及紡織等相當進步，藝術具有獨特的單線條自然裝飾。這些文明後來消失，其原因與諾亞時代大洪水的傳說有關，換言之，其文明可能消失於爆發的洪水中，爾後又出現了蘇美文明。

最早的蘇美人

西元前4000年，蘇美人居住於兩河流域南部的埃里都（Eridou）、烏爾（也是王室墓地區）、烏魯克、拉格什（Lagash）及烏瑪（Oumma）等城市。蘇美人從這裡向南擴展，他們的社會爲他們提供了條件，他們有能力控制水源，在困難的環境中生存和發展。此時，蘇美人進入銅、石並用時代。至於蘇美人的起源，迄今未有定論。

西元前5000年，兩河流域南部已有人居住，蘇美人是美索不達米亞的居民，考古發掘證明從歐貝德時期開始，美索不達米亞南部的居住文化就是連續的。他們居住於南部，須面對兩河流域的氾濫和鄰邦對他們肥沃土地的覬覦，因而修築防禦工事以保衛家園，成爲蘇美人戰鬥生活的一部分。

在防禦敵人和水源問題中，能夠處理危機的人，便成爲蘇美人的領袖。他擁有絕對的權力，人民認爲他們的領袖深受神的特別眷顧，故稱之爲「神的代理人」或「昂薩格」（Ensag）、「魯加爾」（Lougal）。西元前3000年，蘇美地區也曾被「巴代西」（Patesi，也是神的代理人）領導；此時蘇美已成爲一個城邦國家。上述這些城邦因爲鄰近海洋而成爲經濟活動熱絡的新興據點，並開始走向君主政體，此導致蘇美氏族制度的崩潰，奴隸制度形成的開端。

這個時期，各城邦之間不斷地鬥爭，拉格什城則占上風。改革派國王烏魯卡基那（Ouroukagina，西元前2630年）建立神廟及水利設施，他被人民稱爲「拉格什與蘇美的國王」，同時他也創立蘇美的第一條法規。

摧毀拉格什的是盧加爾扎吉西（Lugal-Zage-Si），他定居於烏魯克，並建立了「第一個美索不達米亞王國」，人民稱他爲「烏魯克地區的國王」。

阿卡德時期

西元前2350年，蘇美人被阿卡德人（Akkadians）所取代，他們屬於閃族的一支，原居住於兩河流域的中部，西元前3000多年時，由於阿拉伯塞姆族人（閃族）的遷入，隨之他們定都於阿卡德（Akkad），後來被稱爲阿卡德人。起初阿卡德人仿用蘇美人的文字、語言、建築、藝術等，後來才逐漸發展出自己的文化。他們擴張的速度很快，西元前3000年，已擴展至美索不達米亞。

阿卡德人的首領是薩爾貢（Sargon），他帶領阿卡德人由敘利亞阿慕戶地區（Amourrou）登陸，從死海、西奈半島的摩阿布（Moab）、伊多姆（Édom）、納讓布（Négeb）進入蘇美地區。

薩爾貢是「阿卡德王朝」（The Akkadian Empire，西元前2350-2170年）

的創始人，他以阿卡德為首都，加強武器裝備，成立世界軍事史上第一支常備軍，約有5,400人，並且不斷向外擴張。向東征服部分埃蘭的城邦，向西則一度征服馬里（Mari）和埃卜拉（Ebla），開通前往地中海沿岸貿易的商路。向北攻占阿慕戶、黎邦（Liban）等地，昔日的蘇美城邦幾乎都遭到摧毀，地方舊貴族的勢力受到沉重的打擊，相對地，一些依賴國王的新官僚集團開始出現。此後，他統一度量衡並繼續西進，深入小亞細亞的南部和中部，將王國的疆域擴張至頂峰。

薩爾貢自稱「萬物之王」（King of Universal Dominion），在位時間為西元前2334-2315年，人民都視他為神。他不斷地迫使被征服地區繳納大量的金銀、稅款，且還須提供勞役；由於大肆征戰使國庫負債累累，人民淪為奴隸或成為他國戰俘；薩爾貢統治晚期，國內起義不斷，戰亂頻仍。他的三個兒子先後繼承王位，幼子納拉姆辛（Naram-Sin）繼位後，即開始大舉征伐，他自稱「宇宙四方之王」，並對阿卡德、蘇美、蘇巴湖（亞述，Soubarrou）及阿慕戶進行統治。直至現今，不論是巴黎羅浮宮的古代雕像，抑或是「納拉姆辛紀念碑」（Stele of Naram-sin），都將他塑造成一個英勇的征服者形象。

納拉姆辛去世後，阿卡德王國的國勢也漸衰，在三年之內王位更動了四次，蘇美各城邦亦不斷地騷動，阿卡德王國從此一蹶不振。居住於裏海南岸札格羅斯山脈（Zagros）附近的古蒂人（Gouti）乘此大舉入侵兩河流域，並消滅掉阿卡德王國，他們統治兩河流域近百年。

蘇美人的鼎盛時期：烏爾的第三王朝

古蒂人的入侵致使兩河流域產生混亂，他們似乎並未征服全部巴比倫；現有證據表明在巴比倫的不同地區存在著獨立勢力。古蒂人統治期間史料甚少，當時政治混亂，文化停滯不前。但蘇美地區卻獲得極大的喘息機會。

西元前2130年烏魯克（Uruk）的烏圖－凱格爾（Utu-khegal）擊敗古蒂王朝末代國王提里根（Tirigan），古蒂王朝被消滅。烏圖－凱格爾建立了烏魯克第五王朝，後敗於烏爾納姆。

第三王朝則建立於西元前2150-2050年之間，當時蘇美文化達到最鼎盛的時期。王朝的創始人是烏爾納姆（Ournammou），他實行中央集權制，使政治趨向穩定，原先的城邦成為地方行政單位。他任命軍隊，兼掌司法、立法，以及國內一切事務，並集所有力量於一身，至他的兒子時，國王開始被視為神。此外，他還建立貿易站，引水灌溉，修建大型廟宇，發展農業、商業、手

工業，規定各種油、鹽、銅、羊毛之價格，統一度量衡，以白銀爲全國通用之貨幣。

烏爾納姆建立完善的管理制度，並彙編最早的法典《烏爾納姆法典》，其序言強調，禁止欺凌孤兒寡婦，不許富者欺侮貧者，但法典中也主張奴隸制和私有制；我們從法典中也可以看出當時社會的貧富懸殊，而奴隸階級更是毫無地位可言。此部法典後來成爲《漢摩拉比法典》的範本，但卻比《漢摩拉比法典》更有人情味、更加實際。這樣的成就卻因埃蘭、阿摩瑞特人（Amorrites）與西部閃族人的反抗而遭受摧毀。西元前2006年，埃蘭人擊敗烏爾第三王朝。此時由於奴隸制度加劇自由民內部分化，使自由民處境日益惡化，奴隸逃亡現象普遍，大量破產的自由民更影響到國家兵源，終致烏爾第三王朝崩潰瓦解。

西部的閃族人於伊辛（Isin）建立屬於自己的王朝，並於西元前1950年，在巴比倫之「神門」定居，建立阿摩瑞特人的巴比倫王國。漢摩拉比王是此王國的第六位國王。根據英國學者西德尼・史密斯（Sydney Smith）的說法，漢摩拉比曾於幼發拉底河中游的城邦建立馬里文明（Mari）。而如此多樣且豐富的藝術城邦，藉由考古的挖掘，見證了巴比倫的悠久歷史文化。

漢摩拉比的統治

現今收藏於羅浮宮的《漢摩拉比法典》，是一座華美的閃岩石柱。我們也可經由在伊拉克所發現的石板塊，對當時的政治、經濟、宗教、司法等有更深入的認識，漢摩拉比不但造就巴比倫王國的鼎盛時期，更使兩河流域的文明氣息影響至今。

法典分爲序文、正文、結語三部分：序文中竭力宣傳一個概念，即是「君權神授」，並歌頌漢摩拉比的政績；正文則針對財產、貿易、婚姻、債務、訴訟、軍人份地、租佃關係、親屬、遺產繼承、工作及奴隸處罰等訂定法令，全面地反映古巴比倫時期社會情況。法典主要在保護貴族、大商人、高利貸者等；他們是奴隸的主人，但法典仍有相當進步的地方——乃在於保障婦女的地位，姊妹可和兄弟們同分財產，奴隸擁有一些權利與自由，若奴隸因債務需使子女爲奴者，期限不得超過四個月，即還予自由。在法典中，刑罰非常嚴厲，但也充分地達到穩定社會秩序的作用。

漢摩拉比將帝國擴展至整個美索不達米亞，從古波斯灣、蘇美至阿卡德地區，再環繞亞述和上敘利亞的山區皆屬於其統治範圍。由於人民對他的敬畏，

各地的碑文皆尊稱他爲「國王們的神」或是「人民的太陽」。漢摩拉比在美索不達米亞擁有崇高的地位，他成功地使巴比倫的「馬爾杜克神」（Mardouk）成爲眾神之首，並同化了農神杜姆茲（Doummouzi）及尼普爾（Sainte Nippour）的恩利爾神（Enlil）。此時如太陽神「沙瑪什」（Shamash）也開始擁有馬爾杜克的外型。漢摩拉比將宗教的力量置於政治領域中，將王室神學滲進他統治區域，要求臣民對他崇拜，自詡爲神的代理人，「名正言順」地接受馬爾杜克神所賜予的封地。

《漢摩拉比法典》序言中將君權「神化」，可由以下的碑文一覽無遺：

　　爲了使法律照耀著國家；爲了使惡人能聲名狼藉；爲了使強者不對弱者施以暴力；爲了使太陽神能普照著國家；爲了滿足人們在肉體上的需要，安努和恩利爾（天神和地神）提出我，漢摩拉比的名字，我是崇敬及感謝神祇的傑出國王。

他的碑文，說明了他是一位立法者，亦是展現巴比倫光芒的原因。他不但爲馬爾杜克修建巍峨的神廟，並重建運河，交通因而順暢，蘇美地區水患也減少許多。此外，他將宗教中心設於宮中，文書使用官方語言──阿卡德語，但法律上又以蘇美語爲主。

在政治上他富有前瞻性，爲防止叛亂，漢摩拉比削弱附庸的權力，並派遣總督作爲國王的代理人，他們聽命於中央。他尊重各城邦的領導人，讓其擁有一定程度的自治權。

蘇美文明

蘇美人創造了許多文明的開端，無論是政治、宗教、司法、軍事以及社會文化的形式──技藝、楔形文字、文學等，皆深刻地影響漢摩拉比的統治；我們將針對宗教、政治及社會上的動態而各別探討。

宗教

宗教是蘇美人生活的中心。早在新石器時代，就有宗教，諸神來自於宇宙，他們分別爲天神──安努、地神──恩利爾、海神──埃阿，主要是以自然神爲主。這些神祇中又創造了天體神，天體神主要掌管人類，如：沙瑪什爲太陽神、辛（sin）是月神、杜姆茲是冥王和每年復活的農神、伊什塔爾（Ishtar）是金星神、尼布爾是宗教聖地。他們一直流傳著許多神話傳說，不

論是充滿魔力的伊什塔爾神話，或描述英雄吉爾伽美什（Gilgamesh）的史詩、恩利爾的宇宙神話，及杜姆茲的農業傳說或黃金時代的寓言，都能使我們更加了解當時的民情、習俗及文化思想。

政治

對於蘇美的文明，最重要的階段即拉格什的統治者烏魯卡基那、古薩爾貢王國（Sargon）及烏爾的第三王朝。此時，政治上的極大轉變，即是政府開始擺脫原始組織形式，雖然還不能完全脫離宗教的皇室神學，但已使用了平等的法律，且因為南部的經濟發達而提供了人民生活上的便利。

最早由城邦轉化為國家的是在烏爾第三王朝，尤其在首任國王烏爾納姆和繼任國王舒爾吉（Shulgi）之時，即完成了蘇美至阿卡德的統一。此時每一個城邦都有一位總督，他們為王室官員；而中央的財稅、公共工程及田產等，皆由專人管理。烏爾城則建有神廟及王宮，占地寬闊且有大型的石造塔廟。

社會

蘇美人已知使用銅器和陶器；農業、手工業和畜牧業都有長足的進步及技術。他們已知十進位和六十進位法，也普遍地將科學知識運用於日常生活中。土地採私有制，城邦的貧富差距大。由於王室和貴族的侵奪與剝削，無形之中使得農村土地日漸減少，且被富豪壟斷，失去土地的農民屢與貴族爆發強烈的抗爭。此外，各城邦間的奴隸、土地、水源等資源的爭奪愈演愈烈，也種下潛在不安的因素。

巴比倫文明

雖然巴比倫不像蘇美文化一樣具有獨特性，但是它所造成的影響更加廣泛，不僅在傳播範圍上較廣，持續的時間也更長，最重要的是它向東方人傳承了蘇美楔形文字傳抄的阿卡德語，使得此種語文被保留到西元前2000年末期。《漢摩拉比法典》於西元1902年在蘇薩（Susa）被發現，人類文明史翻開了新的一頁，它不但是一部對烏魯卡基那與舒爾吉蘇美法典創作的彙編，也是對被征服地區人民的自然法及習慣法之編纂。

事實上，《漢摩拉比法典》不但比蘇美法律更有系統，且比亞述的法令更有人性、更文明。法典裡的刑罰極為殘酷及苛刻，但每個人所面對的法律是平等的，有如現今「法律之前，人人平等」的進步觀念，但此種形式的裁決掌握於國家法官手中；此時，已知判決時須面對聽取證人之陳述及誓言，充分地顯

示出已捨棄之前的神意裁判。

雖然法律中條文公平而精確，但不可否認還是有令人詬病之處。例如，在法典中，人民被分為三種階級：自由人、次等人、下等人及奴隸。當罪行發生時，若受害者為自由人，法律則判定對方必須被報復；若受害者是下等人時，則被判定以金錢賠償了事，此為極不合乎人權平等的觀念，也顯示出階級造成的不公平。奴隸是沒有自由和被剝削的一群下等人。

在婚姻方面，雙方關係必須建立於「忠誠」上，對通姦則施予殘酷的懲罰，但只有丈夫才能提出離婚的要求。巴比倫的經濟隱約包含自然資本主義形式；灌溉是農業的經濟基礎，灌溉由國家的受利者來經營；或由一些承租人、次承租人向國家借貸租金。由此，國家獲得相當的財富，國營事業似乎已有規模；此外，對糧食的徵收及捐獻品的處理，也有一套完善的制度，因此國家也累積了相當的財富，如金銀飾品、寶石、大麥、小麥、椰棗、綿布、毛布、家禽等，以及各式各樣的雕飾材料。貨暢其流使巴比倫商業進口、買賣及石材運送繁忙。在地方貿易中，開放以物易物，並經由政府核定合格與否，再打上國家印記標明其價值。由於巴比倫繁榮的經濟及閃族商人的努力傳播，逐漸使得巴比倫文明擴展至巴勒斯坦、愛琴海、希臘、敘利亞、小亞細亞及地中海世界。

巴比倫人的精神生活具有宗教傾向，但不同於埃及的是，巴比倫人的宗教思想消極。他們雖然也相信靈魂不死，但卻認為人的死後生活是悲慘的，因此人們應在活著的時候盡情地享受快樂的生活，不必為建造墳墓費事（這樣的觀念可由烏爾挖掘出的食品、首飾中窺知）。他們崇敬宇宙及自然現象之星體，如太陽、月亮等各種星體，並由於神與人同形之說，而打破了埃及的動物、植物、圖騰崇拜及泛神論。

他們會因經常地恐懼魔力，而虔誠祭祀神祇，也促使將宗教交由國家管理，神廟興盛。每一個城邦皆能擁有神廟及主神，例如：西巴爾（Sippar）的沙瑪什、烏爾的辛、尼普爾的恩利爾、烏魯克的安努等，皆受到各邦人民的愛戴，並默允國王擁有神人同形之說，達到政教合一。

神廟聖殿的建造、塔樓的增修，也一直是巴比倫的重大工程及神聖之事，人民從不擅自闖入神廟，藉著祭司和神祇聯繫，而產生另一種權勢之興起，形成一種特殊的階級。

巫術、占星術、星象學間接成為巴比倫的天文之母，相較於其他文明，此種文化卻是巴比倫宗教精神中流傳最為久遠的，深受其影響的加爾底亞人將之發揚光大，更精確地掌握大自然的力量。

第二節　腓尼基和希伯來

腓尼基人

腓尼基人屬於閃族，西元前十四、十五世紀時在地中海沿岸定居，其地理位置東起黎巴嫩山區，西至地中海，南至巴勒斯坦，北與小亞細亞接壤。主要城市有比布魯斯（Byblos）、西頓（Sidon）等；比布魯斯及烏加里特（Ougarit）港口與埃及一直往來密切。

近代對烏加里特的考古發現，使我們對西元前十五世紀至西元前十二世紀的腓尼基人更加了解：腓尼基人口稀少、軍事能力也較弱，直到鄰近大國如西臺王國、埃及、米達尼等沒落之後，腓尼基開始新的一頁。西元前十一世紀至西元前八世紀期間，腓尼基發展迅速。

腓尼基很早就有城邦的出現，其特色是以港埠作為行政、經濟、宗教中心，城邦有國王，但未形成君主專制，國王無行政權，重要決議掌握在長老會議手中，國王權力受會議約束。長老會議由擁有大量土地的富人所把持，實行寡頭政治。城邦間彼此交戰，造成紛立的局面，情況愈演愈烈，使鄰邦虎視眈眈，時常入侵。西元前1500年，腓尼基人因海上民族入侵而瓦解，直到西元前十一世紀左右才開始重建。

他們利用混亂的局勢，由北部的阿拉德－阿爾瓦德（Arad-Arwad）與卡梅爾山峰（Carmel）之間進攻，占領多爾地區，雖然平原狹小，但由於黎巴嫩提供大量的木材，可與大馬士革的商隊共同建立商貿中心；且位居海岸線，生產骨螺──這是唯一能提煉出紫紅色染料的物質，於是他們意識到自己的商業才能，便著手向海洋發展。

由於天時、地利、人和，腓基人開始航海、貿易、殖民，並發揮商業天賦。在人和與天時方面，克里特文明衰亡，亞該亞人（Achéens）海洋民族沒落；直到西元前八世紀，希臘商業才開始復甦。在之後的三個世紀中，腓尼基人擊敗西里西亞海盜，成為地中海的霸主。地利方面，腓尼基人在沿地中海的海上及陸上建立許多貿易商棧，對於他們航海及貿易活動有推波助瀾作用。

航海方面，他們具備航海家的勇敢特質，西元前七世紀時，腓尼基人即已完成繞行非洲的創舉。因擁有穩固的船隻及設備，能抵擋來自海上的風暴，故對海上的冒險及貿易開發皆具正面的作用。

航海技術發達也帶動貿易的發展，他們不但在愛琴海及地中海上航行，更

遠至西非，並以本國的土產交換外國商品，從中獲利。商品的種類不可勝數，除了金屬之外，其他輸出的產品，還有如深紅的羊毛織品衣料等。腓尼基北方則輸入錫等礦產，由此可知，腓尼基人的航海活動有開拓新市場、新原料之目的。

上述腓尼基人在航線所經之地設立許多小商行，由此形成殖民地，是故，他們也以建立眾多殖民地而著稱於世。腓尼基人曾航行到克里特島、賽普勒斯的基西（Kytion）和阿瑪冬特（Amathonte），也發現了直布羅陀海峽的海克力斯之柱（Colonnes d'Hercule）的道路，他們據此為殖民地，並在北非、西班牙南部塔爾特索斯（Tartesos）建立城邦。此後，其城邦持續增多，現今摩洛哥北部利索斯（Lixus）、突尼西亞的烏提卡（Utique）、西班牙的加代斯（Gadès）都曾經是腓尼基人殖民地。其最著名的殖民地莫過於在西元前九世紀末，腓尼基提爾人（Tyr）建立迦太基（Carthage）城。迦太基人繼承了腓尼基人的商業天才，他們在西西里的摩蒂埃（Motyé）、里里貝（Lilybée）及馬爾它島、西班牙等地建立殖民地及商行。

西元前二十世紀時，腓尼基人在愛琴海及黑海沿岸建立殖民地。西元前十世紀，希臘人開始向東地中海殖民，導致腓尼基和希臘之間的衝突。西元前九世紀，亞述崛起，並大肆向外擴張，許多城邦被征服成為附庸國。西元前八世紀末，腓尼基臣服亞述帝國。

腓尼基的文化

腓尼基的文化不如蘇美人或印歐民族般富有創造精神，他們擅長擔任「傳播者」──由於航海及商業的發展，促成各國文化快速融合。因此不論藝術或手工藝品都不具特色，僅反映了當時的幾何圖形，物品多為「實用」性質，極少作為藝術品。

文字為符合實際需要而發明，腓尼基商業貿易蓬勃，需書寫商業文件，乃以一種簡明易懂的文書來流通；於是他們創造了文字，利用古埃及的象形字母拼湊，發明商業文書，寫下歷史的重要一頁。

當時的克里特島及亞該亞人使用象形文字、線形文字A、線形文字B；東方民族則使用巴比倫楔形文字及埃及象形文字，它們的共同缺點就是其圖畫性、表音和意之音節性，要理解此文字必須經過長時間的訓練才能閱讀，因此讀書僅限於貴族或菁英分子等少數人。

是故，腓尼基人發明的文字確實解決了這個大問題，帶來許多福祉，因

爲他們將文字依字母順序排列，學習方法簡便，只需記輔音字母，而且只有二十至三十個符號，希臘人後來接觸到這種方便的字母表。希臘底比斯城（Thèbes）的國王卡德摩斯（Cadmos，腓尼基國王阿格諾爾之子），和腓尼基所創造的文字有密切關係，希臘人認爲卡德摩斯發明了腓尼基字母，希臘人還於輔音字母中加入書寫元音字母等新符號，將腓尼基文字發揚光大。

創造文字影響深遠，可由比布魯斯（Byblos）的挖掘中一窺究竟，尤其是在北敘利亞烏加里特所發掘的文獻中找到實證。這種符號既簡明又清楚，它同時運用在兩種文字中，即腓尼基語言及阿拉米文字，甚至因使用頻繁，使阿拉米語在東方取代巴比倫的語言。

由於長期受到鄰邦阿拉米人（Les Araméens）影響，宗教也就沒有自創的特色，他們只有農神而沒有海神，這對長期依賴海洋生活的民族而言，確實不合常理。他們最崇高的神祇爲「巴勒神」（Baal）及「埃勒神」（EL）。埃勒神爲創造之神，象徵太陽神，所以深受尊崇；腓尼基的神祇非常人性化，也非常神話。有關阿萊安（Aleyin）及摩（Mot）的神話，說他們是主管果實成熟及收穫之神。一位神祇在冬天死去，春天復活，另一位神祇則相反，必須在冬天復活，周而復始地循環。女性神祇也會哭泣，具有喜怒哀樂等情緒，他們也崇拜繁殖萬物的生之神「阿斯答爾德」（Astarte），迦太基則稱爲塔尼特（Tanit）。另一位年輕的男神則是提爾的守護神「美刻爾」（Melgart），祂不但在加代斯（Gadès）、迦太基備受尊崇，希臘人及羅馬人更視祂爲海克力斯神（Hercule）。

以色列王國

希伯來人（Hebrew）原是游牧民族，其始祖爲亞伯拉罕（Abraham），約西元前1800年率領子民遷出蘇美古城——烏爾（Ur），並停留在卡爾凱美什（Karkemish）東部亞蘭地區（Harran）一段極長的時間，再沿著肥沃月彎前行，最後定居迦南（Canaan）。

根據考古結果，西元前3000年，迦南地區已出現說塞姆語（閃語）的迦南人，他們知道使用銅器，從事農業生產。該地區既有肥沃的約旦平原，也有貧瘠的撒馬利亞（Samarie）及汝答（Juda）山區，且因爲迦南人（Cananéens）在此定居而得名。希伯來人來到了此地，雙方長期處於衝突之中，但同時融爲一體。一直到西元前十二世紀，愛琴海的菲利斯汀人（Philistine）來到此地〔又名爲「巴勒斯坦」（Palestine）〕。

　　希伯來人在這塊肥沃的土地定居之後，借助迦南人的農業經驗，引河水灌溉，他們放棄原來的游牧生活，改而從事農業。但也因社會長期的階級對立，使國土分裂，西元前931年，北方形成以色列王國，南方形成猶太王國。

　　西元前十六世紀，旱災迫使希伯來人遷移至埃及尼羅河三角洲，並與埃及人和平共處；新王國時期，埃及法老王迫害且奴役猶太人，亞伯拉罕的後裔摩西（Moses）在上帝的啓示下，開始了以色列真正的歷史。他們在沙漠中流浪四十年（西元前十三世紀中葉逃離埃及），在返回迦南的途中，摩西曾頒布「十誡」（Decalogue-The Ten Commandaments），制定耶和華上帝的律法，成為猶太教的創始人，摩西將猶太人帶領至迦南之前死於尼波（Nébo）山上。不過猶太人在與迦南人、北部阿拉米人、菲利斯汀人、埃及人及西臺人多次戰鬥後，以征服者的姿態，由約書亞（Joshua）帶領，定居迦南地區。這個以十二部落自治型態組織的希伯來民族，以摩西十誡中「聖約櫃」象徵耶和華的保護力量；摩西的繼承人約書亞（Josue）及摩西的兄長亞倫（Aaron）都成為以色列的民族英雄、宗教領袖。

以色列的君主制

　　希伯來人受鄰邦文化的影響，接觸多神論，產生兩種不同思想。一是忠於摩西十誡，但不斷向外擴張；另一是王權的誘惑，他們認為要有強盛的國家必須有強大的君權力量。兩種意識則相互矛盾，根據史實，希伯來人屬於外來者，雖然初期能與當地人和平共處，但仍是摩擦不斷。且猶太十二族之間關係微妙，有時彼此爭戰，但遇大事時，又能團結一心，他們的複雜心態可見一斑；有時也會懷念帳篷的游牧生活，習慣貧窮的生活、蔑視物質；但是另一方面，也有定居民族的觀念，渴望物質及富裕生活，並有強烈的民族主義，這兩種思想一直深植人心，對希伯來人精神理念及政治生活都有很大的影響。

　　亞述王朝形成之前，以色列曾享有一段鼎盛時期，這也是人民相信王權的原因，此時，他們擁有絕對的君權，並獲得許多光榮和勝利。掃羅（Saul）、大衛（David）及所羅門王是此時的代表人物。

　　西元前1020年，掃羅領導人民抵抗強大的菲利斯汀人，旋即成為以色列第一位國王，他的成功也促進以色列猶太民族覺醒，他的登位亦標誌著士師時代的結束。掃羅的長子約拿單在和菲利斯汀人戰鬥時與父親一起陣亡，他的另一兒子伊施波設（Ishbosheth）不得民心，因而由大衛繼承以色列的王位。

　　西元前1000年，大衛繼承王位，他是個好戰的國王，自認為是受神靈啓示

的詩人，為國家榮譽而四處征戰。他在西部與菲利斯汀人交戰，驅逐他們，在東部驅逐亞捫人（Ammonites）；在北部與大馬士革交戰，並占領錫安山（Sion）城堡，統一以色列和猶太王國，以耶路撒冷為首都及宗教中心。

大衛死後，由兒子所羅門繼位（西元前960-930年），這是以色列、猶太王國黃金時期，埃及成為其盟友，且積極發展海外貿易，亦促使商業集中管理，他更是一位擅長貿易的商人；其智慧遠近馳名，使商隊由腓尼基至黎巴嫩、埃及、阿拉伯、薩巴（Saba）地區；使耶路撒冷成為政治及宗教中心，並且還興建「聖約櫃」的聖殿。由於他的公正、富有智慧，宮中充滿了妻妾、金銀珠寶及雄偉的建築；在他統治時期，商業極其發達，從推羅、埃及、阿拉伯等地，以及他施、俄斐和南印度等海路來的貨物絡繹不絕。但他奢華荒淫，使得大量農民淪為奴隸，導致以色列人反抗。所羅門王死後，以色列人民反抗成功，建立起自己的國家——以色列，使一度統一的王國再度分裂，形成北部以色列王國以撒馬利亞為首都，南部猶太王國則以耶路撒冷為中心。

國家的分裂使希伯來人的力量薄弱，猶太王國遭受埃及威脅；以色列則被亞述占領（西元前721年）。西元前587年，新巴比倫國王尼布甲尼撒二世（Nabuchodonosor II）率兵包圍耶路撒冷。西元前586年，他摧毀猶太王國，流放其人民，或擄至巴比倫當奴隸，稱為「巴比倫之囚」。此外，耶路撒冷被洗劫一空，推羅城也被毀滅，並拆毀城牆、聖殿、王宮和民居。

以色列的宗教和思想

《聖經》可能於西元前六世紀「巴比倫之囚」期間到西元前二世紀編寫成，它和荷馬史詩一樣都是由許多資料彙編而成，不同的是，它並非無中生有，而是有根據的歷史和傳說；由於它並沒有記載迷信及多神理論，使它的重要性大增，成為我們今日所知的古代以色列歷史——猶太人的宗教發展。

希伯來人原本信奉多神教，至大衛王時，耶和華地位升至最高，並宣揚尊崇一神。西元前538年，猶太人被居魯士釋放回到耶路撒冷，他們開始忠於自己的傳統，一種「復國主義」鼓舞了士氣，進而建立半獨立的王國，猶太教（耶和華）成為猶太人唯一的信仰。為加強信仰力量，他們以「摩西十誡」為宗旨，將猶太教和猶太王國合而為一。

猶太人的種族主義造成個人狹隘的觀念，經過塞流卡斯王朝（Séleucides）及羅馬的高壓統治後，猶太教無法向外邦人傳播，爾後卻藉由基督教博愛的精神傳播福音。《聖經》中包括各種教育性經典，如《智慧經》

是東方文化及閃族人共同的思想泉源，藉所羅門王的智慧表達，是富有啓示的彙編。另外，還有《讚美的詩篇》是對雅各的祈禱和讚美，成爲生活中心，或是富有意涵的詩歌。猶太教的《聖經》中更包含律法，所以它不只是歷史的描述、預言及神學，更是淵博知識的創作，富含各類的文學作品。基督教興起後，以這本《聖經》爲主體，稱爲《舊約全書》，並將其尊崇的經典稱爲《新約全書》，故《聖經》乃有《新約》及《舊約》之分。但無論是《新約》、《舊約》聖經，都有無數針對人類情感的啓示。

圖1-3-2　所羅門王時期的巴勒斯坦

第三節　波斯對亞述的征服

亞述人

　　亞述人（Assyrians）為閃族一支，西元前4000年已定居兩河流域，由兩個不同文化的塞姆族（閃族）組成；西元前3000年在美索不達米亞北部的底格里斯河高原建立亞述王國，由阿卡德人和前述兩種塞姆人混合而成亞述人，性格較巴比倫人好戰，在漫長的歷史過程中培養了尚武精神。西元前1300年，亞述占領兩河流域北部；亞述國王沙爾馬那塞爾三世（Salmanazar Ⅲ，西元前859-824年）到亞述巴尼拔（Assourbanipal，西元前668-626年）統治時期，戰爭成為亞述民族最重要的活動，其勢力直抵黑海、地中海、腓尼基、埃及等，只有猶太王國倖免。

　　由於疆域擴張得太快，統治基礎薄弱，被征服民族伺機而動，隨之亞述的分裂，即起而反叛。西元前621年，亞述被加爾底亞人（The Chaldeans）所滅。

政治特色

　　亞述民族是一好戰的民族，因高原上的資源有限，又常被敵國攻擊，於是以合併、個人的聯合、安置附庸國王等方法組成王國，但採用高壓和殘酷手段，也造成各臣服君王的反叛。他們沒有穩定的政治制度，王室內部矛盾日益激化，因此繼承問題、謀殺及陰謀等事件頻傳。

歷代的國王

亞述納西拔二世（西元前883-859年）

　　西元前883年，亞述納西拔二世（Assurnazirpal II）繼承其父圖庫爾提‧尼努爾塔二世（Tiglathi-Nin II）的王位，成為亞述國王。在位期間，他展開了龐大的擴張計畫，首先征服那依瑞（Nairi）以北的地區，隨後是哈布爾河（Khahur）和幼發拉底河間的阿拉米人。他殘酷地鎮壓當地人的抵抗，根據其碑文記載：「我（亞述納西拔二世）把他們的青年人和老人囚禁，並砍下一些人的手腳，割下一些人的耳朵、鼻子、嘴唇；青年人的耳朵和老年人的手堆放

在他們的城市，我把他們的青年男女統統投入火坑中燒死，並焚毀他們的城市。」這場勝利之後，他未遭遇反抗，遂進軍東地中海，沿途十多個小邦臣服於他。回國後，他建造了一座新都城──尼姆魯德（Nimrud）。亞述納西拔二世去世後，他的兒子繼承了王位。

沙爾馬那塞爾三世（西元前851-824年）

父親為亞述納西拔二世。沙爾馬那塞爾三世（Shalmaneser III）承繼其父，繼續發動戰爭，一生指揮了34次戰役，超過其父兩倍。「沙爾馬那塞爾三世」這個名字出現在銘文和編年史中的次數，比任何一位亞述君王都還要多。他在尼姆魯德修建了巨大的要塞型宮殿，被現代考古學家稱為「沙爾馬那塞爾堡壘」。沙爾馬那塞爾三世死於年老體衰，在他統治末年，他的其中一個兒子發動叛亂，並挑起了內戰。

提格拉特帕拉沙爾三世（西元前745-727年）

他是亞述新王國時期最重要的國王之一，更被認為是新亞述帝國的創建者。經過他的努力，亞述再次復興。西元前745年，亞述勢力擴張，於西元前729年併吞了巴比倫。提格拉特帕拉沙爾三世（Teglath-Phalasar III）發展行省制度，在每次軍事擴張之後都強行設省統治。此外，他還占據了北部烏拉爾圖王國一小部分領土。

薩爾貢二世（西元前722-705年）

西元前722年開始與薩爾瑪那薩爾五世共同攝政，直到西元前709年薩爾瑪那薩爾五世去世後，才單獨統治亞述。目前並不清楚他是否是提格拉特帕拉沙爾三世的兒子，或是一位「篡位者」，不過可以知道的是，他忠實地繼承了自提格拉特帕拉沙爾三世以來的統治風格。在他統治時期，亞述打敗了以色列王國、埃及，並鎮壓了埃及所支持的敘利亞人和腓尼基人起義，此時，亞述帝國進入了強盛時期。

辛那赫里布（西元前705-681年）

為薩爾貢二世（Sargon II）之子，繼位後繼續向外擴張。辛那赫里布（Sennacherib）攻占並焚燒了75座城市，掠奪財物，摧毀巴比倫，不顧公眾輿論破壞巴比倫的守護神馬爾杜克。他曾企圖攻打耶路撒冷，但因西元前691年的鼠疫而失敗。亞述重鎮尼尼微的遺址有長12公里的磚砌城牆環繞，尼尼微皇

宮有70多個房間，外牆有3公里長。牆上遺留著燒焦的雕刻，上面記錄著各場勝仗及其他功績，還可以看到殘破的水道、淺浮雕等，受到五足公牛保護的宮殿建築，證實了辛那赫里布的雄才大略。

阿薩爾哈東（西元前680-669年）

阿薩爾哈東（Asarhaddon）對外進行了一系列戰爭，他與阿拉伯人和腓尼基城邦都曾經打過仗。這些征戰中，最重要的是從西元前675年開始，對埃及的遠征。西元前673年，他一度被第二十五王朝（努比亞王朝）的法老塔哈爾卡所擊退。西元前671年，阿薩爾哈東打敗塔哈爾卡，征服了包括孟斐斯在內的整個埃及北部。他隨即自稱爲「上下埃及和努比亞之王」。

阿薩爾哈東其他的軍事行動，主要是對帝國反叛的地區進行鎮壓。西元前673-672年，他曾與烏拉爾圖聯合行動，追捕逃亡的奴隸和自由民。阿薩爾哈東的對內政策包括：承認巴比倫在美索不達米亞的首要地位，該城在西元前689年曾遭受他的父親辛那赫里布摧毀。阿薩爾哈東對巴比倫進行重建，並對祭司作出相當讓步。他也歸還了美索不達米亞傳統神廟城市的特權，實行有利於祭司階層的稅收政策。

亞述巴尼拔（西元前669-630年）

亞述巴尼拔（Ashurbanipal）統治時期，窮兵黷武政策讓亞述的疆域和軍國主義達到了顛峰，其疆域從埃及北部直抵伊朗高原。西元前652年，他已經征服了整個古埃及，並把安那托利亞的的奇里乞亞也納入帝國疆土。

亞述巴尼拔提倡文化，他在位時期，文學和藝術取得了輝煌的發展，他是古代中東裡文化修養較高的君主。他建立了西亞史上第一座有系統性的圖書館──亞述巴尼拔圖書館，蒐集許多珍貴的泥版文獻，包括史詩、學術著作和祭祀作品，其中包括著名的《吉爾伽美什史詩》。位於尼尼微的王宮，則是由一系列恢弘的浮雕所裝飾，這些浮雕生動表現了戰爭、狩獵以及王室生活的情景。

在亞述巴尼拔統治時期，亞述帝國已經顯現出衰落的前兆。西元前652年，亞述巴尼拔的兄弟沙馬什‧舒姆‧烏金起義，占領了巴比倫，自稱爲巴比倫國王，並且得到帝國統治下的加爾底亞人、阿拉米人、埃蘭人和阿拉伯部落的廣泛支持。亞述巴尼拔經過多年戰爭，才鎮壓了叛亂。爲了懲罰埃蘭人，他於西元前647年把埃蘭最主要的城市蘇薩完全毀掉。這次起義嚴重消耗了亞述的力量，從此失去擴張的能力，只能對新興的強國（米底亞和新巴比倫王國）

進行一些防禦戰爭。

國際情勢

烏拉爾圖

　　位於黑海東南部和裏海西南部的山區，中心位置在亞美尼亞高原的旺湖周圍，歷史可以追溯至西元前860年。阿爾吉什提一世與薩爾杜里二世在位時，國勢強盛，西元前840年人口有80萬，到了西元前743年人口達到160萬。西元前六世紀，被米底亞王國所滅。其文化受到兩河流域影響，烏拉爾圖（Ourartou）王國使用的語言屬於黏著語，不屬於蘇美語及印歐語系，文字則使用楔形文字。

阿拉米人

　　阿拉米人（Araméens）是自青銅時代晚期到鐵器時代，生活於今敘利亞南部及幼發拉底河中上游一帶（即《聖經》中提到的亞蘭地區）的半游牧民族，屬於閃族的一支。曾建立過大馬士革王國等政權，據《聖經》中描述，其經常與以色列交戰。

　　阿拉米人較無嚴密的組織，他們常順服於亞述人，但是並不十分可靠，因為他們曾從大馬士革對美索不達米亞地區發動多次襲擊。

埃蘭人

　　西元前八世紀，埃蘭（L'Élam）與加爾底亞王國共同對抗亞述帝國。不過，此時的埃蘭國內發生嚴重分裂，王室內部出現親亞述派與反亞述派，各地分裂成許多獨立的小國，難以集中全國力量反抗外來侵略。埃蘭與盟友——加爾底亞王國，也沒有辦法好好地合作。波斯語居民這時出現在西亞政治舞臺上，特別是帕薩爾蘇阿蘇（六個以農業為主，與四個以游牧為生的部落，所組成印歐語系人分支的波斯部落）的部落，在由高原西北部向西南部遷徙的過程中，逐漸占領了埃蘭的高山地區，切斷其平原地區與戰略後方的聯繫。因而，埃蘭屢為亞述所敗。西元前647年，都城蘇薩遭到亞述巴尼拔的攻占和洗劫。

敘利亞、巴勒斯坦

　　這兩個地區曾被亞述征服，猶太王國也進獻貢品，但因亞述的殘暴鎮壓，偶爾會迫使敘利亞和巴勒斯坦起而反抗。

埃及

埃及也是亞述帝國野心下的國家之一，儘管法老塔哈爾卡（Taharqa）反抗，孟斐斯仍在西元前671年被占領，並於西元前666年被亞述巴尼拔再次攻陷，底比斯也於西元前661年被摧毀。

辛梅里安人

辛梅里安人（Cimmériens）摧毀弗里吉亞王國後，於西元前七世紀威脅呂底亞，儘管呂底亞求助於亞述巴尼拔國王，但最終還是被滅亡。

米底亞國王弗拉歐爾特斯（西元前675-653年）

是米底亞王國的第二任君主。弗拉歐爾特斯（Phraortes）領導米底亞人打敗波斯部落，但相傳他在一次對亞述的戰爭中喪生。在這段時間，斯基泰人越過高加索山脈進入米底亞，並統治了米底亞王國一段時間。

基亞克薩雷斯

古代西亞米底亞王國的第四任君主（西元前625-585年）。基亞克薩雷斯（Cyaxares）將孫女嫁給新巴比倫的尼布甲尼撒二世，兩國正式聯合。西元前612年，基亞克薩雷斯聯合新巴比倫攻打尼尼微，並於8月將其攻陷。西元前609年，強盛一時的亞述滅亡，領土被新巴比倫王國、米底亞王國和埃及瓜分。此後，基亞克薩雷斯繼續西進，消滅了烏拉爾圖王國，並與小亞細亞的強國呂底亞發生戰爭。兩國在哈呂斯河（今克澤爾河）一帶展開激烈的戰鬥，雙方接連五年都沒有分出勝負。西元前582年，米利都的泰勒斯預測日蝕的發生，由於日蝕關係，米底亞與呂底亞結束戰鬥。在泰勒斯的協助下，兩國結為友邦。

軍事史

亞述是一個好戰民族，當時已有完善的軍事科學，但我們只能從史料年鑑和淺浮雕的研究中得知。

步兵

由一些強壯的農民組成，並有良好的訓練。步兵是所有兵種中人數最多的，配有弓、矛、投彈器等，穿著長至膝蓋的大衣，有時也用寬而圓的盾來保護自己，將劍斜掛在皮帶上。

騎兵

是一支高貴的兵種，他們的坐騎沒有馬鐙，手持圓形小盾牌，戴著圓錐形的面具，使用弓和矛作戰。在更古老的浮雕上，騎兵會有一名騎著馬的僕人跟隨。

戰術

戰車是主要的武器，可乘坐三人，一人駕車，一人爲弓箭手，還有一位在其後用一面大盾防衛後方敵人。他們身手矯健，使用猛烈的襲擊戰術，軍隊中有運輸兵，還有戰船以及修造船隻的士兵，步兵則在充氣的羊皮上渡河。

圍攻方面

憑藉著整齊的裝備以及工兵的預備工作，如在傾斜的土堤，可以沿著敵人的城牆來進行轉移，並移動一些滾動的機器，當公羊在牆上撞出缺口之後，軍隊在城牆上搭梯子，弓箭手則可以用滾動的機器來擊垮城牆。

統治方法

行恐怖主義、刑求和各種傷害體膚的酷刑（割耳、鼻、生殖器等），令敵軍首領遭受野蠻、殘酷的侮辱；全數掠奪對方財物作爲戰利品。另外還包括焚刑、帶走敵人的神靈，以及將一些城邦焚毀，使之變成沙漠荒地。震懾敵人，使其順從地「親吻國王的腳趾」，亞述人誇稱這是勇氣的表現。對於戰敗的敵人，除了懲罰，還有做不完的勞役工作；同時將戰敗者或被殖民者互相遷徙，以防止叛亂和反抗事件發生，但最終還是無法有效阻止叛亂的情事。然而，透過文化的融合，因而加快了古代東方的統一。

宗教

採多神論、神人同形同性論，重視現世，不管來世，缺乏更高的精神意境。不談靈魂的救贖與永生，認爲靈魂在人死亡後和殯葬前是在流浪，經過七重門進入荒涼之地，之後永遠被囚禁該處。亞述人仍有倫理和善惡之念，認爲心存邪念或行爲不當會帶來災難，人和神的界限永恆不變，祭司是神的特別僕人。神供奉在塔廟，即金字形神塔（Ziggurat），以泥磚興建，有些以石版浮雕和壁畫裝飾。每年元旦是創造萬物的紀念日。迷信和占星術，時常能左右國王的決定。

科學

已知冶鐵技術，鐵被廣泛應用，並使用在兵器的製作上。已有緯度和經度的概念，軍事裝備也極進步。

醫學

編錄至少五百多種藥品，為了軍隊的健康，採用植物和礦物，但仍普遍使用咒語及驅魔法術治療各種疾病，常以自然的原因來解釋病情。

法律

沿襲部分《漢摩拉比法典》，不太強調以牙還牙和法律上的差別待遇。婦女地位也較不受尊重，不准其在公共場合出現，也不能以面孔示人。

數學和天文

亞述人已知把圓分為360度，在預測日蝕和月蝕方面頗有成就。

藝術

從浮雕中最能看出亞述的殘暴與男性為主的世界，常以人和動物為表現主題，上頭有受傷掙扎的獅子，以及紀律嚴明的士兵攻城情形。浮雕上的國王驕傲地向人民宣布他們的勝利，另外也有描述暴行、戰爭的作品；狩獵的情景也會出現在浮雕中。這些浮雕作品以亞述巴尼拔所留下的最多，大部分保存在大英博物館。

建築

因不產石塊，故多用泥磚，泥磚有晒乾和燒成的二種，並有不同的釉彩。宮殿裡則有花園、溪流、樹木等美侖美奐的造景。

文學

最著名的作品是吉爾伽美什史詩（Gilgamesh Epic），它比古希臘荷馬的史詩更早，表現出西亞民族的人生態度和特殊風格。

圖書館

由亞述巴尼拔所興建，藏有將近五十萬冊用火燒過的黏土製書板。雖然西元前612年城市遭到洗劫，但這些偉大的作品仍然繼續流傳。館中藏有重要的文件、史詩、法令和規章、天文、科學、文學、藝術、占卜、符咒及年鑑等。

新巴比倫王國 ── 重要的國王

那波帕拉薩爾（西元前625-605年）

米底亞人與加爾底亞人聯手推翻亞述帝國，並摧毀尼尼微，在國王那波帕拉薩爾（Nobopolassar）的領軍下獲得獨立，使巴比倫再度成為美索不達米亞最偉大的城市。他們也屬於閃族的一支，取代亞述人後仍以巴比倫為首都，建立「新巴比倫王國」（或稱為第二個巴比倫帝國），不同於漢摩拉比所建的巴比倫帝國。其子尼布甲尼撒後來成為巴比倫最強大的國王，他使敘利亞和巴勒斯坦地區都處於新巴比倫的控制下。

尼布甲尼撒（西元前605-562年）

尼布甲尼撒（Nebuchadnezzar）重建了巴比倫，使之更加宏偉壯麗。他雄才大略，文治武功鼎盛，極力向外擴張，曾攻占小亞細亞的西里西亞、腓尼基等城邦，但圍攻提爾（Tyre）城時卻費時13年而不能破。

巴比倫之囚

西元前604年，尼布甲尼撒發兵征服敘利亞和巴勒斯坦部分地區，爾後僱用希臘傭兵。西元前601年，被埃及軍隊打敗，損失慘重，他竭力補充損失的戰車和兵員，捲土重來。西元前597年，率兵攻占耶路撒冷，並將猶太國王──約雅斤（Joaquim）擄回巴比倫，《聖經》中還記載了他在西元前586年對耶路撒冷的另一次進攻，以及對提爾的圍攻，並將兩座城市毀滅，將神殿拆毀。

爾後他任命約雅斤的叔叔──西底家（Sedecias）為新的統治者，不久之後，他受到埃及教唆及策動，公開反對巴比倫帝國，尚未付諸行動之時，尼布甲尼撒已於西元前587年再度攻打耶路撒冷。西底家歷時18個月的抵抗瓦解，致使第二批猶太人被迫流亡，形成著名的「巴比倫之囚」，巴比倫人並在崖石上刻下記載他們勝利的碑文。這種放逐政策影響古代近東地區，這也是一種普

遍的做法，因爲可以直接控制戰敗民族。

新巴比倫王國使用非宗教的管理

　　新巴比倫本質上比亞述帝國和平許多，只是文獻上少有記載。商業繁榮致使國家更爲富裕，政治上的霸權地位，使巴比倫商業再度興起，商業貿易受到國王保護。

　　巴比倫位處西亞中心，通過波斯灣與伊朗和遙遠的東方聯繫，並經由托魯斯山脈（Taurus）與小亞細亞、西里西亞（La Glicie）接觸。新巴比倫更不遺餘力地保護腓尼基人和敘利亞人，而與地中海往來，此也是促進國家富裕繁榮的主要因素。

巴比倫城

　　我們對巴比倫城的了解，主要依據希羅多德和斯塔蓬（Strabon）的作品、希臘傳說，以及考古挖掘材料。考古中，會遭遇許多困難和阻礙，尤其是那些以生磚砌成的牆十分脆弱，造成許多建築物也很容易破碎，但其上常覆蓋著沙丘及一層層的水層，雖進一步探尋，有時結果卻會令人失望。

　　巴比倫城位於幼發拉底河流域上，自然屏障足以抵禦敵人的入侵，被一個廣闊的郊區包圍，它是人口稠密的地區，每邊16公里的正方形，三面被雙層土牆或生磚牆所保護。它圍繞著內城諸神廟及宮殿，乃是新巴比倫王國用來抵禦敵人的主要安全屏障。據希羅多德所記載，城牆的厚度，可容一輛四匹馬所駕的戰車轉身。它不但可以抵禦外侮，同時還是一道堅固的堤防，保護巴比倫城不受洪災。文獻中曾提到許多城門，最著名的有七個，其中最有特色的爲伊什塔爾城門，這是人們對女神表現的崇高敬意，並以她的名字命名。

　　挖掘巴比倫唯一留下的部分是一座宏偉的典禮門，它拱衛城市的主要入口。此門非常堅固，縱然西元前六世紀波斯人入侵，此門仍舊被保存下來，門前有一條雄偉的廣闊大道，是用白色和玫瑰色石板鋪成，新巴比倫王國常在此祭祀馬爾杜克神。這扇門除了具有防禦功能，更重要的是隔絕夏季熱度高達華氏130度酷暑的高溫。通常，三個拱門朝向北方，所以陽光很少直射入殿。另外，此門還有兩個主體部分，裝飾著上釉的磚，磚上有一些龍和公牛橫行排列等浮雕，顏色多樣，大多以藍色爲主，這是尼布甲尼撒二世（Nabuchodonosor）爲其父親建立的宮殿，他同時也在兩側建蓋白色的宮殿。新巴比倫帝國逐成爲令人嘆爲觀止的文明城市。

　　尼布甲尼撒二世使馬爾杜克神廟—埃薩瑞勒（Esagil，高屋頂的神廟）達

到最高程度的光輝；他沒有吝惜錢財，也沒有吝惜寶石及金銀器；由「高屋頂的神廟」裡的一塊書板，使我們得知宮殿的大小，以及確定其大小的神聖計算，並由巴比倫人十分珍惜的「數字象徵體系」獲得確定。

空中花園

為了討好生於伊朗高原的皇后塞米拉米斯（Semiramis）的歡心，尼布甲尼撒二世特別修建聞名古代的巴比倫「空中花園」（The Hanging Garden），以解除皇后的思鄉情懷。它建在高75英尺的無數巨大圓柱之上，上植奇花異木，後人列為世界七大奇景之一，遠觀是一片綠意在空中漂浮的特殊景象。

多層塔

即巴比倫的「星象臺的廟塔」（Etemenanki）——巴別塔。依據挖掘成果，我們得知塔的底部是91正方公尺，塔高也是91公尺，塔上有九個重疊的平臺，最後一個平臺上有一座祭臺，但不能確定是否為後人重建，達到祭臺的方法也不能確定。被辛那赫里布所摧毀的塔樓是由那波帕拉薩爾及其兒子尼布甲尼撒二世重新修建。巴別塔是星象學家的觀星臺，祭壇上有一張大床，根據希羅多德的記載，使我們想到馬爾杜克與其妻薩爾巴尼特（Zarpanit，女神）結合的神祇婚姻。它是一個碩大的金字塔，頂上也設有供奉馬爾杜克的祭壇。在《聖經・創世紀》中也曾提到巴別塔，指其為人類虛榮的縮影。即使波斯人毀滅巴比倫後，這座高塔仍使人念念不忘。亞歷山大在西元前331年占領此城時，有意重建此塔，但由於工程浩大，只好任由這座雄奇建築繼續圮毀，其發掘的工作直到近代才開啓。

巴比倫文化

社會

巴比倫城在當時是世界上最繁榮、最大的都市，人口有五十萬人之多，商業極為興盛，為美索不達米亞平原前所未有，所有的奢侈品皆集中在這一帶。因此產生社會階級，有無數的勞工和奴隸充斥在這城市，法律及警察保衛人民安居樂業。

文學

詩歌和神話取材自蘇美人，描述神創造世界、洪水，及半人半神的烏魯克

國王吉爾伽美什（Gilgamesh）英雄的史詩，筆調生動活潑，故事曲折動人，是日後希伯來人舊約詩篇中的重要資料來源。

編製文規及字典之類的工具書，記載帝王編年或綜合史書，是日後研究不可或缺的史料。此外，他們借用阿卡德人的楔形文字作爲工具，來表達自己的思想與情感。

科學

世界聞名的占星術，是加爾底亞人的發明，由於商業發達使科學的計算達到巔峰，且爲應付兩河流域的氾濫，必須發展出精密的測量數學，他們不但知道使用加減，也會用乘除，計算的符號有「一」、「十」、「百」，且可用到九、九十、九百，並知平方和立方。另外難得的是，把圓周分爲360度，又把一天分爲十二時辰，每一時辰爲三十分，一分相當於今日的四分鐘。

星象學更是驚人，星象家必須認識星象，觀察並作出星座分析圖，命名「木星」爲馬爾杜克神。他們測出日蝕、月蝕及黃道十二宮等天文數理，並確定冬至、夏至、春分、秋分之四個季節，也知一年僅三百五十四天，所以每三、四年有一閏月，和中國的農民曆類似，占星術現今仍流傳不衰。星象家製作星象圖後，也開始繪製地圖，尼布甲尼撒二世曾命祭司繪製新巴比倫王國城市地圖，城鎮、河流、道路皆歷歷可數。

藝術

繪畫全無，雕刻也不佳，技巧來自蘇美人，以浮雕較出色，但缺乏變化。不過，他們修建神廟或是皇宮所用之磚卻是特製的，不但上釉，還有綠、紅、黃、藍、白等色，美觀又持久，而且牆上還有怪獸浮雕爲飾。新巴比倫的宮殿或神廟，格局呈方形，整齊劃一且高聳，牆上有時呈鋸齒型，氣勢頗爲森嚴壯觀。德國人複製了巴比倫城門，置於柏林國立博物館庭院中。

呂底亞

王國創始人──蓋斯（Gygès）。腓尼基王國消失之後，蓋斯成爲呂底亞王朝創建者及第一位國王。由於辛梅里安人（Cimmeriens）有潛在威脅，最後蓋斯死於辛梅里安人之手（西元前652年）。其後的國王──阿呂亞泰斯（Alyattés）及克瑞居斯（Crisus）是兩位有建樹的君主，並以高超政治手法治理國家。

溫和手法政治作為

阿呂亞泰斯繼續征服希臘愛奧尼亞，並派軍駐守希臘城邦，他對愛奧尼亞徵兵徵稅，以「保護」商業之名，創造高利潤。阿呂亞泰斯及克瑞居斯聲譽極高，呂底亞在其統治下國富民豐。克瑞居斯還沿著商隊道路設「驛站」，創新的經營手法，使稅收充滿王室的寶庫。這種商業的「保護」，不但沒有阻礙愛奧尼亞在西元前六世紀的傲人發展，同時還促進呂底亞文化的發展。

呂底亞人

呂底亞人屬於閃族的一支，也是最早使用貨幣的國家之一。西元前八世紀開始使用貨幣，不同於亞述人和其他商人所使用的金銀塊，此種是白色的金子（Statère），這些金子出自巴克多勒河（Pactole）的沙灘及薩迪斯河（Sardes）、特摩勞斯（Tmolos）與西彼勒（Sipyle）的礦山。第一次使用鋁合金造幣，這些金屬熔合鑄幣呈琥珀色，一面有國王和箭，另一面為獅頭。政府在其上載明保證金屬的重量及品質、純度，並分國內、國外使用的不同，自然比以往金、銀、銅、鐵等金屬於秤上量更加方便。

政策

因受辛梅里安人的威脅而移向西部，採取靈活外交手法與希臘的城邦和解，當時以弗所（Ephese）必須經過小門德雷斯河（Caystre）向東的自由通道進行商業活動，因此呂底亞人遂與以弗所簽訂和約，以解決之前和以弗所的衝突。

國家擁有大筆財富

君主擁有強大的軍事及財富力量，末代國王克羅索斯（Gnoesus，西元前590-546年）提倡貿易，他僱專人出外經商，販賣羊毛、沙金而致富，故擁有大筆的財富。更早之前，呂底亞人也曾於西元前585年和米底亞人戰於哈里河畔，除小亞細亞西南的呂基亞（Lycia）外，哈里西也全為呂底亞的勢力範圍，強大的國勢亦可見一斑。

君主對神殿的興建使希臘人忘了呂底亞人對愛奧尼亞的統治。例如，捐獻德爾菲的阿波羅神殿，重建亞洲聖殿──米利都的迪迪米翁（Le Didymeion）和以弗所的阿特米西翁（Artemision）神廟，都使希臘人忘卻異族統治。且因呂底亞緊鄰東方，使他們也能順利地向愛奧尼亞人傳播巴比倫的技藝、科學和宗教。西元前546年，由於呂底亞人對自己的力量過於自信，和東方世界一

樣，低估波斯王居魯士的力量，最終被波斯所滅，使小亞細亞希臘城邦受新統治者波斯人的「保護」。

第二編
古代希臘羅馬文化

第四章

愛琴海文明

第一節　歐洲文明的起源

愛琴海地區

　　愛琴海地區是指以愛琴海為中心的區域，包含愛琴海中的小島、小亞細亞半島及希臘半島。愛琴海神話闡釋了「愛琴海」一詞的由來：由於克里特島的魔牛專吃人類，而危害雅典百姓，雅典王子埃勾斯（Aegeus）便自告奮勇前往除去雅典之害，他與父親約定戰勝魔牛之後必會回國，並相約以白旗繫於船的桅杆代表存活榮歸，黑旗則代表已死亡。雅典的國王愛琴（Aegean）每日在海崖邊的岩石上眺望其子是否平安歸來，終至一日，當王子勝利打敗魔牛，並娶了邁諾斯公主回航之時，因妻子生病身亡，傷心之餘忘記將白旗豎於桅杆之上，渴望兒子歸來的老父，見此狀便傷心地縱身往海中一跳而亡。希臘人為了紀念先王愛琴，故將此海命名為愛琴海。愛琴海文明對希臘大陸產生了一定程度的影響，愛琴海島嶼眾多，共有四百八十多個大小島嶼，故有多島海之稱。其中，以克里特島面積最大，並為愛琴海之重要門戶，由於四周港口水深，對外交通方便，因此成為愛琴海文明發源地。

　　古希臘是從愛琴海文明開始，而愛琴文明又以克里特和邁錫尼為中心。我們對愛琴海文明認識較晚，直到1900年，歷史學家才發現克里特島文明；西元1875年，邁錫尼文明即已為人所知。較晚發現克里特島文明的原因，主要是線形文字難以破解之故。西元前二十世紀，克里特島已出現奴隸制度，直到西元前十二世紀邁錫尼文明滅亡，古人在愛琴海上已生活了八百多年。也因愛琴海文明之發現，使我們得知希臘文明可追溯至上古時代。

克里特文明

　　克里特文明極具獨特的性格，今日對歐洲而言，它更是歐洲文明的起源，是一種地中海式生活。希臘文化直接源於克里特文明，並大放異彩。克里特曾歷經三種不同文字的階段，即象形文字、線形文字A及線形文字B。西元1953年，英國人溫楚斯（Ventris）及夏德維克（Chadwick），透過皮洛斯（Pylos）及諾薩斯（Cnossos）的畫板，得知線形文字B所記載的乃是屬於一種邁錫尼語，並發現了邁諾斯（Minos）王宮的遺址。

圖2-4-1 愛情海文明

年代表及歷史表

考古學揭開克里特島的文明之後，其他文明也陸續出現。在克里特島的邁薩哈（Messara）平原，如巴拉伊加斯特（Palaicastro）、瓦西里基（Vassiliki）、莫什勞斯（Mochlos）等地，尋獲晚於新石器時期的陶製品、石製瓶子與富有亞洲文化特色的金屬飾品等，這表明東方的影響十分自然。

西元前2000年，克里特已經進入青銅器時代，並且成爲愛琴海上中心。此時，城市諾薩斯已成爲第一個繁榮之地。根據不同遺址的陸續挖掘，我們將克里特文明分爲「早期邁諾安」（Early Minoan，西元前3000-2300年）、「中期邁諾安」（Middle Minoan，西元前2300-1600年）、「晚期邁諾安」（Late Minoan，西元前1600-1100年）（後期的黑暗時代人們才以邁諾安文明稱之）。

在中期邁諾安時期，克里特發展出「最早王宮時期」，它們分別是諾薩斯（Cnossos）、斐斯托斯（Phaistos）及瑪麗安（Mallia）王宮；主要建築形式是作爲國王的防禦工事。在愛琴海周圍有許多活躍於海上的貿易，貿易活動爲克里特帶來巨大財富。鄰近貿易地區包括：埃及、基克拉澤斯群島（Cyclades）——德洛斯島（Délos）、錫拉島（Théra）、伯羅奔尼撒的阿爾高里德地區（Argolide）及阿西納（Asiné）、腓尼基地區〔哈斯－夏姆－烏加里特（Ras-Shamra-Ougarit）、比布魯斯（Byblos）〕等。

西元前1700年，伯羅奔尼撒半島的亞該亞人（Achéens）開始攻擊克里特，當時克里特又發生一連串的災害——火山爆發，使所有宮殿嚴重毀損。西元前1500年，克里特另起爐灶，開始興建另一個諾薩斯宮殿，並再度將克里特文明推向一個鼎盛期。諾薩斯宮殿可以說是行政中心，故在西元前1700-1450年間，邁諾安實行君主集權。宮殿中眾多的人爲國王服務，宮殿也代表宗教和政治的重心所在。

在晚期邁諾安時期，克里特的城邦逐次增多，但仍然分立。另一方面，諾薩斯的強大勢力也造就了邁諾斯王朝，它不僅稱霸於克里特，大肆征服愛琴海中的小島及雅典等地，並利用海上武力征服許多城邦成爲屬地。此時克里特極爲奢華，各城邦都有豪宅，在阿依亞·特里亞達（Haghia Triada）、蒂里索斯（Tylissos）等地皆然。法國考古學者在庫爾尼亞（Gournia）發掘一些彎彎曲曲的街道，以及許多平臺式的小房屋。此外，墓室也有多樣變化，並有很多間墓室。

西元前1500-1450年，是克里特島「制海權」時期，帶有商業貿易及帝國主義的趨勢。西元前1450年，宮殿再一次被入侵者襲擊。不久，在西元前1420

年左右，克里特被邁錫尼人（亞該亞人）征服。他們採用了邁諾安人的文字來書寫他們的原始希臘語。之後，大多數克里特城市走向了衰亡，而諾薩斯保留其行政中心地位，直到西元前1200年。

克里特一直擁有強大的海上艦隊，但未能建立強大的陸軍，當突然面臨入侵者時便措手不及，此也致使諾薩斯王宮被大火所毀，帝國約於西元前1430年宣告瓦解。此時，愛琴海各地幾乎都受到與克里特相同的命運。長期主宰愛琴文明的克里特文明也終至沒落，取而代之的卻是由亞該亞人所建立的「邁錫尼文明」。

宗教、藝術

克里特人長期以來被定位為「地中海人」，但由語言觀之，他們又可能屬於「原始的印歐語系民族」。其個子矮小、無毛，且身體柔軟、纖細，使得他們可從事各種靈活的活動。女人們擁有現代人的外型，堪稱美麗，她們對於服飾極為講究，不但複雜且形式多樣，女仕穿著袒胸的短衣及縐邊裙，合適的剪裁使她們的身材顯得更加苗條。

由於與希臘、小亞細亞的商貿往來，故對生活極為講究。富豪生活奢華，有銅、金、銀、寶石等飾品，講究手工雕琢。社會階級極為明顯，有自由人、半自由人、農奴及奴隸等，各方面皆不平等。婦女則擁有相當地位。

自由人享有多種權利，但若犯罪或負債者則可能成為奴隸，自由人享有一些權利，相當於今天的公民；半自由人地位僅次於自由人，他們沒有參政權；農奴是主人的財產之一，但他們可以擁有自己耕地及牲畜；奴隸為最底層，他們會被買賣，但可以擁有金錢。婦女可以結婚及離婚，離婚時能帶走全部財產，法律保障婦女的一切生活。克里特的最高神祇大都為女性，而女性也極受尊崇。

諾薩斯的宮殿最能展現克里特藝術風格，雖然壁畫並不完全臻於成熟，卻成為當時社會、生活、政治、有力的說明。如君主坐在宮殿的寶座上，戴著百合花，主持正義，身旁「祕書」替其處理各種事物，這樣的藝術表現並不有趣，也不偉大，但現實中卻表現自然的一面，是一種特殊的表現。

手工業方面，金、銀、寶石的雕工非常精巧，不但著重色彩，更講究形式，當時陶器有新突破，蛋殼式的自然幾何圖形；極少使用複雜線條，呈現出一種單純、素簡之美。

克里特的宮殿及住宅都很舒適，頗富藝術氣息，並有許多設備及乾淨的水質。例如，諾薩斯宮殿，大廳內擁有白石製御座、軟墊長凳，以及清澈水池；

天花板是古柏製的柱子；牆上有獅身鷹首及鷹翼裝飾，房內的照明及光線則略嫌不足。

我們之所以能知道克里特的藝術，要歸功於英國考古學家伊文斯（Evans），他費盡心力重修克里特島的建築——包括浮雕、壁畫、小雕像、裝飾的金屬品、陶瓷及釉彩徽章等。克里特島藝術通常不像埃及和東方一樣雄偉，也不如希臘藝術注重比例，往往忽略作品的細部，例如：沒有耳朵的「巴黎婦人」繪畫。壁畫沒有深度和透視技巧，色彩作為裝飾用途，選用的色彩絢麗且明亮。

克里特人的慶典節日常舉辦遊行，行列中有儀仗隊，騾子和馬匹牽引著戰車，以及驚險的鬥牛活動，但不會置人於死地。在宗教上公牛具有神聖角色，牛角大部分用於祝聖，並且是女性化的表徵。克里特人信仰女神，她是一位「偉大的母親」，也是蛇女神，代表和平、繁榮，由女祭司服侍。宗教儀式中的祭品很少帶血，大部分是植物或五穀等作物。克里特宗教中，沒有男性的象徵，也沒有天體星宿，可知當時是母系社會，並非常尊重女性。至於墓葬宗教，在阿基亞特里亞達（Haghia Triada）石棺上，色彩鮮豔的繪畫富涵重要的意義。

神廟的遺跡在克里特沒有被發現，祭祀通常都是在高地上、岩洞中或是宮殿、聖樹周圍舉行。考古發現了清淨的水池及擺放貢品的桌子，顯示出他們對宗教的崇敬。

邁錫尼文明

西元前2000年，伯羅奔尼撒半島的邁錫尼已經出現青銅器文化；西元前1600年，開始了邁錫尼文明（或亞該亞文明）。在諾薩斯文明之後的兩百多年，邁錫尼文明才告沒落，雖然邁錫尼文明在藝術方面的成就遠不及克里特文明，但它的影響更為深遠，因為邁錫尼文明傳播非常廣泛。由荷馬史詩可以證明，邁錫尼是希臘文明的起源。西元1874-1876年，德國考古學家薛里曼（Schliemann）於此考古挖掘。西元1885年，德普費爾德（Dörpfeld）也來到邁錫尼，為邁錫尼文明揭開神祕的面紗。由於邁錫尼文獻極少，以致於考古工作無法順利完成，但也因亞該亞人用線形文字寫於書板上，使文字辨認的工作由繁而簡，由此更深入解析未解之謎。

歷史背景

邁錫尼位於伯羅奔尼撒半島阿其夫平原（The Argive Plain）東北部。西元

前二十世紀時，一些來自印歐語系的民族由北方進入地中海區域。這時北部的色薩利和馬其頓仍處於石器時代，近海的南部地區則處於青銅器時代。西元前1600年，亞該亞人定居於此，並發展出阿爾高里德文明（Argolide），它和愛琴海各島及克里特島往來，並一直和邁錫尼保持密切關係，此時邁錫尼已是這地區的主要中心。

《荷馬史詩》常以亞該亞人泛指希臘人，據說他們身材高大，原本住在希臘北部色薩利一帶，西元前2000年南徙，征服土著皮拉司吉人。一般認為他們在西元前2000年中期創造了邁錫尼文明。

入侵的亞該亞人，傳說他們是達那俄斯的兒子（les fils de Danaos），由於亞該亞人學習被征服者的文化，文明也逐漸開化，此時的財富和文化已可和克里特文明相提並論。西元前1500年，亞該亞人吸收克里特文明之後，也發展出自己的文明特點，使其成為愛琴海文明的一部分，更有取代克里特而後來居上之勢。

西元前1450年，他們占領諾薩斯，並繼承克里特文明的遺產，使克里特原有的線形文字A被用來書寫邁錫尼語言，形成邁錫尼線形文字B，更將他們的線形文字B引入諾薩斯，西元前1430年諾薩斯被摧毀。西元前1400-1200年，邁錫尼文明達到鼎盛期。

西元前1190年，邁錫尼和希臘各城邦在特洛伊戰爭遭到嚴重的破壞，邁錫尼文明被毀。當時邁錫尼與希臘各城邦共組一支聯軍，東渡愛琴海，遠征小亞細亞的特洛伊。聯軍苦戰十年仍無法攻下此城，於是聯軍的首領奧德修斯便使用「木馬計」將此城攻陷（木馬屠城計），此役雖勝但邁錫尼元氣大傷，國勢動搖。不久之後，北方的多利安人（希臘人之一支）由希臘半島北部入侵，滅了邁錫尼王國。

此時民族的大遷移也直接造成西臺王國的衰亡。西元前1209年，海上民族與利比亞人聯合，企圖入侵埃及孟斐斯和赫里奧波里斯。埃及法老麥倫普塔（Menephtah，十九王朝）獲知後，即率軍應戰。爾後拉美西斯三世（二十王朝），徵集僱傭兵，阻止利比亞和海上民族的入侵。但戰爭消耗了埃及的財富，令埃及在亞洲的勢力趨向衰落。敘利亞北部的烏加里特（Ougarit，和埃及往來密切）在拉美西斯三世執政的第八年，就被海上民族滅亡。

亞該亞人的文化

亞該亞人與愛奧尼亞人（Ioniens）都是最早的希臘人，他們深受地中海民族、北歐民族、克里特島人的文化影響。其中有兩位學者對希臘文化的探索有

莫大的貢獻：

首先是薛里曼（Heinrich Schliemann）發掘了邁錫尼文明（亞該亞文明）。他年少時受《伊里亞德》（*Iliad*）史詩描述特洛伊戰爭的影響，立志挖掘特洛伊城，後來又挖掘出更多亞該亞文化遺址。其次是英國語言學者溫楚斯（Michael Ventris）致力於破解亞該亞文字的謎團，即所謂線形文字。雖然初期的翻譯工作受到許多限制，但在解決重重阻礙後，一個令人讚嘆的文明便呈現於世人眼前。

政治組織

在直接證據缺失的情況下，我們無法確切地了解邁錫尼世界的政治結構。根據荷馬的陳述，當時的希臘分為數個城邦，如《伊里亞德》中的城市：通過考古所為人熟悉的邁錫尼、皮洛斯、奧爾美那斯等，可能還有斯巴達或伊薩卡。不過考古學家無法確認這一點，只有皮洛斯（Pylos）和諾薩斯兩個城邦被線性文字B所證實。現存遺跡中邁錫尼的宮殿建築在一個小山丘上，有許多防禦工事，今日是希臘的著名旅遊景點，。

《伊里亞德》的附錄中，證實邁錫尼國王權力相當集中，亞該亞人建立的是一種封建式城邦。這些防禦性的宮殿，除了阿爾高里德的提雲斯（Tirynthe）外，還有皮洛斯。在皮洛斯出土的書板中，有納稅人名冊及財產清冊、牲畜帳目等，由此說明了當時各城邦行政體系已經非常進步。

邁錫尼國王非常富有，他極信任副手，其地位僅次於國王，且擁有廣大的土地。王國各地區則分別派駐官員，他們統籌各種事務。此外，祭司和官員的地位相當，他們掌管宗教等大事。

社會

邁錫尼社會分成兩類：統治者的貴族階層，負責王室行政及擔任地方官的工作；普通人民（Da-Mo），他們是被統治者，生活在鄉鎮裡，必須服徭役和繳交王室賦佃租。

生活在王宮的人，一部分為富裕的高級公務員，住在宮殿周邊寬敞的宅邸；還有一些職業與王室相關的人員，如手工匠、農民、商人等，他們未必比一般人民富裕；處在社會的最底層的是奴隸。

手工業組織主要出現於宮殿地區，皮洛斯的文獻表明他們的工作相當專業化，每一個工人的技能歸於特定的類別。這種分工在紡織業中尤其明顯。

紡織業是邁錫尼經濟的主要部門，諾薩斯的文獻提供了一個紡織生產過程

的全景：從成群的綿羊直到宮殿倉庫裡的成品，以及剪羊毛、羊毛修補作坊、工作環境等方面。皮洛斯宮殿擁有大約550名紡織女工，在諾薩斯則多至900名。文獻中至少記錄有十五種紡織相關技能。除羊毛之外，亞麻是應用最多的織料。

在皮洛斯還發現了冶金業，擁有400名工人。我們從資料中得知，每個銅匠平均分配3.5公斤青銅的工作量，但我們不知道他們如何得到報酬，令人費解地，配給紀錄表上沒有他們的份額。在諾薩斯，一些泥板記錄了劍的製造，但沒有提及真正的冶金業。

同樣被記錄的還有化妝品業。泥版記錄了玫瑰、藥用鼠尾草等香油的製造。考古學研究還發現了隸屬宮殿的作坊內還有其他職業的手工藝人：金銀匠、象牙匠、寶石工、陶匠，以及橄欖油生產。某些領域則轉向了出口。

商業活動沒有被記載。同樣地，當皮洛斯的香料油被裝入小罐後，就再也沒有記錄它們去向何處了。在底比斯出土了裝有香油的帶柄陶罐，它們刻有線性文字B，註明產地為東克里特島，然而克里特島上的泥版對於油料出口卻隻字未提。對於紡織品的流通，現有的資料也非常缺乏。我們知道邁諾安人曾經將織品出口至古埃及，邁錫尼人應該也如此。實際上，他們的海上貿易在邁諾安文明衰亡之後，就有了突飛猛進的成就，根據這個事實可推斷，他們很可能從邁諾安人處獲得了航海的知識。儘管文獻材料存在缺失，我們仍能推斷一部分的商品：紡織品、油料，甚或是冶金製品，是為了王國以外的市場生產的，因為它們的生產數量相對國內消費來說超出甚多。

線形文字的發現，更證明邁錫尼社會屬於奴隸制。皮洛斯的書板有更進一步說明，書板中詳盡記載了奴隸的人數、地名及由來。出身於奴隸家庭的孩童，受不平等待遇。書板中也記載：當時有公家奴隸，亦有私人奴隸，並各載其職。國王、貴族或神廟祭司分別擁有大批奴隸為其服務，但曾因制度不公而引起大規模的反抗。

邁錫尼王宮建有巨石的城門——獅子門。獅子門的兩側都是堅固的石牆，高大的城牆，解釋了當時的社會狀況。邁錫尼為公有制國家，國王分派各省行政官員管理稅政，上繳中央，國王有權徵集勞役，招募工匠進行國家建設。

藝術

邁錫尼的藝術主要受到克里特文化影響，尤以壁畫最為明顯，其中動物畫和植物畫是克里特島式。人物的服飾穿戴非常華麗，有刺繡斗蓬及類似軟柔材質之金邊裙，瓷器則顯示出富有深意的創作。手工業者雖技藝不高，但能以

簡單的線條勾勒出生動效果，如邁錫尼的器皿上有頗具特色的章魚，並逐形變化，配合幾何圖形，以十字、菱形或橫列排列人字及螺旋狀，使作品更加豐富，作品以自然寫實爲主，克里特風格更被大量模仿。邁錫尼的馬鐙式器皿，也被稱爲「軍人的器皿」，即使它不如克里特色彩豐富，但卻表現出古希臘藝術的特徵。

大部分的建築皆以巨石爲架構，龐大雄偉就成爲防禦的代名詞。最著名的城堡大部分都具有以下的特色：厚達十多公尺的城牆皆以巨大的石塊，砌成方形、重重疊疊地堆在一起，僅是提雲斯城堡的城牆即有40英尺厚。城堡大門也是防禦工事的重點，城門大多配合精密設計之城牆，並裝有巨大的柱梁，如邁錫尼著名的「獅子門」，其楣石約有20噸重。城堡之內有許多暗門，設在牆內的掩體中，有時設在下水道內，加強鞏固及防禦。邁錫尼宮殿，採用簡單的格局，沒有中庭，有一個長方形的大廳「梅加翁」，大廳中有火爐、煙囪及排煙柱。宮殿周圍有許多相連的通道通往其他大廳。

邁錫尼文明在地中海世界存在兩個世紀，許多地方曾發現邁錫尼藝術品如陶器、金銀器物及建築。卡科瓦多斯（Kakovatos）、埃萊夫西納（Éleusis）、西伯羅奔尼撒半島、阿慕克萊（Amyclées）、格拉島（Gla）、阿提卡半島（Attique）、底比斯的卡茲米亞（Cadmée）、伊奧勒高斯（Iolcos）、托瑞高斯（Thoricos）、皮洛斯、奧爾霍邁諾斯（Orchomène）、雅典的阿瑞奧巴熱（Aréopage）及阿咯奧保勒（Acropole）等地，都有邁錫尼文化遺跡。

墳墓也是邁錫尼的藝術，其中有房間式、古老坑道式、圓形排列式。最特別的墳墓應屬「阿特埃（Atrée）的寶庫」，墳墓走道不但有各式各樣青銅圖案，更有青銅雕刻墓室，這是一種大家族墓室，有大量華麗的物品及武器陪葬。

宗教

邁錫尼人比北歐人對英雄崇拜更爲虔敬。重要的神祇幾乎與克里特一樣，大部分爲女性。著名神祇有雅典娜、宙斯、希拉、德梅代爾（狄蜜特，Démetér）及波賽頓（Poséidon），也有神廟，祭司負責神人之間的溝通。邁錫尼的宮殿中設有祭壇，上至國王，下到人民，皆視宗教祭祀爲大事，將宗教信仰融合於生活之中。

第二節　最後的大遷徙和動亂時期

海洋民族入侵

西元前十二世紀初期，古代世界被幾股強大的勢力分割──埃及新王國時期第十九王朝、第二十王朝，小亞細亞的西臺王國，愛琴海地區及阿爾高里德地區的亞該亞人，他們遍及小亞細亞、克里特島、愛琴海及敘利亞、腓尼基海岸。西元前3000年，希臘一批早期移民，最初是以占領者的姿態出現，但隨著時間演變，漸漸地和當地民族同化，例如：卡里亞人（Carians）、愛奧尼亞人、亞該亞人等。

東方米達尼（Mitanniens）的胡里特人，在幼發拉底河中游與尼羅河三角洲之間皆有其足跡，附近有希伯來人、迦南人（Cananéens）、阿拉米人（Araméens）、閃族人以及腓尼基人。小亞細亞西部及愛琴海則有亞尼克人（Asianiques），人們多稱他們為卡里亞人（Cariens）或萊烈熱人（Leleges）。

西元前1200年，希臘發生三件大事：一、海洋民族入侵並占領希臘；二、多利安人開始進入希臘；三、安那托利亞高原的弗里吉亞人（Phrygiens）穿過了博斯普魯斯海峽（Bosphore）到達希臘。多利安人在進入希臘後便摧毀邁錫尼文明，因為他們無法客觀「欣賞」文明遺產，大肆掠奪、焚毀，以各種極端手段破壞，同時並占領伯羅奔尼撒半島東南部、小亞細亞東南島嶼及克里特等地。

多利安人屬印歐語系，長久居住於俄羅斯草原及中歐，文化發展非常緩慢。他們南下時帶來氏族部落制度，也使用傳統習俗，知道使用鐵，雖然人數不多，卻極具侵略性。

在大遷移及混亂時期，希臘受海洋民族刺激干擾，各民族互相混雜，如巴爾幹半島的塞凱伊人（Sicules）、伊利里亞人（Illyriens），現今土耳其的薩迪斯人（Sardes）、義大利半島第勒尼安人（即伊特拉斯坎人，Tyrrhéniens）、中東菲利斯汀人（Philistins）等。埃及是唯一擊退海洋民族的國家，並且未受到他們破壞，因此造成海洋民族退而求其次，進兵利比亞毀滅敘利亞－腓尼基的沿海港口，使烏加里特受到池魚之殃，從此在歷史上消失。

同屬印歐語系的的弗里吉亞人，於西元前1190年摧毀西臺王國，火燒特洛

伊，接著向外擴張，在小亞細亞擁有龐大勢力。美索不達米亞地區則因曾遭受卡西特人入侵而得以倖免。

多利安人在希臘的定居

透過語言學及考古學證實，著名的希臘傳說──「赫拉克勒斯人（Heraclide）的返回」，即是多利安人返回希臘的說法。他們自稱是神人赫拉克勒斯的後裔，長年流浪他鄉，最後返回屬於自己的地方。這個民族很特別（西元前十世紀和西元前十三世紀），他們大部分來自多瑙河地區，一部分遷往義大利。

西元前十二世紀時，他們由伊庇魯斯（Epirus）進入希臘本土，摧毀邁錫尼文明後並未建立自己的國家，使希臘文明傳統，從西元前1000-800年，史稱「黑暗時代」。反映其歷史情況的文獻主要是荷馬史詩，因而又稱為「荷馬時代」。

進入希臘之前，他們曾遭受到弗里吉亞人（Thraco-Phrygiens）抵抗，並分成許多分支，前往征服其他國家。一些分支受阻後往南走，穿越色薩利（Thessalie）後再度形成各種分支。其中，東部南下的分支經過貝奧蒂亞（Beotie）到達科林斯（Corinthe）；其餘則在阿爾高里德（Argolid）登陸，並占領麥加拉（Mégare）及科林斯，再由伯羅奔尼撒南部至歐羅塔斯河谷（L'Eurotas）到達斯巴達。另一往南下的分支則轉而向西，穿過伊庇魯斯的多多納（Dodone）及阿卡納尼亞（Acarnanie），穿越兩個海灣，於伯羅奔尼撒半島與奧林匹亞定居。

在經過漫長的遷徙過程中，所到之處融合非常多的民族，種族也經過多重混血。當時阿提卡和阿卡迪亞（Arcadie）未遭多利安人侵擾，至於其他則被一一取代──分別是阿哥斯（Argos）取代提雲斯（Tirynthe），底比斯取代奧爾霍邁諾斯（Orchomène），斯巴達取代阿慕克萊（Amyclées）。

多利安人占據希臘數百年後，產生人口過剩，於是以移民來解決問題。但大量移民的結果，卻使許多地區人民產生大規模的遷移，如愛奧尼亞人主要遷往優卑亞（Eubée）島上的哈爾基斯（Chalcis）、埃雷特里亞（Érétrie）及愛琴海上的納克索斯群島（Naxos）、愛琴海南部基克拉澤斯群島（cyclades）；其他則定居小亞細亞中部。此區後來被稱為愛奧尼亞地區（Ionie），他們建立十二座城邦，幾個重要的包括薩摩斯（Samos）、以弗所（Éphèse）、普里耶涅（Priène）、米羅（Milet）、士麥拿（Smyrne）及愛琴海東部的希俄斯島

（Chios）等。又如雅典國王哥德魯斯（Godrus）的後裔也遷往小亞細亞，另外還造成西部希臘阿哈伊亞人（Achaie）與阿提卡人融合。

此外，多利安人更捲入了大遷移漩渦中，他們不但占領愛琴海上的錫拉島（Thera）和克里特島之哥泰恩（Gortyne）、羅德島（Rodes）、米洛斯（Melos）等地，之後又占據科斯島（Cos）、羅德島北部克尼德島（Cnide）、小亞細亞南部海岸和哈利卡那索斯（Halicarnasse）。

經由語言證實，小亞細亞地區確實有許多種族曾進行大規模遷徙，因此產生三種不同類型的語言，分別是愛奧尼亞語、伊奧利亞語及多利安語言。這種訊息也再次地顯示，希臘最早的殖民化發生於內陸城邦中，並深受海洋及農業文化的影響。

荷馬社會

西元前十一世紀至西元前九世紀的希臘，由於荷馬的史詩而成名，因此稱為「荷馬時代」。荷馬史詩是最能見證希臘當時的史學作品──內容充分反映邁錫尼文明及希臘人的日常生活、政治情況及風俗習慣，更敘述亞該亞人式的特點，以及英雄事蹟。

荷馬史詩分為《伊里亞德》（Iliad）和《奧德賽》（Odyssey）兩個部分。它經過相當長時間的整理及彙編而成，最終的編寫工作應是自邁錫尼時期（西元前十六世紀到西元前十二世紀）至西元前九世紀的開始，西元前六世紀時完成，是由小亞細亞的吟遊詩人集體創作的成果。

《伊里亞德》主要敘述希臘聯軍攻打特洛伊的故事。由於「希臘第一勇士」阿基里斯（Achilles）憤恨邁錫尼國王亞伽曼農奪其女俘，而不肯出兵幫忙，使希臘聯軍連遭失敗，直到好友帕特羅克洛斯（Patroclus）戰死才憤怒出戰。此役中，特洛伊王子赫克特奮力與阿基里斯作戰而亡，普瑞姆國王苦苦哀求討回王子屍體埋葬，故事至此結束。

《奧德賽》敘述奧德賽國王於攻陷特洛伊後，回鄉途中卻漂泊10年的故事，最後，因為諸神憐憫才得以返家。人們對於《伊里亞德》和《奧德賽》的完成時間略有爭議，經考古學及語言學研究結果，認為《伊里亞德》早於《奧德賽》。《伊里亞德》作品生動簡明，結構緊密，可說是古代世界的名著。

邁錫尼文明的結束或荷馬時代的開端，都和多利安人有密切關係。由於多利安人入侵，使伯羅奔尼撒半島人民被奴役或遷移，希臘開始進入荷馬時代。邁錫尼文明結束後，氏族部落制盛行，使荷馬時代也再成為英雄時代。因部落軍

隊的編制、作戰的活力，使各部落的貴族及首領有極大的影響力；此時，他們大量製造鐵器物品，代表社會生產力提高。農業方面，他們已知使用鏟子、鐮刀，以及用犁耕田；畜牧方面，已採欄牧方式飼養牲畜；商業方面，採取以物易物的方式獲得民生必需品。

這種深受貴族影響的君主制，使得希臘領土分割，農民自給自足，並發展手工業。信仰宙斯、海神、農神或地獄之神等，荷馬時代的社會亦蓬勃發展，具有活力。

雖然荷馬史詩對於時間或空間描述並不完全精確，但它是在邁錫尼滅亡後百年間，口頭相傳的文學，對當時現實生活的描寫如鐵器的使用、民族部落組織等，確實提供一種荷馬社會的精神，可說是一部見證歷史的文學作品，也是相當富有時代意義的重要遺產。

早期希臘社會

「城邦」（Polis）乃是於希臘早期社會中，承接經濟、政治及宗教最直接，也是最重要的形式。城邦制完全確立之前，曾出現一種希臘社會型態，它確立在希臘人、愛奧尼亞人及多利安人遷移之前，也就是「大氏族」及「部落」，亦為多利安人留下的生活方式。除了大陸希臘，愛琴海諸島嶼、小亞細亞沿岸都可見多利安人的「文化遺產」，其中以宗教的影響最大。

「大氏族」是古代社會的形式，它曾持續一段很長的時間，不但影響公共生活，更深入家庭，並決定重大決策。例如：成年人的登記、結婚、徵兵、民法核對、合法身分登記等，都在規範內。「大氏族」中所形成的部落，都受到神祇的保護，尤其是宙斯神。

「大氏族」形成的部落，必須服從部落領袖，即族長「菲萊」（Phylè）。各部落都有共同軍事組織、司法制度及宗教儀式。事實上，部落也是希臘城邦招收行政官員、人民大會代表及軍人的來源，如愛奧尼亞人分布於四個部落，多利安人分布於三個部落。

「氏族」指「來自同一家族」，而非不相關的團體，是自然生成的產物，並成為強大家族的工具。這些家族往往希望被「分封為貴族」，進而鞏固政治上的權力，以貴族、氏族之間的團結，確保永久統治。總之，貴族制度之形成，並不完全因氏族而產生，應是貴族氏族擁有權力而導致的結果。

早期希臘在各地生產力都明顯上升，此時商業進步，與西地中海間的貿易往來頻繁；農具也被廣泛使用，農業生產平穩。不過，隨著社會經濟的發展，

階級衝突也日益尖銳。希臘城邦的形成是以一個城市為中心點，附近各村落依附其成長，並成為一種小國政治，如斯巴達、雅典皆是。事實上，邁錫尼文明時期即已產生城邦，到了荷馬時代，因各氏族分布於希臘各地，開始了建立多達兩百多個城邦。

古希臘是一個城邦林立的地區，因此許多不同的政治制度亦獲得了實踐和發展。有些古城邦，如斯巴達，奉行君主制，將統治權授予國王；有些城邦，如雅典，實行民主政治；還有一些城邦權力是在貴族或議會手中（Councils）。古代希臘在政治制度上經歷了貴族制、民主制、寡頭制和僭主制的演變。是故多樣而豐富的政治制度是其特色。

各城邦在初期，並未形成專制君主制度，人民組成議會，國王以長老議會中資歷較深者擔任，軍人負責保衛國家。當這樣的政治制度日漸衰弱時，貴族制度出現了，最後凌駕君主之上。貴族是擁有大量土地的部落首領，或與小亞細亞商業貿易致富的商人，他們擁有許多武器及戰車、馬匹、僕役等而占優勢。於是形成貴族氏族，開始掌握國家大權，制定有利「家族利益」的法則，組成長老議會（但都是由「自家人」擔任），並根據許多不成文法律判決。此時國王已淪為有宗教職權的行政首長，不過問政事。

貴族政治維持的時間並不長，因為僭主及平民的反抗貴族，致使貴族政治沒落。希臘城邦在各地的發展不同，維奧蒂亞、阿提卡、伯羅奔尼撒半島較慢，小亞細亞和沿海地區則較快。然而，發展深度卻以伯羅奔尼撒半島為最，雖然其城邦數目不多，力量卻相當強盛，例如：斯巴達控制南部、阿哥斯（Argos）控制北部、科林斯控制伊斯特姆（Isthme）地峽（即科林斯地峽）。

第三節　希臘殖民

殖民的原因

我們依據荷馬、赫西奧德（Hésiode）等史詩的殘存部分，以及考古挖掘，描繪出西元前八世紀的狀況──希臘各城邦的大規模海外殖民，占據土地，建立城邦，代表社會階級產生後開始了城邦殖民運動。

經濟活動以「農業」爲基礎，它有利於領主及騎士階層，他們掌握財富、政治權力、軍事力量、宗教玄機。君主制的衰微，貴族順勢廢除國王，或將國王的職責削減爲僅具宗教性質（如雅典的執政官國王），貴族政治亦逐漸形成。貴族階級控制長老會議，或有一百多名成員的公民大會（Bouie）。包括資產者、手工業者以及製造業主、勞工、雇工、佃農、奴隸、附庸者──如拉科尼亞（Laconiens）的希洛人（Helots）、色薩利（Thessaliens）的貝納斯特人（Penestes），因爲他們無政治地位，在軍隊裡他們武器裝備不足，在戰場上只有犧牲的份。

希臘殖民化的原因主要有二：首先是農業的因素（糧食生產不敷所需），其次是海外的貿易。西元前775年到西元前675年，是第一次殖民浪潮，其因希臘境內多山且土地貧乏，利於耕種的平原少，糧食生產受限；更由於境內缺乏金屬原料（銅礦和銀礦）以及木材等，向外尋找資源是主要的動機。希臘生產葡萄酒和植物油，手工業發達；上述商品的生產尋求輸出地方，於是周邊地區貿易盛行；且農業生產量激增（鐵製農具的使用），葡萄園和橄欖園種植茂盛。由此可知，尋求海外進出口貿易乃當務之急，這也是希臘殖民因素之一。

第一次殖民化浪潮

人口爆炸、勞動力增加、產品過剩、極需新市場、食物和耕地不足、人民衝突紛爭迭起，這些都可以說明人口外移的原因。當然，由此也延伸出愛好冒險活動者，有人因此被迫流落他鄉。出走的人口十分複雜──有第一次邁錫尼戰爭中出生的私生子、戰亂的遺民、作奸犯科者及不法之徒，他們都揚帆而起，遠離這個不再容納他們的城邦。由此可知，希臘殖民熱並非完全「有計畫」，而是起於城邦內的衝突。但此殖民潮也造成一個現象：大批新移民到達

之後，便大量驅逐原住民，搶奪其土地，派測量員丈量土地，以抽籤方式將土地分成若干，再建立長久的住宅。新建的城市分為內城和外城，外城部分建立臨時的神殿，以供奉各方神祇，這顯示希臘人對宗教的執著，也是希臘神殿聞名於世的原因。經濟與政治因素的結合，致使殖民運動和城邦的階級鬥爭有更直接的關係。

希臘本土所需的食物短缺，人民生活不易，因而更積極發展生存之道。基於以上因素，原本並無「特別計畫」的海外殖民運動悄然地展開，由背景上來看，這次殖民運動和國內的階級鬥爭有很大的關係；若由性質上來看，也可說是第一次麥西尼亞（Messenie）戰爭（斯巴達與麥西尼亞之間的衝突）繼續向海外推展，整個內涵則是貴族和平民之間的鬥爭、自由民與奴隸之間的矛盾。

創立希臘殖民點 —— 城邦的獨立性

希臘的移民是完全不忘本土的宗教與風俗，不但和本土保持著聯絡，並在周邊地區建立獨立許多的城邦，城邦之間永保聯絡，或是和其他城邦連結，組成更大的網絡，力量更日益強大。

航海和造船技術進步，商船雖是帆船，亦足以供給其他需求。城邦商品獲得疏解，海外貿易能興起，因此以移民方式解決問題的情況時常發生。

希臘殖民地的兩大類型：首先，將殖民地作為貿易站，蒐集所需物資後，運回希臘本土，供應希臘的充足物資，並可輸出海外及進口之用。其次，移民們留在殖民地，居住於土地較肥沃的農業區，發展希臘式生活。此時也會產生一種特別的文化 —— 有時殖民地由個人建立，但有時會有其他城邦參與，因此進行殖民活動的城邦為「母邦」，所建立的城邦則成為「子邦」。若是子邦再發展其他海外殖民地時，則不受母邦控制，所以海外的殖民並非整個希臘人的活動，也未形成任何帝國，而是依靠傳統上的情感，未脫離母邦的文化，保持著希臘人的意識，但他們會有一種優越感，視非希臘人為野蠻人。

第二次殖民化浪潮

西元前675-500年，產生了「第二次殖民化浪潮」，也產生唯利是圖的現象。人們開始注意交通交會的地點和價值，如墨西拿（Messine）海峽、通向南部義大利的愛奧尼亞島嶼、色雷斯海岸、赫勒斯滂（即Hellespont，達達尼爾海峽）、普羅朋蒂德（即Propontide，馬爾馬拉海），以及博斯普魯斯海峽（Bosptore）等地區。此時許多大都市如哈爾基斯（Chalcis）、埃雷

特里亞（Érétrie）、麥加拉（Megare）及科林斯（Corinthe）等城邦成爲商業城，古希臘的其他小亞細亞城邦也陸續加入，如薩摩斯（Samos）、弗西亞（Phocée）、厄立特里亞（Érythrees），以及米利都（Milet）等。西元前六世紀末期（尤其是殖民化結束時），希臘世界的經濟情況已發生巨大的變化，社會和政治型態也全然不同於以往。

西地中海的希臘殖民化

西西里島

優卑亞島（Eubéens）的哈爾基斯人（Chalcis），最早占據義大利墨西拿海峽兩岸和西西里島上的羅吉恩（Rhégion）、桑克萊（Zanclè）、納克索斯（Naxos）、卡塔尼亞（Catane）及倫蒂尼（Leontinoi）等地區。隨後，科林斯人占領西西里南部、敘拉古（Syracuse，建立於西元前733年）和卡瑪里那地區（Camarina）；麥加拉人（Mégare）建立麥加拉‧海布拉亞（Mégare Hyblaea）城邦，接著又建立塞利農特（Sélinonte）城邦。至於和克里特島人混居的羅德島人，則建立傑拉（Géla），接著又於西元前580年創建阿格里眞托（Agrigento）城邦。

義大利南部

西元前775年起，已有希臘人在坎帕尼亞（Campanie）登陸，西元前750年哈爾基斯人也在此登陸，他們與伊特拉斯坎人建立商業關係。西元前七世紀初期，伯羅奔尼撒半島上的阿哈伊亞人（Achaié）和拉科尼亞人（Laconie）人出現在義大利南部。亞該亞人（Acheens）建立錫巴里斯（Sybaris）和克羅托內（Crotone）兩個殖民地，接著他們又穿過波特（botte）半島的狹窄岬角建立商行。而拉西第夢人（Lacédémoniens，即斯巴達人）也於西元前708年在塔倫特（Tarente）建立殖民地。

西地中海

西地中海很早就有希臘海員及一些羅德島人（Rhodiens）的足跡，但因腓尼基人從中阻礙，加上位置遙遠，致使西地中海地區較晚殖民化。弗西亞人（Phoceens）在西元前600年時建立馬西利亞（Massalia，馬賽），在這世紀中期，他們和迦太基人、伊特拉斯坎人產生嚴重的衝突，並在科西嘉島的海戰中被打敗，損失許多商行。儘管馬西利亞的位置相當遙遠，但它的經濟仍然持續

發展，不過卻處於孤立的地位，到了後期在外交上才尋求和羅馬結盟；另一方面，馬西利亞亦受到利古里亞人（Ligures，分布於義大利北部至高盧南部）的干擾；旋即才在蔚藍海岸（La Côte-d'Azur）以及隆河（Rhone）河口、西班牙海岸建立自己的殖民地。

馬西利亞（馬賽）一直是地中海北岸重要商港，並以聖布萊斯（Saint-Blaise）及聖雷米（Saint-Remy）這兩座城市為基地，傳播希臘文化。其發展集中於地中海北岸和內陸平原地區，隨著移民向西發展，也逐漸向外拓墾。馬西利亞（馬賽）一直得天獨厚，也是古希臘文化的引導者和傳播者，直到希臘文化融入到克爾特人的生活。

東地中海及其附屬地

哈爾基季基及色雷斯海岸

希臘人覺得愛琴海北部的氣候可出產葡萄、棕櫚樹、小麥、大麻，亦適合飼養業，自然資源豐富，優卑亞島人（Eubéens）最早開發此地，他們在此地建立哈爾基季基（Chalcidique）、托羅尼（Torone）、斯基奧納（Skionè）與以酒聞名的芒代（Mendè）等殖民地。

帕瑞安人（Pariens）也在斯泰蒙（le Strymon）東部的薩索斯島（Thasos）殖民，並開發龐瑞（Pangée）的礦山。在希臘東部地區，小亞細亞的愛奧尼亞人從色雷斯海岸開始殖民，包括阿布德拉（Abdère）、瑪奧尼亞（Maroneia）、埃諾斯（Ainos）等地。

馬爾馬拉海峽

這些地區是商業往來的要道，擁有肥沃的平原和豐富的漁場。西元前七世紀中期，伊奧利亞人（Eoliens）和萊斯博斯島人（Lesbiens）占領特羅亞（Troade）；色雷斯的克索尼薩斯人建立塞斯托斯（Sestos）殖民地。麥加拉人（Les Mégariens）是唯一來自陸地的希臘人，他們占領馬爾馬拉海峽（Propontide）沿岸地區，後來占領博斯普魯斯海峽（Bosphone）、拜占庭（Byzance）等地。最後米利都人（Milesiens）占領阿比多斯（Abydos）、卡爾迪亞（Cardia）、基齊庫斯（Cyzique）等地，打開通往黑海的道路。

黑海沿岸地區

黑海沿岸的殖民出現較晚，且不斷受到蠻族侵擾，使得移民較多元。黑

海的航海條件不佳，因而使米利都殖民占優勢。布格河（Boug）與聶斯特（Dniestr）河交匯處的奧里維亞（Olbia）是其最大的殖民城邦，亦是此地主要的商業中心，將黑海的穀物、魚產、奴隸等出口到希臘，雅典的貨物進口到斯基泰。米利都在黑海沿岸有近八十座城市的商行，因而掌控了此地的商業貿易。

米利都的殖民地分布很廣，首先是小亞細亞的錫諾普（Sinope）殖民地；而錫諾普也建立了特拉佩翁特（Trapézonte）、菲西斯（Phasis）和迪奧斯卡里亞（Dioscurias）殖民地。其次是黑海北部的克里木（Crimee）及阿佐夫海（Azof）附近的龐提卡貝（Panticapée）、德奧多西亞（Théodosia）、法納高瑞亞（Phanagoria）也建立起殖民地。最後在俄羅斯的重要河流附近：伊斯陀（Istros）、奧里維亞（Olbia）、提哈斯（Tyras）以及阿波羅尼亞（Apollonia）、奧得索（Odessos）、多摩（Tomoi）等地區，也建立了殖民地。

西元前六世紀，「米利都帝國」憑藉著強大的海上力量建立起殖民地。這些地區的農業財富（小麥）、飼養業、皮革、木材、金屬、乾魚、燻魚、奴隸等，持續繁榮興盛，一直到希波戰爭之後才告終。

非洲海岸地區

西元前631年，多利安人由荒涼的蓬巴（Golfe de Bomba）海灣，移居北非中部，建立昔蘭尼殖民地（Cyrène，現在的利比亞）。不久之後，羅德島人及伯羅奔尼撒人也相繼到來；昔蘭尼成為富饒的農業中心，以馬與西耳恩（Silphion，一種神祕的藥用植物）聞名。西元前六世紀，昔蘭尼被僭主阿爾克西拉烏斯三世所統治。西元前520年，波斯的岡比西斯二世將昔蘭尼納入「保護」。

此外，希臘人也建立了巴爾西（Barcé）、俄那斯普瑞德（Euesperides，現在的班加西）等城邦，由於游牧民族和其爭奪內陸地域，希臘的殖民化政策遂減弱。在埃及地區，西元前525年波斯的征服，也使希臘的殖民化受到影響。後來雅典接手愛奧尼亞（Ioniens），重建非洲海岸地區殖民地。此地盛產黃金和高級首飾，還有大批的奴隸輸出；因此，殖民點的規模也日漸擴大，希臘本土和蠻族之間的貿易亦越加繁忙。

殖民化的影響和結果

西元前七世紀和六世紀的希臘殖民，可用西塞羅的話形容：「在整個地中

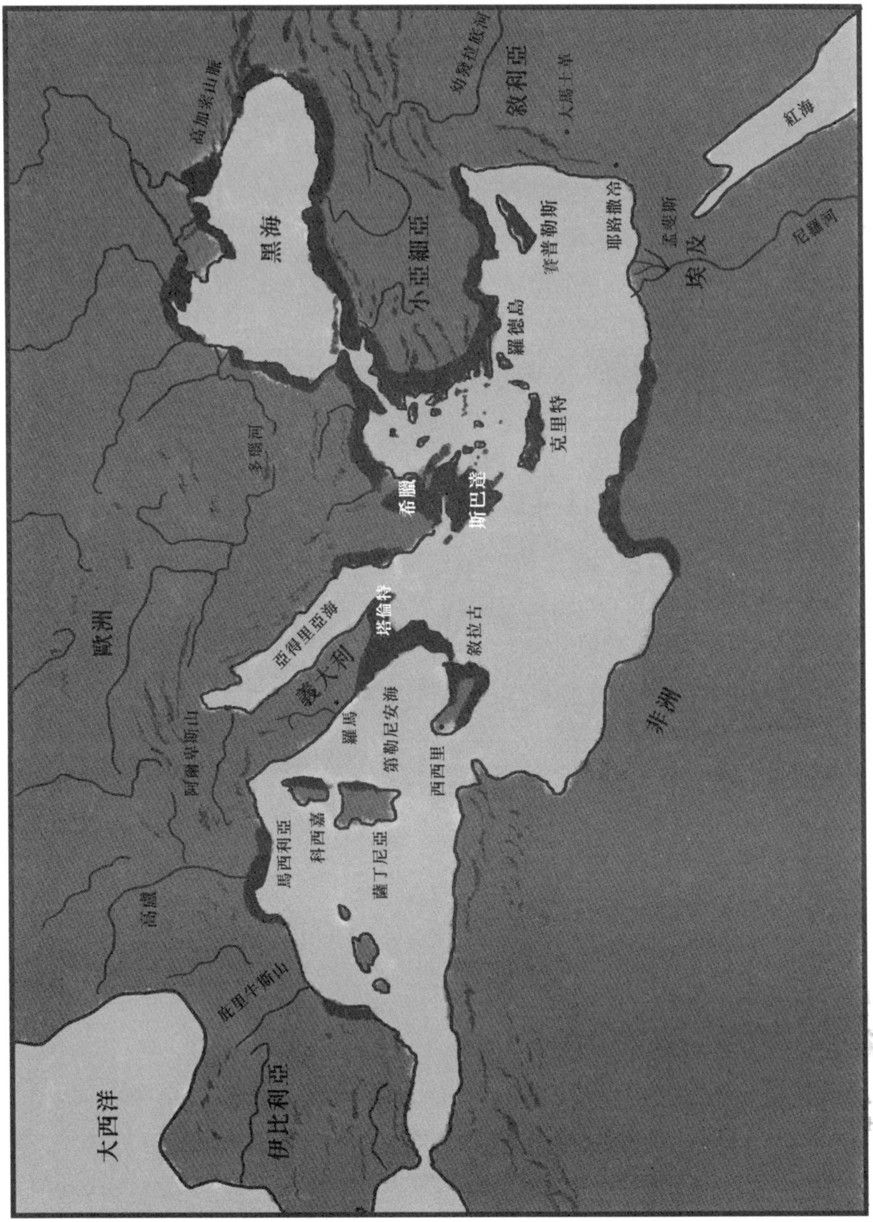

圖2-4-3 西元前550年希臘海外殖民地

大西洋

伊比利亞

庇里牛斯山

高盧

歐洲

阿爾卑斯山

多瑙河

馬西利亞

科西嘉

薩丁尼亞

羅馬

第勒尼安海

西西里

義大利

亞得里亞海

塔倫特

敘拉古

希臘

斯巴達

克里特

羅德島

塞普勒斯

耶路撒冷

埃及

尼羅河

西奈

孟斐斯

大馬士革

敘利亞

幼發拉底河

紅海

尼羅河

非洲

黑海

小亞細亞

高加索山脈

海周圍，替野蠻人的海岸縫上一道希臘的邊。」雖然很多的殖民城邦繁榮昌盛，但並非全部如此，興盛的城邦只包括黑海的米利都帝國、西地中海的馬西利亞（Massaliote）、西西里島及泛希臘地區。

西元前六世紀時，這種殖民化運動突然自行停止，一直到亞歷山大時期才恢復。其因在於最好的地方都已被占領。希臘人認為殖民必須感謝德爾菲（Delphes）的神諭，因為祂指引人們到達新的土地。此外，並非所有的土地都可上岸，例如，伊特拉斯坎人和迦太基人就禁止希臘人進入義大利庫姆斯（Cumes）北部的海岸，以及伊比利半島南部的阿提密海角（Artemision）。東方的斯基泰人（Scythes）和色雷斯人也很難對付。另一方面，波斯人摧毀米利都，征服了小亞細亞希臘人所建立的城邦之後，向多瑙河和巴爾幹半島前進，於是希臘殖民運動終於被迫停止了。

人口的大量移出使希臘本土不再擁擠，殖民化的運動使內部爭鬥和社會狀態明顯改善。西元前六世紀，儘管經濟和商業擴展迅速，但人口卻下降。由於希臘的殖民使各地皆受到希臘文化影響（如陶器、武器、藝術品、青銅器等），殖民地自給自足，起初的生產質量普通，後來則出現奢華品，手工業進步，並控制市場（如愛奧尼亞金屬、伯羅奔尼撒銅匠作坊、科林斯陶瓷製品等）。各殖民地以其產品（如糧食、木材、皮革、羊毛、大麻、酒或油等支付進口），殖民者的商業天賦被喚醒，許多船主、商人獲得財富，不需透過希臘本土，彼此聯合，金屬貨幣的使用亦逐漸風行於整個地中海盆地。

第四節　古代希臘世界

政治發展情況

西元前八世紀，貴族制度建立在原始君主制度基礎上。貴族一旦占有優勢地位和財富，即會擴大權力。在城邦，貴族階層因從事大宗買賣而致富，最後取代氏族階層。但是，真正的權力往往還是掌握在資歷較深的長老會議成員手中。

貴族政治有以下的特點，即有財產的人組成公民大會，以簡單的歡呼形式通過法令，選舉行政官員。長老會議有人數限制，由富有而年長的資深行政官員組成，這可以增加長老議會成員的威望。長老會議制定所有重要決策，由行政官員執行（執政官、法官）。較封閉的城邦有時採世襲或終身職，普遍的官員則是每年選舉產生，有時氏族會為政治利益和占據主要職位而事先「安排」。

制度的危機

西元前七世紀，貴族制度發生危機，此導因於希臘海外殖民運動及商業貿易蓬勃發展，人們的財富大量增加；換言之，除了傳統的貴族階級以外，還產生「商人」的中產階級，而其財富遠可和貴族匹敵；然而，這批新興階級卻不能參與政治，此也導致他們與貴族階層之間的疏離。

西元前六世紀，貨幣發明之初，流通緩慢，爾後貨幣流通便明顯加速；希臘的財富集中在領主、貴族及商人手中，當殖民地小麥大量湧進希臘，也就迫使希臘小麥價格劇降，因而造成農業及商業之間不平衡；貨幣的鑄造也展現出商人、貴族、領主的強大購買力，但卻造成農民生活更加惡劣，農民的土地也越來越小，最後難以維持。於是，他們將土地改成比較有競爭力的橄欖園或葡萄園農產品，在這些作物成熟前，農民只好向領主借貸，若收成欠佳，只好再次向其借貸，如此循環不已，農民陷入依附債主的地位，是故債務問題使政治危機更加嚴重。不過各地受貨幣經濟影響有所不同，沿海地區的城邦最快感受到貨幣的衝擊（米利都、弗西亞、科林斯、麥加拉、埃伊納、塔倫特和敘拉古），這些城邦的貨幣經濟每況愈下，因而出現嚴重的騷亂。

騎兵的地位被重武裝步兵取代，重武裝步兵配有盾牌、鐵製的護胸甲、護面具、劍或矛。他們組織嚴密，戰術靈活並受到良好裝備的保護，因此成為

「戰爭的常勝軍」。各城邦也擁有自己的武力，他們從平民及農民中徵募兵員；富裕農民可以購買馬匹和昂貴的武器，因而身價百倍，他們乘機要求政治地位。此時尚未實行民主政治，能夠購買如此昂貴武器和裝備的人不多，因此很容易造成寡頭政治；但它多少削弱舊貴族的力量，使一些城邦邁向民主之路。

許多城邦之間發生嚴重的爭端，城邦戰爭也摧毀愛奧尼亞、麥加拉、伯羅奔尼撒半島及西西里島之間的聯繫。在海上，載貨的船隻仍然笨重且緩慢；戰船是弗西亞人的優勢，通常擁有五十支船槳、三行槳手（共有一百七十個槳），也就是科林斯式三層槳戰船。

僭主及立法者

城邦如果沒有成文的法典，就不會有憲法的改革，故首先要制定憲法。希臘城邦之間爭鬥、謀殺、剝奪政治權利和放逐政敵不曾停止；但西西里島和愛奧尼亞有較上軌道的法律制度，政治鬥爭則較為緩和。「立法者」（Législateurs）由一群人共同指定產生，他們制定共同的誓言和遵守的法令，這些立法者中，最著名的是義大利南部羅克里斯城邦（Locres）的扎萊烏庫斯（Zaleucas）、西西里島的卡塔那城邦（Catane）的夏翁達斯（Charondas）、斯巴達的萊庫古（Lycurgue）；西元前621年雅典的德拉古（Dracon）、西元前594年的梭倫（Solon）（但前三位立法者的歷史真實性仍有爭議）。

立法者的智慧及嚴厲作風，深得後人景仰。例如，德拉古認為堅持正義是消除家族間仇殺的不二法門；梭倫深知，政治的趨勢在平民手中，他廢除農民的債務，給予平民參政及司法審判的權利，在雅典這一改革措施成為施政方針，但立法者制定的法規，仍難以完全解決貧窮或解救遭受奴役的人。儘管立法者法律避免偏向貴族，但他們的法律仍然保守（對財產的保護），大都還是有利於貴族，（梭倫除外）。此外，立法者往往在完成立法的任務後，就轉而關注自己的私人生活，忽略了法條的實質內容，這也造成了後來城邦的混亂。

城邦中的僭主（Tyrans）往往是實際的領袖，他用暴力掌握權勢，但並沒有因此而責難。他們沒收貴族的土地，將貴族驅逐。獎勵農民、碼頭工人、水手和手工業者。實行平頭式的平等，中產階級也要求分享貴族壟斷的權力，因此形成一批新的領導者。換言之，僭主聯合中產階級，為一個新團體利益而攻擊貴族勢力，因而受到新團體的支持，是故雖非正統又不合法，但他們站在人

民的位置，為人民說話，由此而獲得人民支持。然而僭主在權力穩固之後，轉而形成獨裁統治。一些僭主長久的掌握權力，他們擁有許多僱傭兵，並且有很好的武器裝備，許多暴政也就自然出現。

　　僭主為自己的利益而反對貴族，在米利都，他們是戰敗者的代言人，但在西錫安（Sicyone），他們則是反對寡頭政治的農民和低層人民的保護者，故其政治角色複雜；此外，他們的出現也常和城邦的繁榮同步，在科林斯、雅典、米利都皆是如此。此時重要的僭主包括：米利都的色拉西比勒（Thrasybule）、納克索斯（Naxos）的利格達米斯（Lygdamis）、薩摩斯島的波里克拉特（Polycrate）、敘拉古（Syracuse）的格隆（Gelon）。還有一些為時不長的僭主，如西錫安的奧達高瑞得斯（Orthagorides）、科林斯第一任僭主西普西里德（Cypsélides）和第二任僭主佩里安德（Périandre）、雅典的庇西特拉圖（Pisistrate）及其子希庇亞斯（Hippias）。

　　在西西里島上，希臘城邦的僭主與迦太基之間也出現了許多爭端。僭主既沒頭銜也無權修法，透過盟友和被保護人及私家優良的武器裝備而奪權。他們控制公民大會、法庭和長老會議，並有審訊權與調查權；他們沒收貴族的土地，或驅逐、處決貴族；同時拉攏小產業主、水手和手工業者，實行社會平等，徹底摧毀氏族和貴族（Eupatride）的權力。僭主也參與貴族的宗教事務，建造神廟、節日慶典、迎神活動（非常地虔誠而引人注意）、尊崇泛希臘的神祇，如阿特米斯（Artemis）、雅典娜和戴奧尼索斯（Dionysus）等。

　　僭主取得政權是否合法，或圖私利，其政權都必須得到人民的支持；所以他們為了取悅人民，分發土地、出借農具、恢復作物生產，如葡萄樹和棕櫚樹的種植對農民來說，是比糧食作物更有效的經濟來源。在城邦各處，他們進行重要的公共工程，以滿足城市人民的需求。例如，薩摩斯島的僭主波里克拉特（Polycrate）統治時期，興建引水渠、噴泉、海港的堤壩、碼頭、神廟和劇院等。

　　僭主處事謹慎而講求和平，希冀人民團結，如果僭主政治能持續存在，希臘各城邦即有可能會更團結，不會出現傲慢的地方主義。但僭主在歷史性角色完成之後，很快地就消失。他們遭到了貴族和人民（以自由為名）的聯合反抗，最後將其驅逐。僭主制度被推翻之後，希臘各城邦也經由選舉而走向民主，雖然其間偶有貴族政治的出現，但也以重視每一階級的利益為施政宗旨。

西希臘

西希臘地理位置鄰近義大利南部和西西里島，氣候溫和，土地肥沃，有利於希臘民族融合，構成「大希臘」的面貌。所謂「大希臘」就如同美洲對歐洲人的意義，在農業、手工業、商貿往來都呈現繁榮興盛景象；西希臘也迎接來新的政治、社會、哲學和歷史文化。

西希臘和愛奧尼亞一樣，是屬於泛希臘地區，西希臘最終形成希臘歷史傳統的創始人。希臘人為使生活更加優渥，逃避不合理的土地制度，人民紛紛離開自己的家鄉，並自成一階級，但也因利益而彼此衝突或對抗；一般而言，共同的利益和更好地分配財富，可以促進政治和社會的發展。希臘城邦經歷很多制度，如君主制、貴族政治、立法者的專制統治、僭主制度等；因這些制度不穩定，更加速商人（船主、批發商、中產階級）及平民階層（手工業者和水手）的反對。

各城邦之間也存在著許多矛盾。在南部義大利的城邦，西巴瑞斯（Sybaris）摧毀了西瑞斯（Siris）；而西巴瑞斯卻又被克羅托內（Crotone）摧毀。塔倫特（Tarente）和敍拉古是西希臘較強大的城邦，但也面臨迦太基的侵略。塔倫特根源於愛奧尼亞，故仍保持貴族政治制度；而敍拉古則是僭主統治，他是戰爭的實際領袖，僭主在戰爭的勝利乃順勢掌握了權力。

泛希臘地區即是一個新的國家，人們很快地拋棄舊傳統，他們迅速取得財富之後也助長了浮誇和炫耀的風氣。神廟建築尤其明顯，受到莊嚴雄偉的多利安式建築啓發，西希臘的阿格里眞托（Agrigente）、塞里農特（Selinonte）、帕埃斯圖姆（Paestum）神殿，都是列柱形建築；此種建築在西希臘比比皆是，它傾向於「龐大」。例如，阿格里眞托神殿中未完成的男像柱，即使已傾圮，但仍顯巨大。塞里農特及塞傑斯塔（Ségeste）將多利安式神殿建築，完美地融入在當地莊嚴的景色中。當地提供石灰石的建材，經過兩千多年後，神殿（阿格里眞托）的部分建築現多已受到侵蝕。

希臘化時期的文學和哲學非常興盛，例如：埃利亞的芝諾（Zénon d'Élée）的邏輯學、梅塔蓬托（Métaponte）的畢達哥拉斯學說、桑克萊〔Zancle，現在的墨西拿（Messina）〕的色諾芬（Xenophon）學說、阿格里眞托盛行恩培多克勒（Empédocle）學說（西元前五世紀）。一些新的文學形式產生，如希墨拉（Himére）的斯特西克魯斯（Stésichore）的合唱抒情詩等。

希臘化時期僭主的統治也發揮相當大的作用，他們將古典文化與精神向外

傳播，通過義大利南部，尤其是坎帕尼亞（Campanie）的希臘城邦，以及透過克羅托內（Crotone）、梅塔蓬托（Metaponte）、伊特拉斯坎人，接著是後來的羅馬人，使他們接觸希臘文化且深受影響。

愛奧尼亞

愛奧尼亞（Ionia）是古希臘時代對今天土耳其安那托利亞西南海岸地區的稱呼。其北端約位於今天的伊茲密爾（Izmir）南部到哈利卡那索斯以北，此外還包括希俄斯島（Chios）和薩摩斯島（Samos）。愛奧尼亞這個名字來自於希臘一個叫做愛奧尼亞人的部落，他們原本很分散，但在小亞細亞定居後便開始形成一個共同體，這個部落於西元前2000年後期在愛琴海岸定居。愛奧尼亞重要的城市有以弗所、米利都和伊茲密爾，這些城市靠貿易富強起來，它們結盟為愛奧尼亞聯盟。

來自於大陸希臘的亞該亞（Acheenne）移民散居在愛奧尼亞的地區，他們都使用愛奧尼亞方言、過阿巴杜瑞亞節（Apatouria，家庭聚會的宗教節日）、崇拜海神波塞頓（Poseidon），在海神殿所在地帕尼奧尼姆（Panionium）組織近鄰同盟。

愛奧尼亞極為繁榮，主要有十二座城邦，較重要的城邦如下：呂底亞，四周土地肥沃，兩條河流——赫穆斯河（Hérmos）及小門德雷斯河（Caÿstre）通往小亞細亞心臟地帶，有利於商業條件，並流經以弗所附近注入愛琴海；此外，愛琴海和黑海地區的殖民化，以及西地中海殖民繁榮，且與東方世界的文明結成和諧的整體，也是希臘的一個奇蹟。

以弗所（Ehpeses），位於小門德雷斯河谷的出口，受呂底亞梅爾莫納達（Mermnads）王朝保護，信仰狩獵女神阿特米斯（Artemis），祂象徵著繁榮和豐盛。以弗所對東方極具影響，因為它經過呂底亞的首都，也是波斯帝國重要的城市——薩迪斯（Sardes），到達美索不達米亞心臟地帶。西元前六世紀，居魯士征服了薩迪斯，並把波斯御道從首都波斯波利斯延伸至此為終點。貿易和商業組織均成為了薩迪斯巨大的財富來源。它也是一座聖城，是歷史上少數的銀行家城市，包括手工業、金銀器業等。

薩摩斯島，一個富有及強大的城市，為愛奧尼亞文化的中心。奢侈品為著名的葡萄酒和薩摩斯紅色陶器（羅馬稱之為「薩摩斯瓷器」）。最著名的建築是為女神希拉而建的希拉神殿（The Heraion），源自於伯羅奔尼撒的阿哥斯城邦。由於種族純淨，以及為愛琴海的商業中心，使得

薩摩斯成為愛奧尼亞城邦中最希臘化的城邦。並且因為捲入希臘內部鬥爭，使它變得非常希臘化；占有土地的貴族激烈地抗拒來自商人及手工業者的壓力，直到波利克拉底（Polycrate）僭主統治時期（西元前531-522年），他是一位強勢的僭主，重新建立和諧的局面。他的艦隊不斷地加強對小亞細亞和愛奧尼亞海岸城邦封鎖，但他也不斷遭到挑戰，致使波斯人對他感到厭倦，導致他最後遭受失敗。在薩摩斯的銅匠中，第一個偉大的希臘藝術家、建築師和雕塑家是奧依可斯（Rhoicos）和塞奧佐多羅斯（Theodoros），他們修建了非常有名的希拉神殿。

此外，米利都有受到良好保護的海港，小門德雷斯河谷以及我們所知道的迪迪姆（Didymes）阿波羅神殿。雅典殖民的成功，致使米利都不帶有雅典的帝國主義色彩。米利都創造了第一個朝向黑海的希臘海上帝國，並進口遙遠地區的小麥和原料，向各地出口紡織工業產品、加工品。尤其還有偉大的米利都學派科學家如泰勒斯（Thales）、阿那克西曼德（Anaximandre）、阿那克西美尼（Anaximène）等哲學家。米利都在布朗什德（Branchides）的貴族君主制之後，群眾接受色拉西布洛斯（Thrasybule）的僭主政治，並在海外建立貿易站和七十多處殖民區，大部分在黑海沿岸。米利都以其生產的布匹、花瓶等，與其他城市交換金屬、亞麻、木材等。西元前六世紀初曾經發生船東與手工業工人的衝突。此前米利都人曾抵抗呂底亞梅爾莫納達（Mermnads）王朝入侵，但為保衛其城邦的獨立，它又再次與波斯人戰爭，這很有可能是因愛國主義，而非商業利益，然而之後再也無法恢復以前的光彩。

第五章

古希臘大陸

第一節　希臘城邦

科林斯地峽

　　科林斯地峽貫穿希臘的東西道路，由埃萊夫西納（Eleusis）到西錫安（Sicyone）；從希臘本土中部穿過科林斯地峽（Isthme），可以直通伯羅奔尼撒半島。科林斯擁有九個次要的海港，以及一條「路上行船」所鋪設路的小徑，這條小徑主要是爲了船隻穿過科林斯地峽。除此之外，伯羅奔尼撒半島是多利安人（Dorienne）的城邦發源地，具有強大的商業和工業機能，當地人較能接受貴族政治，因爲與僭主制度相較之下，它顯得溫和許多。

埃伊納島

　　位於雅典西南的薩龍灣，屬於薩羅尼克群島的一部分。埃伊納島（Egine）沒有殖民地，海運業和計量系統是其生命線。他們有很多優秀的銅匠，能將劣質產品化成精緻的手工藝品。埃伊納島擁有著名的「烏龜貨幣」（銀幣上有烏龜圖像）（Monnaies aux Tortues）及職司生育與農業的女神──阿法埃婭（Aphaia）神廟，人民生活富裕，避免了僭主政治。因爲地理位置優越，科林斯和哈爾基斯（Chalcis）皆覬覦這塊土地，西元前五世紀，埃伊納島成爲雅典比雷埃夫斯港（Piraeus）的眼中釘。

西錫安

　　西錫安（Sicyone）位於伯羅奔尼撒半島北部的科林西亞（Corinthia），在科林斯與亞該亞之間，雖然地理位置不如埃伊納島優越，卻擁有豐饒的土地、優秀的銅匠，使它在歷史舞臺上占有重要地位。西錫安是由奧塔哥拉斯（Orthagoras）僭主所建立，在反抗多利安人的專制統治中居功厥偉。西元前600-570年之間，是西錫安的興盛期，克里斯提尼僭主（Clisthénes，西錫安的克里斯提尼）的改革，爲西錫安帶來前所未有的局面。不久遭到多利安人的入侵，旋即被阿哥斯占領，又重新建立寡頭政治，西元前510年，這座城市逐漸沒落。

麥加拉

麥加拉（Mégare）橫跨科林斯地峽，但不是這條通道的重要據點，地理位置不佳，未在希臘城邦世界中占有重要地位。它在希臘東部卡爾西頓（Chalcédoine）、拜占庭（Byzance）和西部西西里島上的麥加拉（Mégare）、希布利亞（Hyblaea）建立殖民地；工業發展一直局限於日常用品的生產，如羊毛製衣服及織品等。在泰亞根尼僭主（Théagénés）的統治時期，貴族和平民之間的衝突不斷，導致麥加拉被雅典和科林斯占領。

科林斯

科林斯位置優越，它位在兩個著名的港口之間──分別是西部的雷夏翁（Léchaion）及東部的康什瑞阿（Kenchréai）；不但如此，科林斯平原土地肥沃，物產豐厚，並成為科林斯地峽的首府，位處陸路交通要衝及航運樞紐中心。多利安人以一種「木製滑水道」（Diolkos-Aslipping Thorugh），將船隻憑藉滾輪的力量，在平滑的小徑滑行（路上行舟），穿過科林斯地峽，使科林斯的商業盛極一時。

科林斯的多利安貴族巴什雅得斯（Bacchiades）極具商業頭腦，他們知道向西希臘（希臘西部的克基拉島及西西里島敘拉古）殖民的好處，因此建立許多工業，如紡織、青銅器，以及陶瓷業等。直到西元前六世中葉，他們都還控制了地中海上的貿易；在第一位僭主庫普塞魯斯（Cypsélos）統治時期，科林斯奠定了強盛的基礎，這個家族可與文藝復興時代的麥第奇家族（Medicis）相比擬。

第二任僭主佩里安德（Periander），他是一位偉大的政治家，熱心於科學和藝術。在位期間，社會欣欣向榮，商業活動熱絡，城市秩序井然，紀律嚴明；藝術、文學、文化活動臻於鼎盛。他實行貨幣制度，穩定財政，積極保護小規模商業，不被大商業兼併，並增加許多公共建設。

科林斯在中馬其頓哈爾基季基（Chalcidique）的波蒂德（Potidée）、安布雷西亞（Ambracie）、安那克托瑞安（Anactorion，即亞克興）和埃皮達姆（Épidamne，現在的阿爾巴尼亞都拉斯）都有殖民城邦。政策上，首要目標是建立成功的外交關係，全力做好敦親睦鄰的工作，如修建阿波羅神廟、提供德爾菲和奧林匹亞的祭品等。對外關係上，它和周邊的國家維持友好外交關係。例如，米利都僭主色拉西布勒（Thrasybule）、呂底亞僭主阿呂亞泰斯（Alyattes）、埃及第二十六王朝（塞易斯王朝）普薩美提克一世

（Psammetichos I）和科林斯，都保持密切的往來。在僭主政治沒落之後，取而代之的是由商人組成的貴族階級，這些商人通常非常和平，但特別注重商務發展，期望在拉西第夢人（斯巴達）及雅典人之間達成一定的和諧及發展。

科林斯人口非常稠密，在希臘城邦中具有崇高地位；科林斯社會有三個階級──貴族、平民、奴隸。其僅有五萬居民，但卻有六萬名奴隸，奴隸數量眾多。實際上，科林斯還是埃及亞歷山大城的化身，幾座建築遺址和亞歷大城的微妙關係，都在考古的挖掘中一一被證實。

斯巴達

斯巴達人居住在高山環繞的歐羅塔斯（Eurotas）這片肥沃的土地上。他們與邁錫尼的阿慕克萊人（Amyclées，多利安人一支）生活在同一地區，但不能容忍其他居民搶奪資源，迫使他們成為其附庸。隨著斯巴達向外征服，在文化上同時開始變得燦爛；斯巴達在東部和北部征服了阿哥斯（Argos）和阿卡迪亞（Arcadiens），它與科林斯同盟將美西尼亞（Messenia）占為己有，後來又進入伯羅奔尼撒半島，征服邁錫尼人，操控整個拉科尼亞（Lakonia，西元前九世紀末）。斯巴達極具軍國主義的濃厚氣息，秉持多利安人好戰的天性，他們是希臘世界最令人畏懼的步兵，是名副其實的窮兵黷武國家，此與美西尼亞的反抗有很大的關係。

美西尼亞被斯巴達統治六十多年後，由著名的英雄阿里斯多美奈斯（Aristomenes）領導，聯合阿哥斯（Argos）、阿卡迪亞（Arcadiens）抵抗斯巴達，此也導致了第二次美西尼亞的戰爭（西元前660年）。阿里斯多美奈斯的抵抗運動並沒有成功，他最終敗於阿卡迪亞人背信棄義，亡命羅德島（Rhodes）。斯巴達記取了這次慘痛教訓，對美西尼亞人實行嚴酷的高壓政策，令他們淪為農奴，為斯巴達人耕種田地。到西元前七世紀，斯巴達已完全征服拉科尼亞和美西尼亞地區，被征服的人民也淪為奴隸，其中希洛人（Helots，奴隸）最為悲慘，他們負擔了所有的勞役工作，需交納地租，也沒有政治權利，還經常遭到主人懲處甚至殺害。

斯巴達是伯羅奔尼撒半島上最大的城邦，行君主政體。兩次的美西尼亞戰爭（Messenion Wars）使斯巴達在政治和軍事上更為嚴厲。重裝步兵在戰爭中常發揮決定性作用，因而需求量也大增。斯巴達實行高壓的寡頭政治，同時保持了政治穩定。五個監政官（Ephors）是斯巴達的真正執政者，他們擁有宣

戰、媾和、司法等權力。監政官抑制國王的擅權，並負責執行國家的政策。

政治制度

斯巴達擁有兩位國王、五位「監政官」、元老院和國民會議。兩位國王代表兩個斯巴達的古老家族——亞基亞德家族（Agiadae）和歐里龐提德家族（Eurypontidae）。兩個國王分別擔任宗教祭司和軍事統帥的角色（顧問性質）。實權則在五位監政官手上，他們負責實際政務，每年改選一次。他們除了管理人民的事務和主持元老會議及公民大會，並且有權罷黜國王。

元老院（Council of Elders）由二十八位六十歲以上的長者共同組成，共有三十人（包含國王兩位）。他們都是貴族，除了參與政事，元老院也負責監督行政及公民大會的法案。

公民大會（Assembly）是由年滿三十歲以上的男子組成，他們必須是斯巴達公民（外來者不可），公民大會決定斯巴達的宣戰或媾和，這是斯巴達僵硬的政治制度。人們認為斯巴達的法律，歸功於立法者——萊庫古（Lycurgue）的智慧，但是現今的學者認為，這種法律制度主要是為了保護家族的利益。

社會制度

斯巴達人不在意政治組織，也不注重物質上的享受，他們把精力投注於軍事上。七歲至六十歲的男性都必須接受軍事訓練，直到三十歲才可為愛國而結婚，但仍必須留營到四十歲，過著最低程度的家庭生活。斯巴達推行嚴格的軍事化教育，服從命令、驍勇善戰、團體榮譽更是其教育宗旨。斯巴達的尚武教育不分男女，有「兩性平等」的意味。男子訓練的目的在於軍事和成為公民，女子的教育則為養育勇敢的公民。為了達到強國強種的目的，斯巴達主張優生學，將不合格的嬰兒棄於山上，任其自生自滅。

斯巴達的男孩在七歲以前是父母的孩子，在八歲以後便是國家的孩子，人人都得接受公民與軍事的教育。一連串的教育包括：集體意志、道德觀念及鍛鍊體魄、戰士養成、勇赴前線服役等。女性則在家庭中接受和男子一樣的體能訓練，與雅典婦女相較，她們顯然有更高的法律地位。斯巴達人透過這種軍事訓練及管理，培育出當時世界上最好的步兵。

社會結構

斯巴達主要有三個階級：頭等人為斯巴達公民（Spartans），他們為征服者多利安人的子孫，享有完全的公民權，住在城內，人數很少，掌握國家軍政大權。他們擁有田地，其專門職業為軍人與官吏。

其次是皮瑞克人（Périéques，邊民），為多利安人入侵時，沒有抵抗而順從的居民，從事於工商業而無參政權，雖為自由民，然不得享有完全的公民權利。他們住在城市周圍，以及邊境山區和海岸一帶，戰時需支援斯巴達軍隊。

第三階級為希洛人（Helots），意為農奴。他們隸屬於土地，為第一階級的人耕作，生活在農村，沒有公民權與基本人權，被認為是國家的財產，戰時亦隨第一階級服軍役。

斯巴達城邦實行「公有土地」政策，有共產主義的特徵。然而西元前550年左右，要求平分土地的呼聲越來越高，貴族只好釋出土地；假如公民無子，則改由女兒繼承，女兒若將土地保留在同一家族中，必須嫁給和父親最近血緣的人，最後擁有土地的婦女越來越多。

斯巴達對外關係並不封閉，來自小亞細亞－馬尼薩（Magnésie）的雕刻家巴迪克萊斯（Bathyclés），重新規劃了斯巴達城市建設，如奧提亞的阿特米斯（Arthémis）神殿、青銅屋的雅典娜神殿。但斯巴達不重視文化，自身的文化也不夠博大精深，因此，斯巴達人對希臘文化沒有太大的貢獻。

斯巴達軍國主義的缺點和矛盾，隨著時間的腳步愈加突顯它的嚴重性。另一方面，拉科尼亞（Lacoine）的斯巴達人仍繼續統治著三分之一的伯羅奔尼撒半島，與阿哥斯之外的所有國家建立聯盟關係──即伯羅奔尼撒聯盟（Peloponnesian Leagne），且成為希臘世界最偉大的城邦。

雅典

阿提卡（Attique）半島是希臘大陸唯一倖免於多利安人入侵的地區，他們聲稱其民族來自於愛奧尼亞（Ionienne）地區。雅典位於阿提卡半島希費茲（Cephise）平原中部，受到一個防禦性的小丘保護（雅典衛城，Acropole），靠近比雷埃夫斯港（Piraeus），是希臘後期城邦中最負盛名的一座城市。值得一提的是雅典沒有種族歧視，這在希臘城邦中非常難能可貴。

西元前七世紀，貴族階級取代早期的君主制度，由九位執政官掌權。第一位為「執政官」（Archon Eponymous），第二位為國王（Archon Basileus），第三位為軍事統帥（Polemarchos-Head of Wars），其餘六位為立法委員，他們

負責各項立法工作。這種少數貴族統治的寡頭政治，長達一世紀之久。在經濟方面亦顯得平穩，前進的步伐緩慢而且也無殖民活動。

西元前七世紀，雅典工商業興起，形成一個主要是船東、水手和商人所組成的中產階層。葡萄和橄欖為主要的農作物；貨幣經濟使農民受害，因此兼併土地之事時而發生，他們抵押土地，落到僅能依附於地主才能生存的窘境。儘管雅典的土地是不得轉讓的，但負債的人為了避免淪為奴隸，他們極力轉變為世襲的佃農，並將收成的六分之一給債主。各階層也因互相仇視而使整個社會變為冷酷。

西元前621年，德拉古（Dracon）修訂成文法律，廢除俄巴特依德人（Eupatrides，出身名門的貴族）的專制統治，使公民意識到個人及平等權利的重要性，但並未真正解決社會及政治問題。

西元前594年，梭倫（Solon）出任執政官，實行改革，他訂定有利於人民的法典。梭倫是一個貴族，因大宗的生意而富裕，旅行又增長他的見聞。他知識豐富，能深深了解人民的痛苦；他是一位非常有智慧的政治家，懂得運用平衡的手段，採取妥協的策略，重視政策實用性。他的改革（西元前594-591年）引起很大的風波。在土地和經濟改革方面，前者取消抵押權，「解放」土地，將土地歸還給原有者，削弱氏族的勢力，禁止對人使用強制手段；後者鼓勵中產階級和有錢的貿易商人，向海外發展。在政治方面，除了公民大會，又設立公民陪審法庭（有四百名成員），於每一個部落選出一百人，但這些人卻是根據特權而決定。他廢除嚴峻的法律，使自由人在法律之前人人平等，不論貧富貴賤都受到約束。他將稅收分成不同的階層，如騎士、小地主、自由人和沒有土地的人及水手、手工業者，繳納不一樣的稅額。上層階級可以擔任執政官，但是先決條件是必須負擔軍事及稅收責任。總的來說，梭倫改革替雅典開創新的里程碑。但在梭倫之後的數十年中，雅典曾有兩次選不出執政官，最後還是走向梭倫防範的僭主政治。

僭主政治起因在於一些山區的農民為自身利益而激烈地反對平原居民及海岸居民，當時最熱衷權力的人為皮西特拉圖（Pisistrate），他拉攏山區的農民，開始組織自己的政治集團，取名山地派。擁有軍事力量，是麥加拉（Mégare）戰爭中勝利的將軍（也為第三執政官），且占領雅典衛城。西元前561年，他獲得大部分窮人和沿海一帶工商業的支持，一度執掌政權，並被民眾視為雅典僭主；但位於平原的公民還是反對他，因為他們受制於地主貴族，最後皮西特拉圖還是失去權力；雖然西元前550年，他再一次掌握權力，但仍然又被放逐。西元前540年他東山再起，直到西元前528年去世為止，極力

保持和各城邦的睦鄰政策，以睿智領導雅典，最後洗脫了僭主之名，娶一位貴族之女爲妻，並以龐大的財富支撐他的權力。

此外，他是個極聰明的機會主義者，在政治上，沒有明顯的政治改革，也很少變更梭倫的政策，把政敵的土地及屬於城邦的公共土地分配給窮人。他開採阿提卡的拉夫里翁（Laurion）礦山，從事公共建設，創立出借農具的方法，設立法官巡迴審判制度，促使陶瓷獲得利潤〔如希臘德拉克馬（Drachme）銀幣的鑄造，上頭刻有貓頭鷹，深受商人們的喜愛〕，這些討好百姓的措施都成爲了他的政治資本。

皮西特拉圖生性奢侈，是一位美學主義者，在宮殿的建造上，在城市規劃上（如噴泉、蓄水池、引水設施等）要求盡善盡美。安排世俗化的娛樂項目（劇院、合唱團、酒神戴奧尼索斯及雅典娜女神宗教節慶）、慶祝活動的比賽，並修建宏偉的神廟——如奧林匹亞的宙斯神廟、雅典衛城的雅典娜神廟、厄琉息斯的泰勒斯臺里昂神廟（Telesterion Eleusis）等；這些公共工程爲採石業者、手工業者以及愛奧尼亞人提供了許多工作機會，也爲西元前六世紀的藝術開創新契機。

皮西特拉圖僭主制度是成功的，他以獨裁的形式推進了民主的進程。但他的兒子希皮亞斯（Hippias）不如其父的智慧和靈活；相反地，卻更加殘暴，西元前510年，終被推翻。過去被雅典征服的城邦則重新獲得自主權，僭主制度的好處也忘卻一空。

雅典的教育

在現今看來，雅典社會是民主而開放的，它的教育也反應此現象。民主教育的理念，透過一種具美感且優雅良善勻稱的心靈教育，除了接受體格及心智上的薰陶，主要是培養具智慧與良善的公民。

雅典雖有民主之名，但仍有重男輕女的觀念。女子不能公開露面，在教育上受到不平等的待遇。男子有學前教育、初等教育、中等教育、高等教育。

男性嬰孩須經父親決定留養，七歲之前由母親及保姆教養。十六歲必須接受初等教育，以備成爲一個良好公民。教育著重於讀、寫、運動、音樂，以培養公民生活的能力。此外還設有音樂學校、文法學校、體育學校以鍛鍊孩童欣賞、表達和創造力；並增強體力、健美體魄及保持身心健康。

十六至十八歲的男孩，必須進入國家的體育學院，接受體能訓練、軍事教育及宗教儀式，此爲中等教育。

高等教育是十八歲至二十歲的男子接受公民資格的考驗，必須經由體檢和

品德測驗合格，並接受士兵訓練及服役，期滿之後再行考試，合格即得自由公民之權。

雅典的教育內容包羅萬象，兼重身心的培養，不但在各學科及藝術、美學、文學表現上，皆有崇高的教育精神。它結合「力」與「美」的感受，並激發人們的思考力、創造力、想像力，提供個人潛力的自由發展。雅典教育雖然民主，但未擴及全民教育，尤其婦女不能接受較高教育、奴隸遭受虐待、教師（Pedagogue）社會地位較低落、屬行私人主義及體罰。由於它的社會及生活教育充滿了自然與和諧，它的一些教育制度仍為現今學習的楷模。

克里斯提尼的改革

克里斯提尼來自阿勒克姆奧尼德（Alcméonides）大家族，是希臘民主的創造者，也是一位改良主義的立法者，這些政治改革決定了西元前五世紀的雅典嶄新面貌，他也被譽為「希臘民主之父」。

他致力消滅城邦中的舊階級，加強軍隊的力量。實行人口混合制，雅典被組織成十個部落形式，且每一個部落皆由城市、海岸和山脈組成，打破以往貴族和黨派分明的局面。每個部族需抽籤選出五十人為議員，並組成五百人會議（The Coumcil of Five Hundred），首四個部落行使職責三十五天。有時加上一人──首席執政（Archon Basileus），稱為五百零一人會議，取代梭倫的四百人會議。它必須具有行政及立法權，此五百人須再分為十個委員會，每個委員會由五十名議員組成，並由一主席領導主持，年滿三十歲未出任兩次議員者，皆有機會當選議員。如此，每一個公民皆可經由這個不取決於財富或貴族出身的抽籤方式，獲得公平的參政機會。

他實行公民權，凡是雅典人或雅典出生的人民皆可參與政治。西元前508年，為防止僭主再度復出，實行「陶片流放制」，在民眾大會上，將不受歡迎的政客名字寫於陶片上，直至六千片時，得遭到放逐城邦外十年，但是其財產和公民身分皆可獲保留，此制度使政客不敢表露野心，也不敢膽大妄為。

因此，出現幾種情況：因放逐法使得危險的政治人物不再有機會成為僭主；十位將軍制將由選舉產生，賦予軍事行政官更大的實權；但放逐政客的制度也易成為有利於政客排斥異己的手段，西元前417年這個制度被廢除。克里斯提尼的改革也為厄菲阿爾特（Éphialte）及伯里克里斯（Pericles）的民主發展，奠定最有力的基礎。

伯里克里斯時代

　　大約在西元前480-404年，這一時期，雅典人在政治、哲學、建築、雕塑、歷史以及文學上有諸多亮麗的發現。但作爲希臘將軍、政治家和演說家，伯里克里斯的政策仍然引人注目。他支持文學藝術，給雅典帶來之後再也未曾有過的輝煌，他還主持大量公共工程以改善公民生活。雅典進入黃金時代，亦爲古希臘的全盛時期，故被稱爲伯里克里斯時代。

　　在這一世紀的時間裡，雅典每年由十個部落的公民選舉出來的十位將軍（Généraux）統治。他們履行包括軍隊出征、城邦使者的接待，以及政治事務在內的各項責任。在民主派領導人厄菲阿爾特的統治時期，伯里克里斯還是厄菲阿爾特（Éphialtès）的副手。當厄菲阿爾特在西元前461年被暗殺後，伯里克里斯臨危受命，並在西元前445年被選爲將軍，從此一直連任這職位，直到他在西元前429年去世。

第二節　古代希臘文化

宗教

　　希臘宗教沒有特別繁瑣的教義，它建立在對大自然的崇敬及人們低微的物質需求，通俗的宗教用來滿足對來生的渴求，因此，不易為一般人理解，發展也較為遲滯。傳統宗教崇拜大自然的神靈，皆與日常生活有關——大自然的神靈主宰作物的收成、人類精神的生活及家庭、墓葬、葡萄的豐收、死後神祕世界對亡靈的安撫。

　　古希臘人尊崇「多神」，創造許多生動活潑的神話，為古典時代的文學戲劇奠定根基。希臘人崇尚自然主義，相信神能主宰人間喜怒哀樂，因此以各種節慶祭祀，自然而然地成為生活的一部分。西元前四世紀之前，神祕色彩一直圍繞著，不為外人所知的這種奧妙的自然主義，直到古典時期文化的創新，才逐漸褪去神祕的面紗。

特徵

　　古典希臘宗教的特徵則是充滿泛希臘式的風格。神話世界中，由宙斯主宰眾神，雅典娜、阿特米斯（Artemis）、阿波羅等神祇，成為各城邦的守護神。雅典娜成為工匠、軍人、少女的保護神。所以下至城鄉平民、上至行政官員，藉由各種慶典及儀式，深切地表達其崇敬的宗教情感。

　　各方神祇融合各種不同的特點，有時被大城邦據為己有——德爾菲（Delphes）的阿波羅神起源於多利安民族，雖然曾經被忽略，憑著古典時期人們不輟的虔敬，又結合了愛奧尼亞宗教的特點，這就形成了阿波羅信仰興盛。再者如埃皮達魯斯（Epidaure），即阿波羅之子——醫神阿斯克勒庇俄斯（Asclepios），雖不涉及政治，但祂撫慰了身染病痛的人。

　　古典時期的神論已不如古代被廣泛的接受，宗教多作為政治手段。政客充分運用資金（包括人民的獻禮及德爾菲和奧林匹克的財富）興建或重修及美化神廟。西元前446年，伯里克里斯召開公民大會，以作為重建衛城帕德嫩神廟的決心，公民大會決定舉行一系列能增進民族情感及健全體魄的酬神賽事。各邦如奧林匹亞、伊斯特姆（Isthme，科林斯地峽）、尼米亞（Némée）、德爾菲等地，也相繼以各種運動競賽的方式求得神論。但是神祇卻未能有效阻止戰爭——如德爾菲的神聖戰爭及福基斯人（Phocidiens）掠奪德爾菲的財富。甚

至在西元前四世紀，伊利斯人（Elèens）及阿卡迪亞人（Arcadiens）更在城中武裝械鬥，往往戰況激烈，死亡不計其數。酬神賽事的活動最後演變為體育競技，在奧林匹克（Olympic）運動會中贏得桂冠的選手亦獲得相對的財富。

新宗教需求的出現

傳統宗教發展至某一階段，總力求突破，宗教不再能滿足信眾對教義的渴望，於是走向個人宗教信仰。人們逐漸自由化，只尊崇神祇的表面形式，內容可以稍加變化，信仰獲得很大的寬容。西元前五世紀，希臘宗教門戶大開，尤以東方異教特別盛行，來自埃及與東方的神祇，還有弗里吉亞（Phrygienne）的「地母神」都受到熱烈歡迎。這個時期人們對神靈至高無上的權力有所質疑，改以一種理性的態度，不再盲目地信從神諭。悲劇作家歐里庇得斯（Euripides）在人類情感的描述上著墨甚深，文學和戲劇也融入宗教題材，改以幽默有趣的方式加以變化；喜劇作家阿里斯托芬（Aristophane）更以詼諧的創作表達對宗教的熱情。

另一方面，伯羅奔尼撒戰爭之後，希臘普遍興起個人主義方興未艾，這也改變了以往人們對神祕力量的畏懼心理，且由於文學和藝術上的加工而被擬人化，藝術或文學的神祇世界距離人類並不遙遠，祂們仍然很吸引人。

西元前四世紀，宗教發展已世俗化，一般人仍然迷信巫術；但另一群知識分子卻有不同見解，尤其是蘇格拉底、柏拉圖等人所崇尚的希臘精神。雖然西元前四世紀時宗教遭到漠視，但哲學家卻在科學、宗教、紀律、神祕主義、個人主義之間加以平衡，奠定希臘化的基礎，從此傳播哲學思想，影響甚遠。

悲劇

雅典在伯羅奔尼撒戰爭結束後，雖然面臨政治上的窘境，但在其他領域仍獨領風騷。在詩歌的表現上，抒情詩人品達（Pindare）在詩中歌頌奧林匹克運動會及其他泛希臘運動會上的競技勝利者和他們的城邦。他以「頌歌」的合唱抒情詩，歌頌奧林匹克運動會勝利者敘拉古（Syracuse）僭主以及昔蘭尼（Cyrene）國王。他的詩詞風格莊重，詞藻華麗，形式完美。品達的合唱歌對後世歐洲文學有很大影響。西元前五世紀時，由於波希戰爭影響，使詩人及作家受到愛國主義衝擊，出現嚴謹及莊嚴的作品，大多為詩歌形式表現。但戲劇形式的改變使文學再度掀起了巨大旋風。戲劇的起源可追溯至西元前六至五世紀間，希臘人每年祭祀酒神戴奧尼索斯（Dionysus），為慶祝橄欖及葡萄豐收，他們以遊行方式感激神靈。遊行後來演變成戲劇，也產生古希臘最富盛

名的悲劇作家——埃斯庫羅斯（Eschyles）、索福克勒斯（Sophocles）及歐里庇得斯（Euripides）。這三位劇作家不以詩人的角色，而是以劇作家來表現悲劇，這是希臘戲劇的重要突破。雖然也有少許喜劇，但悲劇作品更出色。

埃斯庫羅斯

第一位悲劇作家埃斯庫羅斯（西元前525-456年）和品達同時期，他不用詩歌，卻以悲劇形式表達同樣濃厚深切的愛國情操，不但沒有誇飾的言辭，劇中更充滿英雄的表現。作品有七十多部，但因年代久遠而散失，目前僅存七部。他曾親身參與波希戰爭，對人類命運的痛苦及軟弱的道德價值觀感同身受，因而將悲憫人類命運的現實題材搬上舞臺，《波斯人》更是在薩拉密海戰後的鉅作，此劇描寫希臘抵抗波斯的情景，最終獲得勝利，他表現出對英雄的讚頌，同時也有對不幸者的頌揚以及英雄過度驕傲招致神祇的處罰。另外的作品有：《阿特柔斯不可救贖的罪行三部曲》，描寫他與弟弟堤厄斯忒斯的世仇；《七位英雄對抗底比斯的人》，敘述他們率領七支軍隊遠征底比斯，幫助阿哥斯國王的女婿波呂尼克斯奪回王位；也有神祇——泰坦戰爭的故事（Titan），以及《被縛之普羅米修斯》，表現出祂的抗爭及英勇。埃斯庫羅斯的劇作除了主要演員之外，還有一位配角共同擔綱，使對白能順利進行，這是他特殊動人的場面調度及戲劇形式。

索福克勒斯

第二位著名的悲劇作家索福克勒斯（西元前496-406年），則將演員由兩位增加至三位，第三位演員扮演英雄並站在合唱團旁邊。索福克勒斯的劇作甚多，一百多部作品流傳至今僅剩七部。他審慎處理崇高的道德價值及理智問題，試圖以城邦的利益作為公民的考量，並強調神祇之所以處罰人類，是因為人類未遵守規範及神祇的法令。例如，被公認為是戲劇史上最偉大的作品之一的《安提戈涅》（Antigone），劇中描寫了伊底帕斯的女兒安提戈涅不顧國王克瑞翁的禁令，將自己的兄長，反叛城邦的波呂尼克斯安葬，因此被處死，而一意孤行的國王也遭致妻離子散的命運。《伊底帕斯王》則描述後來成為國王的底比斯王子伊底帕斯，神諭說他將「弒父娶母」，雖然他的父親試圖阻止此事，將他丟棄，他卻存活下來，長大後成為一個賢王，但仍無法改變命運，最後果真應驗神諭。他為了自我懲罰，將眼睛挖去以贖罪。索福克勒斯的悲劇闡釋人類無法抗拒神的旨意。不過後來阿提卡的詩歌重新完美地安排，使結局變成《伊底帕斯在柯隆納斯》（Oedipe à Colone），其因自懲及遭受苦痛而獲得

赦免，並安詳地死去。

歐里庇得斯

第三位偉大的悲劇作家是歐里庇得斯（西元前485-406年），他的作品有九十多部，現存十八部。悲劇發展至此，演員甚至可以隨劇情需要而增加，演出有更多變化，他應用現實生活的題材，甚至反應社會中的男女不平等，引人深思。他運用巧思，安排飾演命運之神的演員由舞臺上方降下，舞臺技術的創新，獲得熱烈的迴響。

歷史

希羅多德（西元前484年-425年）繼米利都的赫卡塔埃烏斯（Hécatée de Milet）之後，成為偉大的史學作家，其名著《歷史》為後世史書的典範，後人尊稱他為「歷史之父」。希羅多德熟知波希戰爭史，並遊歷各地，了解各族軼事，廣蒐資料，深入探討民情風俗，以講述故事的方法，生動描述希臘英雄如何打敗波斯軍隊。他以史實為重心，也添加一些神話故事，他喜歡用宗教及道德解釋事件原因。因其著作嚴謹可靠，亦成為往後歐洲歷史著作的典範。

修昔底德（西元前460-395年）於希羅多德之後，繼承歷史的傳承，他以「科學」的態度解釋歷史，並影響後來的羅馬史家如波利比烏斯（Polybes）及塔西佗（Tacitus）等，他實現了以歷史「傳遞知識」的理想。

哲學及科學

雅典為學者提供了自由思想良好的環境，這裡不但醞釀哲學，也啓發科學。古典時期的哲學家融會了大自然的一切事務，通常他們也是科學家、數學家或天文學家。其中哲學思維認為世界萬物由物質構成，或地球為球體的論述，但因缺乏觀測儀器、數學知識不夠純熟而無法證實。此種唯物論的代表人物是米利都學派的泰利斯（西元前624-547年），他努力舉證，打破迷信的世界觀，但因無法被廣泛接受而沒有被完全承認。除此之外，唯物論也受以弗所的赫拉克利特（Héraclite d'Éphèse，西元前530-470年）及畢達哥拉斯（西元前580-500年）等學者推崇。

由於畢達哥拉斯的影響而出現唯心論，代表人物是阿那克薩哥拉（Anaxagore），他認為智慧是由人所創造，其思想獲得唯心主義者愛利亞的巴門尼德（Parménide d'Élée）闡釋，他也認為人的物質存在並不完全眞

實，真實乃是「人的存在」，這同時開啓了形而上學。支持唯心論的哲學家還有南部義大利的埃利亞學派（L'École Éléatique）、科斯島的希波克拉底（Hippocrate）醫生及德謨克利特（Democlite），雖然他是唯物論者，主張原子論的科學家，但認同人的智慧由人心創造，和唯心派哲學家不謀而合。

迂迴曲折的年代——詭辯論者和第一個詭辯學派

西元前五世紀末期，戰爭帶來的傷害使文明產生極大的震盪——宗教方面，東方的異教特別流行，理性主義思想及個人主義散播，希臘古典時期的精神也爲之轉變，並發展出各式各樣的文化。

自然學派的啓蒙使雅典發展出詭辯學派，其見解與唯心派雷同，認爲根本沒有所謂的「真理」。主要學者爲色雷斯地區的阿布德拉城的普羅達哥拉斯（Abdère Protagoras，西元前485-415年），他認爲沒有任何事物的存在，人和事也不是一般人能所知的，強調「理智認識」（Noétique）。他勇於否定和批評，精心研究詭辯技巧，不僅培養出許多政客，也促使個人利益私心的興起，但這些言論很快遭到哲學家抨擊。反對的哲學家是蘇格拉底，他認爲眞知後，能以善爲之，詭辯學派並非全然客觀。詭辯學派雖不適用於每一個人，也遭到傳統人士或民主人士反對，但是西元前四世紀初，詭辯學派對思想、戲劇和歷史所產生的影響力絕不容忽視。

阿里斯托芬

喜劇作家阿里斯托芬（Aristophane）的劇作與埃斯庫羅斯、歐里庇得斯同樣完成於戰爭期間，他寫過四十四部喜劇，不過只有十一部流傳。他以喜劇的詼諧方式表達思想，其喜劇著作也最有影響力。作品深刻反映世俗習慣，不但異想天開、戲謔，甚至「嘲諷」，極富涵義。他批判雅典的政治，開創社會評論的先鋒，推崇阿提卡農民的純樸思想和和平主義，並不遺餘力地宣導及實踐和平，對喜劇而言，他特殊的手法贏得許多人的喜愛，也同時宣揚理性主義。主要作品有《騎士》、《馬蜂》、《蛙》、《和平》、《鳥》等。

蘇格拉底

西元前四世紀有如十七、十八世紀的「啓蒙時代」（Aufklarung），文學與哲學大放異彩。西元前五世紀的作品雖然沒有多大突破，但它奠定的基礎，使這一時期能穩固且發揚濃厚的文學及哲學思想。

　　蘇格拉底出生於雅典，其父蘇弗尼庫斯（Sophroniscus）是一名雕刻匠，母親為助產士。蘇格拉底自幼即對自然有濃厚興趣，所研究範圍與自然有關。但年長之後卻轉而對「人」做深入探討，走向哲學領域。

　　他沒有留下任何著作，由其弟子色諾芬（Xenophon）、柏拉圖及亞里斯多德闡揚他的思想，使後世得知。他的哲學思想注重高尚的道德及教育的良善教化。他是貴族政治的維護者，不贊同民主，他的門徒中以貴族青年居多，但不收學費。他注重美德，強調知識的重要，並認為「一切德性乃因智慧而生」，衍生出倫理的重要。他注重德性，又是具有責任感的英勇戰士及愛國者，雖然並不擁護民主，也不是革命者。

　　他對「善」及「正義」非常執著，認為「錯就不可能對」，他的門徒非常尊敬他，幾乎希臘著名的哲學家都受過他的教導。伯羅奔尼撒戰爭後，由於人心尋求報復，蘇格拉底遭誣陷「煽動青年、危害民眾、傳播迷信」多項罪名，最後被判處死刑。事實上，蘇格拉底是因為反對雅典政府腐化的風氣才遭到陷害。但他仍堅持自己的言行必須合一，不願流亡而從容就死，死前在獄中還不斷和學生探討人生智慧，直到死亡的那一刻。蘇格拉底的德性及偉大思想深深影響後世，使他成為世界上最偉大的哲學家之一。

阿提卡的散文大師

　　希臘世界偉大的文學家及哲學家有兩位，分別是色諾芬以及伊索克拉底（Isocrate）。他們是受到愛奧尼亞及阿提卡文化薰陶的散文大師，沒有明顯的政治觀點，文章中總能發揮獨特的魅力，以清晰、細膩、動人手法在作品中呈現。

　　色諾芬是蘇格拉底的門徒，作品平易近人，具有相當影響力，他同時也是希臘第一位作家兼史學家，不十分贊同民主，反而很同情寡頭政治。西元前401-400年，色諾芬被選派為希臘僱傭軍的指揮官，率領一萬多名士兵揮軍波斯，幫助居魯士爭奪王位，並將此事寫成《遠征記》（Anabase）。後來投身斯巴達軍隊，終生被雅典放逐。他著有《古希臘史》，水準比修昔底德差許多，卻是修昔底德《伯羅奔尼撒戰爭史》著作的續編完成者，一直寫到西元前362年曼丁尼亞戰役（La Bataille de Mantinée）為止。雖然立場明顯偏向斯巴達，仍不失為古希臘史的重要材料。

　　色諾芬的著作很多，如《思想》、《遠征記》、《蘇格拉底回憶錄》、《雅典的收入》、《拉西第夢人的共和國》等，尤其是《遠征記》，使希

臘人了解西亞地理風貌和風土民情；在《雅典的收入》中，描述歐布洛斯（Euboulos）的擁戴者，提議對遭戰爭迫害的同盟國人民採行合理政策，藉此提升國家收入；《蘇格拉底回憶錄》則表現蘇格拉底的哲學精神和詼諧性。

呂西亞斯（Lysias）是敘拉古一位著名的代表人物，他不但專攻雄辯術，更是法律學家。伊索克拉底（Isocrate）和他一樣，除了擅於雄辯，更是一位教師，致力宣傳自由主義，向人們宣揚民主以及反對波斯帝國的決心。直至馬其頓出現後，才實踐其思想，可是馬其頓人卻沒有能夠實踐他的自由主義。此外，德摩斯提尼（Demosthenes）將修辭學提升更高境界。希佩里德斯（Hyperide）的辯護詞，則使文學的領域更為豐富。

哲學

蘇格拉底死後，其門徒柏拉圖、亞里斯多德及犬儒學派（該學派否定社會與文明，提倡回歸自然，清心寡欲，鄙棄俗世的榮華富貴），創立三個不同的學派（Academy），發展各自的哲學思想。

柏拉圖

柏拉圖（西元前427-347年）是一位雅典貴族（其母為梭倫的後裔），二十一歲時就學於蘇格拉底門下，所見所聞，受蘇格拉底影響極大。蘇格拉底死後，他曾周遊列國十二年，曾至麥加拉（Mégare）避風險，也曾受教於畢達哥拉斯學派，向底比斯的塞貝斯（Cébès de Thèbes）及西米亞斯（Simmias）學得輪迴之說，強調「靈魂的高貴」。柏拉圖闡釋「唯心」之「觀念論」，認為「觀念」才是真實，物質則是虛幻。還將他的唯心論哲學運用到政治，提出「智慧」、「勇敢」、「節制」，甚至訂立一個烏托邦（Utopia）社會模型。

柏拉圖對數學推崇至上，並倡導形而上學（Metaphisik），認為抽象觀念是存在的，人的靈魂則是不死的，不死不滅來自永恆不滅的記憶。他不但研究數學、哲學，還研究音樂、推理學、幾何學，在想像力之外還充滿詩意，思想中也有大膽及虛幻，認同感官能力外還存在著真理以及實在。

雖然柏拉圖的哲學思想流傳於世，但卻很難捕捉其中的精髓。他奉行保守的教育，也存有悲觀思想，因此他並不反對極權，這種專權的思想使後世驚駭。最後因僭主狄奧尼修斯二世（Dionysios II）不願推行他的理想國，又回到雅典專事寫作，享年八十。

亞里斯多德

西元前四世紀，柏拉圖的門徒亞里斯多德登上歷史舞臺。亞里斯多德（西元前384-322年）生於希臘北部斯塔基拉（Stagira），十八歲入柏拉圖門下，柏拉圖死後，亞里斯多德於西元前343年擔任馬其頓王子亞歷山大的老師，影響亞歷山大至深。

他不僅在哲學上有成就，關於邏輯學、政治學、修辭學、動物學、倫理學等，也都著有百科專書。他認為科學是一般性的哲學，強調歸納法的重要，從自然配合科學找尋一套規則，這套自然法則也幫助他清楚認識植物。他和弟子被稱為「逍遙學派」（Peripatetice，在柱廊間逍遙聚集的學生）。

亞里斯多德屬於民主派，他希望國家能兼顧貧與富公民，以一種中庸方式來實現民主。亞里斯多德對老師極其敬重，但也有自己一套想法，絕不盲從。他一生執著於真理，六十二歲因病隱居於哈爾基斯（Chalcis），六十三歲病故。他的著作豐富，西元前一世紀時，其著作被羅德島逍遙學派的哲學家安德羅尼克斯（Andronicus）整理出版。

演說文化的產生

西元前四世紀是希臘文化和教育的黃金時期，伊索克拉底與柏拉圖兩位大師開啟了演說之始（合適的語言是正確思想的標竿），自此之後，希臘語言學突飛猛進，並結合文學、哲學、各種學科融合一體，產生希臘著名的演說文化。

古典希臘藝術的歷史特徵

希臘文化繼承腓尼基文化的精髓，融入古希臘宗教崇拜，不論建築或雕刻、宗教的信念仍深烙其中。西元前五世紀時，雅典成為希臘的藝術中心，建築的成就主要是神廟。銅匠也與藝術結合，尤以阿哥斯的波留克列特斯（Polyclitus）雕像的人體比例表現十分完美，成為後人追求理想化人體比例的標準。藝術之所以勃興，領導者有很大的影響。雅典經濟的繁榮，伯里克里斯帶領集體創作，使古典希臘文化大放異彩。

建築

希臘多為大型建築，神廟的主體為長方體，以圓柱廊支撐。圓柱有三種形式：愛奧尼亞式、多利安式、科林斯式。

愛奧尼亞式

特點是比較纖細秀美，又被稱為女性柱，柱身有二十四條凹槽，柱頭有一對向下的渦卷裝飾。由於其優雅高貴的氣質，廣泛出現在古希臘的大量建築中，如雅典衛城的厄瑞克忒翁神廟（L'Érechthéion）。

多利安式

有莊嚴、厚重之感，較為樸素，與愛奧尼亞式不同，柱身粗壯、柱身有二十條凹槽，柱頭為圓形，沒有墊腳石。如雅典帕德嫩神廟（Parthenon）即為典型代表。

科林斯式

它的樣式比愛奧尼亞式更為纖細，柱頭是用莨苕（Acanthus）作裝飾，形似盛滿花草的花籃。相對於愛奧尼亞式，科林斯柱式的裝飾性更強，在古希臘其應用並不廣泛，奧林匹亞的宙斯神廟即採用科林斯柱式。

雕刻

雕刻方面，以多利安式建築配合雕刻形式，雕刻家波留克列特斯（Polyclitus）及米隆（Myron）等人呈現出動態及完美。

希臘雕刻的發展起初並不自然，姿態生硬不活潑，在逐漸改進後，線條逐漸明顯，西元前五世紀時發展至顛峰。菲狄亞斯（Phidias，西元前500-432年）於伯里克里斯時期深獲信任，負責雅典娜神殿的雕刻工程，其雕刻皆唯妙唯肖，不但將雅典娜由父親額頭跳出的情景表現得栩栩如生，各面情景雕刻之作皆為連載故事。除希臘神話之外，更呈現出寫實社會，描繪遊行的人、男人、女人、祭司、法官等神情。著名的「擲鐵餅的人」則為米龍所作，他本身也是奧林匹克運動選手，因此作品出色動人。波留克列特斯著名之作品為「執長矛的人」，將雕像的精確比例完美呈現，著有《雕刻規範》（*The Kanon*）。

巨型雕刻方面，西元前五世紀以米隆、波留克列特斯、帕奧紐斯（Paeonios）及菲迪亞斯（Phidias）等人的作品表現古典希臘的精神，造型優雅逼真。

西元前四世紀時，傑出的雕刻家有斯科帕斯（Scopas）、萊奧哈雷斯（Leochares）及提莫塞烏斯（Timotheos），引導出一種新風格，勝過阿提卡

的雕塑家。普拉克西特列斯（Praxiteles），他是第一個塑造裸體女性的雕刻家。此時，留西波斯（Lysipp）也應亞歷山大之邀擔任宮廷雕塑大師，他為希臘化時代的雕刻藝術帶來了革新。

繪畫

繪畫方面，西元前五世紀的著名大師有巴赫西斯（Parrhasius）。西元前四世紀時則是利希庇得斯（Lysippides），畫風較西元前五世紀的更純熟，深度適中，內容及景物更顯逼真，據說，生動的創作甚至使得小鳥俯衝下來啄食。

陶器

陶瓷也是希臘藝術傲人的成就，雅典的精緻手工品已銷往黑海岸和地中海周邊。西元前六世紀，阿提卡的陶器瓶畫遠勝許多工藝品，西元前530年，人物瓶畫由黑轉為赤色。西元前四世紀，陶器已有黑、紅二色，其上的人物像也有各種變化，精彩豐富。

第三節　波斯阿契美尼德王朝和波希戰爭

阿契美尼德王朝

　　亞述帝國滅亡後，伊朗高原出現一個新興的強大國家，它先後征服巴比倫及米提亞王國，這個令人側目的國家便是波斯帝國。波斯人和米提亞人都是雅利安人（Aryens），屬於印歐語系，西元前二十世紀自中亞進入伊朗；雅利安人為游牧民族，以部落的形式出現，長久以來是亞述人的附庸；米提亞人在西元前七世紀時壯大，於伊朗高原西北部建立國家，在征服伊朗高原西南部的波斯部落之後，脫離亞述獨立。不久之後，更與新巴比倫王國聯合滅了亞述。

　　波斯人原本居住在米提亞人的南邊，受米提亞人統治；部落中以阿契美尼德（Achaemenes）最有勢力，於西元前七世紀建立王國。此時雅利安人的部落形成兩個明顯的壁壘：北部是米提亞王國，南部是波斯－阿契美尼德王朝（Achemaeenid Dynasty）。

　　西元前六世紀，米提亞和巴比倫發生衝突，內亂時起，國勢漸漸動搖。反之，波斯的阿契美尼德王朝則逐漸強大；西元前559年居魯士二世（Cyrus Ⅱ，西元前559-529年）即位，領導阿契美尼德王朝抵抗米提亞王國。他消滅米提亞王國末代國王阿斯提阿格斯（Astyages）之後（西元前550年），即向小亞細亞進攻，發動一連串的戰爭，建立波斯帝國。西元前546年，居魯士打敗呂底亞王國最後一位君主克羅伊斯（Crésus），並占領呂底亞首都薩迪斯（Sardes）；西元前539年，又征服加爾底亞的新巴倫王國，且占領敘利亞和巴勒斯坦；除此之外，勢力更擴展至亞述以及亞美尼亞高原的凡湖周圍的烏拉爾圖（Ourartou）。他向東擴張至伊朗以及現今的阿富汗地區，打敗雅利安的游牧民族，占據阿姆河以南，興都庫什以北的巴克特里亞（大夏）（Bactriane）、阿拉霍西亞（Arachosie，現今阿富汗東南部及巴基斯坦和印度的部分地區）、索格迪亞那（粟特，Sogdiane）等地，接觸印度河流域的文化。

　　為征服較強大的埃及，他採取寬厚的政策，不但釋放被尼布甲尼撒二世俘擄的猶太人及腓尼基人，更允許他們回國定居，在耶路撒冷重建猶太王國，結束了巴比倫之囚的流亡日子，也給予腓尼基人相當的自治權力，以備將來進攻

埃及時可使用海陸夾攻政策。然而，居魯士二世卻在對亞美尼亞戰爭中被殺身亡。

帝國的組織

居魯士二世死後，岡比西斯二世（Cambyses，西元前529-521年）即位。由於腓尼基的幫助，他併吞了埃及（西元前525年）。當他停留埃及時，波斯境內陰謀叛變，米提亞各地也發生反抗事件，岡比西斯二世迅速回到波斯，卻在途中猝死。此時，這個廣闊的帝國，其王位繼承制度以及政治組織皆未確立，居魯士的另一個兒子巴爾狄亞（大流士宣稱是高墨達冒充）在米提亞即位。旋即大流士殺戮篡位者高墨達奪取了王位，但巴比倫、亞述、埃及等也趁勢脫離波斯，紛紛獨立，大流士雖然手無重兵，但因為各地造反互不協調，獨立作戰，所以從西元前520-519年間，他仍能將各地造反一一平定，如巴比倫、埃蘭（Elam）、波斯本地等。大流士採取嚴厲的鎮壓行動，並於貝希斯敦（Behistun）崖石刻上勝利石碑，記錄下他的功績，並勵精圖治。

大流士建立波斯前所未有的行政組織，即完備軍政分立的地方制度，他將米提亞人、敘利亞人、呂底亞人、巴比倫人、腓尼基人、希臘的愛奧尼亞人、印度河的雅利安人區分為王國般大小的行省，起初分二十三個行省，待擴充到印度河後，增為三十行省。這些行省設有總督，由波斯貴族擔任；為保障國家安全、秩序，各行省必須每年進貢，貢品多寡則視各省財富而定。總督的權勢很大，集政治、經濟、軍事力量於一身，並擁有各自的宮殿、法院、官員等，如同一個小國家。有時，為保證軍隊招募足夠的兵額，總督在自主權上被賦予相當大的權力。國王因考慮王位安全，也會派遣心腹擔任總督的祕書或軍事指揮官，他們是國王的使者，同時也是「國王的眼睛和耳朵」。

軍隊可說是波斯帝國的重要支柱。大流士為了加強軍隊的控制，建立一套特殊的方法——首先他運用語言的統一性，招收各地軍隊的兵員，由波斯人和米提亞人（Medes）共同組成一支一萬五千名精銳衛隊，軍隊人數一發生短少便立刻補足，以負責保護國王安全。

商務和貿易方面，他修築馬路和驛站，方便中央統治。大流士統治期間，交通改善，便捷的道路網遍及各行省，以皇家大道（The Royal Road）最著名，它以首都蘇薩為中心，通往小亞細亞薩迪斯（Sardis）。全國的公路網中，每隔一段路程設有一個驛站，每個驛站也有專人持續發出訊息，驛站傳送的速度極快，一週內即可到達，是最早的郵政。當然，這些道路的作用在戰略

和商業上也有相當的貢獻，連接經濟、行政及文化，加強中央的發展。

財政方面使用金屬貨幣。首都極爲富有，並大量鑄行貨幣。幣制統一，有利貿易興盛，市場中以「大流士」金幣最爲珍貴，大量財富成爲大流士招募傭兵的有效方法。

大流士的住所也極爲講究，著名的塔克塔拉宮（Tachtara Palace）是他心愛的居所，這個宮殿建築位於波斯的新都——波斯堡（Persepolis）。大流士之後，薛西斯（Xerxes，西元前485-486年）繼位，他平定了埃及的叛亂（西元前484年）。他繼續進行與希臘的戰爭，率大軍入侵希臘，洗劫了雅典，但在薩拉密海戰中被打敗。西元前330年，亞歷山大大帝（Alexander the Great，西元前356-323年）擊敗大流士三世，波斯帝國宣告結束。

波斯的宗教

大流士深切地體驗到宗教對帝國鞏固的作用，他奉「瑣羅亞斯德」教（Zoroaster）爲波斯國教（西元前628-551年）。根據傳說，瑣羅亞斯德是創始人，他們不崇拜偶像及建造神廟，以古老的雅利安人信仰爲根基，又被稱爲祆教（Zoroastrianism）。瑣羅亞斯德並未留下學說，死後由門生記錄成《波斯古經》（Zend-Auesta）一書。

在宗教的理念中，改革的宗旨主要是去除宗教的迷信，以道德及精神意義取代。它強調善與惡二元的極大差別，認爲世界經過善惡的鬥爭之後，最後的勝利必定屬於善神阿胡拉－馬茲達（Ahura-Mazda），祂打敗惡神阿里曼（Ahriman）並帶來光明，故馬茲達出現時往往有火或太陽。他們爲崇拜唯一的眞神，不如猶太人、羅馬人或希臘人奉獻牛羊犧牲，更用不到邪法（Magic）或唸咒文（Sorcery），主要的敬禮儀式是以「火」去禮敬眞神。因爲火是唯一眞神的本體本質及象徵，火也是光明的象徵，因而稱作「拜火教」。

旋即宗教的社會正義及理想改革的精神被國王改變，他爲自身的利益建立一種實用性的崇拜。他們使善神居於領導地位，成爲波斯神祇的君主，並稱國王是阿胡拉－馬茲達的代理人，勝利女神賦予其神聖權力。國王的任務是保證正義、法令及神聖眞理的統治；在一些勝利的記載中，國王吹噓自己的騎士精神，並將阿胡拉－馬茲達的良善普施予百姓。

希臘人和波斯人

希臘人由於海外殖民，接觸到許多蠻族，這些沒有政治組織的蠻族和希臘人和平相處。西元前六世紀末期，東方和西方世界遭到蠻族的威脅，波斯也趁著消滅亞述和加爾底亞（新巴比倫）的餘威，將勢力擴張至愛琴海，希臘的處境開始轉變。

東方的波斯澈底征服小亞細亞後，以「行省」的建置統治當地人民，大流士兼併更廣大疆域的野心漸漸顯露出來。他為了併吞希臘以小亞細亞為基地，由黑海北部及多瑙河出發。西元前592年，他奪取了色雷斯及部分馬其頓，將黑海（Le Pont-Euxin）納入波斯，使希臘處於波斯勢力之下。

西元前499-494年，愛奧尼亞的希臘人抗拒波斯的統治，由於孤立無援而向其他城邦求助。雅典城邦協助愛奧尼亞人奪取波斯的行政中心——薩迪斯，米利都（Milet）的僭主也抗拒波斯統治。西元前494年，這些反抗被波斯鎮壓，米利都首先遭到嚴重的摧毀；雖然雅典及埃雷特里亞（Érétrie）對米利都施以援助，但無濟於事。新仇舊恨，更使大流士懷恨，於是大舉進軍希臘。波斯軍隊首先以海路進攻愛琴海，但是前進的過程中卻遭到暴風雨襲擊，無功而返，並順勢占領北愛琴海的一部分領土。

第一次波希戰爭

波斯人仍不放棄征服希臘的野心，再度於西元前490年遠征希臘。此時波斯人由馬爾多尼烏斯（Mardonios）指揮，將雅典人趕出哈爾基季基（La Chersonèse），占領薩索斯島（Thasos）、色雷斯及馬其頓。又因腓尼基人的協助，使波斯軍隊直接渡過愛琴海征伐希臘人：西元前490年，波斯人占領愛琴海南部的基克拉澤斯群島（Les Cyclades）及其中心部位納克索斯島（Naxos），旋即登陸雅典的馬拉松平原。眼看戰爭迫在眉睫，雅典只好派一位健步如飛的傳信者向斯巴達求救。但是斯巴達軍隊來不及趕到雅典，其他城邦也未出兵，只有一個小城邦普拉蒂亞（Plataea）出兵，以重裝步兵和雅典軍隊並肩作戰，最後獲得勝利。當晚由跑得最快的菲迪皮德斯（Bhedippides）向雅典人報捷，這位勇士正是前一天到斯巴達送信求援，又趕回來加入雅典軍隊抵抗波斯的勇者。他才剛參與這場戰鬥，又自告奮勇替雅典報知好消息，卻在低語訴說勝利之後，因太疲憊而光榮成仁。他的愛國心及壯舉，受到所有希臘人的崇敬及永遠的紀念。另一方面，波斯攻擊雅典的比雷埃夫斯港（Piraeus）也失敗了，他們只好返回波斯，雙方維持十多年的和平，此次戰爭使雅典人贏

得最高的榮譽。

第二次波希戰爭

　　第二次波希戰爭前夕，雅典正發生叛亂事件，政局不穩，但對波斯仍不敢掉以輕心。西元前481年，希臘各邦在科林斯成立泛希臘聯盟，各邦推舉斯巴達人負責陸地的軍備，部分海上指揮權也交由斯巴達人。

　　波斯方面，大流士死後，其子薛西斯（Xerxès）繼位，他細心地準備征服希臘，西元前480年，薛西斯率領波斯各民族組成的大軍，越過赫勒斯滂（Hellespont，達達尼爾海峽），沿希臘海岸登陸馬其頓及色雷斯平原直逼希臘本土。所到之處，各城邦皆臣服而沒有反抗，波斯人在德摩比利（Thermoples，溫泉關）大勝，屠殺斯巴達國王李奧尼達（Léonidas）及三百名衛隊、一千一百多名士兵，貝奧提亞（Béotie）和阿提卡半島也被焚毀。西元前486年，雅典人遵循德米斯多克利（Themistocle）的指示，放棄雅典城，遷移至薩拉密（Salamine）和阿哥斯北部海岸的特雷埃（Trézène）與薩龍灣（Soronic Gulf）一帶。

　　德米斯多克利以境內礦山的收入，建造一艘有三百支槳的戰船艦隊，與波斯人決一死戰，誓死保護薩拉密及特雷埃的人民；此時希臘的海上及陸上勢力仍很可觀，使波斯無法一舉得逞。德米斯多克利用計策反間波斯，誤導波斯國王薛西斯，讓他以為雅典人即將乘船逃走；波斯果然調轉船艦，準備攔截雅典船艦，一舉殲滅雅典海上力量，因而駛向薩拉密灣。但出乎意料，由於波斯軍隊人數過多，且船艦過於龐大，在峽灣之間動轉不得而自亂陣腳；相較之下，雅典的小型船艦輕快且訓練有素，波斯艦隊潰敗，薛西斯在設於高聳陡峭山中的觀測站中親眼目睹整個海戰過程，當時為西元前480年9月23日，此役後來被稱為薩拉密海戰，同時也是希臘軍隊獲勝的關鍵一役。薛西斯害怕希臘軍隊斷其後路，率領部分軍隊返回薩迪斯，並令部分軍隊返回色雷斯，部分留駐希臘，準備再和希臘一決死戰。

　　翌年，因為雅典不妥協，戰事再起。波斯軍隊再度慘敗，分別被雅典、斯巴達、德瑞埃（Tégée）、麥加拉（Mégare）及普拉蒂亞（Platée）所敗，波斯指揮官馬爾多尼烏斯（Mardonios）也陣亡。斯巴達將領保薩尼亞斯（Pausanias）抵擋了波斯的入侵。希臘艦隊乘勝追擊，在愛奧尼亞的米卡勒（Mycale）海灣擊敗波斯，收復小亞細亞一些小島，雅典乘勢占領色雷斯對面的塞斯多斯（Sestos）。這場米卡勒之役大捷，帶給希臘人無比的榮耀。

　　遭受波斯統治的希臘殖民地（小亞細亞），此時又重獲自由。西元前478年，波希戰爭結束；斯巴達和雅典合作，驅逐各邦中出賣希臘同胞的寡頭分子，行使希臘的民主政治。

　　西元前481年，確立了統一基礎的希臘，卻因希臘各城邦內部爭鬥，和伯羅奔尼撒人的利己思想，致使希臘陷於長期的混亂；尤其是雅典和斯巴達的衝突，導致雙方戰爭不斷。希臘各邦有的保持中立，有的依附雅典，有的則投向斯巴達。兩邊經過二十七年的戰爭後，雅典以失敗告終，斯巴達再次成為希臘盟主，但此時各城邦也精疲力竭。西元前332年馬其頓趁虛而入，輕易地奪取整個希臘地區。

第四節　城邦的鬥爭到馬其頓人的征服

波斯人對於希臘的侵擾才剛停止，希臘城邦間又開始內部一連串鬥爭。伯里克里斯早就有意角逐希臘霸權的野心，在競爭的過程中，各邦勢力消長經常妥協。雅典以海上霸權地位進而鞏固在城邦間的主導權。

帝國主義的發展

希臘的帝國主義發展與伯里克里斯的政策關係密切。當希臘各邦全力抵抗波斯之同時，伯里克里斯正進行駕馭各邦的計畫。為完成他的理念，利用同盟國的資金來重建雅典，間接將「提洛同盟」轉為其統治工具，盟邦的基金無異於貢金，同時雅典更開啟廣大的海上貿易之路。

雅典不斷地擴張，積極地對抗波斯人。提高同盟國的稅捐，剝奪希臘同盟各邦的自由，「同盟」的意義早已不存在。西元前462-446年，雅典、斯巴達及科林斯進行一連串的戰爭。最重要的是雅典和斯巴達之間，存在一種無法調和的掙扎和矛盾。

西元前449-448年之間，賽普勒斯（Chypre）順利將波斯人趕出愛琴海；西元前449年，希臘政治家卡里阿斯（Callias）作為代表前往波斯，與阿爾塔薛西斯一世（Artaxerxes I）簽訂了《卡里阿斯和約》，至此，波希戰爭也正式結束。雅典宣布戰後恢復小亞細亞的自由權，但此時雅典卻增加對各邦課稅，各大城邦間針鋒相對，衝突不斷。在經過五年休戰後，雅典和斯巴達終於在西元前446年簽定一個長達三十年的和平條約。

但雙方的和平只持續十五年，戰事又起：在這十五年中，雙方對和平共處有相當的共識，由斯巴達管理陸上霸權，雅典負責海上霸權。但其後因政治和經濟原因，導致從西元前431-404年的二十七年戰爭，讓希臘內部劍拔弩張，關係日益尖銳。

伯羅奔尼撒戰爭

伯羅奔尼撒半島戰爭的導火線是雅典和科林斯（科林斯此時為斯巴達之同盟）間的衝突。修昔底德（Thucydide）認為，它是因波希戰後雅典及斯巴達之間對立的心結而產生。

　　斯巴達擁有兩個強大的海上同盟：科林斯和麥加拉（Mégare）。科林斯的海上勢力極大，已擴展至北希臘及西地中海，欲朝北愛琴海擴張。波希戰爭結束後，雅典和科林斯競爭北愛琴海及西地中海之海權。雙方起初各據一方，互不相讓，科林斯和麥加拉只好求助於斯巴達，這是戰爭爆發重要的因素。

　　斯巴達和雅典的政治理念不同，雅典試圖將民主思想傳播至各地，嘗試影響各同盟反對斯巴達寡頭政治。但在斯巴達人心中，他們已認同斯巴達貴族的保護，他們在氣憤之餘，也將雅典視為洪水猛獸及好征服的帝國主義者，斯巴達以「保衛城邦的自由及自主」為號召向雅典宣戰。

　　西元前432年，伯羅奔尼撒半島同盟聚集於科林斯，要求雅典解決各邦間的嫌隙，若無法妥協，則欲採取「戰爭」手段處理。

　　雅典勢大財大，又有多數的同盟國，甚至有九千塔蘭特（Talents，古希臘貨幣單位）的寶藏，在伯里克里斯的領導下，先後與阿卡納尼亞（Acarnanie）、諾帕克都（Naupacte）、維奧蒂亞（Béotie）之普拉德（Platées）、色薩利（Thessalie）等地結盟。因此阻斷科林斯海港，切斷伯羅奔尼撒半島經西西里之要道；這樣的處境迫使斯巴達和科林斯不得不與雅典一戰。

　　斯巴達同盟擁有海上及陸上的強大勢力，至少擁有整個貝維奧蒂亞或底比斯的希臘領土；特別是斯巴達和同盟國建立「良好的關係」並宣布斯巴達為西西里島保護者，捍衛西西里，斯巴達成為同盟的共主。

　　西元前429年，伯里克里斯去世後，有兩位重要的關鍵人物對雅典造成莫大的傷害。他們是伯里克里斯的政治對手，也是他的姪子——阿勒西比亞德（Alcibiade）與里森德爾（Lysandre），後者是斯巴達人，也是一個成功的軍事家及外交家，其內心對雅典懷有仇恨，這更加速他個人的野心。

戰爭

　　戰爭始於雅典同盟普拉維亞遭受斯巴達同盟底比斯的襲擊，普拉維亞因為貴族投降而被攻陷。之後，斯巴達進攻阿提卡半島（Attique），雅典也開始備戰，不但出兵封鎖伯羅奔尼撒沿岸，並將大批雅典居民遷移至雅典城內以確保安全。出乎意料之外，雅典人民因過分集中，使鼠疫大肆傳染，人口因而減少四分之一，不僅百姓、軍民，就連伯里克里斯也死於這場瘟疫。

　　西元前424年，斯巴達將軍布拉西達斯（Brasidas）用計誘使雅典的殖民城邦脫離。致使阿根塔斯城邦（Acanthus）獨立、昂菲包利斯城邦

（Amphipolis）向斯巴達投降。雅典到此爲時已晚，指揮官修昔底德被僭主以怠職罪流放，他於流放期間致力著作《伯羅奔尼撒戰爭史》流傳於世。

西元前421年，雅典和斯巴達疲於長期征戰，最後妥協取得和平的共識，雅典政治家尼西亞斯，訂定《尼西亞斯和約》（The Peace of Nicias），雙方休戰十五年，暫時獲得喘息的機會。但《尼西亞斯和約》並未解決雅典及斯巴達的嫌隙。此時雅典也接受阿勒西比亞德（Alcibiade）的建議，遠征西西里島。雖然此次出征可獲得豐厚的商業利潤、土地，又可消滅雅典的主要敵人——科林斯，但是征伐卻遭遇到空前的困難。西元前416年，西西里島的塞利農特（Sélinonte）城邦攻擊塞哲斯坦（Segesta）城邦的愛奧尼亞人。情急之下，愛奧尼亞人只好求助於雅典，雅典考量之後，認爲西西里島的富庶對其有利，故答應派兵支援，三位被派出征的將軍中，有一位是阿勒西比亞德，但在出征之時，他卻遭受陷害，被征召回到雅典受審。他深知是政治迫害，因而半途轉向投靠斯巴達，且促使斯巴達兵援被雅典圍攻的敘拉古，戰爭情勢逆轉，此即著名的「西西里之戰」。這是雅典的大災難，後果卻在八年後才顯現。

西西里的戰敗，雅典損失慘重，他們決定用國庫的幾千泰倫打造一支強大的軍隊。此時，塞拉門尼斯（Theramenes）推翻了寡頭政治，組成四百人的公民大會（La Boule），實行溫和民主制度。他不計前嫌，召回投降斯巴達又被迫叛投波斯的阿勒西比亞德，任命他爲艦隊司令。由於斯巴達和波斯聯盟，在抵禦波斯的共同使命上，使雅典獲得不少希臘城邦的船隊援助。此時，阿勒西比亞德前往愛奧尼亞南部卡里亞城邦（Caria）籌備戰款，他的艦隊不遵守軍令，貿然和敵艦開火，最後潰敗。阿勒西比亞德再次被政敵流放，此時，雅典的命運搖擺不定。不久之後，里森德爾帶領斯巴達軍隊在達達尼爾海峽（Hellespont）摧毀雅典將領高農（Conon）船隊。由於斯巴達同盟的支持，他將雅典的殖民者和公民逼至阿提卡半島，並圍攻此城。科林斯和底比斯要求摧毀雅典，而斯巴達認爲不可，雅典終得逃過被滅之命運，但不久亦被併入伯羅奔尼撒半島同盟，淪爲斯巴達屬邦，雅典必須放棄殖民地，人民成爲斯巴達之附屬人民，接受斯巴達寡頭政治統治。雅典民主政治宣告停止，進入一個以文化、藝術、文學領導的時代。

斯巴達的鼎盛時期

斯巴達在同盟中占有重要地位，在爲希臘人帶來自由的名義下贏得勝利。此時斯巴達軍權由里森德爾（Lysandre）掌握，他醉心軍事，不擅於統御，設

置十人委員會的寡頭政治，遭到了雅典人民質疑，人們不禁懷念起雅典的民主制度。斯巴達國王阿吉西波里斯一世（Agesipolis I）爲一挫里森德爾將軍的銳氣，贊成雅典繼續維持民主，使雅典得以再維持三十年的民主和平歲月。

斯巴達協助小居魯士攻伐其兄阿爾塔薛西斯二世（Artaxerxès II），結果小居魯士卻於古納沙（Cunaxa）城郊陣亡。他的希臘傭軍由色諾芬（Xenophon）領導，歷經萬難終返回家園；此時，波斯也感受到自身的衰弱，轉而支持雅典對抗斯巴達，讓雅典的地位有轉機。

波斯在呂底亞和卡里亞（Lydia and Caria）的總督，提薩弗爾那（Tissapherne）發動了對希臘城邦的攻擊，以懲罰希臘人對小居魯士的效忠，這導致了西元前399年同斯巴達人的戰爭。另一方面，斯巴達打敗高農（Conon）的雅典軍隊，於是高農和賽普勒斯國王（Chypre）埃圭高阿斯（Évagoras）一同加入波斯陣營對付斯巴達。支持波斯的這個陣營包括底比斯、科林斯、阿哥斯（Argos）和雅典，時爲西元前395年，這場戰爭被稱爲「科林斯之戰」。

西元前394年，斯巴達於科林斯的高勞尼亞（Coronea）打敗對手，但海軍卻在羅德島北方的克尼德島（Cnide）海上被波斯打敗。此後，波斯允許希臘各邦自治，愛奧尼亞脫離斯巴達，雅典則利用此時，儘快修好首都至比雷埃夫斯港（Piraeus）的防護城牆。

西元前386年，斯巴達國王發表專橫的「國王的和平」宣言，斯巴達的霸權達到最頂峰。他對希臘人採取專制統治，廢除所有的同盟。西元前382年，斯巴達占領底比斯衛城卡德米亞（Cadmée）之後，數年間又以鐵腕手段統治伯羅奔尼撒半島，斯巴達將領菲伊比達斯（Phébidas）不許底比斯設衛戍部隊，並禁止各城邦組織聯盟。

底比斯霸權地位

西元前379年，底比斯加入雅典聯盟，將占據在底比斯衛城卡德米亞（Cadmée）的斯巴達人趕走。但底比斯的力量也快速竄起，使雅典備感威脅，這種矛盾讓雅典轉向斯巴達。

西元前371年，在維奧蒂亞（Béotie）的留克特拉戰役（Bataille de Leuctres）中，斯巴達被底比斯打敗，斯巴達城邦從此一蹶不振，底比斯開始組織聯盟，間接強迫希臘接受其霸權地位。當時底比斯的軍事首領爲伊巴密濃達（Epanninondas，西元前418年至西元前362年），他不僅有優越的軍事統御

能力，還有系統地發明新戰術。他的軍隊包括突擊隊、步兵及騎兵；使他們習於正面應戰。他們不直接攻擊雅典，反而集中力量對付北部的色薩利及伯羅奔尼撒半島，三次征討斯巴達都獲勝利；西元前362年，在第四次征伐中，他又再次戰勝斯巴達和雅典聯軍，但卻不幸陣亡。雪上加霜的是底比斯此時又遇到經濟困難，在北方興起的馬其頓此時已揮軍希臘，底比斯短暫的霸業到此結束，被視為半蠻族的馬其頓王國取而代之。

馬其頓人的國王

馬其頓人的祖先可能是埃比奧特人（Épirotes，古希臘的西北部伊庇魯斯地區），地理位置在色薩利之北，地處內陸且多山，容易被希臘忽略。擁有肥沃的埃蓋（Aigai）平原、埃瑪蒂（L'Emathie）平原、培拉（Pella）平原、阿克西（L'Axios）平原及阿利阿克蒙（L'Haliacmon）平原等，適宜耕作，以農立國。

但伊里利亞人（Illyriens）長期威脅馬其頓西部；馬其頓北部有亞洲的巴奧尼昂人（Paeoniens）侵擾；東部有色雷斯人威脅，馬其頓處境雖然惡劣，周圍敵人卻擊不垮他們的戰力，這都和其軍事訓練嚴酷有密切的關係。然而波希戰爭時，波斯軍隊曾越過馬其頓而未遇到絲毫抵抗，故被希臘人視為沒有戰鬥力的盟邦。其實相反地，他們極重視軍隊的戰力，由一位「馬其頓的國王」負責。他不一定代表馬其頓人的君主，而是指有能力統御軍事及管理政務之人，他必須維護貴族和地主利益，這些人在周圍山區勢力強大。西元前359年，腓力二世正式成為「馬其頓的國王」，憑著軍事才能及組織能力，他組成一支武器裝備精良軍隊，並有精銳的夥伴騎兵。

腓力二世（Philip II，西元前359-336年）生於西元前382年，他勵精圖治，有效地控制貴族，開發境內資源、組成馬其頓方陣，使國家漸漸強大。早期的經驗幫助他了解政事，他是阿明塔斯三世（Amyntas III，西元前370年）的幼子，曾在底比斯當人質三年，對希臘的環境甚為了解。繼位之後，開始大拓疆土，使馬其頓邁向富國強兵之路。

腓力二世所取得的勝利

西元前357年腓力二世已占領安菲波利斯（Amphipolis），西元前356年又占領塞爾邁灣（Golfe Thermaïque）的比得那（Pydna）、梅多那（Methone）（西元前354年），順利取得通往海洋的門戶。

　　西元前356年腓力二世摧毀波蒂得（Potidee），此時，他發現斯蒂蒙（Strymon）的龐瑞山（Pangée）金礦區，隨即著手大量開採、鑄造錢幣，稱為「腓力金幣」，與「大流士金幣」爭輝，「腓力金幣」在希臘造成旋風，也藉此收買人心，支付龐大軍費支出。

　　西元前356年7月底，其子亞歷山大出生，之後在西元前356-352年間戰事爆發，希臘的福基斯人（Phocidiens）被指控犯下褻瀆德爾菲（Delphes）神祇的罪行，此促使了希臘各城邦反對福基斯人之戰爭，腓力二世藉此進入希臘中部地區。西元前353年，他占領色雷斯沿海各城，奪下優墨爾坡斯（Eumolpias），使之成為馬其頓的戍兵重鎮。西元前348年，雅典參戰前，馬其頓已摧毀哈爾基季基的奧蘭城邦（Olynthe）。

　　著名的演說家，雅典人德摩斯提尼（Demosthenes，西元前384-322年）已注意到馬其頓國王腓力二世的野心，他於西元前351年發表著名的「反腓力演說」（The Philippics），呼籲雅典和底比斯並肩作戰，對抗馬其頓。但他們未及時注意，無法組成有力的同盟共同對抗馬其頓。此時腓力二世不論在思想上、宗教上或物質上都已深入希臘人心，且能夠隨心所欲地介入希臘的事務。

喀羅尼亞戰役

　　當雅典人開始有反戰的情緒時，腓力則聰明地運用外交和拉攏的手段，在西元前343-342年之間，他成功地使希臘人民聽從其意見。可是，位於北部的色薩利（Thessalie）及色雷斯（Thrace）卻對馬其頓人感到不安。因此，德摩斯提尼把握機會，試圖與雅典再度組成伯羅奔尼撒半島同盟，並拉攏波斯。他加強軍力，組織船隊，喚起人們意識、堅定雅典人反抗馬其頓的決心，組織一個保衛希臘城邦的同盟，成員以科林斯、阿卡納尼亞（Acarnanie）、優卑亞島（Eubée）、麥加拉（Mégare）、克基拉島（Corcyre）城邦為主。

　　西元前340年，腓力二世攻打色雷斯的貝安特（Périnthe，馬爾馬拉埃雷利西），當時雅典貨船正要離開達達尼爾海峽（Hellespont），貨船上的小麥被搶，但此時腓力二世卻被雅典及波斯援軍打敗。此戰之後，底比斯人背叛腓力與雅典結盟，加入希臘各邦抵抗馬其頓。不久，西元前338年8月2日，喀羅尼亞戰役（Chéronée）爆發，腓力二世領導色薩利、伊庇魯斯、埃托利亞、北福基斯、羅克里斯聯軍，擊敗雅典和底比斯聯軍，馬其頓的大獲全勝確定了馬其頓崛起，也開始馬其頓在希臘的霸權序幕。馬其頓由腓力年僅十八歲的兒子亞歷山大擔任左翼指揮官，率領騎兵和步兵，將對方擊潰。腓力下令摧毀底比斯

城，卻寬宥雅典，因雅典護衛城邦之舉令人尊敬，腓力二世讓雅典保有自己的領地安布羅斯島（Imbros，格克切島）、斯基羅斯（Skyros）及利姆諾斯島（Lemons）、薩摩斯島，還無條件釋放戰俘，其他城邦也降服腓力。

科林斯同盟

腓力二世順利地降服希臘各邦之後，唯一遭到較激烈反抗的是斯巴達。但他認為斯巴達並不構成威脅，興兵將之逼到俄若達斯（Eurotas）平原。之後，腓力召集各城邦的代表於科林斯集會，共同商討成立一個泛希臘同盟，他包容原有的制度，也施行專制統治，除維持現行的機構及原本的制度，並擁有海上的自由通行權，禁止海盜行徑、尊重城邦自主。在安全的考量上，成員城邦共同組建軍事力量，並成立衛戍部隊護衛城邦，這些部隊，大部分置於科林斯、底比斯、優卑亞島。由希臘城邦的代表們組成一個類似聯邦之委員會決定大事。

西元前337年，腓力二世在科林斯召開希臘會議，只有斯巴達未參加，各邦誠心地擁護腓力，共同對付波斯。會中決定希臘必須停止境內的爭鬥，共同對外，並建立永久同盟，腓力二世成為「盟主」，由馬其頓領導希臘城邦對波斯作戰。

正當腓力準備進攻波斯時，卻於西元前336年其愛女的婚禮上被刺，王位由二十歲的兒子亞歷山大繼承，他承父遺志遠征波斯。

第五節　貴族和君主制度

古典時代的斯巴達制度

自古以來，社會組織大體上未有太多的變化，斯巴達的階級關係非常明顯，分成三個階層，即斯巴達人、希洛人（Helots）及庇里阿西人（Périèques）。

西元前1000年左右，多利安人進入伯羅奔尼撒半島定居，其中一支進入拉科尼亞地區（Lakonia），摧毀邁錫尼文明，他們建立自己的行政中心，此地成為「斯巴達城」，氏族制漸漸地瓦解。

後來拉科尼亞地區的多利安人被稱為「斯巴達人」，原本居住於此地的居民淪為斯巴達的次級公民，在社會上雖為自由民，但在政治上卻無任何權利，被驅至邊陲地區稱為「庇里阿西人」；大部分的原住民成為斯巴達人的奴隸，他們被稱作「希洛人」。斯巴達是屬於部落組織，在征服的過程中，發展為國家的雛型。

斯巴達社會組織的變化

斯巴達人特別注重「血緣關係」，法律嚴格地規定，合法出生的斯巴達人，才能成為斯巴達公民，私生子不能成為真正的公民，但是若透過國家嚴格的軍事訓練，則可成為斯巴達公民。沒有血緣關係的希洛人則受到不平等的待遇，他們須為斯巴達人民耕種，並供養他們。斯巴達人是征服者，軍事將領將征服獲得的財富納為己有，或賞賜部屬，這違反了財富均等的規則，斯巴達禁止平民保有財產，這些珍寶（寶石、古代錢幣）被存放在阿卡迪亞東南部德埃（Tégée）城邦的阿萊亞雅典娜（Aléa Athena）神殿，由富有的家族掌控。

西元前500年左右，斯巴達的人口達到四萬多人，包括九千多名公民。被征服地區的土地則平均分配給公民，土地可以傳給後代，但不能分割或是轉讓。

斯巴達人為終生職業軍人，不負責生產耕作。希洛人隸屬於土地，為第一階級效勞，僅能獲得價值極低的鐵幣。

希洛人

多利安人建立斯巴達城邦之後，西元前640年左右，遭到拉科尼亞和美塞

尼亞人（Laconie et de Messénie）聯合反抗，旋即他們被斯巴達打敗，從此成為斯巴達的農奴，此即希洛人（Helots），意為農奴。

希洛人的物質條件不如斯巴達人，但在糧食繳交地主之後，能合法擁有一些「剩餘物品」。西元前四世紀，斯巴達人口銳減，使得希洛人有機會進入軍隊，擔任步兵和槳手。他們雖然可獲得新生，但仍沒有政治權利，也沒有法律保障。斯巴達經常對希洛人施以殘暴的鎮壓，監察官每年上任，都要對希洛人「宣戰」，然後派斯巴達青年前往希洛人的村落拘捕和屠殺，希洛人的生命沒有得到合理的保護，生活充滿不公平。

斯巴達執行優生政策，挑選健康的嬰兒交給國家扶養；孩童七歲開接受軍事訓練，到十八至二十歲時，強迫參加迫害希洛人的活動，使人數較多的希洛人充滿仇恨，且宣洩在破壞城市及反抗行為上，他們與斯巴達人間的對立衝突也無法化解。

庇里阿西人

庇里阿西人散居於一百多個城鎮中，分布在沿海地區，人數至少有三萬人，雖受政府管理和監督，與希洛人相較則自由得多。他們沒有公民權，也不能和斯巴達人通婚，主要以手工業和商業為生，從事農業，且要服兵役，大部分從事戰船的建造。他們也如希洛人般貧窮，卻很少反抗。

政治機構

斯巴達的政治組織是個特別的團隊，國家機構由國王們、長老會議、監察官及元老院組成。

國王

斯巴達的政治特色是實行兩個王室的國王同時統治，分別是阿基亞德（Agiades）和歐里龐提德（Eurypontidae）。兩支王室的繼承互不干擾，兩位國王由二大家族世襲，分別處理國家祭祀及內政問題，兩位國王只有在戰時才有權力，其中一個國王擔任統帥，另一個國王則負責留守。西元前418年之後，由於監察官不信任國王，便設立一個顧問委員會，但監察官卻不干預委員會之監督權責。

公民大會

公民大會實際作用不大，會中的成員皆由斯巴達年滿三十歲之男子公民所組成。公民透過表決或歡呼的方式決議法令。公民大會的成員對長老會議的提議只有表決權而沒有提案權，它是一個半虛半實的無創制性團體。

監察官

在斯巴達政治結構中，「五人監察官」是重要的角色，他們專職國家的安全，有無限的權力，他們裁決並統治城邦，發生緊急事件時可動員全國人民；具有對外政策決定權，並審理希洛人和庇里阿西人的法律訴訟。他們的權力如同雅典的「僭主」，其存在正符合斯巴達大氏族的需要，他們可透過監察官領導國家。

除了阿哥斯（Argos），幾乎所有伯羅奔尼撒半島聯盟成員都曾是斯巴達的同盟，為了保證這些城邦的忠誠，斯巴達採取相當的警戒措施，並謹慎對待其同盟。

政治制度

伯羅奔尼撒半島建立的軍事聯盟以「共同防禦」為前提。它由不同城邦共組同盟，以「拉西第夢人」（即斯巴達人）為基礎。聯盟中並無聯邦公民權，斯巴達也不得干涉同盟國內政，他們擁有各邦的自主權，這也是西元前386年時「國王的和平」（La Paix du Roi），即安塔希達斯（Antalcidas）的和平能繼續存在的原因。（波斯國王阿爾塔薛西斯二世，與代表斯巴達同盟的安塔希達斯簽訂和平協議，條約標誌著科林斯戰爭的結束。）

政治制度的運作是由各城邦派代表參加，每一個獨立的城邦（即同盟中之一員）有一張選票，可共同裁決聯盟中的事務。若遇重大事件，聯盟委員會將請斯巴達做出合理的裁決。

城邦代表有一定的任期，任滿時以投票選出新成員。因為不需繳稅，且保有相當的自主權，各城邦都願意加入，斯巴達則利用這一點，不但保障自身權力，同時也得到霸權的地位。

政治組織

斯巴達政治的興衰對伯羅奔尼撒同盟影響很大，有以下幾個階段：

（一）西元前400-379年

伯羅奔尼撒同盟的鼎盛時期，範圍擴至整個伯羅奔尼撒半島、福基斯（Phocide）、義大利南部的勞克瑞德（Locride）、阿卡納尼亞（Acarhanie）及貝奧蒂亞（Béotie）等地。

（二）西元前383-374年

組織十個行政管轄區，包括哈爾基季基（Chalcidique），並規定若各城邦不能夠提供兵員，則必須支付稅款代替參戰的兵員。

（三）西元前386年和西元前379年

斯巴達仍成功地掌握伯羅奔尼撒同盟，直到底比斯將領伊巴密濃達（Épaminondas）領導底比斯脫離斯巴達的控制，創立新的科林斯同盟，並且使底比斯躍升為一等強國。但斯巴達仍有相當的影響力。

貝奧蒂亞

貝奧蒂亞（Béotie）地區境內多平原和丘陵，由十二個城邦組成，如科羅那（Coronée）、塔納格拉（Tanagra）、奧爾霍邁諾斯（Orchomène）、德斯拜（Thespies）等城邦，它們分布於赫利孔山（Hélicon）與底比斯之間，以農立國。地主擁有至高權利，但並沒有產生專制及寡頭政治，是個和平之地。貴族階級可參加公民大會，並選舉執政官及軍事指揮官。

西元前五世紀，他們建立起第一個聯盟，有六百六十名成員組成聯盟委員會，負責決定重大事件。此聯盟的管理人以貴族居多，但沒有很大的力量。此時，貴族階層已不得人心，民族意識及民主觀念因而崛起。新的公民大會取代聯盟委員會，由全體公民組成，總部設在底比斯。行政管轄區也由最初十一個改為七個，並選出四位底比斯人任軍事指揮官。

公民大會中，底比斯人占很大的比例，底比斯也往往是最大的兵源，其地位日益重要。底比斯的政治特色則是民主及有效率，它快速地凝聚團結，建立起霸權。

狄奧尼西奧斯一世的僭主政治

敘拉古（Syracuse）於西元前五世紀在西西里地區獲得勝利，建立希臘民主政體，但西元前410年和西元前405年，迦太基正在醞釀征服整個西西里島。

西元前405年，狄奧尼西奧斯一世（Denys l'Ancien）被譽為「狂熱的愛國人士」，因人民大力支持擢升為執政官。他控制著由一千名忠心人民所建立的

警衛隊，並獲得伯羅奔尼撒人及蠻族僱傭兵支持。

他力主民主，反對富人及有產階級，也反對迦太基。保護希臘思想，獲得廣泛的認同。但也因爲專斷及訓練特務，而成爲他的一大敗筆。

總而言之，他的民主是獨特的，他大力鼓舞農業及商業經濟，並提供軍隊足夠軍餉。政治上，他不斷打擊當時的大產業主，不斷削減他們勢力，並輔助其他的小生產者，減低他們的稅賦。

軍事方面，他將奧提伽島（Ortygie）堡壘化，並修築堅固的城牆。於西元前405年的協約中，他發動反布匿（Puniques，迦太基）戰爭，順利地將迦太基人趕回西西里西部地區。

狄奧尼西奧斯帝國

狄奧尼西奧斯一世有極大的野心，除了統治西西里島的大半地區外，更渴望取得墨西拿（Messine）及亞得里亞（Adriatique）海峽控制權，邁向他的帝國之路。

爲了征服義大利，他以洛克里（Locres）爲基地，順利征服考洛尼亞（Caulonia）、雷焦卡拉布里亞（Rhegion）。西元前387年更占據克羅托內（Crotone）。在第勒安尼海峽（La Mer Tyrrhéninne）他也占領了利帕里島（Lipari）、科西嘉、切爾韋泰里卡埃〔Caeré，現在的切爾韋泰里（Cerveteri）〕及皮爾吉（Pyrgi）。除此之外，他精明地組織其帝國，並運用心理戰。他進行軍事移民並殖民統治。

經濟方面，他支持商業，並使用敘拉古銀幣交易，輕易地取得和義大利的聯繫，於義大利南部設立戍邊衛隊，以在經濟上取得霸權，從此西西里的商業涵蓋了整個墨西拿海峽，澈底實行他擴張的理念。

西元前369年，他與斯巴達聯盟後，雖取得雅典之諒解，卻受到希臘居民的不滿，並有種種負面的評價。

他是一位傑出的政治家，有野心深具抱負，有教養卻帶點精明。他宣告希臘化國王的到來，是介於伯里克斯及馬其頓腓力二世之間的重要政治家，可說是希臘化時代首屈一指的傑出政治人物。

馬其頓君主制

希臘化時代，王權的典範主要有兩種特色：一爲表現出君主制之實效性，並強而有力地表示出君主政治之特色；二爲在原本微弱的制度基礎上，將個人

魄力呈現於政治中，並有效地管理。

國王和臣民

　　君主制乃是封閉的政治型態，常以各種不同階層組合，構成一定的模式。階級的最高級爲國王，第二層爲公侯貴族，接下來爲行政官吏，最低者爲人民。國王建立鞏固政權的力量，使臣民覺得他可信任，保持人與人之間的相互聯繫，最重要的是，人民必須保持對國王的忠誠。故國家是屬於個人的，國家的僕人也是國王的僕人，在希臘化王國的時代，這種政治型態持續著；然而這一切都需要依靠人和人之間的忠誠，因此，繼承問題變得非常棘手。

　　馬其頓王國可以說是希臘化王國時代，王權的最佳表現，但國王又聰慧地不使此種意象太明顯，使人民自願效忠，默許其政治意圖。馬其頓的腓力二世成功地放棄公民大會而訴諸於軍隊之後，帶來勝利，使「馬其頓人的國王」順利地實行獨裁，統治希臘城邦。

　　我們不了解其組織結構，但它具有君主制度簡單的特點，因此官員人數不多，至少一位祕書和幾位行政官。然而，馬其頓最嚴重的是政治權力不明確的問題。在希臘化時代，國王的特派員可控制地方委員會，委員會又可決定一切地方事務，被征服的城邦，如色雷斯等，則因此失去自主權；色薩利（Thessalie）則被分爲四部分，有一位執政官成爲聯邦行政官員，毫無疑問就是馬其頓的腓力二世。亞歷山大即位之後恢復公民大會，以其個人魅力，建立龐大的帝國。

馬其頓的希臘化

　　馬其頓的希臘化表現於外在威望及內政上，積極地展開殖民和城市化的行動。

　　內政方面，腓力實施民族融合政策。此外，他先安排馬其頓人定居於占領的城市，再流放對手，侵占其財產；然後他建立重要城市，分設軍事、政治、經濟等重要據點，如亞歷山大城（Alexandropolis）、腓力波里斯城（Philippoolis）等。

　　經濟方面，爲鞏固財源，他開採東馬其頓龐瑞（Pangée）礦山的金礦、寶石——此地距北愛琴海九英里，並建腓力比城（Philippi）。

　　文化也是著重的目標，許多技師和知識分子相繼被吸引來到馬其頓，馬其頓也漸漸地開化，古希臘文也在各城邦中使用頻繁。繼承柏拉圖（Platon）

思想的柏拉圖學園哲學家斯珀西波斯（Speusippe），也曾寫公開信給腓力二
世；亞里斯多德更被禮聘爲其子亞歷山大的老師。腓力二世不但深入希臘文化
精神，更開啓寶貴的文化之門，帶來古代希臘化運動的光輝，成爲一個成功的
希臘化君主，帶來無比深遠的影響。

第六節　雅典帝國（西元前五世紀到四世紀）

雅典城邦

西元前508年，平民領袖克里斯提尼（Clisthène）帶領雅典人民實行民主改革。他大刀闊斧使雅典走向民主，被譽為「希臘民主之父」。他首先體認到貴族在部落中的優勢，並操控選舉。故廢除四部落制，重新畫分十個部落地區，代替原來的四個氏族部落，達到消除貴族壟斷執政官及議員席位的目的。這十個部落分散於雅典四周、沿海及內地，許多自由民和外來居民也獲得公民權，凝聚強大的民主力量。

他在十個地區中，分別以抽籤方式每區選出五十個議員，共五百名，替代梭倫的四百人會議，任期一年，負責執行公民大會的各種決議，會議中還有一位重要人物——首席執政（Archon Basileus），又稱「五○一人會議」。五百人會議再分十組，後六部落輪流處理國家事務三十六天。每一組的五十名議員以抽籤方式產生，是為了杜絕貴族及梭倫時代富豪獨享政權的弊端，同時使許多雅典公民具有議員資格及參與政事的權利。

政治上，他特別制定「陶片流放法」，規定公民可於陶片上記下應被放逐之政客，若表決人數超過六千名，則此人則被放逐國外，十年後才得以返回（但因為被政客利用為排除異己的手段，實行九十多年後，於西元前417年廢除）。在克里斯提尼的大幅改革之下，雅典的民主政治達到高峰，也開啟伯里克里斯的民主政治，為其奠定穩固的基礎。

貴族階級

西元前489-488年，阿瑞斯蒂德（Aristide）被選為執政官。很快地，他同海戰的倡導人，「民主的」地米斯托克利產生了敵對的關係。此外，雅典政治家厄菲阿爾特（Éphialtès）更充滿了民主的抱負，他希望繼續梭倫（Solon）及克里斯提尼的政治改革，故積極尋求社會大眾以及伯里克里斯的門生達蒙（Damon）與阿那克薩哥拉（Anaxagore）等知識分子支持。

此時出現對厄菲阿爾特提供有利的條件，因商業發展和艦隊強大，他主張雅典再次對抗斯巴達，同時宣傳民主的概念，反對貴族領袖阿瑞奧巴瑞特

（Aréopagites）及西蒙（Cimon）等人。厄菲阿爾特曾抵制雅典參加協助斯巴達的戰爭未遂，但後又爲斯巴達所平息，導致他因爲政策失誤致使威信大受影響，後來被謀殺。伯里克里斯（Pericles）繼之而起，他出身阿爾克馬埃翁家族（Alcméonides），雅典主要的貴族家族之一，早年受到智者阿那克薩哥拉（Anaxagore）思想影響，阿那克薩哥拉以「精神」（Nous）的概念解釋自然變化，「精神」超然獨立，純淨無瑕，引發變化。認爲精神的力量可創造及管理世界，伯里克里斯奉行此意念並融合到他的政治理想中，秉持古典文化且運用於政治上。

西元前461年，他順利地當選十將軍委員會的首席執政，時年三十。他雖然是貴族，但具有不凡的氣質，許多的學習經驗培養出他的民主素養，他以阿那克撒高爾推崇的「精神力量」統治人民，使人民跟隨他的政策及理念且深信不移。十將軍後來改由公民大會推選，可連選連任，他共連任三十二年之久。

他具有煽動民心的本能，是一位優越的軍事家，也是一位有理性的謀略者，同時也是外交家、財經專家，他重視文化，圍繞身旁的幕僚不乏藝術家、哲學家及作家。他以積極的做法施行政治及軍事改革，在他執政期間，雅典民主政治達到黃金時期。

外交政策上，伯里克里斯繼續對波斯作戰，與埃及組成同一陣線對抗波斯，並與其他希臘城邦相互結盟，因而威脅到斯巴達的地位，引發了斯巴達攻打雅典。在內政上，政治改變並不大，不過由於進行過許多政治上的改革，造成權力名義上雖歸五百人議會所有，但已形同虛設。因十將軍之權力已滲透至司法、外交、立法等機構，幾乎掌控整個內政。其主要目的爲消除貴族占據其議會之特權。另一方面「公民大會」，審察十將軍委員會之各種政策及決議，以防僭越或濫權，實際達到「相互制衡」的作用。公民大會每年舉行會議四十餘次，它宣告政府的各種決策——諸如戰爭、和平、財政等各項措施，選舉十將軍和財政官員（其他行政官則由抽籤決定），並監督他們。公民大會也直接審理國家法案、法令及各種通諭。這樣的組織並沒有黨派之分，人民可提出施政建議，人人皆可發言，眞正達到民主。提倡「人人有言論平等」之概念。而克里斯提尼卻是首開此民主之風氣。

伯羅奔尼撒戰爭之後，雅典民主政體遭受嚴重打擊。由堅定的民主派人物克里奧豐（Cléophon）及克里昂（Cléon）帶領，使雅典公民深受鼓舞，已遭嚴重迫害之民主又出現一絲希望。

伯里克里斯的民主體制在雅典也出現了潛移默化的改變，如豪奢與繁榮之風出現，民生欣欣向榮，社會生氣蓬勃，政府擔負保護人民的角色，公職人員

享受優厚保障。人民積極參與各種活動，唯獨對戰爭不感興趣，當前線戰事再起，人們寧願選擇支出娛樂及休閒活動的費用，也不談國事，完全忽略國家大事，政府只能派僱傭兵參戰。

第一次海上同盟（提洛同盟）

雅典是波希戰爭的大功臣，戰後得到許多好處。當斯巴達還在猶豫時，雅典先一步完成霸權，煽動小亞細亞及愛琴海各邦，成立「提洛同盟」。

在眾多城邦中，德米斯多克利（Themistocle）主張成立提洛同盟最賣力。各邦主張同時誓立盟約，休戚與共，一起面對侵略者。西元前478年，各邦於提洛島（Delos，阿波羅神廟所在地）建立同盟，並擁有各邦的共同基金。基金由希臘聯盟各邦捐獻，比例按照各邦的財富而定，以維持聯盟的軍事支出。各邦所繳納的稅款則以不超過波斯對希臘諸邦所課之稅額為原則，為慎重起見，還分派十位監察官管理。西元前454年時，聯盟基金被遷到雅典衛城存放，這是雅典日後走向帝國之路的重要遠因。雅典於境外建造一道十六英尺高、六英里長、六英尺寬的圍牆，在希臘聯軍戰勝波斯後，愛琴海從此成為雅典的內湖，雅典不但壟斷愛琴海上的貿易，更樹立雅典成為海上霸主之象徵，走向「帝國之路」。

第二次海上同盟

雅典在西元前404年衰落之後，政情發生極大的變化。西元前403年，三十僭主（三十個法官組成的寡頭政體）被推翻。民主派掌握了雅典的政權。他們從克尼德城邦（Cnide，現為土耳其管轄）所獲得的戰利品，重修雅典城牆，經濟上使人民得到補貼。西元前377年雅典人與鄰近城邦及島嶼組成新的同盟，不同於過去為了反抗波斯，這一次是反對斯巴達。雅典傾全力重建海上艦隊，努力維持城邦的自主權，因此成為一流的海權國家。

西元前四世紀的政治生活

希臘的政治生活多彩多姿，在自由化的風尚下，有經驗的演說家從事希臘的政治活動，卻不組織政黨，因而更加受到人民愛戴及推崇。三位最有影響力的政治家有卡利斯特拉圖斯（Callistratos d'Aphidna）、歐布洛斯（Euboulos）及德摩斯提尼（Demosthenes）。卡利斯特拉圖斯是第二次同盟的發起人，西元前369年，他不但力促雅典和斯巴達結盟，更是一位傑出的外交家及財政專

家，由於他的卓越貢獻，帶給底比斯巨大的壓力。

西元前355-346年間，歐布洛斯因擁有財政專長，連任八年的財務官，他深入了解民主體制及財政上的重要作用，並致力推行民主體制。雖然此時期爲菲洛克阿特（Philocrate）之和平期（菲洛克阿特是雅典和馬其頓簽訂和約代表），但政治的艱難對他而言仍是極大之挑戰。財政方面，他不但關心一般民生物質需求，並了解資產階級的財政問題，謹愼地看待馬其頓腓力二世的和平主義，極力反對德摩斯提尼及馬其頓的統治。

西元前343-338年的德摩斯提尼具有崇高理想，他的言論及思想充滿民主和愛國情操，由於他巨大的號召力及影響力，使人民受到莫大的感召。

特別值得一提的是，西元前四世紀，雅典具有影響力的政治家，都不精於戰略；他們大部分爲財政專家或演說家、律師、軍事領袖等。

制度

五百人會議，是古希臘城邦雅典民主政制的核心，它的職責是落實公民大會的決策，是一個總管一切事務的行政組織，爲西元前六世紀晚期克里斯提尼改革時創立的機構，此機構一直延續到西元前三世紀。前身四百人會議，是由雅典傳統的四個大部落，各提供一百人所組成，其後經歷克里斯提尼改革，傳統四大部落被打散，改組成十個新部落，五百人會議亦隨之代替四百人會議。

五百人會議握有的最重要權力，是安排公民大會的所有議程，包括向公民大會起草議案、預先審查提交公民大會的議案。他們也負責某些外交事項，如接待外交使節，而會議最重要的責任是執行公民大會的決議。

第二次海上同盟爲雅典稅率改革創造了條件，雅典提出特殊的資本稅（Eisphora），對資本家徵收1%的戰爭保險費，以滿足戰爭的費用，貧民則減免。爲了建造三層槳的戰船，公民大會決議由三百名雅典資本家來承擔這項費用。當然這些措施存有很大的爭議。有錢人的責任增多了，然而愛國主義也相對衰退。

第七節　亞歷山大及其帝國

亞歷山大十八歲時登基（西元前336-323年），他承襲傳說中的祖先戴奧尼索斯（Dionysus）和海克力斯（Héraclès）偉大的血統，其父腓力二世的英勇果敢、其母奧林匹亞絲（Olympias）的激進野心。他熟悉軍事，以超群智慧及大膽而富想像的創造力，一種「阿波羅式」熱情幻想，創造令人意想不到的大格局。

亞歷山大十三歲受教於著名希臘哲學家亞里斯多德，因聰慧敏捷，又蒙良師啟發，充滿年輕的活力。他文武雙全，不但要求周遭充滿文化氣息，並要求每位官員或軍民都得秉持英勇之氣。他不但是創業者，同時也是文化的啟發者。

其父腓力二世被謀殺遇害後，亞歷山大繼承父志。此時國內情勢尚未穩定，威脅王室的叛亂四起，希臘各邦紛求獨立，他先鞏固王位，再出兵底比斯平定叛變，並向小亞細亞進軍。他繼承其父「科林斯同盟盟主」的地位後，開始一連串的遠征。

亞歷山大的征服

西元前334年，亞歷山大率35,000名士兵和騎兵渡過達達尼爾海峽（Hellespont），入侵亞洲，於國內留下12,000名士兵和5,000名騎兵穩定秩序。他計劃三年內征服波斯、小亞細亞、埃及等地，但遭遇波斯省長抵抗，最後終於在小亞細亞的格拉尼庫斯（Granique）打敗波斯，旋即拿下米利都、呂西亞（Lycia）、龐菲利亞（Pamphlia）等地，他巧妙運用外交手腕，使許多小城邦不戰而降。在征服沿海地區的過程中，亞歷山大有絕對的自信，且軍隊的作戰能力極強，他們大部分是馬其頓人，騎兵來自各階層的貴族，30,000名士兵則大部分為農民，使用的武器是五尺半長矛，許多軍官身經百戰，曾為腓力二世服務，現今擔任指揮和領導軍隊，隨亞歷山大遠征。波斯人輕估馬其頓軍隊，他們將騎兵集中於格拉尼庫斯河，由於地勢關係，波斯軍隊大多被河水沖離，以致失敗。

亞歷山大將在新征服的疆域保留了原來的治理方式，亞歷山大實施民主政治，一些城邦紛紛脫離波斯的暴政，這些被征服的城邦也為亞歷山大遠征提供後勤補給。

　　西元前333年春夏，波斯將領門農（Memnon）占領萊斯博斯島（Lesbos）及希俄斯島（Chios），但他於夏天去世，對波斯產生一大致命傷。西元前333年秋天，波斯的大流士三世（DariusⅢ，西元前336-330年）與亞歷山大在西里西亞（Cilicia）峽谷附近的伊蘇斯平原（Plain of Issus）短兵相接，對陣中大流士眼見快要敗亡，爲了不落入敵手而選擇「逃離戰場」，拋下大批武器、座車及財物，甚至還有其母西緒甘碧絲（Sisygambis）、妻子斯妲特拉一世（Stateira I）及二女一子，但亞歷山大仍以禮對待其家眷。大流士寫信求和，願讓出三分之一國土（幼發拉底河以西之地），遭亞歷山大拒絕，因爲他欲征服「整個波斯」。他接著向腓尼基進軍，以七個月時間攻占難以攻下的提爾（Tyre）之後，又再進攻埃及。

　　埃及人非常歡迎亞歷山大，他的軍隊在此度過整個冬天，並在尼羅河三角洲附近建立亞歷山大城（Alexandrie），他受到如法老般的對待，這座新建的亞歷山大城深受希臘化文化影響，日後且成爲埃及首都。亞歷山大接受阿蒙神（Amon）的神諭，從此更相信自己具有神聖血統，可建立世界性的大帝國，他也一路獲致神靈保佑，庇護他遠征的勝利。

　　大流士戰敗後，欲集結軍隊再戰，雖然他的軍隊數量龐大，但戰略錯誤，西元前331年，波斯軍隊再度戰敗並逃跑，留下大批金銀珠寶。戰後亞歷山大迅速征服巴比倫及蘇薩（Susa），由於蘇薩主動投降並出迎，於是亞歷山大讓總督阿布利泰斯（Abulites）繼續保有原職。蘇薩擁有波斯總督的財富及金庫，亞歷山大等於擁有了一座寶庫。

　　西元前330年，亞歷山大進入波斯波利斯（Persepolis），並獲得他們的歸順。由於波斯波利斯輝煌、豪華，宮殿、金庫充斥，使亞歷山大的財庫更爲寬裕。但他卻縱容士兵掠奪、焚毀這座城市。關於亞歷山大何以焚毀此城，衆說紛紜，據傳是因其酒後失言，或者因情婦慫恿，也可能爲意圖報復。

對東方省分的征服

　　西元前330年，大流士三世再度逃亡，各省背叛，部下貝蘇斯（Bessos）殺了他自立爲帝。亞歷山大找到大流士三世屍首交還波斯人，並予以厚葬，再追趕貝蘇斯。西元前329年，貝蘇斯被擒，於巴克特里亞（Bactriane）被處死。亞歷山大再度展開征服之路，他征服粟特（Sogdiane）的首府撒馬爾罕（Samarcande），娶巴克特里亞省長之女羅克珊娜（Roxana），將中國人所稱的大月氏人驅趕至今天蘇俄中亞的錫爾河（Sil Darya）附近，再建一座亞歷山

大城（Alexandria Eschate）及八大堡，更穿越德朗吉亞那行省（Drangiane）及阿拉霍西亞行省（Arachosie），在阿富汗建立坎達哈城（Kamdahar），再占領巴克特里亞（大夏）（Bactriane）、粟特。所到之處皆受到當地百姓歡迎及臣服，然後再下塔吉克斯坦的都城苦盞（Khodjend）、烏茲別克的都城撒馬爾罕等城市。

進軍印度及撤退

由於犍陀羅（Gandhara，今日阿富汗坎達哈）和塔克西拉（Taxila，今巴基斯坦旁遮普省）城主之請，且自願臣服於亞歷山大，於是他往傑赫勒姆河（Jhelum）推進，擊敗旁遮普（Pendjab）波魯斯（Porus）國王所率領的大象軍，他繼續進軍恆河，到達今天印度的北部。

此時，由於士兵已疲於征戰，思鄉情切，一意歸鄉，亞歷大經過考慮之後，決定返程。中途經過阿拉霍西亞（Arachosie）火山帶，沿著熱特奧茲（Gédrosie，今巴基斯坦俾路支省），最後回到蘇薩（西元前324年）。西元前323年，結束遠征之後不久，三十三歲的亞歷山大因瘧疾而去世。最後由托勒密將其遺體放入金棺厚葬，現今因戰亂遷移後，遺體去向則不為人知。

亞歷山大的君主統治及其功績

馬其頓人、希臘人，以及亞洲人對於亞歷山大的評價皆不同。對馬其頓人而言，亞歷山大的野心、企圖征服世界之志，是馬其頓王國的榮耀，他不僅是國王、首領，更是一位以身作則、身先士卒的戰士，當他出征，臣民皆服，他們知道，對亞歷山大而言，戰爭是實現他征服世界夢想的手段而不是目標；對希臘人來說，亞歷山大身為科林斯同盟的盟主，科林斯同盟也因亞歷山大的統一政策，使各城邦結盟；亞洲人則認為，亞歷山大視他們為自己的子民，他的作為不僅為了實現他的抱負，還促使歐洲和亞洲重歸和平。亞歷山大不只保留當地原有體制，且建立今日阿富汗最大的赫拉特（Herat）及坎達哈兩大城市，人們深信他是大流士三世的繼承人。其實他的建設比摧毀還多，他企圖建立一個真正的大帝國，財富對他而言，遠不及榮譽及功名重要。他的行為和暴君有很大差異，雖然各方對他評價不一，呈現兩極化，但無損於他傳播希臘文化的貢獻。

當他以馬其頓少數民族統治多數民族時，明智地採取「種族融合」的方法。他使被征服的地區祥和歸順，當地行政官員及士兵都保有原來職位。在長

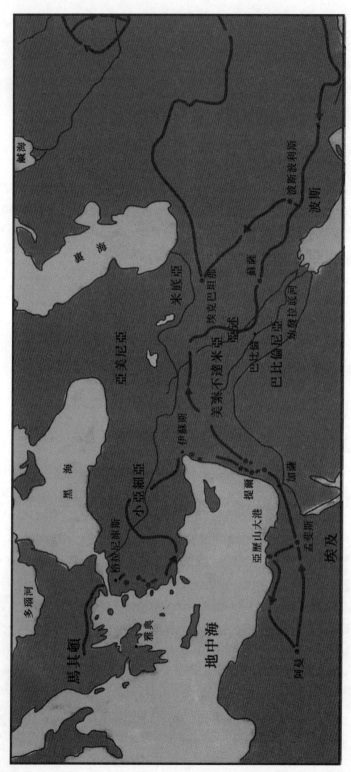

圖2-5-7　亞歷山大征服之路

征過程中，因婚姻的融合（上至亞歷山大，下至士兵），至少有10,000多名新生兒誕生，於是長征的隊伍人數又增多。以亞歷山大爲例，他有三位波斯妻子，其一是大流士三世之女斯妲特拉二世（Statira），其二是波斯省長之女羅克珊娜（Roxana），其三是阿爾塔薛西斯三世（Artaxerxès III）之女貝莎提絲（Baiysatis）。在軍事上，又令30,000多名波斯士兵接受馬其頓教育。他的作爲已邁向世界性的君主制，尤其此種希臘文化快速且廣泛散播，深深影響羅馬帝國奧古斯都的羅馬化政策。

亞歷山大使希臘世界和東方快速結合，並借鑑東方文化而生輝，使得「希臘化」（Hellenistic）新文化孕育而生。亞歷山大並非刻意經營，而是順水推舟地傳播希臘文化。因各民族的文化融合，是故他不只是征服世界，實際上，他還開創了一個新的文化格局。

亞里斯多德認爲亞歷山大「不把被征服者當人看」，嚴格來說，這不是事實，他只是一心一意地完成征服夢想。他毅力非凡，卻也遭致不少困難及反對；他曾和其將領菲羅塔斯（Philotas）發生衝突，有時得處理軍中不滿士兵的抗爭及侍從叛變，由這些經驗中學習治軍之道。

亞歷山大帝國解體及希臘化王國產生

亞歷山大去世後，並未留下遺言安排繼承者，在馬其頓阿吉德王朝部分，有人推舉亞歷山大之兄腓力三世（Philip III, Arrhidaeus），此人頭腦簡單；另有人推舉其妻之遺腹子亞歷山大四世（Alexander IV, Aegus），在無法定論的情形下，只好立二位同爲國王，由安提帕特（Antipater）執政。安提帕特死後，羅克珊娜迅速帶領其子逃亡到伊庇魯斯（Épire），但她後來被新的攝政者波利伯孔（Polyperchon）請回培拉（Pella）。波利伯孔後來與安提帕特之子卡山德（Cassandre）發生衝突，新攝政王遭到部下暗殺，卡山德奪取政權，殺死亞歷山大之母奧林匹亞絲、羅克珊娜以及亞歷山大四世。

此時亞歷山大的部將蠢蠢欲動，首先瓜分各省自立爲王的是安提柯（Antigonus Monophthalmos，西元前307-283年），他占據了弗里吉亞（Phrygie）、利西馬其亞（Lysimacheia）與色雷斯（Thrace），於西元前306年自行稱王，建立安提柯王朝；其次爲托勒密占據埃及；西元前312年，塞流卡斯（Seleucus I，西元前305-280年）也占據巴比倫，亞歷山大建立的帝國從此被瓜分。

西元前315年，托勒密曾和色雷斯的利西馬科斯（Lysimaque）、馬其頓的卡山德聯合進攻安提柯，但直到西元前301年的伊普蘇斯之役（Battle of

Ipsus）才戰勝安提柯。安提柯是馬其頓帝國二十年歷史中占有重要地位的獨眼將軍，他與兒子德米特里一世（Demetrius I）都極具軍事才能，曾在賽普勒斯（Chypre）及撒拉密（Salomine）擊敗托勒密，但他終究無法完成「統一」的野心。

托勒密自此之後不再參與作戰，王朝總共傳了十三代，直到豔后克麗奧佩脫拉七世（CleopatraⅦ）才告終，她是凱撒和安東尼的情婦，一位謎樣的傳奇人物。

穩定期

動盪的政局告一段落之後，東方各省旃陀羅笈多‧孔雀（Chandragupta）乘此機會建立印度孔雀王朝，塞流卡斯在西元前305年自行稱王，建立塞流卡斯王國。

塞流卡斯（Séleucos）兒子安條克一世（Antiochos），不再對西方和世界統一有任何幻想，專心一意地管理著中亞及地中海之間區域。

希臘及馬其頓地區，由於克勞諾斯（Ptolémée Kéraunos）的惡行，西元前279年遭到克爾特人入侵，使德米特里一世之子安提柯二世（Antigone II Gonatas）喘了一口氣，繼續保有他的王國。同年，他戰勝克爾特人，穩定安提柯王朝（Antigonides）。

亞歷山大帝國，在這三個部分的命運各不相同，西元前168年，羅馬摧毀馬其頓王朝；西元前64年，龐培（Pompée）滅塞流卡斯王朝；西元前30年，托勒密王朝（Dynastie des Ptolémées）則被屋大維所滅，此時埃及全部納入羅馬帝國版圖。

第六章

羅馬王政與共和時期

第一節　羅馬的誕生與發展

義大利

　　義大利在地理上占有優勢，它將地中海分成兩個部分：一面緊臨著高盧和中歐，另一面卻伸向希臘和北非地區。

　　義大利的北部是波河平原，波河從中穿過，平原由兩列山脈圍繞；北部和西部是阿爾卑斯山脈；南部是亞平寧山脈，直到西元紀年左右，波河平原都不屬於義大利本土的勢力所控制。它曾經被高盧人占領兩百多年，因此羅馬人稱之為內高盧（Cisalpine），事實上義大利這個名稱在當時只限於半島部分。

　　半島部分的義大利由北向南穿過亞平寧山脈，亞平寧山脈地勢很險峭，並且難以跨越，早期樹木很多，土地也比較貧瘠，山腳下有一部分平原地區。此外東北部沿著亞得里亞海（Adriatique）的是阿普利亞（Apulie）平原；位在第勒尼安海（Tyrrhénienne）一邊的西部有伊特拉斯坎（Étrusques）平原、拉丁姆（Latium）平原、坎帕尼亞（Campanie）平原由北而南排列伸展，再過去則是墨西拿海峽（Messine）和西西里島。

　　義大利和西西里島皆有火山，如坎帕尼亞的維蘇威火山、西西里島的埃特納（Etna）火山、利巴里島（Lipari）的斯特龍伯利（Stromboli）火山等，它們直到現在仍然是活火山。

　　義大利的東、西部海岸都不利航行，因此，羅馬人一開始是居住在陸地的居民，與希臘人以水手及商人聞名大不相同。

古代居民、義大利人

　　西元前750年左右是羅馬歷史的起源年代，當時義大利居住著三種人：義大利人（Italiotes）、希臘人以及伊特拉斯坎人。

　　義大利人與希臘人、高盧人、日耳曼人屬同一種族，也都來自於東歐的大平原地區。他們於西元前1500-1000年經歷幾次連續的移民潮進入義大利，並形成不同的部落，其中主要有翁布里亞人（Ombriens）、拉丁人、薩賓人（Sabins）、沃爾斯克人（Volsques）、薩謨奈人（Samnites）等，這些人亦都處於半野蠻狀態，過著畜牧和農耕的生活。

　　然而在歷史上扮演重要角色的卻是拉丁人，他們定居於拉丁姆的丘陵地

帶，西元前八世紀初建立最重要的阿爾布（Albe）部落。

根據傳統說法，西元前753年，部分拉丁人離開阿爾布，他們在一個山丘上建立據說爲羅馬城發源地的村落，距阿爾布僅幾公里遠。

羅馬的建立

神話傳說羅馬城由雙胞胎兄弟羅慕洛斯（Romulus）和勒莫斯（Remus）所建立，相傳他們的父親是戰神瑪斯（Mars），母親是阿爾布部落國王的女兒，她的叔叔將他們遺棄在臺伯河上，卻奇蹟般地獲救，先是由一隻母狼哺乳他們，又被一位牧羊人收養。他們長大以後回到故鄉阿爾布，在母狼哺乳他們的山丘不遠處建立新部落，位於巴拉丁（Palatin）丘陵上。因羅慕洛斯之名，這個部落後來被稱爲羅馬。

鄰近的山丘上，曾經住著拉丁人和薩賓人的部落，他們過去是仇敵，但如今卻聯合。之後兩百年左右，羅馬的國王時而是薩賓人，時而是羅馬人。第一個繼承羅慕洛斯的是薩賓人努瑪（Numa），他一手建立羅馬的宗教。羅馬人圖盧斯（Tullus）統治時期，羅馬與阿爾布之間爆發戰爭，經過荷拉斯（Horaces）三兄弟與庫里阿斯（Curiaces）三兄弟一對一決鬥之後，羅馬取代阿爾布的地位，成爲拉丁姆地區的主要城市。

此時羅馬人和薩賓人已開始受兩個外來民族的影響，這些外來民族也剛到義大利不久，他們就是希臘人和伊特拉斯坎人。

希臘人和伊特拉斯坎人的到來

羅慕洛斯建立羅馬的時代，第一批希臘人踏上西西里島和南部義大利，由於人數越聚越多，這些地區後來被稱爲「泛希臘區」。希臘人建立的主要城市有坎帕尼亞地區的庫姆斯（Cumes）、那不勒斯、帕埃斯圖姆（Paestum）等城市；此外在義大利「皮靴」狀領土的另一端有克羅托內（Crotone）、錫巴里斯（Sybaris）和塔倫特（Tarente），以及西西里的敘拉古和阿格里眞托（Agrigente）。希臘人也爲附近的義大利人帶來奧林匹克山諸神的宗教信仰和知識，並且把希臘的藝術風格以及一些科學概念和字母表等都傳入義大利的南部地區。

繼希臘人之後，伊特拉斯坎人從海路由小亞細亞至伊特魯立亞（Étrurie）登陸，他們開墾這一地區，使之成爲富產小麥的農耕地；並且冶煉厄爾巴島（L'île d'Elbe）的鐵、金、銀等礦產；他們用銅和燒土雕塑出優美的雕像，以

繪畫裝飾埋葬死者的地窖。伊特拉斯坎人既是水手也是商人，他們擁有龐大的船隊，在普羅旺斯（Provence）和西班牙建立商行。因此，他們與迦太基人彼此敵對。

伊特拉斯坎人對於死亡和神靈感到恐懼。他們認為死者在黃泉之下可能會被可怕的魔鬼折磨，而且有時還會回到陽間糾纏生者。因此，為了使死者的靈魂能平靜，人們讓角鬥士在死者的墳墓上互相殘殺，並供奉人作為祭品。為了明瞭神的旨意、不冒犯神靈，伊特拉斯坎人像加爾底亞（Chaldéens）人一樣求助於占卜。祭師觀察作為祭品的動物肝臟和鳥類的飛行，成為討好神靈的依據。

羅馬的伊特拉斯坎國王

西元前六世紀，伊特拉斯坎人擴大統治區域，他們到達南部拉丁姆和坎帕尼亞地區，北部則到達波河平原的部分地區，不僅占有羅馬和卡普亞（Capoue）兩座城市，波隆那（Bologne）和米蘭也是伊特拉斯坎人的城市。

西元前550-509年，有三位伊特拉斯坎國王統治羅馬，分別是老塔克文（Tarquin Ancien）、塞爾維烏斯·圖利烏斯（Servius Tullius）和傲慢者塔克文（Tarquin le Superbe），這幾位國王把拉丁人和薩賓人的部落統一，並在部落外建築圍牆。就這一層意義上，我們可以說是伊特拉斯坎人建立羅馬這座城市，他們在卡皮托勒（Capitole）山丘上修建朱庇特神廟，為了解決山丘底下沼澤地的下陷問題，他們挖了一條名叫馬克西馬的地下排水道（Maxima），此外他們還為羅馬人帶來伊特拉斯坎字母表。

貴族、被保護人和平民

在那個時期，羅馬人分為許多的氏族。氏族中不僅有父親、母親和孩子，還包括所有由同一祖先繁衍下來的人。這個祖先，人們稱之為「家長」（拉丁文為 pater），並且稱氏族的成員為貴族（Patriciens）。此外被保護人此詞彙原意為「服從者」，是被貴族們所收留的窮人，他們承租貴族們的土地耕種並繳納租金。較為顯赫的貴族們則組成元老院，並協助國王統治；其餘的貴族則組成所謂的公民大會。

此外，與貴族和被保護人並存的還有平民。在羅馬，我們可以看到不屬於任何貴族家庭的人們，他們是平民階層，因此也被稱為平民，包括戰俘、士兵和外國商人等。當時羅馬已經是交通的要道，城內的臺伯河上很早就建起一座

橋，此橋不僅接通伊特拉斯坎、拉丁姆及坎帕尼亞地區，而且也聯繫了薩賓地區及羅馬的東北地區。

驅逐伊特拉斯坎人和羅馬共和的建立

伊特拉斯坎國王傲慢者塔克文，採取有利於平民的政策，對貴族造成傷害，這是元老院群起攻之並驅逐他的原因（西元前509年）。此時伊特拉斯坎人剛在坎帕尼亞地區遭受一次慘重失敗，也因而給予拉丁人和薩賓人有利的時機，同時起來反對伊特拉斯坎人。

此後羅馬的王政制度被廢除，人們建立新的共和政體。國王由選舉出來的兩名執政官替代，其中一位執政官擁有與國王同等的權力和相同的標誌，但他們只負責一年的政治事務，如果沒有另一位的同意，他們都不能做任何決定。然而在嚴重危機的情況下，其中一名執政官可以被任命為獨裁官，其任期最長為六個月，在任期內他被賦予絕對的權力。

羅馬的共和體制一直延續了五個多世紀，直到西元前30年才結束。

第二節　平民與貴族

平民反對貴族的鬥爭

　　由於傲慢者塔克文（Tarquin Superbe）對於平民的優待，終於導致貴族們驅逐他。西元前509年之後的平民，其境況則是非常困難。平民必須接受由貴族所組成的法庭判決，法庭依據的是貴族所掌握的法律，這法律沒有任何的書面形式；此外，貧窮的平民也常常向貴族們借貸，如果他們不能償還債務，便要淪為其債權人的奴隸。

　　由於以上諸多的因素，平民不斷地要求與貴族平等。他們奮鬥了兩百多年，最後才獲得成功。事實上，如果羅馬在這一段期間沒有遇到多次的戰爭，平民爭取平等的權利可能還要延續相當長的時間。戰爭時期平民以拒絕應徵入伍威脅，才逼得貴族們一次又一次地讓步。

平民在各個階段所取得的勝利

　　西元前493年，平民決定離開羅馬去所謂的「聖山」（Le Mont Sacré）建立一座新城，這就是「聖山撤離運動」，迫使貴族取消平民中最貧窮者的債務，還賦予平民特殊的保護人，即所謂的護民官（Les Tribuns），因此平民得到更深一層的保護。如果一個平民受到貴族的追捕，護民官可以出面使平民獲得自由。因此，為了使護民官得到絕對的尊重，人們宣布護民官是神聖不可侵犯的職務，對護民官作人身攻擊或褻瀆的人，即會被判處死刑。

　　西元前443年，元老院被迫編纂同樣適用於貴族和平民的法律條文。當法律編纂完成後，人們將其刻在十二張銅表上，因此也稱為十二銅表法（La Loi des Douze Tables）。不久，貴族與平民之間也可以相互通婚了。

　　這個時期平民所要求的是政治上的平等，也就是被選為各種行政官員的權利。直到西元前300年，他們才得到政治上的平等權利；此外，根據一項法律的決定，羅馬的護民官必須從平民中產生。

　　至此，羅馬的公民無論是貴族或平民，在政治以及法律上都一律平等。無論什麼人，只要擁有「羅馬公民」的身分，就有權在羅馬的土地上獲得一份產業，也可以娶羅馬的女子為妻，在平民會議上投票，被選舉為行政官員，如果他被判死刑，亦有權向人民申訴。這是平民在這一階段中，取得最大的勝利。

奴隸

在羅馬，只有「自由人」才可能成為羅馬公民。然而，在「自由人」之下還有奴隸。羅馬人眼中，奴隸不是人，只是一件東西。奴隸的生活一般來說非常艱苦，他們從來沒有休息的時間，除非是十二月底的農神節期間，才會有幾天的假日（農神節主要是祭祀農神的節日）。

奴隸們如果犯了一些錯誤，便會遭受鞭打，或下獄，有時甚至還會被釘在十字架上，因此奴隸的生活大都很悲慘。不過，也有極少數例外，如果主人對奴隸很滿意，亦可以給予自由，此時主人變成其老闆。但獲得自由的奴隸及其兒女們並不能取得城市公民的權利，只有其孫輩才有權獲得公民權利。

羅馬共和政府和選舉

「共和」的字面意思是「人民的事物」；羅馬和雅典一樣，主權在民。百人團會議中（Les Comices Centuriates），根據財產的狀況，公民被分為五等；每一等級都有一定數量的百人團，每個百人團都算為一票。但是，在這種政治組織形式中，富人最有利，因為最富有的第一等級，在373個百人團中占了88個席位，因此最貧窮的無產階級雖然在人數上遠遠超過富人，但卻只能組成1個席位的百人團。

部族會議中（Les Comices Tributes），公民根據其住宅所在的位置被分為若干個區域，這種區域被稱為「部族」，每個部族算為一票。窮人僅僅聚居於4個部族中，而富人卻有31個部族。

因此，窮人實際上並不擁有選舉權。只是從過去的貴族統治，轉而成為富人的統治，富人中有貴族也有平民，他們的政治權力在這個時期亦遠遠超過窮人。

羅馬的行政官員

行政官員通常由公民大會選舉產生。公民也可以自由選舉他們理想的候選人。實際上，羅馬人喜歡投票給以前出任過行政官的家族成員。因此，這些家族也很自然地形成所謂的貴族，並且把過去家族中曾經擔任過行政長官的人稱呼為「高貴的人」（Noble）。

行政官的任期為一年，他們由少數的貴族裡選舉產生，每一位行政官都有權反對其同僚所提出的法令，羅馬主要的行政官如下：

1. 監察官（Censeur）有兩位，任期五年，但權力的行使只能限制在十八

個月以內。他們負責公民的人口普查，根據他們的聚居地分成許多部族，以財產分成各個不同等級。元老院中的成員是由監察官從以前的行政官吏中選出，監察官亦有對社會風紀的監督權。

2. 執政官（Consuls）也有兩名，他們主持元老院和公民大會的會議事項，亦使法律能夠付諸實施，並負責徵兵及任命軍官和軍隊的統帥權。在國家危急關頭或在元老院的要求下，他們有權成為獨裁官（Dictateur），但獨裁統治權不是常設權力，只是過渡時期的一項變通方法。

3. 大法官（Les Prêteurs）的權責是掌理司法，但後來的大法官可以替代執政官領導軍隊。因此，造成執政官和大法官分享軍權：他們擁有一位持束棒的侍從官。

4. 財政官（Fonctionnaires des Finances）負責管理財務，市政官員則負責羅馬城日常生活必需品的供應和道路管理，並進行體育競賽及官方節目的組織工作。

護民官有十位。他們除了擁有有利於平民的交涉權外，亦獲得了否決權，根據這條法令，他們可以反對任何一位行政官或元老院的施政措施。

元老院

行政官員的任期只有一年，而元老院（Sénat）卻是常設議事機構，元老院由監察官從前任行政官員中選出約三百名成員所組成。事實上，它只是諮詢機構，行政官員可詢問他們的意見，但是，由於元老院是由最有經驗的公民組成，因此它實際上領導著國家，尤其是在財政、宗教和對外政策等問題上，元老院擁有最高的權力。

當執政官召集元老院的成員開會時，大法官或護民官與元老院成員集合在一個神廟或建築物的廣場邊，這也就是所謂的元老院會議，每位元老院成員在會議主席請求之後可以發表自己的意見，然後大家投票，元老院的決議被稱為「元老院法令」。

必要的平衡

羅馬政府的體制只有在公民大會、元老院和行政官員之間取得一定平衡之後，才能順利運行。首先，三者須忠誠的合作，不能妄圖涉足另外兩者的管轄範圍，或將己見強加於他人；公民不能強調個人利益，需以國家利益為優先，羅馬政府體制的力量是建立在公民的愛國主義基礎之上。西元前三世紀時期，三種權力之間基本上也能和睦相處，保持必要的平衡關係。

第三節 羅馬人民、宗教、家庭

羅馬人民

　　長期以來，羅馬人一直是農民，並過著樸素傳統的農村生活。他們吃苦耐勞、唯利是圖，也很吝嗇，並且經常打官司來維護自己的財產權益，因此他們也變成優秀的法學專家。

　　傳統賦予古代羅馬人許多美德，例如：尊敬父權、獻身祖國、遵守法律，以及大公無私等等，我們以老布魯圖斯（Brutus）和曼魯斯（Manlius）為例，前者自己下令其兒子下獄，因為他的兒子企圖恢復王制，後者判處自己兒子死刑，因為其子雖然獲得戰功，但卻違背將軍的命令。又如辛辛納圖斯（Cincinnatus），當他被通知任命為獨裁官時，正在田野裡工作，十六天後，他打退敵人，然後又重操犁鋤。另外人們也極為稱讚登塔圖斯（Dentatus），當敵人的使者滿載禮物找到他時，他正在吃蔬菜，他回答使者說，與其自己擁有財物，他更寧願指揮那些擁有財物的人。

　　相反地，羅馬人瞧不起那些日常生活中可有可無的文學家和藝術家，此與希臘人不同，因此羅馬人既不是詩人，也不是思想家或藝術家。這一性格特點我們在羅馬宗教中也可看出。

羅馬宗教

　　羅馬宗教不宣揚某種教義，宗旨亦不在於使人類更優秀。羅馬宗教只是讓人們熟識各種討好神靈所應完成的儀式。

　　那些所謂的神靈，僅是虛無縹緲的生靈，對於祂們，人們一無所知。神靈們沒有自己的名字，如果有名字，人們也常在呼喚神靈時加一句：「祢是不是覺得我用另一個名字稱呼祢更好些？（此表示對神的敬意）」神靈數量眾多，除了有門神，門把和門檻上也另外有神。每個人都有自己的「守護神」，讓嬰兒發出第一聲哭叫的是一位專門的嬰兒神，另外有一位神靈讓嬰兒學會喝水、一位讓孩子學會吃飯、一位教小孩走出家門，還有一位讓他知道怎樣回家等等。生活裡有著諸多的神祇。

　　當人們曉得該向哪位神祇講話，在向神靈陳述意願時，應該使用某種慣用語，這種習慣用語是不能改動一個字的，同時，人們還得做一些儀式。在儀式

進行中，有些句子是在轉圈時講的，另一些句子則要重複講二十七次，每次都要以某種方式吐唾沫；之後，人們向神靈獻上一件祭品，時而是水果或糕點，時而是葡萄酒或牛奶，時而又是牲畜。

羅馬人相信，神靈會使人們知曉祂們的旨意，有時神靈會回答人們所提出的問題，這些答案被稱為「預兆」；有時神會自發地傳送一些訊號，人們稱之為「先兆」。

家庭宗教與國家宗教

與希臘一樣，在羅馬也有一種家庭宗教（即每家每戶的宗教）和國家宗教。在家庭宗教中，最重要的神靈是家族的祖先，人們敬仰這些神靈，稱之為「瑪娜神」（Dieux Manes），也就是善神。如果人們忽視了祂們，祂們將以幽靈的形式返回人間折磨生者。此外，羅馬人在家中所住的房子也有自己的神靈，門神叫雅努斯（Janus），食品櫥櫃神名叫貝拿特（Penates），家裡的灶神名叫維斯塔（Vesta），女主人每日都要祭拜祂一次。產業神叫拉爾（Lare），產業則包括房子和土地。

此外，在家庭神祇之上，亦有保衛羅馬的大神，尤其是雅努斯，祂是羅馬城門的神靈；還有維斯塔，人們為祂在集會的廣場建造了一座朱庇特神廟；最後還有瑪斯神（Mars），祂是羅慕洛斯的父親。男主人在家裡以家庭的名義敬奉神祇，國王以國家的名義獻上祭品供奉神靈，為了在某些事中得到幫助；國王身邊有祭司做他的宗教顧問，祭司在日曆上定出吉日和凶日。祭司的首領是祭司長，占卜官幫助執政官「蒐集預兆」，即向神靈詢問，並從鳥類的飛行和祭品的母雞食物中尋找答案。

最後還有供奉灶神的維斯塔貞女（Vestales），在祭祀灶神維斯塔時獻給祂。

羅馬的宗教由於接納外來神祇而不斷變化，從王政時代起，有義大利人和伊特拉斯坎人的神靈，稍後有希臘神，最後有埃及、小亞細亞、敘利亞、波斯的神祇加入到羅馬原始神祇中，也改變了舊有的羅馬宗教。

家庭

家庭是建立在婚姻的基礎上。婚姻的舉行只是一種宗教儀式，主要是使年輕女子脫離她父母親的家庭，轉而進入她丈夫的家庭中，年輕女子也由此放棄自己家庭的神，並轉而接納她丈夫家中的神。

在家庭中，父親的權威至高無上。他可以拒絕撫養自己的孩子，可將孩子賣掉或隨意安排他們的婚姻。孩子犯罪時，父親可將其處死。母親也是父親的臣服者，但至少在公眾儀式和比賽場合裡，她看起來是頗受愛戴的。

羅馬人在共和體制的前幾個世紀裡，一直爲擁有許多孩子而驕傲，尤其是兒子，因爲只有男孩子才能舉行祭祖儀式，沒有兒子的羅馬人可以收養一個，他可以與有多個兒子的友人達成協議，把其中的一個兒子過繼給他。

小孩出生幾天後就有自己的名字，人們在他脖子上套一個「圓包」，實際上是裝有火柴的小袋子，這個小袋子可保祐他免遭凶神的迫害。

一般來說，每個羅馬人都有三個名字：姓、名和別名，別名常常承自祖先。例如，演說家西塞羅名叫馬克斯·圖利亞·西塞羅（Marcus Tullius Cicero），馬克斯是其名，圖利亞是他的姓，他也屬於圖利亞家族；他的別名意爲「有鷹嘴豆的人」，可能是因爲他的祖先輩中有人的鼻尖長出一塊似鷹嘴豆的樣子。

羅馬人小孩的教育和管教責任通常是由父親負責，十七歲時就成爲公民，從此他們可以穿托加（一種寬長的外袍），也就是成年男人的托加。

人死以後，或土葬或火葬（只有窮人才用土葬），火化以後，骨灰即安放在葬禮時所使用的一個盒子裡。

儉樸的生活

西元前三世紀，羅馬人的生活仍然是非常簡樸。羅馬人早上吃蘸葡萄酒的麵包和幾個油橄欖，接著在田間或作坊裡工作到中午；午餐有蔬菜、水果和奶酪的點心（肉類留待節日時吃），午休一會兒之後，他們又繼續去工作，一直到晚間；晚飯則稍微豐盛一些。羅馬人待夜幕降臨時即上床睡覺，只有在趕集的日子裡，才能爲這種單調、樸素的生活增添一些多樣性的樂趣。

古代羅馬人的穿著是家裡自己紡織的衣服，在外面，適逢大場面時，公民即穿上「托加」，腳上著涼鞋。

家居的房屋亦非常簡陋，早期的羅馬人大都用樹枝和有柴草的泥漿來建蓋圓草茅房。後來，他們仿效伊特拉斯坎人所蓋的房子，其形狀爲四方形且無樓層，有中庭、飯廳和廚房。紅瓦的屋頂上開著採光的窗戶，但窗戶沒有玻璃，下雨時水滴落到放置於下方的水盆裡。此也是羅馬人儲水的一種方式。

第四節　羅馬征服義大利

對義大利的征服

　　在兩個半世紀的時間裡（西元前509-270年），羅馬人征服了義大利。這是一項緩慢而艱苦的征服事業。

　　羅馬在伊特拉斯坎國王統治時期，即對拉丁姆平原進行統治，後來伊特拉斯坎國王被逐之後，羅馬即開始衰落，此時它與鄰邦的征戰有一個半世紀之久，後來才慢慢恢復元氣。大約在西元前400年左右，羅馬人經過十年圍困作戰，終於占領伊特拉斯坎人的城市威伊（Veies），使得羅馬人開始進據南部的伊特魯立亞（Étrurie）。但是，幾年之後，他們在阿利亞（Allia）小河旁卻屈服於來自內高盧的一支高盧軍隊，高盧人洗劫了羅馬人的城市，並且要求羅馬付一大筆的贖金，才願意離開。而高盧人的入侵使得羅馬人在好幾個世紀之後，仍然對這可怕的敵人心存餘悸。

　　由於坎帕尼亞的卡普亞城（Capoue）不斷遭受亞平寧山脈地區的薩謨奈人（Samnites）侵犯，因此卡普亞城向羅馬人求救，羅馬人於是參與長達半個世紀的薩謨奈戰爭（西元前340-290年）。儘管薩謨奈人獲得伊特拉斯坎人、高盧人及翁布里亞人（Ombriens）支援，但羅馬最後還是戰勝。西元前300年，羅馬完全統治整個義大利中部區域，這時羅馬已經開始逐步展現其擴張領土的野心及抱負。

　　此時在義大利南部地區，大部分希臘化的城市接受羅馬人統治，只有富庶的塔倫特城（Tarente）企圖保持獨立的地位，他們甚至壟斷亞得里亞海上的貿易，這種意圖使其與羅馬發生衝突，因而塔倫特人向希臘的伊庇魯斯（Épire）國王皮洛斯（Pyrrhus）要求相助，他就是亞歷山大的表兄。起初，皮洛斯以驍勇的騎兵和戰象取得勝利，然而這些勝利卻不是決定性的；後來他繼續征戰於西西里及義大利本土時，遭到嚴重的失敗，皮洛斯灰心喪氣地回到希臘。西元前270年，塔倫特城也旋即投降，此時整個義大利半島皆置於羅馬的統治之下。

義大利的行政組織之建立

　　對於戰敗的城邦，羅馬元老院有兩種措施，某些城邦被羅馬吞併，成為

「羅馬的領土」，居民也自然地獲得羅馬公民的權利和義務。另一些城邦被視爲「羅馬人的聯盟」，居民保留自己的法律和行政官員，但必須承認羅馬的保護國地位，須經過元老院的許可才能與外邦開戰或簽訂盟約，還須無條件提供羅馬軍隊兵源。

城邦與城邦之間的權利和義務差別很大，因此也播下妒忌的種子，然而這樣卻對羅馬極爲有利。各個城邦必須謹慎小心地履行義務，以求在將來獲得更優厚的待遇。

爲了使羅馬在義大利的統治權威更加鞏固，羅馬人亦極力拓展殖民地，並修築道路，殖民地事實上也是其軍事的據點。此外，羅馬擁有十分優越的公路網，稱爲「羅馬大道」，與羅馬本土相連，最古老的大道是「亞平寧大道」，由監察官阿匹安・克勞狄（Appius Claudius）在薩謨奈戰爭時期所修建，連接羅馬和卡普亞地區，一直向海岸延伸，最後通到亞得里亞海。

羅馬軍隊

羅馬人之所以能夠成功，主要還是歸功於他們的軍隊。羅馬軍隊不是常設的機構，因此，和平時期沒有士兵，但戰爭一旦爆發，所有十七至六十歲的公民都會被動員，只有一無所有的人（即所謂無產者）才免除兵役。由元老院負責調配兵員的數目多寡和編制，執政官則選取確切的新兵額數。

羅馬軍隊起初僅包括貴族及他們的被保護人，但從塞爾維烏斯・圖利亞（Servius Tullius）開始，平民也參加軍隊。不同的是，富有的公民組成騎兵和重裝步兵，窮困的公民則組成輕裝步兵。後來在圍困威伊城（Veies）的時候，羅馬人的軍隊開始建立軍餉制度，因此，也促使士兵們願意在軍中多停留一些時間。

羅馬軍團一詞起初是指全部的軍隊，後來逐漸變爲「軍團」的意思，一支軍隊就可以包含數個軍團。西元前三世紀，軍團的編制是300名騎兵和4,200名步兵。士兵們分爲120個人的連隊，又稱支隊，每個支隊包括兩個百人隊。防禦性部隊的裝備有護胸甲、頭盔和盾牌；攻擊部隊的裝備則有佩劍及標槍，軍團由公民組成，但軍團之外還有由聯盟的城邦所組成的分遣隊。

戰爭時，士兵們排成三列隊，年紀較輕的士兵排在最前頭，年紀大的則在後面。每天晚上，軍隊安營紮寨，營寨有壕溝及圍牆與柵欄護衛著，彷彿一處牢不可破的堡壘，羅馬軍隊也可以防禦任何的突襲與攻擊行動。

統帥、紀律和愛國主義

軍隊由兩名執政官（或獨裁官）統帥，每個軍團則由六名軍事護民官帶領，百人隊長的職務則猶如現時軍隊中的士官長角色。

軍隊的紀律嚴明。首席將領掌管軍法，即使輕犯的錯誤也會受到嚴厲的懲罰，獎勵方面則有獎章和榮譽徽章、手鐲和頭冠等，對於勝利軍隊的最高獎賞，是獲元老院批准舉行「凱旋儀式」，即全副武裝進入羅馬，一路從集會廣場遊行至卡比托利歐（Capitole）山丘上的朱庇特神廟。

羅馬有許多傑出的軍事將領，它的勝利優勢主要在於吸取敵人之特長及完善的軍事組織。特別的還有羅馬公民的愛國主義精神，這也是其力量所在，他們視爲最神聖的事情就是熱愛祖國，最可恥的則是屈服於外族的統治。羅馬人曾遭受嚴重的軍事挫敗，但幾乎從未有人逃跑，因此，即使軍事失利，也不會元氣大傷。例如，阿利亞的失敗、卡夫丁峽谷（Fourches Caudines）的受辱，以及希臘皮洛斯的勝利，羅馬人從不洩氣，也不承認失敗。這種韌勁，終於使敵人精疲力竭。一如皮洛斯所說：「羅馬人的韌性像七頭蛇，斬去一個頭，還會生出兩個頭。」

第五節　羅馬與迦太基的三次布匿戰爭

迦太基

羅馬把義大利收歸其統治之下後，就開始了與迦太基之間一系列的衝突，並持續一個多世紀（西元前264-146年）。這個衝突稱作「布匿戰爭」。布匿（Puni）的名稱則來自於羅馬人對腓尼基人的稱呼。

實際上，迦太基是腓尼基城的殖民地。迦太基創建於西元前800年左右，其城市所在的地點非常好，位於北非海岸；此外，在西班牙海岸、科西嘉海岸及薩丁尼亞海岸等地皆設立不少商行。西元前三世紀初，迦太基甚至占有西西里島的大部分區域。每一年，迦太基都從突尼西亞（Tunisie）收取橄欖油、小麥與葡萄酒；從蘇丹得到黃金和象牙；從西班牙收取白銀和鐵；從布列塔尼（現今的英國）得到錫，因此成為古代世界最大的倉儲中心。如同從前的腓尼基城一樣，迦太基人能把布匹染成絳紫色，並擁有大規模的造船廠。

迦太基的統治者是富有的商人，人民的生活則很悲慘，因此也不斷爆發起義與反抗事件。迦太基的船隊非常優越，從當地的努米底亞人（Numides）中招募，軍隊也非常穩定。然而不同之處在於，羅馬元老院可以完全相信其公民的忠誠，但迦太基人卻時時憂心努米底亞人起義。

當羅馬在義大利本土發動征戰時，它是迦太基的朋友，甚至與其聯手抵抗皮洛斯（Pylos），但當羅馬開始覬覦西西里島，就與迦太基發生了衝突。皮洛斯很明白這一點，因此在離開西西里時曾大聲喊道：「我們給迦太基人和羅馬人留下多麼美麗的一片戰場啊！」

第一次布匿戰爭（為西西里而戰）

第一次布匿戰爭持續了二十多年（西元前264-241年），雙方各有勝負。在突尼西亞戰役中，雷古盧斯（Regulus）所率領的羅馬軍團敗在迦太基將領哈米卡爾（Hamilcar）手下；在海上，迦太基的艦隊卻戰敗。最後迦太基屈服求和，羅馬占領了西西里島，然而島上希臘的富裕城邦敘拉古（Syracuse，西元前241年）卻一直沒有被羅馬人占領。

當雙方簽署和平條約之後，迦太基忙於對付其僱傭軍的起義，羅馬便趁機

占領科西嘉，並成功地擊退高盧人的進攻，奪取了內高盧的一部分土地。

迦太基方面也不甘退讓，尤其是哈米卡爾，他努力在西班牙建立帝國，一個不僅能供他銀和鐵，而且能提供他兵源，以用於報復羅馬的帝國。哈米卡爾痛恨羅馬人，並把這種仇恨傳給他的兒子漢尼拔（Hannibal）。

第二次布匿戰爭（漢尼拔閃電戰勝利）

漢尼拔成為西班牙軍隊的統帥時年僅二十六歲，但他卻是古代最偉大的軍事家，為了迫使羅馬人開戰，他占領一座屬於羅馬聯盟的西班牙城市（西元前219年）。

漢尼拔決定大膽地將戰場移至義大利本土，他呼籲高盧人和義大利人反抗羅馬人的統治。漢尼拔用五個月的時間跨越庇里牛斯山、隆河和阿爾卑斯山脈，當他到達波河平原時，喪失了四分之三的步兵和一半的騎兵，最後只剩下26,000名士兵和21頭戰象。但這些軍隊已足夠讓他戰勝羅馬，並且使臣服於羅馬的內高盧人分批轉移到他的陣營中。

西元前217年，漢尼拔跨越亞平寧山脈，向羅馬方向進攻，他將羅馬軍隊引進到特拉西美諾湖（Trasimene）邊的埋伏地區，行軍中的羅馬軍隊突然遭到閃雷的襲擊而全軍覆沒。此時，漢尼拔的軍隊深入義大利羅馬，並逐漸包圍羅馬城，同時他呼籲義大利人起義以孤立羅馬，但義大利人沒有任何行動，羅馬則起用一位獨裁官費邊（Fabius）作為軍隊統帥。費邊用騷擾戰術削弱迦太基軍隊，因而從未與漢尼拔發生大的戰役，但這種睿智的表現卻被人指責為「厭戰」，費邊也因此被元老院撤換。新上任的執政官行事不夠謹慎，他在阿普利亞（Apulie）的康奈（Cannes）與漢尼拔展開決戰（西元前216年），羅馬軍隊在這次戰爭中遭受空前的慘敗。

此時羅馬危在旦夕，然而漢尼拔亦未敢繼續進攻羅馬城，主要因為羅馬城牆又高又堅固，漢尼拔也沒有攻城所需的物資和器具，因此失去一次大好的機會。

十四年後，羅馬最後的勝利

康奈一役的戰敗者，羅馬執政官之一的瓦羅（Varron，他的同事死於此役）回到羅馬時，元老院不但沒有譴責他，反而表揚他「未對共和失去信心」。羅馬人的愛國主義精神和牢固不動搖的韌勁終於占了上風，因為一方是有聯盟忠誠圍繞的羅馬人，另一方卻只有一個出類拔萃的將領漢尼拔。尤其迦

太基政府對漢尼拔的支持不夠，這也是後來羅馬人注定勝利的主要因素。

當此危急之時，元老院重新組織軍隊，並招募一些奴隸，也提高羅馬的稅收，加強防禦工事。此時，遍布義大利各地區的羅馬殖民地也處處阻礙漢尼拔軍隊的前進。羅馬重新採用費邊的戰略實行消耗戰，事實證明，這種策略對羅馬有利；不久，羅馬開始發動攻擊，在西西里島上，羅馬人奪取被漢尼拔占領的敘拉古城；在西班牙，一個名叫西庇阿（Scipion）的年輕將領也擊退迦太基的駐軍。然而，西元前207年，漢尼拔的弟弟哈斯德魯巴（Hasdrubal）成功地率領一支救援部隊，從西班牙進入義大利，因此羅馬又一次面臨危機。羅馬極力阻止這兩支迦太基軍隊的會合，而後哈斯德魯巴戰敗，並死於義大利梅陶羅河邊（Métaure），羅馬人將其頭顱扔到漢尼拔的軍營裡。

戰爭在義大利南部的山區繼續進行，漢尼拔利用那裡作為天然屏障而隱蔽起來。為了結束這種處境，西庇阿建議在非洲本土出擊迦太基人，但由於過去雷古盧斯失敗的教訓，這個提議使元老院猶豫很久，最後他們還是同意西庇阿的決定。此時，面臨羅馬進攻的迦太基立刻召回漢尼拔，西元前202年，他們在突尼西亞的扎瑪（Zama）決戰。西庇阿獲得努米底亞人的支援，最後贏得戰爭的勝利。迦太基被迫接受苛刻的和平條件，除了交出船隊和戰象，還須償付沉重的賠款，並且立下若沒有羅馬元老院的允許，將永不參加任何戰爭的誓言。迦太基逐漸成為羅馬的附庸，而羅馬也統治了西部的地中海地區。

第三次布匿戰爭（迦太基的毀滅）

迦太基的戰敗，並沒有讓羅馬人感到安全。前任羅馬將領加圖（Caton）主張「應該澈底摧毀迦太基！」加圖曾經是第二次布匿戰爭時的一名士兵，對迦太基人深惡痛絕。由於他的呼籲，元老院終於決定讓迦太基人遭受亡國的悲劇。此時元老院向非洲派出一支軍隊，強迫迦太基人從他們的城市撤離，到他處另建新的城市（西元前149年）。

此種侮辱性的行徑震怒了迦太基人，他們決心誓死抗爭。在三年的時間裡，他們全力抵抗羅馬人的侵略。最後，迦太基的城市被西庇阿·艾米連（Scipion Emilien）偷襲而毀。艾米連是「非洲人西庇阿」的兒子。迦太基的城市幾乎被夷為平地，其城址亦被詛咒，目的是讓人們再也不能重建（西元前146年）。從此，迦太基的領土也被劃為羅馬的非洲行省。

第六節　羅馬征服地中海地區

征服策略

「扎瑪勝利」之後的兩個世紀裡，羅馬人將他們的統治地區擴大到地中海的周圍，甚至占領高盧，並組成羅馬的十六個行省。

這種征服政策主要有兩種因素，一方面是羅馬將領的野心，他們希望榮耀一身，並求在羅馬扮演重要的政治角色；另一方面是「對金錢的貪婪」，這是他們發財的途徑，因此更促使羅馬人建立新的省分。羅馬人知道，如何使元老院的元老們從中看到自己的投機利益而插手戰爭事務。因此，羅馬的征服行動從某種程度來說是一種「財政措施」，也就是他們視戰爭為發財之途徑。

羅馬人在東方

第二次布匿戰爭後期，東方分別由埃及、馬其頓和敘利亞王國所統治。埃及對羅馬構成不了威脅，然而馬其頓對希臘及敘利亞的威脅卻使羅馬的元老院憂心忡忡。馬其頓國王珀爾修（Persée）在彼得那（Pydna，西元前168年）一役，被羅馬的執政官保羅‧埃米利（Paul-Émile）所敗，最後馬其頓也被羅馬所占領，負責馬其頓行省的羅馬官員亦同時監督希臘各城邦。

敘利亞在安條克三世國王（Antiochus）統治時期曾昌盛一時，甚至提供漢尼拔避護所，如今卻迅速地衰敗。帕爾特人（安息，Parthes）從敘利亞手中搶走波斯及美索不達米亞地區，同時，猶太人也從敘利亞獨立（西元前140年）。最後，羅馬的龐培（Pompe）征服敘利亞（西元前63年），從此敘利亞歸屬於羅馬統治。

小亞細亞由於帕加馬王國（Royaume Pergame）的歸順而成為羅馬亞洲的行省（西元前129年）。但不久之後，羅馬卻遇到一個強勁的對手，即占有小亞細亞北部海岸的米什拉達特（Mithridate），其國王極具野心，夢想統治整個東方。三十年後，羅馬才將其打敗，並占領他的國家（西元前63年）。然而當羅馬人想繼續從帕爾特手中奪取美索不達米亞時，卻遭到空前的慘敗（西元前53年），羅馬的士氣也受到重挫。

北非和西班牙

羅馬發動第三次布匿戰爭，導致北非突尼西亞的陷落，不久，羅馬的擴張與努米底亞王子發生衝突。朱古達（Jugurtha）王子將其首都城址設在君士坦丁（阿爾及利亞）（Constantine），他被執政官馬略（Marius）擊敗（西元前105年），其王國後來形成羅馬的努米底亞行省。不久之後，埃及也被占領（西元前30年）。

當漢尼拔仍在義大利進軍的時候，小西庇阿就展開征服西班牙的行動，但它持續兩個世紀之久。最著名的歷史事件是努曼西亞（Numance）城對小西庇阿的拚死抵抗，最後小西庇阿終於擊敗努曼西亞人，獲得勝利。

高盧

羅馬人所指的高盧包括萊茵河、汝拉山脈（Jura）、阿爾卑斯山脈、地中海、庇里牛斯山脈及大西洋所界定的廣闊地區。其人口主要是克爾特（Celtes）人，他們屬印歐語系，與希臘人和義大利人有很多相通之處。克爾特人起初居住在中歐地區，經過前後幾次的遷徙，進入相當於今天的比利時、瑞士、法國、不列顛和西班牙等地區；克爾特人十分好戰，他們有部分的疆域是從伊特拉斯坎人手中奪得（波河平原），另外在小亞細亞也建立王國。然而，西元前二世紀中葉，克爾特人只統治兩個地區：一是外高盧地區，另一是英格蘭、蘇格蘭、愛爾蘭地區。

外高盧地區並不只有一個國家，實際上有六十多個獨立和敵對的國家，在每一個國家裡，權力屬於擁有土地的少數貴族，平民沒有政治的權利，德洛伊教（Druides）祭司既是神職人員、學者，又是法官，他們屬於受尊敬的階層；此外，在外高盧地區城市也很少，一般的城市主要是作爲設防的地帶。

高盧文化

高盧人是農民，他們飼養馬匹和豬，精通耕作事務之道，還會使用帶輪的犁，但他們不懂得種植水果和葡萄。高盧人在木材加工方面顯示出他們的天賦技藝，從他們所製造的馬車和船隻可以得到證實；爲了貯藏酒，高盧人發明木桶，羅馬人和希臘人卻只會做黏土罈子。此外，高盧人還是靈巧的冶金工人和金銀匠，他們喜愛美麗的徽章和珠寶，用豐富奔放的想像力來進行金飾的裝飾。他們在水陸兩地的商業活動都很活躍。高盧人修建的道路雖然比不上羅馬大道，但數量眾多。阿摩利克人（Armorique，不列塔尼亞地區的人）更是優

秀的水手，他們跨海去英格蘭尋找錫礦等物質。那時也存在一種高盧文學：大部分是歌頌英雄功績的詩人（與荷馬時期希臘行吟詩人相近），他們在富人家的節日宴會上朗誦詩歌，祭司也通常會寫出長篇的作品，但是對於這種文學我們一無所知，因為它未成文。高盧人在一定程度上也受到希臘人的影響。從西元前600年起，小亞細亞福西斯城邦（Phocée）的佃農建立馬賽。因此，「泛希臘」和希臘的藝術作品，亦經由義大利的北部及阿爾卑斯山脈中部的山口，沿著多瑙河到達高盧，所以高盧文化也受希臘文化的影響。

羅馬和高盧人

羅馬人征服外高盧可分成兩個階段，當羅馬人占有一部分義大利疆域的時候，他們就奪取（西元前120年）高盧的東南部，這一部分連結著義大利和西班牙，羅馬人在那裡建立納博訥省（Narbonne），主要城市有埃克斯（Aix）和納博訥。但納博訥省才剛建立就被日耳曼蠻族入侵破壞〔日耳曼蠻族包括辛布里人（Cimbres）和條頓人（Teutons）〕。羅馬的執政官馬略（Marius）在埃克斯附近和波河平原，曾先後兩次擊退日耳曼人（西元前100年）。

高盧的部分地區則被凱撒（西元前58-51年）占領。凱撒征服高盧是因日耳曼人入侵高盧所致，高盧地區的一個王國向羅馬求援，當時凱撒是納博訥省的總督，他允諾幫助高盧抵抗日耳曼人的侵略，因此率兵進入阿爾薩斯（Alsace），將日耳曼人驅逐到萊茵河彼岸（西元前58年）。由於征戰的順利，他的占有欲也隨之升起，於是征服了高盧。兩年之後，他認為自己在高盧已經澈底成功，因而跨過萊茵河威嚇日耳曼人，又渡過芒什海峽（Manche，即英吉利海峽）威脅英格蘭的布列塔尼人（Bretons）。

然而高盧人卻以臣服他人為恥，不久，北部和東北部高盧爆發抗爭，凱撒花了整整一年鎮壓反抗運動，他放火並蹂躪村莊，屠殺居民或將之賣為奴隸（西元前53年），最後高盧人的抗爭暫時平息。

高盧的民族英雄韋辛格托里克斯

然而高盧人在凱撒的鎮壓之下，更加被激怒。西元前52年又爆發一場新的起義，爭取自由。幾乎所有高盧人都團結在阿維爾尼（Arverne）部落的年輕領袖（奧弗涅人，Auvergnat）──韋辛格托里克斯（Vercingetorix）的旗幟之下，他既富有號召力，而且十分勇敢。

為了戰勝羅馬人，韋辛格托里克斯決定採用一種新的戰略：他拒絕交戰，

圖2-6-6 羅馬共和時期的擴張

但卻騷擾敵人，並燒掉敵人周圍的城鎮，甚至在城市裡製造荒漠以阻止敵人自我給養。此時凱撒想奪取高盧卻失敗，羅馬人損失慘重而且被擊退，只得向納博訥地區邊戰邊撤。

然而，高盧人的一個嚴重錯誤挽救了凱撒。高盧人的騎兵在第戎（Dijon）附近瘋狂撲向羅馬軍團，但被擊敗。凱撒利用機會，回頭將韋辛格托里克斯率領的高盧人驅趕至地勢較高的阿萊西亞（Alesia）小丘上。凱撒緊緊地圍困著高盧人，為了摧毀敵軍的任何突圍企圖，羅馬軍團完成了一項巨大的工程：他們修建了兩條防禦工事，一條向著城市，另一條向著城外，高盧被圍困的軍隊和援軍皆在這項工事上被擊潰了。韋辛格托里克斯為了救出部屬而自我犧牲，他以自己的名義向凱撒投降（西元前52年），不久便被關進監牢。六年之後，當凱撒征伐歸來勝利之日，即把他給扼死了。

阿萊西亞的陷落標誌了高盧戰爭的結束。征服高盧，羅馬人只用了八年時間，而征服西班牙卻用了兩個世紀。羅馬征服高盧這一罕見的勝利，全歸於高盧人的內部矛盾，羅馬軍團也確實比高盧軍隊更占優勢；尤其，應該歸功於凱撒的軍事領導天才。高盧有100萬人被殺、100萬人被賣為奴隸，然而高盧卻比任何其他省更迅速地羅馬化，不久以後即為羅馬最富庶的地區之一。

行省機構

除了義大利，羅馬人所占領的地區皆被組成為「行省」（Province）。居民需服兵役、繳納錢糧，賦稅極為沉重，但不同的地區的權利和義務卻有很大的區別。

行省的最高長官是總督，總督由前任執政官和大法官擔任，並由元老院選出。地方總督一方面是最高統帥，也是最高法官，他對城市居民掌握最後審判權，但居住在該省的羅馬公民，可以繼續上訴至羅馬的公民會議。羅馬共和後期，除了少部分地區以外，各行省的總督都在其行省裡肆意掠奪。西西里總督威勒斯（Verrès）在西元前70年左右大肆掠奪，留下了惡劣的名聲。

然而比總督更為厲害、更讓人民受苦的是高利貸者和稅吏。義大利的高利貸者（錢莊）以低價從羅馬借款，但卻以高利貸的形式借給各行省的居民（利率達50%）。至於稅吏，他們是負責在行省為國家收取稅款的公務人員，他們向居民索取的賦稅金額，比他們上繳給監察官還要多許多。

第七節　大舉征服的結果

致富及奢華風氣

　　一直到第二次布匿戰爭結束的時候，羅馬人還是個貧窮的民族，但在半個世紀裡，他們在地中海地區的掠奪中發財致富了。他們對所有戰敗民族都收取巨額的戰爭賠款。富裕起來的羅馬人不再滿足於他們所過的簡樸生活，他們希望享受到在希臘和西方一些大城市所學得的奢華品味。

　　人們依舊穿著傳統服裝，也學會了使用細紋理的襯衣和豪華的布匹。羅馬的貴婦們佩帶珠寶、戒指、手鐲和項鍊。香水和化妝品的使用也日益普及，一些較重視傳統的老派守舊羅馬人極為不齒這些人的行為。

　　在飯桌上也同樣講究排場：羅馬人從前以簡單的飯食而著稱，如今變成了無節制的貪食者。富人們採取了希臘的習慣，以側躺之姿吃飯。美味而精緻的節日宴會延續很長的時間，宴會期間，音樂家、歌唱家和舞蹈者的表演使飲宴的人更為開心。

建築的改變

　　羅馬人見識到希臘人的建築以後，他們也想擁有。從此，殷實或富裕的羅馬公民其家居布局如下：中庭依舊保存，但只是一豪華的前廳；然後是中堂，主人在那裡接待來訪者。後面是系列房子，主要限於家庭內部日常生活需用，各個房間朝向一個四周圍有柱廊的花壇，稱為列柱中庭（Peristyle，內柱廊式的院子）。富人們除了城裡的住宅之外，在鄉村還有別墅。羅馬的演說家西塞羅就有九座別墅呢！

　　鄉村地區也像城裡一樣，人們非常注重對房屋內部的裝飾，家具不多卻常嵌著銅飾。人們開始愛好藝術品，諸如圖畫、雕像、鑲嵌細工、壁畫、仿大理石（毛粉飾）或燒土的淺浮雕等。

精神道德方面的變化

　　這種奢華的生活必須要有極高的收入，狂熱的致富願望即源於此。為了致富，羅馬人不擇手段，甚至進行詐騙。熱愛錢財的結果便是風俗的敗壞和道德的喪失，而道德原本是羅馬共和國初期國力的泉源。人們看到將領向士兵們出

售「假期」，候選人公開向公民們購買選票，一位前任監察官擔任元老院首席元老和大祭司時侵占了國庫的錢財。

人們也同時觀察到家庭生活逐漸衰落。孩子對父母的尊敬日減，夫妻爲雞毛蒜皮的事離婚也成司空見慣，父母對家庭的義務及責任心減退，生育孩子的數目也日漸減少。

宗教上的變化

宗教生活也發生了深刻變化。與希臘的宗教接觸之後，羅馬宗教即失去了自己的特點。羅馬神與希臘神變得很相似，像是朱庇特與宙斯、瑪斯與阿瑞斯（Ares）、朱諾（Janon）與赫拉（Hera）、維納斯與艾芙洛蒂特（Aphrodite）；人們賦予祂們同樣的面孔與同樣的冒險行徑。許多有教養、受過教育的人在希臘思想家影響之下，逐漸放棄了古代的羅馬宗教信仰。「不信教」的風氣在西元前一世紀迅速發展，當時拉丁文學中最偉大的作家之一，盧克萊修（Lucrece），便寫了一首詩來批判攻擊傳統的宗教信仰。

在羅馬那些信仰宗教的人，他們更喜愛東方的小亞細亞、敘利亞或埃及的宗教。這些宗教的祭司向信徒們傳遞福音信息，並強調永生的重要性，另外在東方宗教的祭祀儀式也吸引著羅馬人。那些儀式神祕而輝煌，此外伴著歌唱和音樂，也與羅馬式的祭祀成強烈對比。

文學與藝術的開端

早期有教養的羅馬人即對希臘文化發生了興趣，因此等到馬其頓、敘利亞和希臘被羅馬征服之後，「泛希臘文化」即滲透到羅馬的上層社會。從那時起，學習希臘語成爲一種時髦，即使是老年人也願意去學習希臘語文，或是爲小孩聘請希臘的家教來家裡授課，年輕人則去雅典、羅德島或馬賽住上一年以學好希臘語和希臘文學等等。這些行爲在羅馬人看來都是屬於高雅的舉動，大家也都樂於這麼去做。

人們因爲仰慕希臘文學作品，因此極力去模仿它，如此便誕生了拉丁文學。拉丁文學的靈感則來自於古典的希臘文學作品，此時羅馬也出現了很多著名的詩人，如：普勞圖斯（Plaute）和泰倫提烏斯（Terence）。另外，恩紐斯（Ennius）則創作羅馬等古代歷史劇。一部分上流階層的人物，尤其是「非洲人西庇阿」及保羅·埃米利和西庇阿·艾米連等，他們對作家表示讚賞並保護他們；當時羅馬的作家是被人瞧不起的，由於這些上流階層們的鼓勵及保護，

使得拉丁文學得以發展。至於平民大眾，他們對文學則完全不感興趣。

　　羅馬的藝術也受到了希臘的影響，例如：羅馬的第一批神廟、大會堂及雕像、鑲嵌圖案、壁畫、毛粉飾等，都是從希臘文化中得到靈感的，且又常常是希臘藝術家的作品。

監察官加圖

　　然而，反對改變羅馬文化的人也很多。其中最著名的便是監察官加圖（Caton）。

　　加圖曾經是羅馬的農民，在兩次戰爭期間，他仍回去耕種田地。西元前184年，當上監察官後，加圖驅逐了七個被他譴責為過分奢侈的元老。他對豪華的服飾、首飾課以重稅。在其漫長的後半生，他一方面堅持與敗壞的社會風氣鬥爭，另一方面也將希臘人影響羅馬文化的抗衡視為己任。西元前55年，雅典人向元老院派出三位使者，他們在羅馬舉行公開的報告並取得了巨大成功，加圖得到消息後，便讓那三人儘快離開；此外，他也決不放過任何攻擊西庇阿的機會。加圖指責西庇阿身邊圍繞著希臘作家和藝術家，並且攻擊他鼓勵征服政策，庇護行政官和稅使的掠奪行為，討好民眾及糾集被保護者向元老院施加壓力等。

　　然而，這些努力純屬徒勞無功，因為加圖本人在當時的環境之下也學習了希臘語。在西元前二世紀末期，羅馬文化變為希臘－羅馬文化，羅馬文化即以這種形式在半開化的西歐傳播。

第八節　羅馬的衰落

貴族，國家的主人和大領主

　　對外征服戰爭改變了羅馬的社會。從西元前二世紀末，富有的家族形成了不同的兩個階層：貴族靠其大產業收入而生活優裕，他們是統治階級；騎士則忙於各種事務，其財富也建立於金錢的基礎上。

　　貴族通常是那些祖先中至少出任過一位行政官的人。他們手戴金戒指，家裡有曾經當過行政官的祖先半身塑像；在公開場合的儀式及各種演出地點，保有他們的專屬座，貴族逐漸形成一個傲慢而封閉的族群。他們全力阻止國家的政策接納新人成為貴族，新人指的是那些祖先中沒有出任過行政官的人。為了維護他們的權利，他們集中許多被保護人在自己周圍，並發給他們金錢和生活物品。貴族們購買選票腐化選民，對法律不再像從前那樣尊重。例如，「非洲人西庇阿」，他所有的功業都建立在違法上。在地方上，總督們只想發財，他們自信不會受到懲罰，因為法官都是元老院成員，總督與法官之間的關係是非常密切且互補的。

　　然而貪權、貪財的貴族還是想擴大自己的產業，他們藐視法律、獨占公用土地（Ager Publicus），這些土地是元老院從戰敗的敵人手中奪來，以低價租給願在此耕種和放牧的人，但貴族卻不交租金。他們阻止新貴得到公用土地，也不顧法律的約束，拒絕僱用自由人為農工。

商人或稱騎士

　　從第二次布匿戰爭時期開始，有一條法令明文禁止同時身為元老院的元老和商人。一些貴族比起擔任行政官，更喜歡經商，人們稱之為「騎士」。他們擁有以前在騎兵團裡服役所需的財產，此一等級為「騎士階級」。

　　騎士人數日增之後，商業和銀行業同時也得到了發展。例如，有一些人向羅馬進口外國的產品，或在外省、國外定居而致富，還有人是船主，即船隻的擁有者，也有人是銀行家，這些都是促使商業發達的重要因素。

　　另外有些人被稱為稅吏，他們為國家工作，是公共工程的承包者，也是軍事武器裝備的提供者，為國庫在各省收稅。他們有時拿一大筆錢財去冒險，因此組成金融公司，有時幾個金融公司聯手以獲得一項重要工程。騎士用可恥的

手段獲得大筆錢財，他們靠收買得到行政官和元老們的支持，因爲國家金融管理需依靠元老院。

農民的悲慘境地

　　富人們分占行政官職位和商業事務的同時，中產階級則趨於消失，這是羅馬征服過程中最重要的後果。因爲羅馬軍團大部分成員是從中產階級中僱來的，許多人卻戰死在戰場上。一般農民雖幸運地生存下來，他們卻時常靠借貸來維持家計及保住土地；如果不能償還債務，債權人就攫取他們土地。

　　因此，義大利農業所經歷的危機也致使農民們破產。當元老院占領西西里、薩丁尼亞和突尼西亞時，這些地區的農產品皆匯集到羅馬，各地區以低價出售這些農產品，義大利的農民承受不住這種競爭，因此生活更爲艱苦。然而富人並不窮困，因爲他們可以將麥田換爲葡萄園、橄欖油園和牧場。沒有錢財的農民無力這樣做，只得賣掉田地去打農工，但又遇上奴隸勞動力的競爭，於是窮困的農民無路可走，只能去羅馬城裡另謀生計。

羅馬人民的奢華生活

　　農民可以在羅馬找到工作，因爲那時人們已經不需要在家中製造所需的生活物品。最早的麵包店出現於西元前175年。然而，當一個貴族的被保護人，對一些希望不勞而獲的人來講非常具有吸引力。

　　從西元前二世紀中期開始，尤其是西元前一世紀時，羅馬的人口來源就很複雜，眞正的羅馬人和義大利人只是少數，人們可遇到來自各個國家的人，聽到各種各樣的語言。平民大衆居住在租來的屋子，房高三到四層，常用劣質材料建成，即使不遭火災，也有坍塌的危險。爲了生存，許多窮人習慣靠國家或富人的恩惠生活。從西元前120年開始，政府先向民衆以低價購買，然後再免費發放所需的麥子。同時，娛樂場所也有戲劇表演、馬車比賽及角鬥士的比武等。

奴隸

　　在平民階層之外還有奴隸。最初，羅馬人只擁有少數的奴隸，但征服戰爭把許多戰俘變成了奴隸，有一位羅馬將領曾在一次軍事遠征後，將十五萬戰俘賣爲奴隸。富人們有幾百或幾千名奴隸爲他們工作，有的奴隸在主人身邊服侍，他們是家僕、廚師、祕書、醫生、教師、樂師、舞蹈者；此外大量的奴隸

都在田裡工作，有的則在礦場、探石場或工藝場工作。國家各個行政部門也擁有大量奴隸作為職員，在奴隸中，境況最悲慘的人常憤而起義，在共和最後兩個世紀裡，尤其在西西里島，發生了許多次的奴隸戰爭，即奴隸起義事件。

羅馬共和的危機

　　愛國、守法、誠實、大公無私、工作嚴謹，這些美德在共和的後期逐漸消失了。貴族們蔑視法律，只想攫取土地和官位；貪婪的金融家富了還想更富；窮人及奴隸們為了滿足貴族們的奢靡生活，他們必須工作，但在工作態度上，表現得極不理想，這就是西元前二世紀中期時羅馬社會的景象。

　　野心勃勃的將領們，覬覦著羅馬的權力，他們不僅依靠軍隊，也依靠平民階層。西元前133-29年，經過一個世紀的內戰，羅馬共和變為一片廢墟。

第九節　內戰初期

溫和的改革家——提比略‧格拉古

西元前二世紀下半葉，兩位貴族提比略‧格拉古（Tiberiu Gracchus）和蓋約‧格拉古（Caius Glacchus），試圖重建中產階級，不過卻遭到羅馬貴族反對，最後犧牲自己的性命。提比略‧格拉古於西元前133年當上護民官，他提出一份土地法案，希望能進行投票表決「公用土地」的法令，認爲國家應該從富人手中收回非法占有的土地，並將其分給貧苦的公民，公民們可以耕種自己的土地，但無權轉賣。

貴族們認爲這項法案對他們極爲不利，因此促使一位護民官（Tribun）對此項法案投了反對票，爲了排除這一障礙，提比略採取了一項不合法的行動：他讓人們表決是否要罷黜那位護民官。此項不合法的行動，讓人們對他失去了信心，因此從那時起，許多曾支持過他的人放棄了對他的支援。後來，提比略又做了一次不合法的舉動，試圖在第二年再次當選護民官，他的政敵指控他想當國王，並挑起騷亂。提比略在混戰中被殺，屍體被扔進了臺伯河（西元前133年）。

提比略之後的蓋約‧格拉古

十年之後，提比略的弟弟蓋約‧格拉古當選護民官（西元前123年）。他比提比略小九歲，有很好的口才與更宏觀的計畫。當時所有的土地法案都會遭到元老院的反對，因此必須削弱元老院；要達到此目的，則可以採取下列措施，也就是分別使騎士階層與之敵對，以及使人民脫離元老院，因而蓋約促使一項法令通過。根據此法，騎士可以與元老們在法院的審判臺上平起平坐，這是使貴族與騎士階層發生衝突的絕佳辦法。

然後，蓋約又通過「麥子法」，使所有公民都可買到特別廉價的小麥。透過這種方法，貧窮的人不再被迫充當貴族的被保護人。

蓋約在第二年再次當選護民官，此時他看起來已經像是政府的眞正領導者。於是他試著重建中產階級，並促使在提比略時期所爭取通過的土地法得以實施；另外，他在被戰爭摧毀的城市原址或附近建立農業殖民地，例如：迦太基城即成爲一座農業殖民地的地方。他也建議給予所有的義大利人公民權。

　　這些大膽的改革措施卻使蓋約遭到失敗。他的政敵在平民階層前指出，爲數眾多的新公民奪取了羅馬人的權益；並且指控蓋約褻瀆神靈，因爲蓋約在被詛咒的迦太基城建立一片殖民地。在這些攻擊面前，蓋約的威望大減。於是，因爲一場被蓄意挑動的爆亂，蓋約被一名奴隸所殺，他的支持者們也遭到了屠殺命運（西元前121年）。

　　至此，格拉古兄弟所開創的事業已經所剩無幾。不過他們的勇於改革，對後來的羅馬確實留下深遠的影響。

野心勃勃的將領──馬略

　　繼格拉古兄弟之後上臺的是野心勃勃的軍事將領們，他們依靠軍隊來奪取權力。第一位將領是馬略（Marius），義大利人，出身於家境良好的公民家庭。他在朱古達（Jugurtha）戰役中逐漸嶄露頭角，並擁有一些戰功，後來當選爲執政官；儘管他身爲一個「新人」，但還是坐上這個寶座，因此這使得羅馬貴族們極爲憤慨。在執政官期間（西元前107年），他大幅度地更改軍隊的組織狀況。

　　軍團的人數從4,200人增至6,000人，每個軍團分爲十個營，稱爲步兵大隊（Cohoztes），「鷹」成爲所有軍團的標誌。此外馬略也接受每個來報名參軍的人，在那之前，軍隊從不接受所謂「無產者」（Prolétaires）。這是很重要的一項決定，並深刻地改變羅馬軍隊的特點，因爲窮人們大多願意留在軍隊中並成爲職業軍人，與忠於共和相比，他們更忠於自己的將領。馬略的改革也種下內戰和將領獨裁的種子。

　　幾年裡，馬略一切順利，先後戰勝朱古達（西元前105年）、辛布里人（Cimbres）和條頓人（西元前102-101年）。之後，馬略又當選爲六個月的執政官，不過這是不合法的。馬略擁有好的名聲，但畢竟只是個好將領而已，並沒有任何政治家的素質，甚至沒有能力去統治羅馬或維持社會秩序。後來在羅馬發生了街頭流血衝突，當時已經喪失聲譽的馬略只好暫時離開羅馬（西元前100年）。

蘇拉初期的統治

　　馬略手下的一名將領蘇拉（Sylla）走了一條與馬略相似的道路。蘇拉是一名貴族，但他卻沒有什麼財產，他是一個奇怪的人，既能過恣情娛樂的生活，又能做最艱苦、最殘酷的事情。政治才能方面，他比馬略高明得多，

在連續的兩次戰爭中，他被人民所認知，這兩次戰役即內戰和反米什拉達特（Mithridate）的戰爭。

「同盟戰爭」是義大利的同盟者反抗羅馬的一次起義。義大利人曾希望通過第二次布匿戰爭中，他們所表現出的忠誠而獲得羅馬公民權，但元老院沒有任何讓步，羅馬行政官們也表現出前所未有的輕視和粗暴態度，蓋約‧格拉古曾經爲他們制定的一項法令也遭到公民大會否決。因此，導致義大利同盟者起義，義大利中部也陷入血腥的戰爭，並長達兩年的時間（西元前90-88年）。

然而蘇拉卻奪取起義者的部分要塞，元老院也謹慎地將羅馬公民權賦予波河以南的所有義大利人。過去一直是義大利重要城市的羅馬，從此成爲羅馬的首都（西元前88年）。

同盟之戰過後不久，元老院選派蘇拉去小亞細亞與米什拉達特作戰，這次的選擇成爲馬略與蘇拉敵對的根源。馬略促使公民通過一項法令，極欲奪取蘇拉軍隊的領導權，但這是不合法的。因此，蘇拉奮起反擊，他帶著軍隊進入羅馬，雖然這是褻瀆神靈的舉動，但蘇拉還是率領他的軍隊逼迫馬略逃走。蘇拉隨後出發至小亞細亞，打敗米什拉達特並回到義大利（西元前83年）。

獨裁者蘇拉

那時馬略已經死去，但其支持者依舊威脅羅馬。蘇拉打敗了他們，並且又一次帶兵進入羅馬。後來他宣布自己爲終身獨裁官，對所有人掌有最後審判權，並有權修改憲法（西元前82年）。

蘇拉通過宣布不受法律保護的條文而開始他個人的獨裁，這一舉動使他擺脫了對手、富裕了自己和支持者，然後他就著手澈底地修改憲法。他使元老院的人數增加了一倍，並且削減護民官的權力，重新組織行政官職位；他禁止騎士坐到法院的宣判臺，但卻在元老院裡吸收了300名騎士。

人們不曉得蘇拉用意，他對憲法作如此翻天覆地的改動，也許是蘇拉想以絕對主人的身分統治羅馬，他想以東方君主思想形式進行統治。蘇拉讓人製作印有其頭像的金幣，在集會廣場樹起他的雕像，自取別名意爲「幸福的」（Felix），而過去這名字一直爲神靈專用。同時，他也知道元老院是反對其意圖的。

西元前78年，他突然放棄王位，退隱到坎帕尼亞（Campanie），不久即去世。不到十年，蘇拉的功業已了無痕跡。

第十節　龐培、西塞羅與凱撒

龐培登場、喀提林的陰謀

　　蘇拉死後，最惹人注目的羅馬人物是蘇拉手下的一名將領龐培（Pompée）。龐培年輕的時候即以顯赫的戰功而出類拔萃（西元前72-63年）：在西班牙，他戰勝馬略的最後一批支持者；在義大利，他平息了一場由角鬥士斯巴達克斯（Spartacus）所領導的奴隸起義事件；在地中海地區，他驅逐了讓海上貿易癱瘓及使羅馬城忍飢挨餓的海盜；在亞洲，他打敗米什拉達特及敘利亞國王，並占領了他們的國家。

　　然而，這個時期的羅馬仍然是一片混亂景象。西元前64年，蘇拉一位名叫喀提林（Catilina）的手下，聚集一批對現實不滿者與生活悲慘的人，自命為首領。這個組織的綱領是取消欠款、瓜分羅馬的財富。富人、中產階級，都對喀提林的組織感到威脅，於是他們聚集在一位正直人士的周圍，他就是羅馬最偉大的作家西塞羅。富人們要西塞羅參與執政官的選舉，以使候選人喀提林失敗。後來確實由西塞羅當選。

　　喀提林意欲暗殺西塞羅，並在義大利引發一場叛變。但是得到祕密消息的西塞羅在此時宣布「祖國處在危險中」，並當著元老院揭穿喀提林（西元前63年）的陰謀。

　　喀提林最後被逼逃亡，他的同謀者遭到逮捕並被處死，不久之後他也因戰敗而被殺。

　　然而共和能再次擁有和平與穩定嗎？事實上正好相反。因為龐培就在這時從東方回來，他與另外兩位野心家協議統治羅馬。他們是羅馬的鉅富克拉蘇（Crassus）和凱撒（César），組成「三頭政治」（Triumvirat），即三頭政治同盟。凱撒趁機使自己當選為執政官，並從此開始他聞名於世的功業。

誰是凱撒

　　凱撒出身於羅馬最顯赫的家族之一：朱利亞氏族（Lagens Julia）。據說此族是特洛伊英雄伊尼斯（Énée）的兒子于勒（Iule）的後代。凱撒精通希臘文，曾在希臘羅德島研習過雄辯術。他是一個英俊的年輕人，愛好藝術，天賦頗高。

凱撒二十六歲的時候投身政治，他的魅力為他贏得羅馬人不少好感，明確而極富說服力的口才打動萬千聽眾。他野心勃勃，為了達到目的不擇手段。作為市政官，也做了幾件讓人叫好的事情，並且為他贏得好名聲。後來他被選為「大祭司」，儘管元老院反對也無濟於事。他曾暗中幫助喀提林計劃叛變。由於克拉蘇和龐培的支持，使他在西元前59年當選執政官，執政官期間他猶如羅馬唯一的元首。

凱撒為了與龐培有同等的權威，必須獲得所缺的軍事榮耀，因此，他賦予自己五年內對兩個行省的統治權：內高盧和納博訥省。由於良好的時機及軍事天才，使他在八年的時間裡（西元前58-51年）占領整個高盧。他的軍隊狂熱地效忠於他，依靠這支軍隊他逐步實現夢想，成為羅馬的唯一統治者。

戰勝龐培的凱撒

西元前51年，三頭政治不復存在。一方面，克拉蘇在一次與帕爾特人（Parthes）的戰爭中（西元前53年）死於敘利亞；另一方面，龐培聯合元老院設計陰謀反對凱撒，龐培以重整羅馬秩序為由，使自己被任命為唯一的執政官，並擁有一切權力。此時，共和國也瀕於滅亡。共和國的保衛者小加圖（Caton d'Utique）對此情況亦無可奈何，他只須知道龐培和凱撒誰占上風。

儘管羅馬法律禁止凱撒離開其所屬的行省，但他仍帶領軍隊跨過盧比孔河（Rubicon），這條小溪流是內高盧行省的南部疆界，然後向羅馬進軍。此也逼迫龐培放棄保衛義大利，與大部分元老一起逃到希臘。凱撒追擊至希臘，並在色薩利（Thessalie）的法薩羅（Pharsale，西元前48年）澈底打敗龐培的軍隊。龐培轉去埃及尋求避難，但他一上岸即遭暗殺。凱撒不久後也到了埃及，埃及女王克麗奧佩脫拉（Cleopatre）被迫接受羅馬保護。後來，在小亞細亞、突尼西亞、西班牙，龐培的支持者組建了新的軍隊，但在所有的地方，凱撒都取得決定性的勝利。西元前45年初，凱撒終於控制整個羅馬。

獨裁者凱撒

凱撒賦予自己的權力比蘇拉更大。他是終身獨裁官、大將軍（Imperator），此外公民大會、元老院、行政長官的權力實際上都被取消，只有凱撒全權在握。他與蘇拉所做的決策不同，凱撒並不宣布其敵人為不受法律保護的人，而且原諒了他們。接著，凱撒著手全面重整國家。

他第一步要做的是保證社會秩序，各行省的行政管理有所改善，凱撒使稅

吏少收了幾項稅，行政官員身邊也有監督機構。

凱撒還想與貧困的環境鬥爭，不給予恩惠，卻給人民帶來更多的工作。因此，當時有權領取免費小麥的公民人數也減少一半，他將其舊日士兵安置在義大利做農民，迫使業主至少僱用三分之一的自由工作者。他也開始建設重大的公共工程：修建羅馬道路及奧斯蒂亞港口（Ostie），並嘗試在科林斯地峽挖掘運河，更對義大利的沼澤地進行排乾處理。

凱撒將羅馬公民權賦予尚未得到公民權的內高盧人，同時也賦予許多外省人公民權，他使高盧人和西班牙人有權進入元老院，並在所有行省內都建立羅馬殖民地。凱撒想使所有的人民在帝國內融合為一，並再也分辨不出戰敗者或戰勝者。這些政策他花了十五個月才勉強完成。

君主政體，最高的野心

凱撒又計劃著另一項改革，這一想法非常大膽，也許在羅馬，除了蘇拉之外，無人曾敢想過：以絕對君主制代替共和制。他遵循東方君主的榜樣，獲得了神靈專有的榮譽，人們為他塑雕像、設祭臺、建廟宇等，曆法改革後，人們將七月以他的名字來命名。

然而，羅馬仍有共和制的維護者，其中為首的一位叫布魯圖斯（Brutus），他被凱撒的政策所激怒。他們深信挽救共和的唯一辦法是殺死凱撒，於是在西元前44年3月15日元老院開會的時候暗殺了凱撒。

第七章

羅馬帝國時期

第一節　第一位皇帝屋大維‧奧古斯都

安東尼和屋大維

　　宣布凱撒被暗殺的消息時，人民幾乎無動於衷。兩位野心家利用這個機會奪得權力，一位是凱撒手下的將領安東尼（Antoine），此人外貌粗魯、身體壯碩；另一位是凱撒的義子屋大維（Octave），他是一位十九歲的年輕人，身體虛弱，害怕黑暗和雷聲，但狡猾而無所顧忌。

　　兩個人先是為著與共和派作戰而團結一致。依循蘇拉的辦法，他們宣布「敵人不受法律保護」的行動，最惹人注目的犧牲者便是西塞羅。之後布魯圖斯所率領的共和派軍隊在馬其頓的腓立比（Philippes）慘遭覆滅（西元前42年）。因此，他雖然殺了凱撒，但也並未成功挽救共和國。

　　此後勝利者開始瓜分羅馬版圖：安東尼得到東方埃及的大部分行省，屋大維得到西方各行省和義大利，但他們之間的協議並未維持很長時間。而後安東尼在埃及娶了埃及女王克麗奧佩脫拉，並將敘利亞行省作為禮物送給埃及，這也使得羅馬人對安東尼極為不滿。屋大維此時乘機鼓動，激起羅馬公眾輿論對安東尼的反對。人們紛紛流傳埃及女王要毀掉羅馬城宗教與政治中心，將亞歷山大城變成希臘－羅馬的首都，因此屋大維成功地促使元老院賦予他向埃及開戰的特殊權力。實際上，這是屋大維與安東尼為了爭奪最高統帥權而發生的一場戰爭。

　　他們在亞得里亞海（Adriatique）南部、希臘亞克興角（Actium）前爆發了海戰。埃及海軍被擊敗，安東尼和克麗奧佩脫拉不久之後雙雙自殺（西元前31年），屋大維占領埃及。西元前29年，屋大維回到羅馬，接受凱旋的歡迎儀式。人們皆為內戰的結束而歡慶，這也是共和國的結束。

屋大維‧奧古斯都

　　帶領著勝利的軍隊，屋大維所向無敵，並想保持此一氣勢，不過在行動中，他還是相當謹慎。凱撒遭到暗殺的事件，使屋大維認知到宣布為王或獨裁者的危險性，於是屋大維致力維持共和的表象，並使人忘記他是國家的主人。他總是假裝很樸素，只許人家喊他「首席元老」（Prince），這一詞指的是元老院中最重要的一位元老。他裝作願意放棄一切權力，元老院卻懇求他至少保

留最重要的權力，爲了向他致謝，元老院授予他「奧古斯都」稱號，這一稱號之前一直爲神靈和廟宇專用，屋大維從此就有了神聖的一面。

奧古斯都在羅馬的地位

奧古斯都沒有得到新的行政職位，但元老院賦予他終身擁有權力。這些權力若按法律規定，應是由幾位不同的行政官來執行，並且期限只有一年。

在羅馬，屋大維是唯一掌握軍權的人，因此他終生被稱爲大將軍「Imperator」〔皇帝（Empereur）一詞即源於此〕。他接收邊界的軍隊，被稱爲「禁衛軍」，這些禁衛軍由一位軍事長官統率。

屋大維雖是貴族出身，卻當上平民的護民官。其權力是修改法律，並用否決權制止不合其意的法律條文通過與實施。

即使在他不做執政官的幾年裡，奧古斯都也擁有執政官的權力，他統治羅馬和義大利，主持選舉，他所頒布的詔書在帝國境內有與法律同等的效力。奧古斯都本身還是大祭司、羅馬宗教首領。

奧古斯都自己不能執行所有的權力，因此爲了在各行省及軍隊裡有代表人，他選擇了副執政官。此外，爲了管理羅馬城，他設立三個新官職：羅馬城行政長官、物質供應官和安全官，分別負責公民安全、物資供應和發生火災時的工作。

奧古斯都的統治

奧古斯都一直到他去世之時都保留著巨大的勢力，40年的時間裡（西元前29年至西元14年），他盡全力加強振興由於內戰而被削弱的帝國。

羅馬世界在其統治管理之下也終於得以歇息，國泰民安，經濟繁榮。此外，由於奧古斯都修建不少道路以及「航行燈」的發明，陸上、海上交通也非常活躍。

布匿戰爭時期賦予共和權力的傳統美德，如對神靈的虔誠、愛國主義、家庭強有力的組織等，曾經一度非常虛弱；在奧古斯都時期，則努力使這些傳統美德重新恢復。例如，他重修已成廢墟的廟宇，使古老的宗教儀式重放光彩；賦予已婚的公民特權，尤其是在他們有孩子之後，這種特權更爲明顯，一些獨身者則被禁止擔任某些行政官職。

但這一規定沒有什麼效果，許多羅馬人仍舊不結婚，仍舊會爲了雞毛蒜皮的瑣事離婚，大家庭也越來越罕見，尤其富人更是如此；羅馬或希臘的神靈依

然被冷落，東方神靈卻日受青睞，奧古斯都統治時期，耶穌降生於巴勒斯坦，後來基督教也終於成爲羅馬的國教。

奧古斯都也鼓勵藝術的發展，他重新採納凱撒的計畫，將練兵場的大平原綴滿建築物，於是在那裡建起第一批公共浴池、萬神殿（Pantheon）、牌坊、兩個戲院、一座圓形劇場，在和平祭壇上飾有淺浮雕。奧古斯都去世的時候曾經自誇：「羅馬在他之前是座磚頭建造的城市，但他使羅馬城變爲大理石建成的城市。」

在其朋友梅賽納（Mécène）的幫助下，屋大維也保護作家，並請作家們幫助他使傳統美德再放光彩。歷史學家李維（Tite-Live）飽含愛國的激情，他敘述了羅馬起源以來的歷史。賀拉西（Horace）和維吉爾（Virgile）兩位詩人也極力讚頌羅馬優美的傳統。維吉爾的《農事詩》中，詩人描述了田間的勞作。另一首名爲《伊尼斯》（Énée）的詩裡，詩人敘述特洛伊人伊尼斯遷移到義大利的傳說，伊尼斯據說是凱撒和屋大維家族的祖先。

奧古斯都統治時期的戰爭

事實上，奧古斯都根本不具備身爲一個士兵的素質，而且他也不喜歡戰爭。雖則如此，他卻建立軍隊，並且大幅度地擴大帝國的疆域。

在西部，他完成對西班牙和阿爾卑斯山區（Alpes，在義大利和高盧之間）的征服；在東部，他占領猶太（Judée）和小亞細亞的一部分。他的女婿提比略（Tibère）和養子德魯蘇斯（Drusus）把帝國的邊界直推至多瑙河和萊茵河以東直到易北河，然而這次征服也帶來了一場災難。西元前9年，羅馬副執政官瓦魯斯（Varus）被一個年輕的日耳曼人出賣，瓦魯斯一直把這個日耳曼人阿米尼烏斯（Arminius）當作朋友。瓦魯斯的三個軍團被圍困而遭慘敗。奧古斯都大爲驚慌，據說他邊哭邊反覆喊著：「瓦魯斯，還我軍團！」當提比略成爲皇帝後，便將疆界定至萊茵河。

對皇帝的崇拜

秩序與和平的重建使奧古斯都的聲譽大增，人民對他的感激之情形成了瘋狂的崇拜。各行省的羅馬居民對「羅馬諸神」進行祭祀，此時他們也向羅馬和奧古斯都供獻祭品。

在羅馬，奧古斯都不敢受此敬拜，但他允許人民將其「天才」與每區都敬供的「拉爾神」（Lares）聯繫起來。羅馬人從此乞求「拉爾神和奧古斯都」

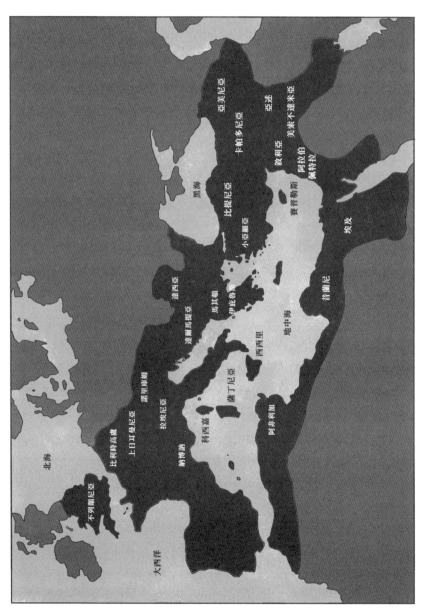

圖2-7-1　羅馬帝國最大的疆域

的保祐。當奧古斯都去世的時候，他已76歲，即西元14年。元老院授予他「奧古斯都」稱號，意即將其尊爲神。

很少有人能像奧古斯都一樣在歷史上扮演一個如此重要的角色。他結束了內戰，給地中海周邊所有民族帶來和平與繁榮，大大地擴張了羅馬疆土，並爲一種新的政治制度奠定了基礎，這就是君主制度。

第二節　帝國最初兩百年昏庸與有為的皇帝

奧古斯都的第一批繼承者

　　皇帝的頭銜在當時並不是世襲的，但根據奧古斯都的意願，他的女婿提比略（Tibère）被元老院任命為皇帝。提比略之後，又有三個同一家族的皇帝統治過羅馬，他們是卡利古拉（Caligula）、克勞狄（Claude）和尼祿。雖然這些皇帝統治羅馬帝國時期，帝國仍像奧古斯都時期治理得那樣好，但這些皇帝並未留下好的紀錄。

　　提比略（西元14-37年）在奧古斯都手下是名優秀將領，他很精明，對於如何做皇帝有較高明的看法。他提醒行省總督：「一個好的牧羊人，應剪其羊的毛卻不擦傷羊的皮」。但他個性乖戾、易猜忌和記仇。他曾以真誠的態度欲與元老院協商進行統治，但很快就被人們敵視，從那以後，他眼裡所見都是叛徒，因此從而鼓勵告密，也使羅馬的上層社會生活在恐怖之中，時常有上層社會人士遭處死的例子。

　　卡利古拉起初是位優秀的首席元老，但經過一場重病之後就變得有些瘋狂，做出許多荒唐的事，最後被禁衛軍的一名護民官暗殺（西元41年）。

　　克勞狄頗有良知，而且心地善良，他的身邊有可以自由發言的軍師，這些人因為對事務的了解而被任命為各辦公室的管理者，辦公室相當於今天的政府各部門。克勞狄賦予各行省的人羅馬公民權，並擴建奧斯蒂亞（Ostie）港，修建引水道。但他經常舉止失控，而且容易受騙上當，受制於第二任妻子阿格麗品娜（Agrippine）。阿格麗品娜在第一段婚姻中生有一子尼祿，為了保障尼祿能得到王位，她毒害克勞狄，更令人驚訝的是，她竟能促使禁衛軍和元老院認可尼祿繼位。

　　尼祿（西元54-68年）起初把權力讓給他的母親和一位大臣塞納克（Sénèque），但沒多久，尼祿就表現出昏庸暴虐的本質。首先，他毒死克勞狄的兒子布里達尼居斯（Britannicus），因為他害怕布里達尼居斯是他的政治對手；接著逼迫阿格麗品娜自殺，因為他覺得自己的母親礙事。他自以為是偉大的詩人和音樂家，登臺演戲或參加馬車比賽，隨時隨地都期待著掌聲，任何拒絕欣賞他的人都被處死，其中包括尼祿過去的家庭教師、哲學家塞納克在

內。西元64年羅馬發生一場大火，對於這座擁有眾多木屋的城市，這場大火應該是一般事件，但有謠言傳說是尼祿本人點燃大火，只為觀看一片火海的景象。最後，西班牙軍隊叛變，進軍羅馬，尼祿眾叛親離，後來被一名奴隸所殺，死的時候他嘆息說道：「世界將失去一位優秀的藝術家啊！」

小市民出身的皇帝：維斯帕先

尼祿死後，隨之而起的是一連串流血爭鬥，因為禁衛軍及各行省軍隊都想把自己的首領推上皇位。最後東方軍隊占了上風，元老院被迫承認其首領為皇帝，即維斯帕先（Vespasien，西元69年）。

新登基的皇帝不屬於羅馬任何一個古老的家族，他來自義大利中部，是收稅官的兒子，具有一般小市民的品格，簡樸、節儉，但非常專制。他讓義大利人和各行省的人進入元老院，在舊貴族和元老院裡形成一批來自各行各業的新貴族階層，舊貴族的人數因為內戰而大為減少，新貴族則誠實勤勞，他們效忠於羅馬帝國的統治者。

維斯帕先的兩個兒子繼承了他的皇位，第一位即長子提圖斯（Titus，西元79-81年），在他的統治時期，維蘇威火山發生一次可怕的噴發，掩埋了龐貝和赫庫蘭尼姆（Herculanum）兩座城市。提圖斯之後的皇帝圖密善（Domitien），他是一位與尼祿同樣殘暴的昏君，西元96年被暗殺。

安敦尼王朝的有為君主

西元二世紀的羅馬皇帝是帝國君主中比較英明的一群，例如：涅爾瓦（Nerva）、圖拉真（Trajan）、哈德良（Handrien）、安敦尼（Antonin）和馬可·奧里略（Marc Aurele）。此外，他們皆出身於西班牙和高盧的義大利人家庭，以上兩個地區亦是羅馬帝國裡羅馬化最深的地方。前四位皇帝沒有子嗣，但他們收養義子，元老院批准他們的選擇，這樣一個人為的家庭就形成歷史上人稱安敦尼王朝的時期。這個家族最後由馬可·奧里略的兒子康茂德（Commode）繼承皇位，他是一位非常粗魯的皇帝。

安敦尼王朝的君主一方面尊重元老院，另一方面還保存共和國的執政官制度。同時，他們也加強皇權統治，皇帝制定法律，進行司法判決，並擁有稅賦收入。另外，元老院議會由哈德良皇帝組織建立，幫助皇帝統治，克勞狄建立的「辦公室」則管理行政、司法和金融財政等機構。皇家官員越來越多，行政官的權力則越來越小，此時國家的政體緩慢卻堅定地朝君主制發展。

安敦尼王朝的君主也改善司法，使之更爲平等、更有人情味。圖拉眞宣布
拋棄所有匿名的控訴，在沒有令人信服的證據時不對被告進行判決，他說：
「即使放走一個罪人，也不錯懲一個無辜。」安敦尼第一次樹立這樣一個原
則：「被告不能從一開始就被看成罪人。」另外，他限制拷打刑求的使用，表
現出對人權的重視。

自此以後羅馬法律開始保護弱者，對奴隸、孤兒、寡婦等弱勢團體都有相
對的保護。圖拉眞和馬可‧奧里略亦從事慈善事業，圖拉眞建立慈善機構，主
要是爲了振興農業和救助人口衆多的家庭，以低廉的利息供農民貸款，息金則
用來維持一些貧窮孩子的生活。馬可‧奧里略爲紀念去世的妻子，修建了一座
宏偉的紀念碑，爲5,000名貧窮的孩子建立一個慈善機構，以保障他們。

帝國與軍隊的擴張

從奧古斯都時期起，軍隊是常備的，西元二世紀時，軍隊人數已達36萬
人，然而相對於一個如此廣大的帝國，軍隊仍算少。

羅馬軍隊實行募兵制，服役期爲20年，輔助部門服役期爲25年。後期的羅
馬人和義大利人對服兵役逐漸失去興趣，但軍隊裡的幹部（軍官和百人隊長）
仍然由他們擔任。士兵都從當地防區徵集，萊茵河地區軍隊的士兵主要是高
盧人和日耳曼人，東方地區士兵則來自於小亞細亞。即使休戰時期，士兵也常
被各種訓練和修築邊界的防禦工事弄得精疲力竭（如挖壕溝、築城牆等），他
們也被派去修道路和橋梁。軍團的士兵離開軍隊時，常常得到一筆錢財和一小
塊土地，輔助部門的士兵退伍時則可以得到公民權，從奧古斯都到康茂德時期
（西元14-192年），帝國擴張到北邊的布列塔尼地區（Bretagne，現在的英格
蘭和蘇格蘭南部），南邊來到了達西亞地區（Dacie，現在的羅馬尼亞），東
部到達小亞細亞的東邊（現在的阿爾及利亞西部和摩洛哥）。

猶太人、日耳曼人和帕提亞人

羅馬最激烈的行動是對猶太人、日耳曼人和帕提亞人（Parthian）的戰
爭。猶太地區曾被奧古斯都占領並納入帝國版圖，猶太人性喜獨立，在宗教問
題上極爲敏感，他們不能忍受羅馬統治者的暴君行徑和敲詐行爲。西元66年，
猶太人爆發一場起義事件，羅馬的維斯帕先（Verpacien）和提圖斯皇帝，透過
4年艱苦的戰爭和60,000人的兵力才結束這場起義，提圖斯還將耶路撒冷神廟
的祭祀器皿運到羅馬。60年後，哈德良決定在耶路撒冷建一座朱庇特神廟，猶

太人認為這是一種褻瀆行為，他們又一次叛變。4年中（西元132-135年），猶太人拚死抵抗羅馬軍團，最後還是被擊敗，耶路撒冷也被迫易名。不過幾個世紀以來，地中海沿岸的猶太人團體並不為此而憂心忡忡，因為他們相信，耶路撒冷終歸還是猶太人的聖地。

多瑙河下游左岸，即現今的羅馬尼亞地區，曾經建立一個強大的日耳曼王國，即達西亞人的國家。羅馬經過5年的艱苦戰爭之後，圖拉真才占領達西亞（西元106年），他在那裡安置來自帝國各行省的佃農，並開採金礦。羅馬尼亞這一名稱和羅馬尼亞語（與拉丁語有聯繫），直到今天仍可為當時達西亞的羅馬化提供證明。

在多瑙河中游，即現在的奧地利境內，從西元二世紀中葉起日耳曼人的入侵就一直威脅著羅馬。此外，馬可・奧里略亦曾親率軍團到達前線作戰，西元180年，他在維也納去世。

在亞洲，羅馬人多年以來一直與帕提亞人有衝突。帕提亞人自西元前130年就已占領波斯和美索不達米亞，克拉蘇及安東尼都曾率領軍隊遠征，然而先後都失敗；奧古斯都時期曾一度轉敗為勝，圖拉真欲像占領達西亞一樣占領帕提亞王國，最後他奪得美索不達米亞，但不久就被迫放棄征服這一地區。因此，從馬可・奧里略統治時期起，敘利亞的帕提亞人即開始抵抗羅馬人的入侵，羅馬帝國這時也只有招架之力。

第三節　帝國最初兩個世紀的義大利羅馬文化

羅馬的豪華景象

　　馬可・奧里略時代，第一次目睹羅馬景象的外鄉人，皆會深深觸動其敬慕之情。羅馬城當時有120萬居民，自奧古斯都時代以來變得美麗許多。當然，羅馬亦有令人鄙視的地方：道路沒有人行道、從不清掃而堆積的垃圾；住房中最基本的衛生常識也無人知曉，常有傳染病；可怕的火災時有發生。奧古斯都死後，人們建造不少宏偉的建築物，其中有集會廣場上紀念奧古斯都的廟宇、紀念維斯帕先、安敦尼及其妻子福斯蒂娜（Annia Galeria Faustina）的廟宇、提圖斯凱旋門、圓形競技場（Colisée）、巴拉丁山丘（Palatin）皇帝的宮殿。原來的集會廣場之外，又分別由凱撒、奧古斯都、維斯帕先、涅爾瓦（Nerva）和圖拉眞建了五個集會廣場，其中最宏偉壯觀的是圖拉眞廣場。

　　其他的建築物中，仍須提到公共浴池，即幾乎爲免費的洗澡場所。人們在那裡看到能導致出汗的加溫室，可以進行暖浴和冷水浴，暖氣設置在建築物的牆壁內，利用熱空氣循環給暖，浴場可以容納2,000人。公共浴場還有健身房、圖書館、音樂和演講沙龍，雕像、鑲嵌細工畫等裝飾品皆很豪華，羅馬時期留下最寶貴的藝術作品中，有幾件就是在公共浴場裡找到的。

富有階層與上流社會生活

　　共和時期，所有公民在法律面前人人平等。帝國時期，法律則將公民分成兩個階層：富民和窮人，前者人稱「體面的人」，後者被蔑稱爲「小民」。只有體面的人才能做元老院議員、行政官或皇家官員，只有他們不能被笞杖打、不能被釘死在十字架上、不能被扔到野獸群中。

　　根據當時幾位作家的描述，羅馬的上層階級曾經犯下不少罪孽。他們對皇帝奴顏婢膝，只想過豪華的生活，從遙遠的地方運來名茱佳餚、名貴的布匹和昂貴的珠寶，人們從未看到富人設法改善其奴僕的命運，奴僕的生活相當艱苦。但實際上，「體面的人」中也有思想覺悟高的人，元老院中來自行省的元老院議員亦常常保存他們的樸實和誠懇。這些貴族中，許多人皆有高貴的情操，從安敦尼王朝的皇帝及他們的官員身上可見一斑。例如，小普林尼（Pline le Jeune）把小亞細亞西北部比提尼亞（Bithynie）管理得很好，捐款給其故鄉開辦一所學校，並收養他朋友的女兒，他說其朋友「美德比財產更多」。

由於公民不再參加公共事務的管理，因此上流社會的人們經常四處參觀和舉行招待會。「當眾的閱讀風氣」非常流行，例如，在一群派頭十足的聽眾面前，作家大聲朗讀他最新的作品。西元一世紀至二世紀初，確實也出現幾位偉大的作家：哲學家塞納克、歷史學家塔西佗（Tacitus）、書簡作家小普林尼、諷刺詩人尤維納利斯（Juvenals）。但在後期哈德良、安敦尼、馬可·奧里略統治時，基本上已經沒有什麼出色的作家了。

羅馬在科學和發明領域上似乎不怎麼發達。這兩個世紀裡不曾有過數學、天文學、物理學、地理學、自然科學方面的任何突出成就。我們能列舉的幾位學者僅能總結其繼承希臘先驅的成果，如托勒密（Ptolémée）是地理學家和天文學家、蓋倫（Galien）是醫師、老普林尼（Pline l'Ancien）是自然博物學家。另外，羅馬在技術領域方面也無進展。

在法學領域上則有一些進步。從哈德良統治時期開始，「法學家」（即法學知識豐富的人）開始將秩序的概念轉化爲幾千條法律條文，這些條文加入十二銅表法中，其條文也包含法律、高級官員的詔令、皇帝的旨令，這些法律條文一直持續至西元六世紀的查士丁尼（Constituerent）時期，形成所稱的「羅馬法」。

平民

從「體面的人」到「平民」，其差異非常大。在羅馬，人民是屬於比較混雜的群體，例如，得到自由的奴隸和來自行省的人，比原籍義大利的公民人數還要多。一部分的人開設店鋪或爲公務人員，但一部分平民階層卻拒絕工作，他們依靠長期以來政府免費發放給窮人的麥子生活，安敦尼王朝時期，羅馬有20萬人靠著這種救濟生活。另外有一部分人則是富人的被保護者，他們每天早上向富人問安而得到微薄的糧俸，稱爲「賞賜」。奴隸的地位更低，不過法律已經開始保護他們。

爲了避免被孤立，城市中的平民聯合形成「協會」或「社團」，奴隸有時也加入這樣的組織。一些社團聚集了同一職業的人，經常舉行各種餐會，聯繫彼此的感情；有一些社團成立的目的是爲了替他們的會員舉行相當體面的葬禮，他們利用成員所交的年金，買下幾塊具規模的墓地，墓地的牆上則布滿放骨灰盒用的小窩，小窩看起來很像「鴿籠」，因此人們就用「鴿籠」來稱呼它們。

羅馬的娛樂生活

平民或上流社會的人都痴迷於娛樂，因此皇帝不斷給他們提供取樂的方式。在羅馬，兩天中就有一天是假日，人們湧向戲院、馬戲場和圓形劇場，觀賞娛樂節目。

在戲院，公眾尤其喜歡看粗俗的喜劇演出。裝飾繁雜的舞臺背景，採用巧妙的機械設備，有奔流的瀑布，有若隱若現的風景，畫面令人感到心曠神怡。

馬戲場則舉行馬車競賽，羅馬的大馬戲場大約有25萬人之多的觀眾。他們狂熱地觀賞分為四組的馬車競賽：綠組、白組、藍組和紅組。另外在圓形劇場，人們觀看角鬥士的表演，角鬥士事先都經過艱苦的訓練，成雙或成群地互相打鬥。他們經常使用不同的武器，如穿網狀短褲的角鬥士與只有一張網或一副三叉戟的角鬥士爭鬥，戰敗者常懇切求饒，但觀眾以大姆指指向地面要求處決他。人們還將戰爭中的俘虜或被判死刑的犯人拿來對付猛獸，羅馬人從恐怖的刑罰中取樂，由此可知他們生性殘忍，絲毫沒有惻隱之心。

因此，羅馬人一年365天中，有175天的節日是傷風敗俗的景象。他們不工作，只靠免費發放的麥子為生，以及從最低級的殘酷表演中取樂，其墮落的風氣不言而喻。

兩座小城：奧斯蒂亞和龐貝

當時在義大利的小城市，生活還未變質，我們可從考古挖掘中了解其中的奧斯蒂亞（Ostie）和龐貝（Pompéi）兩座城市。

奧斯蒂亞港位於臺伯河入海口處，西元一世紀，歷經克勞狄、圖拉眞與哈德良三位皇帝先後擴建，這一港口更顯得重要。來自埃及、西西里島、北非和西班牙的船隻裝滿小麥或油料，它們停泊在港口處，商品經由臺伯河直接運到羅馬，使用的是由牛拉的平底駁船，人們也把貨物先存放在臺伯河下游，奧斯蒂亞城的倉庫。

龐貝是坎帕尼亞（Campanie）地區的商業小城，西元79年突然被維蘇威的火山灰所掩埋。西元十八世紀末開始緩慢的考古挖掘工作，這也使我們看到龐貝城的石板路、寫有題辭的牆壁、擺著飾物的小店面、裝飾有鑲嵌物和壁畫的富麗房子、公共浴池、健身房、神廟和戲院。

第四節　帝國最初兩個世紀的羅馬行省

帝國統治下的羅馬行省

共和時期，行省的居民大都受到嚴重剝削；帝國時期，他們得到保護，皇帝懲戒貪官汙吏。當行省的代表聚集在行省首府，舉行祭祀羅馬諸神和奧古斯都的儀式時，他們可以陳述冤情、揭發行政總督，皇帝通常也會慎重聆聽。為了各行省的發展，皇帝在各地興建許多公共工程，許多依據羅馬形式所興建的城市代替了原先的小村莊，引水渠道被修建得宏偉壯觀，水道也為行省居民帶來必要的日常用水。羅馬大道的修建水準更令人驚嘆不已，大道遍布帝國各地，道路兩旁有界碑、驛站和旅館。和平也促進了商業的發展，海上、陸上交通的密布，使羅馬帝國商業貿易更為頻繁。

各行省由於與羅馬人的相互交往，也因此深受羅馬文化的影響，許多城市採取了義大利的措施，如設立市元老院以協助行政官統治。最後於西元212年，卡瑞卡拉（Caracalla）皇帝將公民權授予帝國境內所有自由人。

同時，為數眾多的學校（包括相當於今天的小學、中學）在行省設立。希臘羅馬文化在整個帝國內也極為普及，從亞美尼亞（Arménie）到摩洛哥（Maroc），一直到蘇格蘭，希臘羅馬文化都深深地影響他們。

如此，戰爭的勝利者和失敗者之間的差異也逐漸趨於消失。羅馬不再是世界的主人，充其量也只是帝國的首都。

羅馬帝國統治下的高盧地區

帝國的所有地區中，高盧是羅馬化最深的地方，在羅馬人的帶領下，高盧人開發森林、修建道路。人們再也很少看到生活悲慘的小市鎮，隨處都有與義大利城市相媲美的城市，例如：納博訥（Narbonne）、亞爾（Arles）、維也納、尼姆（Nime）、貝濟耶（Beziers）、奧朗日（Orange）、弗雷瑞斯（Frejus）、土魯斯（Toulouse）、波爾多（Bordeaux）、里昂、蘭斯（Reims）、歐坦（Autun）、克萊蒙（Clermont）等。萊茵河邊界上有史特拉斯堡（Strabourg）、美茵茲（Mayence）、科隆（Cologne）、特里爾（Treves）。高盧人修建引水道橋，如嘉德橋（Pont du Gard）；修建競技場，如在尼姆、亞爾、巴黎都有競技場。修建尼姆神廟（La Maison Caree）和維也

納神廟，在里昂、奧朗日、亞爾都有戲院。巴黎有公共浴池，奧朗日有凱旋門。於西元前43年建立的里昂城，也成為高盧六個行省的首府。

此時一批新作物出現，尤其是葡萄和果樹，促使羅馬人在水果種類方面具有多樣性。征服聖特（Saintes）和朗格爾（Langres）前，羅馬就已經有生產斗篷的工業、冶金工業、珠寶藝術、陶瓷行業及製鞋業等。此外高盧人也改良了一些農具，而且發明新的農具。

至少在城市裡，許多高盧人都接受了羅馬人的風俗習慣和語言，他們已經不是純高盧人，而是高盧－羅馬人。拉丁語逐漸地取代高盧語，並在富人中普及，因為他們必須與義大利官員或商人往來，拉丁語自然成為通用的語言。西元二世紀時，歐坦的高等教育學府享譽整個西方，拉丁語也進入城市居民的生活，但由於此時拉丁語是由士兵和商人所傳來，因此常常帶有一種黑話，與西塞羅的羅馬軍團語言相去甚遠。這種語言後來逐漸也產生羅曼語，即法語發展的第一步。

北非

此處所稱的北非包括突尼西亞、阿爾及利亞、摩洛哥的全部地區，西元二世紀時的北非組成四個行省，有一支大約27,000人的羅馬軍隊駐紮並維持秩序。

羅馬人使北非的發展大有進步，他們效仿過去迦太基人挖井掘塘、開通運河、修建堤壩和引水道。最大的財富當屬小麥、橄欖油、葡萄酒和馬匹；另外還從撒哈拉和蘇丹運來黑奴、象牙和金粉。

北非的羅馬人為數不多，迦太基城曾於西元前146年被毀，後來凱撒重建該城，因此迦太基又成為當時北非地區的政治和文化中心。北非的海岸或內陸地區也有眾多城市，內陸地區的城市如圖拉真所建的提姆加德城（Timgad），由於考古挖掘使此城重見天日。北非的羅馬化程度不深，羅馬的拉丁語並未使布匿語（Punique）和當地方言消失，當地人民始終維持著迦太基人的生活習慣、語言與宗教。羅馬帝國在西元五世紀滅亡時，北非的羅馬文化也迅速消失，除了一些建築物之外，基本上並沒有留下什麼痕跡。

東方

羅馬在西方努力擴張拉丁文化，在東方卻並未作此嘗試，小亞細亞、敘利亞和埃及，統治階層依然依賴希臘文化和希臘語言。

這些地區非常富裕，盛產小麥、水果、油料、葡萄酒和礦產，提爾（Tyr）和米利都（Milet）繼續紡織羊毛並將其染成絳紫色，人們加工玻璃和稀有金屬。然而，除了農業或工業之外，東方的財富更來自於商業的發展，埃及與印度、敘利亞、中國都有貿易往來。

埃及的船隻通過紅海到達印度洋，利用夏季季風到達印度、印度支那和印度尼西亞海岸，帶去黃金、白銀、錫、鉛、彩色玻璃球、琥珀（來自斯堪地那維亞）、珊瑚、葡萄酒、華麗的布匹，有時隨船的還有音樂家、舞蹈家及雜技演員；船隻則帶回胡椒、寶石、珍珠和象牙。

在陸地上，安條克（Antioche）的敘利亞人，以及生活在沙漠邊緣的人們，如巴勒貝克（Balbeck）、大馬士革（Damas）、帕邁拉（Palmyre）等與中國有貿易往來，沙漠商隊從西向東穿越整個帕提亞帝國，到達中國的突厥斯坦（新疆），當地有一處著名的貿易地點「彼得城樓」（Tour de Pierre），敘利亞人用其商品交換中國商人帶去的絲綢服裝和生絲。

西元最初幾個世紀裡，西方和遠東的交通可謂相當密切，羅馬、印度以及中國之間甚至會互派使者，但文化聯繫卻不興盛，羅馬希臘思想與印度、中國思想之間幾乎沒有什麼接觸。

羅馬帝國的和平

綜上所述，在西元最初兩個世紀裡，地中海地區經歷了前所未有的和平與繁榮，即使在昏君統治時期，各行省還是非常興盛。他們曾經因為提比略、尼祿或圖密善（Domitien）的昏庸統治而受盡苦難，但他們從不曾受西元68年和西元69年羅馬流血衝突的影響。維斯帕先統治時期，老普林尼慶賀他所稱的「羅馬和平的偉大」。他說：「羅馬的強大使世界統一，所有的人都必須承認羅馬為增進人類之間的聯繫、使人類共享和平而作出的貢獻。」

第五節　新宗教：基督教

東方的宗教

　　羅馬宗教有著複雜的禮節和冷漠的儀式，因此不能安撫迷惑惶恐的靈魂，不能使需要精神寧靜的人得到滿足，雖然祭祀皇帝的儀式非常重要，但人們從中只看到向皇帝表示忠誠的方式。

　　因此，羅馬及其行省的人們被東方的宗教所吸引，這些東方的宗教來自小亞細亞、埃及、波斯和敘利亞。東方宗教儀式的激情和神祕充滿吸引力，祭司向教徒傳布純潔心靈及補償罪過的方法，他們安慰那些不幸的人，向他們許諾死後將會得到永生。

　　除了東方宗教，另有一種與眾不同的宗教——猶太教。猶太教是一神教，不僅在巴勒斯坦擁有信徒，地中海地區的大城市中也能找到猶太教的信徒。當時猶太教得到羅馬官方的認可，有時也說服非猶太人信仰它的教義。教徒聚集在「祈禱堂」裡活動，祈禱堂即猶太教堂，教徒在那裡閱讀《舊福音書》。從西元一世紀中葉起，猶太人在救世主的問題上發生歧見，某些預言家宣稱「救世主」已經出現在世間，就是耶穌（Jesus），其餘的人則拒絕接受這一說法。

耶穌的生與死

　　耶穌的基督教使世界經歷一場革命，但他本人的生活卻不爲其同時代人所知曉，僅能透過《聖經》的第二部分《新福音書》，即《新約》，對他有所了解。《聖經》的第二部分有關於耶穌生活的四個篇章，這些故事被稱爲四福音書，即馬太福音、馬可福音、路加福音和約翰福音，福音書主要講述耶穌的生活瑣事。

　　耶穌是猶太人，出生於猶太省的伯利恆，身處奧古斯都統治時代，他在加利利（Galilee）地區的拿撒勒小城度過青年時代，拿撒勒位於巴勒斯坦北部。近三十歲時開始傳教，當時爲羅馬皇帝提比略統治時期，他身邊聚集著忠心耿耿、樸實的門徒，如彼得，以及女性弟子，如瑪麗・瑪德萊娜（Marie Madelaine）等。耶穌在田野間或猶太教堂裡傳教，他非常高尚、溫和，話語的權威力量令人們印象深刻，他用樸實的言語表達自己，並偏愛與貧窮及無知

識者講話。

　　耶穌從加利利來到當時還是羅馬行省的猶太省，進入耶路撒冷，並在各神殿裡傳教，不過並未持續很長時間。他的傳教為他樹立不少敵人，尤其是猶太教的祭司，他們商議好要將耶穌捉起來。

　　一天晚上，猶太教逾越節前夕，耶穌與其門徒於晚飯後退至橄欖山上，耶穌被其門徒猶大所帶領的一群猶太人逮捕，猶大背叛和出賣了耶穌。在猶太人的祭司面前，耶穌被判處死刑，因為他是個瀆神者，自稱「上帝之子」和擁有神力。不過，死刑的執行必須得到羅馬總督彼拉多（Pilate）允許，祭司將耶穌送交彼拉多，並控訴耶穌是背叛皇帝的忤逆分子，以及其自稱為「猶太人的王」。彼拉多在猶太教祭司所挑起的群眾壓力下，被迫命令將耶穌釘在十字架上，耶穌被置於兩個遭判同一刑罰的罪犯之間，並於骷髏山（Colline du Crâne）被釘死在十字架上。

　　福音書裡敘述耶穌如何下葬，以及在耶穌被釘死後的第三天，瑪麗・瑪德萊娜與另兩位婦女為耶穌屍體放香料時，卻發現棺木是空的，另外還講述了復活的耶穌基督在其弟子面前顯靈的事蹟。

耶穌的教誨

　　福音書講述耶穌由上帝派來拯救人類，他是救世主、上帝之子、上帝派來拯救人類的使者，希臘語為基督「Christ」。而預言家亦皆持此說，他們信仰耶穌基督是上帝之子、人類的救世主，基督教將成為新興宗教的基礎。

　　耶穌並未與以色列宗教斷絕關係，他說：「我來並非為著廢除摩西的教誨，而是為了將這些教誨完全地實施。」一如以色列其他預言家，耶穌宣揚宗教的外在儀式與對神的信仰及心靈的純潔。在耶穌之前，沒有人曾如此強調對神的愛、心性的謙恭、愛人如己、原諒不公正、放棄世間的財產，這些是基督教教義的主要訓言。

第一批基督教會

　　耶穌死後，他的門徒聚集在耶路撒冷的彼得周圍，彼得是耶穌的門徒之一，是基督的使者。他們並不想與猶太教分裂，他們只說耶穌是救世主或基督，這就是人們稱之為基督徒的由來。

　　但有些猶太人卻迫害基督徒，保羅便是其中之一，他曾在大馬士革前往耶路撒冷的路上看到耶穌的幻影，使他突然改變宗教信仰，後來成為基督教徒中

最激進者。他不辭勞苦地跑遍小亞細亞和埃及傳教，與他同一信仰的猶太人抵制他，從而激怒他，他向異教徒表示，要成為基督徒並不一定要遵循摩西的訓戒，因此基督教脫離了猶太教。

每一座城市裡，基督教徒組成一個個社團或「教會」，希臘語「Ecclesia」一詞意為「教會」。這些最初的教會組織很簡單，每一個教會皆有一個首領稱為「主教」，即「監管人」。星期天上午，人們為紀念基督的復活，基督徒聚集在一起閱讀《聖經》、歌唱和祈禱；晚上，為了紀念耶穌與其弟子一起用過的最後晚餐，基督徒分享由主教祝福過的麵包和葡萄酒，然後一起共進晚餐。

基督徒不願意死後與異教徒葬在同一墓地，因此他們後來有了自己的墓地，稱為「地下墓穴」（Catacombes）。像異教徒的墓地一樣，「地下墓穴」有油畫裝飾，人們可在其中找到基督教藝術最古老的遺跡。

由於地中海地區有許多猶太人的社團，因此基督教發展得很快，此外，受猶太教吸引的異教徒也往往信仰基督教。

西元二世紀末，最重要的基督教會有敘利亞的安條克教會、希臘的科林斯教會、義大利的羅馬教會、高盧的里昂教會、非洲的迦太基教會和埃及的亞歷山大教會。早期羅馬也曾有過一個基督教會，根據羅馬的法律，傳教者彼得和保羅皆被判處死刑，基督徒很快也遭到羅馬當權者的迫害。

對基督徒的迫害

羅馬人對其他宗教的寬容性相當大，為什麼對基督徒會有這些迫害的舉動呢？主要是由於基督徒的集會結社之故。由於他們聚集、祕密地舉行祭祀儀式，引發了一些誹謗之辭，人們稱之為「人類的敵人」。傳說基督徒殺害小孩，然後喝小孩的血。另一方面，基督徒拒絕向羅馬的正式神祇行祭禮，也拒絕祭祀皇帝，如此一來，人們如果承認自己是基督徒，那便是一種背叛行為。

起初，對基督徒的迫害斷斷續續，只在某些地區進行。這一切並非由皇帝決定，而是由各行省的總督，甚至行省元老院決定，因此當時可能有某些基督教會遭到迫害與殺戮，但另一個教會卻仍然平安地過日子。儘管有這些迫害，基督徒的人數卻不斷增長，這種增長有時是藉助於迫害行動的影響，被判處死刑者的勇氣（人們稱被判處死刑者為殉教徒）給眾人留下深刻的印象。由於基督教的溫和教義能給窮人安慰，所以在城市窮人中傳播很快，因而基督教的一個迫害者曾將基督教譏諷為「機織工人、染布工人和鞋業工人的宗教」。但在富人中也有一部分基督徒。

第六節　西元三、四世紀帝國的衰落

西元三世紀，無政府主義和侵略

安敦尼王朝統治下的羅馬帝國曾繁榮一時，但從西元三世紀起便逐漸衰落，軍隊常常干預政治，同時邊境四處告急。

康茂德去世時（西元192年），皇帝的禁衛軍又一次與各行省的軍隊對立，經過五年的野蠻戰爭，多瑙河軍隊的將領塞維魯（Septime Sévère）占上風（西元197年）。塞維魯是非洲人，妻子是敘利亞人，塞維魯的家族已經「羅馬化」，他蔑視並粗魯地對待元老院，但他至少是個好軍人和好的行政管理者。他重建秩序、頒布公正的法律、修建許多紀念碑以及建築物、打敗帕提亞人，最後在英格蘭去世。

他的兒子卡瑞卡拉（Caracalla）是個暴君，不過西元212年曾頒布詔令，賦予帝國境內所有自由人公民權。卡瑞卡拉的繼承者是位年輕人，曾是敘利亞的一位祭司，他分別選用一名馬車夫、一名舞蹈家和一名理髮師擔任夜警隊隊長、禁衛軍隊長和稅收長，他娶了一名維斯塔（Vestale）的貞女爲妻。

所有這些皇帝都得依靠軍隊的支持，塞維魯對他的兒子說：「讓軍人富起來，其餘的人見鬼去罷。」結果很快就顯現出軍人干政的現象。在五十年中（西元235-285年），軍人任意廢立皇帝，元老院承認的二十六名皇帝中，只有一位不是死於暴力之下。

同時，帝國四周邊境皆告急，波斯的一位國王甚至直攻至小亞細亞中心地帶，並且囚禁羅馬皇帝瓦萊里安（Valerien，西元260年）；此外，帕邁拉（Palmyre）的王子亦占領整個敘利亞；日耳曼蠻族侵犯萊茵河和多瑙河地區，並掠奪希臘以及義大利北部、高盧，甚至西班牙等地區。

戴克里先及君士坦丁的改革

一位驍勇善戰的將領即皇帝奧勒良（Aurelie，西元270-275年）暫時挽救帝國，他擊退日耳曼人，重新收回敘利亞，並在羅馬城四周建立鞏固的城牆。他的事業後來由戴克里先（Dioclétien，西元284-305年）和君士坦丁（西元312-337年）繼承，他們的改革措施使羅馬的模樣幾乎認不出來。

皇帝成爲專制的君主，像東方的波斯國王和埃及的法老一樣擁有至高無上

的權力。羅馬皇帝擁有東方式的豪華排場，穿絲戴金，頭上戴著王冠，如同東方國王，他讓人們稱之爲「陛下」或「殿下」。他的臣民與他說話時需屈身行禮、額頭頂地，像供奉神靈一樣敬拜他。皇帝身邊跟著一大群侍衛及宮廷官員、僕役，帝國的治理方法完全改觀，官員等級分明，人數衆多。

　　因爲每天都要面對邊境前線的危險，戴克里先認爲僅由一個人統治羅馬帝國的負擔過於沉重，因此他聯合三個人共同治理帝國，這種統治形式被稱爲「四頭政治」，即由四人統治羅馬帝國的疆域。不過君士坦丁並沒有繼續採納，他依舊一個人做皇帝。西元四世紀，同時存在兩個皇帝，一位統治東方，一位統治西方。至少君士坦丁認爲，在一處京城，管理多瑙河下游的哥德人和東方的波斯人是完全必要的。他選擇古老的城市拜占庭，位在博斯普魯斯海峽處。他將城市命名爲君士坦丁堡，意爲君士坦丁的城市（西元330年）。義大利的米蘭則成爲皇帝的日常居住地，因此，西元四世紀，羅馬不再是羅馬帝國的首都。

基督教的勝利

　　比建立君士坦丁堡更重要的，是君士坦丁對基督教採取的態度。基督教在西元三世紀時曾取得巨大的發展，但也曾兩度（西元250年、300年）遭受流血鎮壓與迫害。自從君士坦丁掌權（其母很可能是基督徒），他發布米蘭敕令（西元313年），從此以後，基督徒可以公開舉行宗教儀式。不久，君士坦丁完全接受基督教，反而致使異教和猶太教遭受迫害與鎮壓。

　　君士坦丁的繼承者之一朱里安（Juline）曾想扶持異教，但卻未能如願，他僅統治羅馬帝國兩年（西元361-363年）。最後，西元391年，狄奧多西（Thedose）皇帝下令關閉所有異教廟宇，禁止舉行異教宗教祭祀活動。然而，這種古老的宗教依舊在鄉村存在，這就是爲什麼人們稱其教徒爲異教徒〔Palens，異教徒一詞來自Paysans（農民）〕。

　　從此，基督教成爲羅馬帝國的正式宗教，它的勝利是歷史上最重要的大事之一，標誌著人類進入新時代，宣告古代歷史的結束。

基督教會的組織形式

　　西元四世紀，基督教會的組織形式確定，它的教區與羅馬帝國的行政區域完全吻合。

　　每一座城市即一個「主教區」，由一名主教管理，同一行省的主教皆承認

行省首府的主教為其主要領導者，人們將行省首府的主教稱為「大主教」（其後總主教的雛型），其中幾位主教享有極高的聲望，東羅馬地區君士坦丁堡、安條克、耶路撒冷和亞歷山大的主教被授予元老主教（Patriarches）的頭銜。西羅馬地區羅馬的主教比其他主教高貴，因為他是耶穌門徒彼得的繼承人。

當討論涉及基督教的重大問題時，各地區的主教聚集在一起開會，稱為「宗教評議會」。西元四世紀時，最重要的一次宗教評議會在小亞細亞的尼西亞（Nicee）舉行，由君士坦丁大帝於西元325年召集。

幾乎於同一時期出現第一批修道院，西元三世紀，埃及的幾名基督徒決定退隱，遠離凡塵以靜思和祈禱，人們稱他們為「隱士」（意為「生活在沙漠中的人」）或「修士」（意為「獨身者」）。西元四世紀時，一些修士組織成「修道院」或「修院」，由一位長老主持，當時修士皆是俗人。

帝國人口的減少和貧窮

安敦尼王朝時代，甚至西元三世紀初塞維魯統治時期，羅馬帝國依舊繁榮昌盛，然而西元四世紀起人口開始減少，並趨於貧窮。

蠻族入侵、內戰、瘟疫，使得數以百萬人死去，西元三世紀末，羅馬帝國的人口比安敦尼統治時期減少一半。大片的土地，過去都是良好的耕作區，如今變得荒蕪。工業和貿易也喪失以往的活力，城市迅速衰落，為了抵禦日耳曼人入侵，人們在城市周圍建起城牆和堡壘。由於食物減少和生活費用提高，賦稅也變得讓人不能忍受。

當時人民的經濟是由皇帝調整，因此戴克里先頒布「物價敕令」，限定生活必需品的價格。為了保證某些重要的行業有足夠的工人，因此規定子女須與父母從事同一職業，例如：屠宰業、麵包業、內河航運業及國營作坊的工人、農民等。農民被稱為佃農，並被牢牢地束縛在他們耕種的土地上。佃農無權離開土地，當業主賣掉田地時，同時也賣掉在那片農地上工作的佃農。

羅馬帝國境內的日耳曼人

為了解決人口減少的問題，西元四世紀的羅馬皇帝決定向日耳曼部族敞開帝國的大門，並允許日耳曼人申請在羅馬帝國當兵、務農或做工，日耳曼人也可以留在帝國境內，但從長遠的角度來看，這項決定很危險。

這些一部分的蠻族人，後來成為羅馬上流社會的臣民，有時擔任重要的官職。皇帝狄奧多西就曾將其侄女嫁給一名日耳曼人斯提里科（Stilicon），並

授予他最高統帥的職位。

　　西元四世紀時的羅馬帝國是一個絕對君主制國家，羅馬城也已經不是首都。

　　基督教成爲唯一的官方正式宗教，日耳曼人的作用也越來越大，此時的帝國與奧古斯都和圖拉眞統治下的羅馬帝國已經毫無共同點，人們稱此帝國爲「下帝國」。

第七節　西羅馬帝國的滅亡

對匈奴人的恐懼

　　我們對西元四世紀時居住在日耳曼地區的民族所知甚少，日耳曼地區在萊茵河東邊、多瑙河北部，但我們至少知道這些民族已經開始組織成爲戰爭聯盟。其中主要的民族包括萊茵河地區的法蘭克人（Francs）、勃艮第人（Burgondes）及阿拉曼人（Alamans）；多瑙河地區的汪達爾人（Vandales）和西哥德人（Wisigoths）；如今俄羅斯西邊的東哥德人（Ostrogoths）。日耳曼人當時尚未有文學和藝術，然而，他們以俄羅斯和西伯利亞（Sibérie）的民族爲榜樣，已經能夠顯示製造珠寶的高超技藝。當中一些部族（哥德人、汪達爾人和勃艮第人）剛剛信奉了基督教，但屬於阿里烏斯（Ariens）教派，是天主教徒眼中的邪教徒。

　　西元四世紀末，羅馬軍隊大體上已抵擋住入侵者的進攻，然而當時的入侵者在多瑙河和萊茵河上施加很大的壓力，以致於這兩處邊境接連失守，日耳曼人如潮水般湧來的事件被稱爲「大入侵」。大入侵最後導致西羅馬帝國的滅亡，並使羅馬文化成爲一片廢墟。

　　此次事件的原因眾說紛紜，很可能是因匈奴人入侵歐洲所致。匈奴人是亞洲的黃種人，來自蒙古草原，是游牧騎兵，他們先進攻中國，西元一世紀末被中國的漢朝驅起出來，他們的殘酷與劫掠在各地都引起恐慌，西元370年左右，他們與東哥德人相遇。這種恐懼感逐漸蔓延到整個日耳曼地區，實際上日耳曼人急忙地湧入羅馬帝國境內，並非爲了摧毀帝國，他們只是想在羅馬帝國尋找一處避難的地方。

西方的日耳曼三王國

　　西哥德人首先獲得在多瑙河南邊巴爾幹半島居住的權力（西元376年），但不久他們就叛變。在國王阿拉利克（Alaric）的率領下，西哥德人入侵義大利並搶劫羅馬城（西元410年）。之後他們從皇帝霍諾留斯（Honorius）那裡取得在高盧西南部、隆河與庇里牛斯山之間的居住權（西元419年），他們表面上效忠羅馬皇帝，但事實上卻是高盧一部分土地的主人，這是在羅馬帝國境內建立的第一個日耳曼王國。

當時，高盧和西班牙剛遭受入侵者的劫掠，勃艮第人也在高盧定居，汪達爾人進入西班牙〔安達盧西亞（Andalousie）地區〕，在國王該薩利克（Genseric）的帶領下，又占領突尼西亞和阿爾及利亞一部分土地，從此西方的各蠻族部落接相繼脫離羅馬帝國。

然而，匈奴依舊未停止向西方入侵。西元450年左右，匈奴王阿提拉（Attila）率領軍隊來到高盧，促使當地人相繼逃亡，因此城市也空落下來，但巴黎除外，巴黎人在一位名叫熱納維耶芙（Geneviève）的少女的勸說下堅守城市。熱納維耶芙向居民保證巴黎將得到神祇的護佑，實際上阿提拉也繞過巴黎，轉而進攻奧爾良（Orléans）。羅馬將領埃提烏斯（Aetius）召集軍隊，西元451年在法國香檳的特魯瓦（Troyes）打敗匈奴人。後來阿提拉又掠奪義大利，但於兩年之後去世，其王國也隨之分崩離析。

義大利的西羅馬皇帝此時已無權力，西羅馬帝國首都當時在拉維納（Ravenne），帝國充滿著動盪不安和騷亂暗殺。羅馬城先是被阿拉利克所帶領的西哥德人占領並洗劫一空，之後又遭受該薩利克帶領的汪達爾人蹂躪。西元476年，義大利一個日耳曼人首領奧多亞克（Odoacre），廢黜年僅十歲的羅馬皇帝，義大利從此也變成一個日耳曼王國，羅馬帝國在西方的版圖則完全消失了。

人們習慣將西元476年視為羅馬歷史結束的時間，歐洲的歷史從此走入漫長的中古時期，中世紀從西羅馬帝國的滅亡一直延續至西元1492年哥倫布發現美洲新大陸。

但羅馬帝國在東方依然存在，並延續了好幾個世紀，其疆域包括小亞細亞及巴爾幹半島，東羅馬帝國在西元1453年才被士耳其人所滅，並徹底瓦解。

羅馬的統一與羅馬法

即使在西方，羅馬的功業也並未隨羅馬帝國的滅亡而消失。羅馬文化影響歐洲很多地區，羅馬的功業可以說是永存不朽。

從政治方面看，羅馬的偉大功績在於它統一了地中海地區，這種統一最初從征服開始，著眼於私利。羅馬共和時期各個行省的命運則出現了轉機，隨著希臘羅馬文化的推廣，羅馬公民權也賦予許多人。卡瑞卡拉的敕令則使帝國境內所有的自由人皆成為羅馬公民。從此，戰勝者與戰敗者之間已沒有分別，因而環繞地中海岸及廣大歐洲內陸，一直到萊茵河和多瑙河流域地區，組成龐大的羅馬帝國，並且由一個君主根據統一的法律來統治。希臘在伯里克里斯

（Périclès）時期，希臘人的政治理想是建立在許多相互獨立的小城邦上，各自為政，只有亞歷山大曾想統一整個帝國並親自統治，然而他死得太早，羅馬的皇帝實現了亞歷山大的夢想，統治的疆域範圍更為廣大。即使後來日耳曼人於帝國廢墟中建立十幾個王國，「羅馬統一」的概念依舊存在許多人的心中，正是這種依舊存在的統一概念，促使後來的征服者如查理曼、奧圖大帝（Otton le Grand）及拿破崙等，皆以皇帝的身分再現，並企圖統治整個西歐。

另一方面，日耳曼人於西方建立的王國中部分保留了羅馬的法律和機構，這些王國是現代國家的雛形，日耳曼人常粗魯地改變羅馬的法律與機構，他們認為這些法律和機構尚不夠理想。羅馬法可能是羅馬帝國留給歐洲人財富中最珍貴的一部分，這部法律在「大入侵」後似乎消失了，但隨後又出現，直到今天依舊對歐洲的立法具有影響。

拉丁語、文學、道德觀念

拉丁語在西方保存下來。隨後幾個世紀裡，人們繼續講拉丁語，至少在文學領域內如此。西元十六世紀，法國的法蘭西斯一世（Francis I）下令法官放棄拉丁語，轉而講法語。路易十四時期，不少飽學之士和思想家則依舊用拉丁語寫作，他們最初以母語寫成作品，但將之翻譯為拉丁語，以便有學識修養的人閱讀。此外，天主教會在彌撒的儀式中使用拉丁語的習慣幾乎一直保存至今。今日西歐大部分國家（從前羅馬帝國的一部分），他們的語言皆是由拉丁語演變而來，如義大利語、法語、西班牙語、葡萄牙語及東歐的羅馬尼亞語等。現代已經很少有人能夠講流利的拉丁語，但世界各地每年仍有數以百萬計的學生學習拉丁語。因為羅馬人為我們留下一份豐富的拉丁文學寶庫。

透過羅馬法和羅馬文學傳播，羅馬主流思想得以普及推廣，構成所謂的「古代文化」，這種文化是希臘人所建的功業，並非羅馬人所開創，但卻是羅馬人使西方人認識到這種文化，因為在西方幾乎沒人通曉希臘語言。這種文化的媒介作用，使拉丁文學在幾個世紀中依舊活躍，也促使古希臘作品在西方重新出版，先是以翻譯形式後來即以原文出版。

西方文明不僅建立在古代文化的基礎上，很大程度也建立在以色列古老預言家的訓誡之上，後來基督教也起了預言家的作用。由於羅馬皇帝自君士坦丁以後，皆對基督教採取扶持的態度，義大利、高盧、西班牙和北非的基督教神學家也用拉丁語寫作，因此歐洲宗教思想的傳播也得利於羅馬的拉丁文和它的媒介作用，這種宗教思想在今天依然使成千上萬的人們所著迷。

第三編
遠東文化

第八章

中國古代文化

第一節　先秦文化

中國之地理

　　中國以高山和谷深與印度分離，又因西藏與蒙古高原，與世界其他部分隔絕。其最大部分位於溫帶，只有沿長江流域最南之數省，有一部分位於夏至線之南。中國最早之文化在黃河、長江兩大流域，這兩大河都是由西向東的。西南部有許多高山，而中國藝術家常喜歡山中之風景。東北部為這兩大河流經數世紀之久所繼續構成的一個大平原。中國北中兩部之肥沃，更由黃土層而益形增加。由蒙古高原吹來半年之乾燥風，挾帶蒙古高原表面之土壤而沉積於中國內地，同時由東南而來的季風，潤澤這些沉積物，使之固著於該地，植物種類繁多，華國之稱，誠為不虛。直到清末中國仍以農業立國，供給超過美國三倍有餘之人口，而其面積僅較美國略大，這一時期，中國生活程度自然比不上美國。

　　換言之，當時中國許多的礦產及其他的天然資源，罕有開發者。不過中國自古以來在各地均有小規模的開採煤鐵；並且當歐美礦產用盡時，中國人仍然可以享受其用之不竭之礦產。他們的長海岸線與可航行的內河，宜於水上之交通。西元十世紀，中國冒險商人曾到過非洲之海岸。

民族與語言

　　中國人是一個融合的民族，但為一個古老的民族，至少在文學中沒有一個外來種族的痕跡。無論如何，有幾種土著民族包括於現在領域之內，而為中國人所吸收了。中國人是屬於黃種人。其頭蓋骨與面孔為圓形的，他們有凸起之頰骨，其眼狀似杏仁，並且通常為黑眼珠，其髮為純黑色，言語是極賅括而簡短，字與句都很短，語言為單音字，而用此較少的幾個聲音，所以同一字也有不同的意義，其區別則在於說話時之聲音。簡而言之，這種語言既非如印歐語系之字形變化，也非如烏拉、阿爾太語系（Ural-Altai Group）之膠著。烏拉、阿爾太語系包含蒙古人和滿洲人，而蒙古人和滿洲人之體格稍類似中國人，並且中古與近世時期，蒙人和滿人均曾先後侵入中國，而成為統治之朝代。

中國文化之繼續性

　　中國由孔子或遠於孔子以前，以至今日繼續之文明，實為我們不間斷的和無中止的文化一個最好的現存的榜樣。這種文明殘留著中央亞細亞各游牧民族屢次入侵之痕跡頗為顯明，繼續保存過去文明的中國人，在最近的幾世紀中顯然變為太保守了，並且至少有一個時期停止了進步和創造，而以保守固有的文化為滿足，現在中國與西方文化對立於世，從晚清到民國時期一些人準備採取西方文化，而西方人之中有些人很熱心地要求他們採取西方文化。中國古代文化將要消滅呢？還是這兩種文化結果將要融合？以及遮蔽住古代發明能力的中國人不完全破壞舊的，而能由舊的當中漸漸發展出一些新的東西呢？

古代遺跡

　　中國文明社會不斷的繼續性，遍布著過去文化荒的殘跡：在藝術方面，中國人喜歡當時看著俗豔的，也喜歡永久作為紀念；在生活上，喜歡禮節和物質文明。人們慎終追遠崇拜祖先，對於祖先墳塋極其重視。

　　在建築方面，多以磚塊和木頭為建築的材料。最早的建築如南北朝時期的南京石頭城、隋代的小雁塔、唐初大雁塔、晉唐之際武昌的黃鶴樓、南昌之滕王閣，新近發現的大部分都在中國邊境許多佛寺中，在荒廢的中亞細亞，或在沿長城一帶的邊界地方。因為在這些地方的古物沒有後期文化的添加和毀壞，故能保存其真跡。在河南殷墟發掘出一堆骨片，其上刻有古代神祕的文字，這或許是預言家的回答，而夷考時期，當在西元前1110年。最早藝術作品之所殘留者，多為商周兩代史前時期以來的古銅器。其上有一個巨大的花樣，而飾以簡單的幾何形款式，或飾以各樣動物和怪獸之形象。其上所刻的文字亦暗示文明一個原始的階段，並且他們有濃厚的顏色而附著數世紀之銅鏽。

史料的豐富

　　古物的證據雖然稀少，但另一方面，中國有最充足和最多不間斷的歷史記載，而為其他任何國家所不及。在中國，歷史和史家常為人所重視，科舉考試所命的題目多為歷史。史家研究文化史、政治史、戰術史，有國史館專記載每個皇帝的各種事情。總之，中國是史家的樂園，並且凡可稱為歷史小說者充斥於民間，正如在其他民族中敘事詩所占的地位。關於遠古的許多記載，聞之似乎全是神話，或許為後世所臆造。盤古氏為第一人，他用一把斧頭，開天闢地，生於數百萬年以前。繼其後者為十紀（十紀為九頭紀、五龍紀、攝提紀、

合雒紀、連通紀、敍命紀、循蜚紀、因提紀、禪通紀、疏訖紀），其中有的是半蛇或半魚，好像雅典的第一個國王；或有獸頭，好似埃及的神；或曾創造各種進步的文化和創立現存的風俗，有如羅馬傳說的七個國王；或享壽極長，有如舊約中之各族長。十三個天皇各在位18,000年。第一個可靠的日期是西元前776年8月29日的一次日蝕（《詩經・小雅》說：「十月之交，朔日辛卯，日有食之」）。後來歷史學家如梁之虞鄺、隋之張胄元、唐之傅仁均、僧一行、元之郭守敬，都推定此次日蝕在周幽王六年十月辛卯朔日入食限。清之閻若璩、阮元也推定此次日蝕在周幽王六年。胡適《中國哲學史》大綱導言，談及西洋學者也說《詩經》之日蝕，當在西曆紀元前776年7月29日中國北部可見。此年恰巧也爲傳說中古希臘人奧林匹克競技第一個紀念的年，希臘人有時即以是年爲其曆法紀元。

孔子的《書經》

最古的歷史記載流傳於後世者就當屬《書經》。此書爲一部歷史材料彙集之書，由孔子所修訂，其年代大約由西元前2400年到西元前700年。此書爲一部道德和教化的理想學說。其第一章爲堯典專講帝堯時代的事情，稱爲盛世，最重要爲定曆法一事（《尚書》上說堯命羲和治曆象，正四時，置閏月，定三百六十六日爲一年）。第二章專講關於帝舜的事情。舜用祈禱與祭祀崇奉上帝；定諸侯朝聘之禮，天子五歲一巡狩，會群后於方嶽之下；又定制群后須朝覲四次，而納貢賦；又定五刑（墨、劓、剕、宮、大辟）。中央設九官，（禹爲司空，平水患；契爲司徒，布五教；棄爲后稷，掌農事；皋陶爲士，掌五刑；垂爲共工，治百工；伯益爲虞，掌山澤；伯夷爲秩宗，掌祭祀；夔爲典樂，諧八音；龍爲納言，出納帝言），地方則置四嶽十二牧之職。第三章爲大禹謨，專講關於大禹的事情。禹因治水有功而得帝位，有「非禹吾其爲魚乎」之說，亦可見其功業的偉大。其他各章，有詳言地理和規定各州貢賦的，即禹貢；有關於誓師的，如甘誓、湯誓、牧誓；以及宣布戰勝，如武成；和誥戒，如酒誥。可見自西元前十二世紀以來，就反對飲酒。

中國古代文化之圖畫

由這一切的東西之中，我們可以推演出古代文化的異常正確之圖畫。各統治者傳說的貢獻，雖或非按照正確的年代次序，但我們大約由孔子時代來看，便可以明瞭文化已經發展到多高的程度了。其中有各種制度或各種發明，如

專制政體、疆域的畫分、星象之觀察、曆法之規定、火與住宅之應用、嫁娶之禮、社會之習俗、祖先之崇拜、占卜術、藥性的知識、灌溉法、各種農具和樂器。最古記載和傳達之法，係用結繩和木契（陸次雲《峒谿纖志》有云：木契者，刻木爲符以志事也）。稍後則用文字，以破竹刷汲取油漆寫之。史臣部（中國史官之設約始於夏），第一個磚廟，絲之製造，貨車和運船，旌旗服制，交換之媒介，度量衡之應用，公立學校，我們以爲這一切的東西，非自古以來已經存在，便是很久很久以前爲最早的各帝王所發明。

中國的文字

文字的發明歸於倉頡，他觀鳥獸之跡而造字。據說在發現的當下，上天歡祝而地獄震動。「天雨粟而鬼神夜號」這種文字之中，有些是代表事物的形體，而爲象形字，現在尚有殘留者，其餘都是會意字。但大多數爲代表聲音的，同一字也有不同意義，須加上決定的符號才行。（漢字有六書：指事、象形、形聲、會意、假借、轉注。本文所說的倉頡造字、上天歡祝地獄震動，皆不可信，大約爲後世所附會。黃帝統一之後，史臣倉頡不過是把各部落的文字加以修正，而統一罷了。此乃文字進步自然之趨勢。）

古代社會與政治之各種禮法

周朝（西元前1115年）考官任職，必以六藝，所謂六藝：禮、樂、射、御、書、數（射、御二者有幾分暗示游牧之起源）。在中國人的觀點上，禮爲最重要的一項。禮的節文，詳細規定於《禮記》之中。

《禮記》也算是五經之一，可是實際上大約作於西元初年的漢朝。在另一部書中，也有禮的規定，這部書與《禮記》聯合而爲第六部經，但後來卻不包括於孔子之經典中了。此書專記周制（周禮），不僅規定許多詳細的祭祀儀式，和卜占未來的一切嚴密方法，而且嚴定君臣之分，並詳密規定民間的各種地方自治之制。這些規律足證其提倡國家社會的安寧、秩序，以及民間之禮節和道德。他們或許源於祭祀的儀節和禁忌，專以保護種族免於災難的。在其他各國，許多專制君主也藉助於一個相似的硬性朝儀，以便使其臣民感受到他們自己的尊嚴。中國人的想法中，認爲皇帝應是人民的模範，至少在某些方面，他應該負責爲人民謀幸福，因此，視民飢猶己飢，視民寒猶己寒。這或許是起於祭祀上贖罪的一種行爲。一種祭祀，與其說是使皇帝同情於人民之痛苦的一種企圖，無寧說是專爲滿足和免避凶荒。也有一個特別的官吏，凡皇帝有任何

失德之行為時，便起而諫之（御史）。一個公共的勸戒官混雜於民間，專事監察和糾正人民的過失（州長，周官州長各屬其州之民而讀法，以考其德行道藝而勸之，以糾其過惡而戒之）。另外還有一個官吏，專管婚嫁之事，男子沒有超過三十歲未娶妻者。

政府的官職和社會的階級

　　皇宮為牆垣所包圍，其中有皇帝，皇后、妃嬪宦官和其他夫役的住所；又有朝堂、太廟、各大臣的辦事所、檔案保存所、國庫、倉廩和鋪店或工匠室，此種工匠是紡織絲麻以供朝廷之用。政府之組織，主要者為六官，即天官、地官、春官、夏官、秋官、冬官。天官以大冢宰為之長，總理諸政；地官以大司徒為之長，掌民治教育及商事務；春官以大宗伯為之長，掌祭祀及朝聘會同之禮儀；夏官以大司馬為之長，掌兵馬出征；秋官以大司寇為之長，掌刑辟訟獄；冬官以空為之長，掌勸農勸工及土木。國庫主要之收入為田賦，理論上，全國之田地是皇帝之財產，與埃及同。又有九州圖，後來即以此而組成帝國，每州有一個嶽及主要之河流、湖和經濟的出產物，每三年調查一戶口（周官閭胥以歲數共閭之眾寡，里宰掌比其邑之眾寡，與其六兵器，由州長三年大比），與慎重地分配兵役，每一家須供給皇帝的軍隊。但統計學也略具規模，因為我們已得到一州平均為五個男子比兩個女子的比例。普通人民分為九類：種植穀物者、園丁和種植果品者、木工、豢養家禽者、工匠、商、從事成衣之婦人、僕役及一個混雜之類（周官太宰以九職任萬民）。奴隸制度，中國無論何時似乎永遠無之。

封建時期（西元前722-479年）

　　周室東遷以來，王綱不振，封建諸侯各私其土，各子其民，名雖隸屬王室，實則各自為政，並且互相攻伐，戰爭不息。孔子乃作《春秋》以褒貶之。《春秋》原為魯國之史乘，記載西元前722-479年的事實，其中把每年所發生的重大事件簡單記之。如魯國及其鄰國君主的生死和婚嫁之事件，又凡關於重要的戰爭和攻伐，以及徵兆和災難，例如：乾旱、水患、饑饉、日蝕、彗星和地震等也都簡單記之。後來左丘明又為之作傳，對於《春秋》上簡單之記載，徵引事實，而詳為解釋，把封建時代之生活、社會戰爭、陰謀、英雄和冒險一一表現出來。在《春秋》之中，我們可以看出兵軍之會盟與宴饗、忌妒與弒逆、行刺和毒斃、奔逃與追逐、辛苦的行軍，以及人銜枚、馬勒口的星夜襲

擊。休戰旗有時也作爲願開談判之用，當實行戰鬥之時，饒命是稀有的，普通會將被殺死者的耳朵割去。作戰時，兵士以鼓進，以金退，其動作也是視旌旗之指揮而定。武器爲刀、矛、盾、鐵鈎和匕首，以及上端戴有鐵頭的木棍。戰士有弓弩手、戰車士和甲冑之士。倘若一種論戰術的著作《孫子》，眞正起源於西元前六世紀的時代，則操練和訓練、戰略和計策，在封建時期已經被視爲很重要。

古代的詩

中國最古早的詩是抒情的，而非敘事的（《詩經》有賦比興之分，賦即敘事之詩），包含於《詩經》一書之中。《詩經》有三百篇，都是里巷的歌謠，孔子把西元前2000年以來所有的詩，刪定而成。不過，大部分都是源於封建時代的各國政情和民俗。這些詩是韻文，各種韻律都有，但通常均是四字一句。《詩經》習慣上都是封建諸侯遞送其本國里巷歌謠之樣本至中央政府，王朝的樂官由此可以判斷各地的風俗和道德，而這種歌謠可視爲各國政府所產生之效果最好的標本。因此，除開講道德的孔子曾謹愼地刪去了任何違反禮教和似乎太粗俗的內容以外，這些詩多能反映出當時的思想和生活。《詩經》上用以記載的語言，已經很類似今日文學上之語言了。

民間的生活與組織

人民住在房屋之中，這種房屋的牆壁用土築成，而外面又用灰泥塗之，並且以茅草鋪蓋成屋頂。屋下的地面，是把土擣成堅硬的，並鋪以乾草而成。最初他們坐在蓆上，但此時已經有桌椅了（孔子之時代）。他們所吃的飯很精美，皆由陶製的盤和碟所盛，並喝有烈性之飲料。小康之家都穿著綢子，這種綢子是貧寒之家所紡織的，腳上所穿的鞋則都是皮質的。直到今日，中國人最厭惡沾溼，而傘在古代就已被使用了。社會的基本組織，從前與現在所遺留的爲父權最大的家庭。但中國人最愛嬰孩，已經結婚的兒子仍繼續與父親共同生活而受其約束。婦女常處於男子權威之下，不是在父親和丈夫的權威之下，便是在其他身爲家長的男子權威之下（中國古代女子未嫁從父，已嫁從夫，夫死從子）。私家的宗教，有祖先之崇拜，以及家宅六神與各種神明，如門神、灶神、庭院之神、土神和穀神。封建諸侯用各種方法企圖降人民於農奴的地位，結果，自古以來，各皇帝鼓勵或嘉許民間的地方政府反對封建諸侯。各村鎮和各區都自選其長，並且在保衛、調查戶口和規定田賦之事件上都自定規律，或

沿守舊俗。中國的行會究竟施行了多久，似乎仍是問題，所以我們將撇開這樣
民主的制度不談；但嚴格來說，非法的或至少說是法外的會社，在中國的工業
和商務上曾為數眾多。這種會社可與歐洲中世紀的行會作研究比較，因為這兩
者是我們行會制度最好的榜樣。

貨幣與度量衡

中國人最初之貿易是以物易物，與古代的埃及人一樣。後來用貝殼為貨
幣，再後來用蓋印的綢麻布與鹿皮的碎塊為貨幣，之後又用中有圓孔的圓銅板
為貨幣，最後用圓形的銅製成錢，中有方孔，所鏤刻的文字，與今日所用者無
異。黍與大米，為早期大多數人民的主要食料，黍為度之單位，寸尺和升斗皆
以此為計算之單位。中國最初即用十進法：十黍單粒纍起來為一寸，十寸為
尺，十尺為丈等。斤是一例外，十六兩為一斤，而由一個粗糙的秤錘所表示。

醫藥與卜筮

自然科學與數學之興趣，可於其觀星象或藥草，以及算術與音樂中見之。
關於算術與音樂二者，我們已經引述過了，此處不必贅述。天文學的智識，為
古代的中國人所有，而這種智識，或得自巴比倫，現在仍為爭論之問題（中國
人早已自己發現此種智識了。因中國人與巴比倫人所發明相似，遂有人懷疑是
抄襲巴比倫的。其實中國人與巴比倫發現此種智識的時間相差無幾，甚至可說
是同時發現。有人因為這種事件，懷疑中國人由巴比倫遷徙而來。近代中國人
又以黃帝乘雲車斜谷孔，證明中國人是由西方來的，恐也不可信。再者，北京
人的發現，考其年代，當在50萬年以上，而全國各處近來所發現的舊石器與新
石器時代之物也甚多，則中國人或許早就住於中國，即謂由外處來的，至少也
當在舊石器時代，於是來自巴比倫之說當屬不攻自破。而天文學之知識，為中
國人古代就觀察而來，並非抄襲的，當可了然）。

天文學在古代是與占星術連在一起，所以詳細觀察自然界之物，往往懷有
發現將來之意見，如用火灼龜甲以觀察其裂縫之類。孔子不僅在他的《春秋》
之中記載了許多先兆和徵兆，而且《易經》之中蘊含一大批的徵兆。《易經》
最初似乎為預言將來的一副占卜圖，卻是後來認為含有宇宙祕密和政治問題及
道德問題的解說。關於蠱惑與巫術的懷疑論，有時在中國古代的歷史上也有表
示（如西門豹、子產之類皆反對迷信者）。在醫學上，謂病有四季之分，頭痛
與神經痛是起於春季；皮膚病是夏季的病；熱疾和瘧疾是秋季的病；喉痛與肺

病是冬季的病（《周禮》：四時皆有癘疫，春時有痟首疾，夏時有痒疥疾，秋時有瘧寒疾，冬時有嗽上氣疾）。

藥分為動物、礦物、草樹等五大類（即《周禮》五藥）。以酸養骨，以辛養筋，以鹹養脈，以苦養氣，以甘養肉，以滑養竅。心臟刺激血液運行於身體之各部，是中國人發明的。雖沒有準確的測時器，但一個名醫尚能在二十四節氣和七十二候之間，分別各種脈搏之不同。

孔子

孔子生於西元前551年（周靈王二十一年），死於西元前479年（周敬王四十一年）。在所有學者及當時各聖賢之中，孔子確實算是古代之至聖，後世稱為「至聖先師」，而在中國文化上發生最大之影響。他出自名族，出生時父年已七十。他三歲喪父，家道窮乏，長作司苑囿芻牧之吏畜殖為蕃，作委吏料量為平。因此，得到各種技術上有價值的實際智識。他幼時即異於一般兒童，陳俎豆，設禮容，以為遊戲。他十九歲結婚（與佛陀同），二十二歲開始設教，弟子逐漸增集。他關於教育的名言曰：「不憤不啟，不悱不發，舉一隅不以三隅反，則不復也。」又曰：「學而不思則罔，思而不學則殆。」「朝聞道夕死可矣。」「興於詩，立於禮，成於樂。」孔子不像佛陀那樣在忽然之間覺悟，他是循序漸進的，不斷地求學，以增進其心思，和堅定其德性。他內心的進步，終身繼續更新：「吾十有五而志於學，三十而立十，四十不惑，五十而知天命，六十而耳順，七十而從心所欲，不踰矩。」逐漸而確實地，把他的理想，永遠印入於中國人之心。

努力改良社會和國家

孔子之時，中國的情形與印度相似，許多賢人及苦行者（制欲派）都厭惡封建國家的腐敗社會，並且對之絕望，相率隱遁，以求安慰於哲學或宗教之中。但孔子反對隱遁，他說：「吾非斯人之徒與而誰與？」因此，他棲棲遑遑周遊列邦，求諸侯之能用他者，便可以行道而改良這個國家，並重行建立正名主義於斯邦之中。他主張人民生性馴順而循規蹈矩，有云：「苟子之不欲，雖賞之不竊。」又曰：「子帥以正，孰敢不正？子欲善，而民善矣。」「上好禮，則民莫敢不敬；上好義，則民莫敢不服；上好信，則民莫不敢用情。夫如是，則四方之民，襁負其子而至矣。」他又主張正名，以為名正則社會自然有秩序、有禮讓而興盛，故曰：「名不正則言不順，言不順則事不成，事不成

則禮樂不興，禮樂不興則刑罰不中，刑罰不中則民無所措手足。」孔子也重視禮，故曰：「禮者，德之本也。」孔子也主張坦白即是仁，而曰：「巧言令色，鮮矣仁。」孔子沒有得到機會實行其改良社會與政治的計畫，但這也許是他的幸運，因為他的道雖無法實行於某一國，卻退而刪詩書，定禮樂，垂教後世，也使其名傳不朽，對於後來的影響更大。他的門徒與以前一樣，日有增加。五經或留傳於後世的中國最古早的文學模範，都和他的名字聯合在一起，例如：《書經》、《詩經》、《易經》、《禮記》和《春秋》。他的名言與道德的教訓，被其弟子保存於其他的幾部書中，如《論語》和《大學》。這些書組合的石壁，為中國防止蠻夷的真正長城，保存中國的文學、歷史哲學和道德。

孔子不是一個教祖

孔子不是一個宗教的領袖，或一個宗教的創立者。他永遠不提怪力、亂神，他不需要任何神的使命或天啟，也避免說超自然的死或來生。「未能事人，焉能事鬼？未知生，焉知死？」又曰：「務民之義，敬鬼神而遠之，可謂智矣。」當有人問他這種事情的時候，他便如此答之，並且他的立場十分明確。因此孔子死後，他的弟子並不主張他為神或神的靈感。此似乎不但是孔子個人可注意的標準，而且是中國人的氣質和實踐性格的標準。所以此邦受宗教的支配，不如印度那樣厲害。

孔子僅為一個道德哲學家

孔子實為一個哲學家。在他的言論中，有一個智慧的要素，這是最大多數的宗教大師的立論中所沒有的。他要其弟子宅心忠厚。「君子」為他所常道的名詞。

對於人生，是使之健全和自制的，以及忠實且守義，較勝於憑藉任何宗教感情的激動，或所謂自願的犧牲。他以忠恕為本，而解釋之曰：「己所不欲，勿施於人」；「泛愛眾而親仁；行有餘力，則以學文」；「用人勿疑，疑人勿用」。老子教人「報怨以德」，這對於孔子義的意思，有些太過分，故他又問何以報德？當葉公誇其民的誠實道：「吾黨有直躬者，其父攘羊，而子證之。」孔子不贊成這種不孝的事情，回答說：「父為子隱，子為父隱，直在其中矣。」

希臘與中國

我們驚訝孔子的學說與其後一世紀的希臘哲學家蘇格拉底、柏拉圖的學說相類似。蘇格拉底同樣主張凡人知善必爲之。柏拉圖討論這個問題：倘若其父犯謀殺罪，則其子是否應當帶其父到法庭？並且應用「正直之思家」這個名詞，有似於中國的「直者」。格爾斯（Giles）找出其他的各種原由，認爲「中國與希臘必定早有關係」，如他們的房屋、家庭的習慣、結婚的禮節、公共的說書者、傀儡戲（希羅多德：「傀儡戲是由埃及傳入」）、當街的變戲法者、骰子的賭博、猜拳、水時計（滴漏）、音樂組織、萬數的應用、曆法和其他許多地方，都有值得注意的相似之處。

老子

老子即是古哲學家的意思，他留下一部書，叫做《道德經》。他似乎有些神祕的性質，且喜歡說似是而非的話。他完全沒有像孔子那樣信仰政府的行爲，或欲恢復皇帝的權力如古聖王之世（孔子祖述堯舜，憲章文武，孟子言必稱先王，而老子則反之，故有聖人不死，大盜不止之語）。老子很明顯地覺得中國的政府太偏於父權政治（太過於干涉民事），認爲最好讓人民自治；他說：「我無爲而民自化，我好靜而民自正。」他也沒有摻雜孔子信賴學與智的思想。他說：「絕聖棄智，民利百倍」；又曰：「法令茲章，盜賊多有」。因此，他較諸孔子更相信人類性善之說，並且相信聖人是不需要的。有些極類似孔子的話，據說也是他講的，例如：「多言數窮」和「夫唯不爭，故天下莫能與之爭」。在其他方面，他的學說較孔子更類似基督教，尤其是他的「以德報怨」之主張。他也說：「強梁者不得其死」（此語與耶穌所說的「凡動刀的必死在刀下」是一樣的意思）。又云：「聖人後其身而身先。」他不僅主張普遍的仁，自制和謙遜，而且竭力勸人無爲，並說：「無爲而無不爲。」這話的意思，有些類似我們的諺語：「靜以待之，萬物自至。」或者如《聖經》中所云：「柔和之人受福，以其能繼世故也。」「汝盡力尋求天國，則一切歸乎汝矣。」老子無論如何未盡心盡力告訴他所作的正確意義，所以他說：「知者不言，言者不知。」又曰：「道可道，非常道；名可名，非常名。」他又說：「道之出口，淡乎其無味，視之不足見，聽之不足聞。」「道之爲物，惟恍惟惚：惚兮恍兮，其中有象；恍兮惚兮，其中有物。」老子有一個很大的信仰，就是放任主義。道的意思，不僅是路，而且爲宇宙之秩序，天體之運行，四時之序，自然界不變的程序。倘若人能順道而行，他就可成爲不滅的。

道教

　　這個宗教通稱道教，目的在於遵此路達到精神的清靜和長生。有時沉溺於鍊金術之試驗，或努力找尋長生不死之藥。後來此教摻雜許多其他的迷信，有幾分像祆教。祆教認為兩個相反之力互相競爭或爭奪宇宙之一半，一方面為光明和溫暖，春和夏，生命和生產以及諸神所代表；而另一方面為黑暗和寒冷、墮落、秋與冬、死亡和衰敗以及凶惡的鬼怪所代表。這些惡魔為非作歹，加害無罪之人；同時神和仁慈的勢力則保護善人。所謂善人者，就是使其生活與宇宙之秩序相調和，關於神與惡魔二者處已有方，研究古聖之書籍和皇曆（因皇曆可以指出他們吉和凶的日子）。道教的道師，現今的職務仍在於用魔術的驅邪物、符咒語和文字以驅逐妖怪；用儀式和喧噪的遊行，以及毆打或傷害他們自己或病人（認為病人被魔鬼所纏）來驅除魔鬼。

孔子以後的哲學

　　孔子、老子之後，哲學繼續發達於孔老門徒之中。孟子（西元前372-289年）傳述孔子的學說，而折衷於主張極端之利他主義（墨子的兼愛）與個人主義（即楊子的為我）的哲學家之間。他有些方面離開嚴格的孔子學說，如主張：「民為貴，君為輕」、「天視自我民視，天聽自我民聽」，以及「聞誅一夫紂矣，未聞弒君也」、「殘賊之人，人人得而誅之」。他更進一步說：「春秋無義戰」，並要求普遍的教育和自由貿易，攻擊托拉斯和放債謀利者，而鼓吹徵收非生產者的稅，或土地上單一稅。

　　中國最早的經濟學家管仲，他是西元前七世紀的一個商人，後為齊相。莊子為西元前四世紀到三世紀道家主要的哲學家，並且是一個美麗的文體大師。其為似是而非之論，類似他以前的老子。他懷疑積極和消極、正和反、是和非、生和死之間是否有任何的區分。「昔者莊周夢為蝴蝶，栩栩然蝴蝶也，自喻適志與！不知周也。俄然覺，則蘧蘧然周也。不知周之夢為蝴蝶與？蝴蝶之夢為周與？周與蝴蝶則必有分矣。」（《莊子·齊物論》）再者，莊子讚美生活，應學古之真人。我們上述這種似是而非的論調，自然會鼓動詭辯術。這種詭辯學派（或者稱為哲人派），在中國古代也頗發達，其發達之程度直與古代希臘者無異。惠施多方，其書五車。他主張：「卵有毛」〔因為它們（指毛）後來出於雛雞之身〕，也主張：「狐駒未嘗有母」（倘有母便非狐駒了）；並說：「火不熱」（熱僅是人的感覺）、「一尺之棰，日取其半，萬世不竭」；又說：「黃馬驪牛三」，因原有分別之二，再加上相合之一，便為三了。

中國之建築學

　　中國建築物遺留者，雖沒有起於西元十一世紀的，而文學上的記載，可表明西元前五世紀和四世紀的建築，除後來受佛教輸入之影響而外，大致與今日相同。拱門雖不常用，但頗爲著名。最大多數的建築，都是一層高的平房，最注重屋頂，屋脊遂成建築上一個重要的形態了。屋頂往往有二重或三重安置於木柱之上，並且雕刻得頗爲美麗，有時刻幻想之妖怪於其上，或用琉璃瓦以裝飾之。建築之特別形式，爲紀念的牌坊，方形之石塔，或十三層之磚浮圖，這些磚浮圖或者是後來隨佛教而介紹到中國的。

第二節　大漢天國

　　西元前202年崛起於中國北方的強大漢朝，統治中國達400多年。漢朝將帝國延展到中國南方、朝鮮北方、滿洲，和中亞絲路上的土地。在這些地區之外，中國還影響了朝鮮南方、日本和東南亞的鄰邦，甚至其北方邊界的那些蠻夷游牧民族，也都珍視中國的產物，像是絲綢和青銅鏡。絲是中國對西方的主要輸出品，而中國則從西方輸入羅馬玻璃製品之類的奢侈品。

　　中國國內在這段期間極為繁盛。訓練有素的官員有效率地掌理政務，而農業和技術方面也有許多進展。各種經營良善的工業當中，手工藝的高水準，尤其從富裕的菁英階級陪葬時的精緻紡織品和玉器、青銅器和漆器可見一斑。

秦的統一與漢朝

　　秦朝建立之前，中國北方陷入四分五裂的「戰國時代」。西元前四世紀，小小的秦國透過有效率卻嚴酷的手段而加以重整，開始擊敗鄰國並占領之，在西元前221年併吞了所有的國家。秦王嬴政，稱號「始皇帝」。

　　秦始皇將行政組織加以改革並系統化，統一貨幣和度量衡，修建馳道，開鑿運河，並鼓勵農耕。然而，其統治卻嚴厲且高壓。他毀掉所有從前國樂民安的紀錄，殘酷地壓制反對勢力，並強迫成千上萬的子民為他的建築工程做工，因而導致這些人的死亡。秦始皇死於西元前210年，他死後，境內的叛亂很快就讓整個帝國分裂了。在這當中，一位新的領袖在西元前202年出現，即劉邦（漢高祖），他獲得勝利，建立了漢朝。除了王莽篡位的一小段時間（西元9-23年）之外，漢朝一直延續到西元220年。

漢帝國

　　漢朝承襲並改善了秦始皇所建立的行政系統，設立了專業的官吏體系，透過考試即可獲得官職。為避免政治腐敗，漢朝往往將官員派遣到離家甚遠之處。西元前117年，將鐵製品和鹽製品定為國家專賣，以資助公共建設及軍事戰役。鹽是從地底深處的礦床，以鹽水的方式開採。鹽水運送到地面上以後，便放在用天然氣加熱的鐵鍋內蒸發，以此法製鹽。

　　為了改善灌溉，漢朝開鑿了運河和溝渠，而新式或改良的農具（例如：鐵犁和獨輪手推車），也提高了農民的生產力，這些農民居漢朝人口之大半。即便如此，西元後數年間，一段延續許久的乾旱，引起了極大的苦難和性命的損失。如同以往，農民必須受徵召服工役，也必須在防禦鄰國的龐大軍隊中服兵役。

　　顛峰時期的漢帝國，由北到南，由東到西，延伸約1,600公里，人口有570萬人。其擴張大多發生在早期帝王的統治時期，尤其是漢武帝時期（西元前141-87年），北邊遠征到滿洲和朝鮮中部，南邊則遠至越南北部。漢朝同時還控制了絲路上的一片狹長土地，其西邊則遠至佛甘那（Ferghana），即現代的烏茲別克（Uzbekistan）。

　　這些地區的生活方式都受到中國文化的影響，中國的統治結束之後，許多中國風貌還在這些地區延續了好長一段時間。漢朝末年，皇權衰微加上內亂，使得三位霸主瓜分了政權，出現三國鼎立的局面。政治局勢動盪不安，一直到西元581年中國才再度統一，進入了隋朝。

　　在政治動亂之中，漢朝所立下的文化模式卻延續下去，成為傳統生活方式的基礎，為後人所刻意遵循，無論君王、文人或農民皆如此。祭祀祖先這類的古老習俗也都有所延續，然而是漢朝刻意把一個高效率、由官僚所掌理且井然有序的階級社會予以具體化。伴隨這個政治體系的，是對公共建設的投資，譬如運河和道路，還有對學術研究和手工藝的提倡。從此之後，中國把自己看做一個統一的國家，而非一群個別、對立的政治組織。往後即使在政治分崩離析之時，這份理念仍然一直維持著。

日常生活

　　漢朝的中國人大半是農民，其中一些是有資產的地主，享受著非常舒適的生活，另一些是擁有足夠土地來養活自己的農民，其他則是沒有土地的貧窮工人，受僱於有錢人。農民住在簡單的茅草泥磚屋裡，而有錢的地主和貴族則可能住在堅固的房子裡，房子好幾層樓高，用木頭和灰泥加上瓦片屋頂所蓋成。在這樣一幢宅第的寬大廳堂裡，屋主會以佳餚美酒款待賓客，另有樂師、舞者以及耍雜技的人娛樂之。家中的女人負責料理、紡織絲綢等家務事，而孩童則以下棋這類活動自己消遣玩耍。打獵是貴族喜愛的運動，尤其是用弓箭射殺鳥禽。漢朝前期的首都長安，為當時世界上最大的城市之一，居民有25萬人。城中許多建築都是皇室宮殿，漆以絢麗的紅色和金色。建成整齊格子狀的寬廣道

路是設計來容納行進隊伍的。城牆內有九個興隆的市場，農民可以在此販售農產品，工匠則販賣其器物，而飢餓的顧客也可以順便在熟食攤買頓點心。保衛城市的厚重城牆和護城河外面，有座林園供皇帝打獵。後來，更東邊的洛陽城代替長安成為首都，此城早在東周時期就曾是首都。

墳墓

漢朝遺物中最華麗的物件，大半出土於墳墓。中國人認為必須為富有的死者準備好所有在另一個世界需要的東西。這個時候，僕役殉葬的習俗，已經改為提供僕役和樂師的人偶。其他一些重要物件如馬匹和馬車，雖然還是經常以真品陪葬，但也會以陶土或是青銅的縮小模型供應之。西元前二世紀的中山王劉勝及其王妃竇綰的陵墓，是以房屋的形式建造的，入口兩側有馬廄（不乏陪葬的馬匹和馬車）與庫房，廳堂的中間有圓帳，後面有一間私室。玉一直和永恆不朽有關，而這對夫妻埋葬在一整件金線串聯起來的金縷衣中，他們（錯誤地）相信這麼做能夠保存身體，使其不會腐朽。

軚侯（辛追）夫人

最為華麗且過去未曾被掠盜的漢墓之一，就是軚侯年長寡婦的陵墓。她的身材有點胖，五十五歲時，吃下甜瓜後不久，便死於心臟病。因為在埋葬時很小心地讓墓室處於沒有氧氣的狀況，所以她的遺體保存得很完整，外面裹了許多層的織錦袍子，安葬在一層層的棺木中。最內一層用一面上好的絲織旗幟包覆起來，旗幟上繪有她前往靈界的旅程，而在靈界中，還鉅細靡遺地記錄了眾人的生活，由天官保存，再由天神根據這些紀錄審判眾人。

軚侯夫人的木頭墓室中，日常生活用品及珍貴的收藏品琳琅滿目，包括一套套紅漆製成的餐具、她的絲織拖鞋、一捆捆細緻的絲綢、樂器，以及許多其他器物。許多盒子內盛有食物，像是煮熟的野味和魚、穀類和水果。樂師木偶則永世提供音樂。覆蓋著她墓室的土塚內，還有她先生和幼子的墳墓。在這位年輕人的墳墓裡，陪葬了一間圖書室，藏有三十冊書，包括儒學和道家的經典之作。其墓中還發現幾份地圖，乃是中國出土的最古老地圖。

第九章

印度、日本古代文化

第一節　不同的地貌、文化和語言

古代印度

　　包括現在的巴基斯坦、印度、尼泊爾、孟加拉和斯里蘭卡。兩條大河孕育了印度北部的古代文明。在青銅時代，印度河滋養著這一流域的文明，恆河則孕育了另一文明，即後來的印度第一「帝國」。不過，人們對西元前250年的印度南部卻知之甚少。

　　印度河流域的文明大約在西元前2000年左右沒落，之後的一千多年裡，古代印度的各個民族生活在小村子和小鎮裡，其間社會發生了很多重要的變化。一個新的民族從北部進入印度，帶來了新的生活方式和新的語言——梵語。這些吠陀部落自稱為雅利安人，本是游牧民族，但在逐步征服了恆河平原的本地居民後，便開始在小城鎮定居下來。

　　據吠陀本集記載，吠陀民族的成員共分為三個階級：享有最高權力的是祭司，繼之是武士，最後是土地所有者和商人。被征服的土著居民淪為農民，居社會最底層。各個吠陀部族之間爭鬥不斷。

城市的興起

　　城市開始逐漸形成，到西元前600年，印度北部已出現許多城市。這些城市通常是小的王國或共和國的中心，考薩比（Kausambi）城即是其中之一。約有10,000人居住在考薩比城內，更多的人則生活在城市周圍的小鎮或小村子裡。用土築成的防護牆環繞在城的周圍。城內的考薩比人從事著各種不同的職業：製陶工人製作表面富有光澤的黑色陶器，我們至今仍不知他們使用的是什麼技術；金屬加工工人把銅加工成各種銅器，或把鐵打造成各種工具和武器；珠寶加工者用寶石和貝殼做成各種雅緻的項鍊；商人們經營店鋪，或與其他城市的同行們交易；政府官員負責稅收和監督公共工程；警察則維護公共秩序。考薩比周圍的居民大多是農民。

錢幣和文字

　　在城市興起的同時，一些地方政府開始鑄造銀幣以方便買賣的進行。印度的第一批錢幣不同於我們的圓形錢幣，而是呈一端彎曲的長條狀，不久以後，

圓形和方形錢幣也隨之出現。

文字極有可能產生於西元前五世紀。迄今所知印度最早的文字來自印度南端島國斯里蘭卡，考古學家發現了西元前400年刻有文字的陶罐碎片。

雖然沒有找到例證，但印度北部的商人很可能使用了同一文字來記帳，這也許可以上溯至斯里蘭卡陶罐之前更早的年代。起初，文字看上去只是一種記錄商業情況的詳細形式，後來官員們才開始記錄官方的事務，宗教人士則寫下了當時口頭背誦流傳的神話和傳說。

地區衝突

吠陀時期看起來比較繁榮，但並不太平，王子們之間互相鬥爭，獲勝的王子又開始去征服鄰近的部落，不久之後，四個王國得以統治印度北部，他們之間為爭霸權而互相征伐。到西元前330年左右，摩揭陀（Magadha）王國在征伐中勝出，並試圖控制印度的其他地區。

除戰爭之外，當時社會也經歷著其他一些巨大的變化。國王和政府權力越來越大，一部分的人，如商人，開始富裕起來，但大多數人仍是以耕作為生的農民。婆羅門教產生於相對原始的時代，越來越不適應城市和各個王國的生活方式。幾位思想家提出幾種新的宗教以適應新時期需要，其中一位就是佛教創始人喬答摩（Gautama，釋迦牟尼的姓），另一位是主張非暴力的摩訶毗羅（Mahavira，大雄），他的追隨者，即耆那教教徒（Jains），害怕殺生，故以口罩掩嘴以防吸入小昆蟲。

同時，恆河流域的各個王國正在形成，西元前六世紀，波斯大流士一世征服了現在的阿富汗到埃及的中東地區和希臘北部。波斯帝國還包括印度的一部分地區（現在巴基斯坦北部一帶）。

強大的波斯帝國最後被馬其頓的亞歷山大所征服。到西元前323年他去世之前，亞歷山大已經征服整個波斯，一直推進到印度河，並試圖入侵強大的摩揭陀王國。但他在傑赫勒姆河打敗了旁遮普（Punjap）國王波若斯（Porus）後，亞歷山大的軍隊就掉頭返國。亞歷山大死後，他的部將繼續為馬其頓帝國爭奪土地，但沒有人可以推進到印度東北部，在混亂中，第一個印度帝國形成了。

孔雀王朝

西元320年，印度一位名為旃陀羅笈多・孔雀（即月護王）的年輕人推翻

了摩揭陀的統治者，登上王位。據記載，希臘人侵入印度時，他曾協助抵抗亞歷山大的軍隊。如果真是這樣，極有可能是那次經歷使他有了統治整個帝國的野心。在亞歷山大死後不到一年的時間裡，月護王（Chandragupta Maurya）已經從希臘將領們手中奪取了印度西北部和阿富汗。

月護王的兒子頻頭娑羅（Bindusara）繼位後，征服了恆河南部的大部分地區。到了西元前250年左右，頻頭娑羅的兒子阿輸迦（即阿育王）時期，孔雀王朝幾乎統治了整個印度北部。阿育王是一位強悍正直的國王，在他統治期間，印度經歷了和平繁榮。

第一位摩揭陀國王執政後，在一位名叫考底利耶（Kautalya）的婆羅門智者協助下治理國家。考底利耶寫了《政事論》一書，對如何成為一名合格的國王進行了指導。考底利耶建議，事情不分大小，國王都要親自過問；官員可承擔部分工作，但應派密探去調查人民的感受和他們正在做的事情。阿育王極為重視考底利耶的建議，他認為安定和社會責任感是國家繁榮的必要條件。

孔雀王朝的統治者們把都城建在華氏城（Pataliputra），即現在的巴特那（Patna）。華氏城沿恆河河岸綿延14公里，是古代最大的城市之一。厚厚的木頭築成的城牆環繞四周，牆外是深深的護城河。城牆上建有570座塔樓、64道門。考古學家對這座城市發掘較少，故我們對它也了解不多，不過人們在一次考古發掘中發現了一座宮殿的遺跡──一個巨大的平臺上立著80根石柱，支撐著高約6公尺的木質屋頂。

孔雀王朝時代的人還建造了其他許多城市。考古學家發掘出的幾座城市都有方形的圍牆和筆直的街道，頗符合考底利耶建造城市的指導原則。人們居住在多達15間的房子裡（有些是上下層）。住宅中心是一個院子，供一家人在露天處烤麵包、做飯，或做其他的事情。我們可以想像一下，把印度強烈的陽光拒之屋外的木造百葉窗、院子上方的陽臺，也許還有散發著芳香的樹木和盛放的牽牛花。

孔雀王朝的國王們在城外建造許多宗教建築，佛教徒建造幾座寺廟。佛塔是用土和磚建成的拱頂建築，用於保護聖物。起初佛塔只是簡陋的小土丘，不久後得以擴建，後來的佛塔裡面放著宗教文獻。佛塔周圍有一條小路，可供人們沉思漫步。佛陀死後，屍體被火化，骨灰分別埋在第一座佛塔下面的七個地方。佛教徒們還建造了圓形拱頂大廳來供奉佛祖。有些大廳是圓形的，有些是長方形的，圓形一端建有小型的室內佛塔。

很多早期的大殿都開鑿自原生岩石，其中最有名的是位於旃陀（Ajanta）的懸岩中開鑿出的修道院和寺院，這些建築中最早的可以追溯至西元前二世紀

到一世紀。婆羅門教徒也建造了許多寺院，主要是爲了紀念毗溼奴（Vishnu）而建，但其中詳情我們知之不多。佛塔和寺廟只是孔雀王朝之後的幾個世紀裡，盛行佛教和印度教宏偉壯觀的傳統建築之始。

阿育王是第一個把命令書寫下來並記錄其功績的印度國王。這些文字刻在公共場所的岩石和石柱上，阿育王的石柱是印度古代柱形建築中最有名的。這些石柱是用出產於現今恆河平原東部巴納拉斯（Banaras）附近的一種特殊沙岩做成，每根石柱都是用一塊長約12公尺的巨石加工而成的，頂端是裝飾過的柱頭和動物圖形——通常是獅子，有時是公牛或馬。薩爾納特（Sarnath）的石柱上有四個獅子雕像，這件藝術品已經成爲現代印度的象徵。

阿育王把大部分石柱豎立在孔雀帝國的中心摩揭陀，其他一些散置在印度中部到西北部。這些巨大的石塊很可能是靠大象拖過平原和高山的，行程近1,600公里。

不幸的是，後來孔雀帝國遇到了無法解決的難題。西元前185年，孔雀王朝最後一個統治者去世後，整個帝國分崩離析。印度重新分裂成了許多小王國後，外族人，包括來自阿富汗的希臘人，統治了印度北部的一些王國。

貴霜人、笈多帝國和匈奴入侵

西元100年左右，來自中亞的貴霜人侵入印度北部，建立了一個龐大的帝國，這一帝國從中亞延伸至恆河流域，還包括著名的絲綢之路，即連結中國和歐洲的商業之路。

貴霜人重現了孔雀帝國的輝煌，信奉佛教。在他們的庇護下，佛教傳播到亞洲並進入到中國，這使後來許多精美佛像的產生成爲可能。這一個帝國持續了三個多世紀後又分裂成小的國家。

儘管政治意義上的孔雀帝國解體了，但印度洋上的海路貿易開始繁榮起來，滿載地中海地區貨物的羅馬船隻駛入印度洋交換印度商品，如香料、象牙、珠寶。他們沿印度西海岸航行，有一些人甚至沿東海岸北上探險，統治印度中部的國王們通過海路促進貿易發展，西至阿拉伯和非洲，東至東南亞。但商船也把殖民主義者引入中亞和東南亞。

印度喪失了孔雀帝國時政治上的統一，但各族人民在之後的國王統治下繼續繁榮，許多大城市建立起來。手工業者如陶器工人、木匠和金屬加工工人組成了各種行會。行會和種姓制度有著密切的關係，保證子承父業，待在自己所屬的階層內，行會組織富足，有能力興建佛教寺院。

　　因此，裝飾有雕像、石欄和雄偉大門的佛堂、佛塔和修道院占地越來越多，也越來越豪華，一些佛窟裡面有精心繪製的圖面。印度西北部的佛教藝術家借鑒希臘的一些觀點，創立優美的雕塑風格，對後世印度藝術產生了深遠的影響。但佛教此時並不是唯一的宗教，婆羅門教徒仍向他們崇拜的神靈敬奉供品；在印度西北部，波斯和希臘諸神也有各自的信奉者。

　　西元320年，擁有大量地產的笈多（Gupta）家族在摩揭陀奪取了權力。旃陀羅笈多一世的統治只限於恆河東部地區，但第二任國王沙摩陀羅（Samudra）開始透過征服鄰國來建立自己帝國。笈多家族的權力在旃陀羅笈多二世統治時期（西元375-413年）達到頂峰，控制了從恆河河口到印度河，直至巴基斯坦北部的整個印度北部。

　　笈多國王們偏愛印度教，許多婆羅門儀式再度復興。同時，印度教本身也發生了變化。人們開始以更為個人化的方式去信奉神靈，而不僅僅是敬奉供品。因此祭司的地位不再那麼重要，各個神靈塑像受到人們的歡迎。這些塑像是神的象徵，多數有著四條或八條胳膊，每隻手裡都握著一件代表此神不同特點的物件。不過印度教寺廟仍是小而簡陋的建築，我們現在所看到，建有塔和精美雕像的宏偉寺廟，是後來才建的。

　　印度的哲學家們開始記下他們的思想，發展了延續至今的印度哲學各個不同流派。這一時期的哲學家和神職人員寫下了印度教許多重要的宗教文獻。

　　笈多統治者們對其他宗教信仰持寬容態度，故佛教此時仍廣為流傳。國王和其他一些有錢人為興建印度教寺廟和佛教寺廟捐獻了大量錢財，但逐漸地，佛教不再那麼廣受歡迎。現在，佛教在其發源地的印度信徒並不多，但在中國、日本和東南亞仍有眾多信徒。

　　笈多家族統治時期是印度古典文學和藝術的黃金時代，數學和天文學有了長足的發展。科學家們認為地球是一個旋轉的圓形球體，月蝕是地球的影子遮住月亮而引起。一所有名的佛教書院吸引了來自中國和東南亞的學生。

　　印度書院的課程主要是有助於宗教辯論的，如文法、寫作、邏輯、文學和演講。書院極為富有，提供免費教育，但大多數兒童並不上這類書院，而是在父母所屬的行會裡接受實用的職業教育。

　　笈多國王們主張各地的人應解決各自的問題，許多城市由商會和行會負責管理。手工業開始繁榮，印度因其精美的布匹、雕鑿的象牙、珠寶和其他特產而聞名。與其他國家的貿易往來越來越重要，城市也越來越繁華，儘管很多貧民仍住在貧民窟裡。

匈奴入侵

西元460年匈奴入侵後，印度的和平繁華時代走到盡頭。匈奴人來自中亞，以殘暴和殘忍而出名。印度人成功地抵制了他們的進攻，但貿易活動被迫中斷，減少了笈多帝國的財政收入。笈多國王勢力越來越弱，帝國的部分地區宣布獨立，西元540年左右匈奴再度入侵。

在繼之而來的混亂中，城市生活在印度的部分地區不復存在，佛教寺院在艱難時世中倒了下去。笈多國王仍繼續統治了五年，但僅限於其興起地摩陀地區。西元515年，印度西北部的大片地區淪為匈奴人中亞帝國的一部分。我們對匈奴人在印度的統治情況知之不多，但匈奴人壓迫當地居民，是極為殘暴的統治者。幸運的是，他們統治印度的時間並不長——西元六世紀中期，匈奴人敗給突厥後，其帝國土崩瓦解。

西元606年，即笈多王朝滅亡一百年後，一位才華橫溢的首領戒日王（Harsha），成為恆河平原中部城市卡諾（Kanauj）的國王。戒日王在北部創立了印度帝國，但比孔雀帝國和笈多帝國小很多。他無力打敗當時印度南部各個強大的王國，因此，能夠統治恆河平原就已經心滿意足。與笈多家族一樣，戒日王不惜以重金資助印度教和佛教組織，另外還促進了藝術的發展，一本為戒日王歌功頌德的傳記是梵文文學的代表作之一。四十年後，戒日王去世，其帝國迅速瓦解。印度另一帝國的形成是在近一千年之後。

第二節　古代日本文化

日本的起源

日本由太平洋北面朝鮮半島沿岸的一些島嶼組成。我們對日本古代文明知之不多。日本第一本歷史書《古事記》，寫成於西元712年，它重述了日本古代神道信徒們流傳下來的神話和傳說。

這些傳說把日本諸島的起源歸功於神靈，尤其是太陽女神——天照大神。據《古事記》記載，天照大神的後裔——神武天皇，在西元前66年建立了日本帝國。日本人相信神武和其他天皇都是神靈。在後來的世紀裡，當天皇出現在宮殿的牆外時，人們全都深深鞠躬，不敢抬頭觀看；天皇如果從街上經過，人們就必須將門窗緊閉。

早期的日本人以打獵和捕魚為生，至西元前200年，很多人開始種植稻米和其他作物，並在村子裡定居下來。後來，人們開始用稻米來繳稅，稻米以石（Koku）計，為一個成年人一年的稻米量。不同的家族控制著不同的地區，他們之間不斷發生戰爭，其中最重要的家族之一就是大和家族，其為神武天皇的後裔，居住在現在的奈良地區。那時的人們開始建造陵墓，至今已發現一千多個。陵墓的斜坡上是一排排的武士、神職人員、舞者、房屋和其他物品的泥塑模型，這些模型為死者充當警衛和僕人。

中國的影響

西元57年，日本使者前往中國，在接下來的幾百年裡，日本人不斷地從強大的中國借鑑新思想。日本人引入中國的符號文字加以改進，來適應他們的口語；還從中國學習很多的技藝，諸如：澆鑄青銅、陶瓷製作和絲織技術。西元522年，佛教從中國和朝鮮傳入日本。佛教徒主張以愛心對待萬物，他們能與崇尚自然的神道教信徒們共存。

西元593年，日本第一位女天皇——推古天皇，把權力交給了她的姪子聖德太子，而他促進了中國文化思想的傳播。佛教徒開始用花裝飾寺院，這一簡樸美觀的裝飾方法，發展成為日本的一種藝術形式，這種被稱為「插花」的藝術至今仍是日本人民生活的重要部分。中國人把紙傳入日本之後，日本人把紙折疊成不同形狀和物品，他們把這種創造性的藝術稱為「折紙術」。在伊勢一

座重要的神道教神社裡，諸神像就是用一種特殊的紙折疊成的。

新都和奢華的生活

　　西元710年，平京（現在的奈良）成為日本的首都和政府中心，這一城市也是日本佛教中心，法隆寺早在一個多世紀前就已建立，這座有名的寺院也許是世界上仍在使用的最古老木質建築。另一座重要的佛教寺院東大寺則建於西元752年，裡面存放高達16公尺的青銅佛陀像。到了西元794年，皇室很多人認為佛教徒們對國家事務影響過大，桓武天皇把都城遷到了北面40公里處的平安城（今京都）。

　　如之前的平京城一樣，平安城街道呈棋盤式布局，兩座城市都是仿造中國唐朝都城長安建造的。美麗的平安城人口不久就增至100,000人，其中10,000人是貴族或官員。天皇身邊的侍臣們不久就成為「雲中居住者」，他們生活奢侈，每天或在花園裡散步，或吟詩寫信，或參加宮廷慶典活動。在慶典活動中，貴族們穿著寬鬆褲子，外罩一件後面飄帶拖曳的長袍，頭戴帽子。平安時期的宮廷婦女們穿著絲織和服，和服由十二層顏色各異的曳地袍片組成。在皇宮裡，天皇和侍臣們可欣賞一種舞蹈，舞者都是男性，他們通常穿著禮服、戴著面具，和著長笛、雙簧管、齊特琴、鼓和鑼所奏出的「雅樂」翩翩起舞。在平安宮廷生活的人，視外界的人為野蠻人。

　　這一時期，天皇把大量土地賜給貴族，其中一些貴族逐漸強大。西元858年，強大的藤原家族控制了整個國家，雖然他們仍尊重天皇的重要性。天皇迎娶了藤原家族的女兒，使得這一家族的影響力更為強大。這一時期，日本與中國官方關係中斷，日本本土的傳統開始繁榮起來。貴族們用毛刷和墨水在上好的紙上發展了一種美觀的書寫形式，即美術字體。西元1000年左右，一位宮廷內的女性紫式部寫了一部長篇故事《源氏物語》，很多歷史學家把它看作世界上第一本小說。這個故事中的主人公——源氏，是一名英俊瀟灑的貴族，文中講述了他在宮廷中的奇特經歷。

武士時代

　　藤原和其他家族圈占了大量私人土地。這些土地的領主們被稱為大名，富者足以組建軍隊，他們僱用家丁來保護領地以及耕種這些土地的農民。這些家丁被稱為「武士」，遵守著一套嚴格的行為準則，即武士道。

　　十二世紀中葉，兩個強大的家族平氏和源氏為爭奪對平安藤原皇室的控制

權而發生了戰爭。西元1160年，平氏家族奪取了權力，但其霸權地位只維持了
25年，便在一次海上戰役中被源氏家族擊敗，源氏家族又成爲日本最強大的氏
族。源氏家族的族長源賴朝宣布保護天皇，並以天皇的名義統治全國。西元
1192年，天皇加封源賴朝爲「將軍」，源賴朝組建了軍國政府，以天皇的名義
統治日本長達700年。

第四編
中世紀早期歷史

第十章

西元五世紀到八世紀的
歐洲狀況

第一節　蠻族王國

西元五世紀時期的歐洲

西元476年開始，羅馬帝國只存在於東方，首都是君士坦丁堡（Constantinople，亦稱拜占庭），此時整個西部羅馬都陷入蠻族的手中。

日耳曼人（Germanique）中的盎格魯人和撒克遜人（Saxons）在不列顛（今日的英格蘭）登陸；東哥德人（Ostrogoths）才從奧多亞克（Odoacre）手中奪走義大利；汪達爾人（Vandales）占領北非；西哥德人（Wisigoths）侵占西班牙和高盧南部；還有一支日耳曼人的王國在北部高盧形成法蘭克王國（Francs）。

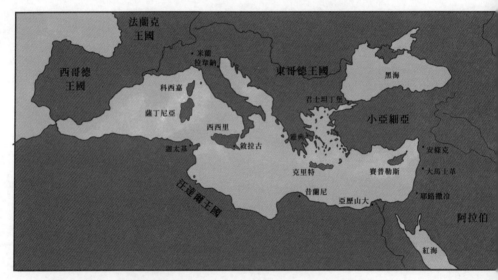

圖4-10-1-1　五世紀時期的歐洲

東哥德人、汪達爾人和西哥德人

西元五世紀結束的時候，東哥德人從奧多亞克手中奪取義大利，東哥德人的國王狄奧多里克（Theodoric）並不想毀掉羅馬文化，相反地，他盡其所能保存羅馬文化。狄奧多里克年輕時在君士坦丁堡度過，他十分仰慕羅馬帝國的

成就，因此任用羅馬人為行政官員，並命令所有的臣民遵從羅馬法，他的臣民不僅有羅馬人，亦有東哥德人。此外，他也保護拉丁作家，修復羅馬時期的建築物和興建新的公共工程，例如：在其首都拉維納（Ravenne）所進行的建築工程。

然而在汪達爾人占領區，卻找不到一點羅馬文化的痕跡。汪達爾人向來是羅馬人最野蠻的敵人，汪達爾人在國王該薩利克（Genseric）的帶領下，於西元455年瘋狂地洗劫羅馬城，今日「汪達爾」一詞帶有貶意，即源於此。汪達爾人占領北非的突尼西亞和一部分阿爾及利亞的領土，也占領了薩丁尼亞島（Sardaigne）、科西嘉島及西地中海的巴利亞利群島（Baléares），然而他們也總是遇上當地居民的敵對反抗。

西哥德人看起來比較強大，他們占領了幾乎整個西班牙以及大部分的高盧（直到羅亞爾河，甚至包括普羅旺斯），他們的國王定都於土魯斯（Toulouse），且依舊覬覦著北部羅亞爾河（Loire）與索姆河（Somme）之間的領土，這部分領土當時由羅馬將領希阿哥尤斯（Syaguius）占領著。西哥德人最終想占領東部勃艮第人（Burgondes）的王國，勃艮第人是生活在索恩河（Saône）與隆河（Rhone）谷地的一支日耳曼部落。因此，整個高盧似乎也就成為西哥德人所獨占的地區。

三個王國的弱點所在

實際上，東哥德人、汪達爾人及西哥德人的統治，比表面上看起來還要虛弱許多。這三個民族都皈依基督教，但卻是阿里烏斯派（Arien）的信仰者，在主教眼中，他們都是邪教徒。「大入侵」的混亂中，主教成為最重要、最令人信服的人物，誰要是遭到他們的反對，即是自取滅亡。此時，他們準備幫助第一位蠻族王子，反對阿里烏斯派的教徒。

法蘭克人

高盧北部及東北部另有一支日耳曼人稱為法蘭克人，他們也是異教徒，一部分是里普利安（Ripuaires）法蘭克人，另一部分是撒利克（Saliens）法蘭克人；前者居住在萊茵河流域的科隆和美茵茲地區（Mayence），後者占領今比利時領土的西南地區，每一支法蘭克人都有好幾個部落，每一個部落都擁有自己的領土。西元460年左右，撒利克法蘭克人的一個部落在圖爾奈（Tournai，現今比利時境內）附近安頓，其首領是希爾德里克（Childeric），

後來人們發現希爾德里克的墓穴，陪葬的有他的馬、武器和珠寶。希爾德里克雖是異教徒，卻對主教展示極大的好感，並將這種好感傳給他的兒子克洛維（Clovis）。西元481年，克洛維繼承他的王位。

克洛維很快就明白到，如果他向天主教表明支持的態度，將會得到許多好處；只要有主教的支持，他一定能統治整個高盧。

克洛維：高盧的征服者

首先，克洛維在蘇瓦松（Soissons）取得勝利，再從希阿哥尤斯手中奪取索姆河和羅亞爾河之間的土地。隨後，他又在托爾比阿克戰役（Tolbiac）打敗阿拉曼人（Alamans），阿拉曼人是居住在萊茵河兩岸、美茵茲南部的一支日耳曼民族。最後，克洛維在勃艮第人的協助下，於普瓦捷（Poitiers，西元507年）附近的武耶（Vouille）打敗西哥德人，並將西哥德人驅逐到西班牙，庇里牛斯山以北的地區只給他們留下朗格多克區（Languedoc）。

同時，克洛維策劃許多陰謀與暗殺，使撒利克法蘭克人及里普利安法蘭克人皆承認他爲法蘭克人的首領。西元511年克洛維去世時，除了勃艮第王國與地中海岸地區外，他已是整個高盧的主人。

克洛維的勝利特別歸功於天主教徒的支持，當他還是異教徒時，娶了一位天主教公主克洛蒂爾德（Clotilde）爲妻，隨後，他帶領整個部族皈依天主教。西元500年左右，聖勒彌（Saint Remi）主教在蘭斯（Reims）爲克洛維施洗。他對異教徒西哥德人的戰爭，可以被視爲天主教的一次十字軍東征。克洛維將巴黎定爲王國的首都，他爲自己的墓地上建立一座紀念碑，後來在奧爾良（Orléans）召集一次主教會議，高盧近一半的主教都參加了這次會議。

世俗的領主也與克洛維聯合，因爲克洛維沒有將他們的土地沒收，他只沒收屬於羅馬帝國的所有財產，而非個人的財產；他從未將高盧－羅馬人看作戰敗者，而是將他們與法蘭克人一視同仁，因此，雖然克洛維只被稱爲「法蘭克人的國王」，但實際上他的威望已被所有高盧居民所接受。

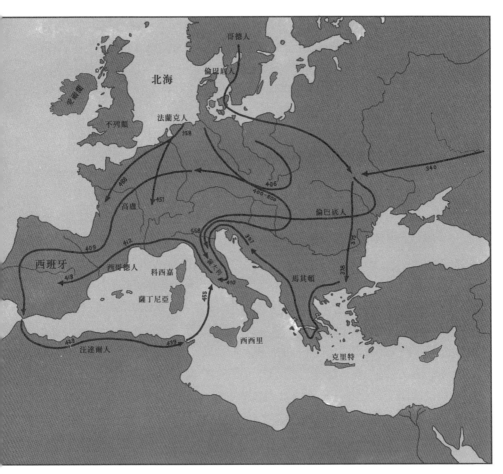

圖4-10-1-2　五世紀蠻族的入侵

第二節　墨洛溫王朝統治下的高盧

墨洛溫家族

　　由於克洛維的祖父墨洛溫（Merovee），克洛維及其繼承者因而被稱爲墨洛溫家族（Merovingiens），統治高盧達兩個半世紀之久（西元511-751年）。墨洛溫家族中最初幾位統治者相當活躍，往往是偉大的征服者，他們統治勃艮第王國、普羅旺斯及今天萊茵河彼岸德西的部分土地，但在國內，他們任隨高盧本土分裂並處於無政府狀態之下。

墨洛溫王朝統治下的高盧不再統一

　　墨洛溫家族學會日耳曼人的習俗，即國王去世時，由其兒子們瓜分王國；克洛維有四個兒子，高盧因此就被分成四個王國。不久之後，克洛維的三個兒子都先後去世，最後還剩下克洛泰爾一世（Clotaire），於是他成爲唯一的國王（西元前558-561年），但克洛泰爾也留下四個兒子，於是王國的分裂又重新開始。高盧由一位國王所統治，在歷史上相當罕見，如達戈貝爾特（Dagobert，西元629-639年）統治時期，達戈貝爾特是繼克洛維之後，墨洛溫家族中最有成就的國王。

　　因爲法蘭克王國包括不同的地區，而且每一地區都想成爲獨立的王國，於是法蘭克王國的統一就難上加難了。萊茵河東部的國家如此，即使是高盧本土也可以看到極爲不同的地區，如阿基坦（Aquitaine）幾乎沒有法蘭克人居住，勃艮第（Burgondie）、紐斯特利亞（Neustrie）和奧斯塔西亞（Austrasie），奧斯塔西亞或稱東法蘭克王國，包括馬士（Meuse）、萊茵河及多瑙河上游地區，那裡幾乎找不到羅馬帝國的居民。這一時期，出身日耳曼人的大領主在那的勢力非常強大，他們好鬥、不順從。自西元七世紀開始，這個地區建立了許多修院，作爲人們的避難所或潔淨心靈的地方。

無政府狀態下的野蠻行徑

　　墨洛溫王朝統治時期，農民依舊是異教徒，但教會開始使他們皈依天主教。

　　然而，教會並不能消除人們的風俗習慣以及野蠻與粗暴的行徑，墨洛溫王

朝的子弟往往帶頭背信棄義、行為殘暴野蠻，血腥的鬥爭使兄弟敵對、父子反目、叔侄成仇，衍生出許多罪惡和屠殺。最有名的一段插曲發生在兩個漂亮的姐妹間，即紐斯特利亞王后與奧斯塔西亞王后的故事，後者在70歲時遭到五馬分屍。

　　墨洛溫王朝時期的法律與羅馬法一經比較，就可以明瞭野蠻如何替代文明。羅馬社會和所有的文明社會一樣禁止私人報復，當一個人對另一個人有仇恨時，他應該去法院解決問題，但在墨洛溫王朝中，每個人都可以自立司法。為了防止人們過分殘酷地報復對手，法律規定每一項罪惡都要繳一筆錢，由犯罪的人繳交，這筆錢被稱為「人價」，隨受害者受損的程度及其社會地位而定。

　　「人價」亦隨罪犯的國籍而變化，以現今社會為例，在法國領土上所發生的暗殺刑事案，將按法國的法律辦案，無論暗殺者是英國人還是中國人，他們都必須接受法國法律的制裁。墨洛溫王朝時期，由於高盧沒有統一的法典，因此外國人如法蘭克人、勃艮第人以及羅馬人所觸犯的法律案件，只能分別施行法蘭克法、勃艮第法和羅馬法。

　　墨洛溫司法還有一個特點，顯示其不及羅馬司法制度，即所謂的神意裁判。某些時候，為了證明被告有罪或清白，法官並不展開調查，他們命令被告將手放進沸水中或燒紅的鐵片上停留一段時間，然後法官再根據傷口的情況宣布判決結果；如果司法案件涉及兩名敵對的人，法官則讓他們進行一場司法的決鬥，勝利者被宣判無罪，因為法官覺得公正的上帝不會讓有罪的人取得勝利。

文明的倒退

　　另外還有許多明顯的特徵，表現出在墨洛溫王朝統治之下，文明一直倒退，尤其在工業（除了武器工業）和商業機能上的全面衰退。高盧不再出產任何產品，希臘和敘利亞商人很少再將橄欖油和莎草紙從埃及帶到馬賽，或將珍貴的布匹從拜占庭帶到高盧境內；此外主要的交通道路也得不到維護，貨幣（硬幣）中稀有金屬的含量越來越少，富人只願意在鄉下生活，除了有教堂或修院的城市之外，大部分的城市人口都銳減。

　　各地區的學校也越來越少，因此常依靠主教或修院開辦學校，因為神職人員是唯一能讀會寫的人。但即使是最博學的神職人員，如圖爾（Tours）的格列高里（Grégoire）主教，也用錯拉丁文，學術水準非常低落。

除了金銀匠之外，藝術也全面衰退，教堂常裝飾著油畫或各種金質飾物，有時工人尚能雕刻教堂列柱的柱頭紋飾，但他們已不能做出雕像，石棺的裝飾圖也顯示出許多笨拙之筆。

墨洛溫王朝的末日

墨洛溫國王可能一直懼怕兵變，擔心戰爭失利引起士兵反叛，為了使這些潛在的危險敵人安心，國王將王室的小塊領士分給士兵。然而，分發土地卻帶來不可預測的後果，到了達戈貝爾特的繼承者統治時，國王只剩下很少的田地，於是喪失對臣民的權威，尤其是奧斯塔西亞地區的大領主，幾乎成為獨立的王國，人們稱墨洛溫王朝最後幾位統治者為「慵懶的國王」（Roi Fainéants）。

紐斯特利亞和奧斯塔西亞的政治權力落到皇宮內的宮相手裡，西元720年，宮相查理成為高盧的領袖。查理後來有個外號「馬特」（即鐵錘之意），他的家族在列日（Liege）附近有很大的產業。西元732年，他在普瓦捷（Poitiers）抵擋住一次阿拉伯人的侵略，然而他卻沒有稱王的膽量。他的兒子矮子丕平（Pépin le Bref，西元741-768年）於西元751年廢黜了墨洛溫王朝的國王，他極力保護主教和傳教士，因此被教皇承認為高盧的合法國王。

墨洛溫王朝於是讓位給卡洛林家族，卡洛林（Carolingiens）一詞源於查理·馬特（Charles Martel）的名字，查理一詞在拉丁語中讀音為卡洛留斯（Carolus）。如同從前克洛維靠基督教打敗異教徒，查理·馬特和矮子丕平亦靠基督教與教會的支特，打敗阿拉伯人。

第三節　羅馬帝國在東方的延續以及羅馬教廷在西方的發展

東羅馬帝國

自西元476年以來，羅馬帝國只剩下君士坦丁堡的東羅馬帝國皇帝，表面上他自稱為所有羅馬帝國疆域的統治者，實際上他卻只擁有東方的巴爾幹半島、小亞細亞、敘利亞、巴勒斯坦、埃及和昔蘭尼加（Cyrenaique）。

西元六世紀中葉，拜占庭的查士丁尼皇帝從日耳曼人手中奪回西方的部分土地，同一時期，拜占庭文明亦大放光彩。

查士丁尼的再征服

查士丁尼（Justinien）是農民的兒子，由於偶然的機會成為拜占庭帝國皇帝（西元527-562年），他一直夢想重建羅馬帝國昔日的光輝，並得到其妻狄奧多拉皇后（Theodora）支持，她對權力與榮耀非常迷戀。

查士丁尼的征服行動，首先從日耳曼人手中奪回羅馬帝國領土。他未敢覬覦法蘭克王國，利用因內戰而衰弱的幾個日耳曼王國的形勢，最後輕而易舉地消滅汪達爾王國，並從西哥德人手中奪取西班牙南部，還從東哥德人手中奪回義大利。查士丁尼的再征服戰爭持續三十年，蹂躪整個義大利半島，他所征服的地區，阿里烏斯教派也隨之消失。

查士丁尼法典和建築方面的成就

羅馬的皇帝曾經是立法者，查士丁尼想繼續完成他們的事業，因此讓人蒐集並整理羅馬法的主要條文，《查士丁尼法典》的編纂完成，亦將羅馬帝國輝煌的法律制度流傳於後世。

查士丁尼也是一位偉大的建築者，他下令修建幾百座城堡、引水橋、醫院、宮殿和教堂；最輝煌的建築當屬皇宮、君士坦丁堡的聖索菲亞（Sainte-Sophie）大教堂及義大利拉維納（Ravenne）的幾座教堂，這些建築物裝飾都極為豪華。由於《查士丁尼法典》的編纂和聖索菲亞教堂的興建，查士丁尼才得以流芳後世。但他也並不是全然幸運，查士丁尼任其財產為戰爭和建設耗

盡，還與教皇長期衝突，後來他廢掉教皇並將其趕出羅馬；征戰成果也未能持續，他夢想恢復輝煌歷史的羅馬帝國，在他死後只剩下拜占庭帝國，而且完全位於東方。拜占庭帝國內的人們只說一種語言，即希臘語。

從查士丁尼到巴西爾二世（西元565-1025年）

查士丁尼去世之後三年（西元565年），義大利又遭到一支新的日耳曼部族倫巴底人（Lombards）入侵。拜占庭帝國當時也僅保有拉維納、羅馬以及義大利半島南部地區。兩個世紀之後，西元750年左右，拉維納和羅馬也相繼落入教皇手中。

巴爾幹半島上，對拜占庭而言最可怕的敵人是一支黃種人部族，被稱為保加利亞人，他們有數次幾乎占領了君士坦丁堡。西元1000年左右，他們被拜占庭皇帝巴西爾二世（Basile II）打敗，巴西爾二世也因此得到「屠殺保加利亞人的劊子手」綽號。

亞洲的波斯帝國從幼發拉底河延伸至印度河流域，拜占庭帝國不得不長期與之交戰，拜占庭的希拉克略（Heraclius）皇帝最後戰勝波斯人，消除他們的威脅。但不久阿拉伯人入侵，近60年裡，阿拉伯人從拜占庭帝國手中奪取敘利亞、埃及、北非，並圍困君士坦丁堡。雖然巴西爾一世和二世都在對阿拉伯戰爭中獲勝，並且使阿拉伯人遭受慘重的失敗，然而阿拉伯人的威脅卻依舊讓人不安。

此時期拜占庭帝國內部的形勢並不穩定，由於沒有法律規範王位繼承的問題，宮廷政變不斷發生，並常常演變為暗殺活動；另一方面，皇帝與神職人員之間的矛盾叢生，有幾位皇帝曾想禁止臣民向基督教的一些先知偶像（聖像）、基督像和聖母像行祭禮，卻因遭到主教反對而不得不放棄這一決定；此外，君士坦丁堡的人民狂熱地參與宗教討論和賽馬車活動，西元532年，一個馬車夫在一次馬車賽中獲勝，卻導致一場為時八天的暴動，血洗整個君士坦丁堡，使三萬多人喪生，也幾乎推翻查士丁尼皇帝。

拜占庭文明的光彩

雖然拜占庭帝國此時處於無政府狀態，而且在邊境也遭到嚴重的挫敗，但拜占庭文明卻依舊輝煌並影響西歐地區。

君士坦丁堡位於亞、歐兩大洲交界處，有利的地位使之成為亞、歐兩大洲財富的交會點，人們通過中亞、印度洋和波斯灣，遠從東方的中國等地運來珍

珠、香料和絲綢；從敘利亞運來地毯、葡萄酒和絲織品；從南俄羅斯運來小麥、鹹魚、蜂蜜和毛皮，因此君士坦丁堡在當時的商業貿易非常繁榮。

此外，君士坦丁堡也是學者雲集的城市，拜占庭人抄錄希臘人及羅馬人的偉大著作，使得我們今天仍能知道其中的一部分古典作品，這是拜占庭人的功勞，他們保留了希臘、羅馬文化。

拜占庭藝術也先後多次煥發奪目光彩，最大的特點是建築及各類工藝品的裝飾極爲輝煌。裝飾中少見雕像，但在宮殿或教堂裡，到處是多彩多姿的大理石和鑲嵌細工作品、塗以琺瑯的裝飾品、象牙淺浮雕、金銀作品及華麗的布匹，還有細密精緻的繪畫插圖手稿等。

拜占庭文化的普及作用

這一輝煌的文明不僅爲拜占庭所獨有，且影響鄰近的地區，拜占庭四周的蠻族也從中獲益，尤其是捷克人、塞爾維亞人、保加利亞人和俄羅斯人等，他們在拜占庭傳教士的勸說下，相繼皈依基督教，而且授權希臘人在其國家創辦學校、教堂、宮殿，所有建築和藝術的風格都模仿拜占庭。

不僅蠻族受到拜占庭藝術的薰陶，阿拉伯人與西歐各民族亦先後受拜占庭文化影響，他們研讀古代希臘羅馬作家、哲學家、醫生和法官的偉大著作。拉維納、羅馬、威尼斯以及後來義大利南部和西西里島的大量藝術作品，都顯示拜占庭文明的光彩，其細密的繪畫插圖、鑲嵌細工、象牙精緻作品等，在整個西方被傳授和模仿。拜占庭是古典希臘、羅馬文化的繼承者，也發揮對蠻族的教化作用。

愛爾蘭修士和聖本篤會修士

拜占庭的皇帝不斷使東歐和中歐的異教徒皈依基督教，基督教會的勢力因此在西方越來越強，特別是許多修道院的建立，以及教皇極力地擴張其威望。

西元六世紀，東方已有許多修道院，然而在西方卻很少，僅在愛爾蘭地區有一些修道院。由於許多人面臨日耳曼人侵略時尋找教會的避難所，因而使修士發揮很大的作用。修士受過良好的教育，他們開辦學校、抄錄拉丁作家的文章、用彩繪裝飾文稿。身爲虔誠的基督徒，他們用福音教化蘇格蘭地區的民族，法國東北部孚日山脈（Vosges）、瑞士和義大利等地區，也建起許多修道院，不過愛爾蘭修士很快就被聖本篤（Bénédictins）修士排擠。

西元525年，伯努瓦（Benoit，即聖本篤）在羅馬和那不勒斯之間的卡

西諾山（Le Mont Cassin）聚集一些俗人，聚會的人希望遁離現世，遵照一定規則，在一位長老或修道院長的帶領下，過一種靜思、祈禱的生活。伯努瓦為人們制定的規則被稱為聖本篤會教規，伯努瓦的拉丁名字是本篤德尤斯（Benedictus），這種教規比愛爾蘭教士的教規鬆散多了，他們在祈禱與擔任神職之外，教規也為體力的勞動制定一些條文，修士需開墾修道院四周的田地以自給自足。本篤會規則以很緩慢的速度向外傳播，後來的格列高里（Grégoire）教皇使之有更大的發展。

羅馬教廷的發展

教皇即羅馬的主教，他們自稱為使徒彼得的傳人，根據傳統說法，彼得是羅馬第一位主教，他將耶穌基督給他的特權賦予他的繼承人。教皇宣稱他的權力在其他主教之上，就像當初彼得是使徒之首一樣，他強調自己是正教的維護者，正教即正確的天主教義。他表示當涉及確定教理時，應以他為決定者，教理即基督教義的信仰，這種論調在西元五世紀時遭到東方教會反對。

西元六世紀末至七世紀初，格列高里一世教皇（西元590-604年）再次加強羅馬教廷的作用，他以西方所有天主教徒的首領身分出現，非常關心異教徒的教化事業，他派幾個本篤會修士去英格蘭教化盎格魯－撒克遜人。不久，英格蘭的修院逐漸增加，與愛爾蘭修院相似的是，它們也是教育和教化的中心。西元八世紀，一名英國修士卜尼法斯（Saint Boniface）受教皇之命去教化德西的民眾。

教皇一方面提高自己的宗教聲望，另一方面也擴張政治權力。羅馬教會擁有大片土地，自西元四世紀以來，皇帝和信徒不斷給予羅馬教會許多土地，教皇也因此成為義大利最富有的領主。另外，教皇還統治羅馬公國（Duché de Rome），根據法律，羅馬公國實際應屬於拜占庭皇帝。倫巴底人對義大利的征服，亦為教皇提供機會，使之成為義大利一部分的統治者。

義大利的倫巴底人

倫巴底人屬於日耳曼人的一支，他們先定居在現今匈牙利境內，後來被亞洲的蒙古部族驅趕，因此跨越阿爾卑斯山脈，於查士丁尼去世後不久，即定居在義大利，這片地區至今仍被稱作「倫巴底區」。後來，他們緩慢地征服義大利半島，西元八世紀中葉，他們從拜占庭帝國手中奪取拉維納公國及亞得里亞海（Adriatique）沿岸地區，並向羅馬進軍。

在抵禦倫巴底人的問題上，當時的教皇艾蒂安二世（Étienne II）並不期望得到拜占庭皇帝的援助，因為兩人為了宗教問題積怨甚深，艾蒂安二世於是求助於矮子丕平，並承認他是高盧的合法國王（西元754年）。

矮子丕平也很知道報恩，因此向倫巴底人作戰，奪回拉維納公國，但他並不將公國歸還其合法主人，即東羅馬帝國皇帝，而是交給教皇（西元756年），當時教皇已擁有羅馬公國，於是形成教會國家，即所謂的「教皇國」。

教皇艾蒂安二世向矮子丕平求救，此為歐洲歷史上最重要的事件之一，因為法蘭克王國與羅馬教皇的聯盟也從此拉開序幕。由於這一事件，教皇除了擁有宗教權力之外，亦成為世俗的統治者，因為他擁有土地和臣民，就像其他的國王一樣，艾蒂安二世統治拜占庭帝國的一部分土地，即義大利地區，實際上也算是一種篡位的行為。這次事件也加深羅馬和拜占庭的鴻溝，成為之後羅馬教皇與君士坦丁堡主教決裂的潛在因素，兩者的決裂被稱為「希臘教派分立」，發生在西元1054年，這次分裂也因而成立兩個敵對的教會，即西方的羅馬基督教會和東方的東正教會（或稱希臘教會），教派分立的情況一直持續到今天。

第四節　穆罕默德和阿拉伯帝國

西元六世紀後期的阿拉伯

　　阿拉伯沙漠地區，游牧部族貝都因人放養著駱駝，沙漠的西部有一些雨水可以見到幾塊沉積的綠洲地帶。西元六世紀末，興起兩座城市：麥地那（Médine）和麥加（Mecque），麥地那是典型的農業中心，麥加則是富裕的商人共和國。麥加人接受從印度和衣索比亞（Ethiopie）運來的糧食，然後利用沙漠商隊運往敘利亞，也帶回小麥及拜占庭的工業產品，此時期的麥加不僅是一個商業城市，還是阿拉伯沙漠地帶的宗教中心，當時仍是異教徒的阿拉伯人，每個部族都有自己崇拜的神祇，但每年有好幾次機會讓所有的部族聚集麥加，在喀巴廟（Kaaba）進行大型的朝聖活動。

　　但是，這時阿拉伯尚未形成一個國家，因此並沒有統一的宗教。後來穆罕默德實現了這一地區宗教及政治的統一。

穆罕默德

　　穆罕默德於西元570年左右出生於麥加，他曾經度過艱苦的童年時期，後來成為沙漠駱駝商隊的帶路人，商隊旅行生涯使他了解猶太人和基督徒的信仰，他對基督教的信仰十分虔誠，近40歲時形成一種新的世界觀，並確信上帝選擇他向阿拉伯人宣講真正的宗教。

　　他最初的傳教活動未取得任何成果，麥加的居民一向從朝聖活動中獲利，自然不願聽信穆罕默德宣講「只存在一個真主」，穆罕默德最後出走麥地那，打算在那裡尋求猶太教及基督教徒的支持，這次出走的年代或稱希吉來曆紀元（Hégire，原意為「出走」、「離開」），也是伊斯蘭曆紀元的開始（西元622年）。在麥地那，穆罕默德贏得為數眾多的支持者，並完善了他的教義，幾年之後，他以領袖的身分回到麥加。

　　穆罕默德去世於西元632年，當時他的宗教已獲得許多部族支持，這種宗教隨即以很快的速度在整個阿拉伯地區傳播，並征服世界。

伊斯蘭教

　　穆罕默德的教義在《可蘭經》中有詳細的陳述，這本書並非由穆罕默德本

人編寫，而是其弟子聽他傳教時所做的筆記。

　　《可蘭經》的教義並不完全是新創的，因為穆罕默德借用了許多猶太教的內容。《可蘭經》所宣講的教義很簡單：只有一個真主，名叫阿拉（Allah）。阿拉曾向亞伯拉罕、摩西和耶穌顯形，他最近也是最後一次向穆罕默德顯形，穆罕默德是最後一位也是最偉大的一位「先知」，穆罕默德告訴他的信徒要相信阿拉和他。「穆斯林」（Musulman）一詞的意思即「順從者」，一個好的穆斯林應遵從「真主」的旨意行事，這種服從被稱為「伊斯蘭」（Islam）。

　　教義中的道德規範也很簡單，信徒每天須祈禱五次，逢齋月時要守齋（從日出至日落），須多施恩惠，一生盡可能去麥加朝聖一次。

　　穆罕默德告誡弟子要努力使全世界都皈依伊斯蘭教，並許諾因穆斯林信仰而戰死的信徒將進入天堂。阿拉伯人一直都有好鬥的性格，於是就一味地遵循穆罕默德的建議，因此，先知穆罕默德去世的當年，伊斯蘭教的聖戰便展開。

阿拉伯人的征服舉動

　　阿拉伯人很快便取得非凡的勝利。在東部，他們從拜占庭帝國手中攫取巴勒斯坦、敘利亞、亞美尼亞，後來又占領波斯帝國；波斯以外的地區，他們把東南部疆界一直推移到印度；東北部疆界則推移到中國的突厥斯坦（即新疆）。然而，當他們企圖攻占拜占庭帝國的君士坦丁堡時，兩次進攻均被打敗（西元678年和西元718年）。

　　此外在西方，他們取得與東方一樣的成就，但也幾乎在同一時期受到阻攔而停止征服活動。而埃及、昔蘭尼加、北非等地區都相繼落入阿拉伯人手中，他們摧毀迦太基城，並在其附近建立突尼斯城代替，一舉占領西班牙（西元711年），並進而試圖攻占高盧，不過被查理·馬特（Charles Martel）於普瓦捷（Poitiers）附近擊敗（西元732年）。

　　阿拉伯人的這些征服行動聽起來像奇蹟一般，但我們還是能夠找到得以解釋的原因。西元六世紀後期，當時伊斯蘭教徒所面對的敵人都在日漸衰弱之中，波斯和拜占庭帝國正被彼此之間的戰爭消耗得精疲力竭，此時阿拉伯人攻來，這兩個帝國的內政極為混亂，人民受盡重稅壓榨，也因他們的宗教信仰而遭到政治迫害，於是歡迎阿拉伯入侵者的到來，甚至加入侵略者的軍隊。例如，伊斯蘭教徒塔利克（Talik）是征服西班牙的將領（直布羅陀意即塔利克之山脈），但他卻是北非的柏柏爾人（Berbères）；他的軍隊中有12,000名柏

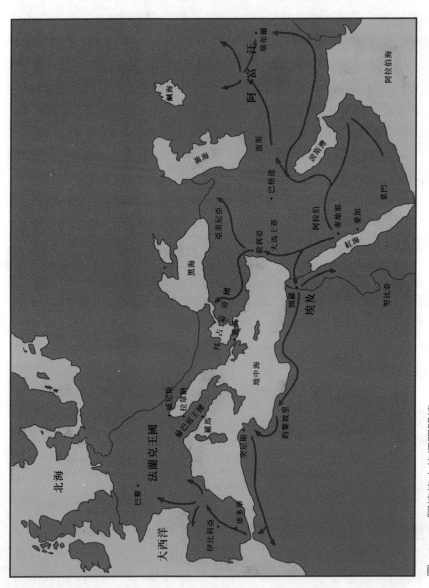

圖4-10-4　阿拉伯人的征服路線

柏爾人，只有300名阿拉伯人，然而阿拉伯人所遭遇的最激烈抵抗也來自柏柏爾人。

阿拉伯帝國

一個廣闊的穆斯林帝國形成，統治者是哈里發（Califes），意即先知的代表。帝國的首都原先設在敘利亞的大馬士革（Damas，西元661-750年），後來移至巴格達，當時巴格達是美索不達米亞地區新建的城市。

但這個阿拉伯帝國由於幅員過於遼闊，人口也過於混雜，所以很快就瓦解。埃及、突尼西亞、摩洛哥和西班牙也都相繼出現當地的統治者，雖然他們都承認巴格達哈里發的權威，也承認他是「先知的繼承者和信徒的首領」，但實際上他們是「獨立」的。

雖然如此，至少還有一些有力的因素聯繫著帝國的各個地區。首先當推宗教，然後是語言（即阿拉伯語）。所有受過教育的伊斯蘭教徒都必須學習阿拉伯語，阿拉伯語是官方的語言，也是文學所用的語言，尤其它是《可蘭經》的語言，《可蘭經》禁止被翻譯成其他語言。對伊斯蘭教徒在各處的統治和管理也具有共同的特點，例如，哈里發與位居其下的愛彌爾（Emirs，意指「統率他人的人」或「國王」）是絕對的統治者，他們的生活非常奢華，常常將國家的權力交給大臣管理，只要是忠心的臣民，即使非伊斯蘭教徒也能享受寬容的待遇。基督徒和猶太教徒有權在教堂舉行各種宗教活動，他們也可以從事所有的職業。

貿易活動也是促使伊斯蘭教世界加強聯繫的主要因素，在敘利亞海港，人們可以看到來自中國的絲綢、瓷器、茶葉、帛紙。阿拉伯艦隊在印度洋上奪取貿易的壟斷權，它們通過波斯灣及紅海，把印度和巽他群島（Sonde）的香料、珍珠、寶石運至巴格達或亞歷山大城，還從蘇丹（經過撒哈拉沙漠）運來珍貴的象牙和金粉。穆斯林帝國的所有地區都接受一種共同的穆斯林文化。

阿拉伯文明

這種文明一度十分輝煌，雖然被稱為「阿拉伯文明」，但實際上卻是借鑑拜占庭帝國、波斯帝國、敘利亞、埃及，甚至印度的文化所組成，上述國家由於阿拉伯的征服行動而與伊斯蘭教國家有了極為密切的聯繫，例如：在西班牙地區，阿拉伯文明煥發耀眼的光芒。西班牙人從埃及和美索不達米亞學到新的灌溉方法；人們在瓦倫西亞（Valence）地區種植不曾見過的作物，

這些作物來自印度或中國，如稻子、桑樹、朝鮮薊、蘆筍、杏樹、茉莉花和山茶花等。此外皮革業在哥多華（Cordoue）得到很大的發展（法文皮匠一詞「Cordonnier」就源於地名「Cordoue」）；在哥多華，人們模仿摩洛哥生產羊皮革，即摩洛哥革「Maroquin」。托雷多（Tolède）的金銀業亦負有盛名，另外也精於銅器製造和模仿大馬士革的鑲嵌劍鍛造。此外，人們還製造大馬士革錦緞與平柔細軟的布匹，如敘利亞大馬士革與伊拉克北部的摩蘇爾（Mossoul）所生產的布就很出名。通過亞歷山大及敘利亞的港口，遠東的商品能夠源源不斷地運到西班牙。

此時，學校和大學到處開辦，人們可以在圖書館中找到希臘學者的著述及印度和波斯書籍，希臘學者的著述在當時的義大利和高盧地區早就被忘卻。印度圖書教授歐洲人的數字，被歐洲人錯誤地稱為「阿拉伯數字」。波斯書籍中有醫學、詩歌，以及《一千零一夜》的故事。哥多華的圖書館當時藏書有40多萬冊，阿拉伯人亦為歐洲人保存古代文明的遺產。另外，西班牙的伊斯蘭教徒中出現好幾位偉大的學者，有神學家、地理學家、醫師和詩人，都是中古時期有名的人物。

哥多華的清真寺向我們展示，阿拉伯人在藝術方面的成就和借鑑他人發明的偉大才能。他們向埃及學會支撐大廳殿堂柱的建築技術，向拜占庭帝國學習建圓頂屋和鑲嵌細工，向波斯人習得建馬蹄鐵形的屋拱及瓷器裝飾、鏤空雕像。但穆斯林藝術亦有其新穎之處，它極少描繪展現人類的面容，尤其在清真寺內絕對見不到，這是由於宗教的影響。

阿拉伯人在人類歷史上所起的作用，一方面是創立世界上最重要的宗教之一，另一方面則是為東西方的文化交流做出貢獻。

第五節　查理曼的征服

卡洛林王朝初期（矮子丕平）

西元751年，當時身爲宮相的矮子丕平（Pépin le Bref）廢黜墨洛溫（Mérovingien）王朝的統治者並取而代之，與這一次政變同時發生的還有另外兩件重要事件。

丕平想使其建立的朝代具有基督教的特性，便模仿古代希伯來王實行宗教加晃。首先是西元751年由主教卜尼法斯（Saint Boniface）爲其祝禱，三年之後由教皇艾蒂安二世（Étienne II）爲其敷聖油。從此之後，丕平不僅是法蘭克人所承認的國王，與墨洛溫家族不同之處在於，他甚至是上帝的旨意，即上帝所承認的國王。君權神授從此在法國的領土上出現，直到西元1830年才結束。

另一方面，丕平爲感激教皇而贈給他拉維納（Ravenne）公國，這就是後世教皇國的起源。

丕平還做了許多其他的事情，表明他與基督教的密切聯繫。例如，他將朗格多克（Languedoc）的伊斯蘭教徒擊退、改革高盧的神職制度、支持盎格魯－撒克遜的傳教士到日耳曼傳教，這種與教會友好的政策，後來在其子查理曼大帝（Charlemagne，西元768-814年）統治時期形成。

查理曼的思想

中世紀的君主中，查理曼與聖·路易（Saint Louis）是我們今天了解最爲全面的人物，因爲我們可以透過查理曼的朋友艾因哈德（Éginhard）所編寫的查理曼傳記，對他有許多了解。

查理曼是個身體健壯的男子、優秀的獵人和游泳健將，他生活樸實，也不曾像拜占庭皇帝那樣擁有豪華的宮殿和固定的首府。他在高盧有許多大莊園，人們稱這些大莊園爲別墅，他時常在一個別墅住一陣子後又搬到別的地方；他非常擅長管理莊園，而且事必躬親，我們手頭有他的一份莊園開墾規則，可以說明他對莊園管理的情形。查理曼晚年常住奧斯塔西亞（Austrasie）的沙佩勒（Chapelle），此地現在還留有許多的他的遺跡。

透過查理曼的幾點想法，有助於理解他的舉動。他是奧斯塔西亞地區的法蘭克人，想讓不斷進犯高盧邊境的日耳曼部族有所警惕，認爲唯一能阻止侵略

的方法即爲占領他們的領土。

另一方面，查理曼是一位十分虔誠的基督徒，要求其部屬須做個好的基督徒，他以宣傳基督教、教化異教徒爲己任，因此他稱在日耳曼和西班牙對異教徒的戰爭是聖戰；然而他極力保護教會更重要的原因是，讓教會服從他且尊重他的統治，他讓主教接受良好的教育、各司其職，並親自任命主教和修道院長，不時提醒教皇記住其宗教使命，努力將其王國變爲一個基督教王國。

征服者查理曼

查理曼的一生都在作戰，他統治帝國的45年間，曾經進行過60多次的遠征。他強大的軍隊卻是這樣組織的：所有的大領主都須加入，同時帶著一定人數的農民兵士，領主越富則須帶來越多的兵員，因此兵役從某種意義上可以說是一種財產上的稅收。

查理曼繼承丕平的事業，繼續與倫巴底人、穆斯林和日耳曼部族進行戰爭。

倫巴底人渴望反擊查理曼，他們封鎖拉維納並威脅羅馬，當時教皇還處於危機之中，因此查理曼接到教皇的求救後即刻南下義大利，澈底打敗倫巴底人並廢黜他們的國王迪迪埃（Didier），查理曼還進一步從迪迪埃手中搶走著名的鐵皇冠，成爲倫巴底人之王（西元774年）。

查理曼在西班牙的戰績不如對倫巴底人的成果那麼輝煌，他本想從穆斯林手中奪得厄巴爾山谷（L'Èbre），但未成功，不過，至少他在庇里牛斯山脈南面的山坡上建立了一個邊境省分，並繼續向西班牙進軍。一次對西班牙的遠征中，他的後衛將領羅蘭（Roland）在龍斯沃山口（Ronceveaux）被巴斯克族山民（Basque）所殲（西元778年），這一插曲後來在西元十一世紀，誕生法國文學史上第一首，也是最爲大家所熟悉的英雄史詩，即《羅蘭之歌》。

但與查理曼交戰次數最多、戰役最激烈的是撒克遜人（Saxons），這些部落並非居住在現在的薩克森自由邦（Saxe），而是居住於德國西北部、內萊茵河與厄巴爾之間的日耳曼人。撒克遜人是頑固的異教徒，沒有一個傳教士能使他們皈依基督教；他們也是凶殘的掠奪者，由於他們的進犯使奧斯塔西亞恐懼萬分。查理曼多次想阻止撒克遜人的侵掠但都未能奏效，於是下定決心占領他們的國家，但查理曼也遇到頑強的抵抗，此時撒克遜人的首領維都根德（WiduKind）拚死抵抗查理曼的兼併，法蘭克軍隊至少進行20次遠征，並在那片森林沼澤地上遭受多次失敗才使撒克遜的抵抗消失。在森林沼澤地區，撒

克遜人往往隱藏在看不見的地方，因此法蘭克軍隊也遭到多次的戰敗，戰爭隨後變成凶殘的殺戮，然而查理曼並未在這些殺戮前退縮，這種恐怖的屠殺終於使撒克遜人恢復理智。西元800年左右，撒克遜人被查理曼征服，並且被教化皈依基督教；此外，多瑙河南部的巴伐利亞（Baviere）早已是法蘭克王國的被保護國，這時也被法蘭克占領，從此，查理曼占領了全部日耳曼地區。

　　但實際上，撒克遜及巴伐利亞東面的居民已不是日耳曼人，其中有部分是斯拉夫人，查理曼把幾個日耳曼部族收爲被保護地區。再往南，在今日奧地利的境內，人們會看到阿瓦爾人（Avars）。阿瓦爾人屬於黃色人種，與匈奴人相近，爲了澈底消滅巴伐利亞及義大利境內各民族的抵抗，查理曼又進行了幾次遠征，將這些地區全部教化皈依基督教。

　　查理曼也征服日耳曼和斯拉夫人地區，這些地區在征服之前一直是未開化的民族，信仰異教，查理曼的征服不僅使其帝國的疆界得以伸展，而且也擴展了基督教文化傳播的範圍。查理曼採取有效的行政措施並且修路、建城牆和教堂等公共工程，歐洲現在的城市興起，也和這些周圍的建設有相當大的關係。法蘭西（France）終於走出羅馬人對高盧的統治，德意志也從法蘭克人（Franque）的統治下解脫。

第六節　查理曼的統治

秩序的重建者查理曼

　　查理曼權威過人且頭腦清晰，希望由自己統治帝國，他身邊有幾個顧問，既是其侍從又是其官員，王室的車馬侍從也可以同時擔當治安官、司酒官或王室總管。教士負責管理教堂、伯爵負責司法、掌璽大臣負責撰寫和發布官方文告（法律條文、法規、判決書）。

　　王國由伯爵領地組成，每個伯爵領地的首領是伯爵本人，伯爵同時也是行政管理者、法官、軍事領袖和財政稅收官，伯爵統治時由主教協助他，主教通常由查理曼選任。一些巡查官，被人們稱爲「欽差大臣」的監查者，常在伯爵領地各處巡視，他們監督法律的執行情況並當場採取必要的措施以解決事項，查理曼致力於重建秩序之後，商業又重新復興。

　　但實際上查理曼的權力比表面上要弱得多，因爲他若沒有貴族領主的同意就不能決定任何事情，查理曼在所有重大問題上都要諮詢貴族領主，隨後他發布敕令，以法律條文的形式宣布他與貴族領主協議而做出的決定。

推薦制度

　　查理曼加強其權力的同時，要求所有其下轄領地推行一種習慣做法，即「推薦制度」（Recommandation），這種制度在墨洛溫王朝統治時期早已存在，然而從未得到官方的認可。

　　墨洛溫王朝統治的時期，局勢動盪不安，四處充滿暴力，弱者於是養成棲身於強者屋簷下尋求保護的習慣，稱爲「自我推薦」。強者是「領主」，被保護人即「附庸」，附庸須承擔各種義務作爲受保護的代價，如在領主的田地耕作或隨領主參軍作戰，查理曼也擁有自己的附庸，他命令社會的貧困小民在鄰近的大莊園主中選一位作爲「領主」。他從這種制度中找到可以將自己的命令迅速傳給其臣民的辦法，即以領主作爲他和人民之間的中介。

　　但這種推薦制度並非沒有隱藏的危險，實際上，附庸只遵從其領主的意見，而不是接受最高統治者的命令，最高統治者於是失去其最高權威，這種情況在查理曼去世後不久即顯現。

文學的重建者查理曼

查理曼統治的另一個特點是他重視發展教育。「慵懶國王」（Roi Fainéants）時期的一大特徵，即人們對拉丁語越來越陌生、無知；查理曼則想塑造一批有教養的神職人員，他們既能讀懂《聖經》，而且還是神學家。查理曼亦要求其官員須受過良好的教育，因為官方文告在當時仍繼續用拉丁文撰寫，他自己也為大家豎立良好的榜樣，晚年時還學習書寫拉丁文，並在其皇宮內建立一所模範學校。

但要進行此種教育，必須先找到教師才行，因此查理曼從西歐地區召來一批拉丁語教師，該地區還可以找到具有文學修養的學者，如北部義大利和英格蘭的修士，尤其是英格蘭，在愛爾蘭修士的影響下，盎格魯－撒克遜的修士變成古典文化的愛好者。此外，在英格蘭的修士中，查理曼也找到了公眾教育專家學者阿爾昆（Alcuin）。此時一些學校在教堂與修道院附近建立，人們皆以風雅得體的行為為榮，修士更熱衷於抄寫拉丁文作家的文稿；高盧地區也再度出現好的作家，這一「加洛林王朝統治下的文藝復興」，在西元九世紀和十世紀時蔚然成風。

此時期的藝術在拜占庭藝術的影響下也恢復生機，教堂的建設規模通常都很大，以便於鑲嵌細工和壁畫的裝飾，壁畫即畫在牆上的油畫，《聖經》和聖物壁畫裡也作了淺浮雕的模型；此外在文稿的羊皮紙上，文人亦繪滿細密小畫。

帝國的重建者查理曼

在當代人的眼中，查理曼這個驍勇的善戰者完全可以稱得上基督教尊貴皇帝的繼承者，如同君士坦丁和狄奧多西皇帝。因為查理曼將其權威從巴塞隆納擴展到易北河地區，又從北海擴展到羅馬的南部。這個賢明的君主在四處重建秩序，保護基督教，並使文學復興，許多主教都贊成賦予他皇帝的稱號，主教的夢想是將歐洲變為一個基督教帝國，由皇帝和教皇共同執政，歐洲在當時也幾乎已全部處於查理曼的統治下。

西元 800年，查理曼至羅馬解決教皇利奧三世（Léon III）與其政敵的紛爭，他給予教皇熱誠的支持，聖誕節那天，利奧三世在查理曼面前行禮後，為查理曼戴上一頂皇冠，參加儀式的人們高喊著：「上帝莊嚴為查理曼加冕，查理曼，我們羅馬人偉大和平的皇帝啊，你將長生不老，你將常勝不敗！」皇帝這一稱號自西元476年以來，在西方即不曾有人享有過，此刻又在查理曼身上

重現。

查理曼的聲望

當時查理曼聲名遠播，小君主們請他做糾紛的裁決人；耶路撒冷的貴族們將他看作是基督教的領袖，送給他耶穌墓穴的鑰匙；巴格達的哈里發哈倫‧拉希德（Raschid）也送他高貴的禮品。即使西元814年查理曼去世之後，他依舊活在不少人的想像之中，詩人們傳頌著《美鬍子皇帝》的功業，這位皇帝使正義威震四海，基督教征服歐洲。

查理曼統治的所有插曲中，其中有一段非常著名，即羅蘭在龍斯沃（Ronceveaux）山口的陣亡。這是歐洲中古文學史上代表作的主題，這部作品名叫《羅蘭之歌》，是西元十一世紀時由一位不知名的詩人寫成的。

第五編
中世紀中期歷史

第十一章

西元八世紀到十二世紀的
歐洲狀況

第一節　法蘭克王國的解體

《凡爾登條約》和帝國的解體

查理曼去世30年之後，帝國解體，由於幅員過於遼闊，人口也過於混雜，以致於很難長期保持統一。查理曼之子虔誠者路易（Louis le Pieux，西元814-840年）亦不能勝任皇帝職務，因為他過於虔誠信仰宗教，常常任由其身邊的高級神職人員指使；另一方面，他不得不與覬覦其王位的兒子周旋，後來他們甚至將其廢黜，並關在一處修道院裡。

虔誠者路易去世時，三個兒子羅泰爾（Lothaire）、查理（Charles，後被稱為禿頭查理）和路易（Louis，即日耳曼路易）之間發生內戰。禿頭查理和日耳曼路易在史特拉斯堡（Strasbourg）會合，誓言聯合反對羅泰爾，現在我們仍存有史特拉斯堡這兩篇誓詞（西元843年）。旋即，三兄弟瓜分帝國，簽定《凡爾登條約》（西元843年）。禿頭查理得到西部這一部分土地，疆界大約是埃斯科河（Escaut）、馬士河（Meuse）、索恩河（Saône）和隆河（Rhône）；日耳曼路易得到東部的土地，位於萊茵河以東和阿爾卑斯山脈以北；羅泰爾承襲皇帝稱號，他得到另外兩兄弟領地之間的長條地帶，從北海一直延伸至義大利南部。

《凡爾登條約》在歐洲歷史上有極其重要的地位，中古歐洲由此產生所謂東法蘭克和西法蘭克地區，之後這兩部分逐漸變為德國和法國。當時這兩部分尚不對立，並分屬不同的民族。然而實際上，德國和法國也從此各自為政，且為了他們當中那片原屬於羅泰爾的領土爭鬥至今（西元843年分裂）。

新的入侵者諾曼人

不久之後，分裂的歐洲成為新的侵略目標，歐洲南部有撒拉遜人（Les Sarrasins），或稱摩爾人（Les Maures），他們是來自非洲和西班牙的伊斯蘭教徒，這些人侵襲義大利海岸、普羅旺斯（La Provence）、多芬內（Le Dauphine）和薩瓦省（La Savoie）；東部有匈牙利人，他們屬於黃種人，是善戰的騎兵，這些侵略者掠奪日耳曼、義大利甚至法蘭克地區。直到西元950年，才由日耳曼國王奧圖大帝（Otto le Grand）抵擋住，不久之後，他們安居於現在的匈牙利，並皈依基督教。

　　然而諾曼人的侵略相對而言更爲重大，諾曼人來自斯堪地那維亞，包括挪威、丹麥和瑞典。這些「北方民族」是勇敢的冒險家、航海家和海盜。一些諾曼人深入俄羅斯南部，另一些人則在占領一部分愛爾蘭、蘇格蘭和英格蘭的土地之後，持續推進到冰島，甚至加拿大地區。還有一批諾曼人從北海到加倫河（Garonne）地區作戰，他們駕著輕舟，沿著萊茵河、埃斯科河（Escaut）、塞納河和羅亞爾河（Loire）行進，上岸後掠奪各個城市，並將大批戰利品帶回船上，不到半個世紀（西元845-885年）的時間裡，他們進攻巴黎四次。西元885年，巴黎城的居民奮起抵抗。巴黎的歐德伯爵（Eudes）領導一場具有歷史紀念意義的抵抗運動，但爲了讓諾曼人離開，他們付出很大的代價；最後，西元911年，法國國王天眞查理（Charles le Simple）正式賦予一位諾曼首領羅洛（Rollon），在法國一塊領土上居留的權利，而後這地區就以諾曼第（Normandie）爲名。後來諾曼人也皈依基督教成爲農耕者，但他們還是一直保留對旅行冒險的愛好，之後的幾個世紀裡，他們征服英格蘭、西西里島和南部義大利，並在西元十一世紀的十字軍東征中扮演極其重要的角色。

封建制度的建立

　　上述多次的入侵，使得加洛林王朝的王權全面衰退，也促成歐洲封建制度的建立，封建社會的特點主要爲人民和土地都形成一個階級制度。一個人依靠較爲強大的領主，一塊土地依附於另一塊更重要的統治者，國王幾乎失去所有的權力，因爲領主對土地擁有所有權。然而，土地的所有權本來應該僅歸於國王一人。

　　國王面對諾曼人、撒拉遜人和匈牙利人的入侵，也越來越無力保護他的臣民，所有的自由人都自我推薦到一個相當強大的領主門下；另一方面，領主因爲許多附庸者歸附，能夠有力地對抗侵略者或另一個領主的進擊。此外，領主還將其土地分給附庸，分封的土地被稱爲封地或采邑（拉丁文爲feodum，「封建制」、「封建的」幾個詞便源於此）。封地爲終身享有，附庸有生之年即擁有這片土地，如此一來，封地不久即變爲世襲財產，附庸有權將封地在死後留給他的後代子孫，「自我推薦」制度與封建制度自此也就聯繫了起來。

　　另外，領主亦可自我推薦到另一位相對比他更爲強大的領主門下，後者再投靠另一位更強大的領主，最後一位被投靠者則向國王稱臣，領主和附庸的階級關係因而形成。我們可以將封建制度以梯形表示，最頂端是國王，也是最高的領主，最底部是附庸及一般平民，兩者之間的每一階梯都象徵中間的領主，

每一位領主皆是其下一位的領主、其上一位的附庸，他只與上下兩位發生直接領屬關係。

王權的削弱

這種封建等級制度形成的同時，國王幾乎喪失所有的權力，一方面公爵和伯爵以國王的名義統治他們的領地，從此視此土地為世襲財產；另一方面，他們在封地上維護自己的權益而行使司法權，這種權力在此之前一直只能由國王執行。除了司法權之外，還有同性質的稅收、造幣、開戰的權力。從此，領主在其領地擁有本屬於國王的權力，為了顯示這種權力，領主紛紛建起高大的城牆和堅固的城堡。

從此之後國王就像一個普通的領主，擁有自己的領地，人們稱為「王室產業」，只有在「王室產業」範圍內，他才能執行從前在王國內的權力。當然，他不僅僅是領主，還是國王，是整個封建階級的頂端人物；然而，西元十世紀，這種高貴的尊嚴已經微不足道，法國和義大利都是如此，但日耳曼國王依舊強大有力。

卡洛林王朝的衰落與結束

禿頭查理是一位極具智慧的統治者，他曾認真努力地在王國內建立自己的權威，因此成功地成為卡洛林國王和義大利國王，甚至被加冕為皇帝。此時，查理曼的帝國似乎又恢復，但禿頭查理很快就去世（西元877年），他的去世昭示著西法蘭克王國的全面衰微。西元884年，王冠落到胖子查理（Charles le Gros）頭上，胖子查理在此之前已經是日耳曼國王，並被加冕為皇帝。

幾年之後，西法蘭克王國又恢復獨立地位，但它此次選擇的國王不再屬於卡洛林家族，而是歐德伯爵家族，他曾在西元885年為保衛巴黎而勇敢地抵抗過諾曼人。

一個世紀裡（西元888-987年），歐德的繼承人及禿頭查理的後代在西法蘭克的王位上相繼交替出現，最強大的領主利用這一混亂局勢幾乎取得獨立。卡洛林家族的國王如同墨洛溫王朝的傭懶國王般無能。西元十世紀中葉，歐德的一位後代，偉大的于格（Hnugues le Grand）公開抵制王令，他當時是幾個伯爵領地的首領。西元987年，西法蘭克王國的王冠落到偉大的于格之子于格·卡佩（Hugues Capet）的手中，從此，再也沒有卡洛林王朝的子孫登上王位，而由卡佩的後代不間斷地統治法國近八百年。因此，人們將西元987年定

爲卡洛林王朝的結束和卡佩王朝的開始。

奧圖大帝和帝國的重建

　　西元936年，薩克森（Saxe）公爵奧圖（Otton）被推選爲日耳曼國王，後來被稱爲偉大的奧圖，習稱爲奧圖大帝（西元936-973年）。與西法蘭克的卡洛林家族統治者不同，奧圖懂得如何馴服手下，在東部，他永久地抵擋住匈牙利人的入侵，並使波希米亞（Boheme）的斯拉夫人承認其保護人地位；在西方，他占領洛林地區和現今比利時的一部分土地；在南方，他占領義大利王國，當時義大利王國內的領主正在爭鬥不休，而且四十多年來，義大利早已沒有皇帝。西元962年，奧圖前往羅馬加冕皇帝，奧圖的帝國被稱爲神聖羅馬帝國，其領土包括日耳曼和義大利。西元1033年，勃艮第王國被日耳曼人占領時，神聖羅馬帝國包括以前羅泰爾及日耳曼路易的王國，但與查理曼帝國不同的是，神聖羅馬帝國並不包括西部法蘭克王國。

　　對其同時代人而言，奧圖大帝是又一個查理曼再世，他在日耳曼是至高無上的統治者、偉大的征服者，他在異教區大力宣揚基督教信仰，同時也是作家和藝術家的保護人，是神聖羅馬帝國的重建功臣。其子奧圖二世及其孫奧圖三世（Otton III）在西元十世紀時，一直有統治整個西歐的野心。

第二節　西元1000年左右的世界狀況

歐洲的多樣性

　　西元十世紀末，當于格‧卡佩（Hugues Capet）被選爲法國國王時（西元987年），歐洲並不是一個整體，而是同時存在幾個不同的地區。由於宗教的差異很大，因此宗教在當時也起著重要的作用，以致於歐洲被分爲基督教的歐洲、異教的歐洲和穆斯林的歐洲三大部分。

　　基督教歐洲呈現東西方對立的情況，英格蘭、法蘭西、西班牙、日耳曼、義大利等國家和地區，在羅馬帝國時期或多或少受到拉丁文化影響，自「大入侵」起，這些地區又受到日耳曼文化影響；另一方面，從前爲拜占庭帝國一部分的巴爾幹半島地區，卻通行希臘語和希臘文化，儘管這兩部分都同屬基督教，但他們在宗教問題上有很大的分歧。當時的羅馬教皇與君士坦丁堡的貴族之間經常發生衝突，西元十一世紀中葉，終於導致基督教分裂爲兩大敵對的教會：羅馬天主教和希臘正教。

西歐和中歐

　　英格蘭（古代人稱爲「不列顛」）曾被羅馬人征服過，後來又兩次遭到日耳曼人侵略，先是盎格魯和撒克遜人，後來在西元九世紀時又有丹麥人入侵。西元十一世紀初，英格蘭的統治者是偉大的克努特大帝（Cnut le Gran，西元1016-1036年），他同時統治著丹麥和挪威。一直到西元1042年，英格蘭才恢復獨立，進而有一位薩克森國王。

　　西元987年，法蘭西的疆界依舊是《凡爾登條約》（西元843年）所規定的邊界，當時的法蘭西王國只包括現今法國的60個省分左右，東部邊界由埃斯科河、馬士河、索恩河和塞文山脈（Cévennes）爲界，另外比利時北部的一小部分及西班牙南部也屬於法國。

　　大部分西班牙的領土仍由伊斯蘭教徒占領，但是至少有兩個基督教王國曾存在伊比利半島的北部，即萊昂（Leon）王國和納瓦爾（Navarre）王國。不久，哥多華的哈里發從西元十一世紀中葉逐漸衰弱，使得「基督教的再征服」有很大的進展。

　　此外，日耳曼王國在法國東邊、阿爾卑斯山脈以北一直延伸至易北河，不

久即擴展至勃艮第王國的西部。西元十世紀時，日耳曼的傳教士傳播基督教的路線分爲兩大方向，一路向北到丹麥、挪威、瑞典等，另一路向東到波希米亞、波蘭和匈牙利。匈牙利人是匈奴人的近親，是來自亞洲的黃種人；波希米亞的捷克人和波蘭人是白種人，但屬於印歐語系的斯拉夫人一支。

義大利王國的首都設在帕維亞（Pavie），不包含整個義大利半島，半島南部是拜占庭帝國的部分領土，西西里島的大部分土地則屬於伊斯蘭教徒（也被稱爲撒拉遜人）。義大利王國的疆域沿著第勒尼安海岸，延伸至羅馬的南部和北部地區。其民族包括俄羅斯人、波蘭人、波希米亞的捷克人、塞爾維亞人和克羅地亞人。

西元951年，日耳曼國王奧圖大帝占領義大利王國，西元962年在羅馬被加冕爲皇帝。奧圖致力於帝國的復興（人們後來稱此帝國爲神聖羅馬帝國），他創建的帝國包括日耳曼和義大利的大部分領土，但與查理曼帝國不同的是，不包括西部法蘭克的領土在內。

西歐和中歐文明

斯堪地那維亞人和匈牙利人的入侵，是西元九世紀下半葉和西元十世紀上半葉的重大事件，這些入侵使許多地區荒涼、封建制度建立、許多土地被破壞、橋梁道路被切斷、教會和修道院被搶或被燒。

另一方面，在這動盪時期，弱勢的人紛紛尋求保護，自由人「自薦」到大領主的門下，向領主許諾對其忠誠，成爲領主的附庸，從領土那裡得到一片土地（封地或稱采邑）作爲回報。封地的開始是終身享有（即在附庸的有生之年可以擁有此片土地），後來變爲世襲的財產，可傳於其子。在領主那一方面，他可以自薦到另一個比他更強大的領主門下，最後一位領主則臣服於國王。

封建制度的另一特徵是國家削弱，這種情況在法國和義大利尤其明顯。一方面，公爵和伯爵將他們以國王名義管理的領地變爲世襲財產；另一方面，他們在領地上行使宣戰權、稅收權和司法權，這些原本屬於國王的權力，只有國王才能在其王國行使，然而領主中較強大者皆效仿那些公爵或伯爵的做法，每個人都在其領地內篡奪國王的權力；爲了顯示自己的權力，他們在領地上建起城牆和堅固的城堡。

西元十世紀的後半葉入侵結束，農民又回到耕地上生產，貿易往來也較以往活躍，附屬於修道院的學校此時又開辦，人們再度抄寫古代文稿，並以精細小畫裝飾文稿或作爲精美的包裝，人們也學會讀懂西班牙伊斯蘭教學者的作

品。不久之後，開始建造大規模的教堂，自羅馬帝國末期便失傳的雕像藝術，此時則重新出現。然而，西歐和中歐的文化在西元1000年依舊落後拜占庭文化、伊斯蘭文化和印度、中國文化。

拜占庭帝國

拜占庭帝國當時由巴西爾二世（Basile II）統治（西元976-1025年），正處於全面復興的階段。拜占庭剛從伊斯蘭教徒手中奪回小亞細亞和敘利亞北部，此外賽普勒斯島（Chypre）、克里特島、西西里島東岸和義大利半島南部也陸續被拜占庭所占領。在巴爾幹半島上，巴西爾二世摧毀殘暴的保加利亞王國，他還避開俄羅斯人所帶來的危險，並促使基輔的俄羅斯王子（Kiev）皈依基督教，並把一位拜占庭公主嫁給他為妻。

但在拜占庭帝國內，另有導致帝國衰敗的嚴重原因，宮廷政變是常見的事情，因為對於王位繼承這一件大事，沒有一個國王會制定王位繼承法；此外，由於修士享有極高的民間聲望，因此常常與皇帝作對；小領主被少數大領主侵吞財產，大領主則在其廣大的領地上獨立稱霸。

伊斯蘭教世界

從西元八世紀中葉起，阿拔斯家族（La Famille des Abbas）的一位哈里發就居住在美索不達米亞的巴格達，按照傳統他既是宗教領袖，又是伊斯蘭帝國的國王。他的帝國（西元1000年）從西班牙一直延伸到印度，但實際上，他只有一些宗教權威，阿拉伯帝國早就分裂為好幾個獨立的國家。西班牙哥多華的穆斯林王國仍抑制基督教國家萊昂和納瓦爾王國，但不久，哥多華分裂為二十幾個敵對的公國，有利於基督徒的發展。此外整個北非，從大西洋到紅海都屬於阿爾及利亞的法蒂瑪王朝（Les Fatimides），旋即法蒂瑪王朝占領了埃及，並在那裡修建開羅城。在美索不達米亞地區，巴格達的哈里發則聽任其禁衛軍的波斯將領統治其王國，但敘利亞、土耳其斯坦（Turkestan）、波斯、阿富汗、阿拉伯地區的君主（或是愛彌爾）則幾乎都是獨立的。

阿拉伯人是印度洋上商業往來的壟斷者，他們在非洲的東海岸建立商行據點，進駐蘇丹，當地除了衣索比亞人之外，阿拉伯人使大部分的當地居民都皈依伊斯蘭教，衣索比亞人則仍然信仰基督教。

伊斯蘭教化

伊斯蘭教世界分裂為許多國家，不過還是保存了一種真正的統一。各處信奉同一種宗教，擁有相似的機構，以及許多共同的文明。當然，每個民族文化都有其民族特點，但並不妨礙他們文化間的許多共同點，哈里發和愛彌爾在對待猶太人和基督教徒的問題上，也顯示出其寬宏大量的氣度。

伊斯蘭文化非常活躍，一些大城市以他們的大學、圖書館、天文觀測臺、文學和著名的學者而揚名於世，所有受過教育的伊斯蘭教徒，不論在西班牙或埃及、波斯，都懂得阿拉伯文，然而以當地語言所寫成的文學作品也並未因此而受到冷落；波斯文明在伊斯蘭的亞洲地區也具有非常重要的作用，最偉大的波斯詩人菲爾多西（Firdousi）就出現在那個時代，他編寫《列王紀》，用大量的詩歌讚頌古代波斯國王的輝煌功業。伊斯蘭教徒也有其偉大的學者，他們同樣繼承了古希臘人和印度人的事業；在數學、地理以及醫學等方面也取得決定性的進展，像是他們發現一些了新的物質，如酒精、硫酸和碳酸鉀等。阿拉伯人還到處建造宮殿與清真寺，裝飾華麗，飾有鑲嵌細工作品、彩陶和大理石、木板細木工（Panneaux de Bois）和石膏雕塑等。

印度、中國和日本

東亞有兩大文明，即印度和中國文明，都影響了周邊地區。印度當時由許多相互敵對的小國家組成，從阿富汗來的伊斯蘭教徒此時已開始在印度的北部安居下來：一個古老的宗教（即婆羅門教）最後使佛教在印度本土趨於消失，佛教使印度產生過許多輝煌的雕塑、油畫等藝術作品。儘管此時佛教被排擠，但仍繼續影響著中國、日本、印尼和中南半島（Indochine）等地區，如在柬埔寨的吳哥窟有許多宮殿和廟宇的淺浮雕裝飾，表現佛陀的一生，以及講述著印度傳來的史詩故事。

中國的宋朝時期，他們總是處在蒙古和滿族游牧部落的侵略威脅之下，不過文學、藝術在宋朝統治時期有相當的發展，山水畫藝術和陶瓷藝術發展到顛峰，出現許多偉大的代表作品。此外，從西元六世紀以來，中國文化和佛教傳到日本，詩詞作品、壁畫和雕像裝飾了廟宇，也顯示日本文化在西元1000年左右的興盛。

美洲大陸在西元1492年哥倫布到達之前，一直孤立於其他地區之外，大膽的挪威航海家在西元1000年左右發現冰島、格陵蘭島，到達加拿大，然而這次的發現並沒有持續。當時在美洲已有奇特的文化（馬雅文明），這種文化使西元十六世紀抵達的西班牙人大為驚訝。

第三節　西元十一至十三世紀的貴族

領主與附庸

　　封建制度建立於不平等的基礎之上，封建社會可以看到三種人：作戰的貴族、耕地的農民和祈禱的神職人員。

　　西元十一世紀的貴族拿著武器、騎著馬，人們稱之為騎士。騎士服務於一位領主並成為其附庸，附庸須向領主表示順從，即承認領主的身分並向他宣誓效忠，領主（亦稱為封建君主）則向附庸發放一塊封地並允諾為其主持公道。從此，領主與附庸兩者以個人契約的形式聯繫，中止向另一方盡義務的人被稱為「不忠」，意即「背叛之人」。

附庸的義務

　　附庸須扶助領主，並受領主的監護，這些義務起初很模糊，後來逐漸明確。首先，附庸是其領主的士兵，須追隨領主參加所有戰爭，附庸在司法上是領主的證人，還有些日子裡，附庸是領主城堡的護衛者。附庸由領主監護，意即領主參與附庸各種重大場合的活動，在附庸打官司的時候亦成為其法官。最後，附庸在一些特定的時期繳交封建租稅，兩種主要的租稅是「繼承領地稅」和「四種扶助稅」。封地是世襲的，但繼承人需要在其長者去世時向領主繳納一定數目的租稅，被稱為「繼承領地稅」。後來，金錢在生活中產生很重要的作用，附庸在四種場合下須在金錢上幫助其領主，這四種情況都需要大筆開支：領主的長子成為騎士、領主長女出嫁、領主被俘時支付贖金、領主參加十字軍東征等。

　　領主與附庸的關係表面上很簡單，但有時卻變得很複雜，一個附庸常常同時擁有幾位領主，一旦領主之間發生戰爭，他要支持哪一方，將會是個難題。因此，附庸往往在其領主中挑選一位作為其「忠君」，附庸與「忠君」之間的聯繫遠比與其他幾位領主緊密得多。另外，因一片土地使其中某位領主成為其附庸的附庸，這種情況也是可能發生的。

封建階級制度

　　中古時期，貴族之間逐漸形成一種封建的階級制度，底層是騎士，向上一

層是擁有堅固城堡的堡主，堡主中最強大的是男爵，再上一層有子爵、伯爵和公爵，他們的封地眾多而廣闊，位於階級頂端的是國王，他是封建階級的最高首領。

伯爵和公爵從國王那裡得到封地，他們是直接隸屬國王的附庸，伯爵和公爵向國王宣誓效忠，國王因此成為他們的領主。但實際上，西元十一世紀的伯爵和公爵常常比國王強大，他們才是法蘭克王國真正的主人，例如：諾曼第公爵、法蘭德斯（Flandre）伯爵，才是他們封地上真正的封建君主。

西元十一世紀時領主的生活

貴族首先是一名騎士，從孩提時代起，他就必須學習騎馬和打獵、做一位領主的侍從並繼續學習，二十歲左右，已具備資格成為一名騎士。在授予騎士稱號的儀式上，一位領主（即其「教父」）授予他兵器，包括一副鎖子甲、一頂頭盔、一張盾、一把劍和一支投槍，然後在騎士的脖子上用力打一拳。新的騎士很快就成為領主的附庸，他所做的事情通常是下列幾件：馬上比武競賽、作戰和打獵。

西元十一世紀，馬上比武競賽是真正的戰鬥，常常出現受傷甚至死亡的情況，比武的優勝者不僅享有極大的光榮，而且享有一切的物質利益，因為戰勝者將得到戰敗者的馬匹、武器和贖金。戰爭只是兩個陣營騎士的野蠻衝突，他們常有搶掠豐收的米糧、焚毀莊園、教堂以及修道院等惡劣行徑，有一些領主則是真正的強盜。

領主回到城堡後喜歡大吃大喝，西元十一世紀的城堡只是一座簡單的木材建築，以壕溝和柵欄與外界分開，毫無舒適可言；打獵對於領主來說是件快樂之事，因為可以體驗戰爭的情緒並得到食物。中世紀的人們十分喜愛肉食，但肉店裡賣的肉很少且不夠鮮美，野豬、鹿等野味香氣四溢，深受美食家喜愛。

領主生活的改變

西元十二、十三世紀時，貴族生活發生深刻的變化，長久以來，教會一直致力減少領主生活中粗暴野蠻的一面，因此建立「上帝和平」這一制度，禁止參戰者攻擊農民、教士和商人。此外，教會的「上帝停戰」制度，則是禁止在星期天作戰，後來為紀念耶穌受難日和復活日，從星期三晚上至星期一早上也禁止開戰。

從西元十二世紀始，授予騎士稱號及兵器成為一種宗教儀式，年輕人整夜

祈禱、懺悔和參與領聖體儀式。他的武器被置於神壇上受福，有時是神父將兵器交給年輕騎士，請求他保衛教會和孤兒寡母。貴族中產生一種新情感，即寬大、慷慨大方，以及禮貌周到，人們稱之為謙恭或殷勤；紳士的風度直到今天依然被談論，但有些地區的民風並未減少粗暴和野蠻的行徑。

同時，城堡也開始變化，石頭築成令人嘆為觀止的堅固堡壘，城堡內也追求起舒適，甚至豪華奢靡。城堡內窗戶眾多，以彩繪玻璃裝飾，房間裡陳列著油畫或製有凹凸花紋的皮革，家具通常也帶著雕鑿的手藝，服裝華麗，娛樂活動也豐富，大型節日盛宴上更有豐富的「點心」，供給那些巡迴演出的雜技表演者，以及唱著《羅蘭之歌》，讚頌查理曼大帝光輝功績的遊吟詩人品嚐。

貴族政治上的失勢

起初，貴族接納所有擁有馬匹和武器的人，但不久之後便決定只有他們及其子孫才能當騎士；因此，貴族成為一個封閉的社會階層，只有貴族的子孫或由國王授予貴族稱號的人才屬於這階層。從此，形成了兩大階層的對立：一方是貴族，另一方是非貴族的平民（「平民」來自「耕地者」一詞）。但同時，貴族的政治威信也開始走下坡，國王千方百計地限制，甚至禁止貴族彼此交戰的權力，並允許領主法庭向王室法庭上訴；國王下令王室的貨幣與領主貨幣一樣可在封建領主莊園裡流通，有些地區的國王甚至決定向貴族收稅。

第四節　西元十一至十三世紀的農民

平民和農奴

　　領主通常將產業分爲兩部分，一部分留作私用，另一部分給農民。農民中有一部分是自由人，稱爲平民；另一部分不是自由人，稱爲農奴。

　　農奴的衆多負擔主要有以下幾項：每年須繳納爲數不多的一筆錢以證明農奴身分；如果要娶另一位領主的女農奴爲妻，則須繳納結婚稅；此外，他只能將財產交給子女，如果身邊沒有子女一起生活，那麼他所擁有的一切將全部歸其領主。農奴起初無權離開自己的田地，他被束縛在封地上，如果農奴逃跑，領主能夠以武力將其抓回；後來農奴可以自由選擇地點安家，但在新的居處，仍然是原領主的農奴，並對領主負有同樣的義務。

領主稅

　　不論農奴和平民，農民都必須向他們的領主（可爲非教徒或教徒）繳納各種租稅，即所謂「領主稅」，先是繳納收成的一小部分，後來是一筆錢，這筆錢的數目有時是固定的，如年貢，有時是變化的，如人頭稅。此外農民還要服徭役，除了必須在領主留爲己用的土地上耕作，還得挖掘城堡四周的壕溝和維修城牆，每次他們使用領主的爐子、榨油機或磨坊時都須繳納租金。

　　這些領主稅的項目和金額於各地有所不同。西元十世紀和十一世紀時由領主隨意決定，當時農民被收取人頭稅、被迫做苦役，直到領主對他們產生憐憫爲止，然而農民無處傾訴他們的苦衷，因爲他們的法官就是領主本人。

農業的微薄收成

　　如果農作收成好，農民還能盡他們該盡的義務，但歐洲的一些肥沃土地，在當時可能只是沼澤和森林。另一方面，交通十分不便，每個地區須自給自足，即使土壤和天氣狀況並不十分有利也得如此。

　　土地狀況良好的地區收成也很微薄，由於缺少肥料，人們不得不休耕，通常兩年中就有一年得休耕，農具也十分簡陋。當時人們已懂得使用帶導輪的鐵犁鏵，但西元十一世紀時許多農民只用擺桿步犁，即無導輪的木製犁鏵，他們甚至還常使用鋤頭勞作，農業收入微薄，加上戰爭和領主的打獵活動致使土地

荒蕪，於是經常發生饑荒。

法國某些地區收穫後的麥田青草，在幾周內成爲所有居民的財產，每個人都可以割茅草，墊在自家的牲畜欄裡或用來蓋屋頂；人們還可以將牲畜趕到田裡放牧，這就是所謂的「共同放牧權利」。這些地區的田野不設分隔籬牆。

公有財產與畜牧業

私人田產旁邊是公有財產，屬於村中所有居民共有的土地，每個人都可從這些田地的泥炭層提煉泥礦，做爲自家的燃料，也可以驅趕自己的牲畜到公共田地上放牧，還可以從森林中任意取得所需的木材。森林在當時起了很重要的作用，它提供建築和取暖所需的木材，今天所見的許多金屬製品在當時也都是以木頭爲燃料而製成；樹葉和蕨類植物爲牲畜提供草料，伐木工人從森林中取材做成木炭，灰料則用來製作香皂和玻璃。

即使在冬天，牲畜也不會關在畜牧圈裡，牠們在外頭遊蕩，瘦骨嶙峋，飼養情況不好，人們不知如何將牠們養肥，實際上也不吃屠宰店的肉。當時豬的數量很多，牠們在森林中吃橡樹果實爲生；乳牛只產少量的奶；人們只在夏天生產黃油，而且不知如何貯存；四處都有人養蜂，蜂蜜用來做糖料，拌上蠟可以做成蠟燭。

農業上的進步

西元十二世紀起，農民的境況有了好轉，城市的發展使鄉村生活發生深刻變化，當時莊園裡生產的物品並不出售，附近也無人購買麥子或葡萄酒。當莊園主在城裡找到市場後，便開始加強農業生產，開墾以前不耕種的土地。此外，西元十一世紀人口顯著增加，也使開墾新地變得十分必要。

從此，不斷地開墾荒地，使歐洲部分地區的面貌發生變化，人們從海上、森林裡和沼澤地上獲得大片土地。西元十二至十三世紀時期，日耳曼人將居住在易北河和尼曼河（Niémen）之間的斯拉夫異教徒驅離，開發大片以前不曾耕種的土地，一些新作物也出現，如燕麥不再只作爲馬的飼料，人們也把它當作食物，做成粥吃。無導輪的犁鏵被有導輪的犁鏵代替、釘齒耙和乾草叉的齒從此以生鐵打成、以水磨代替人工拉驢來磨小麥。刨子和鋸子發明以後，比起人們用水力進行木頭的垂直加工法好多了。以馬駕車、將牛安上牛軛的技藝大爲提高，使人們能更好地利用這些動物的牽引力。

許多地區的人們將田地的休耕時間改爲三年一次，通常一個村莊的田地分

為三部分，稱為輪作田，一部分田地種小麥，另一部分田地種植大麥、燕麥或蠶豆，第三部分田地休耕。第二年，休耕的田地被開墾，另外兩部分田地的其中一塊休耕，每一位農民在每塊輪作田裡都分有一小塊土地，他並不能隨意耕種自己的田地。

農民命運的改善

開墾荒地這一類的粗重工作通常由外地來的農民耕作，那些外地農民由於家鄉的田地過於密集，於是到他鄉做幫手，人們稱之為「客戶」。為了吸引客戶並留住他們，當地人給他們很多好處，例如：降低租稅、減輕勞役負擔，並為他們再造一些村落，稱為「新城」、「自由城」或「設防城」。

許多農民設法離開其莊園的主人，去外地做「客」，從而享受以上特權；另一些則到鄰近村莊以藝匠的身分安頓。為了留住農民開墾自家的田地，領主不得不做出一些讓步，先是允許農奴有成為自由人的可能性，可以出錢買得他們的自由權，接著降低領主稅，並規定繳稅的金額，從此農民不再任意受領主壓榨。

西元十三世紀末期，農村人口大增，但總的來說，農民的命運還是相當悲慘。

第五節　城市的復興、市民階級的快速發展

商業的衰落及城市的倒退

農民命運的改善有很多原因，西元十一和十二世紀的城市復興，在很大程度上促成農民的命運好轉。

高盧的城市曾在羅馬帝國統治下繁榮富裕，但自從大入侵後便衰敗，後來城市愈加衰落，因為伊斯蘭教徒占領地中海地區，使商業衰落。另外，高盧已不再有能力生產出口的產品，因此沒有商業和工業活動，城市人口急劇減少，國王和貴族亦紛紛離開城市到鄉下的別墅棲身，這也是造成城市人口減少的一個重要原因。

查理曼時期，每個別墅都配有一批工人，工人可以生產所有日常生活必需的民生用品。城市此時依舊存在，因為城市尚可作為逃避諾曼人或匈牙利人侵略的避難所，而且城市裡還有修道院和主教的住所。城市裡只能找到以下幾種專業工匠：建築師和金銀匠工人負責裝飾教堂，鐵匠製造兵器，為數極少的商人從東方經威尼斯帶來香料、絲綢和香水。

商業的復興

威尼斯位於亞得里亞海深處，當時已相當繁榮，這是座獨特的城市，居民於西元七世紀逃避倫巴底人的侵略而來到此地，他們所建立的威尼斯並不在陸地上，而是在潟湖中，與古代的腓尼基泰爾（Tyr）城相似。威尼斯依靠商業貿易而繁榮，從西元十一世紀末開始，威尼斯人即獲得在拜占庭帝國內免繳關稅而自由經商的權力。不久之後，義大利另外兩個城市熱那亞和比薩相繼興起，與威尼斯爭奪地中海地區的重要地位。第一次十字軍東征（西元1100年）時，基督徒奪得敘利亞和巴勒斯坦，從阿拉伯、印度和中國來的駱駝商隊後來也經過這兩個地區。這次的十字軍東征使東方和西歐的貿易往來有了令人嘆為觀止的快速發展。西元十二世紀中葉，義大利的商船以及來自馬賽和巴塞隆納的船隊在地中海上四處航行。

同時，商業活動也上行至北方，尤其是法蘭德斯地區（當時全部屬於法蘭西）。這一地區的里爾（Lille）、伊普爾（Ypres）、布魯日（Bruges）城相繼

發展呢絨業。法蘭西的地理位置優越，它正好處在連接義大利與北海的對角線上。

城市的復興

　　商業的興起也帶來城市復興，商人把原材料帶進城來，手工藝匠再對原材料進行加工，商人又把產品運走，就像今天的工廠。當時的城市將附近的農民吸引過來，使他們在城市裡定居，成為做工的人。另外，也由於城市裡來自農村的人口大幅增長，因此新來的人只好在原來舊城之外定居，原來的市鎮則主要是作為避難所，此時在市鎮外又擴展出一片「郊區」，即外城，這裡的居民被稱為市民。

　　手工藝匠、商人與農民一樣附屬於領主，有時一個城市由幾位領主同時擁有，人們必須同時向他們繳納租稅、人頭稅、服勞役等。但城市裡的人以商業和工業為生，與農民並不相同，他們喜歡新事物，積極進取，因此很快地，市民便團結起來向領主爭取到一些自由權利，這些好處不久就以官方正式文告的形式書寫，即所謂的憲章，領主須在憲章蓋上自己的圖章，表示確實遵守憲章上的法律條文。

城市自由的幾個例子

　　市民使用的抗爭手段及其所得到的效果，在不同的地區有著不同結果，有的成功，有的失敗，有的地區須持續抗爭，例如：法國北部拉昂（Laon），有的地區則在平靜中爭取自己的權利。因此，各地區的市民都獲得憲章的保障，不過各領主所作出的讓步卻有很大的區別。

　　以下是西元十二世紀時，法蘭西國王賦予布魯日（Bourges）居民的權益：取消農奴制、人身自由、由市民組成法庭進行審判、取消兵役（但保衛城市的情況除外）、取消幾種租稅等。

　　同一時代的盧昂（Rouen）居民則是得到更多的權力，尤其他們還取得了自主管理的權力，居民的領導者是一位市長和幾位市政長官，市長由國王在市民提交的三人名單中選定，市政長官由市民在最富有者中選出。

　　許多商業城市，如法蘭西北部地區〔布魯日、根特（Gand）、里爾、博維（Beauvais）、亞眠（Amiens）、佩羅訥（Péronne）〕及法國南方的城市（馬賽、土魯斯、蒙貝利埃），它們都取得與一個大莊園相當的自主權，人們稱之為「公共城鎮社區」。城市在封建階級中也占有一席位置，土魯斯市民向

他們的封建領主，即土魯斯伯爵宣誓效忠，像其他所有的附庸一樣，土魯斯也有自己的附庸，有自衛軍、有旗幟、有兵器庫，它可以發動戰爭，並且有自己的城堡、市政廳；城堡和市政廳上有主塔樓，即鐘塔，守衛者就在那裡監視著地平線，稍有動靜就敲響警鐘。

同座城市中的居民並不擁有完全相同的權利，在許多城鎮裡，市民不能擔任市政長官或市長，市民也不平等，權力只屬於最富有的市民，這些富人通常對普通小民也很冷酷。

西元十三世紀的城市

儘管城市已取得很大發展，但它們的規模還是較小的，當時的安全得不到永久保障，所以城市四周由城牆圍繞，街道窄小而陰暗，因為上層的房屋建築通常較突出，有時這些突出部分幾乎要使街道兩邊銜接起來；晚上沒有照明設備，街上沒有人行道，也不備有地下道，道路交通十分不發達。傳染病時常流行，尤其是鼠疫和痲瘋病。另一個危險則是火災，因為房子都是木造的，從西元1200年到西元1225年二十多年的時間裡，盧昂城就被火燒過六次，因此在聽到宵禁訊號時，人們必須吹滅燈火，並將火炭蓋上灰料熄滅，寂靜的街道上只有守夜的人重複著古代流傳下來的歌謠：「醒來吧，睡著的人們，醒來為亡靈祈禱吧！」

雖然如此，中古的城市面貌還是頗為吸引人，到處飄揚的旗子顯現著各種標誌，這些標誌通常都很滑稽可笑，用以辨別房屋的所屬，在好幾個世紀裡，房屋通常都沒有編號。交通上似乎也比較活躍些，由於房間的窄小和不舒適，使中世紀的城市人喜歡走在街上，這一點與今日有所不同。小販們叫賣商品、旅行家講述迷人的冒險故事、流浪的歌手和流動商販亦四處吸引著過往的行人，在一片空地上，人們玩著老式網球，教堂的鐘聲裡有遊行隊伍通過。有時，會有一大群牲畜塞滿道路。私人房舍旁邊是教堂、修道院等公共建築物，而且為數眾多。城牆內依舊有不少空地用來種植果菜，田野、葡萄園、果園、城市和鄉村並未完全分開。

卡佩王朝的國王和市民階級

卡佩王朝的國王對所謂「公共城鎮社區」的態度各不相同，有一些國王支持「社區」，另一些則反對。許多城市由於財政不景氣，也迫使國王許多事情不得不躬親，並限制「社區」的自主權。但至少從西元十二世紀起，國王即開

始從市民中挑選自己的顧問，並讓他們擔當重要的職位，國王從富有的市民那裡獲得有力的支持，以削減貴族的力量，富有的市民階級從西元十一世紀起即已逐漸成長，而且與貴族、教士及農民階層並駕齊驅。

第六節　西元十一世紀的基督教會

希臘教會分裂

西元1000年之前，君士坦丁堡的主教與羅馬教皇之間就已經發生過多次的紛爭，這些紛爭有些是關於領導權的問題（君士坦丁堡主教拒絕臣服於教皇），或關於禮拜儀式、教義的紛爭。

西元1054年，羅馬教皇在君士坦丁堡的特使與君士坦丁堡的主教發生互將對方逐出教會的事件。這次拜占庭與羅馬教廷之間的宗教分裂稱為「希臘教會分裂」（Schisme一詞意即分裂之意），從那時候起，基督教就被分成兩個敵對的教會：羅馬天主教會和東方正統教會（亦稱為希臘教會或東正教）。

天主教會的組織情況

天主教會是由教皇和主教所領導的教會，每一位主教都是一個地區的宗教領袖，這個地區被稱為「主教管區」。主教在幾位教士的協助下管理主教區，教士即「議事司鐸」。幾個主教區形成一個「教省」，由一位主教管理，這位主教被叫做「大主教」或「總主教」。

主教管區由教區組成，每個教區內都有一名神父。教皇、主教、議事司鐸和神父組成世俗神職人員，他們生活在俗世間，與非神職的人們關係也很密切。

除了世俗神職人員之外，還有出世的修會教士。修會的教士由遵循某一教規的修士所組成，西元十世紀時期，人們狂熱地信仰宗教，人們相信世界末日即將來臨，因此許多基督徒認為挽救自己最可靠的方法即是成為修士。西元十世紀出現不少修道院，許多修道院皆屬克呂尼教派（Cluny），此派建立於西元910年，它發源於法國的勃艮第地區，施行聖本篤修會的教規，聖本篤會規即西元六世紀時義大利人聖本篤（Saint Benoit）為其修士所編寫的規則。

神職人員在中古社會中所起的作用

神職人員有他們自己的法庭「宗教裁判所」，只有他們才能判決牽涉到聖職者（神職人員）、寡婦、孤兒、大學生的案件，以及觸及宗教的事情。此外褻瀆神靈的案件、教徒婚姻問題等也是其審判的範圍，然而教會司法確實比世

俗的司法更爲公正，殘酷程度也輕些。

出於對上帝的虔敬，教徒贈給教會金錢和土地，這些屬於教會的財產也十分廣闊。例如，教會的土地由農民耕種，其收入的一部分用來維持聖職者的生活，因此中古時期教會很富有，也有能力援助窮困和被疾病所困的人們。

如前所述，主教利用「上帝和平期」和「上帝停戰期」限制封建習俗的殘暴性，神職人員作爲當時唯一受教育的人，他們負責教育事業並給藝術家各種靈感，中世紀藝術在很大程度上是宗教的藝術，以這種意義而言，中世紀教會也爲社會的文明進步作出貢獻。

神職人員的傳教方法

人們的信仰非常虔誠，信徒對神職人員的言論言聽計從。宗教對日常生活的影響也表現在日曆上，在這個時期，人們每天都以一位當天死去的聖人命名；此外，也表現在修道院的增長數目；對於教堂建築、耶穌墳墓與聖物的敬拜，以及十字軍東征和妖魔鬼怪的騷擾，似乎都和這個時期的宗教緊密相連。

當時的社會中，每個人都懼怕死後進入地獄受苦受難，因此教會的意志常可以藉助帶有宗教色彩的威脅和刑罰，強加給人必須要有警惕之心。教會利用「懲罰」訓誡人們，懲罰有輕有重，包括齋戒、鞭打、走遠路去朝拜、進修道院等；如果犯戒者拒不執行，他將被逐出教會，亦即他將被信徒排斥於生活圈外，不能參加聖事，人們躲避他就像躲避患有鼠疫的人一樣，即使是法蘭西和英格蘭的國王，也都得服從這種粗魯的懲罰，有時還是會被逐出教會。

在某些特別的情況下教會可能使用武力，一種是對付不願皈依基督教的異教徒，另一種是對付邪教徒，即不守正確教義的基督徒。

西元十一世紀教會的濫權行爲

根據教會的法律，教皇是由羅馬的主教任命，主教則由教廷司鐸任命，神父由主教任命，然而實際上，這些法律條文並未被實施。教皇職位先是落入義大利大領主的操縱之下，後來又由國王操縱，主教也由國王任命；神父由出資興建教區內教堂的家族選擇，或由教堂所在封地的城堡領主作主，世俗的聖職者則由非宗教人士選定。

這些非宗教人士所做的選擇通常不夠明智，君主選出的主教有時並非最能擔當此職務的人，但他們卻是最忠於君主的人，或國王想贏得其忠心的人，甚至是給國王最多錢的人。在聖職方面，主教和神父通常以聖事賣錢，這種將神

聖職務交易的行爲被教會禁止，此罪稱爲「買賣聖職罪」；據說是因一位魔術師西蒙（Simon）想用錢向使徒買得製造奇蹟的權力。此外有許多神父已經結婚，他照顧家庭所花費的時間與精力，比管理教區所費的時間精力多得多。

兩位改革者：教皇尼古拉二世和教皇格列高里七世

教皇尼古拉二世（Nicolas II）和格列高里七世（Grégoire VII）都以禁止非宗教人士在教皇和主教的任命中起作用爲己任。西元1059年，尼古拉二世決定教皇的任命只能由各地區的樞機主教進行，樞機主教是指羅馬主要教區的神父及羅馬附近地區的主教。

二十年後，格列高里七世（西元1073-1085年）於西元1075年發布《授權法令》，禁止所有非宗教人士授權給宗教職位的聖職者（即授予權力）。後來，爲了使此法令得到實施，他取消所謂的「買賣聖職罪」。格列高里七世將自己身邊的教士派到所有的天主教國家，這些教士是教皇的全權代表，人們稱之爲教皇特使。格列高里七世還努力對主教實行嚴格控制，他強調自己有調動甚至控告主教的權力，並有權對主教作出判決，人們可以向教皇上訴。於是格列高里七世努力使教會擺脫非宗教人士的枷鎖，完全處於教廷的統治之下。

授權之爭、格列高里七世與亨利四世

《授權法令》引起嚴重的衝突。實際上，中世紀時的主教不僅是一名高級神職人員，他還是一名擁有封地和附庸的領主，所以封建君主只想起用對他們忠誠的人當主教。格列高里的授權法令剝奪了他們選擇主教的權力，也消除他們對此事的影響，這一事件嚴重削弱國王的權威。從此，教皇與世俗國王之間產生許多紛爭，稱爲「授權之爭」。

格列高里七世最強勁的敵手是日耳曼國王亨利四世（HenriI V，西元1056-1106年），亨利四世對西元1075年的法令置之不理，繼續任命主教，他接到來自教皇的警告威脅後竟勒令教皇退位，而後格列高里七世反擊，將國王逐出教會（西元1076年）。

起先，格列高里七世占上風，日耳曼的領主早就有意削弱國王的權威，因此趁機宣布反對國王，眾叛親離的亨利四世，在隆冬裡跨過阿爾卑斯山到達義大利的卡諾薩（Canossa）城堡，當時教皇就住在那裡，亨利四世穿著犯戒者的服裝在大雪中待了三天，懇求教皇寬恕，並答應教皇的苛求後才得到原諒（西元1077年）。

但不久之後，他就進行報復，亨利四世進入羅馬，並任命另一名主教為教皇，此教皇為亨利加冕為皇帝，格列高里七世逃出羅馬，不久就去世（西元1085年）。

四十年後，西元1120年左右，「授權之爭」有了公平的解決方案，被法蘭西和英格蘭的國王所接受，因此授權之爭也到此結束。此後主教的任命將由世俗國王與教廷的宗教司事者一起決定，而主教只有在取得世俗國王的同意，並對後者宣誓效忠後，才能在其管理的區域內擁有封建采邑。

教會的復興

同時，教皇成功地廢除「買賣聖職罪」及神父的婚姻。為了使「安貧」這一規則再次得到大家的遵從，虔誠的基督徒在西元十一世紀末建立了一些新的修院教規，當時，安貧教規即使在克呂尼派的修院也被廢除不用。德國人聖布魯諾（Saint Bruno）在西元1084年於多菲納（Dauphine）的山間建立大沙爾特勒（Grande Chartreuse）修院，多菲納位於格勒諾勃（Grenoblle）附近。出於同樣的禁欲與樸素生活思想，一位克呂尼教徒在第戎（Dijon）建立西多（Citeaux）修院。

中古時期基督教信仰的狂熱，也可以從其輝煌的藝術上了解，藝術的繁榮使西歐到處出現宏偉的教堂。更加令人瞠目的是，由於宗教的激情，終於導致在西元十一世紀的最後幾年裡，成千上萬的基督徒投入第一次十字軍東征。

第七節　最初幾次的十字軍東征

十字軍的定義和原因

　　人們所謂的「十字軍東征」，指由教皇號召組織的軍隊，爲了從伊斯蘭教徒手中奪回「耶路撒冷」聖地而進行的遠征。耶穌基督曾在巴勒斯坦傳教，並死在耶路撒冷，參加這些戰爭的人在其衣服上縫著紅色十字布條，十字軍之名即源於此。

　　阿拉伯的哈里發從未反對基督徒去耶路撒冷聖墓朝聖，但西元十一世紀後半，整個西亞地區落入土耳其人手中。土耳其人是古代匈奴的近親，很早就信仰伊斯蘭教，一部分來自土耳其斯坦（Turkestan，此名來自Turcs一詞，今天這一地區仍叫此名稱）。其中一支塞爾柱土耳其人占領美索不達米亞平原、敘利亞和巴勒斯坦，還從拜占庭帝國手中奪走小亞細亞的一大部分，人們甚至害怕他們會入侵巴爾幹半島。塞爾柱土耳其人禁止基督徒做禮拜，並四處追捕他們。

　　爲了拯救受到土耳其人威脅的東歐，並解放聖地，當時在法國的教皇烏爾班二世（Urbain II），於西元1095年至克萊蒙（Clemont）傳教，隨即號召第一次十字軍東征。

　　當然，十字軍東征的原因並不只有宗教信仰的熱情，還有冒險的樂趣和熱衷於征戰等因素，以及想在神話般的富裕東方建立幾個王國的企圖。但宗教的虔誠是主要的動機，因此西歐的騎士在教皇的呼籲下動員，前往聖地，這就是十字軍東征。

第一次十字軍東征

　　西元1095年，教皇烏爾班二世呼籲有能力征戰的騎士征服土耳其人，此時騎士們尚未做好準備，然而一大群狂熱的朝聖者卻已被法國亞眠的修士皮耶（Pierre l'Ermite）及德國騎士戈蒂埃（Gautiers）的熱情激發，從德國、匈牙利和保加利亞出發，前往耶路撒冷，結果他們才剛到達小亞細亞，就被土耳其人殲滅。

　　在這期間，騎士緩慢地做著準備，他們約定好在君士坦丁堡會合。拜占庭皇帝阿萊克西（Alexis）向騎士許諾，如果他們爲拜占庭向土耳其人奪回小亞

細亞和敘利亞北部，將爲騎士補給軍需，並在軍事上幫助他們。騎士們接受了。西元1097年，他們穿越小亞細亞，當時正是炎熱難耐的夏季，水源缺乏的威脅，對他們來說比土耳其人還要嚴重。後來，他們在敘利亞登陸時被安條克阻撓，長達八個月之久。騎士將城堡攻占後，卻陷入土耳其大軍的包圍，不久，饑荒問題變得非常嚴重，據說已到了吃屍體的地步，直到一天，傳言人們在城裡的教堂中發現聖投槍，十字軍被信仰的激情所鼓舞，終於突圍成功。

　　即使面對敵人，十字軍的領袖仍不團結，許多將領只想征服一個公國或王國，其中三個將領隨即離開大軍，一位前去奪取愛德沙地區（La Region d'Edesse），另一位則要征服安條克地區，最後一位想占領的黎波里地區。在貧困的十字軍小民之中，他們的信仰則是熱誠的。

　　西元1099年6月，騎士離家三年之後終於看到耶路撒冷，此時的耶路撒冷剛被埃及的伊斯蘭教徒從土耳其人手中奪走，騎士喜極而泣，但大軍已被削弱。耶路撒冷城池牢固，而且四周的水井全被填滿沙石。十字軍並未氣餒，西元1099年7月15日星期五下午三點，即耶穌基督被釘死在十字架的日子和時辰，他們攻進耶路撒冷，並展開野蠻恐怖的屠殺。

聖地耶路撒冷的組織情況

　　十字軍決定永久占領從土耳其人手中奪得的敘利亞和巴勒斯坦兩塊土地，除了愛德沙、安條克、的黎波里三個公國之外，他們還建立耶路撒冷王國，由十字軍首領中最虔誠的戈得弗雷・布衣昂（Godefroy de Bouillon）統治。

　　十字軍認爲僅將聖地耶路撒冷組織起來並不夠，還要保衛它。但占領耶路撒冷的大部分十字軍將士並不在那裡停留，他們都回到自己的家鄉，因此人們在聖地創立軍事機構，由教士和士兵們組成（當時是在俗的），最重要的是聖殿騎士團（他們駐紮在耶路撒冷古神殿的遺址）；人們也建起多處城堡，最令人嘆爲觀止的是敘利亞的克拉克（Krak）城堡。

第二次和第三次十字軍東征

　　剛建立的四個東方拉丁王國立刻出現危機。愛德沙和的黎波里公國首先遭到土耳其人進攻。經西多修道院長聖貝納爾（Saint Bernard，西元1091-1153年）的呼籲，法王路易七世（Louis VII）和德王康拉德三世（Conrad III）又進行一次東征（西元1147-1148年），但卻遭到慘敗。

　　不久之後，耶路撒冷王國告急，因爲西元1187年埃及蘇丹薩拉丁（Saladin）奪取耶路撒冷，教皇得知這一悲慘消息後，立即鼓動第三次十字軍東征。西歐最強大的三位君主，德皇腓特烈、法王腓力‧奧古斯都和英國獅心王理查（Richard Coeur de Lion）聯合進行十字軍東征（西元1190年），德皇腓特烈從陸路進發，在小亞細亞打敗土耳其人，但過不久，他卻在飯後洗澡時意外死亡。理查和腓力‧奧古斯都則從海路到達東方，幫助敘利亞的基督徒奪得達克爾城（Saint Jean d'Acre）。西元1191年之後，腓力回到法國，理查則留在東方，他的勇氣使基督徒與伊斯蘭教徒大爲震驚，然而最後他仍未能奪回耶路撒冷。

　　宗教的熱情逐漸冷卻，義大利熱那亞和比薩地區的商人在與「太陽升起的地方」（即東方）的貿易活動中致富，他們對占有敘利亞的港口比占有耶路撒冷更感興趣，他們希望與土耳其人和平相處，並且以協議的方式讓他們放棄耶路撒冷聖地，基督徒和伊斯蘭教徒之間的宗教仇恨也因此緩解。埃及的蘇丹薩拉丁與英國的獅心王理查都同樣勇敢，也同樣具有騎士風度；最後，他們決定互相尊重。理查甚至想將自己的妹妹嫁給薩拉丁的弟弟爲妻，薩拉丁也許諾將皈依基督教。

　　既然此時耶路撒冷已經落在埃及的蘇丹手中，因此基督徒們決定進攻尼羅河兩岸的伊斯蘭教徒，不再去耶路撒冷征戰。後來，幾乎所有的十字軍東征都以埃及爲目標。

十字軍東征的先期後果

　　前幾次十字軍東征的結果，是在東方建立基督教王國；第二個影響則是提高了法蘭西在這片土地上的聲譽，因爲到達聖地的大部分十字軍士兵都是法國人。

　　十字軍東征也對經濟產生重要的影響，棉花和甘蔗的種植、棉布和絲布的製造以及玻璃加工業，使東方的拉丁國家高度繁榮與昌盛。敘利亞海港的商業活動在此之前一直由伊斯蘭教徒掌控，十字軍東征後卻完全落入威尼斯、熱那亞和馬賽商人手中。十字軍東征爲西歐擴大東方貿易市場做出貢獻，這種大範圍的貿易在羅馬帝國崩潰後幾乎消失，貿易活動與工業復興促使義大利及法國北部城市繁榮。

　　十字軍東征也促使西歐農民和市民富裕，有的領主前往東方，或是從那裡回來，他們都急需金錢，因此很願意讓農民用錢買回自由。

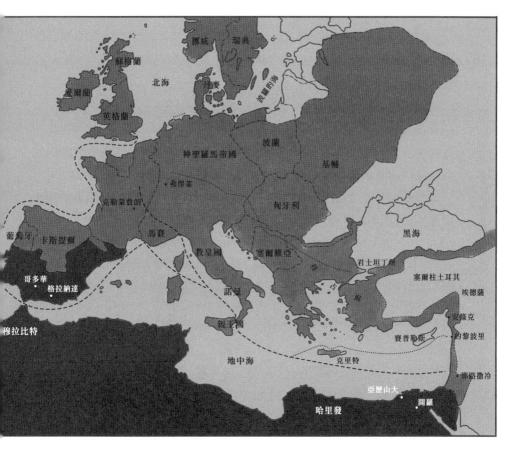

圖5-11-7　十字軍東征

第八節　卡佩王朝的初期與英格蘭的建立

西元1000年左右的法蘭西

于格‧卡佩（Hugues Capet）於西元987年登基時，法國國界情況大體與《凡爾登條約》所規定的差不多。當時的法國雖然還包括西班牙的加泰隆尼亞地區（La Catalogne）和一部分比利時領土，但它遠遠趕不上古代的高盧，甚至沒有如今的法國疆域大。

當時的法蘭西並不統一，整個布列塔尼（La Bretagne）及加斯科尼（La Gascogne）的西部基本上不屬於法國，羅亞爾河北部和南部居民的工作和穿著方式也都不一樣。不久，他們之間連語言也不相通，北部的人講奧依語（La Langue D'Oil），南部的人講奧克語（La Langue D'Oc）。

法國不是統一的國家，國內分成許多封地，其中十幾處封地由公爵或伯爵掌管著，他們是其封地上真正的最高封建領主。

初期卡佩國王的軟弱

與公爵領地和伯爵領地的強大相比，國王自己的封地，即所謂「王室產業」，則微不足道，王室產業只是貢比涅（Compiegne）與奧爾良（Orleans）之間的狹長地帶，然而更為甚者，國王還不是其封地上真正的主人。一些小城堡主，如蒙雷里（Montlhéry）和皮賽特（Puiset）的城堡主更蔑視王權，並阻礙國王的通行路途。

國王在其產業範圍之外沒有任何職位，如果他想在全國範圍內採取什麼措施，就得召集大公爵及主教開會，取得他們的同意後才能作出決定，這種會議即「御前會議」。但在西元十一世紀，許多公爵與主教即已拒絕開會。

王權的發展

儘管產業範圍狹小，沒有權威，但國王畢竟不是一個普通的小領主，他是所有大附庸的最高封建君主，而大附庸亦曾向他宣誓效忠。因此當蘭斯（Reims）大主教為他敷聖油之後，卡佩國王就是上帝所選擇的人。他是全法

國唯一帶有宗教色彩的非宗教人士，所以，他可以得到教會的支持。神職人員是秩序與和平的護衛者，他們十分希望有一個強大的王權保護他們，抵制領主的粗暴野蠻行徑。另外，雖然國王應是選舉產生，但卡佩家族將王位世襲，為了使王位繼承成為事實上的世襲，于格・卡佩及其繼承者在爾後的兩百年，在他們還活著時，就將他們的兒子選為國王。

國王是最高的封建君主、公認的統治者，為教會所支持，因此他可以逐漸加強王權的擴張。

路易六世和路易七世的統治

王權的進步在西元十一世紀時幾乎處於停滯狀態，那時候統治過的國王有于格・卡佩、虔誠者羅伯特（Robert le Pieux）、亨利一世、菲利普一世，直到路易六世執政時，王權的擴張才真正開始。

路易六世（西元1108-1137年）被稱為「不睡覺的人」和「愛打架的人」，這兩個外號對他而言真是名副其實。此外，他也是一個粗魯的軍人，隨時準備向侵略其產業的強盜領主開戰，當他統治結束時，已經是其產業上真正的主人，這一功績使他在神職人員及人民中贏得很好的名聲。

路易六世的兒子路易七世（西元1180-1137年）比其父稍遜一籌，所幸，聖德尼（Saint Denis）修道院長絮熱（Suger）長期擔任其顧問，被當時的人們稱為「祖國之父」（Le Père de la Patrie）。但絮熱死後，路易七世因離婚的影響，使卡佩王朝受到嚴重威脅。不過，至少王權在他統治時期大有進步，對於深受領主敲詐勒索的人（農民、市民、神職人員）來說，路易七世是捍衛正義者和主持公道的人，他曾去西班牙聖地牙哥（Saint Jacques de Compostelle）朝聖，曾領導第二次十字軍東征，其名聲遠揚不僅限於王室產業範圍之內，更傳播到全法國的各個角落。

不幸的是，在西元1066年時期的一次事件使卡佩王朝面臨嚴重威脅，法國的諾曼第公爵成為英格蘭國王。

諾曼第公爵對英格蘭的占領

西元1066年，撒克遜國王哈洛德（Harold）登上英格蘭王位，諾曼第公爵威廉聲稱自己有權繼承英格蘭王位，威廉後來得到「征服者」（le Conquerant）的外號。當年9月他率軍登陸英格蘭，在哈斯丁戰役（la Bataille de Hastings，西元1066年）中打敗哈洛德，登上王位。哈斯丁戰役之後，英格

蘭被來自法國諾曼第的法國人統治，威廉將其從盎格魯和撒克遜人手中奪來的土地大部分占爲己有，餘下的部分作爲封地並分發給他的親屬和隨從，但他有留意限制其附庸的權力；英格蘭領土上所有的人，無論是盎格魯人、撒克遜人亦或是法國人，都必須直接向國王宣誓效忠。威廉將英格蘭分封伯爵領地，稱爲郡（Comtes），每個郡內由威廉派一名官員治理，稱爲郡長（Sheriff），郡長不僅在封地上負責司法和稅收，在王室產業範圍內也行使此兩種權力。

征服者威廉身爲諾曼第公爵，他依舊是法蘭西國王的附庸，但已比國王強大，他與菲利普一世、路易六世及其繼承者先後發生多次衝突，然而最後都是國王被打敗。

路易七世離婚與亨利家族的光榮

在一次突發性事件中，終於使英格蘭威脅法國的局面得以改變。路易七世曾經娶阿基坦女公爵（Aquitaine）愛蓮娜（Aliénor）爲妻，她的嫁妝包括阿基坦公爵領地（即法國中部和西南部）。西元1150年，路易七世將愛蓮娜休掉，她再嫁給一位法國領主亨利·普朗達治奈（Henri Plantagenet）。亨利婚前已擁有圖爾內（Touraine）、安茹和諾曼第，此時又加上其妻的財產，因而統治法蘭西王國的一半領土，包括最富有的城市盧昂（Rouan）、昂格爾（Angers）、杜爾（Tours）、波爾多（Bordeaux）。西元1154年，亨利成爲英格蘭國王，稱爲亨利二世。

亨利的威力

一如征服者威廉，亨利二世（西元1154-1189年）是法國人，他在法國土地上度過大部分時光，不會講英語。直到西元十四世紀，法語是英格蘭官員及受過教育的人所使用的語言。

如同征服者威廉，亨利二世也想成爲英格蘭的主人，他強取部分領主的利益，發展王室的司法，組織一支強大的軍隊，士兵全是僱傭兵。爲了支持這支軍隊的費用，亨利二世建立一套沉重的稅收制度，比起路易七世，亨利擁有更加富裕的財政收入。亨利也努力維持其對英格蘭教會的監護權，但英格蘭教會一直想脫離英王自立。西元十二世紀末，英王亨利二世與坎特伯里（Cantorbery）大主教貝克特（Thomas Backet）發生一次嚴重的衝突，貝克特被人暗殺，在公眾的輿論譴責下，亨利不得不自我懲罰，並放棄部分要求。

面對如此強大的統治者，路易七世又能如何作爲呢？亨利二世除了英格蘭

之外，還擁有法國最富裕的一片領土，而此時期的路易七世整日忙於宗教事務，已經沒有絮熱主教擔任顧問，最後路易七世將抑制亨利家族氣焰的任務，留給他的兒子腓力‧奧古斯都（Philippe Auguste）。

第九節　西元十二和十三世紀的教皇與皇帝

教皇與國王

雖然在授權問題上達成妥協，然而還有一個嚴重的問題懸而未決，即教皇與國王的關係問題。

雙方都認為彼此協調是十分必要的，但他們畢竟各有各的任務，誰來限定每一方的權力範圍呢？另外，他們的關係是平等的，還是有一方在另一方之上？所有的基督徒都必須臣服於教皇，因為教皇是上帝在人間的代表人，所以國王也必須臣服於教皇。另外，教皇在西元800年為查理曼加冕，才使西方帝國得以重建，而且加冕儀式中，教皇拿著皇冠授予查理曼，不正顯示教皇比國王更高一層嗎？國王則反駁，國王是羅馬皇帝的繼承人，羅馬皇帝進行獨裁統治時教皇還未存在。再說，教會國家是義大利王國的一部分，教皇也是國王的附庸。

這些要求彼此相敵對，導致聖職與王權的爭吵，即神職人員與國王的衝突。歐洲史上曾經有格列高里七世與亨利四世互相廢黜，西元十二和十三世紀，這種鬥爭則以兩位國王為標誌，即腓特烈一世和腓特烈二世。

腓特烈與亞歷山大三世的衝突

腓特烈（Frédéric，紅鬍子，西元1152-1190年）出身於富裕的霍亨斯陶芬家族（La Famille des Hohenstaufen），這時期霍亨斯陶芬家族占領著德國和義大利的王位長達一個多世紀（西元1138-1250年）。腓特烈一世野心勃勃，並且富有權威，他對自己的使命有清醒的認識。當時一度在西方遭到荒廢的羅馬法研究，此時重新在義大利興起，羅馬法中有一條原則：所有使君主歡心的事情都具有法律的效力。

從腓特烈統治初期開始，他就將自己的統治強加於一些富裕的公國上，這些公國大都位於義大利北部，直到西元十二世紀末期，它們仍處於獨立的狀態，因此當米蘭公國起義反對腓特烈時，他圍困米蘭達兩年之久，最後占領米蘭，而且下令徹底毀滅米蘭（西元1162年）。當時一位教皇特使對腓特烈一世說：「帝國將在未來變為聖廷的封地。」腓特烈一世怒氣沖沖地反駁，世上絕

對沒有比他更高的統治者，連教皇也是他的一個附庸。但不久，這位特使被選爲教皇，稱爲亞歷山大三世（Alexandre III），腓特烈一世拒絕承認，並將他比做「僞教皇」，鬥爭就這樣拉開序幕。

亞歷山大三世廢黜國王，並呼籲倫巴底地區的城市反抗國王。此時腓特烈一世在米蘭附近也全面潰敗，他不得已放棄自己的要求，跑到威尼斯（西元1177年）懇求教皇寬恕。他親吻教皇的腳，並在教皇上馬時爲其扶馬鐙。腓特烈一世在威尼斯所遭受的屈辱，正是亨利四世在卡諾薩（Canossa）受辱之後一百年，這是教會又一次重大的勝利。

英諾森三世時期教皇的勝利

隨後的幾年裡，教皇聲名大噪，教皇英諾森三世（Innocent III，西元1198-1216年）像統治教會一樣凌駕於國王之上。教皇將英格蘭從其國王手中掠走而送給法蘭西國王，他自己則隨意戴著匈牙利、丹麥、亞拉岡（Aragon）、卡斯提爾（Castille）幾國的王冠。在德國，教皇干涉幾位王位覬覦者的爭鬥，他幫助其中之一取得勝利，這一位即是腓特烈的孫子，但是他成爲國王（腓特烈二世）後卻變成教皇的頑固敵手。

腓特烈二世和教皇

腓特烈二世（西元1215-1250年）是中世紀最奇特的人物之一，他出生於西西里，並在那裡成長。他一直生活在巴勒摩王宮裡（La Court de Palerme），母親是西西里的諾曼第公爵之女，嫁給巴巴洛薩（Barberousse）的兒子爲妻。腓特烈二世曾接受東方式的教育（半希臘、半阿拉伯），由於他受過良好的教育，對數學、醫學、自然史非常感興趣，而不信宗教。據傳，他曾表示，沒有一種宗教是眞實的，摩西、耶穌和穆罕默德不過是三個大騙子。腓特烈與路易（虔誠者路易）同一時代，但他卻過著像伊斯蘭教哈里發一樣的生活。他喜歡豪華排場，無論到哪裡，總是帶著一群稀有動物和一隻他鍾愛的大象，他的服務人員中有伊斯蘭教士兵，當時的教皇也從未能將他們驅逐出教會。後來在他終於被驅逐出教會後，還率領過一次十字軍東征，不過他沒有與異教徒作戰，而是與他們簽訂條約，進而收復耶路撒冷（西元1229年）。不久之後，教會召集一次宗教會議來判決他，但腓特烈卻派人攻擊前往羅馬赴會的樞機主教所乘坐的艦隊，並俘虜許多主教。

這位沒有一點德國傳統的國王，對德國也漠不關心，後來又從他母親那繼

承了義大利那不勒斯和西西里島的統治權。之後，他決定將自己的統治擴大至倫巴底，經過一場激戰，他成功地占領義大利半島的南部和北部，將教皇國夾在其中，他與教皇的衝突在所難免。

實際上，這完全是一場政治衝突，教皇爲了挽救他的國家而戰，並非只爲捍衛教會的利益。經過二十年的殘酷戰爭，教廷取得勝利。腓特烈於西元1250年去世，他的兒子和孫子都在義大利被殺害，從此霍亨斯陶芬王朝也在歷史上消失了。

帝國和教皇職權的削弱

經過這一場可怕的衝突戰爭之後，兩位敵手都精疲力竭。德國君主制正興盛，腓特烈二世只想在義大利建立自己的權威，因而放任德國的領主不斷自我擴張，導致腓特烈二世死後，德國在二十五年內沒有國王（西元1250-1273年），這一階段即「大空位」時期（Grand Interrègne），德國分爲幾個小城邦，每個城邦都夢想取得獨立。

在此同時，義大利脫離德國，各城市也取得獨立，但每座城市都被捲入內戰，居民組成敵對的兩派，互相野蠻攻擊，此時義大利到處都是難民。例如，偉大的詩人但丁（西元1265-1321年）被佛羅倫斯放逐。教皇將西西里送給法國國王聖路易的兄弟，但不久西西里居民即起義反抗法國人，最後由亞拉岡國王登上西西里國王寶座。

另一方面，即使在羅馬，教會也沒有什麼教化作用，樞機主教分裂爲敵對的宗教派系並互相攻擊，連續兩年未能達成協議選出一位教皇。最後，他們選擇一位不識字的老隱士爲主教，老隱士不久就退位。其繼承者卜尼法斯八世（Boniface VIII，西元1294-1303年）將退位的教皇關在監獄裡，並廢除他所發布的文告。然而卜尼法斯八世不久即與法國國王英俊腓力（Philippe le Bel）發生嚴重衝突，而他無法取得在卡諾薩（Canossa）和威尼斯那樣的勝利，這一次，他的要求被摧毀，並且讓國王占了上風。

第六編
中世紀後期歷史

第十二章

西元十三世紀到十五世紀的歐洲狀況

第一節　西元十三世紀教會的成功與困境

教皇在教會內部地位的提高與教廷

從格列高里七世教皇起，教皇的權力在教會內部一直增長，事實上，教皇侵占主教的部分利益，藉機擴大自己的權威。教皇派出特使，嚴密監視主教；禁止主教審理重要案件，即使第一審也不被允許，還禁止主教在宗教秩序上施行任何權力，因為只有教皇才能領導整個宗教界；教皇也對議事司鐸施加壓力，讓他們選擇教皇指定的候選人為主教。西元1295-1301年，在法國選出的十六名高級神職人員中，有十五位是由教廷指定。

為了統治教會，教皇讓一些宗教官員幫助他，這些官員組成「教廷」，有如一群部長圍繞著國家領袖。教廷中有樞機主教、負責編寫和發布各種官方文告的文化部，還有各級教會法庭的法官及教皇的財政官。教廷的支出相當多，但收入也不少，例如：位於義大利的產業收入、教皇附庸王國交納的年貢、在一些地區收取聖彼得貢金（Saint-pierre）、由教會法庭審判的案件所收的稅款，有時還對所有主教收取所得稅等。因此西元十三世紀，羅馬教會的財政收入比同時代任何一個世俗國王還要多得多。

在重要情況下，教皇召集全體宗教議事會（所有天主教地區的主教會議）。教皇統治教會好比國王統治其王國，因此可以說是「教皇君主制」。

西元十三世紀一位跋扈的教皇：英諾森三世

西元十二世紀初，英諾森三世（西元1198-1216年）教皇實現了一個世紀之前，教皇格列高里七世曾有過的夢想，他在三十七歲時被選為教皇，具有一種不能滿足的活動欲望，他在歐洲政治中擔任重要角色。在教會範圍內，他更是「全世界的主教」，所有基督教內的事務皆由他決定，他於西元1215年在羅馬拉特朗的聖約翰大教堂（Basilique Saint-Jean de Latran）召集的宗教議事會議，是歷史上最重要的一次宗教會議，與會者所討論的主題觸及所有當時重大的政治和宗教問題，並授予主教提出種種建議。

除了舉辦拉特朗的宗教議事會之外，關於英諾森三世還有四件重要的事情：（1）第四次十字軍東征，（2）天主教在歐洲的擴張，（3）征伐法國南

部的阿爾比異端（Le Albigeois），（4）創立托缽修會。

第四次十字軍東征和十字軍東征的失敗

第三次十字軍東征未能從薩拉丁（Saladin）手中奪回耶路撒冷。因此，西元1200年左右，英諾森三世宣布進行第四次十字軍東征以討伐埃及。

十字軍將領與威尼斯商議，由威尼斯借給十字軍東征所需的船隻，然而，十字軍沒有能力支付價錢，威尼斯商人即建議十字軍幫他們奪下亞得里亞海港口城市扎拉（Zala），所欠款項即可一筆勾銷。扎拉是威尼斯的競爭對手，必須除之而後快。因此，十字軍占領並洗劫這座基督教城市，而這座城市隸屬一位基督教的統治者匈牙利王。

十字軍終於能夠揚帆征伐埃及，此時，一位拜占庭王子前來請求他們幫助其被迫退位的父親重登王座，十字軍將士接受請求，隨即開往君士坦丁堡，把皇帝重新扶立。但希臘人卻因為「拉丁人」干涉他們的內部事務而感到憤怒，因而起義反抗，於是西元1204年，十字軍猛攻君士坦丁堡，並占領搶劫這座城市。

法蘭德斯（Flandre）伯爵成為駐君士坦丁堡的皇帝，威尼斯人得到亞得里亞海岸的港口和愛琴海上許多島嶼；一些領主變為雅典公爵、色雷斯侯爵或薩羅尼加（Salonique）國王。儘管英諾森三世大為惱火，但人們已經不再談論征服埃及或解救耶路撒冷的事情。

這個君士坦丁堡的拉丁王國只持續半個世紀，西元1261年，一位避難於小亞細亞的拜占庭王子又奪回君士坦丁堡。

十三世紀的其他幾次十字軍東征（共有四次，其中後來的兩次由法國國王聖路易率領）也都同樣失敗，只有腓特烈二世將耶路撒冷城奪回到基督徒手中，然而也只持續十五年的時間，而且腓特烈二世當時已被逐出教會。西元1290年左右，基督徒在敘利亞擁有的最後一座城市也被奪走，聖地從此又落入伊斯蘭教徒手中，直到西元1917年情勢才有些變化。

天主教在歐洲的擴張

天主教在東方遭遇失敗，然而在西班牙和東部德國卻取得成功。西元十三世紀初，伊斯蘭教徒占領西班牙的大部分土地，從此湧來大批狂熱部落對西班牙週期性的騷擾，也使基督徒不能迅速進攻西班牙，但基督徒卻於西元1212年獲得托洛薩的拉那瓦斯之役（Las Navas de Tolosa）的決定性勝利。不久，伊

斯蘭教徒僅剩格拉納達（Grenade）小王國。直到西元1492年才被消滅。

此時教皇英諾森三世欲使居住在波羅的海南岸的斯拉夫人皈依基督教，斯拉夫人當時仍是異教徒。從西元十二世紀起，法國人和波蘭人已開始對波美拉尼亞人（Pomeraniens）和愛沙尼亞繼續他們的傳教事業，而且一直到芬蘭灣都有他們的傳教蹤跡。為了打敗頑固的異教徒普魯士人，他們組織一次真正的十字軍東征，西元1190年由創立於巴勒斯坦的一個修會率領，這些修士所組成的軍隊被稱為條頓騎士團（西元1231-1283年），普魯士人逐漸被殲滅或被流放，並被德國的佃農所代替。

征伐阿爾比人的十字軍東征

西歐和中歐這時幾乎全部是基督教的天下，但從西元十二世紀以來，又有許多邪教發展，所謂邪教是指教會認為錯誤的教義，對教會來說，當時最可惡的是阿爾比人所信仰的邪教（即祆教）。

阿爾比人的名字來自阿爾比城，他們的教義源自東方，幾乎沒有基督教的內涵，他們認為宇宙間存在兩個神祇：一個上帝叫「善神」，塑造了靈魂；另一個上帝叫「惡神」，是要將靈魂關在軀體內。基督在他們眼裡，是「善神」派遣來人間把受困的靈魂解救出來的天使，一些靈魂在死後得以立即升上天堂，而另一些則須在動物的軀殼裡繼續生活，這是一種懲罰方式。此外，神父必須獨身，並過著貧困的生活。西元十二世紀，天主教神職人員在朗格多克（Languedoc）喪失了基督教信仰的威信，這一事實也說明了邪教的發展迅速。當時，除了土魯斯伯爵支持邪教，伯爵的幾個附庸也是公開的邪教徒。教廷內所有嘗試促使阿爾比人皈依基督教的溫和手段都失敗，此是日後英諾森三世決定使用武力的原因，他並鼓動十字軍東征討伐阿爾比人（西元1208年）。

十字軍這一次由巴黎郊區的一位領主蒙佛爾（Simo de Montfort）率領，迅速攻占朗格多克的大部分領土，使整個地區陷於血與火之中。後來蒙佛爾在土魯斯城前被殺（西元1218年），十字軍的首領換成法蘭西國王路易八世（Louis VIII），此時，法國南方的軍隊屈居劣勢，沒有抵抗就投降（西元1225-1226年）。此次的東征也促使《巴黎條約》的簽訂，路易八世得到尼姆（Nime）、博凱爾（Beaucaire）、貝濟耶（Beziers）和卡爾卡松（Carcassornne）地區的土地；朗格多克剩餘的一部分留給土魯斯伯爵，但一場巧妙的婚姻使這僅餘的一部分土地不久即成為法國王室的財產。

雖然如此，但邪教並未完全消失，教皇先是命令主教繼續追擊和審判

阿爾比人，後來在西元1230年左右，他將此任務交給新成立的多明尼克修會（Dominicains）修會處理。負責調查的法官被稱為「宗教裁判所的法官」，即「調查者」（Inquisiteus），他們有權逮捕任何可疑的人，但被告卻不知道誰起訴他，也沒有自己的律師；如果被告不承認自己是異教徒，法庭會使用刑具以肉體折磨逼供，但當時肉刑逼供的方法被基督教會拒絕使用。被告若放棄邪教信仰，將被判處或輕或重的刑罰；如果他拒絕放棄其原本信仰（或者是放棄後又重新信仰），將由教會交給在俗非宗教權力機構負責審判，即交付非宗教法官審理，被告可能會被活活燒死。由於虔誠者聖路易對基督教全力的支持，因此宗教裁判所在法國發展極為迅速。

托缽修會的創立

西元十三世紀初期的重要歷史事件之一，是兩個宗教修會的創立，即方濟修會（Les Franciscains）和多明尼克修會，兩個修會又被稱為托缽修會。

方濟修會名稱來自義大利阿西西的聖方濟（Saint Francois d'Assise），他是阿西西一位富商的兒子，最初想成為一名光榮的騎士，後來突然放棄自己的財產，和幾位不信教的朋友一起鼓吹貧窮、勞動服務、救濟窮人和乞討為生，他非常謙恭，稱呼同伴為「弟兄」（意即比別人小、比別人貧寒的人）。他們起先並未想到成立修會，但卻是「弟兄」修會最初的會員，此即方濟修會。

多明尼克修會的名稱來自西班牙人聖多明尼克，他被朗格多克地區阿爾比邪教的發展所觸動，因此傳授純正的基督教義，並致力使邪教徒皈依基督教。西元1215年，他向英諾森三世提出興建修會申請，請他批准建立一個「傳教弟兄」修會，即多明尼克修會。

托缽修會的重要性

這兩個托缽修會與其他修會不同，他們實際上是當時教會自身必要性的反省。

教廷對政治和經濟問題過於關心，教廷人員的奢華生活和貪婪心態使許多虔誠的基督徒震驚，教會在他們眼裡已經背棄基督及其使徒宣講的神聖和清貧思想，這本是基督教義的基本特點之一。為了與其他修會分隔，聖方濟和聖多明尼克禁止其神職人員擁有任何財產，「弟兄」和「傳教弟兄」須依靠賑濟過活，因此，被稱為「托缽僧」。

同時，由於城市的發展和人口的增長，神父宣講教義、做聖事，已忙得不

可開交，而「托缽僧」也想幫助他們。托缽修會成員並不生活在遠離塵世的修道院裡，他們生活在群眾之間宣講基督教義，重新喚起人們對基督教信仰的感情。然而，聖方濟與聖多明尼克最大的成就在於創立婦女修會和在俗修會，在俗者一方面是修會成員，另一方面可以繼續與家人一起生活和專心於他們日常的事務。

　　教廷決定「托缽」修會成員由主教領導，並且只由其領導。當然，他們也是教皇忠誠的衛士，教皇在他們當中挑選許多主教，利用他們捍衛和宣講基督教教義，宗教裁判所法庭的法官也是多明尼克修會成員。西元十三世紀中期後，基督教會最著名的神學家，有幾位即出自多明尼克或方濟修會，最初的傳教士也出自他們。特別是方濟修會成員在西元十三世紀被派往亞洲，主要的任務是使蒙古人皈依基督教。

第二節　腓力・奧古斯都統治下王權的發展

有利於腓力・奧古斯都的形勢

腓力・奧古斯都（Philippe Auguste，西元1180-1223年）是路易七世的兒子，登上王位時還是個年輕人。他野心勃勃，毫無顧忌，勇敢卻不擁有任何騎士的特點，他從來不玩劍，也不喜歡戰爭，他喜歡用外交手段並利用有利的形勢。

在反對金雀花家族的鬥爭中，腓力・奧古斯都確實利用了當時的形勢，對手的武力並不像表面那麼強大，其權威在英格蘭和諾曼第都不怎麼受尊敬；另外，貴族階層很不老實，隨時準備背叛普朗達治奈家族（即金雀花家族），轉而支持法國國王。腓力・奧古斯都非常高明，他懂得如何利用「最高統治者」稱號所帶給他的好處。

腓力・奧古斯還會利用計謀來分裂金雀花家族。他先支持亨利二世（Henri II）的兩個兒子，獅心王理查（Richard Coeur de Lion）與無土地的約翰王（Jean sans Terre），反對亨利二世；後來支持約翰王反對理查；之後又支持約翰的侄子，布列塔尼的亞瑟（Arthur de Bretagne），對抗約翰。

理查本來可以成為腓力・奧古斯都一個可懼的對手，他與腓力・奧古斯都一同出發進行第三次十字軍東征（西元1190年），但腓力・奧古斯都藉口有病，返回法國。相反地，理查在聖地耶路撒冷卻停留好幾年，並且得到所有人的敬佩，因為他是非常有勇氣的人，他的外號「獅心」即源於此；當他回到國內時，隨即被奧地利公爵利奧波德五世（le duc Léopold V）關進監獄，這是腓力・奧古斯都與無土地約翰策劃的陰謀，因此他被放出牢獄後，亦不會輕饒法國國王。不過，一次偶然事件卻成全了腓力・奧古斯都，因為理查不久後便在一次城堡的圍攻戰中喪生，約翰最後也繼承其王位（西元1199年）。

無土地約翰王的倒臺

無土地約翰王（Jean sans Terre，西元1199-1216年）外表很吸引人，但實際上是一位虛偽、貪婪、殘暴、隨時都可能背叛的人。他時而傲慢粗野，時而懦弱膽小，因此事實上他是個有病之人，有時可以算作半個瘋子，他的臣子都

厭惡他，也使其敵人有機可乘。

當時發生一件小事，英王侮辱一位普瓦圖（Poitou）領主的附庸，腓力·奧古斯都則巧妙地利用了這件事。當時普瓦圖的附庸在法王面前起訴英王，因此約翰接到法國國王的催令為自己辯護，約翰拒絕出庭，他被判為不忠誠的人，並失掉法國境內所有的封地，腓力·奧古斯都很快便占領安茹省（Anjou）。

英德聯盟的失敗，布汶戰役

腓力·奧古斯都想占領英格蘭本土的夢想只維持很短的時間，約翰王與教皇英諾森三世爭鬥時，曾被逐出教會並被判喪失其王國，但約翰與教皇及時妥協和好，所以腓力·奧古斯都的希望也成為泡影。

約翰王為了報復，組成一個廣大的聯合陣線來對抗其對手。他向德國皇帝、法蘭德斯伯爵（Flandre）、布洛涅伯爵（Boulogne），以及荷蘭和洛林的領主求援。法國面臨到很大的威脅。

但約翰的聯軍在里爾（Lille）附近的布汶（Bouvines）被擊潰，損失慘重（西元1214年），約翰則逃至昂熱（Angers）附近。布汶戰役的勝利，在法國被當作全民族的大勝利慶祝，它不僅把法國從侵略的危險中解救出來，並導致德國國王下臺，由腓特烈二世接替王位；在英格蘭，布汶戰役引發了一場反對約翰的起義事件。

腓力·奧古斯都不僅擁有從金雀花家族奪來的領土，還占據阿圖瓦（Artois）、皮卡第（La Picardie）、奧弗涅（Auvergne）地區，他去世時（西元1223年）所遺留的王室產業是以前的五倍。

王權的進步

腓力·奧古斯都也留下強勢的王權制度，在王室產業範圍裡，他創建一種新的官員制度，即代表國王執法的大法官。在此之前，王室產業由宮廷大法官管理，這些大法官的職位是買來的，所以不能被撤換，而且他們常常不夠順從。腓力·奧古斯都按自己的意志任命執法大法官，並派他們監視宮廷大法官。執法大法官（Les Baillis）最初只是巡查官員，但不久就成為常駐官員，一個執法大法官可以管理幾個宮廷大法官。法國西部和南部，人們稱執法大法官為宮廷總管大臣，執法大法官的職位被稱為宮廷總管大臣之職。

腓力·奧古斯都想擁有隨時可以支配且素質優良的軍隊，所以組織一支為

數不多的職業軍人，爲了支付軍餉，他向豁免兵役的平民徵收特別稅。

　　腓力‧奧古斯都作爲法國領地上的主人，總是努力削弱公爵的權勢，他堅持最高領主所擁有的權力，並且逼迫附庸嚴格履行封建義務。他極力限制私人戰爭的權力，規定幾種訴訟只能由國王審判，保護小領主不受大領主欺壓，並在小領主的領地上分享他們對封地的管理權，所以如果有誰膽敢進攻小領主的產業，就等於侵犯王室財產。腓力甚至干預其附庸的領地事務，將其附庸的部下直接納入自己的保護範圍。一座城市、一個商會、一個人，都可以成爲國王保護的對象，從此大家只受國王管轄。

　　腓力‧奧古斯都常扶助弱者對抗強者，他在選擇顧問上充分顯示這一特點，當決定重大事情時，他召集附庸開會，這種臨時性的會議在其前任統治者時，即所謂的御前會議。但在平常的日子裡，他直接的幫手與合作者都是來自巴黎地區的普通神職人員和小領主，這些人在日常事務中幫助腓力‧奧古斯都統治和處理事件。

王權與市民階級的聯合

　　封建制度裡所喪失的東西，這時期的城市市民階級都得到了。腓力‧奧古斯都是城市市民的保護者，他不斷確認並增加市民的特權，在他新占領的城市裡，這是拉攏新臣民的好方法。另外，城市也爲他帶來大筆錢財及素質優良的軍隊。

　　國王還想讓市民在政府中占有一定正式與官方相等的地位，在御前會議中，人們可以看到城市裡的知名人士與侯爵、高級教士坐在一起。城裡若有一位宮廷大法官，必須要有四位市民幫助他管理事務。國王參加十字軍東征時（西元1190年），將王室的財政權和掌璽權交給六位巴黎市民，即把對王國的高層監護權交到市民手中。

巴黎成爲法國的首都

　　最初的卡佩王朝國王沒有固定的住所，直到西元十七世紀，法王還常常「四處流浪」，但腓力‧奧古斯都卻經常住在巴黎，並使巴黎成爲王國的首都。腓力‧奧古斯都統治時期，過去人口稀少的塞納河右岸地區，發展成爲工業和商業發達的地區；腓力在那裡建起大廳堂，擴大市場，並且在城牆外不遠處建了一座堡壘——羅浮宮。腓力‧奧古斯都還命人修整幾條街道，並在巴黎四周修建堅固的城牆，巴黎的發展是王權取得進步的象徵。經過兩個世紀的摸索，卡佩王朝的王權終於取得很大的進展。

第三節　聖路易的統治

路易八世與卡斯提爾的布蘭琪

　　腓力‧奧古斯都的兒子路易八世只在位統治三年（西元1223-1226年）。當路易八世去世時，他的兒子聖路易還是個十二歲的孩子。母后──卡斯提爾的布蘭琪（Blanche de Castille）攝政，聖路易成為國王以後，布蘭琪依舊參與大部分的政治事務。

　　路易八世及其遺孀懂得繼續腓力‧奧古斯都的事業，他們遠征阿爾比人，後來又巧妙地簽訂《巴黎條約》（西元1229年），使土魯斯伯爵大部分的領土落入卡佩家族手中。貴族想利用攝政時期削弱王權，也因此導致一場政變，但布蘭琪意志堅強能幹，使政變失敗。英格蘭國王最後也被迫將普瓦圖（Poitou）讓與法國。

聖路易的虔誠

　　西元1235年，布蘭琪的兒子21歲，從此成為法國國王，被稱為路易九世（Louis IX）。他去世不久，即被教會列於聖位之上，人們通常稱他為「聖路易」。

　　路易的性格表現就是他對基督教信仰的虔誠，他的母親有一天對他說，她寧願看路易死去，也不願看到他犯什麼滔天的罪孽，而路易一生都忠於這一條訓誡。首先，他是一個虔誠的基督徒，做日課非常用心，每天按時起床，更在身上帶著聖杯；每個星期五，即耶穌受難的祭日，他都要受鞭打，用一條小鐵鏈懲戒自身。他最大的幸事之一，便是能從君士坦丁堡拜占庭皇帝那裡買到耶穌受難的聖物。為了保存這些聖物，他讓人在宮中修建一座小教堂聖沙貝爾（Saint Chapelle）。他的虔誠使他對邪教徒毫不留情，因此非常支持在法國建立宗教裁判所。

　　聖路易熱情地實施基督所頌揚的美德，即做慈善事業，且做得極好。他對窮人非常同情，為他們建立了許多慈善機構，常將窮人請到自家飯桌上，並親自照顧他們。

　　聖路易不僅在私人生活中發揚基督教美德，在政治生活中亦然。他在法國主持公道、與周邊國家友好相處、參加十字軍東征，這是他人生的三大理想。

聖路易：公正的國王

聖路易曾說過：「一個君主的首要責任，是爲每個人都主持正義。」在民衆的心目中，他正是這樣一位主持公道的國王。他非常尊重他人的權利，也懂得如何讓人尊重他的權利，正因如此注重正義，使他採取了好幾項重要的措施。

他發布一項法令，詳細說明官員的責任，並且要求調查官監督官員的行動，調查官幾乎都是信教的人，他們須爲居民的合理抱怨主持公道，須制止宮廷大法官和宮廷總管大臣的敲詐勒索。他想讓所有的人都得到同樣的公道，於是派人監督其附庸，對搶匪和犯罪的侯爵判處嚴酷的刑罰時，也絕不心軟。他下令對於王國內所有法院的判決，包括最強大的領主的法院判決，人們都可以上訴到國王那裡，大家可以把國王看作是最公正無私的法官。「上訴權」在聖路易統治時期也有很大發展，透過上訴權，國王與其臣民間也建立聯繫，王室法庭從此也受理許多案件，並從聖路易時代起被稱爲「議會」。

此外，聖路易也在全法國設立一種成色好，而且穩定的貨幣，他重新鑄造金幣。大附庸仍保留著造幣的權力，但國王不允許他們鑄造質量惡劣的貨幣，他甚至強迫領主接受在他們的領地上通行國王的貨幣，並與領主的貨幣競爭。

和平者聖路易

基督教君主間的戰爭在聖路易看來是罪大惡極，因爲它使基督徒犯下深重的罪孽，他對附庸及外國君主發布的文書中充滿對和平的熱愛。

在法國，他要人們利用司法途徑解決所有的爭端，不再訴諸武力。他雖未能取消軍事比武，但至少敢於禁止私人戰爭，即使在其附庸的土地上也得這樣，這一條規定比其他任何命令都更能顯示出他的權威，因爲在封建社會裡，進行私人戰爭是領主的一種權力。

與其他國王的來往當中，聖路易也非常重視司法與和平的原則。在他統治初期，曾與英王亨利三世打過仗，但他一直極力想結束這場使金雀花家族與卡佩家族敵對的紛爭。西元1259年，他與英格蘭簽署《巴黎條約》，自動放棄在利穆贊（Limousin）和佩里戈爾（Périgord）地區的權利，亨利三世則正式承認聖路易對諾曼第的占有權，以及對安茹（Anjou）、圖爾奈（Tournai）和普瓦圖的占有；另外英王還宣布以吉耶訥（Guyenne）公爵的身分作爲法王的大附庸。

在其他場合下，聖路易是調解爭端的公正法官。儘管此時亨利三世與英國

臣民都反對他，但他還是努力讓教皇與腓特烈二世和好，聖路易的誠實與公正使他享有無人能比的榮譽，從來沒有一個國王或教皇有過這樣的名聲，他以自己高尚的美德影響，使他在歐洲享有精神道德上的最高權力。

十字軍將士與聖路易

十字軍東征在聖路易眼中是一場合法，甚至是卓絕的戰爭，因為戰爭討伐的對象是「異教徒」，即伊斯蘭教徒。聖路易的一生都被十字軍東征所縈繞，他曾先後參加過兩次十字軍東征。

西元1248年，他派艦隊征討埃及，雖然取得幾次勝利，但十字軍最後卻被尼羅河的大水所阻，以致士兵染上傳染病而被伊斯蘭教徒圍困，十字軍不得已投降，並且付了大筆的贖金才得到自由。

西元1270年，正在患病的聖路易向突尼西亞進攻，他希望能使此城的蘇丹皈依基督教，幫助他重新進攻埃及，但他剛到突尼西亞城下就染上鼠疫，死的時候嘴裡還不停地唸著：「耶路撒冷」。

聖路易統治的重要性

聖路易的統治是法國歷史上一段偉大的時期，王國處在和平時代，並治理得比以往任何國王都要好、都要公正。全歐洲的人都仰望著聖路易，不僅因為他是個偉大的征服者，更因為他也是一位聖人。法國文學及教堂的建築受到推崇，歐洲大學生也雲集巴黎大學。

聖路易以他的美德和公正留在所有法國人的心中，即使是最卑賤的人心中也對他喚起一種深刻的情感，就是對王權的愛與尊敬，這種形象是他的前任國王與繼承者都望塵莫及的。當人們獲悉他在埃及身陷重圍時，一大群貧苦的人決定去解救他，二十天後，從突尼西亞傳來聖路易的死訊，一位佚名詩人用感人的詩句表達了曾受聖路易保護的百姓的悲痛心聲：

> 公正被埋葬，王權已死去……
> 英明的國王離去了，從今往後窮人們再到哪裡尋那個
> 如此懂得愛他們的人？

第四節 英俊腓力的統治

法學家的影響

英俊腓力（Philippe le Bel）是聖路易的孫子，我們對於此人的性格不太了解，但是他長期統治的法蘭西卻是很重要的時期。此時王室財產已經擴充到香檳地區，另外，里昂和一小部分法蘭德斯，包括里爾城等香檳公國，全是王后所帶來的嫁妝。

這一時期與其他國王所統治的不同點在於（尤其是區別於聖路易的統治），法學家在治理國家中所起的作用。人們將鑽研法學的研究者，尤其是羅馬法研究者，稱為法學家。羅馬法宣稱君主是其臣民的唯一統治者，封建制度則與羅馬法不同，國王只對其直接的附庸享有權威，而且這種權威也被大打折扣，法學家希望國王擁有同以前羅馬皇帝一樣的權力，在王國範圍內有絕對的統治權。

這些法學家大都出身貧寒、性格頑固，但他們始終獲得國王的支持，法學家中，以威廉‧諾加萊（Guillaume de Nogaret）最為著名。他是一名法官，在腓力統治期間的兩件大事中起了關鍵的作用，其一是與卜尼法斯八世（Boniface VIII）教皇的衝突，另外則是審判聖殿騎士（Condamnation des Templiers）。

英俊腓力與教皇卜尼法斯八世的紛爭

教皇卜尼法斯八世（西元1294-1303年）是個傲慢且難以對付的年長者，英俊腓力沒有得到教廷的同意就決定對神職人員徵稅，並且曾以叛國的罪名逮捕一位教皇特使，也由於這兩件事，致使教皇與英俊腓力發生衝突。西元1301年，教皇在羅馬召集法國高級教士開會，商討在法國進行一些改革措施。

為了不使教皇的貪心得逞，英俊腓力召開御前會議，不僅如此，他還想依靠整個國家的人民與教皇鬥爭，因此發起一場猛烈的宣傳戰，在全國民眾中掀起對教皇的憤怒之情。然後，他於西元1302年在巴黎召開一次會議，除了貴族和高級教士之外，更有一大批城市的代表參加。他讓一位法學家在會上講述其對羅馬教皇的怨辭，並且訴說教皇想要從法王手中奪走權力、親自統治法國。英俊腓力在集會上要求到會者給予他支持，所有參加集會的人都答應幫助他。

教皇知道此事之後極爲憤怒，並在其所發布的「神聖決議」文告中再次重申，教廷地位在於國王之上，以及教皇擁有廢黜國王的權力，他的文告內容並不比教皇英諾森三世當年發布的內容多，但語氣卻更加強烈。當時在法國，也有許多人對教皇的無理要求感到極度不滿。

阿拉尼事件

　　教皇卜尼法斯八世在義大利有不少敵對者，這些敵對者控告教皇宣講邪教教義，甚至指控他暗殺前任教皇。英俊腓力不相信這些指控，但卻接受諾加萊的建議，召開一次宗教會議審判教皇，他看到法國人民都支持他，於是派官員去各地唆使教士、修道院院長以及市民同意審判教皇，此時也沒有人敢拒絕這種提議（西元1303年）。

　　與此同時，諾加萊動身前往義大利，他到達羅馬附近的阿拉尼（Aragni），當時教皇就居住在那裡，諾加萊即刻傳訊教皇，要他出庭受審。義大利科隆納家族（La Famille des Colonna）的成員藉機捉住卜尼法斯八世，因爲他是教皇多年的仇家（西元1303年9月），卜尼法斯八世不久之後被阿拉尼的民衆營救，但於幾周後就去世。

阿拉尼陰謀事件的後果

　　卜尼法斯八世的死亡造成嚴重的後果，一方面，英俊腓力得以任命一個法國人波爾多（Bordeaux）主教爲教皇，即克萊蒙五世（Clément V），他取消把法王逐出教會的命令。他表示，法王在整個事件中完全「憑著一股正義和虔誠的熱情」在行動。另一方面，克萊蒙五世不去羅馬常駐，他來到亞維儂（Avignon），此城當時屬於那不勒斯王國所有。然而近七十年裡，他的繼承者都是法國人，也都住在亞維儂，並且對法王非常順從，不滿的義大利人則稱這一時期爲「亞維儂被俘時期」。

　　卜尼法斯八世的死亡，使得教皇凌駕國王之上的野心受到沉重打擊。從此，封建君主國家的政治獨立完全建立，過去腓特烈‧巴巴洛薩（紅鬍子，Frédéric Barberousse）及腓特烈二世未能從教皇那裡爭取的政治獨立權，此時英俊腓力和他的法學家卻取得卓絕的勝利。

對金錢的需求、聖殿騎士事件

　　西元十三世紀初，王權已經非常強大，但財政上還是經常窘困，王室產業

自西元十三世紀初以來大為增加，官員人數甚眾、戰爭費用高，國王不再滿足於產業上的收入和封建領主的資助。英俊腓力曾向未被動員參加軍隊的人徵收「軍隊支援費」，這是他想到向全體人民收稅的原因，但也必須施展一些手段才行，因為封建領主對於向他們的附庸和農民收稅非常不滿。

國王於是轉用不正當的方法籌錢，他向神職人員要錢、強行加稅、調動貨幣利率、趕走猶太人並沒收他們的財產，後來，他也因為需要錢而捲入聖殿騎士事件。

聖殿騎士團是防衛聖地時所創立，丟失巴勒斯坦以後就回到歐洲定居，他們非常富有，是教皇或封建君主的銀行家，尤其是法國國王的金融巨頭。諾加萊向英俊腓力建議逮捕他們，並訴諸宗教議事會，使之取消騎士的榮譽勳位。大批騎士在同一天被逮捕（西元1307年），施以酷刑，這些不幸的人什麼都承認。同時，國王呼籲公眾在杜爾（Tours）舉行集會，在集會的人群面前，國王歷數被告的罪行，大約有六十多名騎士被活活燒死。後來，英俊腓力用威脅的手段迫使教皇克萊蒙五世取消聖殿騎士這一榮譽勳位。

卡佩王朝的結束

腓力身後留有三個兒子，三個兒子先後都做了國王（西元1314-1328年），但每個兒子膝下都只有女兒，人們曾三次阻止他們的女兒登上王位。西元1328年，直系嫡親的卡佩王朝結束，腓力的一個姪子瓦盧瓦·腓力（Philippe Valois）登位後稱為腓力六世（Philippe VI），瓦盧瓦的卡佩王朝開始。

直系卡佩王朝所完成的事業非常偉大，他們一方面擴充王室產業，得到許多大封地，另一方面創立強大而集權的管理制度。西元1328年，法國王權是最強大和最受尊崇的歐洲王權。

第五節　西元十三世紀英格蘭議會的發展

無土地約翰王的惡劣統治

對英格蘭的王權來說，無土地約翰王的統治是一段災難性的時期。國王剛剛失掉大部分法國領地，他的附庸就起來反抗，並迫使他按照前者的苛刻要求辦事。

確實，其統治情況很糟，他曾因命令一名大主教而與英諾森三世起糾紛，並在此事上差點丟了自己的王位。教皇將其廢黜並把英格蘭王國給了腓力・奧古斯都，約翰只得低下地請求寬恕，甚至承認自己是教廷的附庸，他與其繼任者都是由教皇授予王冠。

與教會的衝突剛剛平息，又一紛爭再起，這次是發生在國王及其附庸之間。高級教士抱怨約翰將其朋友安排在高職位上，不論這些人是否與高職位相稱；大貴族指責國王派他們去法國作戰、不注重封建習俗、無限制地提高稅收，以及聽任官員飛揚跋扈。自亨利二世起，王權迅速發展，進而也損害了領主的利益，因此所有的人都請求尊重亨利二世統治之前《舊憲章》的內容。

若對外政策處置得好，國王應能抵擋住這種壓力。但是，此時國王也遭受昂熱（Angers）與布汶（Bouvires）戰役的失敗，大貴族就提出抗議，這些要求被收錄在著名的《大憲章》（*La Grande Charte*）中，眾叛親離的約翰王不得已只得接受這些條件（西元1215年）。

《大憲章》

國王開始留意尊重神職人員的傳統權利，以及貴族、市民的權利。他將勒索來的錢財與非法沒收的財產歸還，官員不再欺壓附庸，封建稅收也得以減輕，從此之後，國王沒有其臣民的同意不能擅自收稅。如果約翰王不按《大憲章》行事，侯爵有權占領其城堡直到國王讓步為止。

《大憲章》只是想重建過去的秩序，回到強大的金雀花王朝之前的時期。另外，這種「回歸」也只對地位較高的侯爵、主教及少數幾座城市的市民有利，尤其是對倫敦的市民特別有利。當時英格蘭大多數人還是農奴，《大憲章》所保護的對象僅適用於自由人，因此《大憲章》只是貴族階層限制王權的

勝利。

　　國王出於無奈而不得不同意諸侯的苛求，但他得到英諾森三世的支持，英諾森三世破壞《大憲章》的規定。憤怒的貴族則宣布約翰王退位，將王冠給腓力·奧古斯都的兒子。之後，約翰王之子被選爲國王，稱爲亨利三世，亨利三世也即刻宣誓頒行《大憲章》（西元1216年）。

對亨利三世的普遍不滿

　　亨利三世（西元1216-1272年）統治時期，貴族和高級教士並不比對其父的統治滿意。亨利三世性情軟弱，把重要的職位都授予他的妻子和母親帶來的外人，他的妻子是普羅旺斯（Provençale）來的一位公主。他對教皇唯命是從，爲了幫助教皇與腓特烈二世爭鬥，亨利三世浪費大量的錢財協助教皇，還聽任教皇的意見，指定義大利人擔任英格蘭的主教或修道院院長。另外，英國在對外政策上也屢遭失敗。

　　這種統治狀況使附庸極爲不滿，他們在御前會議上毫不掩飾他們的情緒。金雀花王朝統治時期的御前會議與卡佩王朝時代極爲相似，國王的常務顧問參加會議、討論重大事情時，國王也召集貴族與高級教士的代表；國王可以任意選擇人員參加會議，他常從較小貴族中召集一些人參加，這些較小的貴族稱爲「騎士」。從西元十三世紀中葉起，法國的「議會」即指王室的法院，在英國「議會」則指御前會議。

　　御前會議裡，不滿的情緒不斷增加。西元1258年，貴族不堪重稅，決定採取措施結束這種狀況，於是，他們推舉西蒙·孟佛爾（Simon de Montfort）爲首領。

　　西蒙的父親老孟佛爾曾戰勝阿爾比人（他的母親是英國人，因此他在英國也擁有一塊封地），西蒙獨斷而頑固，性格狂熱，他曾是英王亨利三世的密友，並娶了亨利的妹妹爲妻，最後卻也與亨利三世相對抗。

西蒙·孟佛爾的獨裁和失敗

　　這一次貴族反抗的程度，比西元1215年那次反抗還要強烈得多。他們對王權實行完全的監護，國家的統治機構由十五名貴族組成，他們擁有所有的權力，高級官員由議會指定並對議會負責，在每一個郡上，郡長即王室所派的官員受四名小貴族監督，所有的權力都落入貴族手裡。亨利三世被迫接受這些條件，之後幾年他曾企圖反抗，但最後以失敗收場，並被關進監獄（西元1264年）。

　　西蒙・孟佛爾變成眞正的獨裁者，他以殘暴的手段統治英國，因此，許多貴族放棄對他的支持，轉而重新回到國王那方。西蒙想得到市民的支持，西元1265年，他召集一次御前會議，即所謂的議會。在這次議會中，人們第一次看到城市的代表與高級教士和貴族坐在一起議事，但不久，西蒙被殺害，其事業也未留下一絲痕跡。

議會的發展

　　《大憲章》條款依舊有其價值，亨利三世的繼任者，即其子愛德華一世（西元1272-1307年），再次莊嚴地重申《大憲章》的內容。愛德華是位很有權威的國王，但他並未因此減少召集會議的次數，因爲他需要經費用於和蘇格蘭及加萊地區（La Pays de Galais）的領主作戰。然而，他必須得到議會的應允才能夠徵收新稅，由於愛德華一世希望削弱其在俗與宗教附庸的勢力，於是尋求小貴族和市民的支持，他與孟佛爾做了同樣的嘗試，幾乎每次議會開會都召集城市的代表參加，因此議會的作用越來越重要，甚至到了可以拒絕國王要求的地步。西元1327年，議會竟廢黜英格蘭國王愛德華二世，即愛德華一世的兒子。

下議院和上議院

　　西元1350年左右，議會成員分爲上下兩院，貴族、高級教士，及過去御前會議的常任代表組成上議院；西元十三世紀之前未出現在御前會議的鄉村貴族與市民則組成下議院，後來人們將兩院總稱爲「議會」，國王召集他們在倫敦附近的西敏寺修院開會。

　　兩院擁有相同的權力，但它們之間卻有很大的差別。上議院的成員由國王任命，因此上議院成員的身分很快變爲世襲，只有成員的長子能夠在父親去世後繼承其身分。相反地，下議院的成員則是由鄉村的貴族與城市的市民選舉產生，他們代表選民。從此，英國有了「代議政府」，這完全是個新的政體，希臘和羅馬時代只實行過「直接政府」，公民並不是選出他們的代表，而是親自到政府管理，組成「公民大會」。西元十三世紀，英國第一次實行「代議政府」制度，這一制度在現代已十分普遍。

　　西元十四世紀中葉，英格蘭與法國的王權差異很大。法國卡佩王朝的國王權力很小，但法學家卻讓人們相信國王的意志具有法律的效力。英格蘭國王過去的權力曾經十分強大，但卻不得不受到議會限制，所有重大的決定，他都須取得議會的同意才能實行。

第六節　中世紀的工業

工業的復興

中世紀開始時貿易與城市的衰落，導致工業的不振。從西元十一世紀起，貿易的進步、城市的富有與豪奢風氣的發展帶來一次眞正的工業復興，人們重新爲商業貿易而生產。同時，西方的工匠藝人到東方的學校深造，他們從東方人那裡學到以前不知道的技藝，不久就成爲東方人的競爭對手。

中世紀工業的特點

中世紀時的工業勞作條件與今天相差很大。當時沒有任何蒸氣或電動的機械，所有的工作都是手工的，人們只能生產很少量的東西，也沒有大規模的工廠，每個廠主都與幾名工人在一間小小的工作坊裡勞動，路上的行人可以看到他們在工作的情形。

由於當時交通不便，交通費用昂貴，也很危險，所以每座城市都自行生產滿足其居民及其周圍地區農民所需的產品。西元十三世紀，西歐只有兩個地區有產品出口，即法國的法蘭德斯與義大利的托斯卡尼（Toscane）地區。法蘭德斯即現在比利時的部分地區及法國北部和加萊海峽省的一部分土地，托斯卡尼地區的主要城市是佛羅倫斯。法蘭德斯和托斯卡尼都是呢絨業發達的地區。

最後一個特點是，當時的工業處在城市當權者嚴格的控制之下。

工作條例

中世紀時，廠主不能任意生產商品，從生產製造方式到工作條件，一切都有規章制度。

一般來說，夜間禁止工作，一方面是因爲會有發生火災的危險，另一方面則是因爲夜裡製造的物品質量常得不到保證。而生產方法則由行業章程規定。

行業章程的目的是保護購買者的利益，防止做假，例如：行業章程禁止在大麻繩中摻入亞麻。若要人們認證布中有絲，則絲線必須十分明顯易見才行。因此在幾個特定的行業中，商品必須經過確認質量合格並貼上行業標籤才能上市。當權者有權查出不符規定的產品，判處商人有罪並處以嚴重罰款，並可以禁止他再操此業，但也不能因此就認爲中世紀沒有做假的現象。有時，市政府

會硬性規定某些商品的價格，以避免生活費用過高。

以上的謹慎做法並未能阻止相近行業的敵對情況，裁縫禁止舊貨商賣新衣服、廚師禁止烤肉商賣蘸醬的肉、烤肉商企圖獨占烤肉業，此外，呢絨業與染色業的官司一直持續好幾個世紀。

工人的條件

我們很難了解當時工人的條件，因為西元十四世紀以來，這方面的資料極少。大致可知，白天的工作時間，基本上從日出到日落，節日數目繁多，星期六時，人們也比其他的日子早收工。另外，競爭並不激烈，且商品賣價較高，因此老闆可以發給工人足夠的工資。

在那個時代，老闆與工人間的差異不像今天這麼大，他們一同在工作坊工作，生活水準也差不多。學徒在老闆家裡吃、住，期滿可成為伙計，即技匠。伙計中有日工、週工或年工，某些城市裡沒有職業介紹所，技匠便去公共場合，人們約定的地點找工作。他們大部分的人在家裡靠自己賺錢生活，但無權在老闆工作坊之外的地點工作，有了一些儲蓄之後，技匠自己也可以當老闆。

毫無疑問，中世紀也有不滿現狀的人要求提高工資，並非沒有經歷過罷工，但這種矛盾只在法蘭德斯和托斯卡尼一些大工業區才能顯示出一定的重要性，通常，這些地方的工作的條件也更為艱苦。

慈善會

同一行業的人們聚集在一個純宗教性質的社團裡，這種社團被稱為慈善會（Confreries）。但參加慈善會並不是必須的，所有的人在那裡享有同等的權利，慈善會中的學徒與老闆相互平等。

慈善會有自己的保護者，這位保護者是在天上的眾神中所挑選出來的。這些神祇都是傳統說法中，曾經做過同一行業的聖人，如聖克利班（Saint Crepin）是鞋業工人的保護神、聖約瑟夫（Saint Joseph）是木匠的保護神、聖彼得是麵包師傅的保護神、聖菲亞克爾（Saint Fiacre）是園藝師的保護神等等。慈善會堂中，會為自己的神設祭臺並舉行聖事。

每個慈善會的會員都須繳納一定數額的會費，以充實團體的財政。慈善會實際上是一種互救的協會，援助孤兒寡母和年老的工人，有時會出錢為其成員舉行葬禮。慈善會也救助同一行業以外的人，如巴黎的金銀匠業者在星期天開鋪，這一天的所得將為「天主醫院」（Hotel Dieu）的窮人每年提供一頓伙

食。慈善會有時亦會在收容所和監獄裡發放食物和衣服。

行會

　　在一些城市裡，某些職業的工作者組成獨特的組織，人稱「同業會」或「同行管事會」，之後的人則稱爲「行會」（Corporations）。行會壟斷其專門的職業，人們要是不入行會就不能在本城裡操同一行業，行會領袖被稱爲行會管事員（Jurés）。管事員規定老闆應該擁有的工人數，以及什麼樣的條件才能成爲老闆；管事員通常會詳細調查以了解工人的名聲，以及是否有足夠的財力自立門戶，爲了判斷工人的能力，管事員會讓他嘗試製造出行業中的幾個零件（工人在成爲老闆前必須完成的作品）。

　　西元十三世紀時，許多城市都還沒有行會，即使在有行會的城市裡，也並非所有的職業都設有行會。在巴黎，只有三分之一的行業有行會，直到西元十七世紀，行會才開始在整個歐洲的王國內普及。

第七節　貿易及市集

貿易的特點

　　中世紀的貿易與工業一樣，與今天的貿易差別很大，小型商業基本上不存在。人們直接向生產者購買商品，生產者即指老闆，他們自己在工作坊裡製造產品賣給消費者。只有大的貿易還有發展，即商人去遠方尋找稀有珍貴的物品，或在國際市集上進行買賣活動。

　　一般而言，商人的職業屬於冒險的性質，由於道路狀況不佳，交通上得不到保障，他們常常遭到強盜和貪婪的領主搶掠，所以商人常成群結隊並帶著武器旅行。此外，貿易也受到領主稅的阻礙，商人在進出領主封地時要繳納稅款，過城要繳稅，甚至過座橋也得繳稅。同時，各地區的貨幣不同，也為貿易的發展設置了障礙。

商業貿易的復興

　　然而從西元十二世紀起，貿易條件逐漸得到改善，人們修新路、架新橋（如亞維儂橋，西元1177-1189年）、建旅館、在山區和經常走動的山口處修建避難的小棚子。同時，裝車駕馬技術的進步，使較沉重的貨物也能運輸。海上的航行也比以前安全多了，因為人們建造燈塔、畫出航海地圖、會使用舵和指南針，指南針使得人們無論在什麼天氣下都能正確辨認方向。還有銀行的業務也非常有利於商業貿易的發展，富人為商人提供資本，然後在商業利潤中分到一部分。

漢薩同盟

　　為了更好地維護自己的利益，商人像手工藝行會一樣組織，商人協會被稱為「漢薩同盟」（Hanses）。巴黎有船運商人的漢薩同盟，同盟的船運商人壟斷塞納河上巴黎和芒特（Mantes）之間的運輸。同盟的首領是商人，後來變為巴黎市長，今天巴黎的城徽（一艘船的形象）就是當年船運商人漢薩同盟的徽章。

　　漢薩同盟中的商人來自不同城市，卻在同一地區經商，漢薩同盟的人們通常只稱其為漢斯（Hanse）。西元十四和十五世紀時也包括日耳曼在內，從北

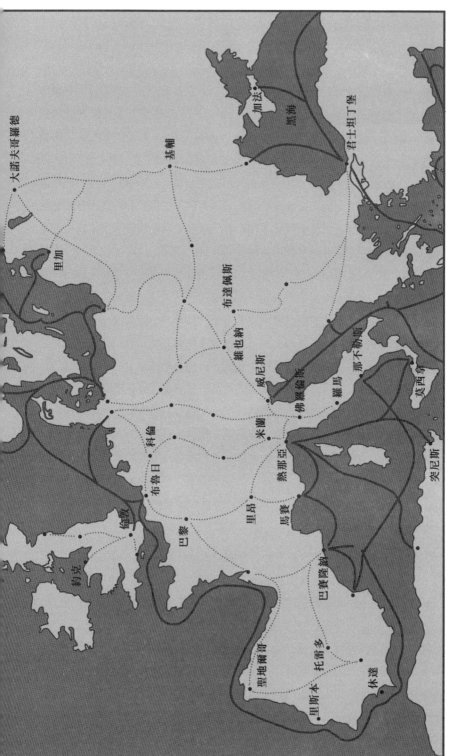

圖6-12-7　十三世紀貿易路線

海至波羅的海（la Mer Baltique）一線的大部分城市。

地中海地區的貿易

地中海當時仍是海上貿易最活躍的地區。十字軍東征，在東方建立公國等事件使地中海貿易迅速地發展，西元十一世紀末，都是東方人為歐洲的居民提供所需物質。之後，義大利、朗格多克（Languedoc）和西班牙的商人去東方尋找物質並帶回歐洲，這些商人在埃及的亞歷山大城、賽普勒斯島（Ile de Chypre）、敘利亞、貝魯特（Beyrouth）和的黎波里（Tripoli）等拜占庭帝國的海港都擁有商行。商人主要在以上地點購買香料，中世紀的人在烹飪和配藥時皆需要大量的香料，也會購買乳香和麝香，以及染布匹和裝飾手稿需要的染色植物。商人另外還購進絲綢和細薄柔軟的織物、掛毯、珍珠、玻璃器皿等貨物。小麥、魚、毛皮等商品則是從克里米亞（Crimée）運來，主要是作為一種交換物品；西方的商人給東方帶去鉛、錫、葡萄酒、武器、亞麻和大麻布，尤其是法蘭德斯和托斯卡尼的呢絨特別受東方人的歡迎。

地中海貿易使不少城市富裕，馬賽和巴塞隆納與北非和敘利亞皆有貿易往來，但這兩座城市與熱那亞和威尼斯比起來，仍然還差得遠。

熱那亞人在拜占庭帝國和克里米亞的貿易占第一位，威尼斯商人統治著亞得里亞海和各群島地區的市場，他們與亞歷山大城貿易往來較多，威尼斯和熱那亞與遠東地區還發生直接的聯繫。聖路易去世時，威尼斯商人馬可波羅曾經到達中國，並在那裡逗留十七年，他回國三年後撰寫《馬可波羅遊記》，講述這次神話般的旅行故事。

大西洋中的商業貿易

大西洋中的貿易一開始並不十分活躍，但自西元十二世紀以後卻發展起來，當時是金雀花家族占領著法國的大西洋海岸，英格蘭和法國阿基坦（Aquitaine）地區海港之間也建立緊密的聯繫，尤其是波爾多城在一年裡（西元1299年）就向倫敦運去173船的葡萄酒。

同時，長期為丹麥人所壟斷的北海和波羅的海貿易轉到德國人手裡。易北河東部斯拉夫地區已皈依基督教，並由來自荷蘭和萊茵河流域的農民開墾。盧比克城（Lubeck）的商人可以得到來自日耳曼北部及俄羅斯西部的商品，他們將這些商品運到布魯日（Bruges），又從布魯日帶回整船的羊毛、呢絨、鹽、葡萄酒和香料。

布魯日位於法蘭德斯的海岸上，西元十三世紀末是大西洋沿岸最大的海

港。從英格蘭送來的羊毛，從西班牙運來的鐵，從法國運來的葡萄酒和鹽，從斯堪地那維亞和俄羅斯運來的毛皮、木料、柏油、皮革、小麥、蠟，以及從馬士河（Meuse）、萊茵河流域和埃斯科河流域（Escaut）運來產於義大利和東方的商品，上述的一切貨物都匯集布魯日城。布魯日有兩個外港、大堤防、燈塔，據一位當時的人說：「海岸上堆滿自三十個不同地區運來的商品。」此時期，布魯日可以說是北方的威尼斯。

陸地上的道路，香檳省的市集

西元十三世紀貿易主要所經的道路，是經義大利而連接整個東方與法蘭德斯和英格蘭的道路。法國位於法蘭德斯和義大利之間，可以說占據有利地勢。因為法蘭德斯和義大利是當時最富有、工商業最發達的兩個地區，當時最大的市集在法國的香檳省，義大利商人沿隆河和索恩河（Saône）溯源而上到達香檳省的大市集，或者他們也可以跨越阿爾卑斯山，經塞尼（Cols du Cenis）和大聖伯納山口（Grand-Saint-Bernard）到達那裡。

香檳省的市集每年舉行六次，主要的兩次分別是五月在普羅旺斯（Provins）和六月在特魯瓦（Troyes）舉行的集市，每次集市大約持續五十天。這已經是國際性的大市集，前文提到過的各種食物就在那些場合交換。市集上可以看到法國人、佛拉芒人（Flamands）、義大利人、西班牙人、普羅旺斯人，甚至還有伊斯蘭教徒。

金錢的重要性

集市的最後幾天，買賣結束，商人讓位給金融業者，這是香檳省市集上出現的新事物。貨幣直到西元十二世紀還不多見，從那時起又出現了鑄幣，當時進行貿易的國家也製造出成色好的硬幣，如英鎊，這是英格蘭的銀幣。人們甚至鑄造金幣：法國的埃居（Écu）、威尼斯的杜卡托（Ducat）、佛羅倫斯的佛羅林（Florin）等金幣。從羅馬帝國末期就幾乎停止的銀行業務此時又重新開始，西元十三世紀的金融業者（當時人們稱之為貨幣兌換商）大多是義大利的西恩納人（Sienne）和佛羅倫斯人，當時這些人已經擁有不少資本，進行著各種各樣的業務活動，這些活動直到今天仍由他們的後裔繼續經營。

西元十二世紀末開始，金錢顯示出其重要性，這是一場真正的經濟革命。從前的八個世紀裡，西歐唯一的財富是土地，唯一的資源是農業，這次革命損害了靠土地為生的貴族利益，卻加強了與金錢相關甚緊的市民階級力量。

第八節　西元十二和十三世紀的日常生活

居住狀況

　　城市裡住房通常很狹小，建房子時找不到足夠的空地，因為城市被城牆所困，所以隨著人口的增長，城市的擴大並不容易。

　　領主或富人的住所，主要房間是廚房，帶有大壁爐，古代人不曉得如何裝壁爐，他們使用可移動的火盆，即一種金屬盆，人們在其中燃燒木炭；最初的壁爐是較大的固定火盆，外觀為圓形，並被置於房屋中央，煙火四處亂竄。從西元十二世紀起，人們將火盆靠著牆壁，煙從屋頂上冒出，柴架上燒著劈柴，鐵掛鉤上可置鍋子。在手可搆得著的地方有漏勺、鍋勺、烤肉鐵扦、火鉗、火鉤和風箱。沿著牆壁，有一個櫥箱，人們在那裡做麵包，麵包烤好後也是放置在那裡儲存。人們在一長桌旁吃飯，坐在一條長條椅或板凳上，但只坐在桌子一邊的座位，另一邊則留給服務人員上菜。

　　臥室裡，床都是木製的，放在屋子中央，只有床頭靠著牆壁，床邊圍著帘子或幔子、床上的草墊裡面裝滿乾草或乾柴，上面是一層羊毛或棉花質地的床單。被子上面，人們將衣服放在一根水平的桿子上，但襯衣擱在枕頭下面。存放著的衣物不像今天掛在衣櫃裡，當時人們將其放在一個大箱子裡，如古代希臘人和羅馬人的習慣。

　　窗上沒有安裝玻璃，而是羊皮紙。晚上，人們用油脂的蠟燭照明，煙塵很多。

　　西元十三世紀時，富人家裡開始豪華，牆上貼著印色的布匹，或是哥多華（Cordoue）的皮革，軋有金黃色的凹凸花紋，室內牆上糊有裝飾物，人們有了椅子，與大扶手椅類似，通常裝飾都有雕刻。日常用的餐具排在一個飯櫥內，但為了讓人們看得見那些珍貴的餐具，餐具則被放在餐具架子上。

服裝

　　西元十二世紀時，人們的穿著與查理曼時代的法蘭克人區別不大。男人穿著一種長襯衣，是麻布做的，外面罩襯衫，襯衫通常印著凹凸花紋。襯衫在當時仍是高級衣裳，只在節日時才穿著。人們光著身子睡在床上，不著睡衣，睡

衣在當時還沒出現。

襯衫外面，人們穿一種長袍，長及膝蓋，上裝是緊身衣，小腿和腳上穿著長長的襪子，在右肩上鉤著無袖長袍以及帶風帽的朝聖服。

後來，衣服逐漸變長，直落到腳踝，至少市民和領主的穿著是這樣的。長袍逐漸被一種上衣所代替，這種上衣與長袍的形式基本一樣，外面再罩一件無袖或半袖的衣服。大衣通常裝飾著毛皮（白鼬、松鼠或海狸皮等）這些毛皮從肩上甩到身後，前面用一種腰繩固定。

婦女穿著的長袍和上衣一直落到腳面。優雅高貴的婦人追求東方和義大利的布料，例如：金呢絨、繡花的絲綢、柔軟軋光的絲綢、錦緞或軋光的金絨布等。人們穿上長袍後才將袖子用別針夾上或縫上，長袍的上衣也很長，人們行走時將後裙用手提到前面。婦人們戴戒指，但不戴項鍊、手鐲和耳環。

髮式和鞋子

從查理曼時代起，男人留短髮，西元十二世紀末，開始流行長頭髮，人們將其弄成波浪型。女人起初梳兩條大辮子，有時用假髮，後來她們將頭髮梳在頭頂上，用一束布紮住，再用一根帶子固定額下。

帽子的形狀則是多樣性的，從軟帽到氈帽，從羽毛帽子到花帽。花帽是一種花冠的式樣，婦女在大場合時戴著。富人戴著毛線織的皮革或毛皮手套，這種手套大多產自巴黎和倫敦。富人的鞋子由專門的鞋匠訂做。

飯食

豪華的風氣不僅表現在家具擺設和服裝，在飯食上也多有體現。午餐（上午十點鐘左右）和晚餐（晚上六點鐘左右）時，僕人在桌子上擺上蓋著的盤子，這是為了使飯菜不冷卻。當時人們還不會用叉子，用金屬或木製的平底大口杯喝飲料，雖然已經有玻璃，然而使用者很少。窮人吃很多蔬菜（蠶豆和豌豆在當時就如同今天的馬鈴薯一樣普遍重要）、肥肉、奶酪，但很少吃肉類。教會要求吃素的日子，人們也可以煮魚吃，他們較常吃的是鹹魚，因為比鮮魚便宜。富人吃野味的肉、鹿肉、野豬肉等，也喜歡孔雀肉、天鵝肉、鷺肉、鶴肉。作醬料時，人們大量使用薄荷、蒜、辛香作料（胡椒、丁香花蕾、肉桂皮、茴香八角、薑、枯茗子、藏紅花粉）。飲料有葡萄酒、啤酒或肉桂滋補酒，後者是用肉桂、杏仁等釀造的甜葡萄酒。

娛樂和節日

比起上幾個世紀，當時的生活比較好一些，財富增加，因此整個社會的人們也比較快活，這是很自然的結果，他們因此更加渴望各式各樣的娛樂活動，節日也增多。

貴族繼續狂熱地喜愛激烈刺激的活動，如打獵、比武、長矛刺殺等。比武是一種重大節日活動，可以吸引成群的觀眾。城堡裡最受歡迎的娛樂是下棋，此外人們還喜歡跳舞、玩球，以及槌球遊戲，也會玩一種叫「蘇勒」（Soule）的球，有點類似今天的足球。

城市裡不時地舉行節日活動，氣氛很活躍。聖誕節的時候，人們在教堂裡擺一個馬棚，由一位婦人和一位小男孩扮演聖母和耶穌，人們穿著牧羊人的衣服前來看望新生的耶穌，並且發出許多讚美之辭。神父或許會講述以色列的先知如何預言上帝的天使到來，當神父每叫一個信徒，信徒就上前幾步並背出《聖經》中先知所說的預言。

一年中的其他日子裡，人們把《聖經》的故事搬上舞臺，如亞當和夏娃的故事、亞伯（Abel）被該隱（Cain）所害的故事，或是聖人的生活故事。同樣的，慈善會舉行節日的時候，其成員有時會演出一種短劇，名叫「奇蹟」，主題是慈善會首領如何使奇蹟產生。

有時一些宗教節日使人們高興異常，這點比較奇怪。每年12月28日是「無辜者」被屠殺的紀念日，人們選出一位「無辜者」的主教，由他主持彌撒，進行祝福活動，並從真的主教那裡收取租金，那一天，一些修道院的修女可以接待來訪的客人，與他們共進午餐和跳舞。同一時期，人們還過「驢節」，為了紀念將聖母和耶穌馱至埃及的那隻驢子，根據傳統，人們將一頭以宗教方式裝飾的驢子牽進教堂，並向牠致辭，在一片嘈雜聲中，人們開始學驢叫。

在蘭斯（Reims），人們每年都舉行「鯡魚遊行」。當天所有的宗教司鐸上街遊行，每人在身後牽著一條拴著線繩的鯡魚（Hareng），每個人都企圖踩到前面一個人的鯡魚上，同時努力防止後面的人踩著他的魚。

風俗

西元十二、十三世紀的社會非常活躍且有活力，然而卻也有奇怪的負面情形出現。娛樂的日子之後是恐怖的時刻，天真的玩笑緊接著是令人噁心的屠殺，風俗日益奢靡，領主對婦人獻殷勤，而暴力依舊四處肆虐，不論是大眾階層還是領主都存在這個現象。透過家庭之間互相報復的權利，以及進行私人戰

爭的權利略見一斑，無論在村子裡還是在城市中，不使殺害自己親人的敵手倒在血泊中，就是屈辱的象徵，因此當時常常出現騷亂、打架、武裝鬥爭，這些不僅發生在貴族之間，即使市民和農民也是如此。

　　神職人員和卡佩王朝的國王先後企圖讓秩序與和平替代這種暴力的情況。從腓力‧奧古斯都起，進行私人戰爭的權利就受到限制，聖路易統治時，這種權利則被完全廢除。從這一方面而言，西元十三世紀是進步的時代，然而戰爭與私人報復卻並未因此減少，從這些野蠻的習俗中，還保留了一種風俗，即決鬥的風俗習慣。

第十三章

法蘭西的復興

第一節　西元十二和十三世紀的教育、文學與藝術

基督徒精神

中世紀的歐洲是基督教的歐洲，對教會教義的信仰和遵照教會的訓導行事是做人的基本準則。歐洲的道路常常是由各國朝聖的人們走出來的。男人和女人、富人和窮人、大領主和小農民，所有的人都去朝拜聖物。被驅逐出教會是當時最令人害怕的懲罰。與伊斯蘭教徒和邪教徒的戰爭經常發生，十字軍東征更是中世紀特有的歷史事件。

語言的不同並未給這個文明群體帶來障礙，人們首先認同自己是個基督徒，然後才是個法國人、德國人或英國人。現代意義上的「國家」在當時並未完全清晰地畫分界限，所有的國家是在一個大的統一範圍內合爲一體（即基督教的精神），這個大整體的領袖是教皇。

在這種情況下，教會很自然地擔負開化教育人們的作用。神職人員在當時是唯一受過教育的人，學生也必須接受宗教的教育，在教育中訓誡人們的宗教義理無論何時何地都不能遭到懷疑和反駁。

藝術也服務於教會，西元十二及十三世紀教會的典型建築是「大教堂」（La Cathedrale），信徒在大教堂裡進行聖事儀式。同時，教堂的雕像、淺浮雕、壁畫及彩繪玻璃，爲教會講述了教義和基督教聖人在歷史上的故事。

教育

最基礎的教育是在附屬於修院或教堂的小學裡進行，中等和高等教育則在大修院或主教於城裡所建立的學校裡進行，夏爾特（Chartres）和巴黎大學非常有名，尤其是巴黎大學。必須從主教那裡得到「許可」後才可以進行教學。

當時還沒有學校機構，教師自己出錢租一間房子，在那裡教課，然後從每個學生那得到一筆報酬。巴黎教師在塞納河左岸的聖熱納維耶芙（Saint Genevieve）教堂進行教學，這一地區當時叫拉丁區，今天依舊是這個名字，因爲當時所有的課程都是用拉丁文講授，拉丁文在當時是歐洲的通用語言，所有受過教育的人都以拉丁文進行說、讀、寫。書籍依舊是靠手抄本撰寫，因爲印刷術尚未發明，但書籍的數量比人們想像的多。

許多大學生都很窮，他們的家庭無法支付寄宿費用，一些慈善人士爲部分窮學生創建一些機構，使學生能在那裡享受免費食宿。巴黎有一個這樣的機構即索邦（Sorbonne），是聖路易時期的神父羅伯爾・索邦（Rolert de Sorbonne）創辦，當時「索邦」就是爲接待學習神學的大學生。西元十五世紀起，教師開始到這些接待學生的機構教學，這些機構也就逐漸成爲教育機構。

大學

從西元十二世紀起，各修院停止進行教學，只剩那些有主教的城市裡還有學校。但不久，學生和教師不願再依靠主教，他們學習市民行會的組織，組成行會，行會名叫「大學」。波隆那（Bologne）最先出現行會，後來巴黎也有行會（西元1200年左右）。巴黎大學是一個獨立自主的大學，學校自行管理，並僅屬於教皇的管轄範圍。

巴黎大學裡，「中等教育」在「自由藝術學院」裡進行，必須在自由藝術學院修過課程後，才能從另外三個學院裡選擇其中一個專業進行學習。神學、法律、醫學三個學院相當於我們的高等教育，每個學院有其院長。自由藝術學院的院長也是整個大學的院長，即校長。

西元十三世紀，以巴黎大學爲歐洲地區的模範，其他地區也陸續建立許多大學，法國有土魯斯（Toulouse）大學、奧爾良（Orleans）大學、蒙貝利埃（Mpntpellier）大學；英國有牛津大學和劍橋大學。但這些大學中僅巴黎大學名聲最大，巴黎大學的神學院在歐洲更是首屈一指，聖路易時代的聖托馬斯（Saint Thomas）曾經在那裡任教。

法國文學的出現

教會和學者所使用的語言是拉丁文，許多中世紀的作品都是用拉丁文寫成，如神學條例、誓詞、科學或歷史著作等，因此中世紀的拉丁文學非常重要。

西元十一世紀末出現用「粗俗語言」寫成的文學作品，「粗俗語言」指居民日常生活中所使用的方言，在法國有羅亞爾河（Loire）南部地區的人們用奧克語（Oc）寫成的作品。這些作品大都是遊吟詩人編寫的小詩，人們用音樂伴著朗誦。在奧克語區，法蘭西的方言，或稱法語，占了上風，武功歌就是用這種語言寫成。武功歌是敘述戰爭英雄的長詩，如爲查理曼、羅蘭和拉烏爾・德康布雷（Raoul de Cambrai）所作的頌歌，最著名的武功歌是《羅蘭之

歌》，可上溯至西元1080年左右。不久以後又出現「傳奇文學」，也是用詩歌形式寫成，人們講述一位想像中的騎士功德，這位騎士對其選中的女人殷勤至極，且懷著可敬的情感，如特里斯坦（Tristan）對伊索德（Iseut）的感情。傳奇文學最著名的法語作家是克雷蒂安・德・特魯瓦（Chrétien de Troyes，西元1200年左右去世）。

西元十三世紀最受歡迎的作品之一是《玫瑰小說》（Le Roman de la Rose），這部長篇詩歌的第一部分由威廉・勞里斯（Guillaume de Lorris）寫成，是對騎士愛情的讚辭；第二部分由約翰・蒙（Jean de Meung）寫成，對國王、貴族、修士的「殷勤禮貌」大加譏諷，對科學大加讚揚，這部分可看作中世紀人們所有學識的總結。

對武功歌和傳奇文學不感興趣的人或許可以讀寓言及戲劇之類的作品。有時作家將動物搬上舞臺，賦予牠們人的感情，如《狐狸的故事》（Le Roman de Renart）小說即是如此。

散文方面，最初是歷史作品占重要地位。維爾阿杜安（Villehardouin）編寫《征服君士坦丁堡》（La Conquete de Constinople）一書，他是從第四次十字軍東征回來後寫成這部作品。一百年後，喬安維爾（Joinville）撰寫《聖路易的歷史》。

法國文學當時在整個歐洲掀起一次狂潮，但在德國也有偉大的作家，如尼伯龍（Niebelungen）史詩作者及寫作傳記文學的作家。中世紀最偉大的詩人是佛羅倫斯人但丁（Dante），他用義大利文寫成《神曲》。

西元十一至十三世紀的藝術

中世紀的藝術是屬於宗教的藝術。建築家、畫家和雕塑家都遵從神職人員的指示而創作。

從西元十一世紀初開始，西歐的人創造大型建築的技術，於是陸續出現教堂。大教堂可容納許多人，主要用石頭建成，頂部是拱頂，不再是木製的天花板，拱頂的形狀及裝飾細節在中世紀時是多變化的，可分為仿羅馬藝術、哥德式藝術或稱奧支瓦藝術（Ogival）。仿羅馬藝術從西元1025年開始，哥德式藝術則誕生於一個世紀後的法蘭西島（Ile de France），即西元1125年左右。但法國建築的力作不僅僅是大教堂，如巴黎聖母院、夏爾特（Chartres）大教堂、蘭斯（Reims）、亞眠（Amiens）、布爾日（Bourges）的大教堂等，另外也包括修院，如聖米歇爾山修院（Mont Saint Michel）；市政廳，如布魯日（Bruge）的市政廳；大商場，如法蘭德斯伊普爾（Ypres）的大商場；宮殿，

圖6-13-1　十三世紀歐洲的大學

如聖路易和英俊腓力（Philippe le Bel）的巴黎宮殿。

建築發展的同時，雕塑藝術亦占了重要地位，這種藝術自羅馬帝國以來一直起著次要的作用。在仿羅馬藝術時期，雕塑的線條雖然充滿動感，然而依然僵硬，後來出現一些可與希臘雕像相媲美的雕塑，金屬和象牙的雕塑日益完美，與石雕形成強而有力的競爭。

繪畫形式繁多，西元十四世紀中葉，人們還未學會同今日在畫布上繪圖。拜占庭人曾經是鑲嵌細工方面的大師，鑲嵌細工實際上是一種在石頭上進行的繪畫創作。法國藝術家在對文稿進行繪畫裝飾方面有很高的水準。彩繪玻璃創作，實際上是在玻璃上的繪畫。琺瑯的製造業，實際上是在金屬上進行的繪畫。掛毯業中也含有繪畫，是用針和羊毛在布上進行創作。還有羅馬式藝術，在壁畫方面也體現繪畫藝術，壁畫是在牆壁上所進行的繪畫創作。西元十三世紀末期，最偉大的壁畫大師是一位義大利人，即佛羅倫斯藝術家喬托（Giotto）。在文學方面，法國的文學藝術四處受到模仿和推崇。

西元1000年左右，西歐和中歐的文明，與拜占庭文明相比是很落後的，然而僅僅在三個世紀時間內，歐洲文明進步極為迅速。中世紀後期，歐洲文明確實散發奪目的光彩，其中一部分是受到法國的影響。

第二節　百年戰爭

百年戰爭的原因

西元1328年，最後一位卡佩家族的直系繼承人去世，於是有兩位候選人都自稱對法國王位有繼承權，一位是瓦盧瓦的腓力（Philippe de Valois），他是英俊腓力其中一位兄弟的兒子；另一位是英格蘭國王愛德華三世，他是英俊腓力其中一個女兒的兒子。法國的高級貴族選擇腓力，即腓力六世（Philippe VI），王朝從而拉開序幕。英格蘭國王愛德華三世向新國王效忠宣誓，因為他在法國有一塊封地吉耶訥（Guyenne）。

但也正是吉耶訥使兩位君主產生不和，當法國議會審理吉耶訥地區的上訴案件時，也必將破壞英格蘭法院的判決。後來的關係越來越緊張，腓力六世甚至下令沒收吉耶訥公爵的財產（西元1337年），愛德華三世立即反擊，他索求法國的王冠，於是爆發一場持續一個多世紀的戰爭，歷史上稱為「百年戰爭」。

愛德華三世四處尋找盟友，他找到佛拉芒人（Flamands），佛拉芒人是法國人，然而他們並不愛戴法王，首先是對英俊腓力沒有好感，後來對腓力六世也是這樣，因為腓力六世曾經使佛拉芒人遭受過慘重失敗，於是佛拉芒人對法王記恨在心。正當此時，英王愛德華三世為了反擊法王的不友善舉動，決定禁止向法蘭德斯出口羊毛，但法蘭德斯是靠英格蘭的羊毛紡織為生，為了挽救法蘭德斯的羊毛工業，佛拉芒人決定支持英格蘭國王索取法國的王冠，於是英王愛德華三世宣布自己為法蘭西國王（西元1340年）。英格蘭與佛拉芒的聯合艦隊在離布魯日不遠的海上摧毀法國艦隊，此時英王愛德華三世已經是海上霸主，完全可以入侵法國，但他仍躊躇了6年的時間才敢下手，因為當時法國看起來是很強大的國家，擁有1,600萬人口，而英格蘭只有500萬人。

克雷西與普瓦捷的戰敗

西元1346年，愛德華三世終於下決心進攻法國，他在科唐坦（Cotentin）登陸，劫掠諾曼第（Normandie），向巴黎進軍。在腓力六世的強大抵抗下，愛德華三世不得不率軍北上，他經過索姆河（Somme）到達克雷西（Crécy），在克雷西建築工事，而此時腓力六世則追向克雷西，進攻英軍。

但由於法國軍隊的戰略錯誤，紀律又差，因此被徹底打敗，愛德華三世包圍並奪取加萊（Calais），加萊的居民雖然抵抗，但最後失敗（西元1347年）。隨後的兩個多世紀裡，加萊成為英格蘭的城市，後來的停戰期也暫時平息雙方的敵對情緒。腓力六世不久即去世，他將其王位留給其兒子善良約翰（Jean le Bon），約翰統治時期至少使多芬尼（Dauphine）地區仍舊屬於法國，從此人們將王位的繼承人稱為「多番」（王儲，Dauphin），而英格蘭王位繼承人稱為「高盧王子」（Prince de Galles）。

英王侵略普瓦圖（Poitou），善良約翰在普瓦捷（Poitiers）附近反擊英軍（西元1356年）。但這次的進攻卻使法國軍隊的失敗比在克雷西的失利更為嚴重，約翰自己也成了英國人的俘虜。

西元1360年，和平條約在布列塔尼（Brétigny）簽定，布列塔尼位於夏爾特附近，愛德華三世亦不再索求法蘭西王位，但他從此成為法國四分之一領土上的最高統治者，四分之一領土包括皮卡第（Picardie）海岸的一部分，加萊及整個法國西南部，即普瓦圖、利穆贊（Limousin）、佩里戈爾（Périgord）和吉耶訥。法國的領土被分割，也種下後來英、法兩國不斷的國土糾紛問題。

艾田・馬賽爾的改革

法國遭受侵略及法國軍隊的失敗使市民階層大為不滿，他們認為貴族及國王的顧問應對各種災難負責，並決定將王國的統治指揮權掌握到自己手中。普瓦捷戰後對法國形勢比較有利，此時法國國王在英國當俘虜，而其子查理五世（Charles V）剛滿十八歲，他在巴黎召開一次三級會議，讓代表對徵收特別稅一事進行表決。

「三級會議」意指由貴族、高級教士和市民階層代表組成的大會，他們向國王提供建議並輔佐其統治。英俊腓力曾在巴黎和圖爾（Tours）召開過三級會議，當時主要是為了與教皇卜尼法斯八世鬥爭及打擊聖殿騎士團的騎士。普瓦捷失敗後，在法國國王召集的三級會議上，市民階層的代表扮演著重要角色，他們服從巴黎商人行會總管艾田・馬賽爾（Etienne Macel）的指揮，在對稅收投票表決之前向國王遞交一份條例，請求國王遣散身邊的顧問，進行行政和司法的全面改革，並且禁止私人戰爭。新稅不再由王室官員收取，改由三級會議的特派員負責，三級會議特派員也負責市民就業事務，條例還要求各級代表每年召開會議，特別是在王儲未能召開會議的情況下，他們可以聚在一起對重要事務進行討論。

　　馬賽爾這次嘗試的改革讓人們想起英格蘭的西蒙・孟佛爾。但與西蒙一樣，馬賽爾政治措施也過於激烈，他甚至當著王儲的面把兩個王室顧問殺死。市民階級對這種暴力舉動大為震驚，於是人們就遺棄馬賽爾，隨後馬賽爾尋求一位起義的附庸支持，這位附庸即「惡人查理」（Charles le Mauvais），他是埃夫勒伯爵與納瓦爾國王（Le Comté d'Évreux et Roi de Navarre）。但此種背信棄義的行徑也激怒巴黎市民，馬賽爾最後被人暗殺（西元1358年），他的改革沒有留下任何的結果，因為王權還是存在。

騷亂與動盪

　　馬賽爾的改革失敗及布列塔尼的和平條約簽署之後，法國依舊陷在一片難以言表的混亂狀態中。戰爭的蹂躪並不是災難的唯一根源，法國同時還遭受黑死病、傑克雷農民運動（Jacquerie）以及強盜團體（Les Grandes Compagnies）的迫害。

　　當時黑死病是一種非常可怕的流行病，它在整個西歐地區流行了兩年多（西元1347-1349年）。法國和英國三分之一的人口感染了這種病毒，因此造成找不到足夠勞動力耕種土地的問題，也由於收成不足，出現缺糧的現象，隨之而來的是所有物品漲價，政府不得不規定幾種商品的價格，許多產業主人變得貧窮，稅收幾乎等於零。一方面，人們被黑死病嚇得近於瘋狂，在朗格多克（Languedoc）地區，人們指控猶太人將泉水下毒，因而大肆屠殺成千上萬的猶太人，後來由於克萊蒙六世教皇（Clément VI）干涉並保護那些不幸的人，使猶太人在亞維儂（Avignon）和威奈斯伯爵領地（Venaissin）找到避難所。另外，身負罪孽的人幾乎赤身裸體地穿越街市，他們只剩下腰帶，並自己鞭笞身體以平息上帝的怒氣。相反地，流行病過去後，人們欣喜若狂，整日整夜地舉行慶祝活動和節日宴會。

　　十年之後，正當馬賽爾的改革失敗之時，皮卡第和香檳地區發起一場令人目瞪口呆的農民反對貴族運動。我們常用嘲諷的語氣稱那些農民為「好人傑克」（Jacques Bonhomme），因而那次運動即稱「傑克雷起義」（La Jacquerie）。起義原因是農民生活過於悲慘，這主要是由於戰爭的掠奪所造成。農民革命的對象是貴族，因為貴族並不保護農民，他們與強盜狼狽為奸壓榨農民。農民燒毀許多城堡，但不久起義就遭到失敗，參加者四處被逮捕殺害（西元1358年）。

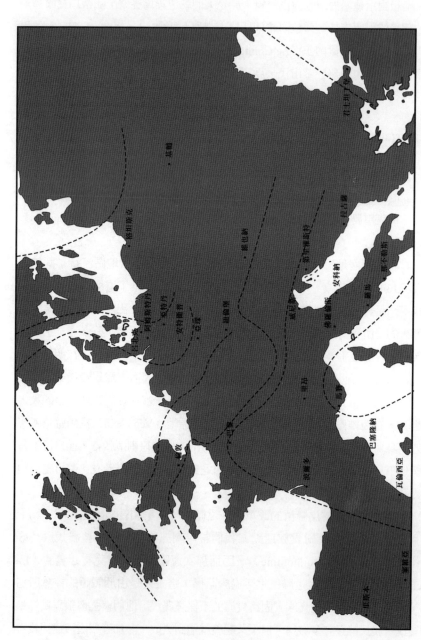

圖6-13-2　十四世紀黑死病的傳播過程

　　普瓦捷戰役後，曾服役於雙方軍營的僱傭兵失業了，爲了塞滿自己的荷包，他們組成「強盜團體」（Le Grandes Compagnies），成群結隊地掠奪法蘭西各地的城市和鄉村，人們必須付出大筆贖金才能免於被搶和被燒殺的命運。

　　在這種可怕的形勢下，王儲在其父身亡之後，於西元1364年登上法蘭西王位，即查理五世。

第三節 法蘭西的復興與衰落

查理五世的英明統治

查理五世與其父親和祖父大不相同，他的父親和祖父是英勇的騎士，隨時準備拔劍開戰，他則是個學者，外號「聰明的人」（Sage）。他會在圖書館裡待很長的時間，翻閱上百種蒐集到的手稿，喜歡布匹、地毯、雕花家具、珠寶。他擴建腓力‧奧古斯都興建的羅浮宮，使之更為美觀；在巴黎東部修建聖保羅宮（Hôtel Saint-Paul）和文森城堡（Chatean de Vincennes）；在塞納河右岸建立一道新的圍牆，下令修建一座重要的堡壘，即巴士底堡壘。

但查理五世最注重的是確保財政狀況良好，他建立一種安全的貨幣，向食鹽銷售商徵收鹽稅，豐厚的稅收使他有能力向英格蘭重新開戰。但查理五世本人並非好的軍事將領，為了實現軍事偉業，他幸運地找到優秀的合作者，即迪蓋斯克蘭（Duguesclin）將軍。

領土的收復者迪蓋斯克蘭

迪蓋斯克蘭是布列塔尼貴族，但家境貧窮。他勇敢且有計謀，在戰場上，喜歡用伏兵襲擊敵人，而不兩軍直接對壘。在他掌權的最初幾年，逼迫馬賽爾過去的同謀，即惡人查理（Charles le Mauvais）與查理五世和好，然後到西班牙，當時有兩位兄弟正在爭奪卡斯提爾（Castille）的王位，此時迪蓋斯克蘭帶走「強盜社團」中的大部分成員，從而使法國擺脫強盜社團的騷擾。他率領他們參與王位的爭奪，協助後來的卡斯提爾王獲勝，但他隨即在西班牙被逮捕，查理五世因此為他付出一大筆贖金。

西元1368年，查理五世與英格蘭的關係又決裂，英國人幾次侵擾法國的西部，查理五世與英國人發生衝突，他採取不同於腓力六世及善良約翰的作戰手法──突擊戰術，在作戰中擾亂敵人視線，並且在敵人到來之前堅壁清野，使之得不到軍需供應；同時，王室軍隊圍攻英國人在法國所占據的城堡，各個擊破。

西元1380年，查理五世和迪蓋斯克蘭去世時，英王在法國只占有加萊、瑟堡（Cherbourg）、布列斯特（Brest）、波爾多（Bordeax）和巴約訥（Bayonne）等部分的領土。但不幸的是，法國的國勢已經精疲力竭。

查理六世

雪上加霜的是，法國的新王查理六世（西元1380-1422年）還是個孩子，權力落到他的叔父手中。查理六世的叔父政績極差，他們四處收取重稅，導致法國快速陷於貧窮的困境，不滿的情緒也四處高漲，許多城市發生暴動，但很快就被殘酷地鎮壓。

查理六世成年以後撤換了他的叔父，找到幾位好的顧問並進行幾項改革，但這些改革很快就停止，因為國王罹患了精神病（西元1392年）。具有王室血統的諸王子此時掌握政權，各種節慶活動和大肆浪費的現象也愈演愈烈。

阿曼雅克派和勃艮第派的對立

比大肆奢侈更為嚴重的是兩位具有王室血統的王子之間的敵對，一位是國王的表兄弟，勃艮第公爵無懼約翰（Jean sans Peur），另一位是國王的兄弟，奧爾良的路易（Louis d'Orleans）。約翰為了擺脫對手，派人謀殺路易，促使法國爆發一場內戰，全法蘭西分成阿曼雅克和勃艮第兩大派。當時奧爾良一派的首領是阿曼雅克伯爵（Armagnacs），因而稱為阿曼雅克派，由於兩派的對立，導致巴黎發生多次大屠殺。

在這種恐怖氣氛中，人們獲悉英格蘭國王亨利五世在諾曼第登陸，內戰與外患交加，導致查理六世患了精神病。

阿金庫爾戰敗及《特魯瓦條約》

西元1415年，法軍與英軍在皮卡第地區克雷西不遠的阿金庫爾（Azincourt）交戰，法國騎士遭受第三次慘敗。英國人和查理六世皇后伊莎貝・巴伐利亞（Isabeau de Bavière）所扶持的勃艮第公爵成為法國國王，但當勃艮第公爵無懼約翰在蒙特洛（Montereau）橋上與王儲（即未來的查理七世）會面時，無懼約翰竟被人暗殺（西元1419年）。

這次謀殺幾乎毀了法國，皇后伊莎貝與英國人簽訂災難性的《特魯瓦條約》（Troyes），她剝奪其子（即未來的查理七世）的王位繼承權，將自己的女兒嫁給英王亨利五世，並承認亨利五世為法國王位的繼承人；更甚者，她將法國的統治權立即轉給亨利五世，理由是查理六世已經瘋了。法國保留自己的一切體制，但國王卻是英國國王。這個時期，查理六世去世，他的兒子在布爾日（Bourges）宣布為法國國王，即查理七世（西元1422年），但他對吉耶訥（Guyenne）和羅亞爾河以北的領土沒有任何權力，於是當時出現兩個法王和

兩個法國，兩者相互指責對方是叛國者。

奧爾良之圍

當然，大部分的法國人痛恨英國人，在法國人眼裡，英國人是十足的篡位者。然而，英國人擁有強大的軍隊，並且支持與依靠勃艮第公爵；無懼約翰的兒子善良腓力（Philippe le Bon）指責查理七世設計了蒙特洛橋的謀殺。西元1428年，英國已經占領整個法國北部，並且圍攻奧爾良，這是法國北部唯一承認查理七世為王的城市，當地居民亦奮勇抵抗英軍，就在奧爾良快要投降的緊要關頭，少女貞德（Jeanne d'Arc）的到來使法國局勢為之轉變。

第四節　聖女貞德與百年戰爭的結束

貞德的青年時代

　　貞德是位農家女，西元1412年出生於洛林的多姆勒密（Domremy）鄉間。童年時代，她目睹戰爭所帶來的災難，將英國人看成篡位者，她的父母與當地人都對查理七世效忠。

　　貞德的宗教信仰非常虔誠，有一天她在放牧時（當時她只有十三歲）看到聖靈顯現，在之後的三年裡，又目睹了許多次。她見到聖人和聖女，喊出他們的名字聖米歇爾（Saint Michel）、聖卡特琳娜（Sainte Catherine）、聖瑪格麗特（Sainte Marguerite）。她聽見他們說話，聖人告訴她必須離開村莊去趕走英國人，但她猶豫、躊躇很久，心想一個鄉間的貧窮女孩怎能趕走英國士兵。終於有一天，她信心突然猛增，於是決定出發，她費力地向沃庫勒爾（Vaucouleurs）附近村莊的士兵弄到一匹馬、一副武器和幾名隨從。西元1429年2月，貞德和六位武裝男子組成的小隊出發前往希農（Chinon）晉見查理七世。

貞德的勝利

　　貞德努力說服查理七世相信她是遵照神的旨意行事，但查理七世並未立即相信她。他先將貞德派到普瓦捷（Poitiers），在普瓦捷有幾位神學家詢問貞德關於顯聖的事情，神學家們的意見是肯定的，於是貞德便受命帶領一支軍隊奔赴奧爾良。

　　她成功地進入城內（西元1429年4月）並給法軍帶來勇氣，駐軍們猛烈進攻英國人在城牆外築起的堡壘工事。5月8日，英軍不得不撤離而去。

　　解救奧爾良並未使貞德感到滿意，她立即擁戴查理七世在蘭斯大教堂舉行加冕儀式，她將查理七世帶到蘭斯，並經歷其一生中最高興的時光（西元1429年7月17日），她所擁戴的國王在大教堂裡進行接受聖油和加冕禮。法國人從此再也沒有疑惑，關於自《特魯瓦條約》以來法國兩位國王之間的問題，上帝是站在查理七世這一邊的，亨利六世不過是個篡權者罷了，上帝當然不會讓篡權者勝利。

貞德的失敗

奇怪的是，查理七世與其周圍的人在全國一片激情振奮的氣氛中，仍然對政局保持著漠不關心的態度，他們甚至懷疑貞德帶有敵意。當時應該趁英軍士氣低落之際擊潰英軍，奪回巴黎，但人們似乎在浪費時間。第一次的戰鬥失敗時，貞德受傷，王室的軍隊卻毫無戰鬥意志，他們邊打邊撤，後來竟還自行解散（西元1429年9月）。

貞德被帶回王宮，長達六個月不能自由活動，後來她與幾位同伴逃走，進入康比涅（Compiègne），勃艮第人正在圍攻此地。第二天她外出進城時，被勃艮第人包圍並遭捕（西元1430年5月），幾個月後，勃艮第領主將她出賣給英國人。

貞德案件

英國人不只想監禁貞德，還要使她名聲掃地，使查理七世喪失民心。英國人說她的使命只是一個謊言，她不是上帝的使者，而是魔鬼派來的。人們組織一個宗教法庭審理她的案件，並宣布貞德為邪教徒、女巫。

英國人選擇盧昂（Rouen）的宗教司鐸、巴黎大學的神學家和主教皮埃爾（Pierre Cauchon）為審判官，案件審理在盧昂持續六個月。法官長時間向貞德發問，神學家的問題複雜且布滿圈套，他們希望貞德弄錯，然後就可以宣布她為邪教徒。貞德極力為自己辯護，表現得非常平靜和靈敏，但事實上她早已被未審先判，法官宣布她為偶像崇拜者、褻瀆神靈者和邪教徒。

後來，皮埃爾又想出另一可恥的辦法使貞德迷惑，他設計了可怕的一幕把貞德嚇壞，又設計發誓棄絕的用語使貞德承認自己的使命並非神授，貞德未能及時理解其中的意思，被判終生監禁。但貞德很快為自己一時的軟弱而慚愧萬分，並推翻人們使她吐露的所有供詞，法官見她「復持異端」，意即她又陷入自己曾發誓棄絕的錯誤之中。天主教會處理復持異端的做法是送交王室法庭，並且將會被判處火刑。宗教法庭將貞德交給英國人，西元1431年5月31日，貞德在盧昂被燒死。

可悲的是，查理七世及其身邊的人都不曾努力贖回或拯救貞德。

百年戰爭的結束

貞德的努力似乎失敗了，但實際上，她賦予了法國人勇氣，並重重地打擊敵人的士氣，也使勃艮第公爵善良腓力與英國人疏遠。西元1435年起，勃艮第

公爵與查理七世又重歸於好，並讓出皮卡第地區幾座重要城市。不久，巴黎趕走英國駐軍，亨利六世最後也提出停戰的要求。

查理七世終於不再漠然，他接受更好的建議，利用停戰時重組強大的軍隊。西元1445年成立一支素質優良的騎兵隊「法令軍團」（Compagnies d'Ordommanre），他親自任命軍官，按期付軍餉。他從平民中選出一支弓箭隊，隊員免繳人頭稅，人稱「自由弓箭手」即是此意。他還建立強而有力的炮兵部隊，西元十三世紀西班牙的伊斯蘭教徒發明大炮，能夠發射盛有火藥的發射物，最初固定在炮座上不能移動，後來製造出更輕的銅製炮身「輕型長炮」安裝在輪子上，拋出的不再是石頭而是生鐵，同時人們發明了手持小長炮，這是槍的雛形。

查理七世對自己的軍事力量有把握後，重新向英國開戰（西元1449年）。他占領諾曼第，又奪回被英王占領長達三個世紀的吉耶訥。西元1453年，英國人在法國的領土只剩加萊一處，百年戰爭至此也告一段落。

百年戰爭和愛國主義

經過這場戰爭的考驗，王室產業範圍擴大，但除了物質利益之外，更有一份精神上的優勢。戰爭的災難使法國的愛國主義大爲發揚，由法國人組成的國家，統治權不應落入異國人手中。在這方面的貢獻上，沒有人比貞德更重要，一個普通的農家女，十六歲離開自己的村莊去解救國家，她使愛國主義的情緒在法國人之間普及。

第五節　查理七世統治下的法國復興

法國經濟的重建

　　百年戰爭結束，法國是勝利者，但也被戰爭蹂躪而使經濟衰竭，到處都是荒廢的土地、被掠奪的村莊，許多大城市的人口大量減少，巴黎街頭甚至可以見到狼。

　　法國人民需要重新從廢墟上站起，農業在查理七世時發展得並不理想，休耕多年的田地欲重新有收成，需要花費很長的時間。不過，工業和商業很快就恢復以前的基礎，人們開採煤礦、鐵礦、鉛礦和銅礦，呢絨業再次蓬勃發展，「大貿易」又在西歐以及敘利亞、埃及之間興盛。

　　查理七世時最有名的商人是雅克・柯爾（Jacques Coeur）。雅克在馬賽擁有一支七艘船的船隊，把朝聖者的武器、呢絨運到東方，帶回絲綢、絲絨、地毯、香料、香水，這些物品通常向威尼斯商人買進。同時，他在佛羅倫斯有一個絲綢作坊，在蒙貝利埃（Montpellier）有一處染布店，法國各地都有幅員廣大的產業，還有好幾處豪華的別墅。雅克常常借錢給查理七世，查理七世也視其為「財政的支持者」，但雅克的富裕亦使查理七世妒嫉，後來他突然失寵，被關進監獄（西元1451年）。

　　富裕的市民常向貴族買下戰爭中成為廢墟的莊園或封地，另有一些市民服務國王並成為國王的財政或司法官員；同時，市民也被授予貴族稱號，因此在傳統的貴族之外又形成一個新貴族階層。傳統貴族大都一貧如洗、負債累累，新貴族由官員組成，人稱「長袍貴族」，由於行政官員穿長袍，今天的法官和律師穿長袍即根源於此。

國王權力的加強

　　當國王重新恢復法國的國勢時，法國的王權也比歷史上任何時期都要強大。查理七世在市民階級的協助下統治，一如英俊腓力和查理五世，其身邊有很多顧問，形成國王的參政團。法學家希望國王做國家的主人，他們促使國王自己執政，不與三級會議協商。

　　法王善良約翰被俘（西元1356-1357年）後，國王便經常召開三級會議。查理七世還是布爾日王時曾召開三級會議表決他所需要的稅收，沒有三級會議

的同意，國王不能收稅，但隨著英國人在法國的勢力大為削弱後，形勢完全改觀。西元1439年以後，查理七世不再召開三級代表會議，並且將暫時性的稅收宣布為永久、經常性。

此時法王設立間接稅、鹽稅和人頭稅三種主要的稅收，也是他主要的收入來源，一直持續到西元1789年法國大革命。間接稅由商品銷售中抽取，鹽稅由食鹽中徵收，人頭稅是徵收土地和財產的貨幣稅，但並不是每個法國人都須繳納，例如：貴族、宗教神職人員和國王官員，即使這些官員是平民，他們也都享有稅收豁免權。

由於國王擁有常駐軍隊，又有常收的稅，因此可以對人民、神職人員和貴族的忠誠感到放心。大的附庸有時試圖反抗，但總是受到嚴厲的鎮壓，不得不服從國王。

勃艮第公爵的強大

然而，查理七世對整個王國的權力並不完整，他的權力與勃艮第公爵有所衝突。

勃艮第公爵封地是親王采邑，意即屬王室產業的一部分，由國王授給有王室血統的王子的封地。大膽腓力（Philippe le Hardi）王子從其父善良約翰（Jean le Bon）手中繼承勃艮第公爵封地，大膽腓力和其繼承者無懼約翰及善良腓力成功地透過巧妙聯姻，使產業擴大。

西元十五世紀中葉，善良腓力擁有兩大片領土，南部有勃艮第和弗朗治公爵領地；北部的皮卡第也有幾座城市，如阿爾圖瓦（Artois）、法蘭德斯（Flandre），這兩地也都是法國的領土，另外他還占有現在比利時以及荷蘭的一部分領土和盧森堡地區，以上幾個地區與弗朗治公爵領地都是當年查理曼帝國的領土。勃艮第和佛拉芒兩大地區之中，佛拉芒是當時歐洲最富裕的地區之一，那裡的土地獲得很好的開墾，呢絨業尤其欣欣向榮，當時的布魯日與威尼斯都是歐洲最活躍的港口。

西元十五世紀上半葉，法蘭德斯還產生偉大的藝術家，例如：雕塑家克勞斯‧斯呂特（Claus Sluter）、畫家范‧艾克（Hubert Van Eyck）兄弟、音樂家奧克岡（Ockeghem）。

然而勃艮第的強大對查理七世來說是非常嚴重的威脅，這不僅標誌著法國的分裂，而且勃艮第公爵善良腓力還想占領洛林和香檳地區，以便把他的兩塊領地合為一體。查理七世極力阻止勃艮第公爵的野心，他也成功地做到這一點，但勃艮第問題卻在其子路易十一統治時期成為最棘手的問題。

第六節　路易十一的統治

路易十一「無處不在的蜘蛛」

對路易十一的了解大多得益於他的顧問高密那（Commines）所留下的回憶錄，路易十一長得很醜，身材不勻稱，有一條瘦長而彎曲的腿。他的生活非常樸素，經常穿著普通布匹做的衣服，出遊時也沒有豪華的儀仗隊，晚上寄宿平民家裡，或像過路商人一樣在小酒店裡吃飯。他雖然英勇，但是卻很討厭戰爭，認爲戰爭對農民是災難，他喜歡用協商解決戰爭的問題。他常耍計謀，策劃伎倆對付他的政敵，高密那對他非常了解，將路易十一比喻成一隻織網的蜘蛛，稱之爲「無處不在的蜘蛛」。他的承諾不會成爲行動的障礙，因爲他可以毫無顧忌地違背諾言，有時他策劃的陰謀過於複雜，導致其跌進自己所設的陷阱和圈套。他在失敗的最後一刻顯得非常不耐煩，其表現非常專制、暴戾，甚至殘酷之至。

魯莽查理

路易十一最強勁的對手即善良腓力的兒子魯莽查理（Charle le Teneraire），查理在西元1467年至1477年間是勃艮第公爵。這個年輕人易激動、脾氣暴躁、性格陰沉、個性衝動但不懂得權謀，然而野心卻很大，他想占領阿爾薩斯、洛林和香檳省以連結他的兩處產業，還想自立爲王。爲了達到目的，他支持幾位大附庸的野心，在貝雷公爵（Berry）帶領下反抗路易十一，而貝雷公爵是國王的兄弟。

路易十一過於屛弱，無法阻止他們，因此先後有幾次讓步，他授予反抗者所要求的東西，例如：領土、津貼以及稱號等，甚至冒著很大的危險促使比利時的列日反抗勃艮第公爵。他相信自己有足夠的聰明才智，竟然去佩羅訥（Péronne）看望魯莽查理。當時，查理剛獲悉路易十一策劃了一場暴動，一氣之下將其人員全關進監獄，甚至想殺掉他，後來路易十一應允查理要求的一切條件才得以解危；他也同意陪查理觀看對列日的懲罰，其被火焚毀，完全變爲廢墟（西元1468年）。不久之後路易十一在圖爾（Tours）召開一次會議，宣布與其所允諾的一切「無任何關係」。

爲了達到目的，勃艮第公爵與其姐夫英格蘭國王結盟，並許諾幫助他成爲

法國國王。路易十一巧妙地唆使洛林公爵和瑞士人民反抗勃艮第公爵魯莽查理，同時重金拉攏，並促使已經入侵皮卡爾地區的英國人離開。失望的查理陷入冒險舉動之中，他向瑞士進軍，然而卻在納沙泰爾湖（Neuchâtel）附近的格朗松（Grandson）和莫拉（Morat）慘敗（西元1476年）；查理大怒，為了洗雪恥辱，他攻擊南錫（Nancy），最後被擊退。幾天後，人們發現他的屍體已被狼吃掉一半（西元1477年）。

路易十一吞併勃艮第

路易十一想把勃艮第的遺產收歸己有，然而他只獲得勃艮第及皮卡第地區屬於勃艮第公爵的幾座城市，其他領土都被奧地利大公哈布斯堡家族的馬克西米利安（Macimilien）繼承，因為他娶魯莽查理的女兒為妻，於是勃艮第的大片遺產並未落入法王手上，從法國分離出去，包括一直以來都屬於法國的阿爾圖瓦（Artois）和法蘭德斯地區。但倘若路易十一將馬克西米利安的女兒娶過來，做未來查理八世（即當時的王儲）的妻子，法國就能以嫁妝的形式把阿爾圖瓦和法蘭琪伯爵（Franch-Comté）領地帶回。為了更有把握，他想迅速占領這兩個地區，然而路易十一設想的婚姻並沒有實現，法國最後不得不將阿爾圖瓦和法蘭琪伯爵領地還給馬克西米利安。

安茹家族的遺產，對路易十一而言比較幸運，因為他獲得包括緬因（Maine）、安茹（Anjou）和普羅旺斯等全部的土地，這份繼承領土還包括對那不勒斯王國的權利，後來的查理八世也得到這份遺產，路易十一還從亞拉岡國王手中奪得魯西雍（Roussillon）。

路易十一亦曾對歐洲幾個國家發生過不容忽視的影響，例如：納瓦爾和薩瓦（Savoie），這兩省的國王娶了路易十一的妹妹為妻，米蘭和佛羅倫斯的統治者與路易十一也有聯盟關係，此外他在瑞士召收很多的僱傭軍，因此對瑞士也有一定的影響力。

恐怖國王

路易十一整日忙於外交事務，對於內政並未進行重大改革，但他採取有利工商業發展的政策，因為他需要富裕的法國來確保稅收。他為法國引進絲綢工業和印刷業，前者來自義大利，後者來自德國；他發展里昂的市集，使之與日內瓦競爭，為法國賺取可觀的外匯，此外也與許多國家簽署商業貿易協定。在他的積極推動下，盧昂的批發商人開始在北海和波羅的海與佛拉芒人以及英國

人競爭，在大西洋則與西班牙人競爭，在地中海可以與義大利人競爭。

路易十一並未更動其父留下的種種政治體制，但他的粗野、暴戾也使王權大為加強，他身邊有各種各樣的密探，例如：他的理髮師奧立維耶（Olivier），以及王室的法官特里斯當‧萊爾密特（Tristan Lermite）等。他迫使所有的附庸都屈服於他，所有反對他的人一律處死，而且從不優柔寡斷，他曾將一名樞機主教關在監牢裡長達11年；強迫修士和宗教會議選他指定的候選人為主教或修道院長；任命各個城市的市長，並對市民課以重稅；違反所有的司法條款，大肆羈押他的政敵，建立特別法庭審判他們。他去世後留下一個綽號：「法國歷史上前所未有最恐怖的國王」，至少，全法國從未對一位國王如此屈從。

博熱的統治

西元1483年路易十一去世後，當時的王儲，即未來的查理八世，由於年幼還不能執事，權力便傳給女兒安娜（Anne）及女婿皮埃爾‧博熱（Pierre de Beaujeu）。博熱家族為爭奪政治權益，不斷與奧爾良的路易王子爭鬥，路易後來繼承查理八世，即路易十二。當時的王權比較強大，還能挫敗對手的陰謀，這一點我們可以從西元1484年博熱在圖爾召開三級會議看出。三級代表曾經決心限制王權，但實際上他們卻只能服從國王的意旨，而且沒有任何力量能夠和國王抗爭。

博熱統治時期甚至還成功地吞併布列塔尼，當時法國最後一塊獨立的封地。西元1491年，博熱家族促使年輕的國王查理八世娶布列塔尼的女繼承人安娜（Anne）為妻，但這次的政治聯姻，卻使法國失去路易十一所占領的阿爾圖瓦和法蘭琪伯爵領地（Franche-Comté）。不久之後博熱家族退位，查理八世正式繼承王位，開始政治改革。

至此，卡佩王朝以來即十分強大的「封建制度」徹底被瓦解，法國雖然還有三至四處的封建領主，但國王在這些封地上也擁有絕對的收稅、徵兵以及最後審判權，因此法國內部統一基本上大功告成。這也導致法國王權的強大，國王擁有一支強大的軍隊，國家富裕，愛國主義亦大為發展。然而查理八世卻魯莽地參加西元1494年的義大利戰爭，這次戰爭對法國產生相當大的影響。

第十四章

中歐與亞洲各領域的新事物

第一節　中世紀末期的英國和西班牙

百年戰爭期間英國議會的發展

西元十四世紀初英國的議會已經是常設性的會議，國王沒有經過議會的同意不能徵收新稅。百年戰爭期間，議會的權力日益增大，國王缺錢，必須經常徵求議會，因此議會在同意國王之前，要求令其不滿意的大臣失寵，也促使國王通過議會提出的法律條文。西元十四世紀末，議會的勢力非常大，以致於又重演西元1327年那大膽的一幕，議會逼迫英王理查二世（Richard II）退位，將王位給予理查二世的表兄亨利‧蘭開斯特（Henri Lancastre），他也是金雀花家族的後代。

紅白玫瑰戰爭

當百年戰爭以法國的勝利告終（西元1453年），英國各地紛紛不滿。另外，亨利六世屢患瘋癲症，於是其表兄約克公爵（York）想奪取王位，導致蘭開斯特家族與約克家族之間的衝突。雙方的族徽都有一枝玫瑰，一方是紅色，另一方是白色，就被稱爲「紅白玫瑰戰爭」。

戰爭持續三十年（西元1455-1484年），期間發生一次恐怖的大屠殺，最後王位歸蘭開斯特家族一位遠親亨利‧都鐸（Henri Tudor），即亨利七世，他開創了新朝代，都鐸王朝接替金雀花家族統治英國（西元1485-1603年）。

王權的發展

朝代的更替只是紅白玫瑰戰爭的結局之一，兩個家族殘酷的廝殺使英國的貴族遭到滅頂之災；許多家庭絕嗣，無人繼承財產，這些財產大約占全英國財產的五分之一，最後全部屬於英王亨利七世（西元1485-1509年），他從此有了豐厚的收入來源。市民隨時準備臣服於能夠重建秩序與和平的人，議會不僅不反對國王的意志，反而隨時準備完全接受國王的意見。亨利七世爲了擁有財富，竟然對市民罰款，並強迫借貸，甚至藉助於暴力手段，而議會卻聽之任之。表面上好像什麼都沒變動，如國王徵收新稅時仍徵求議會的意見，但實際上王權卻已隨意地擴張和統治。

然而亨利七世維持社會秩序，並使國家富裕，因此他的許多專制行徑也獲

得諒解。當時英國發生一個重大變化，從前英國以農業和畜牧業為主，現在呢絨業和商業也發達。亨利七世重視保護本國的羊毛工業，並且排斥外國的競爭，他更大力拓展海上貿易。

十五世紀時的伊比利半島

西元1212年，伊斯蘭教徒與教皇英諾森三世所帶領的基督徒作戰，遭到嚴重挫敗。西元十三世紀末，他們的領土僅限於格拉納達王國（Grenade），位於西班牙的東南部，文明極為輝煌，由阿爾罕布拉宮（Alhambra）的宏偉可見一斑。

後來的兩百年裡，伊斯蘭「再征服」行動驟然停歇。西元十五世紀中葉，伊比利半島有三個重要的基督教國家：地中海沿岸的亞拉岡王國、大西洋沿岸的葡萄牙王國、中部的卡斯提爾王國。前兩個王國對半島的事務不太關心，他們的野心是向外發展，葡萄牙人想占領摩洛哥，開發非洲海岸，亞拉岡人則企圖占領西地中海，他們統治巴利亞利群島（Baliares）、薩丁尼亞島（Sardaign）、西西里島。

斐迪南和伊莎貝拉

西元1469年，卡斯提爾的女繼承人伊莎貝拉（Isabelle）嫁給亞拉岡的繼承人斐迪南（Ferdinand）。不久，伊莎貝拉和斐迪南各自掌管自己的國家，卡斯提爾和亞拉岡並未合併，他們各自為政，各有各的首都、法律和官員，但從此有共同的最高統治者和外交政策，西班牙的統一正在醞釀中。

統一進程隨著「二王」（人們當時如此稱呼斐迪南和伊莎貝拉）將伊斯蘭教徒永遠逐出西班牙而前進一大步。西元1492年，卡斯提爾占領格拉納達王國，還奪得庇里牛斯山南麓納瓦爾省（Navarr）的一部分；斐迪南從查理八世手中討回魯西雍（Le Roussillon）。原格拉納達王國的哥倫布此時正受命於伊莎貝拉，他第一次跨大西洋航行並發現美洲，卡斯提爾王國立即對外征服，由此成為歐洲第一個建立殖民地的強國。

王權的發展

同時，斐迪南和伊莎貝拉樹立權威，他們迅速採取嚴厲的司法手段使盜匪滅絕。神職人員勢力很龐大，斐迪南採取必要手段使自己被任命為主要宗教修會的首領，並從教皇那裡得到任命主教的權力。此外西班牙許多城市幾乎都獨

立，於是國王便強加王室統治官員的職權。長久以來，卡斯提爾與亞拉岡有他們的三級會議，但不夠乖順，因此國王便不再召集他們。

　　然而，卡斯提爾和亞拉岡王國的每個省分都保留幾項「自由」，這幾項特權很受居民重視，國王或王后不可能將之取消，因而王權也有所限制，即使在國內（西班牙），行政的統一此時亦未曾實現。

　　他們對非天主教徒採取恐怖的措施，容忍精神曾經是西元十一、十二世紀西班牙人和伊斯蘭教徒彼此關係的特點，但在斐迪南和伊莎貝拉的身上已經不復存在。西元1492年猶太人遭到迫害，西元1502年西班牙的伊斯蘭教徒面臨兩種選擇：受洗成爲基督徒，或者離開西班牙。許多人都選擇離開，西班牙因此失去最好的農民。然而那些選擇皈依基督教的伊斯蘭教徒，在西班牙人眼中仍是可疑的人，西班牙人指控他們祕密忠於自己原來的宗教信仰；爲了制裁他們，國王使用宗教裁判所的宗教法庭，在西班牙宗教裁判所被稱爲「聖所」（Saint-Office），由國王任命成員。宗教裁判所的審判官托爾克馬達（Torquemada）是多明尼克修會的成員，非常有名，因爲他經常將許多皈依基督教的猶太教徒送交非教會法院判處火刑，還將許多猶太教徒判處無期的監禁，因而在西班牙，王權與宗教權威的建立同步而行。西班牙從那時起，在歐洲擁有舉足輕重的地位長達一個半世紀。

第二節　中世紀末的義大利和德國

西元十五世紀的義大利

西元十五世紀末，義大利分成許多小國家，這些小國家的大小及重要性有很大的差異，但其也有一些共同的特點。

義大利所有城市或國家的權力都只屬於少數富有公民，而且常常落入「僭主」手中，僭主統治城邦國家就像管理家務，西元十四、十五世紀的義大利可以說是苛政時代。

當時的義大利也是僱傭兵隊長的時代，僱傭兵靠政府發放的薪金生活，義大利城邦間的戰爭連年不斷，幾位的暴君都曾擔任僱傭兵隊長，由於軍事勝利使得他們聲名遠播。

為了打敗敵對的城邦，義大利人都要在國外找聯盟者，因此從西元十五世紀末到西元十八世紀中葉，義大利是法國國王、西班牙國王和一些國家統治者角逐的戰場。

然而這些戰爭並未妨礙義大利工業和貿易的發展，也未阻止其在文學和藝術方面的成就，西元十五世紀對義大利而言也正是文藝復興的開始。

義大利五個城邦國家

當時義大利五個城邦國家中最強大的是威尼斯共和國，包括波河北部平原、亞得里亞海和達爾馬提亞海岸（Dalmatie）的一部分地區，此外還擁有希臘愛琴海群島（Archipel）上的許多商行，包括賽普勒斯（Cypre）及克里特島（Crete）等。威尼斯是貴族共和國，只有傳統尊貴及富裕家族的成員才能參與政治，表面上政治權力屬於總督（即公爵）與元老（總督是終身制），但實際上權力在「十人委員會」手中，十人委員會對公民採取祕密監視，常以恐怖的手段統治。

威尼斯西邊是米蘭公國，從西元十五世紀中葉起即屬於史佛薩（Sforsa）家族。呂多維克·史佛薩（Ludovic Sforza）公爵精於玩弄政治，因此樹敵很多。為了抵擋人們的反抗，他於西元1494年向法王查理八世求援，這一舉動促使義大利戰爭爆發。

佛羅倫斯共和國在西元十五世紀初即由麥第奇家族統治，科斯莫·麥第奇

（Cosme de Médicis）從未正式接受任何授權，可是在三十年（西元1434-1464年）裡，他是國家的頭號人物，他的孫子羅倫佐（Laurent，西元1469-1492年）是位慷慨的藝術保護人，庇護許多作家和藝術家。

教皇國在義大利半島也有一定的實力。他們十分注重世俗的利益，不斷擴大教產，與抗爭的附庸爭鬥不休，但總體而言，教皇國在政治上採取有利文學、藝術的措施。

南部是那不勒斯王國，自腓特烈二世‧霍亨斯陶芬（Frédéric II Hohenstaufen）去世後，西班牙的亞拉岡王子與法國的安茹王子一直在爭奪這塊土地。當時是由亞拉岡國王斐迪南的表兄占領，路易十一作為安茹家族的繼承人，對那不勒斯享有一定的政治權利，但他並未充分運用，其子查理八世登基後企圖征服那不勒斯王國，導致西元十五世紀末爆發義大利戰爭。

日耳曼的無政府狀態

義大利此時分裂成幾個不同的邦國，但日耳曼從「大空位」起情況更糟糕，西元十五世紀分裂為大大小小一百多個城邦。

所有的領主之上，當然會有一個神聖羅馬帝國皇帝，但皇帝沒有權力，他是由選舉產生而非世襲，人們時而從一個家族中選出，時而又從另一家族中選一位，主要是為了防範強大王朝的建立。西元1356年，著名的「金璽詔書」對選舉皇帝作出詳細規定，這次選舉在〔美茵河畔（Main）的〕法蘭克福舉行，所有日耳曼王侯中僅有七位參加，其中有三位宗教人士，有科隆（Cologne）大主教、特里爾（Treves）大主教及美茵茲（Mayence）大主教；四位非宗教人士，有波希米亞國王、薩克森（Saxe）公爵、布蘭登堡總督和萊茵（Rhin）省伯爵。「金璽詔書」承認諸侯在其領地內的政治獨立，教皇無權干涉選舉，也不能表示贊同或反對意見，新當選者被稱作「羅馬人的皇帝，未來的皇帝」，但實際上沒有任何權力。

皇帝身邊有一個由三院組成的帝國議會，七個選帝侯組成第一院，其他王侯組成另一院，自由城市代表組成第三院，自由城市指保留自治權力的城市，大約60多個，議會嚴格監督皇帝，不能擁有錢財或軍隊。

虛弱的中央政府造成實際的嚴重後果，日耳曼境內呈現無政府狀態，人們稱強搶豪奪的貴族為「強盜騎士」，他們只懂得「拳頭權力」，亦即使用武力。日耳曼的名聲也在國外受損，西元1250年腓特烈二世去世後，義大利早已脫離日耳曼的管轄範圍，日耳曼西部的領土落入法國國王（里昂、多芬尼、普

羅旺斯）或勃艮第公爵（法蘭琪伯爵領地、東部比利時、盧森堡和荷蘭的一部分）的手中，日耳曼在東部的擴張也受到波蘭人和匈牙利人阻擋。帝國當時名為「日耳曼民族、神聖羅馬帝國」，好像在說明除了日耳曼地區的疆土外，帝國實則一無所有。

哈布斯堡的強大

皇帝喪失所有權利的同時，幾位日耳曼王侯卻不斷擴張領土與提高自己的聲望。西元十五世紀初，南部霍亨索倫（Hohenzollern）家族的首領成為皇帝的債權人，皇帝無法償還債務，就將布蘭登堡總督及選帝侯的頭銜授予他，霍亨索倫家族於是發跡，後來成為普魯士國王，西元1871年至1918年，甚至成為德國國王。

然而哈布斯堡家族更為強大，西元1273年，哈布斯堡家族的一員，瑞士東部的一位小領主魯道夫（Rodolphe），成為皇帝，他逐漸統治整個瑞士，從波希米亞國王手中奪得位於多瑙河到亞得里亞海之間，阿爾卑斯山區的領土和奧地利公國，從此被稱為奧地利家族。

不久之後魯道夫的繼承者喪失瑞士的產業，西元1291年琉森（Lucerne）湖畔幾個瑞士州聯合趕走奧地利官員；西元十四世紀末，由八個州所組成的邦聯實際上是各自獨立的。相反地，西元1440年哈布斯堡家族成員再次被選為皇帝，稱為腓特烈三世（Frideric Ⅲ）。儘管皇位表面上並非世襲，然而哈布斯堡家族的繼承者成功地將皇冠保留在自己家族內，直到西元1806年神聖羅馬帝國被拿破崙取消為止。腓特烈三世使其子馬克西米利安娶魯莽查理之女為妻，查理八世與布列塔尼的安娜聯姻，使法國不得不放棄法蘭琪伯爵領地和阿爾圖瓦。

除了勃艮第和皮卡第之外，年輕的馬克西米利安把魯莽查理以前的領地都收歸奧地利家族，西元1493年，他繼承腓特烈三世成為皇帝。

日耳曼與義大利的財富

義大利連綿不斷的戰爭與日耳曼的無政府狀態，並未妨礙其國內的經濟活動，也不妨礙這些地區成為歐洲最富裕的地區。

義大利北部和托斯卡尼地區繼續在商業和工業方面領先，威尼斯人仍舊經過印度洋、波斯灣與紅海，從敘利亞與埃及運回東方的香料；熱那亞人被後起的土耳其人從黑海趕走之後，參與葡萄牙人發現新大陸的行列，他們也極力開

發非洲西岸；佛羅倫斯靠呢絨業致富，之後又發展絲綢業。

佛羅倫斯的發跡更多是靠銀行業，其顧客是歐洲所有王侯，首要客戶就是教皇，麥第奇家族得以在西元十五世紀時統治佛羅倫斯，正因為他們是城邦中最強大的銀行。

東方的產品、威尼斯的豪華布匹、佛羅倫斯的呢絨和絲綢源源不斷地運到法蘭德斯和布魯日的集市，但不再經法國香檳省，人們有時走直布羅陀海峽的海路，或者從聖哥達山（Saint Gothard）跨過阿爾卑斯山脈到達巴勒（Bâle），沿萊茵河向下游直行至史特拉斯堡或科隆，然後到法蘭德斯，也常常經過提洛邦（Tyrol）和奧格斯堡、紐倫堡、法蘭克福等城市，或從威尼斯到達科隆。西元十五世紀，日耳曼西南部及萊茵河沿岸的城市經歷了前所未有的繁榮，該地的集市取代被百年戰爭毀掉的香檳市集。奧格斯堡福格家族（Fugger）的銀行在當時的歐洲也很重要，一如麥第奇家族在佛羅倫斯，奧地利哈布斯堡家族的一些產業裡使用新方法和新工藝技術開發鐵礦。

西元十三世紀的布魯日，人們可以看到來自波羅的海沿岸國家的產品，如柏油、木材、鹹魚或乾魚、小麥、毛皮、蠟、鐵、銅等，由日耳曼商人運至此，他們當時組成漢薩同盟。西元十五世紀，漢薩同盟包括日耳曼北部六十幾座城市，在波蘭、俄羅斯、瑞典、挪威和倫敦都設有商行。他們在盧貝克（Lubeck）召開全體會議，決定設計自己的稅收制度、法庭、外交官及戰爭船隊。漢薩同盟是一個真正的國家組織，當丹麥國王想奪走其貿易利益時，漢薩同盟曾進攻過丹麥。

安特衛普城的興起

自西元十五世紀中葉起，布魯日的港口因淤塞而逐漸衰落，安特衛普（Anvers）乘機興盛，此後運到日耳曼的英國呢絨在安特衛普轉口，葡萄牙殖民地的產品也都匯集至此，還有非洲西海岸馬德拉島（Madere）的甘蔗、幾內亞（Guinee）的胡椒等。一些大的日耳曼銀行家在安特衛普開設分行，如奧格斯堡的福格家族，安特衛普與布魯日一樣，也有「商業交易所」，各國商人在此討論事務、訂出商品市價，此時安特衛普與威尼斯同為歐洲最發達的港口城市。

第三節　西元十三至十五世紀的亞洲和東歐

中亞的游牧民族

以往的歷史時期，中亞草原的游牧民族總是威脅波斯、印度和中國的疆域。從古代末期開始，游牧民族中的匈奴、阿瓦爾人（Avars）、保加利亞人、匈牙利人先後在東歐和多瑙河的廣闊平原上馳騁，因為這兩個地區與他們的家鄉相似。西元十三至十五世紀，蒙古人和土耳其人這兩支黃種民族成功地在亞洲和歐洲建立廣闊的帝國。

蒙古人

蒙古人是中國西北部一些部落的總稱，即現在的蒙古和西伯利亞南部地帶，西元1200年左右，成吉思汗統一蒙古（西元1167-1227年）。

成吉思汗是歷史上最偉大的征服者之一，當時他占領中國北部、土耳其斯坦、波斯和阿富汗等廣大的地區。蒙古人是勇猛的騎兵、無敵的弓箭手，他們在戰爭中一路摧毀當地的一切，因此給人留下恐怖印象。成吉思汗的繼承者繼續征服行動，其中一支進入俄羅斯、匈牙利、波希米亞，直到亞得里亞海岸（西元1241年）；另一支則進入美索不達米亞平原，奪取巴格達，此外還有一些蒙古人則占領中國。西元十三世紀末，蒙古人統治著從太平洋到克里米亞和阿拉伯的廣大地區。

這個幅員廣闊的帝國必然要瓦解，但蒙古的可汗（即最高統治者）都是優秀的統治者，例如，占領中國的蒙古人，他們並未以征服者的姿態對待漢民族，反而根據以前中國皇帝的傳統禮儀制度統治，對所有的宗教都很寬容，尤其重視推動佛教的發展，此外對教皇和聖路易派去的方濟修會（Franciscains）成員也表示熱烈歡迎。他們與歐洲發展貿易，一位威尼斯的批發商馬可波羅，曾在中國停留超過十五年（西元1275-1291年），為歐洲人記下他行程中許多有趣的故事。

但從西元十四世紀中葉起，蒙古人開始衰落。西元1368年另一個朝代掌握中國政權，波斯和土耳其斯坦的統治權被土耳其人塔麥蘭（Tamerlane）取代（即帖木兒，歐洲人誤以為塔麥蘭出身於中亞一個突厥化蒙古貴族家庭）。

土耳其人

西元十一世紀，一個土耳其部落，塞爾柱土耳其人，占領了美索不達米亞地區和小亞細亞的一大部分土地，這個部落的擴張也造成第一次東征的十字軍後撤。西元十三世紀，其他的土耳其部落侵入印度北部，並在恆河平原建立一個王國，首都在德里。土耳其人對待當地人和婆羅門教徒非常不客氣，他們蔑視、壓制婆羅門教，從此之後，伊斯蘭教和印度教徒之間的仇恨也隨之產生，一直延續至今。另外，土耳其人也占領敘利亞和埃及，聖路易的第一次十字軍東征就是以這一部分土耳其人為討伐的目標，後來聖路易遭到失敗並且被俘。

西元十四世紀初，塞爾柱土耳其人逐漸衰弱，小亞細亞成為另一個土耳其部落鄂圖曼人的天下，鄂圖曼人於西元1326年從拜占庭手中奪得布爾薩（Brousse），此城有一段時間是他們的首都；後來他們越過達達尼爾海峽，於西元1356年第一次在歐洲出現。鄂圖曼的蘇丹擁有一支由職業軍人（步兵和騎兵）組成的強大軍隊，他們似乎可以依靠這支軍隊摧毀整個拜占庭帝國。

拜占庭帝國

第四次十字軍東征（西元1204年）之後，拜占庭帝國只剩下歐洲的伊庇魯斯地區（Épire）地區和小亞細亞的一小部分。但是西元1261年希臘王子米海爾八世（Michel VIII Paléologue）奪回君士坦丁堡，並建立最後一個希臘王朝，帕里奧洛格斯王朝（西元1261-1543年）。

西元十四與十五世紀時，拜占庭文化依然輝煌，但國家日益衰落。行政管理、軍隊和財政都已失序，宮廷革命和宗教爭論長期紛亂不已，國家的領土面積也大為縮小，帝國的疆域僅有君士坦丁堡、色雷斯（Thrace）、馬其頓（Macedoine）、伯羅奔尼撒半島（Peloponnece）南部以及愛琴海的幾座島嶼，巴爾幹半島剩餘的部分疆域則在保加利亞人、塞爾維亞人、熱那亞人、威尼斯人、那不勒斯及法國人的手中。當時希臘帕里奧洛格斯王朝的強敵是塞爾維亞人，其領袖是斯特凡‧烏羅什四世（Stefan Uroš IV Dušan Nemanji），他去世之後，塞爾維亞人的威脅也減弱許多，不久，鄂圖曼人越過達達尼爾海峽踏上歐洲的土地。

鄂圖曼人並沒有立即進攻君士坦丁堡，他們先後占領保加利亞和敘利亞以孤立君士坦丁堡，當時法國無懼約翰（Jean sans Peur）率軍進攻鄂圖曼土耳其，但旋即鄂圖曼人擊潰了法國的軍隊（尼科堡戰役，西元1396年）。就在拜占庭帝國即將要投降時，塔麥蘭（Tamerlan）的出現暫時挽救了拜占庭帝國。

　　塔麥蘭是土耳其斯坦的土耳其人，性情殘暴，他當時剛剛占領波斯、印度北部和敘利亞，他向鄂圖曼人進攻，並在安卡拉（Ankara）取得絕對的勝利，但塔麥蘭不久就去世，他的王國也隨之分裂。

穆罕默德二世和君士坦丁堡的陷落

　　穆罕默德二世成為蘇丹後，加緊準備奪取君士坦丁堡，拜占庭皇帝君士坦丁十一世也積極備戰保衛城池，然而他只有10,000名兵士，被圍困54天後，君士坦丁堡終於遭到攻陷（西元1453年5月29日）。拜占庭皇帝被殺，查士丁尼所建的聖索菲亞大教堂也變成一座清真寺，教堂裡的十字架被新月標誌所替代（新月旗是土耳其國旗）。西元十五世紀末，鄂圖曼人占領整個巴爾幹半島，拜占庭帝國存在一千多年之後終於被消滅，其曾為保存古代文化做出一定的貢獻。

　　拜占庭帝國的陷落並未在歐洲引起激烈的情緒，對人們而言，土耳其人的統治可以忍受，蘇丹雖然也收取重稅，但他們卻具有基督徒所沒有的寬容，允許臣民保有自己的宗教、語言、學校，甚至法規。因此，雖然塞爾維亞、保加利亞、希臘等獨立的國家已不復存在，但作為一支塞爾維亞民族、保加利亞民族、希臘民族，依然保持他們的特色。西元十九世紀，這些民族又再度獲得政治上的獨立。

波蘭王國

　　這一時期只有波蘭王國能與土耳其人抗衡，波蘭王國的領土從波羅的海一直延伸到黑海。

　　波蘭王國確實曾受日耳曼人的威脅，日耳曼人也一直努力將斯拉夫人向東推移。西元十三世紀，「條頓騎士」曾殲滅普魯士人（普魯士人屬於斯拉夫民族），並將日耳曼的佃農安置在波羅的海沿岸地區。西元十五世紀初，波蘭人在坦能堡（Tannenberg）戰役中沉重地打擊了條頓騎士，斯拉夫人在與日耳曼人的較量中暫時取得勝利，條頓人只得承認波蘭人的統治地位，但他們的領土也僅限於普魯士的東部。

　　波蘭人是虔誠的天主教徒，性情好戰，擺脫日耳曼人統治之後的三個世紀裡，他們一直是保護十字架、抵抗新月的基督教捍衛者，但他們最強大的敵人已不是日耳曼或土耳其，而是新興的俄羅斯帝國。

伊凡三世和俄羅斯的覺醒

西元1000年左右，俄羅斯人受東正教傳教士的教化而接受東正教，他們當時在基輔與波蘭人、匈牙利人、捷克人等基督教徒對抗，卻與塞爾維亞人、保加利亞人、羅馬尼亞人及希臘人接近。西元十三世紀時俄羅斯人曾一度在蒙古人的統治之下，蒙古統治的兩百年裡，俄羅斯完全與歐洲分離而成為亞洲的一部分。

然而莫斯科地區的王侯挽救了俄羅斯消亡的命運，這些王侯由蒙古可汗授命，在俄羅斯為可汗收取貢品，王侯利用這一時機加強自己的權威，直到伊凡三世（Ivan Ⅲ，西元1462-1505年）終於有能力將蒙古人逐出俄羅斯中部，並凌駕於其他俄羅斯王侯之上。伊凡三世隨後又從波蘭人手中奪回幾處被波蘭占領的地區，此外，亦吞併俄羅斯北方幾個獨立省分。因此後來伊凡三世被稱為「俄羅斯領土的統一者」，但莫斯科大公國疆土並未達到波羅的海，它不包括南部俄羅斯。

伊凡三世娶君士坦丁十一世的姪女為妻，君士坦丁十一世是拜占庭帝國最後一位皇帝，伊凡三世從此自稱拜占庭皇位的繼承人。從那時起，俄羅斯的政治目標即為從土耳其人手中奪回君士坦丁堡。

伊凡三世努力將西方文明引進俄羅斯，然而在很長的一段時間內，俄羅斯的亞洲風俗比歐洲風俗重要得多。

東方問題

前述重大事件中包含一些問題，直到今天仍存在東歐。首先是波蘭問題，波蘭人是斯拉夫民族的一支，因此他們與日耳曼人對抗；他們是基督教徒，因此與信仰東正教的俄羅斯對抗，也與土耳其的伊斯蘭教徒對抗。

其次是巴爾幹問題，土耳其人已與俄羅斯人和波蘭人為敵，他們所征服的基督教民族也痛恨土耳其人，渴望恢復政治上的獨立，這些被征服民族之間互相為敵（因此土耳其的危險似乎小一些），這些複雜的問題，我們統稱為「東方問題」。

第四節　西元十四和十五世紀的天主教會

亞維儂被俘期

教皇卜尼法斯八世（Boniface VIII）去世後不久，教皇克萊蒙五世（Clément V）即移住亞維儂（西元1309年），其後六位教皇都留在亞維儂，直到西元1376年。由於他們均是法國人，因此這段時期被義大利人稱為「亞維儂被俘期」，這對教廷的聲譽是一次沉重的打擊。

公眾興論首先譴責教皇對法國過於順從，又指責他們毫無顧忌地撈錢並不斷增收新稅。此外教皇藉由任命新的主教，收取候選人奉獻的大筆金錢，幾乎所有的新任命者都是靠教皇的勢力才當上主教。另外教皇也將幾個重要宗教職位給予特定人士，教會法規是禁止這麼做的。宗教法庭的豁免金和上訴金也越來越高，教皇蒐集的錢財幾乎都用在亞維儂的宮殿和豪華奢侈的生活上，使許多虔誠的信徒大為震驚，並引以為恥，違反宗教的行為如買賣聖職又重新出現，因此許多教徒都請求教皇自新並改革教會。

大分裂

但教皇的舉動卻又一次使教徒更加痛苦。西元1377年，教皇遷回羅馬的第二年即去世，樞機主教推出那不勒斯主教為繼承人，但這位教皇過於專制，樞機主教重新選舉一位法國人為教皇，這位教皇定居於亞維儂。因此，當時有兩位教皇並存，一位在亞維儂，另一位在羅馬，他們都自稱合法，並將對方逐出教會；天主教會被分成兩部分，分裂持續39年，被稱為「大分裂」（Le Grand Schisme）。虔誠的教徒經歷前所未有的苦惱，他們害怕如果沒有選對教皇會因而被打入地獄。

義大利比薩的宗教議事會上（西元1409年），人們也力圖解決這一衝突，但最後卻使之更為激化。宗教議事會廢掉原有的兩位教皇，任命第三位教皇，但前兩位拒絕讓位，於是同時有三個教皇。西元1414年康斯坦茨（Constance）又舉行一次宗教議事會，會上廢黜前兩位教皇，第三位教皇則辭職，一位新任教皇按合法程序產生，從此天主教世界找到新的領導中心。

大分裂就此結束，但留下兩個嚴重的後果，即異端的發展和法國教會自主論的確立。

異端：威克里夫與胡斯

西元十五世紀初，最重要的基督教異端是英格蘭的威克里夫（Wyclif）與波希米亞的胡斯（Jean Huss）。異端發展的同時，這兩個國家還有激烈反對教皇的民族運動。自從無地者約翰王（Jean sans Terre）自認是教皇英諾森三世的附庸後，英國就成為教皇獲得錢財最多的國家之一，因此人民非常不滿，英國議會與教皇也常發生糾紛。這些衝突引起牛津大學教授威克里夫（西元1320-1384年）激烈反對教皇的侵犯，他向國王建議奪取教會的財產，後來還向基督教教義中的幾條重要教理發出強烈的抨擊，最後被判為異端，雖然他並未遭受迫害，但他的弟子卻未能倖免。

威克里夫的理論後來傳到波希米亞，當地的人們之所以反對教皇，不僅出於宗教的原因，還有民族的原因，所以威克里夫的理論在當地更是大受歡迎。捷克人是斯拉夫民族的一支，他們對日耳曼人一貫抱有敵意，教皇在波希米亞任命日耳曼人為主教或修道院長的舉動，令他們感到十分憤怒，這種不滿在一位捷克神父身上體現，他就是胡斯。胡斯重申威克里夫的幾項理論，教皇因而亦將其逐出教會，在康斯坦茨的宗教議事會上，教皇傳訊他到庭受審，胡斯接受傳訊，因為教皇曾莊嚴地授予他安全通行證，然而宗教議事會卻將他逮捕，判他為邪教徒，並將之活活燒死（西元1415年）。

胡斯的支持者發動起義，於是爆發戰爭，既有宗教性質，亦有民族主義特點，即「胡斯支持者的戰爭」。這次戰爭長達20年，蹂躪波希米亞和日耳曼的土地（西元1419-1436年），最後教皇作出一些讓步，捷克人才與天主教會重歸於好。

法國教會自主論

此時，人們思考是不是應該解決過度的宗教行為問題，但誰來進行宗教的改革？教皇還是宗教議事會？每一方都宣稱對方應服從。康斯坦茨宗教議事會宣布，因為它可以廢黜教皇，因此位居教皇之上；教皇承認這種優勢，但認為此優勢只是一種策略，為結束大分裂的情況，正常時期並不適用。教皇認為教廷應該擁有絕對的領導權，教皇則是教會的權力代表；宗教議事會堅持，教皇的權力只限於教會之中，遇重大的情況，他應諮詢宗教議事會，教皇也不應干

預主教選舉，主教可以保留更多的自由權和創制權，而且從主教法庭上訴教皇的法令，也只有在很嚴重的情況下才施行。

這種理論被人們稱爲「法國教會自主論」，因爲此種理論的主要支持者是巴黎大學的神學家、法國駐康斯坦茨宗教議事會的代表，以及法國派駐瑞士巴塞爾（Bâle）宗教議事會的代表。查理七世也因爲此種理論增加國王的權威，因此他公布一條法規，根據此項法規，教廷對於法國神職人員的權力被大幅度地縮減，教皇自然要譴責這種「法國教會自主論」。

改革的失敗

對於教皇的改革，人們並未特別感受到。西元十五世紀末，教皇的行爲變得更加令人難以忍受，教皇的私人生活也幾乎沒有任何教化作用，他們只顧使其家庭富裕，擴大教皇國的權力及保護藝術家，但卻不理會基督教教會的改革。虔誠的教徒對神職人員的尊敬也每況愈下，即使他們仍相信基督教的教義，一些人也已不願將神父看成他們與上帝之間的聯繫人，因而他們的宗教信仰變成個人的事。這種情況潛伏著對基督教教會極爲不利的危機，對教會的不滿情緒在日耳曼尤其強烈。西元十六世紀初，馬丁路德（Luther）對教會自我改革失去信心，他決定與教會徹底決裂，並使得日耳曼大部分人反抗教會。

基督教的統一曾於西元十一世紀時被「希臘正教」所打破，西元十六世紀初又再次被「新教」（Protestantisme）的誕生而打破。

第五節　精神及藝術生活中的新事物

西元十四和十五世紀的文學和科學

　　法國當時文學作品繁多，但大多價值平庸，受推崇的三種文學形式是歷史、詩歌和戲劇。

　　最偉大的兩位歷史學家是弗魯瓦薩爾（Jean Froissart）和高密那（Philippe de Commines），前者只對騎士的戰功感興趣，後者喜歡探究事件的原因，還找出路易十一和魯莽查理的行為動機。眾多詩人中，最有靈氣的是維永（Villon，西元1431-1474年），他原是浪蕩的公子哥，卻寫出幾首好詩。

　　公眾最感興趣的是戲劇，有令人發笑的鬧劇，如《帕特蘭律師》（Avocat Pathelin），亦有神話劇，演出耶穌基督或聖人生活片段的劇目。

　　西元十四、十五世紀時，科學、技術的所有領域都有很大的發展，無論是幾何學、機械、物理或是自然學科。天文學、地理學、地圖繪製技術，尤其是航海技術的進步，為西班牙人、葡萄牙人和義大利人的海上航行做好準備。人們能夠精確地測量時間，最早的木製鐘在查理五世統治時代出現。對於水利資源也有相當的認識（即對水資源的管理），打鐵鋪開始使用水動的風箱。

大學的衰落、人文主義的開端

　　西元十四、十五世紀，歐洲的國家大都設立大學，為數眾多的大學生在生活上卻發生深刻的變化。一方面，大學失去國際性，每個國家的統治者都希望有自己的大學，禁止學生去國外就讀；另一方面，大學不再像以前那樣擁有許多自主權，查理七世將巴黎大學的管轄權交給議會，大學的教育水準也顯著下降。

　　大學的衰落正好遇上人文主義的發展，人文主義是指狂熱地愛好希臘文和拉丁文的文學作品。首先是在義大利，一些作家尋找並出版古代作品中遺失的手稿，他們還重新出版並評論那些既有手稿中被誤傳或誤解的作品，人們將這些學者稱為「人文主義者」（Humanistes，此詞源自拉丁文Humanus，意為「有教養、有文化的人」）。

　　最初幾位醉心於蒐集和進行古典文學評論的義大利人，要數西元十四世紀時的佩脫拉克（Petrarque）與薄伽丘（Bocace），薄伽丘的散文故事也很出

名，佩脫拉克與薄伽丘尤其對拉丁文學感到興趣。對歷史及古羅馬代表作品的愛好，在查理五世與查理六世統治時期的法國也極為普遍。西元十四世紀，許多拜占庭學者為了躲避土耳其人的侵略而去義大利、日耳曼和法國避難，他們在避難地教授希臘語文和文學，因此使人們能夠讀到許多希臘作品的原文。過去西方人所讀到的希臘文學作品，都是從阿拉伯譯本轉譯的拉丁文本。王侯、貴族，尤其是富人，不惜重金蒐集古代作品的手稿，並建立圖書館，教皇尼古拉五世（Nicolas V）在梵蒂岡的宮殿裡蒐集到近五十份手稿，並建立梵蒂岡圖書館，是當時世界上藏書最豐富的圖書館之一。

　　由於書籍是用手抄寫成的手稿，因而傳播範圍有限。但是西元十五世紀中葉印刷術的發明，對書籍的傳播有相當大的貢獻。

印刷術的發明

　　最初的印刷術是將文章刻在一塊木板上，然後只需塗上墨，再用一張紙鋪印即可，此方法可以將一篇文章複製成許多份。

　　但那些字母（或稱文字）不能夠印製其他文章，因為它們是固定的，此外，它們很快就會被用壞。因而更進步的印刷術將字母變成可移動式，並用金屬材料製造，這一新方法在荷蘭與亞維儂都有人使用過，美茵茲的日耳曼人古騰堡（Gutenberg）於西元1450年左右首先使用這種印刷術，他曾在法國的史特拉斯堡（Strasbourg）工作過。最早印刷出版的書是《聖經》，巴黎大學校長聘請三位日耳曼人於西元1470年左右開辦巴黎的第一家印刷廠。

　　印刷業的發明伴隨著另一種新事物：布漿紙，其代替了羊皮紙。布漿紙在西元一世紀就由中國人製造並使用，後來傳至波斯，透過阿拉伯人為媒介傳到歐洲。由於布漿紙易碎，人們長期不看重它，但西元十五世紀，布漿紙已開始被普遍採用。

　　印刷術的發明表面看來只是純技術的進步，實際上卻是人類整個歷史上最重要的事件之一，也是使世界經歷產業革命的事件之一。印刷術使人們創造廉價書籍並大量地傳播知識，使各種知識與思想的傳播成為極平常的事。

藝術的持點

　　西元十四、十五世紀，在藝術方面也出現許多重要的新事物。在此之前，建築是主要的藝術形式，所有其他藝術都是為建築服務。但到了西元十四、十五世紀，建築藝術逐漸喪失其優越的地位，雕塑和繪畫藝術此時已獨立發

展。

　　過去藝術家幾乎只爲教會工作，此後他們也爲個人服務，慷慨的保護者包括教皇、國王、公侯、領主、市政人員，甚至富裕的市民等。

　　法國也不再如西元十二、十三世紀時是藝術的主要國家，第一流的藝術在義大利和荷蘭，當時人們將包括荷蘭、比利時、盧森堡及德國科隆周圍的萊茵地區稱爲荷蘭。

　　最後尤其值得一提的是，法國、荷蘭、德國、西班牙的藝術家普遍從傳統的哥德藝術中汲取靈感（雖然他們也創造新形式，但總體是如此），義大利的藝術家卻經常超越傳統，直接從羅馬人或希臘人的藝術中尋找靈感，這種回歸古典文化的現象非常著名，被稱爲「文藝復興」（Renaissance）。

西元十四及十五世紀的哥德藝術

　　西元十四及十五世紀時，哥德藝術依舊繼續存在，但出現一些新特點。建築師注重形式的輕巧，他們鏤空牆窗。西元1420年開始，「火焰式哥德建築」因建築上彎彎曲曲的線條宛若火焰而得名。

　　雕塑家從前主要忙於以雕塑和淺浮雕裝飾教堂，現在卻成爲肖像作者，肖像雕塑在雕塑中取得重要地位，這使得雕塑向現實主義發展，現實主義指的是模型的精確再現。西元十五世紀初，荷蘭人克勞斯・斯呂持在法國第戎（Djon）附近雕出勃艮第公爵大膽腓力（Philippe le Hardi）及其妻子的頭像，他還著手興建公爵的墓園，並建造摩西井（Le Puits de Moïse）。

　　細微繪畫方面，人們可看到對現實觀察的興趣。細微畫在西元十五世紀時有兩個代表作品：比利時三兄弟的〈貝雷公爵的富饒時代〉（Les Très Riches Heures du Duc de Berry，西元1415年）以及約翰・富凱（Jean Fouquet）的〈艾蒂安騎士的煩惱〉（Les Heures d'Étienne Chevalier），艾蒂安騎士是查理七世的顧問。然而文稿的細微畫創作不久即消失，因爲人們發明了版畫。

　　將一張圖畫複製多份的技術爲版畫，藝術家在一塊木板上描繪出圖畫，然後將其餘地方的木頭挖空使圖畫立體地突顯，人們也使用相反的方法，即凹陷版畫，利用鋼板而非木板製作。印有圖畫的紙張被稱爲版畫作品，版畫很快就使細微畫消失，因爲同一塊版畫能以低廉的成本複製出幾百張相同的圖畫。

　　繪畫藝術由於兩個新事物的出現而經歷一場革命，人們先後學會在木板和畫布上作畫，於是作品很容易被搬到另一個房間；油料的發現則使繪畫色調更加溫暖、透明。法國主要的畫室位於羅亞爾河谷杜爾（Tours）、穆蘭

（Moulins）和普羅旺斯的艾克斯（Aix）、亞維儂；最偉大的畫家是約翰・富凱和尼古拉・弗羅芒（Nicolas Froment）。荷蘭有范・艾克（Hubert et Jean Van Eyck）兄弟，後來又有魏登（Rogier van der Weyden ）；德國有格呂內瓦爾德（Mathias Grunewald）。此外，西元十五世紀亦是漂亮高級地毯的黃金時代，安茹（Aniou）和阿拉斯（Arras）地區的地毯尤其出名。

義大利文藝復興初期

　　這一時期，義大利的藝術家正著迷於希臘羅馬藝術，短短幾年內，他們革新建築、雕塑和繪畫，所有的義大利城市中，麥第奇家族統治的佛羅倫斯是早期文藝復興的中心。

　　建築回到古代的建築方式與裝飾方法，著名建築大師如布魯內勒斯基（Brunelleschi）。義大利和法蘭德斯的繪畫技法也都有長足的進步與決定性的發展，藝術家重新發現透視法則，並研究人體解剖學，這一時期有許多偉大的畫家，例如：馬薩奇歐（Masaccio）、弗朗切斯卡（Pier della Francesca）、曼帖那（Mantegna）、虔誠修士安傑利科（Fra Angelico），都充滿基督教的色彩，而波提切利（Botticelli）的許多作品則反映異教徒心靈及精神狀態。

　　多那太羅（Donatello）、吉伯提（Ghiberti）和維羅吉歐（Verrocchio）三位雕塑大師模仿古人以青銅創作，他們表現的人體具有前所未有的活力和韌性。

第七編
近古時代的世界

第十五章

文藝復興人文主義思想

第一節　人文主義

今天，我們不再看到文藝復興時期與中世紀時代的斷層歷史，但是緩慢發展的結果已將其根基伸進了中世紀。可以確定的是，正如布克哈特（Burckhardt）、薩波里（Sapori）和德律莫（J. Delumeau）所指出的，文藝復興時期始於十三世紀，甚至十二世紀城市生活的復興。大部分歷史學家都受這樣的約束，即他們認爲需要在中世紀和近代之間選擇一條界線。他們斷言文藝復興時期很早就開始了，不僅在義大利，而且在西歐的大部分地區都是如此。他們維持傳統的歷史分期，至少它表明義大利文藝復興的成熟。

十六世紀的人類相當晚才採用「復興」這個字眼。十五世紀的神學家使用這個字眼帶有這樣的意思：即透過能使罪孽消失的聖寵和聖事而使靈魂再生。第一個勇於賦予這個詞以世俗的意義的人，是義大利的建築師瓦薩里（Vasari）。西元1550年，他講到了藝術的復興，實際上，他把這個術語的意思，擴展到所有的文明，然而人們並沒有期盼到這個日子，即意識到在精神、文學以及藝術的表達方式所發生的變化。在十五世紀，馬西勒‧菲森（Marsile Ficin）寫道：「我們的世紀，就是像一個黃金時代，它使幾乎失去光澤的中世紀的七藝重新放射出光彩。」這種感覺在義大利尤其存在，那裡的文人相信自己與北部的蠻族不同，因爲只有他們才能重新發現古希臘人和羅馬人的思想。事實上這是文藝復興一詞最通俗的意思，即重新要求回到古人的思想及其表達的方式。

文藝復興離不開人文主義。人文主義使人類置身於對宗教的專注與研究之中，「人文主義是一項精神與道德改革的事業，它可以歸結爲一種方式：創造人性的最高典範」，人文主義是樂天的，與布克哈特和米歇（Michelet）所想的相反，人文主義並不是必然要與基督教相對抗。在人文主義者看來，上帝存在於人類靈魂的深處。因此人類有興趣認識自我以便認識上帝。於是人們回到古典哲學，荷蘭人文主義思想家伊拉斯莫斯寫道：「蘇格拉底，爲我們祈禱吧！」

聖湯瑪斯（Saint Thomas）不是已經試圖使基督教的教學與古代文化相一致嗎？而中世紀視古代文化爲「不能降低價值的遺產」，但是經院推理方式的遲緩和大學研究的僵化，說明人文主義者對前一個時代抱有輕視的看法，證明他們具有思想更新意識。在毫無生氣的大學生活之外，新思想引發了一場人

們的腦力激盪。同時又創造新的形式，例如古人的禮拜，但人文主義還是表現出個人主義的一面，這一特點是十六世紀初期人們的智慧與精神生活的標誌。「人文主義——文藝復興的覺醒」，在陷入爭論的困境之前亦參加了十六世紀的宗教改革運動。

在十五世紀下半葉和十六世紀初，隨著印刷書籍的出現，精神生活處於新的有利條件。反常的是，大學處於僵化狀態，這也促使要求較高的才智之士去尋找更適合他們知識需求的研究範圍。

印刷術與出版品

這裡牽涉到一個極其複雜的問題，處於精神、經濟、宗教以及政治活動的結合點。談到西元1550-1560年間印刷術的改進，絕不能忽略十六世紀上半葉時技術改進措施的重要性：造紙工業的發展、原料的固定。書籍的銷售仍很緩慢，出版需要大量投資，並且有很大的風險，出版者同時也是書商，其角色為資方。十五世紀可以舉出威尼斯的馬努提烏斯（Alde Manuce）、巴黎的韋拉德（Antoine Verard）、紐倫堡的科貝熱（Koberger）等；十六世紀可以舉出巴塞爾的阿默巴赫（Amerbach）和弗羅賓恩（Froben）、巴黎的巴德（Josse Bade）和埃蒂安納（Estienne），而後是安特衛普的普拉汀（Platin）。

從出版業出現的時候起，教會和君主就關注著這一強有力的思想傳播方式。通常，對書籍的審查委託給大學。教皇諭旨准許君主建立審查委員會，這樣，在法國巴黎大學（神學院）和國會都發揮了良好的監督作用。西元1563年設立了國王特許權，以保護出版者，抵制偽造品，行使審查的權力。

十六世紀，圖書出版業集中在設有大學的大城市和商業中心。該行業沒有再建立新的知識中心，但它為知識的傳播做出了貢獻。那裡的印刷廠廠主與人文主義者保持著聯繫，大多數出版商本身就是人文主義者。

出版品的目錄尤其證明了顧客在知識方面的需求。十五世紀的印刷書籍，所謂的古版書，大約為30,000至35,000個版本，其中77%是用拉丁文寫的，其它則是用義大利文、德文和法文書寫。出版類別以宗教書籍最多（45%），其次是文學著作、法學書籍、科學書籍；書籍的印刷是最著名的作品和模仿耶穌基督的作品排在首位。儘管出版商給予鼓勵辦法，當代的作品仍要在以後才出現。

在十六世紀時，原本屬於威尼斯的出版優先權轉移到巴黎（十六世紀共有150,000至200,000個版本，其中25,000個版本在巴黎）和里昂，而後又轉移至安特衛普。出版品的特點也有改變，文藝作品的數量最多，宗教出版品的數量

則持續增加，此外，古代作者尤其是維吉爾（Vigille）的譯本也增多了，這是因為受到君主和貴族的鼓勵。人文主義者的著作占有重要的地位。尼德蘭人文主義者的作品在十六世紀印刷了幾十萬冊，相反地，科學書籍主要是古代和中古時代作者的作品；西元1560年以前，一些有重大發現的論文發表則不多見。十六世紀史學著作是受歡迎的，尤其是中世紀的編年史、傳奇故事和騎士小說。

毫無疑問，印刷術幫了人文主義的大忙，使人們了解眾多古代作者和當代作品，然而印刷業未能使人文主義發展得更快，未能傳播更多或更適合大多數讀者口味的中世紀作品。實際上，在十六世紀下半葉，出版商和印刷廠變成更為緊密的關係。

大學機構

人文學者過於詆毀那個時代的教育，然而如果教育的價值相當低的話，也不會培養出眾多的教師和學者，教育發揮了人們所期待的社會作用。

初等教育在全西歐比較普及，由主教控制的教區學校越來越引起市政當局的興趣。學校提供的教育並不一致，也無規律，受聘年限亦無嚴格規定。教育原則上對窮人是免費的，然而這樣還不足以將他們吸引到學校來。另一方面，印刷術的發明，迫使教師作家傾向於閱讀教育、寫作教育以及算術教育。似乎在十六世紀迫使西歐四分五裂的動亂發生之前，能提筆寫字的人還是不少的。

在初級學校和高等學院（神學、法學、醫學）之間，還有屬於中學的中級教育。這期間也有一些被指定學習的各種不同機構，此外寄宿學校則適合藝術院校的學生，而教師也會到那裡授課。還有一些由城市所建立的學校，例如城市的大學，非常想得到國王所頒布的優惠措施。在中學，有為數不少的助學金，但隨著十六世紀貨幣的貶值，這些助學金的價值也降低了。教師都是世俗的教徒或一般的教士，通常又是修會的教士，尤其以道明會的修士為最多。

自十四世紀以來，大學的機構沒有什麼變化。大學生是由教師、學生以及各種合格的一些「事務人員」團體所組成的。學生按職業集中在一起。按照高等學院的要求設置學科：如神學、法學（有時減至僅學習教會法或教諭）和醫學等，學生通過藝術專科教育後再分別進入各學院。由選舉出來的校長主持大學工作，其任期也很短。大學受學校理事會和教師代表大會的領導。大學由人們捐獻的基金來維持其生存，並得到市政府的補助。儘管如此，國王還是往往被要求給予大學一些稅款補助，國王也或多或少地影響了學務工作。

學習時間很長，在藝術專科學校至少要學習五年，之後獲得文科學歷，才能在藝術學校任教，或者在高等學府深造，課程包括權力論以及學生之中可以展開辯論的課程。考試如學士學位、碩士學位及博士學位，以提問的方式以及辯論的方式進行。

大學教育與單一的文藝範疇相比，更加科學化，涉及的知識面也更加廣泛。教學大綱在整個西歐差不多是相同的，它已被教師普遍使用。辯論的精神並未被扼殺。十六世紀的人文主義者大部分是大學畢業的學者。更確切地說，其弱點來自於經院哲學的危機。十五世紀末，在宗教信仰和認識世界所提出的問題上，唯實論者和唯名論者的意見截然相反。

這是哲學一般概念的爭論。唯實論者認爲，哲學的共相不僅是我們透過肉眼觀察所獲得的概念，而且還是本身模仿的對象。這種模仿傳到我們的感官，又透過感官傳到我們的頭腦。這種共相可以使非物質的靈魂去認識物質世界，去接近上帝以求實現一切。正是由於共相的存在，信仰宗教不再與理智相矛盾，繼奧坎（Guillaume d'Ockham）之後的唯名論者，否認共相的實在性，而共相只不過是命名而已，經院哲學的名字就是這麼來的。我們的概念變成心理的跡象，它指出某一事物的存在，但並未向我們提供這一事物的具體情況。在大學教育中，唯名論往往比唯實論占上風，巴黎尤其是這種情況。

人們對唯名論實驗科學與智力訓練的三段推理也有所認識，但是它卻完成了信仰與理智間的分離。宗教如果沒有神祕感，就很可能變成一種象徵的儀式。唯名論所產生的不足，亦需要其他方法來研究。對於信仰，則用神祕論來研究，該理論可向到此境界的學者提供可觸知的知識；而對於認識，則用人文主義來解釋。

第二節　文藝復興時期的義大利

文藝蓬勃發展

初期的人文主義包括一種新的人類觀，並產生一種新的空間觀念和形態觀念，以後的發展使得這觀念擴大爲一種新的世界觀。

初期剛形成的新柏拉圖學派的幻想僅存在於麥第奇家族的佛羅倫斯。在佛羅倫斯附近，慷慨者羅倫佐‧麥第奇（Laurent le Magnifique）集合了一個文人的「柏拉圖學園」。麥第奇家族不是佛羅倫斯文化和事業唯一的贊助者，其他的銀行家、市政府、市政議會、教堂和修道院也都爲眾多藝術家創造了條件，使得文藝復興時期的佛羅倫斯是一個各方面都開展研究的時代，如：羅倫佐‧瓦拉（Laurent Valla）開創了對古代作品的評論研究。藝術家們重新發現了藝術的前景，擺脫了中世紀如裸體或異教題材被視爲宗教敗壞的禁忌，人們也致力於好的藝術創作。早期的聖母百花大教堂（Sainte Marie des Fleurs）因雕塑家道納太羅（Donatello）以及眾多的畫家，如波提切利（Botticelli）和吉爾蘭達尤（Ghirlandajo）而享有盛譽。

佛羅倫斯「拍拉圖學園」的中心人物是馬西勒‧菲森（Marsile Ficin），他試圖完成一部新的概論，其目的是將柏拉圖異教思想的觀點納入基督教內，並使之更新。他認爲上帝創造了萬物，並使萬物作爲一個和諧的整體。這麼多的宗教思想，只有在上帝那裡，人類才能找到完美的幸福。透過對美的熱愛──上帝世界亦是一種美的反映，進入君權神授的柏拉圖世界，人類就可以遇到上帝。最後，人類能夠與上帝相似，因爲如果是神的旨意，它自己亦能進行創造，上帝說使工程師、藝術家和詩人受到神靈的啓示。

馬西勒‧菲森的新柏拉圖主義初時僅迷惑了少數文人。西元1494年在佛羅倫斯發生了一場由修士薩佛納羅拉（Savonarole）鼓動的驅逐麥第奇的革命，這場革命將全城人民捲進了譴責異教思想之中，貴族和富有者皆投入信仰苦行主義的運動中。雖然佛羅倫斯是薩佛納羅拉夢想的城市，然而當時的文人和藝術家則紛紛逃到羅馬。教皇亞歷山大六世（Alexandre VI Borgia，西元1492-1503年）、朱利安二世（Jules II，西元1503-1513年）以及里昂十世（Léon X Médicis，西元1513-1521年），他們自「地理大發現」以來，都希望把羅馬變成世界的大城市，他們掌握了巨大的財源，這些錢財來自於對托爾法（Tolfa）礦產的開採，也來自於發行公債以及對某些地區的基督教徒徵收的

貢金。

　　朱利安二世委託建築師布拉曼特（Bramante）重建聖彼得大教堂（Saint-Pierre）。布拉曼特設計了一個表示世界團結與和諧的建築。所在地面上裝飾物體都布置在祭臺周圍，祭臺置於聖彼得陵墓之上。所有正面部分都向十字架集中，這時期十字架置於用作照耀祭臺的穹頂之上，而米開朗基羅和布拉曼特設計的大教堂由於資金困難因此增加稅捐。投合主人意念及喜好的這種表現方式在繪畫作品中又重現出來，尤其再現於用來裝飾簽字廳間的壁畫中，其中心部分爲拉斐爾（Raphael）的作品——聖體的爭論（La Dispute du Saint-Sacrement）。

　　對於人的所有形態和力量的表現也是一樣，人物透過繪畫的表現亦表達出上帝創世的意境，且以樸實無華的風格來表現宗教主題，去掉枝微末節，將其昇華到偉大的境界。

　　文藝復興時期的義大利，代表了以古代文化爲典範的人文主義之勝利。傑出的代表人物有米開朗基羅、達文西、拉斐爾。實際上，在羅馬時代—義大利文藝復興的頂峰時期，在社會生活中，有一種新貴的人——朝臣，與之相適應。卡斯蒂利奧內（Baltazar Castiglione）對朝臣的特徵做了說明：朝臣是有自制力的人，其風雅是有分寸甚至是嚴肅的，一開始就給人留下了仁慈、謙恭、公正及受過教育的印象，其談吐實乃學究言行和粗俗舉動的榜樣，而聖母院也是這種情況，這種行爲方面的淨化目的是產生相互之間的愛，這種愛，實際上是尋找共同的美和接近上帝。

威尼斯成爲義大利的藝術中心

　　文藝復興時期的古羅馬文化對威尼斯的影響很大。威尼斯是人文學者和印刷業者聚集的城市，它也是一個注重精神生活的城市和利己主義所控制的商業國家。在帕都瓦（Padoue）大學，人們忠於亞里斯多德理論思想，伊斯蘭哲學家伊本‧魯世德（Ibn Rushd）不接受靈魂不滅的思想。人文主義者蓬波那齊（Pomponazzi，西元1462-1525年）在原始的精神範疇內從事教育，像唯理論者那樣自我推薦，拒絕新柏拉圖主義，人類不再盲目崇信聖像，否認靈魂不滅，破壞了基督教啓示的基礎。儘管遭到教會的譴責，蓬波那齊在十六世紀還是有很大的影響。

　　西元1527年羅馬遭劫掠後，反對新柏拉圖主義的威尼斯成爲義大利的藝術中心。當然，威尼斯的藝術家們如堤香（Titien）等人採納了羅馬人的空間概

念，透過藝術手法表現了城市的特色，此外他們與東方國家接觸，也吸收了東方的精華藝術內涵。

　　如果說羅馬與威尼斯的復興不一樣的話，那麼它們同樣都影響了義大利以外的許多文人和藝術家，另一方面，義大利的人文主義處於衰竭的狀態。柏拉圖學園增多了，思維在關於細節問題的討論中被削弱了。然而，尋求推理的簡潔明瞭與確切也往往掩蓋著思想觀點的貧乏。大約在西元1530年，義大利的人文主義完成了它的使命。然而在一個多世紀的時間裡，義大利贏得了雅典和羅馬在文學，尤其是藝術領域內曾經占有的位置。

第三節　英、法的人文主義

　　當義大利的人文主義擴展到西歐時，文藝復興已經在西歐悄然無息地開始了。在巴黎，皮耶・戴伊（Pierre d'Ailly）和傑松（Jean Gerson）對羅馬甚至古代希臘文化有很深的了解，最高雅的思想是由基督教的神祕主義和科學探討牽引出來的，他們不了解，也不大需要義大利的人文主義，但在義大利戰爭之前，透過前往羅馬朝聖、開展貿易以及外交活動的出現，外界與義大利的接觸增多了。從西元1470年起，費樹（Guillaume Fichet）肩負著米蘭的外交使命，成爲巴黎大學的圖書館館員，在那裡設立了印刷廠，出版了西塞羅（Cicéron）、薩呂斯特（Salluste）和羅倫・瓦拉（Laurent Valla）的著作。他在新柏拉圖學者的影響下，與唯名論決裂了。

　　義大利的人文主義由「大學」傳播開來。大學教員之間通過康斯坦斯（Constance）與其後的巴塞爾（Bale）的大公會議取得聯繫，他們經常互相來往。伊拉斯莫斯（Erasme）並不是唯一走遍西歐的文人。巴黎、里昂、格羅寧根（Groningue）、萊登（Leyde）、巴塞爾、威尼斯、帕都瓦（Padoue）和羅馬都算得上是世界最著名的人文主義中心。此外，還應該將埃納雷斯堡（Alcala de Hénarès，西元1508年創建的大學）和魯汶（Louvain，懂希伯來語、希臘語、法語三國語言的社團，創建於西元1517年）也補充進去，而倫敦、維也納、布拉格、克拉科夫（Gracovie）這些城市也在甦醒，由於對文學事業的大力資助，奧格斯堡和紐倫堡亦成爲文化的中心。

　　事實上，在大學裡以及一些商業城市，人文主義的團體不斷地在發展著，其成員已經不再僅是教士和大學教員，還有印刷廠主、藝術家如杜勒（Dürer）、貴族、醫生、行政人員，也有工商業者、王室官員如巴德（Guillaume Budé）和君主的顧問、宮廷詩人，這些人得到君主的扶助，如英國的亨利八世，還有納瓦爾的瑪格麗特（Marguerite de Navarre）和其兄法蘭西斯一世，後者在西元1530年創建了皇家學院，旨在提一個人文教育。因此他們往往設想一些虛幻的王國，如湯瑪斯・摩爾（Thomas More）的烏托邦世界（西元1516年），他們追求永恆和平與幸福。從另一方面而言，這是批評政治制度和社會習俗的一種方式。

人文主義的多樣性

除這些共同的特徵外，人們還會注意到地區的多樣性，首先，西歐人尤其是北歐人，在形式和風格方面，很少受到義大利人客觀宗教的影響。伊拉斯莫斯嚴肅地指出人們使用西塞羅時的拉丁語在表達基督教義明顯的不足，且嘲笑義大利人對「蠻族」的優越感。此外，原始譯本的增多，它們往往與原文差得很遠，以及文學巨著的出版，都為民族語言的更新並透過這種方式為民族主義的覺醒做出了貢獻。到處都在發展著對古代民族英雄的崇拜。德國人頌揚阿米尼烏斯（Arminius）、法國人講述赫克特（Hector）的兒子弗朗西翁（Francion）。這樣就能談起法國、德國、英國、西班牙以及荷蘭的人文主義。這種趨勢尤其在西元1520-1530年這十年間表現出來。

在法國，繼費樹和他的門徒加居安（Robert Gaguin）之後，對希臘的研究擴展到一般大眾平民，使用的是阿雷安德（Jerome Aleadre）的課本。這是由於巴德持續不懈地活動的結果。他曾經在西元1508年發表了一本論著《德阿斯》（De Asse）。

在荷蘭，在兄弟會修士那裡，亦存在著智慧生活之家，儘管主要傾向於精神生活，仍然是受佩脫拉克（Pétrarque）和羅倫·瓦拉的影響往往比受馬西勒·菲森（Marsile Ficin）的影響要多。他們不接受經院哲學，他們是受到羅馬教廷拯救與批判思想觀點的影響。這種思想觀點是由威克里夫（Wyclif）和胡斯（Jean Huss）表達出來的，而尼德蘭的人文主義就是最好的產物。

在德國，人文主義首先具有多樣性的特點。這種多樣性來自其發源地，大學如科隆和愛爾富特（Erfurt）、修道院，商業城市如奧格斯堡和紐倫堡的多樣性。在這些城市裡，人文主義者受到資本家如菲熱（Fugger）的保護，一些人如皮爾克赫斯（Pirckheimer）和珀旦傑（Peutinger），既是工商業者又是學者，他們使人文主義者充滿活力，不但在商業方面與義大利取得聯繫，而且他們本身就是義大利人文主義和古代文化的狂熱崇拜者，在斯圖加特（Stuttgart），勒什蘭（Jean Reuchlin）改革了希伯來語的學習。與荷蘭的情形相反，羅倫·瓦拉的影響在這地區還比較盛行，而那裡的修道院在如愛爾富特等地的生活仍不太好。某些德國人文主義者如烏爾里希·胡勝（Ulrich de Hutten）則大膽地走到了正統觀念的邊緣。

人文主義傳入英國比較晚，它所以傳入英國，是由於居住在義大利的文人起了作用，例如柯萊（John Colet）從西元1496年起，將羅倫·瓦拉的方法應用到聖保羅（Saint Paul）的書信中。但是英國人文主義最好的範例是由湯瑪

斯‧摩爾所提供的，他出身倫敦富有的家庭並活躍於宮廷，後來成爲掌璽大臣，其一生都致力於教會的團結。

西班牙人文主義集中於幾個中心地區，其中包括埃納雷斯堡（Alcala de Hénarès）的新大學，它是由樞機主教西斯內羅（Jimenez de Cisneros）在西元1508年建立的，西元1514-1522年就是在那裡用多種語言翻譯《聖經》。

人文主義與教會的分裂

人文主義的分裂思想也促成其危機。而人文主義危機的重要原因之一是因爲它面對教會政體所產生的一系列問題，由於主教會議的危機，教會很難復興，於是在十五世紀末葉，旨在拯救教會的宗教運動的思想傳播開來。爲了捍衛和傳播眞正的宗教信仰，教會把祈禱和教會工作作爲首要的項目。人文主義者又將精神修養的內容補充進去。這就是米勒‧克里斯提（Miles Christi）改革的新理想，他研究有關埃塔普勒（Lefèbvre d'Étaples）和伊拉斯莫斯的思想。

埃塔普勒（西元1450-1536年）是一個關心國內宗教的人。他到過佛羅倫斯、羅馬和威尼斯，但他沒有就古代文化和自身進行過研究，他探索柏拉圖（Platon）、亞里斯多德和基督教之間的深奧聯繫。他大概是被法蘭德斯地區的神祕主義者如呂斯勃羅克（Ruysbroek）所推崇，並於西元1512年出版了《宗教的婚禮》。他認識到眞正的知識是超過理性的觀念，並處於令人心醉神迷的境地。

伊拉斯莫斯（西元1469-1536年），以其學問、遊記和書信，在歐洲所產生的影響可與伏爾泰（Voltaire）相比擬。伊拉斯莫斯從青少年的時候起，就對修道生活和表面上的宗教虔誠很反感。他先在荷蘭學習，而後又在巴黎學習（西元1495-1500年），在這之後，他脫離了經院哲學和神祕主義，轉向古典的人文思想。在倫敦與約翰‧柯萊的接觸，對他起了決定性的作用。後來回到荷蘭，他又遇到了維特里耶（Jean Vitrier），透過維特里那了解了一部分威克里夫和胡斯的教誨和思想。後來他出版了非宗教的著作《格言和西塞羅的辦公室》（De Officiis）。之後，於西元1505年他再次出版了羅倫‧瓦拉對新約的評注，而後在西元1516年又出版了新約評論。在隨後問世的論文和引論中，他確立了以語文和歷史爲依據的批判性的注釋原則。當與教義發生矛盾時，他的文章往往被認爲是有道理的，他起草了一部基督哲學，內容包括一些倫理、玄學以及宗教方面的知識，這些知識主題可以從《聖經》中找到。從西元1505年

到1520年，他遍遊歐洲，並且受到了歐洲各國君主的接見，於西元1511年寫了《愚人頌》，這是一部對社會弊病的諷刺作品，觸及到廣大的民眾。西元1522年他又寫了《討論文集》，但是，在這個時期，馬丁‧路德已經中斷了與羅馬的關係，人文主義者被捲入使教會分裂的危機中。

第四節　智力思辨與科學

　　經院哲學對「認識」方面的問題不能做出令人滿意的回答。科學能做到嗎？在十五世紀，科學只是經院哲學的附屬品，這就是爲什麼人們直接提出在很長的一段時間科學超越了人類思維的可能性。玄學和物質的探索是聯繫在一起的。然而，許多知識界人士都有好奇心和觀察精神，許多自修的人如達文西，以及許多藝匠如法國的伯納・帕利斯（Bernard Palissy）也是如此。學者們對認識世界和認識人類的所有領域都感興趣。

　　尼古拉・庫斯（Nicolas de Cues，西元1421-1464年）作爲哲學家和神學家，比作爲科學家更知名，他認爲人們對自然界的認識亦受萬物有靈論觀念的束縛，這種觀念甚至適用於礦物界。在礦物界也有一些見解找不到出路，直至二十世紀，例如：元素的等級、金屬的蛻變和可塑性。然而儘管人們被各式各樣的思辨纏住，自然科學還是累積了一些觀察現象，偶而還有一些實用的方法，其中有些方法很實際。因而，瑞士醫生帕拉塞勒斯（Paracelse）首先利用化學物質作爲藥劑。

　　人類精神領域是有限和相對的，並且超過界限或通過智力，而其直覺和漸進的比較推理，則幾乎都沒有什麼發展，尼古拉・庫斯的論著《有知識的無知》（西元1440年），便由此而來，該書論述了人類對上帝的理解。據此，他得到一系列無限大量與無限小量。宇宙是無限的，他使天文學擺脫了舊框架的束縛。尼古拉・庫斯還認爲，宇宙是單獨一個，所有的物質都可以進行比較。因此，在任何探索中，他都鼓吹利用測量比較。

　　儘管幾乎沒有提到十五世紀的精確科學，但是巴黎的知識分子在計算技術方面，以及德國人費爾巴赫（Feuerbach）和繆勒（Johannes Müller），又名雷吉奧蒙塔厄（Regiomontanus），在三角學方面都取得了重大的進展，繆勒是第一個改正天文觀測中光線通過大氣的折射差，也是第一個在天文學上使用機制鐘的人。代數學則處於有形狀態，十六世紀初，塔塔格利亞（Tartaglia）和卡登（Cardan）在義大利對代數學做了發展，隨後在十六世紀末，史帝文（Stevin）在荷蘭又取得進展。然而最大的變革是波蘭人哥白尼（Copernic，西元1473-1543年）在天文學方面的成就，人們把這稱爲「哥白尼西元1494革命」，其主旨是將太陽置於行星系的中心。這場革命是大膽的，因爲它觸犯了《聖經》；但這場革命卻是不夠徹底的，因爲哥白尼後來放棄了尼古拉・庫斯

發表的宇宙無限的思想。事實上，哥白尼天文學研究就像普通的智力思辨那樣，在一定的時間內都可以表現出來。

至於物理學，它存在於闡述眾多現象的實體中。人們於是對運動有了了解，尼古拉、庫斯和達文西實現了所謂精神的實質涵義。現在人們對於達文西時期科學家多樣性的知識教育予以肯定。

生物學強調相信在人的器官和外部世界尤其是天體之間，具有相關性。對體液、血、尿、唾液……的分析已經展開，不僅實施隔離病人，而且還將傷口與外界隔離起來。人文主義有助於對人體的認識。醫生開始實施人體解剖，儘管這樣做可能會被開除教籍，但他們還是進行。藝術家們懷著對真理的熱愛，仿造出骨骼和肌肉系統，生理學則追蹤解剖學的發展。人們創立了血液循環理論，但不正確。治療傷口的進步應歸功於法國外科醫生昂布魯瓦茲‧帕雷（Ambroise Paré），他發明了止血帶以便阻止出血。最後，一些學者如比利時解剖學家韋薩勒（Vésale），毫不猶豫地擺脫了古羅馬的醫學家蓋倫（Galien）的權威。

人文主義幫助了科學，但它沒有給科學帶來足夠的知識；相反，科學不能根據人文主義來行動，也不能對人文主義提供新的精神食糧。科學震撼了古人的權威，其中包括亞里斯多德和蓋倫的理論；科學創立了一個巨大的空間，為十六世紀後半葉人文主義的危機做出了貢獻。

文藝復興的文學與藝術特徵

在整個西歐，文學和藝術代表著一個最重要的階段，一種對人類和宇宙的新看法在義大利產生。義大利始終是新生事物能夠找到更完整表現力的地區。

除啟蒙者之外，在西元1530年以前，義大利還有眾多的作家，其中最著名的是阿里奧斯特（Arioste，西元1474-1533年）。他在《瘋狂的羅蘭》這篇作品中，將騎士小說與文藝復興思想結合在一起。故事以查理曼大帝與撒拉遜人之間的戰爭為背景，講述羅蘭對安傑麗嘉（Angélique）的愛情。義大利還有許多畫家，其中科雷吉歐（Corrège，西元1494-1534年）用構圖、形式和色調來表現淺薄的、淫逸的異教文化，並且創作了一些十六世紀最蓬勃有力和奢華的畫作。他的畫風醞釀了巴洛克藝術，而其優美的風格又影響了十八世紀的法國。相反地，馬基亞維利（Machiavel，西元1469-1523年）以其作品《君王論》（西元1513年）而著名，他把政治說成是實際的、寫實主義的，擺出一副離群索居的姿態。

　　羅馬遭洗劫之後（西元1527年），作家和藝術家們也分散了。於是拉斐爾的學生羅馬諾（Jules Romam，西元1499-1546年）去了曼圖亞（Mantoue），羅馬諾的作品逐漸偏離了文藝復興的古典主義，這使他成為風格主義發展的關鍵人物，但他的創造才華也漸枯竭了。人們從古典時期的成就中吸取了教訓。塞利奧（Serlio）寫了一部建築方面的論著，他常年供職於義大利高層，設計及建造了義大利多座教堂與宮殿，風靡一時。瓦薩里（Vasari）寫了一篇藝術家的歷史，作為十六世紀初期的代表作，此可與古典文化的代表作相提並論。現在人們認為，藝術在於才幹、在於風格，而從中產生的矯揉造作的修飾，也影響了這一代的義大利藝術家。矯飾主義亦征服了二流藝術，尤其體現在切里尼（Benvenuto Cellini，西元1500-1571年）金銀製品繪圖上。

　　在威尼斯，始終與義大利其他地方略有不同。由於堤香（Titien，西元西元1482-1576年）和建構聖馬可廣場模型的建築師桑索維諾（Sansovino，西元1496-1570年）的努力，而使義大利藝術選擇了新的方向。威尼斯人帕拉迪歐（Palladio，西元1508-1580年）的義務是確定模仿古人並經過消化吸收的建築形式。他被認為是西方建築史上最有影響力的人，出版過論文《建築四書》（西元1570年），透過這本書，他的設計模型對歐洲的建築風格造成了很深遠的影響，源自他的風格的模仿持續了三個世紀。繪畫方面亦產生一些傑作，這些作品的問世是因為受到威尼斯強盛和環境的影響，丁托列托（Tintoret，西元1512-1594年）以其哀婉動人的表現力著稱，委羅內塞（Veronese，西元1528-1588年）則用圖像表現了城市節日的豪華和裝飾。

　　義大利也是一個音樂發展的啟蒙之地。在義大利，十六世紀初，法國人若斯坎‧德普雷（Josquin des Prés）將北部地區的音樂敏感性與義大利人的藝術結合在一起，產生出音樂作品，曾風靡一時，並創立了學派。若斯坎能夠完美地將自己的創新靈感注入作品中，他的彌撒曲儘管形式傳統，但是其音樂構思卻富有藝術新意，為之後作曲家的創作開闢了道路。在矯飾主義時期，產生了牧歌，這是一種脫離了傳統複調性音樂的自發的作品。帕萊斯特里納（Palestrina）為宗教音樂的革新者，是十六世紀羅馬樂派的代表音樂家。由於帕萊斯特里納在教會音樂中有很深的造詣，因此被人稱為「教會音樂之父」，於西元1555年出版了一本冊子。

　　在西歐其他國家，以義大利為例，火焰哥德式的建築表現出強大生命力，這就是宗教藝術。人們目擊了宗教藝術的充分發展。那個時期是安享的年代，此也便於完成主教座堂或建築新的教堂。這種藝術產生出一些獨特的作品，它們將矯飾靈性（Spiritualité）的表現力與日常生活中最富有感情的方面融合在

一起。中世紀末期高貴的藝術主題如葬入墓中、死神舞、釘耶穌基督於十字架上等藝術創作並沒有枯竭。一切和十五世紀一樣，十六世紀將死亡、煩擾與生氣勃勃的愛結合在一起，到西元1530年時，除義大利外，古典羅馬的藝術幾乎沒有受到任何注意。

此外，一般特徵在藝術靈感中的表現會根據地區甚至民族的感受性，以不同的方式呈現出來。簡言之，對於藝術的流派和早期有爭議作品的原始標籤，總是由族裔或地理定位來完成它的完整性。十六世紀哥德式建築以豐富的裝飾影響歐洲各地區的建築風格，但各國仍保留其傳統建築形式。法國北方的火焰式風格、英國的垂直式風格（Style Perpendiculaire）、西班牙的伊莎貝爾式風格（Isabellin）和葡萄牙的曼紐爾式風格（Manuelin），其中西班牙的伊莎貝爾式和葡萄牙的曼紐爾式建築，吸收了外來的摩爾式，甚至非洲與印度式的影響。

義大利文學藝術的影響首先擴散到法國的法蘭西斯一世、英國的亨利八世、奧地利的瑪格麗特（Marguerite）以及荷蘭的攝政女王當政時期，也流傳到德國南部的人文主義實業家那裡。他們首先採納了能使火焰式建築變化的裝飾圖案以及單元式建築，諸如：樓梯、露天走廊、平臺等，並力求使光線進入房間，但是修補、整理以及擴建工程比完成的新建築要多。西元1530年之後，西方的文學和藝術才擺脫了中世紀的傳統，以便廣泛吸收義大利藝術風格，在這個時期，矯飾主義使義大利藝術風格的傳播更加容易了。

文藝復興迅速推進到西班牙，儘管在一段時間內這裡也有法蘭德斯的影響，義大利的裝飾概念在西班牙成為了富麗裝飾藝術。雕刻家貝呂蓋特（Berruguete，西元1480-1561年）曾在義大利學習過，他創立了學派，成為一位風格主義大師，這尤其表現在他繪飾的祭壇作品中，這些作品以帶有濃重鍍金裝飾的淺浮雕像為特色。建築師佩德羅·馬丘卡（Pedro Machuca），主要因設計西班牙格拉納達阿爾卡薩（Alcala）附近的查理五世宮（始於西元1528年）而知名。這一建築的重要性在於它可能代表著西班牙的第一座經典的文藝復興式建築，在文化意義上它代表了西班牙的基督徒征服者挑戰摩爾式建築對這一地區（格拉納達省）支配權的竭力主張。另一方面，摩爾人在格拉納達修建的阿罕布拉宮（Alhambra）對義大利的模仿則相當地全面。

儘管有義大利戰爭的影響，法國還是與義大利頻繁地接觸，等到十六世紀中葉，在新城堡的建築中，建築師們放棄了封建式城堡的規則。如香波爾城堡（Château de Chambord），其所保留的圓塔，融合了法國中古時代的形式與古典義大利式的文藝復興建築，而法國國王法蘭西斯一世曾請來達文西設計香波

爾城堡雙螺旋梯。西元1519年，達文西在法國去世，但未創立學派。義大利畫家普列馬提喬（Primatice，西元1504-1570年）於西元1532年應法蘭西斯一世的邀請，前往法國為法國王室服務。他在西元1540年從義大利帶回來一些藝術複製品和造型，成為楓丹白露（Fontainebleau）學派的創始人之一。法國文藝復興主要在羅亞爾河畔誕生而且得到了王室的支持，如巴黎地區的建築師皮埃爾‧萊斯科（Pierre Lescot，西元1510-1578年）、法國亞眠的建築師瓊比龍（Jean Bullant，西元1515-1578年）和菲利貝爾‧德洛姆（Philibert Delorme，西元1512-1570年）。法國諾曼第雕刻家古戎（Jean Goujon）涉入了有關神話的主題，並使喪葬雕刻具有現代風格。畫家克盧埃（Francois Clouet）的畫像排除了軼事，著重風俗場景畫與肖像畫。文藝復興傳播到里昂以外的省分，二流的藝術則發展較遲緩，但由於自發性以及古典主義和義大利藝術風格的同化作用，因此也產生出一些饒有趣味的作品。

以民間文學和複調音樂〔克萊蒙‧雅內坎（Clément Janequin）的別出心裁創作使其成名〕為依據，詩歌的發展比藝術慢。法國詩人克萊門特‧馬羅（Clément Marot，西元1499-1544年）是中世紀末葉最後一個大韻律家，選取了有關神話的主題，主要來自對佩脫拉克作品的迷戀。其影響已經擴大到里昂，在那裡，人文主義者莫理斯‧塞弗（Maurice Sceve）組成了藝文社團。七星詩社團成員包括貝萊（Bellay）、龍薩（Ronsard）等詩人，他們把義大利的影響和對鄉土的依戀結合起來。他們模仿古人和佩脫拉克，但意在為民族語言服務。可以這麼說，捍衛法語並使其增光是他們追求的目的。

在歐洲經濟發展中，法蘭德斯地區是有別於義大利的另一個具有吸引力的地方，它保留了其獨特之處。建築物甚至於一般老百姓，都長期忠於哥德式。畫家也是如此，其中有幻想主義畫家博斯（Jerome Bosch，西元1450-1516年）及康坦‧馬賽斯（Quentin Metsys，西元1465-1530年），前者的圖畫複雜，有高度的原創性、想像力，並大量使用各式的象徵與符號，其中有些甚至在他的時代中也非常晦澀難解；後者的作品則富含想像力。馬布斯（Mabuse，西元1478-1533年）則深受義大利藝術和古代雕塑的影響。老布魯格爾（Bruegel，西元1525-1569年）懂得吸收義大利的技術，但出於他對生活的敏感，因此畫作多描寫居住鄉間的鄉民生活，保留了法蘭德斯人的特點。

十六世紀初期的德語地區始終專注於哥德式。對生命和死亡的意識，既現實又令人不安地喚起了雕刻家維特‧斯特斯（Veit Stoss）和畫家格呂內瓦爾德（Mathias Grunewald）的感情。但是奧格斯堡和紐倫堡（Nuremberg）的人文主義者與義大利之間的聯繫又促進了對義大利的影響。然而，畫家們如老

盧卡斯・克拉納赫（Lucas Cranach，西元1472-1553年），仍然停留在傳統的風格上，即使在他們涉及神話主題的時候也是如此。最有才華的藝術家無可爭辯地當屬丟勒（Albrecht Dürer，西元1471-1528年），他使全新的雕刻技術達到高峰。他翻譯西方人文主義的作品《感傷》以及米勒・克里斯提（Miles Christi）的作品《騎士、死神與魔鬼》，而他譯得比任何人都好。在文學方面，存在小的社團或某些文學課程，資產階級則長期局限於古典主義和義大利的影響，在生活中也保持了鬧劇和古老的詩歌形式。德國詩人漢斯・薩赫斯（Hans Sachs，西元1496-1576年）是最後一個歌唱大師，而路德（Luther）為民族文學開闢了廣闊的天地，他透過將《聖經》翻譯成德語並以聖歌的形式，傳播了德國文學知識。

在英國，隨著漢普敦宮（Hampton Court）的修建，以及德國畫家霍爾拜因（Holbein），他為亨利八世和他的朝臣們繪製了許多肖像，並以肖像畫著名，文藝復興時期的藝術亦緩緩地滲透進來。文藝復興是一種近代歐洲的現象，它觸及到波蘭，並將其影響一直延伸到莫斯科，那裡也有義大利人在工作。

然而，隨著地區的不同，文藝復興的快慢與深淺也各異。它處處遇到地方傳統的挑戰。毫無疑問，文藝復興是歐洲文化統一的原動力，它為此提供了共同的表達主題和方式，透過犧牲地區方言文化重新成為統一語言與文化，從而也為確認民族的獨創性做出了貢獻。

第十六章

宗教改革運動

第一節　宗教改革運動原因

宗教改革運動的起因

　　宗教改革的概念早於文藝復興。中世紀教會的歷史同時也就是由羅馬教皇、主教會議以及修會創立者發起的一連串改革的歷史。他們透過清除存在於教士之間的流弊，力圖使歷史恢復到最初的純潔狀態，少數人勇於脫離教會內部以便追求這個理想，致使羅馬教會內部終於出現了分裂。當威克里夫（Wyclif）和胡斯（Huss）的活動局限在他們所在的國家時，馬丁·路德的反抗運動則在西歐推廣開來。然而，宗教改革運動只涉及到西方的基督教國家。

　　宗教改革運動的發展及其局限性，既有社會原因，也有宗教原因。如今，人們不再援引教會的流弊作爲宗教改革運動的唯一原因，更不能只看到求靈魂得救，這兩個原因都不是新東西。值得注意的是，十六世紀的人類把涉及到生存條件，不論是政治的、物質的，還是精神的一切問題，都帶回到宗教中來。然而西歐也在變，黑死病、饑荒以及戰爭、經濟和社會的變革、民族的組成，都無法不對宗教產生影響。十六世紀由於人們對精神上的需求增加，使得一些惡習比過去更令人難以容忍，更何況經濟和交通快速的進步，這些都擴大了對社會的影響。正是這種複雜的整體原因，致使宗教改革形成天主教教會首次無法抵制的運動。

　　可分爲宗教的、道德的及社會的原因，這些原因之間緊密聯繫、相互交錯。

　　不論是天主教徒還是基督新教徒，都在一定的範圍內，把宗教改革看作是中世紀末葉宗教不安於現狀的結果。然而，爲了響應法國國王路易十二和神聖羅馬帝國皇帝馬克西米利安（Maximilien）在比薩召集宗教評議會的意圖，羅馬教皇朱利安二世同意在拉特蘭（Latran）召集大公會議，此次會議未能替教會危機（西元1512-1517年）帶來任何補救措施。當然，已經進行過一些重大的改革，如西斯內羅（Cisneros）的改革，但是在大多數西方基督教國家中仍然存在著惡習。眾多的意圖之中都有改革的思想，但在行動上沒有充分體現出來。

　　十六世紀初期，宗教信仰既活躍又令人不安，罪孽和死亡是充滿激情的講道者如薩弗納若拉（Savonarole）、作家和藝術家的主題。人們求教於克律西菲那（Crucifié），也求教於聖母瑪利亞（玫瑰經、三鐘經）、去洛雷特

（Lorette）朝聖。相反地，人們從領聖體，令人快慰的教條中，獲得最後的結果，領聖體可以使基督徒享受由當選者所帶給的功德，這是共有的珍寶，從人們憧憬著通過領聖體的真誠和參加教會的工作而獲得寬恕。表現出來的某種樂觀大概說明了歐洲人的活力。哥倫布說過：「金子是珍寶，擁有它的人也就有了世界上所需要的一切」，他似乎也有辦法拯救煉獄中的靈魂並將之召回天堂。但是由於人們在一些作品的影響下過分利用了這種自信，因而表現出寬恕的不可靠性，其中上帝是唯一的審判官，產生了十四世紀末葉的震怒之日的喪葬歌曲（天主教在追思彌撒時頌唱）中表現人類的焦慮不安，而歌曲中的人則孤伶伶地立於審判官之前。

　　由於私人修行的影響而使宗教具有個性，宗教變得更加內化。神學和靈修生活是在同一個方向上發展起來的。在共同生活的修士寫成之後，寫出了《模仿耶穌基督》一書是繼《聖經》之後，在印刷業初期出版最多的一本書。呂斯布拉克（Ruysbroek）在法蘭德斯和巴黎傳播了神祕論。不論在平民還是在知識界，也不論其出身如何，神祕論都促使傑出的靈魂接受了殉教精神，即使教會也寧可收回前言。

　　在宗教改革開始之時，教會曾經全力抗拒未被平息的異端，從中人們發現了好幾種思想，這些言論構成了新的主要內容。羅馬以「放蕩不羈的異端」這種字眼，逼使胡斯的信徒受挫，而且也使威克里夫（羅拉德派，Lollards）的門徒處於困境。伏多瓦派（Vaudois）教徒宣稱《聖經》是真理的唯一泉源，拒絕羅馬以及傳統的權威、拒絕除了洗禮和領聖禮之外的聖事、拒絕煉獄和聖徒禮拜，力求實行博愛和清貧，胡斯改革運動贏得了捷克民眾的支持且也抵制日耳曼化。胡斯也宣稱《聖經》是真理的唯一泉源，但他承認羅馬的權威，希望將其引到他的觀點上來。此外，他還容許每個人可以自由地解釋《聖經》。羅馬通過對兩種形式的讓步，從而使胡斯的宗教改革運動放出光彩。在波希米亞（Bohéme）和伏多瓦派的核心之外，此時對《聖經》教義更爲虔敬。而精簡的宗教儀式已在英國（羅拉德派在那裡遭到追捕）和中歐擴散開來。

　　所有這些改革運動傾向於拋棄天主教的傳統，使《聖經》成爲唯一的信仰基礎。印刷術的發明有助於恢復《聖經》的發行。使它得以在非宗教界傳播，通俗語言的《聖經》譯本增多了。馬丁路德的德文譯本是第十七本通俗語言的聖經譯本。

　　然而，醉心於宗教內在精神的人文主義者，由於受埃塔普勒（Etaples）表達信仰的影響，於是逐步趨向於相信靈魂得救。與此同時，人文主義者在《聖經》中運用羅倫·瓦拉的批評方法，提高了對《聖經》的興趣。人類相當自信

地認為可以自由解釋《聖經》，並非只有教會唯一的解釋。然而人文主義者仍服從於教會，他們希望教會能夠不斷地改造自己，大部分人文主義者拒絕與基督新教徒結合。

尼德蘭人文主義者深深地影響著這一世代。尼德蘭人文主義不是一種學說，而是一種使宗教簡單化的趨勢，它以《聖經》為依據，使信仰與理智相一致，對人文主義者而言這是可能的。尼德蘭人文主義者的知識魅力、舉止談吐的穩重以及寬容的精神，使得他們不但能接近羅馬教皇，而且也能接近世俗的國王和一些政客、知識分子等。此外，由於尼德蘭人文主義的傳播，使之又影響到城市自由民身上。但是，尼德蘭人文主義不能使靈魂始終感到滿足，這是因為對信條的冷淡而有可能使宗教脫離人的肉體，而且它幾乎也沒有什麼影響力。

道德方面的原因

西元1520年以前，尼德蘭人文主義者和馬丁‧路德相比，更強調教士所表現出來的弊端。這些弊端使教會處於抵抗力軟弱的狀態，一旦教會中止人文主義的言論傳播，它反而向對手提供了論戰的依據。可以確定的是，在十六世紀初期，如果宗教在日常生活中無處不在的話，教外人士就會自然而然地介入世俗宗教的聖事，甚至彌撒。神職人員的流弊是實際存在的，亞歷山大六世博爾吉亞（Borgia）特別關心其子女，而朱利安二世則關心義大利政治，里昂十世關心的是建築。很多主教收買教士會議的選票，他們身兼數項有俸的聖職，且很少去做彌撒。一些教士與人姘居，出賣聖事，過著和堂區教民一樣的生活，另一些修士在流浪。神職人員亦喪失他的尊嚴，強烈反對流弊的講道越是不可缺少。與人文主義者處於對立面的薩弗納若拉，在佛羅倫斯規定了基督教的等級，指出喀爾文派教徒應在日內瓦授以神職。自從教會大分裂以來，改革的思想已經在教會的高級教士中傳播開來。

羅馬教廷尤其陷於癱瘓。教會分裂後重建教皇國越加的困難，羅馬教皇對藝術事業的資助也由於他們的政治作用，使得他們成為義大利的教會之長。但在民族感情發展時，則減少他們對教會的權力，從而促使新教徒肯定民族教會的自治。在西元1516年波隆那（Bologne）和解協議之後，法國教會交由法國國王支配，羅馬教皇才結束了與法國教會之間的敵對行為。西班牙的宗教裁判所掌握在國王手裡。維持教皇的稅收制度（教皇的稅制在德國和英國尤其苛刻），使得羅馬樹立了很多仇敵。最後，羅馬教皇擔心召集大公會議，然而大

公會議看來極度依靠所有希望深入改革的人。

經濟、社會和政治方面的原因

　　經濟、社會以及政治因素，可以用來解釋基督新教徒所採取的立場，因此也可以用來解釋統一的破裂。讓我們回想一下，任何不滿都是以宗教的形式表現出來的。從十五世紀中葉，貨幣的作用越來越大，同時也帶來極大的公憤，道明會（Dominicains）的講道者詛咒高利貸者註定要下地獄。而經濟上的變化所觸及到的人——小貴族階級、有商業資本主義意識的手工業者、部分地區的農民，都帶著感情色彩在傾聽講道。從十四世紀社會動亂的時候起，人們對苦難的反抗，往往表現爲對天堂的征服。商業資本主義的初期，在快速發展的城市和鄉村之間，保持著對立的狀態。人文主義者終於留給宮廷貴婦一席之地，她們中的某些人如瑪格麗特‧昂古洛姆（Marguerite d'Angouléme）在伊拉斯莫斯運動中起著一定的作用，有時她們表現出帶偏見的思想。

　　宗教改革的經濟、社會及政治原因在德國可能比在其他地方更有說服力，在南方城市，可以遇到一些來自忠於教會的人文主義實業家。如同法國的情況一樣，一些變得窮困的騎士、農民和手工業者，並沒有從中得到好處，反而從實業家們所起的作用中受到損害。在缺乏強有力的國家君主政體（它能維護新教徒抵禦教皇稅制的貪婪）的情況下，教會公國（它具有和教皇國同樣的缺陷）的地位加強了。非宗教的俗世國王渴望減少教皇的作用，嚮往在他們的領地內作爲教會世俗首領而取代教皇。這種政治結構說明了這樣的事實，即有關寬容的講道在德國比在其他地方更具有引誘人犯罪的特點，從而引起斷然的反響。

第二節　馬丁‧路德與脫離教派的宗教改革

　　西元1517年10月31日，馬丁‧路德（Martin Luther）讓人在威丁堡（Wittenberg）張貼了九十五條論綱，譴責虛假的安全感，此時正值羅馬教皇和布蘭登堡（Brandebourg）的阿爾貝（Albert）委託多明尼克修會在講道時銷售贖罪券。儘管這種醜聞已被揭露出來，馬丁‧路德的創舉還是獲得了出人意料的發展。

馬丁‧路德改革

　　馬丁‧路德（西元1483-1546年），其父是由富裕的農民發跡而成為礦場的主人。他先在鄉鎮學校就讀，然後成為具有反教權人文主義傾向者，此時他是愛爾富特（Erfunt）大學的學生。然而，被原罪論所糾纏的他並沒有接受人文主義思想。為了拯救自身，他當過修士、教士、神學家、威丁堡（Wittenber）大學的教授。但是他一心致力於這些工作並沒有消除他拯救自身的疑慮。他研修神學，並研讀聖奧古斯丁、勒費弗爾（Lefebvre）學說，特別是從《聖經》的研究中找到了其恐懼的原因。

　　馬丁‧路德相信一種觀點，被原罪所敗壞的人只有耶穌的救恩可以拯救他們。上帝拯救那些相信耶穌許下聖寵諾言的人。因此，工作對拯救是毫無意義的，人的自由不受法律阻礙。馬丁‧路德求助於教皇，他也實際投入參與這樣的行動，這亦是勒費弗爾和伊拉斯莫斯所缺少的激情。但他內心的悲劇與眾人相同，而九十五條論綱使他很快取得成功。

　　在與羅馬決裂之後，三年過去了，這期間馬丁‧路德確定了他的思想。人文主義者取得地位，大部分人支持他，有一些人甚至表現得更為大膽。然而羅馬教廷一直到西元1519年還在猶豫著，而伊拉斯莫斯、即位的神聖羅馬帝國新皇帝查理五世及許多德國親王，包括哲人腓特烈都盡力避免教會分立。

　　這一階段的突發事件即稱為「萊比錫辯論」（西元1519年7月），到了西元1520年也出版了馬丁‧路德的主要著作。在羅馬教廷，改革者稱「上帝的王國就在我們當中」。透過「呼籲德意志民族的神聖基督徒」，改革者號召親王、貴族、大法官們與羅馬專制進行鬥爭，改革基督教徒生活及把重點放在普

通神職上。在巴比倫之囚禁中，他反對把聖事作爲拯救的方法，和藉此統治人們靈魂的羅馬等級制；他只承認三種聖事：洗禮、上帝給予的聖寵、聖餐式、神聖諾言及懺悔。在他的論著《論耶穌的自由》中，他闡述人們宗教信仰的靈魂是自由的。上帝獻出拯救的恩寵，喚起眞正的基督徒對上帝的愛。基督從不屈從於任何人，但接受人類的道德行爲。許多人文主義者希望把馬丁・路德留在教會裡來發動一場醞釀已久的改革。

　　然而，人們在路德的言談筆觸中發現一些很實際的結論。他提出成立一個國家自治的教會，廢除托缽修會和教士的獨身制度，主張兩種聖體，反對奢華和重利措施，儘管他反抗羅馬教廷和金錢，他仍贊成社會的等級甚至教會等級制度。路德綱領吸引了部分的貴族，促使路德與羅馬分裂。

　　君王們的態度是正面的，帝國選舉使教皇里昂十世解脫出來，由於有西班牙的支持，新皇帝表現出要在德國加強其統治的願望。因此，路德提出的宗教獨立對君王們來說，是他們獨立於皇帝和教皇的理論補充。

　　就是在這種情況下，西元1520年聖誕節，路德焚燒了審判他的教皇諭旨，並被逐出教會。他持安全通行證到沃爾姆（Worms）教會會議，他拒絕收回前言（西元1521年4月），脫離教會，爲教皇所鄙視，但被薩克森選帝侯所救，並允許他藏身於瓦爾特堡（Wartburg）。

奧格斯堡的懺悔

　　路德在瓦爾特堡忙於翻譯《聖經》、撰寫聖歌。當他從那裡出來時，羅馬教會的改革運動正在蓬勃發展。

　　在教會方面，路德遭到伊拉斯莫斯的反對，伊拉斯莫斯應英王亨利八世的要求，於西元1524年寫了《論自由意志》，認爲如果原罪腐蝕了人類的意志和靈魂，但也並沒有使我們頹喪，人類要相信聖寵的幫助。路德西元1525年寫下《農奴主人的裁判》（Le Serf Arbitre），闡述靈魂歸宿預定論，並且言辭激烈地進行了回敬。

　　其他改革者的思想比路德更爲激進，認爲啓示並非由《聖經》而來，而是心靈啓迪獲得的。卡爾斯塔德（Laristadt）取消了彌撒和聖像，米恩澤（Munzer）的思想更加激進和引人注目，他鼓吹軍事行動，讓眞正的基督徒爲上帝而受苦。他的行動亦爲社會的福音之路服務，這些激昂的布道也引起了暴動。

　　西元1523年，在弗蘭茲德（Franz）的號召下，蘇阿伯（Souabe）和弗朗

索尼（Franconie）的騎士們進攻了教會的封地，把土地分給起來反抗羅馬教廷的商人和農民。但他們被君主、主教和城市貴族所擊敗。然而，被米恩澤鼓動起來的農民開始起義（西元1525年），戰勝了城市貴族，天主教徒和路德教徒聯合起來鎮壓他們。

這些戰爭的後果是嚴重的，路德主義的社會基礎縮小了。由於驚恐，有些人放棄了追隨路德而向羅馬教廷靠攏，其他人傾向於路德的主張，即建立大主教領導下的等級制改革教會，這也使得他必須離開在瑞士商業城市所興起的激烈聖體形式的運動。

路德運動在德意志諸國取勝，在那裡，世俗教長聖職世俗化的教會主教結合起來，如成為普魯士大公的德國修會的大主教，布蘭登堡的阿爾貝（Alber）。從西元1570年起，路德教派的教長們在歐洲政治中取得重要地位，他們組成了斯馬卡爾德聯盟（Smalkalde，西元1513年），並與法國國王取得聯繫。他們有時由於畏懼皇帝或社會破壞而與天主教的主教接近，但當查理五世試圖宗教聯合時，他們又疏遠了。

西元1529年他們反對對路德的判決，因此被稱為新教徒。神學家們意見分歧。人文主義者梅朗施通（西元1497-1560年）盡力設法與天主教會取得諒解。查理五世也在奧格斯堡以此為目的召集了一次會議，梅朗施通撰寫了奧格斯堡路德教徒的懺悔，巧妙地迴避了問題，但查理五世拒絕一切提出改革的懺悔，他認為路德西元1537年寫的文章都是不妥協的。梅朗施通與羅馬間最後一次和解的意願，於西元1541年在教皇與路德雙方的不妥協之下失敗了。西元1555年，透過奧格斯堡和約，查理五世正式承認路德教會，其教民必須服從其國家的宗教，即順從樞機主教。

路德主義贏得了三分之二德意志人，但也失去了生氣，然而它也為其他改革打開大門：即教長和城市貴族的論著（聖體形式論）和再浸禮教派的教徒。

王族的改革與帝國模式接近，西元1523年瓦薩王朝同意瑞典獨立，因而路德主義逐步在瑞典和芬蘭確立。從西元1526年起，丹麥國王亦接受了路德主義。挪威和冰島的天主教抵抗者此時也已達到全國性的規模。

聖體形式論和再浸禮教派

斯萬格利（Zwingli，西元1484-1531年）不受恩於路德，他是個人文主義者，自西元1518年起在蘇黎世布道。比起信仰基督教即成為受洗者獲得赦罪，他更堅持主張上帝對人類意志的預定，從唯理的思想出發，他象徵地做了洗禮

和聖餐式，並否定這些儀式的聖事價值。西元1523年，他在蘇黎世取得勝利，並在商業資產階級的支持下，將那裡建成上帝之城。他的見解、愛國主義及排除再浸禮教派的力量博得了許多人的好感。他在許多地區引入他的改革，並指揮一個軍團。聖體形式效法蘇黎世，推進到巴塞爾（Bâle）、瑞士法語區，及由傑洛姆（Guillaum Frale）、法勒爾領導的阿爾薩斯和比塞（Bucer）領導的史特拉斯堡。斯萬格利西元1529年與路德教派斷絕關係，西元1531年卡珀爾（Kappel）戰役中向天主教區軍團屈服。而聖體形式論在奧格斯堡大會上表示懺悔，但路德最終以斯馬卡爾德聯盟條款拒絕了和解。除了路德主義之外，聖體形式論改革為喀爾文主義奠定了基礎。

在改革者使教會服從於政權的地方，都出現了再浸禮教派。由於認為只有個人皈依才能成為基督徒，再浸禮教派教徒只承認成年人的洗禮，他們並不盡力爭取教徒，宗教上採取寬容的政策。但他們拒絕國家權力，視私有財產為罪惡。德勒伊德（Jean de Leyde）曾占領明斯特（Munster），在那裡實行恐怖統治（西元1533-1535年）。再浸禮教派的教徒被天主教和新教信徒所追捕。儘管如此，門諾‧西蒙斯（Menno Simons，西元1496-1559年）還是恢復浸禮派的和平性質，一些核心門諾教徒則在歐洲的中心與荷蘭定居下來。

路德教派未能保持其優勢，它只成為德國的地區性主義。從德國擴展到人口稀少的斯堪地那維亞半島諸國，又進入波希米亞、匈牙利、立陶宛。西元1542年路德教派與波希米亞教友們達成了諒解，但在其他地方都與被喀爾文教派所取代的天主教抵抗者發生衝突。

第三節　喀爾文和第二次宗教改革浪潮

法國改革的開端

　　在喀爾文指導法國教會改革之後，法國的教會改革已有很長的歷史了，法蘭西為改革宗教的願望提供一個與帝國截然不同的空間。皇權在此得到了加強，因此可以反抗羅馬，保護法國的教會。法國教會依據布魯日國事詔書享有極大的自主權。波隆那協議以後（西元1516年），「法國教會」依賴國王，改革的成敗也取決於國王的意願。教會改革的願望異常強烈，路易十二和樞機主教喬治‧德昂布瓦斯（Georges d'Amboise）曾試圖改革宗教等級。法蘭西斯一世和瑪格麗特‧昂古萊默（Marguerite d'Angoulême）為人文主義所感染，因而他參加了伊拉斯莫斯派。法蘭西的深度宗教改革遠比德國要早，但它只限於把改革維持在天主教會的小圈子裡。莫茲（Meaux）主教布里索內（Briconnet）在他周圍聚集起勒費弗爾（Lefebvre）及其門徒法勒爾‧魯瑟爾（Farel Roussel），也有組織的改革由布里索內在其管轄的教區間展開。它具有強烈的福音主義色彩，因為祈禱講法語、聖像被取消、對聖母及其他神的崇拜減少了。

　　但是，一些民間布道者吸收路德學說。巴黎索邦大學西元1521年審判了路德主義，但國王保護莫茲主教，直至引起恐慌的帕維亞（Pavie）災難為止。儘管如此，國王依然在其姐瑪格麗特‧昂古萊默的影響下沉緬於伊拉斯莫斯思想，認為有必要尋求英國國王亨利八世和德國路德主教們的支持。

　　宗教運動風起雲湧，在每個省都可以找到支援路德思想或聖體形式論的家族，特別是在巴黎，像里昂這樣的商業城市，以及在瑪格麗特‧昂古萊默統治的貝阿爾恩（Bearn），她的宮廷成了勒費弗爾門徒的庇護所。所有城市的社會團體都被波及：神職人員、小貴族、貴族資產階級或商業資產階級，甚至像印刷業這樣的行業，西元1529年一場民眾暴動在里昂爆發，路德教派與社會要求相融合，並動搖了對天主教的信仰。西元1534年10月8日出現了煽動性的「布告」，其論調更高昂。布告同時在巴黎、奧爾良、圖爾（Tours）、布盧瓦（Blois）張貼出來，一直貼到王室大門上，布告激烈地抨擊彌撒，這亦成為全國性事件。法蘭西斯一世實行嚴罰，路德教徒被判火刑，改革的首領們四處逃亡，然而贖罪儀式依然表現出對傳統信仰依戀。因此，喀爾文使自己成為受迫害的新教徒的律師，並出版了《基督徒法規》拉丁文本（西元1536年）和

法文本（西元1541年）。

喀爾文

　　喀爾文是諾榮（Noyon）大教堂教務管理人的兒子，年輕時曾在巴黎學習自由藝術，後來在奧爾良和布爾日學習法律。他是一位人文主義者，追隨勒費弗爾思想，贊同改革、放棄俸祿，直到「布告」事件以後逃亡到史特拉斯堡，後又到巴塞爾。

　　《基督教教法規》的發表，使法國的改革脫離了喀爾文的領導。發表之後，他寫了一封辯護書簡給法蘭西斯一世，在此後的拉丁文和法文本中，他不再辯護，而是論述教義，其著作對法學推理嚴謹、明確，融合前人的思想，並在新教徒改革緩慢之際將前人的思想加以更新。

　　喀爾文的主要思想是上帝超越人的認識，即不可知的。我們對祂的所知僅是透過《聖經》向我們揭示包括被路德所疏忽的舊約。如果沒有《聖經》，人類對上帝的認識會是錯誤的，因為原罪削弱了人類的智慧。信仰只是聖寵的產物。《永恆的上帝對人類的預定》（西元1552年）一書闡明喀爾文思想中的一個主要觀點，上帝對人類意志的預定是絕對的，上帝預先安排一些人永生，罰另一些人永受地獄之苦，上帝的挑選和永罰是上帝行動的，聖寵是不可抵抗的，特徵就是上帝讓我們表現出虔誠，永生來自於這個虔誠。像所有的改革者一樣，喀爾文拒絕接受聖事可以使人得到聖寵的觀點，但他也排斥聖體形式論的象徵解釋。他把洗禮、聖餐式作為上帝聖寵的證明，及上帝給予的幫助。聖餐式是對耶穌肉體善行的真正參與。

　　喀爾文的上帝對人意志的預定和聖餐的觀點，後來與聖體形式論相抵抗，西元1256年在瑞士的懺悔可能是接受了斯萬格利的觀點。

喀爾文主義的傳播

　　喀爾文主義的悲觀主義成為行動的指標。對拯救的肯定促使喀爾文教派的教徒為上帝的榮譽採取軍事行動，在喀爾文領導下，改革又掀起新高潮。

　　西元1536年，曾經使瑞士法語區參加改革的法勒爾（Farel）在日內瓦遇到困難，後來他把喀爾文請到日內瓦，日內瓦貴族擔心他們的嚴格作風，也因而驅逐了兩位改革者。喀爾文於是到史特拉斯堡，與比塞（Bucer）取得了聯繫，之後不久他又被重新召到日內瓦，他在那裡強制性地規定西元1541年的教會條例，並導致了一場教會和社會改革。與國家密切相連的教會不服從他，

相反地，教會認為自己才是靈魂啓迪者。其機構則建立在四個教會基礎上：牧師，自行增聘（布道），由牧師任命的傳道人（教育），由牧師和市長參加的市議會（信仰監督），執事（助手）。沒有正式的法官，喀爾文實行真正的獨裁，但也不是沒有人與他對抗。日內瓦議會在會議上爭取領聖體聖餐的權力，及去除教籍的權力。喀爾文在眾多法國避難者的支持下欲建立一個針對天主教徒、再浸禮教徒及非宗教活動，如舞蹈、戲劇和遊戲的嚴厲審判所，由貴族支持的一部分人設置。從西元1555年起，喀爾文的權威成為無可爭議的。

正如米歇爾・澤弗特（Michel Servet）事件所證實的，這一權威超越了城市範圍。米歇爾・澤弗特屬反三位一體派，此派因勒利奧索森（Lelio Socin）而出名，此人到波蘭避難以前曾混進里昂、瑞士的一些城市。米歇爾・澤弗特否認原罪和三位一體的教義，也因而被里昂大主教所通緝，後來在日內瓦被捕，由瑞士教會判處死刑，西元1553年執行。除了塞巴斯蒂（Sebastien）、卡斯特利翁（Castellion）以外，喀爾文在基督教世界中沒有遇到任何反抗。

西元1558年喀爾文成立日內瓦學院，旨在培養牧師和傳教士，院長為泰奧多爾德貝澤（Theodore de Beze），日內瓦成為十六世紀喀爾文主義的主要中心。其教會成為法語系國家，如荷蘭、德國的榜樣。在波希米亞、匈牙利和波蘭，喀爾文思想吞併了路德思想，但與天主教派和再浸禮教派的反抗發生衝突。

喀爾文主義在法國發展很快，據不確切的統計，西元1559年10%～20%的平民、資產階級的第三等級、一半的貴族大都被吸引過來，就連國王和波旁王族也被涉及，且還成為國家事務。但國家注意維持正統教派天主教以防止國家在改革中傾覆，國王的例子和越來越嚴厲的立法限制了改革思想在神職人員中的發展，也抵消了貴族們在其采邑中可能的影響。很大一部分貴族走向改革，使喀爾文主義走出去的效果趨於穩定，教會亦建立起來。地方和國家的教會組織都成立了，西元1559年在巴黎舉行了第一次改革教會的教務會議，通過了受喀爾文啓示的拉羅舍爾（La Rochelle）信仰。

喀爾文主義在人文主義和文藝復興已遍布全國的荷蘭得到廣泛傳播，在西元1520-1521年間進入這裡的路德主義被鏟除了，然而門諾派中和平的再浸禮教派被保留下來。由法國傳來的喀爾文主義自西元1540年起被引進到安特衛普和圖爾等城市，它為國家提供了與西班牙天主教鬥爭的方法。

來自英格蘭的改革進入蘇格蘭後未見多方回響，但由於英格蘭女王瑪麗・都鐸（Marie Tudor）在英格蘭暫時重建天主教，以及蘇格蘭的攝政王瑪麗・洛林（Marie de Lorraine）較親近法國，因此整個國家的形勢還是有利於改革

的。約翰·諾克斯（John Knox）在日內瓦學院畢業後，於西元1559年回到祖國，即從事與斯圖亞特王朝專制的鬥爭，並成為引人注目的組織團體。貴族們積極地投入改革，然而這個窮國的鄉紳、農民卻無時不在覬覦教會的財產，喀爾文主義也在此取得巨大的勝利。議會通過了約翰·諾克斯撰寫的信仰懺悔錄，蘇格蘭長老派的教會依懲戒書的頒布而組成，因此它比日內瓦教會更加民主，因為他們的牧師是由信徒們推選的。

第四節　英格蘭的宗教改革和天主教改革

　　英格蘭的改革具有一種新特點。都鐸的王國是專制政體，幸虧議會很合作，因而使英格蘭的改革像法國一樣掌握在國王手中。但與法國教會不同的是，英格蘭教會沒有自信，相反地，羅馬教廷亦常向英格蘭教會收取重稅，如教士獻給教皇的年俸，因此羅馬教廷是不得人心的。然而神職人員所擁有的財產亦被嚴格地管理，威克里夫（Wyclif）曾要求回歸早期基督教的簡樸生活，十六世紀時期威克里夫的羅拉德教派（Les Lollards）在下層階級中保持了回歸福音的宗教信仰及當時社會潮流。人文主義者約翰·科萊（Jhon Colet，西元1519年）在傑出人物中傳播福音亦對伊拉斯莫斯產生影響並爲其改革思想做準備。一部分高級神職人員、一些大臣、樞機主教沃爾錫、湯瑪斯·摩爾（Thomas More）和國王亨利八世都受其影響。另外，除了約翰·科萊，所有英格蘭人文主義者都譴責路德；亨利八世發表論文闡述七種聖事，這使他獲得教皇授予「信仰捍衛者」的封號，對路德的迫害也由此開始。

　　然而，由於宗教以外的原因，英格蘭處於教會分裂，只有將伊拉斯莫斯與羅馬教廷相結合才能阻止伊拉斯莫斯派獲勝。亨利八世與王后亞拉岡的凱薩琳沒有子嗣，亨利八世很愛安·寶琳（Anne Boleyn），他向教皇請求中止與王后的婚姻，但沒被准許。西元1531年他讓教會宣布他爲英格蘭教會的保護人。向教皇繳納的年俸歸爲國王而被徵收，神職人員將教會的領導權交還給國王，湯瑪斯·摩爾不贊成這些革新，於是被湯瑪斯·克倫威爾（Thomas Cromwell）所取代。亨利八世讓坎特伯里大主教解除了他的婚姻，並與安·寶琳結婚。西元1534年11月，英國議會通過第一部最高文件，確認國王爲英格蘭教會的最高領導者，英格蘭人必須宣誓服從這一最高法令，否則將被驅逐或追捕。由於湯瑪斯·摩爾被斬首，幾乎沒有人反抗。高級神職人員移歸國王的財產都被出售，主教的任命由國王決定，且出售神職人員財產，國王讓這些買主與羅馬教廷斷絕了關係。在克倫威爾的影響下，亨利暫時與英格蘭的路德教接近（西元1536年），但西元1539年他供認六篇文章重申天主教爲正統教派，克倫威爾被處決。

　　西元1547年亨利八世去世，王位由其子愛德華六世繼承，他是一個體弱多病的小孩。國王的保護者們：索默塞特（Somerset）、渥威克（Warwick）等

大臣，以及大主教克蘭默（Cranmer），最後使英格蘭轉向喀爾文主義。西元1552年編撰了新的祈禱書，頒布了約翰·諾克斯（John Knox）曾參與工作的信仰懺悔錄，教堂將做禮拜式的東西都清除了。英格蘭也引進清教主義派，又產生了希望平均主義的羅拉德派（Lollards）。西元1553年繼愛德華六世即位的是瑪麗·都鐸，她是來自亞拉岡的凱薩琳的女兒，信仰天主教，瑪麗·都鐸女王試圖恢復英格蘭與羅馬教廷的關係，她在伊拉斯莫斯派樞機主教波勒表兄的建議下謹慎地行事。西元1555年議會通過恢復服從羅馬教廷，英國的教會財產重新回到他們手中，瑪麗·都鐸與西班牙菲利普二世的婚姻，以及血腥的湯瑪斯·威亞特（Thomas Wyatt）起義，使重建天主教的企圖受到影響，羅馬天主教對大多數英格蘭人來說像是外國宗教，甚至是敵對的宗教。

瑪麗·都鐸於西元1558年去世，其同父異母的妹妹，安·寶琳的女兒，在羅馬教廷看來是個私生子的伊莉莎白，重新回到亨利八世的宗教信仰。溫順的議會投票通過了恢復「最高文件」和西元1542年的祈禱書，西元1563年確定三十九款懺悔錄，並保持主教的等級和天主教形式的禮拜。教義比起伊拉斯莫斯天主教派而言，是更加接近喀爾文主義。也因此產生了一種新的宗教信仰——「英國國教」，像路德主義一樣，它標誌著改革中教義（Luthéranisme）的迅速轉變，光明派教義（Luthéranisme）也趨向改革。

天主教改革

天主教世界的觀點可分為三方面：（一）反改革運動，即以護教論和迫害來捍衛信仰和懲戒；（二）教義上的改革；（三）信仰復甦和天主教復興。反改革運動屬於宗教的歷史，同時也屬於政治和意識形態的歷史。它幾乎沒有區分天主教世界與新教世界，在兩個陣營裡的不平等引起了類似的迫害。不管在哪裡，保衛正統教派都被視為國家的任務，非國教主義被視為叛徒，天主教復興的歷史超出了教務會議的範疇，因為這一復興占據十七世紀的大部分時間，並超出了歐洲範圍。因此，對天主教改革的研究與新教改革的研究是分不開的。改革基本在喀爾文時代，可分為兩階段：第一階段的特徵是希望回歸教會統一；第二個階段始於西元1541年，雖然屈服於分裂的羅馬教廷，但為了其自身的前景而組織起來。

懷念統一

里昂十世（Léno X）死於西元1522年。樞機主教們擔心路德主義的擴大，

選了一位荷蘭的樞機主教阿德里安六世（Adrien VI）爲教皇，他似乎已準備好完成羅馬教廷的迫切使命。他是個人文主義者，是伊拉斯莫斯的朋友，曾任早逝的查理五世的老師，他的繼承者克萊蒙七世（Clément VII，西元1523-1534年）低估了路德教徒的實力。

羅馬教會改革運動始於十六世紀初，即使被路德派分裂所阻礙和伊拉斯莫斯聯合的努力受挫，依然向前發展，其受到了基督教虔誠信仰者支持。他們已在世俗中傳播神祕主義，將禁欲主義生活與現實生活相連繫。我們也不能忽視一些高級神職人員的貢獻，他們熱衷於改善教士的培養，使教理講授及慈善行爲更加嚴謹，西班牙樞機主教西斯內羅（Cisneros）在埃納雷（Hénarés）的阿爾卡拉（Alcala）大學的改革成功。無論如何，這時保護天主教已經落在君主的身上，但他缺乏教皇至高無上權力所給予的推動力。

西元1536年伊拉斯莫斯逝世，就在這一年，教皇保羅三世法爾內茲（Farnése，西元1534-1549年）發起召集世界性主教會議，標誌著羅馬教廷改革的眞正開端。保羅三世調動起所有力量，西元1536年他任命受人尊敬的人文主義者卡拉法（Caraffa）、孔塔里尼（Contarini）、薩多勒（Sadolet）和波勒（Pole）爲樞機主教，這些人亦積極準備下一屆主教大會的議程，此外在教會改革建議（西元1537年）中，教會的弊端也被無情地揭露出來，而保羅三世及其謀士們又組織了反改革派。西元1542年羅馬的宗教裁判所歸入主教協會，對書籍的審查由聖職部執行，西元1564年頒布了第一批禁書目錄。保羅三世也依靠新的僧侶修會，如西元1525年的德亞底安修會（Théatins）、源自方濟修會的嘉布遣會（Capucins）以及羅耀拉建立的耶穌會。

羅耀拉曾爲西班牙的政府官員，他在西元1521年受傷後決定要爲耶穌而戰，力求使不忠的人重守信仰。在聖教區，由於遇上其他基督徒的敵視，他險些放棄其理想。他到埃納雷的阿爾卡拉大學去學習，與幾個同伴一起開始了義勇軍式的教理講授和慈善使命，這也使得宗教裁判所很緊張。

西元1528年羅耀拉到巴黎學習，並在那裡培訓一組人員，與他們一同進行「精神學習」，即以他的經驗成果做祈禱和禁欲的方法。西元1534年8月15日依格納瑟（Ignace）及其他同伴在蒙馬特宣讀了僧侶的祝願，並保證爲教皇服務。西元1537年他們到達羅馬，但要使教皇承認新修會「耶穌的同伴」（Compagnie de Jésus，西元1540年）卻不容易。耶穌會教徒本該成爲教士，他們度過了漫長而艱苦的初修期，又進行嚴格挑選，除了貧窮、貞節、順從三願外，他們還要特別宣誓順從教皇。他們的組織成了紀律嚴明的軍隊，初學修士的人道主義培訓應在學院外進行。耶穌會還創辦教授人道主義哲學和神學

院。西元1548年神學院對世俗者逐年開放，耶穌會開始在地中海國家活動。在宗教聯合希望破滅之時，他們在這些國家發展路德教。

特蘭托主教會議

最後一次與梅朗施通和解的企圖失敗之後，特蘭托（Trente）成為主教會議的舉行地點，因為這個義大利城市位於帝國中，然而開會時卻沒有一位路德教徒參加。

會議在近乎無動於衷的氣氛中開幕，此外在西元1545-1547、西元1551-1552（中斷）以及西元1562-1563年間又持續召開會議，會中決議服從歐洲政治和思想的轉變，同時進行訂定教義和重建懲戒這兩項任務。但以下兩種勢力在此相牴觸：第一種是進行國家的君主勢力改革，如查理五世西元1551年成功地在這裡傳播了路德派神學，哈布斯堡的斐迪南和麥第奇的凱薩琳則不希望看到教會的形式尖銳化，此外因政治原因也保留了上一輩的伊拉斯莫斯主義觀點。第二種是羅馬教廷勢力，堅決反對任何新派妥協的教義，以懲戒加強教皇在基督教世界的權威。保羅四世卡拉法（Carafa）教皇依靠基督教復興運動，掌握了基督教改革的領導權。

為減少基本爭論的可能性，重述教義的教理行為：

（1）教義是根據《聖經》建立的，只有教會有權翻譯。教皇和大主教擁有耶穌給予聖彼得使徒的權力。

（2）人類可以在無聖寵的情況下被證明無罪，但人可以保留或失去聖寵，可依據上帝授以的聖事重新獲得。自由審判存在於上帝允許的範圍內，人類不僅是被其信仰的問題審判，也受其行動帶來的責任審判。

（3）彌撒是對耶穌的祭祀，以此闡述耶穌顯現在被聖體論者所拒絕的麵包和酒中，即被所有新教徒所拒絕的這兩種物體變成耶穌的身體和血。

主教會議還規定了有關培訓、教士生活（修道院）和修士生活（隱修）、聖事管理和懲罰條例。法規特別評述了婚姻法，但弊端並沒有全部暴露出來。教會的特權如果沒有一次社會革命是不可能被取消的，但制定新的傳教士守則是有可能的。

天主教的復興，新的修會也不斷地出現，如德亞底安修會（Théatins）的修士、耶穌會修士和世俗的慈善兄弟會修士（格拉納達，西元1537年）；有人還想創立一所修道院，專門來教育年輕的女孩們；原來的修會則又重新恢復，如道明會，在羅馬那裡，在他周圍聚集許多禱告、聖事行動及慈善的人們；神

聖的阿維拉爲神祕主義開創了新路，創立了第一所改革派喀爾默羅修道院。而神學研究得以恢復則歸功於掌握人文主義教育的道明會（Dominicains）、奧古斯丁修會，特別是基督教修士。

西歐的教派分裂

改革的結果是多樣性的，很難對特蘭托主教會議做出結論。西元1563年簽署奧格斯堡和平協定（西元1555年），此外英國國教三十九款的懺悔錄（西元1563年）和喀爾文的去世亦爲當時重要的歷史事件（西元1564年）。而西歐的宗教也分裂成兩個宗教集團。

西歐地中海地區無深厚基礎的新教則陸續被鏟除，在那裡天主教改革得到支持、改革過的天主教似乎與地中海文化聯繫起來。

北部成立了新教集團：路德教徒集中在德國北部和東部、斯堪地那維亞半島及其附屬國（芬蘭、冰島）；喀爾文教派在蘇格蘭；英國國教徒則分布於英格蘭、蘇格蘭地區，只有愛爾蘭仍然忠於羅馬，在這些國家中，宗教與國家情感則緊密相結合。

在兩個團體之間，有個爭論地帶，包括法國、荷蘭、雷納尼（Rhénanie）、瑞士、奧地利、波希米亞、匈牙利、波蘭，路德主義在資產階級、小貴族及一些大領主支持下的喀爾文主義面前退步了。除了波希米亞外，人們基本上沒有被觸及，因爲替貴族服務的封建紐帶在兩方面都發揮了作用，另有少數神職人員傾向於改革。一切都依賴君主。他們忠於羅馬教會，遲早要做反對改革派。兩種宗教同時存在於這些國家，這些地區所爆發的宗教戰爭，人們也提出了寬恕的問題。

宗教寬容

應當將自由和寬容區分開來，宗教的自由很難讓人理解，只有信仰統一了，天主教世界的宗教和平才似乎成爲可能。人文主義則超出了天主教的範圍，特別是義大利哲學家拉米朗多勒（Pic de La Mirandole）在宗教理論上比其他當代人還要前衛，但他們對不信仰宗教的人則不能容忍。此外，成爲英格蘭大臣的摩爾（Thomas More）是路德教派的追隨者。在路德革命時期，伊拉斯莫斯號召仁慈是天主教的首位，他尋求和解，這一觀點與梅朗施通（Mélanchthon）的觀點不謀而合，但和解很快變成不可能，只有耶穌會的波斯特爾（Postel）依然夢想著看到世界大同的局面。在這種情況下，再也沒有

宗教寬容了。奧格斯堡和平協議只限於承認一種事實，但不認可對人民的宗教自由，也限制了君主們的宗教自由，因爲從今以後，改變宗教的君主無權引導其人民，而僅享受寬容（事實上並非如此）。

當時宗教寬容的前提是暫時地放棄錯誤，在有關對異端的處決上，一些聲音支持寬容，如米歇爾‧瑟爾弗（Michel Server）的維護者塞巴斯蒂安（Sébastien）、卡斯特利翁（Castellion）不允許在教理上的世俗介入，對異端分子，瑟爾弗主張流放而非死刑，他的影響甚微，只有政教分離才能行使寬容，再浸禮教派正是這種情況。此外在放棄了勒依德（Thomas de Leyde）的暴力思想後，門諾‧西蒙斯（Menno Simons）稱：「信仰是上帝的恩賜，任何世俗政權的裁判都不能強加。」門諾派建立了一個與國家沒有關係的教派，其他政治家們憂心於公共安全也同意這一教派，這一教派後來在宗教戰爭中疲軟下來。到西元1563年，宗教寬容實際上是不穩定地在局限範圍中存在（波蘭）。此外，有不同政見者的地方都有宗教迫害，而且很快成了一種體系：伏多瓦派（Vaudois）在法國、新教徒在義大利和西班牙、天主教在英格蘭（瑪麗、都鐸統治期除外），反三位一體派到處都有，改革增加了迫害的機會。

社會及文化後果

改革是否使已存在的社會危機加劇？路德利用再浸禮教徒更新了教會用於懲治有息貸款的審判形式，這大概是主要的銀行家如菲熱（Fugger）仍身爲天主教徒的原因，而喀爾文則不禁止有息貸款。另外，喀爾文主義也鼓勵專心於上帝所分配給個人的工作，喀爾文還認爲工作上的成績是上帝給選民的報酬。此外，喀爾文主義不僅承認歐洲的進化，還對當時只處於萌芽狀態的經濟活動進行辯護。很快地，耶穌會通過決疑論（Casuistique）使宗教與當代經濟連在一起。

在文化藝術方面，改革也有著重要的作用。它使人文主義者的夢想破滅了，但是思想方式卻到處被採用，改革學院和耶穌會學院無一例外。詩詞和音樂在校園中有了新的靈感，雕塑藝術再也不是棘手的問題。所有的新教徒都敵視對聖像的崇拜，但路德教徒和英國國教徒都接受耶穌基督的思想，而強調基督教思想的斯萬格利（Zwingli）和喀爾文對此則不贊成，喀爾文主義的信仰者破壞了聖像，此外路德教徒和英國國教徒與天主教亦逐漸和解，但作爲教育者的喀爾文派也曾有其他的願望。藝術家在十六世紀時期從創作靈感上實在很難區別天主教和新教。最後，改革也爲雕刻和大眾化藝術開闢了新領域，如戰鬥性的繪畫。

第十七章

新大陸

第一節　歐洲人在美洲建立的機構

歐洲人來到美洲世界

　　當舊世界拒絕他們的時候，歐洲人認為美洲是註定留給他們的，新大陸起初是一個夢幻的國度、黃金國，充滿了傳奇和歷險，但這個夢很快就破滅了，而冒險卻成為一項活動被長久地保留下來。當印第安帝國頃刻間崩潰，帶給這些歐洲人一個印象：他們正處於一片處女地上，他們可以對其隨心所欲地加以塑造。由於在美洲比在非洲遇到的阻礙少得多，而且又更為有利可圖，他們紛紛計劃把他們的文明移植到這片土地上，並且藉以擴大其國家的地盤。美洲成了一個「新省」組成的大陸：新卡斯提爾（Nouvelles Castille）、新加利西亞（Galice）（西）、新格拉納達（Grenade）（西）、新西班牙、新法蘭西、新英格蘭等，和一些人為新造的與荷蘭、英格蘭、法國等名稱相近的城市：新阿姆斯特丹（後成了紐約）、新奧爾良。基本上，除了北美洲大陸沿海的一條狹窄地區外，歐洲人建立的各個社區和他們各自國家的社會有著天壤之別。這個區別不僅在於自然條件的差異和非洲黑奴的販入，而且在於其保存了當地的土著文明。

　　有四千萬至八千萬的印第安人生活在兩個美洲大陸，尤其集中在熱帶地區，他們各式各樣的文明在技術方面遠遠落後於歐洲文明，他們之中無人知道駱駝或馬，金屬僅被用作裝飾物是最經常不過的事，大部分民族仍處於新石器時代的階段。因此，在這些歐洲人的腦海中立即產生了征服他們的念頭。

　　在整個十六世紀，美洲各民族間斷斷續續地進行了互相接觸，即使是在最落後的一些民族中，一些歐洲思想和技術（尤其是關於馬）在歐洲人蜂擁而至之前就已經在這些民族中間傳播開並為其吸收了。

　　我們可以按照其文明程度把這些民族分為幾類，除了在一些發達地區外，我們碰到較多的還是原始人群：愛好和平的阿拉瓦克人（Arawaks）、安地列斯海邊尚武好戰的加勒比人（Caraibes）、巴西的圖皮－瓜拉尼人（Tupi-Guaranis）。其中最著名的是占據東海岸的亞馬遜部落圖皮南巴斯人（Tupinambas），他們只有石製或者木製的工具，以游牧式的火耕方式種植玉米、甘薯、木薯，還有打獵和捕魚。他們通常光著身子，拔去體毛，身上刺上花紋並以多彩的羽毛裝飾。他們的村莊有一些茅屋，每座茅屋內居住著一個氏族。他們經常交換妻子和丈夫。他們是一支好戰的民族，甚至會吃他們的俘

虜。他們的宗教信仰為萬物有靈論，相信有一個至高無上的主、宇宙的締造者；他們相信可以輪迴轉世。當葡萄牙人到來之際，他們的文明正走向衰弱，正朝著拜物教演變。

南邊的巴塔哥尼亞人（Patagons）及阿勞幹人（Araucans），北邊的易洛魁人（Iroquois）、休倫人（Hurons）、西克斯人（Sioux）等，他們的文明發達程度已經不相上下。相反地，阿爾岡基尼亞人（Algonkiniens）〔米克瑪人（Micmacs）等〕對耕作技術和金屬工藝一竅不通。總體來說，美洲各個民族人數均不多，零星地分布在廣袤的土地上。耕作通常是婦女的任務，而男人們專心致力於打獵、捕魚和作戰。首領或酋長實行一夫多妻制。頻仍和滅種性的戰爭有時也使這些氏族結成聯盟，形成鬆散的聯盟，其中最持久的是易洛魁人結成的聯盟。儘管有許多相異之處，他們的宗教間仍有許多共同的特點：有一個人眼看不見的世界迫使人們去遵守不計其數的禁令。因此，狩獵活動也就伴隨著眾多的宗教儀式。

居住在墨西哥南部，今宏都拉斯（Honduras）和瓜地馬拉（Guatemala）的馬雅人早就創造了他們奇特的文明，相當繁重緊張的手作農業，尤以種植玉米為主，養活了一個龐大的貴族階層，他們創造了一種表意文字，極為詳盡的計位數制和日曆。從原始的萬物有靈論出發，他們相信一個叫羽那博（Hunab）的造世主，相信靈魂永遠不會死亡，並且它的機緣與死時的情景有關，人們透過齋戒、彌撒奉獻儀式、聖禮舞和以人作為祭品，力圖得到這些由於羽那博支配的土地和眾神的降恩。他們組成各個城邦，由祭司們輔佐國王進行統治，他們在神廟─瞭望臺周圍興建了一些城市、金字塔和王宮。當附近肥沃土地耗盡、變得貧瘠，或是城市已經被大墓地占據時，人們便放棄它，然後再去建一個城市。當西班牙人出現之際，這種文化正走向衰微。在戰爭、活人祭品和不斷增長的偶像崇拜中，馬雅人衰落了，他們心甘情願地去接受悲觀的預言，然而正因為他們貧瘠的土地使西班牙人感到失望，馬雅人才能把他們的幾處文明保持到十七世紀末。

馬雅文化曾經傳播到墨西哥各高原，並對阿茲特克（Azteque）文化的形成做出了貢獻。十六世紀初葉，阿茲特克人新建了一個帝國，其宗教及軍事領袖，住在特洛克提特蘭（Tenochtitlan）（墨西哥）。戰敗的民族〔托爾泰克（Toltèques）、紮波泰克（Zapoteques）〕必須繳納貢品。阿茲特克人用銅製作他們的武器和工具，並且從事紡織，尤其是棉紡織。吃的方面，以玉米為主的食品也有相當多的品種，還有四季豆、巧克力；他們喝經過發酵製作的飲料及抽菸草。他們的精神文明與物質文明相反，遠沒有馬雅人發達，他們的神靈

像科特紮卡特爾（Quetzacoatl，風神）、維特茲羅波克特里（Huitzilopochtli，太陽神和戰神）都是自然力的化身，後者需用活人祭品供奉祂。他們相信亡靈永存，但卻沒有個人的道義責任感。他們的農業依靠灌溉工程，收穫的不確定性迫使他們修建水庫；神靈們要他們進行戰爭以獲得更多戰俘作爲活人祭品，所有這一切都促使他們成立一個凌駕於各城邦之上的專制聯合組織。最基本的單位是氏族，每隔一段時期都平均地把土地分配給家族的首領，土地擁有者必須受一個長老理事會的管轄，各民族共同成立一個部落理事會，由它指定最高首領。但是在十六世紀初葉，行政機構成爲貴族階層的特權；並且用以供養這些公職人員的土地，也往往就傳給了他們的繼承人。墨西哥是強盛的阿茲特克的象徵（居民五萬至六萬人），在他們的宗教驅使下，阿茲特克人註定要發動戰爭，從而激發了被戰勝者及鄰邦的仇恨之情。

在此後不久於智利建立的印加（Incas）帝國中，我們能找到發展程度最高的文化，印加人早在十五世紀中葉就吞併了岐楚阿族（Quichuas，南美安地斯高原的印第安人），接著征服安地斯高原的東面，侵入赤道和熱帶地區。這個由戰士和官僚管理的民族，他們的成就簡直可以與羅馬人相提並論。他們的道路以碎石子鋪設而成，兩邊布滿各種市集和糧食店鋪，並修造了階梯翻越山嶺，商品的搬運由駱馬來完成，並且快遞信件可以往來於整個帝國之內。他們不認識文字，以結繩的方式（當地叫Kipou）來統計人口，他們遷走戰敗者並將其安置在主要耕作地區。印加帝國是一個神權政治的帝國，其領袖「印加」即代表太陽，擁有所有土地，並在一批接受良好教化的貴族支持下，在首都——庫斯科（Cuzco，祕魯）進行統治。社會以勞動單位畫分（Ayllou），土地分成小塊後分配給每一戶人家，很大一部分土地用於供養印加及其官僚政體、供養祭司和貴族，以及修建水庫。貨幣和稅收不存在，在每一塊土地上，人們都被強制進行勞作。另外國家的勞役或說是「米塔」（Mita，當地稱呼），從十個人中抽取一個去營建驛站、開採礦產、公共工程建造和參軍。印加人的宗教是美洲最發達的，即使需要以人作祭品，也會以天堂作爲對這種德行的回報。

征服

征服算是西班牙人的事業，這些征服者來自社會的各個階層，特別是昔日的士兵和傳教士來自卡斯提爾那片貧瘠的土地，憑著冒險精神，他們表現出了

異乎尋常人的勇氣。許多人死於困倦、飢餓、乾渴和高燒，但有先進的科學技術的保證，以及當地土著支持著他們，他們堅信會得到上帝的庇護，並對其從事的事業之正義性深信不疑。隨著印加君王的被俘，印加帝國相繼崩潰了。總之，征服墨西哥和庫斯科，比使那些曾反抗過阿茲特克人的各民族臣服來得更為容易，西班牙人正是與這些民族進行了接連不斷的戰爭。

哥倫布（Christophe Colomb）查探了伊斯帕紐拉（Hispaniola，即海地Haiti）的海岸線和其他一些島嶼，從不同地點靠岸登上這塊陸地。弗拉斯科茲（Diego Velasquez）於西元1514年首先征服古巴（Cuba），並成為美洲大陸事業的一個基地。西元1519年科爾蒂斯（Fernand Cortez）這個年輕人受命帶著四百人、十六匹馬和十門大炮進行了一次探險遠征。阿茲特克的酋長蒙特祖瑪（Montezuma）望著科爾蒂斯的到來，心中納悶：「這難道是羽蛇神？如同傳說中所說的那樣正從東邊的海上歸來嗎？」科爾蒂斯不費吹灰之力便進駐了墨西哥城，成了它的主人，他禁止以人作祭品，讓人摧毀他們的崇拜偶像，並且擄走了蒙特祖瑪。墨西哥城大量財寶被搶劫一空，其中有五分之一是送給卡斯提爾國王的，不久之後，一場流血起義很快地爆發了，為了攻占這座城市，必須進行一場正規的包圍戰。這個被任命為新西班牙總督的科爾蒂斯立刻就進行了他的探險活動，以及對這個新省分的組織管理工作。

兩個探險家皮薩羅（Pizarre）和阿爾瑪格羅（Almagro）是印加帝國的征服者，他們倆利用內部王位繼承爭鬥，帶著上百名士兵和六十匹馬奪取了位於安地斯山腹地的庫斯科，並且以謀殺其親兄弟的罪名處死了印加（西元1533年），印加帝國就這樣滅亡了。後來阿爾馬格羅和皮薩羅遭到了報應，兩人都死得相當慘。

接著又有兩次組織比較渙散的大遠征，企圖到達「黃金國」〔（El dorado），即遍地黃金粉的國度〕，但卻一無所獲。當他們到達美洲溫帶地區後，征服進展很緩慢，那裡的印第安人較為落後但卻更善於戰鬥。這時期，在瓦爾迪維亞（Valdivia）領導下，對智利阿勞幹人的征服有條不紊地進行著，征服活動一直到緯度40度才停止，在拉布拉多河（la Plata）的河口，西班牙人也開始停滯不前了。總之，在十六世紀中葉，垂涎新大陸的歐洲國家決不僅只西、葡等國。

西班牙和葡萄牙曾簽署了「托爾德西利亞斯條約（Tordesilla，兩國平均畫分美洲大陸）」，該條約幾乎是重述了亞歷山大六世教皇在科爾特拉（Inter Coetera）諭旨的內容（西元1493年），而且雙方的征服者之間並沒有太大的分歧；葡人在巴西登陸後，僅僅滿足於占領其東邊沿岸地區。然而其他民族則

認爲《托爾德西利亞斯條約》與他們無關，甚至也不受亞歷山大六世教皇的科爾特拉諭旨的約束，法國人和英格蘭人力圖尋找一條邁向西北部的通道。西元1497年，科伯特（John Cabot）受英格蘭國王亨利七世的委託出海，發現了北美洲，並向聖羅倫斯地區（Saint Laurent）進發，法國法蘭西斯一世於西元1523年派了韋拉紮諾（Verazzano）到美洲，後者命名了新安格萊姆（Nouvelle Angouléme），亦即今天的紐約地區，接著又派了雅克·卡蒂埃（Jacques Cartier）探勘了紐芬蘭地區（Terre-Neuve，西元1534-1542年）。直到十七世紀初葉，法國仍一直只是象徵性地占有新法蘭西（Nouvelle-France），那些被棄置的廣闊地方似乎對法國人更具吸引力，法國人與葡萄牙人又一起把目光投向了巴西。接著法國人維勒加尼翁（Villegagnon）在科利尼（coligny）的慈惠下，試圖在里約熱內盧（Rio de Janeiro）建立一片新教的殖民地（西元1557-1563年），但遭到葡萄牙人摧毀。在佛羅里達（Floride），法國人也有一個相類似的舉措，最後以探險失敗而告終。

征服的後果

這些國家迅速地被西班牙人征服了，還有哪個地方的居民經歷過類似印第安人所遭受的災難呢？這裡沒有普遍的種族仇恨，有人曾寫道：「如沒有印第安人、妻子或姘夫的話，殖民化過程幾乎是不可能。」只要仍存在著對黃金的奇妙幻想，歐洲人總不能把他們的精力永遠集中在以印第安勞力建立的大農場上，被迫在這裡工作的印第安人（Péons，南美洲的短工）沒有改變他們的耕作方，但也不能像以前那樣，把一大部分精力用於放牧、狩獵和捕魚了，因此營養不良就似一些地方病一般地猖獗。習慣於斷斷續續地做粗活的印第安人並不適應於礦場的工作，在那裡許多人筋疲力竭而死。當各個民族互相匯聚，尤其第一次接觸時，總會產生一個現象：疾病的互相傳播，而生活條件的急遽變化更加劇了這一現象的嚴重後果。如果說歐洲人把一種帶有梅毒的微生物病原體帶回歐洲的話，那麼同理可推，印第安人的身體機能不見得強壯得足以抵抗一些歐洲的疾病。在這些赤道地區，衣飾穿著會引發一些皮膚病，肺部的疾病也是較爲常見的，各族人的雜居導致了梅毒在大農場內大肆蔓延，在那裡梅毒已經變得很猖獗。總之，在那些和歐洲人長期接觸的地方，印第安人好像失去了生活的興趣，最後的結果是印第安人人口數量的減少和精神世界的崩潰。

在傳教士中，印第安人找到了他們的保護人，其中最爲著名的是拉斯卡薩斯（Bartolome de Las Casas），他於西元1552年出版了《印第安人的毀滅簡略

記敘》（*Brevisima Relacion de la Destrucion de las Indias*）一書，在書中他無情地揭露了這種罪行。西班牙的歷代國王一直強調要以平民身分來對待印第安人，西元1542年，查理五世頒布「新法」（Lois Nouvelles）來禁止在大農場中奴役（苦役，Péonnage）印第安人。而事實上，歐洲人無法採取另一種經營方式，也就不可能制止這種災難的發生。拉斯卡薩斯的控訴產生了意想不到的結局，他促使當局在金礦和大農場裡使用黑人奴隸以保護印第安人，由此產生了黑人奴隸貿易。十七世紀末在美洲的黑人人口已經相當稠密了，航海技術的進步使黑人奴隸貿易在十八世紀得到了發展，另外黑人的移入使種族雜交更加複雜化，並產生了令人難以置信的種族多樣化現象（在美洲的赤道地區）。就這樣，非洲成了美洲的勞動力來源，並且開始形成了大西洋的商業貿易區。

第二節　美洲的殖民地

總體特徵

　　事實上，在美洲的大部分地區，占據它的困難性，和從中獲利的有限性，很快就顯露出來。歐洲人長期以來一直被局限於「先驅的開拓者開闢的邊緣地帶」之內，他們相互之間獨立、隔絕，但卻迫不及待地力圖擴大這個地帶，同一個國家的殖民者，千方百計地想把他們的殖民地連成一片，為了搶占各海岸，不同國家、不同國籍的殖民者進行了激烈的競爭。我們可以區分出兩種殖民地，一種是北美洲熱帶地區的剝削性殖民地，另一種是北美洲溫帶地區的歐洲人移民殖民地。儘管有著顯著的差別，但應該可以看到歐洲人推行的政策仍有著一些共同的特點，無論在哪裡，殖民地都被宣布為王國（或共和國）的一個組成部分，並且或多或少地仿效歐洲的省分，在其上設置了一個地方政府。原則上，國家的法律在這裡得以推行，例如關於西班牙宗教裁判所的法律（Lois sur l'Inquisition）、法國「南特詔書」的撤銷，以及英國的「考驗條令」（Acte du Test）（除了例外情況）。

　　然而殖民地又由第二次的領地構成，它們與一種特定的經濟制度相適應，即專屬制或是殖民條約制，這是重要的因素。專屬制源於西班牙和葡萄牙的歷代君王在與印度人做生意中形成的權利和壟斷權，因此殖民地對宗主國很有利，殖民地只能和宗主國做生意，提供它所需要的一切，並且只能向它購買工業製作用品，所有違反這個專屬制的行為便被視為非法走私。如此，這種專屬制體系傾向於在各個不同國家的殖民地之間形成一種分隔。這種分隔比在歐洲──它的發源地，更為嚴重。但是走私活動並沒有就此停止，他們透過和其他國家合謀，共同損害幅員遼闊的西班牙帝國的利益。此外，沒有任何一個國家有能力在美洲，尤其在廣大的熱帶大陸區域內，確實地推行他們的歐洲法律，地方當局也不得不考慮一些迫切特殊的條件。還有，為了能吸引歐洲人，他們不得不在執行眾多的法律時，表現得更具靈活性和更加豁達。殖民地的行政當局有自己特殊的風格，並且享有相對的自治權。殖民者的不順服給他們的國家歷代國王帶來的憂慮，並不亞於當地土著人反抗造成的麻煩，但是在十七世紀，殖民地又經常需要得到他們國家的保護。

廣闊的大陸領地

西班牙人占據的美洲其主要成員是卡斯提爾人，他們把自己國家的制度搬到那裡，國王以其帝國委員會的模式創立了一個「印第安委員會」（Conseil des Indes），為美洲制定法律，推薦公職人員供國王挑選，並且扮演了最高法院的角色。西班牙人很自然地就把其市鎮制度「移植」過來了，政府之下分省分進行征服統治，每個省分的領導機構是「皇家法院」（Audiencia）。接著在墨西哥城和利馬（Lima）派駐了總督，國王賜予主要征服者廣闊的世襲土地，其他人也接受了各式各樣的領地，即專門負責順服印第安人使其基督教化的「征服者領地」（Encomiendas），受封者大多把這些領地變成了一些經營單位。同時在墨西哥城和利馬的總主教協助下建立了一個教會組織，接著又在這兩座城市建立了幾間大學。雖然西班牙人同意相互通婚，也和幾個酋長進行合作，但他們在行政管理方面留給印第安人的仍是一個無足輕重的角色，並給了很多限制，他們甚至以印第安人很難保持獨身為由拒絕授予他們神父之職。福音的傳播和征服是同時進行的，耶穌會的傳教士和方濟會的傳教士不可能向這些土著讓步，也不會改變聖方濟、沙勿略（François Xavier）的忠告，把他們的宗教建立在這些土著宗教基礎之上。西班牙人反對以活人作祭品，但他們並沒有試圖把歐洲的風俗時尚強加給印第安人。

西元1503年在塞維爾建立的西印度皇家交易所（Casa de Contratacion），負責管理和促進西班牙與其海外殖民地的商貿、航海活動。這尤其激起了一股淘金熱，在北美洲財寶被洗劫一空後，運抵西班牙的黃金變得越來越少了，西班牙只好轉向礦產的開採。在引進銀汞合金（Amalgame）技術後，波托西（Potosi，玻利維亞）的銀礦產量有了大幅度的提高（西元1545年）。西元1560年之後，白銀的產量幾乎占了新大陸所有貴重金屬產量的絕大部分。墨西哥出產的貴重金屬在維拉克魯斯（Vera Cruz）和哥倫比亞的卡塔赫納（Cartagene）裝船被運往歐洲，而祕魯出產的金銀則透過海路從卡亞俄（Callao）運到巴拿馬（Panama），再用騾車橫越巴拿馬地峽，在波托韋洛（Pueno Belo）被裝上了西班牙的大運金帆船（珍寶船隊），開往歐洲。珍寶船隊一年往返一次，最後每年會有一天，珍寶船隊把對遠東地區進行貿易必需的白銀運到馬尼拉（Manille）。但在十七世紀，產量急遽下降了。

由於十七世紀爆發的危機和勞動力的缺乏，加上西班牙人也無能力獨自發展經營它如此廣闊的帝國領地，因此經濟的發展受到了阻礙。在西班牙占據的美洲土地上，西元1660年大概有一千萬左右的居民，其中80%為印第安人，

6%到7%爲白種人，以及比之前稍微多了一些的黑人，剩下的即是各種混血兒。「征服者地」消失了，究其因主要是它的產量收益太低了，於是大地主組成了稱爲「農莊」（Haciendas）的自給自足的莊園，這些莊園主（農莊主，Haciendados）對奴隸和苦役們行使審判權，他們身兼皇家軍隊統帥和城市的治安法官二職。這些「農莊」並不適合生產出口用的食物。西班牙帝國獲得的好處使西北部的歐洲人垂涎萬分，因爲必須透過塞維維爾這個仲介才能和美洲地區交換產品，於是他們只好進行走私活動，使用稱爲英特羅波（Interlope）的走私船。在戰爭期間，西班牙同樣地遭受了來自海上的劫掠，西元1713年西班牙被迫向英格蘭讓步給予其「泊船許可」（Vaisseau de Permission），也就是說在巴拿馬的港口每年允許一艘英格蘭船隻享受免稅優惠，但這給西班牙人在美洲帶來的影響是微乎其微的，遠比不上西班牙人對美洲的影響。一種西班牙美洲文化形成了，它想在美洲建立歐洲文明，必使用卡斯提爾語，以它作爲行政和宗教語，但他們卻很少花力氣來教化廣大的印第安人，一種西班牙文學和文化得到了發展，同時也帶上了當地的地方色彩。西班牙的巴洛克藝術流派給藝術家，尤其是土生土長的藝術家，提供了裝飾藝術領域內一個廣闊的自由空間，尤爲豐富絢麗的建築物正面和祭壇後的裝飾屏，正好體現了這種豐富多變的特色。這也許是哥倫布發現美洲大陸以前，原始信仰和西班牙人的宗教信仰，在腦海中的殘存記憶之互相融合。

再往南，西班牙人的殖民征服受到了半沙漠地區和大片荒原的阻礙。就在西班牙殖民地的邊陲地帶，耶穌會的傳教士力圖進行一次別出心裁的嘗試。西元1607年，他們成功地使巴拉圭（Paraguay）置於西班牙國王直接的管轄下，並且逃過了「征服者領地」制度，瓜拉尼（Guarani）的土著被集中起來組成了叫「降服村」（Réductions）的村莊。他們在耶穌會傳教士的領導下進行集體耕作和放牧。傳教士還以其語言耐心地教育瓜拉尼人，但這種降服村的方式卻受到了葡萄牙人和西班牙人的阻撓。西元1767年耶穌會被取締，此也導致了這些「降服村」的破產。

在西班牙殖民地的邊上，葡萄牙人成功地建立了一個殖民地，這是一片長期被限於狹長的海岸地區，不連續的殖民地，它的主要中心爲巴亞（Bahia即Bahia Blanca，阿根廷的布蘭卡港）和雷西菲（Recife，巴西），由於這片地區的繁華，先後成爲法國人和荷蘭人的垂涎之物。巴西的行政管理組織形成與西班牙帝國的不同，它被分爲十來個王室總督世襲管區，直接接受當地政府的管轄。葡萄牙人不得不保護《托爾德西里亞斯（Tordesilla）條約》劃歸給他們的土地，反對法國人在里約熱內盧港灣以及亞馬遜河（Amazone）入海口鄰

近地區所採取的行動。結果，在這兩個地區，葡萄牙帝國的領地在法國人想占據的地區內均得到了擴張。從西元1580年到西元1640年，葡萄牙和西班牙有一個共同的國王，雖然這兩個帝國的行政機構沒有合而為一，但兩國的專屬制（Exclusif）這道限制被取消了。然而，這種情況導致了荷蘭人的插手，他們於西元1621年創建了「西部印第安人聯合區」（la Compagnie des Indes Occidentales），巴亞和雷西菲是荷蘭人在巴西的基地（西元1624-1654年）。葡萄牙人在重新獲得獨立後利用英荷戰爭的機會，把荷蘭人趕出了巴西，在十七世紀的下半葉中，他們在南大西洋地區重新擁有了強大的地位。

巴西的人口比西班牙的殖民地人口要少得多，在十六世紀末巴西擁有六萬名居民，其中二萬五千名白人和混血兒以及一萬八千名印第安人，但卻比西班牙殖民地有生氣得多。一開始，人們在那裡種植收穫一種叫布拉西爾（Brasil）的染熱木料，到十六世紀中葉甘蔗被大量引種於此，甘蔗的種類掌握在磨坊主和煉糖爐主人手中，他們實行自給自足的經濟。勞動力的組成有黑人奴隸，甚而有聖保羅（São Paulo）人從內地部落劫掠而來的印第安人。大約到西元1670年時，甘蔗的生產由於安地列斯群島的大農場崛起而開始衰退下去。不久以後，人們在巴西發現金礦，因此在十八世紀的頭幾年內，黃金的開採得到了快速的增長。

島嶼

安地列斯群島有著與眾不同的獨特命運：最先接待歐洲人的那些土地很快便被他們弄得貧瘠不堪，但在十八世紀初期它們卻成了最為繁榮、最令人眼紅的殖民地。

西班牙人很沒有辨別力，他們開發經營大的島嶼而忽略小島，以致於到十七世紀初期，安地列斯群島仍幾乎是無人居住的荒島，那裡的印第安居民已經完全消失。再說，由於西班牙缺乏海上的力量，他們也永遠不能使自己完全地成為加勒比海的主人，這也正成了西班牙帝國的一個弱點。英格蘭人從西元1620年才開始在聖克里斯多夫（Saint-Christophe）、巴巴多斯（Barbade拉丁美洲）和聖露西亞（Sainte-Lucie）立足，西元1634年荷蘭人占領古拉索（Curacao），法國人攫取了馬丁尼克島（Martinique）、多明尼加島（Dommque）和瓜特羅普島（Guadeloupe）。接下來該輪到一些大島嶼了，西元1655年，英格蘭人占據了牙買加，法國人則在聖多明哥（Saint-Dominque）的西部地區定居下來，後來在《雷斯維克條約》（Traite de

Ryswick，西元1697年）中，他們對這片土地的占有權得到了承認。

這些島嶼開始時是作為反對西班牙人對美洲的占領，以及反對其在海上開闢航線的活動基地：走私、海盜搶劫（Piraterie），另外在戰爭期間還有海上劫掠。這些島嶼吸引著這樣一些奇特的人群：海盜，還有在島嶼深處腹地捕殺動物的偷獵者，被獵殺的動物是由歐洲人引進後又重新變為野生動物。這些探險家們經歷的是一種漂泊不定的生活，並且經常是很危險的，他們的努力不能和各國家政府的殖民主義行為混為一談。他們還建立了形式多樣的共和國，這些共和國直到十八世紀的上半葉才消失。在此期間，被運送到安地列斯群島的歐洲人在那裡種植菸草和靛青植物，很快地安地列斯群島成為出產糖的島嶼，但要從別處移入居民一直是個問題。對於法國來說，科伯特把這個關切的問題交付給了於西元1664年建立的「西印第安人團體組織」（la Compagnie des indes Occidentales），該組織取得了在幾內亞的奴隸貿易壟斷權，但是除此以外，還需要歐洲的工人。透過契約制度，得到了其所需的歐洲工人的供給，而到美洲的旅費就是透過訂立契約在一個殖民者的土地上勞動三年來償付。十七世紀末，又運來了一些苦役犯和妓女。與發生在美洲大陸上的情況相反，這裡的白種人比有色人種的數量多，就這樣，英格蘭人、法國人、荷蘭人甚至丹麥人都來到安地列斯群島定居。十八世紀，西班牙人對諸島的蠶食行動漸漸停止，安地列斯群島於是被英法這股相互鬥爭的敵對力量所統治著。

在北美的歐洲人

他們在美洲的安家落戶都相當地艱苦，然而他們達到的結果是不同的：一個是在加拿大建立了一個廣闊但人口稀少的法蘭西省，一個是建立了一片相對而言面積較小、人口較為稠密而且較複雜，且體現某種自治精神的英格蘭殖民地。

華特・雷利爵士（Sir Walter Raleigh）年輕時致力於早期英國在新大陸的殖民地開拓，並在西元1584年於北美洲建立維吉尼亞（Virginia，約現今美國的北卡羅萊納州與維吉尼亞州部分），以歌頌當時的英國女王伊莉莎白一世〔歷史著名的童貞女王，而維吉尼亞有處女（Virgin）地之意〕，開始了他的殖民嘗試（西元1587年）。西元1607年，在詹姆斯一世的推動下創建了倫敦公司（la Compagnie de Londres，是維吉尼亞英國殖民公司），這批人到達維吉尼亞，並在詹姆斯河口建立了詹姆斯鎮，這裡就成為英國在北美的第一塊殖民地。殖民者們不顧印第安人襲擊所造成的損失種植菸草作物，其收益用於進口

一些設備機器。西元1624年維吉尼亞成了王國的殖民地，西元1620年「五月花號」的乘客們，其中包括爲躲避迫害的清教徒、朝聖先輩（Pères Pèlerins），在更北的地方建立了另外一塊殖民地（普利茅斯殖民地）。由於英格蘭鄉間和城市的困苦以及政治和宗教危機等因素，移入美洲的人數快速增長起來。殖民團體讓移民簽訂契約，亦即稱爲賣身契（endentur）的合同，正是透過這些合同規定了新來美洲者必須履行五年勞動的義務以償還他們的旅費，並且在五年期滿後可以得到五十英畝的土地和機械設備。從西元1630年到西元1642年，在麻薩諸塞公司（La Compagme du Massachusetts）的召喚下，不計其數的清教徒們紛紛動身前往美洲北部地區定居，即在以波士頓（Boston）爲主要中心的新英格蘭地區內。這個地區打上了自己的獨特標誌，在這裡，唯有清教徒的政治權力是顯赫一時的，而且地方行政機關掌握在一些主要的大產業主和一些牧師的手中。然而，這種體制使一些人很難忍受，他們於是去建立羅德省（Rhode Island）這一小塊殖民地，那裡是宗教自由者的天下。克倫威爾時期，一些「騎士」貴族跑到維吉尼亞，在那裡創造了繁榮，並且加強了英國聖公會的力量。在維吉尼亞北部，一個天主教徒巴爾的摩（Baltimore）曾經營建了馬里蘭（Maryland）殖民地，同時在南邊建立了查理二世統治下的卡羅萊納（Caroline）殖民地。

位於馬里蘭州和新英格蘭之間的小港灣曾吸引了荷蘭和瑞典人，荷蘭人營建了新阿姆斯特丹（la Nouvelle-Amsterdam），它位於曼哈頓島（ile de Manhattan）上、哈德遜河（Hudson）的入海口處，正好開闢了一條通大湖區和皮毛產區的道路（西元1624-1664年），而與此同時，瑞典人在德拉區（Delaware）安家落戶。英格蘭人不費吹灰之力即奪取了新荷蘭（Nouvelle-Hollande）和新瑞典（Nouvelle-Suede），新姆斯特丹成了紐約。西元1680年，查理二世把部分領地讓贈給了一個公誼會（Quaker，又稱教友派，十七世紀創立的基督教的一個教派）的教徒威廉·彭（William Penn），此人不僅號召英格蘭人和蘇格蘭人，而且還號召愛爾蘭人、荷蘭人、斯堪地那維亞人、法國人，尤其是德國人共同進行一次「神聖的嘗試」。他和印第安部落進行談判，並且編撰了一部自由寬容的憲法，費城（Philadelphie，兄弟間的手足之愛的意思）成了賓夕法尼亞州（Pennsylvanie）的首府。

美洲的英格蘭殖民地同時表現出了一些共同的特徵，和一些顯著的差別。殖民地避免分得太散，他們更喜歡穩固地占領一片處於大洋和瀑布線（Fall Line）之間的空間，這樣在他們和印第安人之間就構築了一條前沿邊界線，這條邊界線（Frontiere）需要經常保衛它，它只要非常小心謹慎地一點點地向西

推進。這些殖民地的政府是按照英格蘭政府的模式建立的，通常是由國王任命的總督，在由他從地方知名人士中選出組成的一個理事會和由多種不同方式選舉產生的一個議會中擁有席位，其中最早的一塊殖民地是維吉尼亞殖民地（西元1619年）。

地理條件及遷移定居時的情況不同，造成了各殖民地之間的差別，在南邊，我們會發現一種大農場制度，一個白種人的貴族階層和一些黑人奴隸，在中部地區主要是呈現出種族的極其多樣性，宗教的互相容讓，和一種以工業和商業占主體的多樣化經濟結構。新英格蘭就像英格蘭的一個省，有著人數不斷增多的農民，還有一些海洋業活動（鱈魚、製造焦油瀝青，以及和諸群島間的貿易活動），與活躍的文化生活，如於西元1636年建立了哈佛大學以及許多印刷廠和報社。

法國人

法國殖民者在佛羅里達的失敗迫使他們將目光投向北邊，企圖向聖羅倫斯河地區（Saint-Laurent）以及其廣闊的內陸地區發展，他們在進行殖民活動的同時，又在廣大的土地上進行擴張，以進行販賣皮毛的活動。亨利四世重新實施法蘭西斯一世對新法蘭西的政策方針（西元1598年）。尚普蘭（Champlam）在阿卡蒂（Acadie）建立了魯瓦亞勒港「皇家港」（Port-Royal），接著又在聖羅倫斯河上建立了魁北克城（Quebec，西元1607年）。為了能參與皮毛交易，法國人開始和休倫人（Hurons）和阿耳岡昆人（Algonkins）建立了關係，而後兩者則與法國人結盟對付易洛魁人（Iroquois）。西元1627年，路易十三的首相黎希留（Richelieu）組建了「百人公司」（La Compagnie des Cent-Associés ou de la Nouvelle-France），負責安置殖民者，並給予這個組織皮毛買賣的壟斷權。與此同時，「聖體聯合組織」支持傳播福音而且使加拿大成為新教派教徒的禁地。正是在這些皮毛狩獵者以及傳教士的足跡上建立了三河鎮（Trois-Rivieres），接著又建立了蒙特婁城（Montréal，西元1642年）。路易十四和科伯特使其殖民事業再次得以騰飛，新法蘭西成了王室的領地，由於出生率很高，人口增長相當地快，維持生計的農業和手工業使法屬加拿大得以自給自足，從西元1690年開始，來自法國的援助已是很有限了。

加拿大成了法國的一個省分，其最高領導是一個總督（軍事將領），一個總管，以及一個由主教、主要軍界官員和一些主要城市的官員組成的最高理事

會。土地被分給一些領主，由他們負責經營以及增加居住人口。然而這種原則上與法國制度相似的領主制度，比之前者，其壓迫性反而更弱。由於共同對付易洛魁人的需要，使莊園主和佃農之間保持著一種團結一致的關係，這種共同的需要引來了許多傳教士於此定居下來，這給加拿大打上了一個天主教極為少有的特殊印記，尤其是當拉法爾（Mgr de Montmorency-Laval）出任魁北克的主教時（西元1659年），這一點表現得更為突出。各大湖的戰略地位促使塔隆（Jean Talon）總督以法蘭西的名義去占領它們（西元1671年），在弗特納克（Frontenac）領導下的民兵部隊頑強地保衛著法國人的陣地哨所。為了尋找一條通向大西洋的道路，裘利葉（Jolliet）和馬蓋特（P. Marquette）於西元1673年發現了密西西比河（Mississipi）的源頭，西元1682年，卡弗里耶‧塞勒（Cavelier de la Salle）沿該河而下，並且把百合花旗（法國王室的象徵）插到了密西西比河的三角洲，同年組建了「哈德遜灣聯合公司」（La Compagnie de la baie d'Hudson），致力於從事皮貨交易，到十八世紀初期，法國人已經深入到了北美大草原區（La Prairie）。

在法國人和英格蘭人之間沒有一點的接觸和聯繫，只有在阿卡蒂地區，英格蘭人把它視為是新英格蘭的延伸，並且於西元1654年至西元1667年間占領著它。英格蘭人也曾試圖在哈德遜灣河畔安家落戶，在奪取了紐約之後，他們擁有了一條重要的擴展滲透途徑，亦即哈德遜河的航道，並且他們也開始對皮貨交易產生了興趣。英格蘭人和法國人總是交相指責對方利用印第安人進行戰爭，以休倫和阿耳岡昆人反對易洛魁人。西元1675年印第安人對英格蘭殖民地的進攻，就很有可能是由法國人挑撥引發的，而西元1689年法國殖民者的失敗又可能是英格蘭人造成的。西元1690年歐洲爆發了英法戰爭，戰火在美洲一直延續下去，西元1711年英格蘭人成功地占領了阿卡蒂地區，在烏特勒支條約中（Traités d'Utrecht，旨在結束西班牙王位繼承戰爭），法國被迫把阿卡蒂、紐芬蘭（捕魚權除外）和哈德遜灣劃給英格蘭人（西元1713年）。

第十八章

十六世紀末宗教戰爭和政治危機

第一節　法國的宗教戰爭

天主教與新教兩大陣營

　　西元1506年，歐洲分成兩大陣營已成了不可阻擋之事，在民族感情可接受的範圍內，人們的思想觀念也習慣了這種情況。可是在同一民族裡任由宗教分離是很難的，而在同一國家裡則幾乎是不可能的。統一似乎是社會的最好保證──單一信仰、單一法律、單一國王。異教是對國王的反叛，由於國王是由上帝的恩賜而統治，因此異教又是對上帝的反叛。在十六世紀下半葉，寬容的思想幾乎沒有什麼發展，尤其那些只關心宗教和平，而對於教義有時則漠不關心的權謀家們，如馬克西米利安二世（Maximilien II）、波蘭國王西吉斯蒙·奧古斯都（Sigismond-Auguste）和亨利·瓦洛亞（Henri Valois）等。他們在採取對應的措施同時，很難再支持寬容思想，別的國家沒有遇到相似的事情，注意非宗教的寬容措施只是對貴族而言。法國在西元1562年1月的敕令和荷蘭西元1576年的宗教和平，亦明顯地無法實現，而且兩個國家都分別發生了長期的戰爭：西元1562-1598年在法國、西元1566-1609年在荷蘭，最後只因對戰爭的疲倦使政客們採取了所謂的解決辦法。

　　因此，宗教因素是舉足輕重的，它把人們捲入運動中，使鬥爭變得激烈。這與感情因素也是不可分的，新教徒對教堂的褻瀆和破壞，在所有非宗教戰爭中習慣性的報復，在反抗外國干涉時表現出的民族感情，這些都能在性情極暴烈的民眾身上找到回應，並使戰爭延續。另一方面，政治因素也十分重要，亨利二世可能因為幫助過反抗神聖羅馬帝國皇帝的新教徒，從此認知法國新教徒不但是異端分子，而且是武裝的造反派和叛徒。亨利二世死後，國王意志的削弱有利於暴動。社會因素也不容忽視，法國新教派轉變成為一支貴族武裝之後，動員了許多附傭民眾與有錢人。後來，天主教成立幾乎包括所有人的同盟，有時甚至求助於城市無產者、反對信仰新教的有產者和資產階級。

　　法國自西元1559年以來就形勢緊張，西元1562年又爆發了宗教戰爭。法蘭西斯二世（西元1559-1560年）當時年僅十五歲，又體弱多病，便讓其皇后瑪麗·斯圖亞特（Marie Stuart）的叔舅們弗朗索瓦·吉茲（Guise）和其兄弟洛林的紅衣主教掌握了實權。到了亨利二世時期，對付異端分子的政策繼續執行，但因為新教徒已經擴展到整個王室了，所以壓制新教徒沒有獲得成功，一些大城市：巴黎、里昂、奧爾良、盧昂是主要的據點。透過幾個核心城市，

如拉羅舍爾（La Rochelle）、貝亞恩（Bearn）、尼姆等，法國南部新教徒影響了中央高原以北的城市，如拉羅舍爾、列日一直到日內瓦，而且有統治全部之勢。在諾曼第、皮卡底（Picardie）和都蘭（Touraine）地區，新教擁有不容忽視的根基，而且它還在農村發展。事實上，卡托‧康布雷齊（Cateau-Cambrèsis）和約使得一些領主也皈依了新教，其中許多是宗教改革的重要人物，而由於他們的影響力，又有許多附庸和農民成了新教徒，除城市外，許多城堡也是新教的據點。

　　吉斯家族有許多敵人，除了胡格諾派，還有與他們敵對的大家族和他們的附庸，其中一些家族被捲入了宗教改革運動。例如：成了新教派領袖的納瓦爾（Navaree）國王〔波旁（Bourbon）家族的安托瓦內（Antoine）〕、其妻子喬安娜‧阿爾布雷（Jeanne & Albert）和他的兄弟〔野心勃勃的孔代（Condé）親王〕，還有海軍上將科利尼（Coligny）。第一件大事就是西元1560年3月由胡格諾（Huguenots）首領們策劃的安布瓦茲（Amboise）密謀，目的是要使國王脫離吉斯家族的影響，結果卻引起了一場宗教鎮壓。

凱薩琳‧麥第奇的寬容政策

　　法蘭西斯的弟弟及繼承者查理九世當時才十歲，由凱薩琳‧麥第奇攝政。這個由佛羅倫斯培養出來的法國王后，具有很強的政治嗅覺，她早就知道如何處理宮廷的傳統與現狀。作為一個政治狂熱母親，她照看著兒子們的家變，而且儘量做到絲毫無損於君主政體。由於她常搞一些小陰謀，使得她名聲欠佳。她首先表現得像一個機會主義者，在無法除去波旁和吉斯兩大家族的情況下，試圖使他們和解。她任用米歇爾‧洛斯比塔（Michel de L'Hospital）為掌璽大臣，是他啟發了她的寬容政策，不過現在看起來倒更像是表達如攝政王政治見解的工具。她沒有灰心失望，認為透過雙方讓步，一定會完成法國和平及統一，但她沒有充分認識到要天主教徒做出讓步的困難性。

　　財政困境迫使凱薩琳‧麥第奇召開全國三級會議，米歇爾‧洛斯比塔宣布要召開一次國家主教會議，這次宗教會議緩和鼓勵了新教徒。會議中，第三等級的胡格諾派則要求宗教自由，而且作為解決財政危機的良藥，提出扣押高級神職人員的一部分財產。西元1561年9月舉行的布瓦西（Poissy）辯論會，使得由德奧道爾（Théodore）率領的新教徒，和以洛林紅衣主教為首的天主教高級神職人員面對面地坐了下來，但結果令人失望。然而，凱薩琳堅持她的宗教政策，西元1562年1月，她讓查理九世簽署了寬容敕令，給予新教徒在城外舉

行宗教儀式的自由。因為他們可以向王室大臣要求宗教政策的確認，因而就可以得到組織團體的權利，但舉行教區會議則必須得到王室的許可。

舊敕令很快就顯得無法實施了，在新教徒眾多的地區，胡格諾派在城裡，甚至在事先清理完裝飾物的教堂裡布道。他們組織了武裝同盟，在西南部，甚至成立了一個軍事組織；而天主教徒方面，弗朗索瓦‧吉斯成了由高級教士和眾多王室大臣支持的天主教徒對抗新教運動的領袖。巴黎高等法院拒絕登記舊敕令，而索邦神學院則對其加以批判。兩方人員都有打算。西元1562年3月1日的瓦西鎮（Wassy）大屠殺是宗教戰爭開始的信號，波旁的安托瓦內把皇后帶到了巴黎，而年輕的國王則留在楓丹白露王宮的別墅裡，胡格諾貴族們排除科利尼要求他們適度的建議，胡格諾派重新集合到孔代身邊，4月8日孔代親王號召他們進行戰鬥。

由於利用突然襲擊的方式，初期胡格諾派取得了勝利，雖然他們已被驅逐出巴黎，但他們占領了王國的許多重要城市。戰爭一開始就發生了一連串暴力行為，此時孔代親王占有了許多教堂的財產作為軍餉。在法國，幾乎所有的貴族和有產者都占有教會的財產，農民拒絕付什一稅，戰爭給雙方都帶來了搶劫和欠款的災難。兩大陣營都想尋求外國的幫助，西班牙的菲利普二世曾經答應過幫助皇后及信奉天主教的親王們，胡格諾派則向英格蘭的伊莉莎白求助，洩漏了勒阿弗爾（Le Havre）的防務。

然而，新教徒們失敗了，幾個月後，胡格諾派幾個主要領袖或消失，或被殺，或被補，或像弗朗索瓦‧吉斯一樣被暗殺。這一時期，凱薩琳‧麥第奇認為可以繼續推行她的和解政策了，但必須考慮到天主教徒的抵抗。她強迫兩方接受安希瓦茲（Amboise）敕令（西元1563年3月19日），對新教徒來說，安希瓦茲敕令比1月敕令更為不利，在現實的環境之下，新教徒被准許在原來的地區舉行宗教儀式，但除此之外，就只能在指定的城市舉行宗教儀式了。凱薩琳‧麥第奇為了取得貴族的支持，敕令給予領主及其附庸舉行宗教儀式的自由。達成和解的新教徒和天主教徒重新占領了勒阿弗爾。

凱薩琳的寬容政策似乎成功了，王室贏得了幾年的和平。為了體現王室威信，她攜著年紀稍大一點了的查理九世開始巡行法國，為期二年。凱薩琳與西班牙王室的接觸使孔代親王感到不安，於是他企圖劫持國王，同時選好了日子準備屠殺天主教派主要人物，這一企圖最終使得凱薩琳‧麥第奇與新教徒撕破了臉。儘管孔代親王突襲失敗了，胡格諾派在普法茲選侯之子讓‧凱西米（Jean-Casimir）部隊的支援下，取得對《昂布瓦茲敕令》的確認（這保證了胡格諾派教徒的信仰自由，但宗教禮拜儀式只限在貴族家中及少數城

鎮中舉行）。拉羅舍爾也成爲了新教的基地。是故，鄰近雙方有多起的軍事衝突。迫使二派都增加了勢力。國王的軍隊在雅爾納克（Jarnac）和蒙孔圖爾（Moncontour）重創了新教徒，但科利尼卻扭轉了整個局面。戰況顯示新教徒占了上風，如果新教徒在行動上掌握住分寸，那麼站在中間立場的王室成員也都願意和解了事；另一方面，天主教似乎也無法徹底殲滅對手。於是凱薩琳與新教徒和談，並頒布《聖日耳曼敕令》（西元1570年8月8日），法律給予新教徒幾個安全據點，爲期二年，但也損害了國家的權力。

聖日耳曼敕令帶來的和平，不但標誌著凱薩琳退出歷史舞臺，同時也標誌著她的寬容政策成功。事實上，二十歲的查理九世聽從海軍上將科利尼的建議，實行大膽的政策，提倡在反西班牙的對外事業中，尤其是荷蘭的法國人團結起來，達成和解，荷蘭暴動者領袖威廉·納索（Guillaume Nassau）、英女王伊莉莎白和科利尼之間展開了會談，但凱薩琳·麥第奇希望王室不要捲入反對西班牙的戰爭中，這並非沒有道理：西班牙可能是吉斯家族的靠山。西元1572年8月23日，凱薩琳和幾個大臣成功地使國王相信新教徒在進行一個陰謀，並迫使他採取維護國王尊嚴的措施。查理九世下令處死科利尼以及一些胡格諾派領袖，他們都是到巴黎參加納瓦爾的亨利和瓦洛亞王室瑪格麗特（Marguerite）公主的婚禮，他們的婚禮被看成是新教徒和天主教和解的加速劑。大屠殺於第二天在巴黎發生了，那一天正好是聖巴托羅謬日（Saint-Barthélemy），情況十分混亂，各城市新教徒的命運取決於當局的態度和群眾的精神狀態。資產階級民兵組織成各城市的民兵部隊，不但沒有維持秩序，反而參與了屠殺。在許多地方，聖巴托羅謬日給了百姓一個報復聖米歇爾（Saint-Michel）事件的機會，而且藉以宣洩了心頭之恨。商人、銀行家、金銀器商人、書商往往成了受害者。聖巴托羅謬大屠殺使國外輿論大譁，也激起了天主教徒的熱情和信奉新教的一些國家的憤怒，他們開始接受第一批尋求避難的胡格諾教徒。在法國，新教並沒有被完全消滅，新教徒掌握的地區仍在抵抗，尤其是拉羅舍爾。由於國王的弟弟安茹（Anjou）公爵剛被選爲波蘭國王，需要德國新教徒的支持，查理九世又簽署了敕令，重申聖日耳曼敕令的內容。但這只是休戰，對於當時的人來說，聖巴托羅謬大屠殺之後，寬容政策已是不可能的事了。

飽受考驗的法國君主政體

查理九世死後（西元1574年），他的弟弟及繼承者亨利·瓦洛亞（Henri de Valois）迫不及待地放棄了波蘭王位，返回後，他才發現處境十分被動，他

所要面對的不僅是新教徒，而且還有「憤懣派」天主教徒的反對，而這些天主教徒的首領就是他的小弟阿朗松（Alencon）公爵，即後來的安茹公爵──一個野心勃勃，但不忠實，且三心二意的王子。新國王的意圖與王室現狀之間形成了最大的對比，作為一個有才能但品行可疑的王子，並且在必需的才能方面表現出可笑的缺陷。相反地，國家在對付亂黨、個人野心以及利益等爭鬥中逐漸瓦解，原先存在於各省內、各城市內、城市與農村之間、各行會內的矛盾，由於社會不安定的增長而升高。在這樣的混亂之中，兩股政治力量成長了起來：附庸和城市。在附庸中，天主教吉斯（Guise）〔亨利・勒巴拉弗利（Henri le Balafré）〕把他的勢力擴展到王國的北部和東部。在聖巴托羅謬之夜，因為宣布放棄新教信仰而倖免於難，後來又重新為新教徒的亨利・納瓦爾（Henri de Navarre）則是波旁地區的領袖。而城市事實上成了政黨的安全地帶，但百姓卻越來越不願盲目服從了。敵對情緒使得休戰一再地中斷（西元1575-1580年）

　　吉斯家族組織了一個天主教神聖同盟，西元1580年開始的相對和平期間，吉斯使安茹公爵成為荷蘭起義的目標，但西元1584年安茹公爵就死了，繼承亨利三世的應是亨利・納瓦爾。宗教戰爭來了一個戲劇性的轉變，並醞釀著新的衝突。同時，法國在歐洲大陸地位下降，使得這個國家成為西班牙和英格蘭及一些新教徒爭奪各自利益的陣地。西班牙的菲利普二世給予天主教同盟金錢上的支持。教皇則宣稱亨利・納瓦爾無權繼承王位，吉斯家族得到了巴黎人民自發的支援，儘管當中基本生活資源的匱乏、各種布道和失業使得這個城市動盪不安，其他一些大城市也緊隨其後，紛紛歸附。資產階級自衛部隊成了同盟利用的工具，貴族們沒有表態，同盟裡顯得較為大眾化。從王位繼承人亨利・納瓦爾這方面來看，他順理成章地成了胡格諾派的領袖，得到了英格蘭伊莉莎白女王和德國新教諸侯的援助。

　　亨利三世不願傾向任何一派，結果實際上被剝奪了實權，他曾嘗試重新掌握巴黎，但人民起來反抗他〔路障日（Journée des Barricades）〕，使得他不得不逃離巴黎（西元1588年5月）。從那時起，雖然他試圖用計謀來擺脫這種境地，但最後還是不得不任命吉斯公爵亨利為攝政官，同時召開三級會議。這次在布洛亞召開的三級會議，由於為天主教徒同盟所控制，其結果十分有利於他們。吉斯似乎成了王國的主人，而國王的想法是把他除掉，在無計可施的情況下只能採取暗殺這一下策，國王同時還因禁了同盟的其他首領。

　　亨利三世的這次行動引起了普遍的反抗，教皇開除了他的教籍，索邦神學院開除了那些忠於他們宣言的臣民，傳教者為刺殺吉斯公爵辯護，馬耶納

（Mayenne）公爵亨利·吉斯創建了聯盟的省議會。亨利三世不能和納瓦爾國王和解，他聯合了所有仍忠於君主政體的人，各自竭盡了全力，兩個國王都包圍了巴黎，但西元1589年8月1日亨利三世被亞克·克萊蒙（Jacques Clément）謀殺，臨死時他指定亨利·納瓦爾爲他的繼承人，並促使他皈依天主教。

民族的苦難和救星

聯盟任命馬耶納爲王國的少將，成爲亨利四世的亨利·納瓦爾，則致力於以國王的名義而非以新教首領的身分發號施令。他透過聖克魯（Saint-Cloud）宣言，控制天主教徒，透過一個正確合法自由，一般性或全民性的主教會議來了解情況，並且在他要領導的政府中給天主教徒留一些席位。他同樣聯合那些被稱爲王室天主教徒的人：親王們、一部分貴族、一些高級教士和皇家軍官。儘管如此，外國勢力好像在控制著局勢。

亨利四世向英格蘭、德國新教派的大公和荷蘭人求救，他爲了得到英格蘭的支援，撤掉了對巴黎的包圍，試圖在諾曼第駐紮〔西元1589年阿爾克（Arque）勝利和西元1590年在依沃利（Ivry）獲勝〕。教皇格里高利八世削弱了他的權力，並把他的支持者逐出教會。西班牙的菲利普二世想把女兒伊莎貝拉·克萊兒·歐仁妮（Isabelle-Claire-Eugénie）公主，也是亨利二世的孫女推上法國王位。一支西班牙衛戍部隊開到巴黎，亞歷山大、法爾內茲（Alexandre Franèse）的部隊迫使亨利重新撤掉對巴黎的包圍。

但是聯盟分化了，革命派，又稱十六人派，依靠大衆並支持菲利普二世的政策。相反地，教皇和西班牙國王的態度喚醒了民族情感，尤其是那些等著國王改變信仰就與他聯合的皇家軍官們。一篇梅尼培式（La Satire Ménippée）的諷刺詩抨擊聯盟。爲了解決王室問題，馬耶納於西元1593年在巴黎召開三級會議，西班牙大使支持將與一個法國王子結婚的公主之候選資格，溫和派認爲這個候選資格違背了薩立克法典（Loi Salique），建議和國王談判並成功地延遲了所有的選舉（6月28日）。7月27日，亨利四世在聖德尼（Saint-Denis）宣誓棄絕原來的宗教信仰，聯盟和王室軍隊締結了休戰條約。西元1594年2月27日，亨利四世在夏爾特（Chartres）的教堂被加冕，大城市都歸附於他，西班牙軍隊撤離了巴黎（3月22日）。亨利四世同意請求教皇的寬恕，在西元1595年他得到了這個寬恕。

這只是邁向苦難盡頭的第一步，不得不放棄本國原有企圖的菲利普二世希望借助強大的同盟者的力量至少能擁有幾個省分，爲此亨利四世向他宣戰，以放棄一些優勢爲代價，他得到了主要聯盟者的聯合。但西班牙人從各方面威脅

王國，從庇里牛斯山，到法蘭琪─康堤（Franche-Comté）地區，尤其是從荷蘭，甚至不列塔尼，因爲他們已經在莫爾比昂（Morbiha）地區建立了一個基地。亨利四世在勃艮第牽制住了他們，但他們奪取了亞眠（Amien，西元1597年），不過這最後的城市不是輕而易舉便能拿下的。財政上的困難束縛了菲利普二世的行動。

　　西元1598年是法國重建的年分，4月13日簽訂了「南特詔書」，它重新採取以前那些寬容赦令上的措施，它的獨特之處在於所實施的信仰自由，在西元1597年就已被自由實行的地方和擁有高級審判權的領主的領地被允許，但在巴黎，由於宮廷不在那裡而無法被實行。新教徒可以從事各種職業，同樣可以加入在四個最高法院中舊教和新教法官各占半數的法庭。透過那些祕密條款，他們得到了持續八年的151個可靠的席位和對他們的部長和組織的承認，5月2日締結了《維爾萬（Vervins）和約》──西班牙接受恢復卡托─康貝茲（Cateau-Cambrésis）的條款。面臨毀滅的法國捍衛了其獨立和不可侵犯的領土之完整。

第二節　荷蘭的宗教暴動和戰爭

混亂的起源

西元1566年到西元1609年，荷蘭發生了很多和法國相似的事件，兩種情況下，人們看到喀爾文主義者與西班牙支持的天主教徒的鬥爭，很多事件經常是同時發生並有緊密聯繫的。從一開始民族特點就占重要地位，但與在法國發生的事件相反，天主教溫和派的第三黨沒能達成一致，宗教的對立引起了嚴重的政治分裂。

查理五世已經擴大並統一了他對荷蘭勃艮第家族遺產繼承權。荷蘭在十六世紀中葉組織了17個省，不僅包括今天的荷蘭、比利時（除了列日省的主教轄區）和盧森堡，還有法蘭德斯（Flandre）和海諾（Hainaut）的法國部分和阿爾托瓦（Artois）。透過「奧格斯堡協議」（西元1548年），它聚集了那些從日耳曼帝國管轄下解放出來的省分，一個以事實為基礎的和約使17個省關於繼承權問題達成一致，這樣17個省擁有一個國王，即荷蘭的自然領主，它以布魯塞爾為首都，其憲法是聯邦所制定的，每個省都有一總督（中世紀西班牙統治時期荷蘭各省的總督）和它的三級議會。荷蘭的國家將軍由各省代表擔任，三個顧問輔助國王，分別是國家顧問、法律顧問和財政顧問。菲利普二世登基成為荷蘭的自然領主並沒有遇到多少困難，但他不像其父那樣愛遊歷，菲利普二世留在西班牙，把荷蘭看成王國的附庸，他更願意從馬德里遙控統治它，把他的私生姊姊瑪格麗特·帕爾摩（Marguerite de Parme）放在統治者的位置上，並同時派任了樞機主教格蘭威爾（Granvelle）。

儘管查理五世控制立法來反對異端，但喀爾文主義在法國附近的瓦倫納省（Wallonnes）和安特衛普省則不斷地發展。

格蘭威爾遭到了勢力強大的領主反對，有埃格蒙（Egmont）伯爵，納索·多朗熱（Nassau Orange）王子，被稱為沉默寡言的奧爾納（Hornes）伯爵。他們以使菲利普二世召回格蘭威爾取勝，但並沒有得到喀爾文主義者的軟化。一個溫和派的聯盟組成了，即折衷派。西元1566年在貴族的政治反對派和喀爾文主義者的宗教反對派之間建立了聯盟。

從政治統一到宗教分裂再到政治分裂（西元1566-1579年）

　　事件的開始，像這類事件在法國結束時一樣，喀爾文主義者和政治天主教徒一致反對菲利普二世，由於新教徒不尊傳統的狂熱，因此在西班牙人殘酷的鎮壓而消失。

　　西元1566年4月，喀爾文主義者進攻教堂和修道院。喀爾文派貴族的起義很快被鎮壓，多朗熱不得不逃亡到德國，菲利普二世已經派阿爾貝（Albe）公爵到荷蘭擔任軍隊指揮官，並且給了他很大權力，荷蘭政府被侵犯各省特權的西班牙人掌握。一個特殊法庭，治亂理事會，宣布了對很多人的判決，埃格蒙和奧爾納被處決。這次外國的鎮壓引起了公眾的忿怒，總督瑪格麗特·帕爾摩辭職，但西班牙的勝利好像是完美的，阿爾貝公爵輕易地擊退了多朗熱的入侵，而且從三級會議接受新稅，並使一切歸於平靜，西元1570年菲利普二世實行大赦。

　　然而西元1572年叛亂又起，叛亂組織以「窮苦人」為名，曾經避難外國並重組，他們攻擊西班牙船隻。在英格蘭和羅舍爾（Rochelais）的強盜幫助下，占領從布里耶勒（Brielle）到馬士（Meuse）河口的小港口，多朗熱並且在考利尼（Coligny，其姊夫）的幫助下取得了蒙斯（Mons）和巴倫西亞（Valenciennes）。法國聖巴托羅謬大屠殺使多朗熱失去了新教一個很寶貴的支援。

　　阿爾貝重新取得南部的省分，這時菲利普二世決定施行靈活的政策，他召回阿爾貝，又實行大赦。荷蘭的聯邦形式允許仍是天主教的省和那些天主教信仰被取消的荷蘭和澤朗地（Zéland）省分和睦相處。西班牙國王的士兵對安特衛普的洗劫推動了和談，幾天之後，「根特條約（Pacification Gand）」簽訂了（西元1576年11月8日），和約允許兩個喀爾文派的省實行宗教自由，暫停了異端裁判。新總督奧地利的唐·朱昂（Don Juan）不得不接受根特和約以及西班牙軍隊的撤離，但在布魯塞爾，權力落到一個委員會手裡。多朗熱成為荷蘭軍隊的少將。

　　喀爾文派的勝利與他們真實力量並不相符，多虧了菲利普二世派來的亞歷山大，法爾內茲的軍隊，唐·朱昂在安特衛普封鎖了敵人的軍隊，多朗熱無法控制他那些試圖在法蘭德斯取消天主教信仰的支持者，他向三級議會提議建立一個足夠寬容的「宗教和平」，由於懼怕多朗熱的權力，他的一些擁護者力圖把一個外國王子（安茹公爵，亨利三世的弟弟）放在荷蘭的王位上。南方的省分仍然是天主教派的，新教徒曾經被從那裡驅趕，並建立了一個「不滿意

者」，反對多朗熱（Guillaume d'Orange）的黨派。西元1579年1月6日，阿爾托瓦、海諾（Hainaut）和杜艾（Douai）的幾個省的代表組成了「阿拉斯同盟（Union d'Arras）」，它的綱領是：《根特條約》和與菲利普二世議和。1月23日喀爾文主義者組成「烏特勒支（Utrecht）同盟」進行反擊，這個同盟集合了北方的省分——安特衛普和根特，並拋棄了與西班牙的協議。宗教因素占了上風，人們面臨著政治的分裂。

喀爾文聯合省和天主教的荷蘭

「阿拉斯同盟」和在唐·朱昂死後成爲唯一統治者的亞歷山大·法爾內茲簽訂了《阿拉斯和平條約》（5月27日），它保證了《根特條約》和對各省特權的掌握。

多朗熱本希望統一和寬容，被不妥協的喀爾文派拋棄，它否定菲利普二世的合法性，向安茹公爵求助。安茹公爵到了荷蘭表現卻很愚蠢，他於西元1584年去世，一個月後，多朗熱被暗殺。權力仍歸聯合省的三級議會（人們開始以這種方式呼籲加入「烏特勒支同盟」），但尤其是歸於荷蘭（Hollande）的首相，奧爾當巴維納（Oldenbarnevelt），他是莫里斯·納索·多朗熱（Maurice de Nassau）的兒子，也是幾個省的總督。

但亞歷山大·法爾內茲有條不紊地在荷蘭南部和東部重新取得勝利。根特、布魯塞爾、安特衛普、奈梅亨（Nimègue）、格羅寧根（Groningue）被重新攻占。菲利普二世讓法爾內茲對付英格蘭的入侵和對亨利四世的鬥爭，因而分散了他的力量。法爾內茲死於西元1592年，後繼者皆無法與他相媲美。法西戰爭毀滅了再次戰勝荷蘭的希望。西元1596年法國、英格蘭、聯合省結成同盟。莫里斯·納索攻取了東部的省分，菲利普二世爲了解救南部的省分因而同意與法國停戰。另外，他把荷蘭讓給阿爾貝大公和伊莎貝拉公主，而他的女婿和女兒在沒有子嗣的情況下，荷蘭將重歸西班牙，故西班牙軍隊仍留駐，只有南部十省的代表去參加布魯塞爾的三級議會（西元1598年）。菲利普二世去世後戰爭繼續，西元1609年菲利普三世不得不簽訂十二年的休戰協議，協議事實上承認了聯合省的獨立。

第三節　宗教戰爭的後果

經濟和社會

　　在最富有、最有活力的西歐國家中發生的四十年宗教戰爭的後果，是十六世紀末法國和荷蘭的很多地區展現出荒蕪的景象，還有放棄耕種帶來的災害性饑荒、大量人口流動引起的時疫和戰爭的破壞。糟糕的情況可能不像人們所說的那麼嚴重，因爲經濟復甦很快，受害最重的地區是安特衛普，西元1576年洗劫和澤朗地人對埃斯科河（Escaut）河口的關閉的受害者。與安特衛普的毀滅相反，阿姆斯特丹表現出了繁榮。戰爭形成了財富的巨大流動，在聯合省，特別是爲了富有的資產階級商人的利益，教會失去了它所有的財富。天主教取勝的國家裡教會同樣失去了財富，或者由於沒有歸還的掠奪，或者爲了支付天主教軍隊的開支而賣掉了一部分修道院的地產。世俗的教士在一段時間內被剝奪了什一稅。資產階級商人在很多情況下因不安全和商業的困頓而受損害，但有一些人利用這些事件：寵臣、大領主讓他們的優勢號召力使金融家（在義大利）、武器供應商、穀物商、各種商品的投機者付出了沉重代價。最後農村團體和城市不得不負債。爲了維護他們的防禦工事，付錢給武器商或購買食物，讓他們失去了自由。

　　戰爭對藝術生活沒什麼好處。荷蘭的繪畫和法蘭德斯的繪畫在十六世紀和十七世紀的大藝術家之間有一個斷代；文學則以苦難和軍事爲特點進入了一個新的階段：天主教詩人隆薩爾（Ronsard，去世於西元1585年）最後的十四行詩攻擊了喀爾文主義者，革新派有巴爾塔斯（Bartas，西元1590年去世）和阿格利巴奧比尼（Agrippa d'Aubigné，西元1630年去世）。我們可以列出大量誹謗性的短文，一些很有才華的作家回憶錄作品，蒙呂克（Montluc）、拉農（La Noue），還有斯多葛派作家或像蒙田（Montaigne）一樣醒悟的作家。政治運動帶來了文藝復興的人文主義。它不得不屈從於第三十屆宗教會議所重申的天主教正統思想或那種在喀爾文主義者身上表現出的必要性的正統思維。相反地，人們可以想到宗教戰爭發展了寬容的思想，但一種信仰被強力根除，沒有代替品。由於漠不關心、對教理的無知，基督教在一些地方受到威脅，它只能以迷信統治下的宗教儀式的形式存在。然而在十六世紀末，天主教的菁英又有了信心，它從今以後把信仰建立在第三十屆宗教會議的法令基礎上，並且依靠方濟嘉布遣會（Capucin）和耶穌會的教士活動。儘管受到法國派的法學家

影響，法國國王沒有承認宗教會議法令，但一些高級教士仍開始執行這些法令。如果初等教育好像有退縮的話，那麼耶穌會的中學和新教科學院遍布各地，準備著新型的教育。精英教育和平民教育的差距在拉大。

政治思想的革新

　　儘管思想甚至民族都被牽連，宗教戰爭以一種對思想發展有利的回歸而結束。聯合省以國家實體的形式出現了。法國人強迫自己容忍，這是繼續生存的條件，他們拒絕了國王對於宗教的選擇。然而，王權受到部分來自新教徒及部分來自天主教徒的攻擊。奧特曼（Hotman）的《法國的高盧》（*La Franco-Gallia*）這本書出版於西元1573年，它與西元1579年的《對暴君的審判》（*Vindiciae Contra Tyrannos*）肯定了君主必須順乎民意。從來就不存在天生頭戴王冠、手拿權杖的君主。君主與百姓之間存在契約的觀念進一步發展。國民大會（Sanior pars）這一組織，實際上就相當於公民議會，有權阻止國王違反神聖的法律，國王若是這樣做，那他便成了暴君，而那些真正的信徒們就可以起來反抗他。這種觀念導致了荷蘭的喀爾文主義出現，在聯合省，這些觀念被採納應用了。而在西元1585年之後，法國的天主教徒們呼籲教皇以此廢黜一位繼位的國王，耶穌派的瑪麗亞娜（Mariana）甚至以此為刺殺篡權的暴君辯護。這些事件的啟發之下，又出現了刺殺亨利三世、刺殺多朗熱和刺殺亨利四世事件。而那些君權的維護者們呼籲制定一些基本的法律，不僅要規定國王的義務，而且還要規定繼位方面的法律，以及確保君權和精神權力的分離。就在一些人，例如杜牧藍（Dumoulin）及阿延（Haillan）對君權讓位於廣泛的國家權利推崇備至的時候，勃丹（Bodin）在其《共和國》（西元1576年）一書中，提出了絕對君權的理論，這種純粹君權高漲到了一個前所未有的程度，只有上帝的戒條和自然法才能對國王的意志加以限制。大部分的國家對於國王要尊重臣民的人身、家庭和財產這一理念，是無法將君權一併相容並蓄的，它只能同意徵收新稅。這一理論使得在亨利四世時期，君主權力得以恢復，而李希留和路易十四也正是以此作為理論依據的。

　　就是這樣，宗教戰爭在荷蘭和法國產生了兩種關於君權的理論，它們在十七世紀分別被法國的絕對君權和英格蘭的有限君權發揚光大。

第十九章

君主國家的命運：
西班牙和法國

第一節　西班牙王權的衰落

今天的人們基本同意這樣一種觀點，那就是荷蘭和英格蘭當時正在緩慢地向一種新的國家形式演變，有著一個光明未來的、自由的國度，它是以大量資產者的出現爲前提的，當然，在十七世紀是不會用這種觀點來看待這個問題。荷蘭不過是一個小國家，它的那段毫無道理的繁榮不過是對中世紀無政府混亂狀態的一種糾正，而英格蘭似乎只是一個分開的偏僻之國，那裡的革命只是在製造醜聞，而它的統治者們卻不能成功地把英格蘭帶向一個合情合理的專制政權的道路。相反地，這種專制制度卻在兩個大國大放異彩，出盡風頭，那就是西班牙和法國，這兩個國家爲所有想擺脫中世紀那套體制的王國和侯國立下了榜樣。然而，這兩個專制王國的命運也是不同的：前者被它自己那太具野心政治所拖累，漸漸停滯不前了；後者由於被國內的嚴重危機所折磨，實行了一種來源於神權的絕對專制，借助於一種相對高效率的行政管理體系，使那些資產階級的代理人在向大規模商業貿易的方向發展中也比別的沿海國家的資產者緩慢。這兩個國家力量對比關係的變化在現今的人看來，不過是爲後來的軍事事件提供了根據〔西元1643年西班牙軍在羅克羅瓦（Rocroi）慘遭失敗〕，而它的慘敗也致使西班牙專制制度朝著西元1640年英格蘭的方向轉變。

十七世紀的大半部分時光屬於這個被人們稱爲「西班牙的黃金時代」。西班牙的文明似乎是一下子放射出光芒。西班牙政府繼續執行一種帝國主義政策，國家就在保衛海外強占財產的過程中逐漸耗盡，人口的減少、經濟的停滯導致了財源的缺乏，而當時的人們在很久以後才意識到這一點。

人口的減少和經濟的停滯

根據最樂觀的估計，西班牙的人口，從西元1590年到西元1650年期間，由八百五十萬減少到六百五十萬。人們可以推演出許多不同的理由，而移民到美洲這一原因被誇大了，實際上船隻的數量和噸位大大限制了移民的數量。至多不過是減少了西班牙的一些年輕人和朝氣蓬勃的活力，這是從一種心理學的角度來看。同時，大量地往美洲移民，同樣也使西班牙少了一些不安定分子，使地方性的饑荒乞討減少，此也有利於社會秩序的維護。這些移民同時也被大量的法國移民所補充，特別是在加泰隆尼亞。西元1609-1611年間，大量的摩里斯科人（Morisque，西班牙十六世紀被迫改信天主教的摩爾人）被驅逐，大約

超過二十七萬人，當然，加泰隆尼亞（Catalogne）戰爭的蹂躪、國家稅制的實行，也對人口的減少起了一定的作用。

可見，人口減少的最主要原因是因為流行瘟疫的不斷侵害。鼠疫，成為十七世紀歐洲地中海地區的地方病，它一次又一次地強烈發作。在西元1649年到西元1650年間，塞維亞（Seville）損失了一半的人口，當然，這次人口的減少並沒有波及整個西班牙。西元1630年以前，加泰隆尼亞還保持一個明顯的增長趨勢，相反地，在以下這些省分：木爾西亞（Murcie）、安達魯西亞（Andalousie）、亞拉岡（Aragon）和卡斯提爾，人口卻大量減少，大量的摩里斯科人被驅逐，藝術家和園藝師到北非去尋找財富，尤其是到摩洛哥。諸如卡斯提爾省原本是西班牙強盛的基礎，它不再是西班牙王權統治的勞動力的貯存地。西班牙所屬的義大利領地內同樣出現了人口停滯增長的現象，這也是由於流行病的肆虐，當然，似乎還有另一種新現象，如出生率的降低，大量向外移民也起了一定的作用。人口的增長只是在別的城市裡，比方說在那不勒斯，但這種人口增長也不是由於經濟發展的原因。

經濟生活中那些獨有的特性很快顯現出來了，儘管一系列措施禁止牧羊人在耕作的田裡放牧，麥斯達（Mesta）還是繼續著損害穀物的耕作和生產。酒類產品、重要的出口物資，在大量放逐摩里斯科人以後減少了。紡織業處於首要位置，但是羊毛的出口多數是以原毛的形式出口，而沒有被加工。絲織業一直為宮廷生產，並且被大人物所控制著。商業在西元1640年以前一直非常繁榮興旺，麥地那‧坎普（Medina del Campo）的集市吸引了國內的大量貿易。對外港口裡，法國人，尤其是義大利熱那亞人（Génois）代替了法蘭德斯人（Flamands），非常地活躍。此外，需要提一下卡地斯（Cadix），它是西班牙主要的經濟中心。葡萄牙人爭取獨立的努力似乎並沒有給西班牙帶來災難，但卻促使了西班牙經濟的衰落。

西班牙的社會仍然掌握在高級教士和高等貴族的手中。這些高等貴族在數量上有所減少，但他們的財富卻日益增加，因為他們濫用長子世襲財產的制度，這種制度使得遺產一代又一代的在長子們手中傳遞。人們看見大量的貧窮教士、僧人到處漂流，有學問的人走出大學，為宮廷皇室服務，還有那些貴族出身但不是長子的人亦是如此。經濟生活建立在一個少有進步的有產者階層。而在農民中，擁有土地的人數減少，短工的人數卻大量增加，這可是流浪漢人數暴增的時代，他們之中經常是貴族出身，顯示了對體力勞動極大的漠視，卻偏好於刺激冒險和乞討的生活。他們透過種種手段騙取大人物、作家或藝術家們的錢財。

國王和他們的顧問們

菲利普三世（西元1598-1621年）和菲利普四世（西元1621-1665年）讓人覺得像是退化的人，兩個人都極力維護君主政體的尊嚴，但又都使政府落到貪婪的寵臣手中，諸如萊爾瑪公爵（Lerma）等。然而，西班牙的君主專制政體仍然算是維護得不錯，看起來基本上達到了菲利普二世的一些目的，這當然是在奧利瓦萊斯（Olivares，西元1587-1645年）這個聰明而又精力充沛的人執掌國家大權的時期實現的。奧利瓦萊斯沿襲著一個多世紀以來形成的政策。軍事委員會、財經委員會、印度方面事務委員會、義大利方面事務委員會等，所有這些當局機構都被削弱，如此就對議事院有利，這是個非正式的和祕密的議會。西班牙君主專制政體所構建的各洲議會的職權也被削減了。軍隊仍握有其實權，西班牙對此越來越感到力不從心。海軍面臨著可怕的對手荷蘭人、英格蘭人和法國人的侵犯，但一切又是那麼地堅強。奧利瓦萊斯改革了官僚機構、提高了稅收，尤其是針對四周的省分，哪怕是被特權人物所保護的也不例外。然而，這時的通貨膨脹卻以一個讓人擔憂的速度增長。

菲利普三世的統治時期非常平靜。奧利瓦萊斯再次喚醒西班牙帝國主義，這似乎是一段美好的時期，時局的發展十分順利。西元1621年荷蘭在執掌行政大權的總督死後，與西班牙重修舊好。白朗峰（M. Blanche）的勝利顯示出歐洲天主教陣營的強大。哈布斯堡家族（La Maison de Habsbourg）兩派之間在西元1619年再次達成和解。奧利瓦萊斯的不幸在於發現自己不得不面對法國的樞機主教李希留（Richelieu）。在這兩個人的領導下，西班牙和法國加入一場永不可能緩和的競爭，它帶來的是不斷身亡的士兵，此也導致了起義和內戰的情事，亦深深動搖了兩國的統治。

早在西元1631年，國王就曾為了討好各省的特權階層，平息了比斯開（Biscaye）的起義。到了西元1640年，西班牙的君主體制在各方面都出現了危機，並瀕臨崩潰，要求分裂獨立的起義先是在加泰隆尼亞和葡萄牙爆發，接著又在亞拉岡和安達魯西亞點燃，在這兩個國家有著一些戲劇性的結局。奧利瓦萊斯曾經拒絕和加泰隆尼亞人（Catalans）進行和談，他們宣稱讓菲利普四世下臺，把他們劃歸為路易十三的臣民，這一事件一直延續到西元1652年。當時的法國正被投石黨人所困擾，無力保護加泰隆尼亞人。法國與西班牙的聯合對葡萄牙的資產者來說原本有利無害，但葡萄牙大多數人失望地發現自己被捲入了西班牙人所發動的戰爭，而這些戰爭使他們失去了安蘇蘭德（Insulinde）和巴西，這兩個地方被荷蘭人占據了，而且戰爭加重了他們的稅收和服役年

限。奧利瓦萊斯經過考慮起用了布哈岡斯（Bragance）作爲軍事將領，他是王室家族的後裔，一個私生子，沒想到他在西元1640年12月1日歸附了里斯本的叛軍，自封爲王，稱爲讓四世（Jean IV）。西班牙不得不勉強支撐抗擊荷蘭人。葡萄牙人在法國和英格蘭的支持幫助下，經過二十八年的戰爭，最後簽訂了《維拉維西奧薩條約》（Le Traite de Villaviciosa），葡萄牙的獨立地位才得以確認。

　　西元1642年李希留去世，隔年菲利普四世要求奧利瓦萊斯辭職，並以唐路易・阿勞（Don Luis de Haro）代替他，唐路易・阿勞精通外交甚於國事，並能夠鎮壓下西班牙境內的義大利人的叛亂〔西元1647年那不勒斯的馬薩尼羅（Masaniello）叛亂〕，以及從法國突然爆發的內戰中得利，但他還是無法阻止國家的衰落。

西班牙人的黃金時代

　　就在君主政體開始衰敗的這段時期，西班牙人的文明在歐洲也處於領先的地位，人文主義運動並沒有因宗教裁判所而完全窒息，儘管有焚刑，就像西元1627年的科爾多瓦（Cordoue）一樣，那些大學仍保持原本的生活，而法律和歷史仍然是重要出版物的主題。戲劇、詩歌和小說到了一個興盛繁榮的時期，洛佩・維加（Lope de Vega）、提爾索・莫里納（Tirso de Molina）、紀廉・卡斯特羅（Guillen de Castro）、阿拉爾孔（Alarcon）、卡爾德龍（Calderon），他們使西班牙的戲劇有著嚴謹的節律，表現形式趨於細膩。詩歌在貢格拉（Gongora）的倡導下，迷失於一種矯揉造作、故作風雅的文風裡；但小說卻寫得生動有趣、扣人心弦，尤其以塞凡提斯（Cervantes）和蓋維多（Quevedo）最爲典型。在格萊哥（Greco）之後，一個光輝耀眼、新穎奇特的繪畫學院因有眾多著名畫家而聞名，譬如其中有里貝拉（Ribera）、蘇爾巴蘭（Zurbaran）、木里羅（Murillo），尤其是委拉斯奎茲（Velasquez）更爲著名。

　　西班牙文明所包含的內容源於對專政和獨裁的一些研究，對於這一點，也可以在宗教神祕主義裡看出。此外還有高度的榮譽感、西班牙人民的民族主義情緒、對經濟活動的遠離、異乎尋常的政治觀點和殖民主張等。西班牙改革了宗教神祕主義學說，隨後聖・亞維拉的德蘭（Saint Therese d 'Avila）和聖・十字若望（Sainte Jean de la Croix）一同創立加爾默羅會，加爾默羅會到處增設，藝術家們被一種幽幻的靈感所啓發。榮譽感的發展，使騎士們的信條深入普遍

的百姓階層。這種榮譽感能促使人們敢於頂撞當局，這一點成為戲劇中最受歡迎的主題之一。此時以大西班牙自居和自豪感的文學作品亦隨處可見。對摩爾人（Maures）的鬥爭是一種永遠訴不完的仇恨。委拉斯奎茲在布里達的投降（La Reddition de Breda）一書中描述了這支歐洲最強大的軍隊。但現實主義也同樣在文學作品裡隨處可見。無論是戲劇、小說還是繪畫，那些被巴布洛‧布斯貢（Pablos de Buscon）和蓋維多（Guevedo）讚賞的具有著自尊和獨立地位的乞丐、流浪漢亦經常出現在那神祕的舞臺場景中。那些最受寵愛的藝術家也毫不留情地刻劃國王和王后的生活情形，因徒們亦承認他們的世襲權，他們高貴偉大，他們已經把國王和王后當成自由的衣裳和象徵。

被人羨慕、仇恨或嘲諷的西班牙同時也被到處仿效，哪怕是在敵對國家裡也一樣。別忘了加爾默羅會的改革起源於西班牙，還有各國的弄臣皆仿效西班牙貴族的侍從，並從西班牙借用他的英雄進行榮譽決鬥。西班牙作家的作品經常被義大利、英格蘭如德來頓（Dryden）、法國的作家翻譯和模仿：從西班牙來的有《才子們》〔Les Précieux，斯古得利（Scudéry）夫人著〕、《小丑們》〔Les bouffons，斯加龍（Scarron）著〕，許多著名作家，像高乃儂和莫里哀都曾從這些作品裡面吸取過題材，黑色的緊身服就是從西班牙那兒學來的。可是此時的西班牙已開始到處有關於吃人肉、喝人血的巨妖傳聞，這與各沿海強國的海盜以及所有因在西班牙殖民地非法買賣而觸犯當局的人有關。西班牙這個太陽永不落帝國開始出現諷刺冒充好漢者的漫畫，出現對那些愛說大話、一遇事就手足無措者的諷刺。種種事情愈演愈烈的情況與西班牙政治上的衰落分不開。從這一世紀中期開始，歐洲不再是西班牙的歐洲，而是轉向了法國。

第二節　亨利四世時期法國的復興

　　西元1598年時期的法國，一方面被拯救了，另一方面又千瘡百孔、百廢待舉。此時法國從對內和對外戰爭中擺脫出來，法國在歐洲勝利了，並且後來整個歐洲臣服於十七世紀時期親政的路易十四。然而，這期間也夾雜著多少悲慘的場面：亨利四世的被刺殺、被外敵入侵、內戰連綿，以及伴隨著經濟乃至社會的危機。在這一段時期，我們很少能發現一些相對安寧的時刻，如果有，也只能提出從西元1598年到1614年，以及從西元1653年到1661年，這兩小段時間了。

王室威信的恢復

　　法國君主專制政體在擺脫宗教戰爭的過程中，總體上得到了加強。薩利克法典（Salique）批准了由亨利三世的一個遠房侄子登基。皇家基本法律中的一些觀點被進一步澄清，國王必須是法國人，並且是天主教徒。亨利四世給了法國人一個信仰宗教的自由，承認這不再屬於國王所管轄的事務，除非遇上薩提爾·梅尼培（Satire Ménippée）所規定必須由國王處理的嚴重暴力行為。所有反對君主制的理論都相繼轉向關於新教徒和天主教徒方面了，這些理論似乎已飄洋過海到英格蘭。但實際上，在法國也並未被遺忘，亨利四世的個人功績就在於他用行動證明國王可以滿足王國對和平的渴望。

　　亨利四世是法國國王中極少數需要征服自己的王國中的一位，透過征戰，他擁有了健壯的體魄和豐富的經驗，非常了解自己的王國。表面上看來他坦率而又有人情味，行動起來非常機敏，很容易獲得同情和支持，但他的處境卻十分困難，尤其是因為年齡的關係，使他看待問題不再像以前那樣清楚明白了。他具有人情味的外表和政治上的溫和派給百姓留下了一個溫厚寬容的國王印象，然而，他實際上從未放棄過他的原則：一個國王，除了對上帝和自己的良心，不對任何人負責。這並不只是他理想主義的觀點：只有大棒（武力）才能換來和平。雖然他許過諾言，但他根本沒有徹底把各地區真正統一起來。各地區的執政者和各城市的領袖都在他的監視之下，他增設了許多監視各地的特派員，毫不猶豫地處決了比龍元帥（Biron）。比龍元帥是國王在軍隊中的一位老朋友，卻在西元1602年和西班牙勾結謀反。對於一個國家來說，沒有財政金融，也就不可能有什麼權威。無疑，蘇利（Sully）的財政改革（蘇利是當時

財政總監）被誇大了。人頭稅暫時地被降低，但是各種間接稅、鹽稅、票據稅卻增加了，於是人們求援於權宜之計（如瑪麗‧麥第奇的嫁妝）。國家的債權人將減少到四分之三。其中的一些權宜做法有利於保證君主政體的未來，例如：出賣官職與官職稅為國家帶來了大量的收入，官職稅是財政官及司法官每年繳納給國王使其能繼續保有職務，甚至世襲的一種賦稅。這樣一來，官職成為財政，它們的票面價格在上半世紀增加了十倍，而且這些官職都具有一種世代承襲的性質，這讓世人要成為官吏亦難如登天，對於後來的人也越來越困難。而那些正式高級官員的任命，同時伴有貴族頭銜的授予，即穿貴族袍，國王則放一部分權力給他們。由這種途徑升遷的官吏，即使效忠於國王與政府，但國王還是根本不信任他們。

南特詔書的執行不無困難，儘管經過多次治理整頓，詔書本身包含著普遍的赦免意思，此時重新恢復的天主教禮拜也到處都是，對於那些所謂聲稱宗教改革的人也實行了赦免。在原本已成立新教教會的地方，每一個大法官管轄區的兩個城市或村鎮，新教徒享有舉行宗教儀式的自由。在巴黎和一些省分的議會裡，為了解決關於兩種宗教之間的矛盾而產生訴訟，因而天主教徒和新教徒的席位也各占一半。新教徒也應該繳納什一稅，並不得干擾主教的宗教禮儀。還有一些建立在這些基本架構上的祕密條文裡，天主教和新教雙方都同時做出了讓步。國王認識到牧師、樞機主教會議、教區會議的平等存在，他特許給新教教徒151個地區，但卻禁止了這種改革的禮儀，這一點是聯盟成員的首領在和談時所極力要求的。一項授予新教牧師和其機構的禮拜活動由國家維護部分言論信仰。至於詔書中的席位問題，大體上只允許一位新教的參議員。天主教的禮儀在貝亞恩（Bearn）被禁止，因為在這地區至少有90%的人屬於新教。最後，還必須派遣大量皇家特派員去解決地方上的衝突，而這種和解看得出來非常脆弱。

經濟的振興

法國慘遭戰爭的蹂躪，農田裡的農事常常被中斷，人民生活更加悲慘。城市裡，失業情況極嚴重，導致大批人淪為乞丐。在那些糧食供給還不如十六世紀之初的地區，一些流行病常常演變為地方疾病。再者說，安定的秩序並未立即伴隨和平的到來，被遣散的士兵成群結隊地製造恐怖事件，就像西元1604年以前一直橫行在不列塔尼和布瓦圖（Poitou）交界處的吉勒里大盜（Guilleri）同夥一樣。忍無可忍的農民有時發動暴亂事件（在西元1594年至1595年間），

佩里戈爾地區（Périgord）發生了「克洛甘暴動」（Croquants，意指鄉下佬），封建領主和專制王權亦都受到了沉重的打擊，只有振興經濟才能帶來安寧。由於以下幾個原因，經濟的復甦還算是平穩。首先，那些社會上的混亂並沒有深入打擊國家的活力，和平也給人們帶來了好的希望，而亨利四世亦只需要沿襲前人所留下的法令和條例就可以，但由於一些事情的發生也阻止了這些法令的實施（包括西元1581年職業法的制定，以及西元1597年的再次修訂）。最後，亨利四世得到了優秀的輔臣幫助，他自己雖沒有什麼經濟政策，但為了恢復強化國家過去的權威，他聽從了兩位新教徒大臣的建議，採取了一些強有力的措施，一位是財政總監蘇利，法國的一位偉大工程師；另一位是國王的親信巴爾德勒米・拉菲馬（Barthelemy Laffemas）。

　　蘇利關心國家的財政金融和公共秩序，他認為，必須優先處理的首要工作就是國民生計問題和賦稅制度的恢復。與他的金融政策一樣，他的經濟政策也是非常傳統的。他採取了一系列限制措施，旨在鼓勵農業生產，幫助勞動者。他首先想到的是農民，降低了人口稅，禁止債主逼農民以耕畜和農具抵債，重新造林植樹，重建集體公社財產，規定了使用權，組織捕狼的鄉勇，禁止在麥田和葡萄園狩獵，對於鄉下貴族的幫助主要表現在允許他們於豐年時出口小麥。還有來自奧利維・塞爾（Olivier de Serres）的鼓勵和支持，這位維瓦拉伊（Vivarais）的紳士，是一位新教徒，在其《農業園圃和農業管理》一書中（這本書出版在西元1600年），他呼籲鄉下貴族們從政治活動中解脫出來，努力透過對自己領地的妥善管理來增加自己的收入，他還介紹了一些新的耕作方法，例如桑樹的種植。為了擴大耕地面積，國家鼓勵排乾泥淖，改造良田的做法，例如維爾尼（Vernier）沼澤，在荷蘭專家的幫助下，改造為良田。蘇利是法國著名的道路管理方面的工程師，同樣努力修復道路，並在兩旁植樹，以確保路線的暢通和寬度。為了改善水路交通，連接塞納河和羅亞爾河的布里阿爾運河（Briare）也開始動工。

　　拉菲馬的重商主義理論在法國引起很大反響。他認為應該大力發展貴重物品的生產，以防止因進口這些貴重奢侈品而導致的黃金外流。從西元1601年到西元1603年間，他完成了一本著作《貿易委員會》，這本書大體勾劃出他的經濟政策。一些皇家製造場也設立了起來，有紡織場、煤炭場、地毯場（在巴黎）、蕾絲花邊場、銅器加工場等。拉菲馬非常重視絲綢製造業，當時這在貴族階層也非常地流行。蘇利和拉菲馬會晤，商討如何鼓勵種植桑樹，里昂和圖爾（Tours）是兩個主要的絲綢製造中心。對外貿易顯得越來越重要，對外出口中，以酒和鹽類的出口為第一。然而，西元1604年建立的法國東印度公司效

益卻是不彰，與當時的英格蘭、荷蘭相比，在法國，資本家大多被地產、購買官職與如何轉成爲貴族所吸引，相對地，他們並沒在經濟活動上全力發展。

不滿和亨利四世之死

然而不滿從來沒有停止過，蘇利在金融界獲得的好名聲歸因於他償還部分國債，還有巴士底金庫的建成。但是，財政的負擔也增加了許多，以利息爲生的階層對於失去的四分之一收入也非常地不滿，新建立起來的里弗爾（Livre）貨幣體制並沒能阻止投機活動。國王把自己置於親信和金融家的手中，這些金融家都擁有徵收多種稅收的權力。對於官職稅的做法也使佩劍貴族十分不滿，因爲他們看到又一階層──穿袍貴族（Noblesse de Robe）的出現。這種社會上的普遍不滿也喚醒了那些反對君主制的主張，換言之，應該除掉暴君，而且他們已經在被刺殺的一些統治者和首領身上看到這種方法的可行性。亨利四世總是以一種毫不妥協的老頑固形象出現，不僅是個暴君，而且還是個篡位者。他已經成了十多次謀殺的目標，而耶穌會的人亦已被驅逐出法國（在西元1594年至西元1603年），藉口是他們之中的一位教士企圖弑君。

除卻以上這些原因，還應加上西元1610年與西班牙的斷交。亨利四世在這以前只是曾與薩伏瓦公爵（Le Duc de Savoie）開過戰，逼迫他簽訂了里昂條約（西元1601年），用薩魯斯（Saluce）侯爵的領土，強迫換來了布雷斯（Bresse）、比熱（Bugey）、法爾羅梅（Valromey）和熱克斯地區（Gex）。這樣一來，拓展了里昂的邊境，使王國直接與瑞士各州相連接。亨利四世支持荷蘭人反對西班牙，他們並因此得了十二年休戰的時機（西元1609年）。就在這時，突然爆發了克萊夫事件（L'affaire de Clèves），反對法國與德意志諸侯締結的「福音聯盟」，而這種聯盟是法國用以牽制哈布斯堡家族所支持的天主教同盟。於是他決定率領一次軍事遠征，亨利四世在對西班牙的鬥爭中似乎又站在新教的那一邊，而西班牙是天主教強有力的捍衛者。宗教狂熱驟然被激化。一個老天主教盟員拉瓦亞克（Ravaillac），在國王征戰前夕刺殺了他。

拉瓦亞克的舉動所產生的結果卻和他自己所預料的相反。亨利四世被認爲是一位爲國家和事業而捐軀的國王，死在弑君者的手中是法國人莫大的恥辱。王權專制制度和神權因此事件更得到了加強，這並不表示法國人準備接受任何一種政權組織的形式。

君主未成年時期的騷亂和路易十三親政初期

歷史學家對亨利四世的統治到李希留的統治期間的這段歷史（西元1610-1624年），抱有非常嚴肅的態度。在這一時期裡，人們看到的是經濟金融秩序混亂，大領主和新教徒們都擁兵自重，法國在歐洲實行的政策毫無所獲，期望全落空。西元1610年時，路易十三才剛滿九歲，艱困的責任落到了攝政王瑪麗‧麥第奇（Marie de Médicis）肩上，她是一個才能平庸的女人，並被一對隨她而來的外國人所左右：即她的姐姐雷奧諾拉‧卡利卡伊（Léonora Galigal）和姐夫孔契尼（Concml）。這兩派一致認為，應該繼續執行亨利四世的政策路線，他們和亨利四世的大臣們共同尋求與西班牙達成諒解。這就是被稱為「法蘭西好人」和「天主教好人」的兩派，至少在西元1630年以前他們一直是針鋒相對的，然而這兩種稱呼似乎並不能讓人明瞭其中的對立。「法蘭西好人」派（Bons Francais）是一些真正獻身於宗教事業的天主教徒，但他們是以不損害國家利益作為前提；相反地，「天主教好人」派（Bons Catholiques）是一些想獻身於國家的人，但他們的這種獻身卻是以不損害宗教為前提。

女攝政王瑪麗清楚地意識到，她的王國需要和平。她極力尋求與西班牙達成諒解，表現在路易十三與西班牙公主安娜‧奧地利（Anne d'Autriche）的婚姻（西元1614年），而且明確地去做所有一切能拯救王室的事，但這並不是沒有弊端的。由於他們和西班牙的靠攏也使得新教派們十分不安，在亨利‧勞昂（Henri de Rohan）的鼓動下，新教徒成立了一個軍事組織。公侯們企圖迫使攝政王拋棄她的義大利寵臣，瑪麗‧麥第奇短暫地免除了他們的職務，同時給他們大筆足以掏空國庫的養老金。該是召開三級議會的時候了，然而，三個等級根本就不可能達成一致。第三等級主要由法官和富有資產者組成，反對高級教士所提出的三十條教規對國事的干預，也使貴族們的三個等級聯合起來反對王權的陰謀無法實現。貴族們要求廢除對資產者有利的賣官鬻爵制，而且對於第三等級的演說家言論表示憤慨，第三等級把三個等級比喻成三兄弟，孩子和他們的母親——法國。高級教士和第三等級求助於攝政者。西元1615年2月23日，代表們被召集並呈上他們的陳情書，會議暫時中斷，王族也成了裁判。從西元1615年至1617年間又恢復三級議會，一個年輕的高級教士李希留參加了會議，貴族們被制服，他們的首領孔德（Condé）也被送進了監獄。但是被其母親剝奪了權力的路易十三則透過一次重大政變參與政權，他殺掉了孔契尼（西元1617年4月24日），迫使他的母親遷居，李希留也頓時失寵。

軍人似的性格、羞澀、專制、有責任心卻又沒有經驗的路易十三，深受其

寵臣的影響。呂伊納（Luynes）幫他實行一種傾向於天主教的政策，但必須面對瑪麗・麥第奇和領主的黨派們的叛亂，還有新教徒的造反。西元1620年路易十三把貝亞恩（Bearn）併入法國的版圖，並在那裡重建天主教，亦逐漸向哈布斯堡家族靠攏，打擊新教勢力，但最後未取得什麼進展。面對政策的失敗，路易十三召回了母親和亨利四世的大臣們，最後李希留在西元1624年進入了國會。這段徘徊的時期還沒有結束，但李希留堅強的個性將爲法國帶來一種新的統治。

第三節 路易十三和李希留統治下的 法國

　　關於國王與首相李希留之間的關係問題曾有過許多的傳聞。路易十三在其母親的壓力下，於西元1622年升其爲主教，西元1624年又升其爲首相。李希留出身於普瓦圖（Poitou）一個貴族家族，是家中最小的一個孩子，在西元1614年進人三級議會以前，他曾經是一位優秀的大主教。雖然他的身體不是很好，但他仍有著過人的精力、邏輯、清醒而又現實的頭腦，有著一種高傲而又強硬的性格。在關心王國的強盛過程中，他逐漸地成熟起來。他沒有自己的政治理論體系，時局讓他採取一種迎合大眾的政治路線。路易十三很快就發現了李希留的過人之處，而且對他非常信任，李希留也從未拋棄過遵從國王意願這一原則。久而久之，這兩個人之間逐漸形成了一種默契的和諧。

李希留的政策游移時期（西元1624-1630年）

　　李希留當政之初是非常困難的，他企圖重新執行亨利四世的輔臣們的政治路線，和荷蘭締結聯盟，靠近英格蘭法蘭西的亨利埃塔・瑪麗亞〔（Mariage de Henriette de France），路易十三的妹妹，和未來的查理一世妻子〕的婚姻。西元1625年，新教徒們的再次武裝叛亂，以及西班牙反對瓦爾特里納（Valteline）的企圖，使李希留陷入了困境。他必須解決這些問題，爲了鎭壓下新教徒們的叛亂，他開始接近西班牙，並就瓦爾特里納問題達成妥協，在西元1626年簽訂《蒙松和約》（Paix de Moncon）。新教徒建立起來的一套秩序，其組成結構實質上仍仿效教士們那一套。仰仗他們的軍事組織和他們的軍事據點，形成了一個「國中之國」，並與英格蘭等外國勢力形成聯盟。針對他們，李希留領導了一次國家戰爭，而不再是宗教戰爭。新教徒的主要據點是拉羅舍爾城（La Rochelle），李希留從陸地上形成了對拉羅舍爾的包圍之勢，又讓人在海上築起一道長堤，用以阻止白金漢（Buckingham）所率增援艦隊的入港。雖然新教徒頑強抵抗，但由於饑饉和瘟疫，他們不得不在西元1628年11月向王室軍隊投降，最後，在塞文山區（Cévenne）的戰役也以勝利宣告結束。西元1629年6月國王頒布了「阿萊斯恩典敕令」（Lédit de Grace d'Ales），國王承認了南特詔書的執行，但是取消附件中給予的那些特權，加

強宗教寬容制度的實施，在法國實行了半個多世紀，有利地保證了新教徒的順服，而且和英格蘭之間的和平也很快得到恢復。

拉羅舍爾城臣服的翌日，法國又面臨一次重大的選擇。那些「天主教好人」眼看著貧窮者日漸增多，群眾不斷反抗，天主教兩大派──天主教好人派和法蘭西好人派之間的戰爭爆發在即，因而感觸也頗深，他們強烈要求和平和政治的改革。在與新教徒作戰的期間，李希留對他們無暇顧及，任隨其便。西元1629年國家頒布了米高法案（Le Code Michau）以進行軍事和司法方面的改革，兼顧在西元1614年三級議會時陳情書中的意見，但實質上這部法案沒有被實行。此時的李希留所擔心的是鄰國西班牙的強大，西班牙在法國的周圍也築成了一道真正的「巡查道（Chemin de Ronde）」，毫不猶豫地支援法國國內的叛亂，甚至透過與王后安娜和路易十三的弟弟加斯東（Gaston d'Orléans）、大領主們的叛亂、新教徒的造反等的接觸，直接滲入到王室內部。德意志發生的一連串事件使局勢對哈布斯堡家族有利。李希留很早就曾表示過要遏制西班牙、義大利的活動。西班牙支持某個王子，而法國支持內韋爾（Nevers）公爵互相爭奪帝國在義大利領地曼圖亞（Mantoue）的繼承權。同時，阿萊斯恩敕令惹惱了篤信宗教派。在西元1629年1月的「向國王進諫書」（l'Avis au Roi）中，李希留呼籲行動起來，準備應付最緊急的事：為了政治改革的成功，必須面對哈布斯堡家族的帝國主義的挑戰。

李希留和他的對手們透過寫抨擊文章來闡述各自的觀點，並在國王面前爭寵。此時的李希留在西元1629年11月成為首相，緊緊掌握主動權。法國軍隊占據著薩伏瓦─皮埃蒙（Savoie-Piemont）公國的重要地區，這就保證了內韋爾公爵對曼圖亞的繼承權。然而在雷提斯堡（Ratisbonne，屬德意志）的國會上，勒普‧約瑟夫（le p. Joseph）使斐迪南二世（Ferdinand II）的計畫失敗了。西元1630年11月10日，李希留主教的敵人自以為達到目的了。戰敗者們為他們的企圖付出了昂貴的代價。西元1632年蒙莫朗西公爵（Le Duc de Montmorency），朗格多克的總督（Gouverneur du Languedoc），聯合加斯東在他的省內造反，結果失敗被抓，並被處死。由於他努力不懈，李希留已完全從顯貴們和新教徒製造的麻煩中脫離。

君主政體和拯救眾生

如果說李希留的政治路線是實際的話，他實質上是認可了自亨利四世遇害以來的政治作家關於君主制的論述，即針對君主制論調的反應所做的闡述。

我們尤其可以在「勒布雷主權協定」（Le Traité de la Souveraineté de Lebret，西元1632年）和「政治遺囑」中發現這種觀點，國王被認為是「世間神性的象徵」。國王只應對上帝負責，他所應有的尊嚴應該具有一種神祕色彩。國家被認為是對民族的具體詮釋。對於國王軀體的最重要部分在於頭腦，「國家的理性」如同軀體的自然規律。只有國王自己才能真正認識到國家的利益所在，即「拯救萬民」的條件所在。李希留用這樣一些詞彙來表達自己的思想。為了能夠拯救眾生，國王不應遇到任何阻礙。服從國王應該是虔誠倍至的，因為這是國家的理性所要求的。李希留對於國家需要強有力的內閣理論的辯解，持有自己的見解。而國王不能什麼事都自己經手，因此委託一部分權力於政府各機構是非常合理的。但是國王不應該聽從那些顯貴們，尤其是三級議會的意見，因為讓群眾放肆地公開抱怨是一件非常可怕的事。相反地，非常有必要的是，要做到只有一個掌握國家舵柄的舵手，這自然應當是首相。

　　李希留的當政有利於三十條教規法典的實行和天主教的擴張，但他也要求教士會議通過無償贈送法案，企圖限制迅速增多的修道院，加強對西班牙這種「神祕入侵」的監視，對於貴族，他表現出極大的同情，「國家主要神經中的一個」。他在落實亨利四世的敕令過程中，為維護貴族且反對決鬥，使自己成為一個讓人討厭的傢伙，同時，他領導了打擊那些鬧事的顯貴和其被保護人的鬥爭，尤其是把不在各省邊界的強大城堡一一摧毀。他接受了買賣官職的做法，在把競爭引入機關的過程中，幫助了資產者透過經商迅速致富，但他不讓國會全權介入政治事務。西元1614年國會頒布了議會對國王的諫諍權利法案。然而，平民並不受到重視，李希留自己對平民也漠不關心，他有自己的看法，認為平民是他馴教的結果。「如果所有的人都想做什麼就做什麼，那麼就不可能將他們規範在自己應盡的義務中。」

　　李希留的政府是一個鬥爭的政府，這也有利鬥爭手段的發展，以及行政管理的集權和輿論的控制。軍隊的常設部隊根本不到一萬人，然而在與西班牙作戰時，卻需要招募十五萬法國的或外國的僱傭軍。李希留不得不臨時成立一個軍事管理機構，受控於王室官員的手中，他任命那些軍事總督，掌管控制人員編制，監督軍人的紀律、軍官的服從、武器裝備、軍需供給、車輛運輸和醫院救護。從西元1635年的平庸之師開始，法國的軍隊整整用了八年的時間才完成訓練並成為強大的軍隊，從而保障了對孔德（Condé）和蒂雷納（Turenne）公爵戰爭的勝利。李希留個人對海軍和海上貿易非常感興趣。為了打敗拉羅舍爾新教徒（Rochelais），因而需要尋求外國的幫助。李希留自任海軍總長、總司令、海軍財政總監，從此海軍管理機構也同時產生，掌管利凡特（Levant）艦

隊和波南特（Ponant）艦隊。利凡特主要由帆槳戰船組成，而波南特艦隊則多為從外國買回來的軍艦，或是法國自己建造的船舶。

首相所要為王國做的，遠不只於此。他重新採用了拉菲馬（Laffemas）的觀點，建立重商主義的基礎上，他有一個雄心勃勃的經濟政策，然而對於手工工場的鼓勵支持，由於關稅的產生而大受限制。此外，限制奢侈法令的公布，也限制了資產階級穿戴那些貴重的衣物，從而使奢侈品的進口減少。他企圖開闢一條為商貿打通關口的道路，把法國置於沿海商業的光輝頂點。米高法典中關於水上貨運和沿海航行的規定，確立了航海法律提供的基本原則，李希留允許貴族們可以經商，但這些措施還只是停留在紙上作業。他仿效荷蘭，建立了一些航海公司：即百名會員公司（Compagnie des Cent Associés）致力於向加拿大的移民運輸。加拿大從西元1609年起，薩謬爾·尚布蘭（Samuel Champlain）就建立了魁北克；安地列斯群島公司（La Compagnie des Isles）則是向安地列斯群島移民。蒙特婁、塞內加爾的聖路易、多芬堡（Fort-Dauphin）、瓜德魯普（Guadeloupe）、馬爾蒂尼克（Martinique）和波旁島（Ile Bourbon）的建立，為以後的發展打下基礎。然而，法國的公司並沒有取得原來意想中的成功。李希留雄心勃勃的經濟政策，對於當時的法國的物質條件和精神條件來說太過早熟了。

為了使整個國家接受這種政策，國家的機構也朝著集權的方向改革。事務院（Le Conseil des Affaires）由一小部分參議員即國家的部長們組成，擁有對重大問題的決定權。與此相比，傳統的國王的議會日趨專門化，只局限於國家一般事務和財政等方面（如解決司法權限上的爭議）、內部會議或聚會（把訴訟案給國王審理或撤銷原判等）。四個國務祕書總是各自管理王國內部屬於自己的四分之一部分，但是到了西元1635年，他們之間的分工開始專門化。他們之中的一位負責戰爭問題，另一位負責對外關係。李希留加快了取消各省建制節奏，大多數省分不再被召見，把這一些政府機構歸於不列塔尼、普羅旺斯、勃艮第、多菲內（Dauphiné）和朗格多克幾個省分。李希留監視並撤換各省的負責人，或把各省的權力交給他派去的攝政官。

國王不能仰仗那些王室官員去執行一些不得人心的決定，因為他們太傳統化，而且和他們的臣民都有著聯繫。如此，從西元1635年開始，國王越來越常派遣特派專員去辦事，起先只是前往駐有軍隊的地方，後來就遍布各地了。這就是那些總督，接受一項廣泛任務，包括司法、財政和員警各方面，也就是說他們被賦予行政大權，且經常是被武裝過的，而當時任期往往也很短。實際上，這些總督附屬於王室財政官員（財務官和當選者），總督們則成為了國家

專制機構中一個模糊而不具實權的角色。

最後一點，李希留非常注意控制人們的思想，他著手在自己周圍成立一個真正的報社機構，那些專寫誹謗性短文的文人們，按照主教的意思來寫作，這樣他可以在需要的時候爲自己辯解。西元1632年他攻擊德奧弗拉斯特·勒奧多（Theophraste Renaudot）在一份週刊上發表的觀點，因爲這在別國早已發生過，這是新聞公報以有利的方式刊登的消息。對於書刊的審查制度加強了。李希留非常喜歡作家，他讓幾個文人在其保護下成立一個組織，這就是後來的法蘭西學院。根據西元1635年的詔書，法蘭西學院由四十位自行加聘的成員組成，成爲首相手中的一個工具。

抵抗運動和軍事獨裁

李希留的政府遇到了來自各方面的強烈反抗：大顯貴們、地方政權、人民大眾。他們深受政府的各種專制手段和不斷增長的賦稅折磨。

國家財政實際上是政府體制中最薄弱的環節。由於與西班牙的戰爭，財政支出不斷增加，政府不得已靠臨時措施來蒐集金錢以應付龐大開支。例如，提高人頭稅和鹽稅，新的消費稅（每賣一里弗爾上繳一蘇的消費稅）出現了，官員收受賄賂，任命的官員占有一個官職，輪流來當官，向官員、稅收承包人和有承租權者強行借貸。在西元1640年又發行了路易金幣，通常降低黃金貨幣的手法。

總督們負責把各種稅收法令強加給議會、各城市、各種行會組織和居民，因此他們很快地得到一個差勁的名聲。法國早就曾出現過群眾騷亂，每當憤怒到極點時總要發生，成了一種地方病。西元1630年隨之的一次重大鼠疫和兩次莊稼的欠收，導致了饑饉和生活費用的提高。西元1636年在羅亞爾河與加隆河（Garonne）之間的地區發生了城市暴動和「克洛甘」（Croquants，意爲鄉下佬）起義，以及西元1639年諾曼第的「光腳板」（Nu-pieds）起義；從西元1643到1644年期間，這樣的事情到處都在發生。打擊特派員、收稅員、高級官吏和包稅人的武裝團體到處都有，這些人有的被殺死、房子被燒掉。口號經常是「國王萬歲，但不要有鹽稅！」並經常有不滿的農民、市民，甚至官吏的參與。地方政權一點也不可靠，只有靠軍隊，秩序才能迅速建立起來，況且，這不過只需要少數的幾個士兵，殺死幾個人來殺一儆百就解決了，這些士兵的作爲就像是在戰爭中，製造了相當多的慘案。但是軍隊的調遣也經常地不能按時，路程的遙遠和從各省邊境抽調士兵也有實際困難，尤其在夏天更爲嚴重。

更令李希留擔心的是宮廷裡的密謀，幾乎從愚弄日（La Journée des Dupes）那一天開始，每年不揭發出幾樁與西班牙有關的陰謀就不算是一年，奧地利的公主安娜整天處在這種陰謀的主使者中。他們名義上曾以王弟加斯東為首領，他是一位優柔寡斷、膽小怕事的人。李希留對他們的懲罰是毫不留情的，不管犯罪者有多高的地位。

李希留之所以能夠戰勝他們，是因為擁有一群對他絕對忠誠的支持者，李希留利用國王對他的恩寵，給他們以高官厚祿和各種榮譽。李希留的心腹在各個階層都有：教會的、佩劍貴族、穿袍貴族。掌璽大臣塞吉埃（Séguier）後來成為大法官，還有財政總監、國務祕書等都是李希留的死黨。總督多數是從法國行政法院審查官中任命。最後一點，李希留有條不紊地透過他那些慣用的手段，成功地讓法國人做出了從未有過的犧牲。這犧牲所得到的結果就是拯救了王室和導致了法國人民的貧窮。

李希留於西元1624年的12月4日去世，臨終前向路易十三推薦了馬薩林。奄奄一息的路易十三成立了一個攝政班底，除了王后以外，還有加斯東，國王指定的攝政官，孔代親王，馬薩林首相，掌璽大臣塞吉埃和兩個國務大臣。決策則根據多數人的意見，路易十三於西元1643年5月14日去世，五天以後，羅克華（Rocroi）大捷給去世後的李希留戴上了榮譽的光環，但戰爭依舊，國家仍然是疲倦不堪。

因為國王年幼而不能執政的時期，總是特別微妙和困難，再加之戰爭和貧困，這局面就更加困難了。

攝政太后和馬薩林

年幼國王登基以後（路易十四時年不滿五歲），接踵而至的是一連串意想不到的事。5月18日，攝政太后為了擺脫攝政班底，下令讓國會取消了路易十三的遺囑。不言而喻，她給了國會一個更重要的政治角色。同時，她保留馬薩林繼續作為首相，這樣一來，法國落到了以親西班牙和叛亂行為出名的皇后，以及根本沒有法國化的義大利人手中。政府機構仍以一種無法預測的方式繼續維持，馬薩林樞機主教（也許是太后的情人）也掌握法國大政的方針，當然，他遠沒有李希留那樣風光。他出生於西元1602年，在教皇周圍的環境中長大。在羅馬教廷任職期間，他晉升得非常快：中尉、外交官、羅馬教皇派出的亞維儂（Avignon）副特使、駐巴黎教廷公使，就在這時期，他得到了李希留的賞識。西元1639年他取得法國國籍，進入事務院（Conseil des Affaires）。

虛假的謙虛外表，絲毫掩蓋不住他的野心和暴發戶的貪婪，為自己和家族搜括財富。除了他的外交機智和才能之外，人們很少了解他的其他面：如天生的勇敢、頑強，充沛的精力。他最後不僅向王室，而且也向全法國證明他自己，對他的老搭擋，後來成為攝政王的太后也絕對地忠誠。

王后周圍的親信企圖把馬薩林趕下臺去，但卻沒有成功。為反對首相而結成的共謀，即「重要的陰謀集團」（La Cabale des Importants，西元1643年3月），結果主使者們得到的只是被補和流放命運。五年過去了，一個深受義大利影響、引人注目的宮廷掩蓋不了經濟和財政的逐漸走下坡，這種情況直接影響王權本身。為了支持戰爭，財政總監帕第斯里・埃默利（Particelli d'Hémery）求助於增加賦稅，大賣官爵，巧立名目。像羅夏法令（L'édit du Rachat）所規定的內容（除國會以外，停發高等法院法官俸祿四年，用以抵充九年來司法官應向國王繳納的官職稅）。同時，政府也喪失了低級官吏、資產階級和巴黎市民的支持。群眾暴動到處發生，貴族挑釁，官員們組織了各種聯合會，到處都反對總督，尤其是英格蘭革命的影響更使人們不滿，巴黎的議會亦處在運動的最前面。

第四節　投石黨運動和王室權威的重新確立

　　法國君主專制制度的發展，自李希留去世後漸漸延緩下來，尤其在西元1648至西元1652年間，受到嚴重的損害，人們看到整個國家又重新陷入內戰的深淵裡。造反叛亂在西元1648年前後的歐洲到處發生，如那不勒斯、英格蘭、荷蘭、法國，但實際上，這些不同的事件之間沒有任何政治上的聯繫，它們的共同起因或許能夠解釋這場革命的烈火。人們發現自己置身於一場經濟危機的中心，但實際上這場危機並沒均等地降臨到所有西歐國家的頭上。從投石黨運動中，我們更能看出一種打著法蘭西烙印的現象，即為一種因社會和經濟的危機而導致國家危機的鮮明特點。

　　經濟的衰弱最先由不好的收成引起，繼之而起的饑荒、瘟疫、貧窮和政治上的混亂狀況使這一切更加嚴重。這是一個高死亡率和高失業率的時代，使許多的勞動力可以投入暴亂。無窮的災難加劇了反抗和鬥爭，這些鬥爭帶有著個人的特色，談不上什麼階級意識的覺醒，只不過是在人群和團體裡散布混亂。窮人們只為了活命而鬥爭，戰爭給國家帶來了大批的難民，到處是被軍隊驅趕出家園的人們、受傷的士兵或逃兵，行乞討飯開始變得有侵略性。二十多年以來，群眾暴亂不斷增多，儘管對暴亂的鎮壓是極其殘酷的，但社會的秩序仍得不到尊重。經濟蕭條使小資產階級寢食難安，且苦於賦稅的增多和年金的被削減，緊跟著貴族的臉色行事，尤其是高等法院的顯貴們，他們沒有起來鬧事，只是因為怕鬧得過大、不好收拾。顯貴們抓住了報復的機會，他們倚仗那些貴族的支持者，通常是一些好鬧事的人，或是整日操勞而收入甚微、憤憤不平的窮人，都是些難以馴服的個人主義者，許多人成為這場戲劇中的演員，甚至扮演主角，像保羅‧孔代以及未來的樞機主教雷茲（Retz），巴黎大主教的助理，還有孔代親王，他們兩人之間往往針鋒相對。女性方面，如加斯東‧奧爾良的女兒哥朗德小姐（La Grande Mademoiselle），突出了投石黨運動中浪漫色彩的一面，並使其中一些騷亂成為一種時髦。貴族們極力收攬民心，波爾福公侯（Beaufort）曾自封為哈爾國王（Le Roi des Halles），他們利用了那些天真的、毫無想法的人來製造混亂，當然馬薩林也同樣利用這些人來反對他們。實際上，在控訴大眾所忍受的那些真實的苦難同時，一部分貴族宣稱他們找回了由於經濟發展和王權加強而失去的政治和社會的角色。

這些想法或許並不足以引起一場危險的暴亂，王室掌握著高等法院的穿袍貴族們：國會、救濟院、審計院，穿袍顯貴們把權限和財富連結起來，並透過提高官位的價格來增加財富。王室需要高等法院來通過法令，國會眼看就要有權撤銷國王的遺囑了，王室的官員們也意識到他們自身的重要性，因而渴求形成一個「第四等級」。官員們的工會組織形成了，旨在保護他們的職權、他們的特權和他們的獨立地位。然而王室已開始對他們不滿，並開始要求他們做出一些財政上的付出。國會帶頭表示反對，向王室提出了憲法依據和一份綱領：志在恢復理想化的過去。尤其是要取消首相制，然而這直接危害到專政王權，此外取消總督，還有那些派往各地的監督官，國會認為這些是侵奪了政府官員職權的篡權者。法國貴族院的議員能夠在國會中享有席位，最高層的貴族應該能就重大政治問題參與意見，重建元老院（Curia Regis）。國會使投石黨運動披上了一層反動的色彩，幸運的是，相對君主專制政體來說，當時還不存在任何一個社會階層、政治力量可以利用這個足夠大的缺口，就像西元1789年大革命時的情形一樣。

就當時而言，各種不同的不滿集結在幾個非常簡單的主張上：重新回到亨利國王那個時代，廢除自西元1635年以來產生的各種賦稅，遣回各地總督和鹽稅局官吏，在國王和被譽爲「祖國之父（Pères de la Patrie）」的受歡迎議員之間建立起信任，還有對馬薩林的不滿。巴黎的賦稅雖然比大多數法國人都要繳納少得多，巴黎人仍然對政治上的動盪特別地敏感。

在最高法院的召喚下，各地法院聚集在一起，通過了一項含有二十七款的建議書，要求厲行財政改革（減少賦稅、保證年金和工資的發放、取消稅收承包人制度），肯定了官員們的要求（分攤和增加賦稅只能由專門的官員來決定，不再設置新的部門，對於專門的官員不能隨意地逮捕）。各地法院的成員特別要求國王召回各地的總督。7月31日，國王的詔書幾乎全部答應了這些要求，但到了8月26日，趁著朗斯（Lens）大捷，馬薩林下令逮捕布魯塞爾（Broussel），他是高等法院中最受民眾歡迎的法官之一，巴黎人立刻走上街頭設下拒馬，28日攝政王后做出讓步，下令放了布魯塞爾。

然而，「西發里亞條約」的簽訂（La Paix de Westphalie）解散了部分軍隊。在西元1649年1月5日至6日的夜晚，王后和幾個親信在孔德軍隊的保護下逃到了聖傑曼·昂萊（Saint-Germain-en-Laye），路易十四對這次出逃留有痛苦的回憶。此時被王室軍隊封鎖的巴黎，正等待法院控制政府，人們並組織了資產階級的自衛隊，製作抨擊性的小冊子，馬薩林的反對派激起民眾來反對首相，有時煽動一些革命思想（這正是處死英王查理一世的時期）。保羅·孔

代（Paul de Condé）逐漸靠向高等法院和顯貴一方，這些貴族們在各省組織叛亂。然而高等法院的官員們害怕民眾的活動，更擔心惹火了西班牙，對巴黎的封鎖也使其疲乏。3月31日高等法院與馬薩林談判，雙方協議除了各法院會議以外，馬薩林做出讓步，因而也促使高等法院投石黨運動也結束了。

孔代（Condé）親王居功自傲，以剛被他救回來的法國王權的保護人自居，後來馬薩林下令逮捕他（西元1658年1月18日），內戰也再次爆發。由於各省法院的暗中勾結和西班牙的祕密支持，圭亞那（Guyenne）、利穆贊（Limousin）和勃艮第（Bourgogne）省也挑起了叛亂。王權政府所要面對的就是如何來分化這些混亂的起義。收復波爾多（Bordeaux），大敗蒂雷納（Turenne）公爵於勒代爾（Rethel，西元1650年12月15日），似乎表明諸王侯發動的投石黨運動已接近尾聲。

馬薩林的勝利使高等法院不安起來，因為它擔心馬薩林重新在各地設置總督，這樣就促使了兩股投石黨的聯合。馬薩林毫不顧忌，一意繼續推行攝政王的政策，到了西元1651年的夏天，投石黨內部再次出現分裂，龔蒂（Gondi）與孔代（Condé）之間也產生不和，並與王后進行了談判。高等法院為了國家的整體利益不願意拋棄其政治主張，它宣稱擁護路易十四親政（7月7日），並在巴黎熱烈歡迎國王歸來，孔代不得不離開這個城市，去和西班牙進行交易（11月6日）。

在西元1652年法國接受了嚴峻的考驗。在波爾多的孔代和奧爾梅（L'Ormée）叛亂組織取得了聯繫，這個組織統治了王國的西南地區和普羅旺斯。王室到了普瓦捷（Poitiers），在蒂雷納領導的軍隊的保護之下，巴黎出現了更大的騷亂。被蒂雷納圍困在巴黎城下的孔代軍隊受哥朗德小姐所救，她為孔代的軍隊打開了所有的城門，恐怖籠罩了整個首都，惶恐不安的孔代在巴黎也待不下去，不得不逃走了。國王於10月21日回到巴黎，他被高等法院禁止其參與國家政治和財政事務。馬薩林於西元1653年1月回到巴黎。在西元1653年間仍然有一些小的投石黨叛亂，尤其是在波爾多，那裡的奧爾梅受到孔代分子和西班牙的支持，7月27日波爾多也投降了。

投石黨運動所導致的後果

軍隊的蹂躪，加之悲慘的經濟狀況，法國已經是疲憊不堪，在西元1652年造成了大量的人口死亡，這次的高死亡率致使一直到該世紀末，仍有出生率異常低的年分出現。雖然祖上的遺產已盡數耗盡，而且產業的轉讓也已經初具

規模，尤其是在法蘭西島（Ile-de-France），然而孳生產權（什一稅、實物地租）和土地租金仍然存在，那些日漸沒落的領主們以前所未有的貪婪來搜刮，多數村裡的社團也都是負債累累，野蠻行徑和迷信行爲亦有所增多。

　　大顯貴們和高等法院由於投石黨運動而喪失了信譽和尊敬。馬薩林領導著他的一批忠實擁護者，逐漸地在各省恢復了總督，但是在財政方面仍然很弱。高等法院只有到了西元1655年4月13日以後，才算眞正被制服，就在那一天的會議上，路易十四強迫他們要服從。馬薩林也對路易十四進行教育，爲其登基的事做準備。當然，此時的法國還不是一個完全穩定的國家，雖然與西班牙的戰勝和約已經簽訂，但不管怎麼說，戰爭還是一直持續到西元1659年。而此時路易十四也已基本掌握了由李希留創建，又經馬薩林重建的這一套政治統治手段。

第二十章

英國和荷蘭的社會等級

第一節 君主專制制度在英國的嘗試

　　在十七世紀的危機中，曾經因歐洲經濟中心轉移而受益的英格蘭和聯合省（荷蘭）表現出了不同的情況。經濟的急速發展和擁有大部分人口的宗教定位，使傳統的社會結構不復存在，社會在表面上也顯得更加多變，並把它引向一個新的社會理想，荷蘭在世紀中葉可能就已經實現了這種理想，而動盪中的英格蘭還沒有實現。傳統的政治結構也受到了影響，在荷蘭有一個中世紀的國家概念，所以傳統的政治結構趨於自由化；而在英格蘭，局勢動盪直至釀成一場持久而殘酷的內戰，在緊張的局勢中，發展出兩種建立獨裁政府的企圖：一個是查理一世的企圖，此是建立在傳統君主專制制度的基礎上；另一個是克倫威爾的企圖，它是以軍事武裝、清教徒的信仰和重建秩序的必要性為基礎的。

　　西元1603年斯圖亞特王朝的詹姆士一世實現了英格蘭和蘇格蘭的統一，他是瑪麗‧斯圖亞特的兒子，當時已經是蘇格蘭國王，不久愛爾蘭也臣服了詹姆士一世。儘管有這些初期的成功，它們對於英格蘭的命運又是至關重要，然而斯圖亞特王朝還是不太順利。詹姆士一世是一個平易近人的君主，他受過良好的教育，而且非常能幹；他重建了蘇格蘭的秩序，對君主的作用有著深刻的認識；他曾經撰寫「天賦王權」，支援國王的神聖權力；另外他還表現出支持英國國教的等級制度。然而，他的兒子查理一世就表現得比較傲慢，他贊成法國和西班牙盛行的君主制理論，但由於缺乏個性，因此被人牽著鼻子走，做出了很多讓步，既然國王的權力是不受約束的，在他的眼裡這些讓步也沒有任何價值。總之，斯圖亞特王朝的最初幾個國王在英格蘭人民身上所產生的影響並不大。

一個運動中的社會

　　伊莉莎白統治時期已開始的經濟發展，這時仍持續著，此時人口並沒有增加多少，因為流行病和缺糧的情況經常發生，農業生產的產量很低，只有少數地區例外，相反地，工業則取得了一些進步。

　　十七世紀中葉，英國煤的年產量達到一百五十萬噸，採礦技術得到了改善，紡織工業變得多樣化，英格蘭西部（曼徹斯特）甚至也出現了棉花，儘管英格蘭人在波羅的海不是荷蘭人的對手，但他們在漢堡、荷蘭和西班牙卻得到了很大的補償，他們向漢堡和荷蘭出口產品，與西班牙的商業往來在西元1604

年得到了恢復。西元1640年英格蘭船舶承擔了93%的出口業務和79%的進口業務，在歐洲大陸廣泛傳播的重商主義也吸引著英格蘭，國家對商品的壟斷以一種無規則的方式增加，這也引起了商業階層的不滿。

從印度群島的商業發展中得利而致富的商人和船主構成了商業階層，他們掌握了越來越多工場的領導權，在工場中灌輸一種由資本主義和清教主義相融合的精神，生意上獲得成功說明了神的恩典（Max Weber）。商業階層中還包括倫敦地區的房地產業主，他們介入國家和貴族子弟的生意，這裡的貴族確實比歐洲其他地方的貴族開明得多。詹姆士一世出售貴族封號，並創造了男爵的爵位，一個具有其特點的農業貴族階層（紳士）就這樣形成了，他們經常出身於謹慎節儉的資產階級，利用世俗化運動的機會增加自己的土地，再把土地租賃出去耕種，他們還從事圈地運動，富裕起來後透過擔任治安法官的職務參政，或許還能在議會中獲得一個上議院議員的頭銜。在這個教育比較普及的國家裡，反對派中最活躍的政治分子就來自這兩大社會集團。與他們對立的一方是為數不多的地主組成的貴族階層，另一方則是廣大群眾，由於某些家族的消失，國王將壟斷權恩賜給某個人，地主階層重新煥發了生機，操縱中央政權的宮廷黨就來自這裡。相反地，廣大群眾的命運卻是愈加地惡化，所以人民對於物價上漲、饑荒和失業也更加敏感，由於人口過剩和圈地運動，使許多農村人口也加入城市的流浪與乞討行列。相反地，人們對乞討者和流浪者越來越懷疑，人們不再把不幸看作是上帝的挑選，而是看作上帝的懲罰。不過王權還是想盡力地透過固定工資、組織慈善協會、重新制定行會章程來予以補救，但慈善協會卻使窮人們不滿，因為極其嚴格的規章使窮人們失去了自由，而行會章程又使商業階層和上流社會不滿，並且議會的支持者認為它們侵犯了王權。

各種對社會和對政治的不滿情緒還帶有一種宗教特點，斯圖亞特王朝和宮廷黨一邊保持著他們對羅馬教會的敵意，一邊又加強了主教的等級制度和天主教儀式的地位，所以他們冒犯了上流社會以及個人主義的商人們，上流人士篤信他們的家長和領主對於《聖經》的解釋，而廣大群眾有時則轉向出自再浸禮的各教派，一個充滿激情的清教徒世界就這樣形成了，他們僅僅只是在對當時教會的敵視態度上統一，在這裡，希望保持一個蘇格蘭長老派教會類型的國教人士和像獨立分子一樣拋棄一切教會組織的人互相來往。英格蘭人受到兩種社會觀念和宗教觀念的煽動，這兩種觀念絕不是完全對立的。另外，至少在內戰發生的最初幾年以前，君主制絲毫沒有受到任何的攻擊。

君主制和議會

由於沒有過比較清晰的政治實踐，十七世紀初英格蘭人認為他們的國家已組成了一個受習慣法約束的聯邦（共和國，當時的意思即國家），但習慣法可以有不同的解釋。

國王覬覦絕對的統治權，希望用他的私人委員會來實行統治，在可能的情況下請求議會的幫助。在第一種情況下，國王的命令是一些聲明，在第二種情況下，國王的命令就是有法律效力的法令。另外，人們認為國王是不會出錯的，如果國王的政策有誤，那就是他顧問們的責任，而國王在議會的權力是無可非議的，只有國王才有權修改習慣法。詹姆士一世和伊莉莎白一樣很少召集議會，即使開會時間也很短。議會由兩院組成，由於貴族被更替，上議院的大部分議員都是國王的心腹，下議院的議員是從市鎮和各郡選舉出來的。各郡和城鎮分別得到上流人士和商人的支持，所以這些郡也分別由他們來代表，某些議員如皮姆（Pym）和漢普登（Hampden）顯現出是真正的領袖，而議員們平常也僅是揭露他們所認為是惡習的現象。

面對議會，國王沒有與法國國王一樣有效率的機構，也沒有和法國國王一樣多的皇室官員可依靠，私人委員會和特權法庭（畫有星狀物的分庭管理政治事務，高級特別法庭管理教會的案件）很不得人心。地方行政被交給副議員、郡長和治安法官管理，他們都是由國王在主要的房地產業主中任命的，他們的服務是不計報酬的，但當命令與他們的社會集團的利益相悖時，他們就不太熱心執行了。國王沒有常備軍，國王的財政只能依靠他的收入和取得議會同意所徵收的稅款，其中包括西元1604年被大幅度提高的關稅，所以國王寧願實行謹慎的對外政策以限制消耗，也不願向議會要求徵收賦稅以外的御用金，在必要的時候，他就發行義務公債。由於英格蘭國王既是蘇格蘭國王，又要治理愛爾蘭王國，他的地位變得複雜起來。在蘇格蘭，國王不是教會的首領，議會即傳統形式上的三級議會，愛爾蘭在幾十年中相對來說比較平靜，英格蘭法律也引入了愛爾蘭，政府在愛爾蘭利用蓋爾人（Gaéliques）、英格蘭天主教徒和新教徒移民之間對立。不過這兩個王國在西元1638年前則無憂慮。

在詹姆士一世統治下，國王及輿論之間還存在著某種平衡。西元1605年一個天主教的陰謀，使國王周圍形成了共同反對羅馬的民族意識，但詹姆士一世任用包括白金漢（Buckingham）在內的寵臣執政，此時表現得揮霍無度，把壟斷權大肆分送給朝臣。他過分謹慎的政策也使他失去了一部分人心，他與西班牙講和，責備曾經嘗試反對西班牙殖民地但失敗的華特·瑞里（Walter

Raleigh）爵士，並聽憑他被處以死刑。在公眾希望他支持他的女婿巴拉提那（Palatin）選侯與奧地利哈布斯堡家族對抗時，他卻為威爾斯王子向西班牙公主求婚；不過，他也懂得及時讓步，他在去世前不久向西班牙宣戰（西元1625年）。相反地，查理一世力圖透過實行積極的對外政策來爭取英格蘭人，白金漢沒有做好充分的戰爭準備，因此英格蘭海軍在卡地斯（Cadix）被擊敗，未能援救被李希留圍困的羅西萊（Rochelais）兄弟，因英王在西元1628年召集議會，請求徵收賦稅以外的御用金，但寇克（Coke）和塞爾登（Selden）提交了一份「權利請願書」，譴責草菅人命，譴責議會沒有同意的徵稅。最後國王向請願者做出了讓步，但西元1629年白金漢被暗殺後，當時娶了一位信奉天主教的法國公主為妻的英王查理一世，決定將議會踢到一邊。

個人政府和它的失敗

　　幫助國王實現願望的有被他任命為坎特伯里（Cantorbery）大主教的勞德（Laud），和他從前的反對者史特拉福（Strafford）勳爵，英格蘭人稱這次專制主義的嘗試為「暴政」。勞德努力恢復現有教會的俗權，並將出自天主教的儀式再引入禮拜儀式中，這引起了清教徒的激烈反對。教會的高級特別法庭採取行動，宣布將一些人逐出教會或監禁起來，一些清教徒逃往美洲。為解決財政問題，查理一世與法國（西元1629年）和西班牙（西元1630年）講和，他還藉口保護英格蘭商業不受荷蘭人侵犯，將原本在各港口徵收的造船稅擴大到國內每個城市。這項賦稅遭到了抵制，拒絕繳納稅金的漢普登事件為反對派幫了忙；而當國王必須抵抗蘇格蘭叛亂分子時，他發現很難借到錢。在君主們為克服危機的一般性做法中，查理一世的嘗試可以諒解，個中翹楚是法國的路易十三和李希留。然而與歐洲大陸的情況不同，專制主義在英格蘭遭到了活躍的資產階級反對，它在挽救舊的社會結構同時，似乎透過反對借貸和圈地運動來譴責經濟上的個人主義。面對這種保守的行動，反對者們沒有全部表現出自由主義的傾向，有些人遠走美洲殖民地安家落戶。另外，查理一世的「暴政」比李希留的獨裁更幸運的是英格蘭國內和平、經濟繁榮，要想使英格蘭人內心的不滿爆發出來，需要有外在的條件。

　　查理一世在蘇格蘭非常不謹慎地推行同化政策，勞德也試圖在那裡建立主教等級制度，憤怒的愛丁堡居民簽署了一份協約，得到了整個蘇格蘭的擁護（西元1637年），就在他們表明對國王忠誠的同時，重建了長老派教會組織，查理一世無力將他們制服。他的顧問們為了使英格蘭與蘇格蘭對抗，於是建議

查理一世再次召集議會，徵收賦稅外的御用金（西元1640年），但議會中又出現了西元1629年的反對派，國王在三個星期後將議會解散（短期議會），但是蘇格蘭人入侵英格蘭，他必須再次召集議會（長期議會）。

第二節　革命與共和國

隨著長期議會的召開，英格蘭進入一個動盪不安的時期，最終導致了內戰的爆發，導致君主制被推翻，而軍事獨裁也代替了君主制。這並沒有阻止國家經濟的發展，但它使英格蘭在歐洲政治地位低盪的狀況又延長了十五年。

議會的勝利

長期議會包括60%的房地產業主、商人和法律人士，但半數以上的議員都接受過大學教育或司法教育，最著名的人物皮姆（Pym）又重新回到議會，並決心推翻查理一世的「暴政」，且恢復了議會的作用。法律無法保護史特拉福，在群眾的壓力下，他被議會判處死刑，西元1645年勞德也被處決，國王被迫放棄解散議會的權力，王室法庭、造船稅和勞德的教會組織都被廢除了。史特拉福的垮臺，在他曾經野蠻統治的愛爾蘭產生了意想不到的後果，愛爾蘭人紛紛起義反對烏斯特（Ulster）的蘇格蘭和英格蘭移民，盎格魯天主教徒也緊隨其後。議會不願將鎮壓愛爾蘭叛亂的軍隊交給國王，所以向他遞交「諫書」，規定他選擇的顧問必須是議會信得過的。查理一世企圖採取武力行動，他來到議會，想逮捕包括皮姆和漢普登在內的五名下議院議員，但他們都躲避到了安全的地方，並發動倫敦起義。查理一世放棄了這個已經部分騷亂的城市，此時有40%的議員跟隨著他。

內戰和軍隊作為政治力量的出現

英格蘭人被分為兩大陣營：支持國王的保皇黨和支持議會的圓顱黨。起初，這兩大陣營中各成員的社會背景沒有很大差別，陣營內部經常發生變化。

國王嚴密控制了北部和西部，而議會在南部和東部組織自己的力量，從經濟上而言更占優勢。但是圓顱黨員及保皇黨員都不擅長作戰，又缺少經費，雙方作戰的都是一些貴族和軍餉很低的民兵，於是增加徵稅，大部分英格蘭人民都深受內戰之苦。國王因為與愛爾蘭人接觸使他失去了人心，議會則與蘇格蘭人接觸，但沒有什麼成效。西元1644年戰爭陷入僵局，皮姆和漢普登相繼去世，雙方又進行一次商談，但由於國王毫不妥協，商談亦沒有結果。

戰爭重新開始，這是勢在必行。議會求助於奧立佛·克倫威爾（Oliver

Cromwell），他是一個鄉紳，因帶兵有方而聞名，他的軍隊被稱為「鐵軍」，紀律嚴明而又狂熱。他是一個頭腦簡單而又有活力的人，也是狂熱的清教徒，他相信有一項使命需要他去完成，由於他擅長組織，議會決定以「鐵軍」為榜樣來改造軍隊。西元1645年國王的軍隊在納斯比（Naseby）被擊敗，查理一世逃往蘇格蘭，但是由於他始終不肯承認《蘇格蘭公約》，蘇格蘭人以四萬英鎊為交換條件，將他交給了倫敦議會。

　　查理一世逃往蘇格蘭掀起了第二次內戰，這回的氣氛與西元1642年就不大一樣了，英格蘭人也被捲入一場巨大的宗教騷動、政治騷動，甚至是社會騷動中。各種黨派如獨立黨似雨後春筍般冒出，各政治派系亦可表達自己的主張。平等論者（Levellers）的領袖是約翰・李爾本（John Liburne），綱領是「人民協議」。他們要求思想自由和新聞自由，要求每年在同樣重要的選區選舉議員和行政長官，但他們拒絕給予接受救濟的人和僱傭勞動者選舉權，除了在倫敦的手工業者外，他們的人數並不多，但漸漸爭取到了軍隊。然而，又有一個小團體掘地者（Diggers）超越了他們，其領袖是傑拉德・溫斯坦利（Gerrard Winstanley），他們要求社會平等。西元1649年他們來到某些地方依靠市鎮的財產生活並共同開墾荒地，但是軍隊不滿意，當發軍餉的日子拖延的時候，軍隊亦呈現解散的狀態，而且軍隊中也有不少人傾向獨立黨和平等論者的主張。

　　查理一世千方百計想利用這一形勢與議會談判，軍隊方面組織了一個委員會，除了將軍，還包括軍官代表和士兵代表，軍隊委員會與平等論者商談，占領了倫敦，接著，西元1648年12月，它要求開除一百四十名長老會的議員。

　　西元1640年選出的長期議會只剩下一百個議員，被稱為「殘餘國會」。議會投票通過了一個革命宣言，宣稱任何的統治權除了來自上帝以外還必須來自人民的信任，由下議院行使國家最高權力。最後，軍隊舉行強制審判，宣判和處決查理一世，他於西元1649年2月9日被處決。

第三節　共和國

　　國王的去世使輿論沸騰起來，但是國家已經很疲憊，所以接受了既成事實。議會廢除了王權，廢除上議院。它遇到了很大的困難：保皇主義者的抵抗和平等論者的騷動、愛爾蘭的叛亂、蘇格蘭人支持被斬首的國王之子查理二世，最後還有歐洲普遍的敵意。

　　克倫威爾的力量戰勝了愛爾蘭人和蘇格蘭人的敵對情緒，他首先被派往愛爾蘭，在那裡發動了一場無情的戰爭——卓吉達（Drogheda）大屠殺（西元1649年），占有東北部最好土地的地主被剝奪了地產，並且必須為新的英格蘭主人耕種這些土地，否則就會被流放。征服愛爾蘭島花了三年時間。被派去征服蘇格蘭人的克倫威爾獲得了登巴（Dunbar）戰役的勝利（西元1649年），但還必須擊退已經挺進到英格蘭腹地的查理二世的蘇格蘭軍隊（西元1650年），查理二世最後只好認輸。西元1652年議會宣布英格蘭和蘇格蘭統一。

　　這些事件激起了荷蘭人對英格蘭的敵意，此時荷蘭總督，查理一世的女婿，多朗熱家族的威廉二世曾試圖干預。此外，兩國之間的商業競爭也隨處可見：諸如在歐洲的港口、巽他群島、安地列斯群島。北美西元1651年10月9日，議會通過了「航海法案」，規定所有進口的殖民地產品都必須由英格蘭船舶運輸。這個法令是針對荷蘭人的，因此也導致了兩國關係的破裂。

　　荷蘭海軍起初比英格蘭人訓練有素，在指揮得當的海軍元帥特龐（Tromp）和胡以代（Ruyter）領導下節節勝利，一直打到了泰晤士河河口。英國議會處於危急關頭，它需要一支強大的海軍，但是軍隊已毫無價值，而且還很危險。克倫威爾提前解散軍隊，趕走了「殘餘國會」（西元1653年4月），政府被一個大多由軍人組成的委員會保住了。軍官委員會制定了一部新憲法：契約，將一切權力交給克倫威爾，並授予他英格蘭、蘇格蘭和愛爾蘭共和國護國主的稱號。

克倫威爾的獨裁及其失敗

　　克倫威爾在兩種選擇之間猶豫不決：尋求緩和或者建立聖人的統治。實際上，克倫威爾的行動經常令人困惑。他承受不了議會的反對，依靠軍隊進行統治，他非常關心小地主的利益，所以反對政治平等，但他經常祈求上帝保佑人民內部的宗教平等，「他是一個機會主義者，相信上帝在引導他，他也常常憑

一時的衝動行事。」

「契約」統一了不列顛群島，而群島向議會派遣議員，因此統一代表了不列顛群島。享有選舉權的人都必須納稅。事實上，克倫威爾身邊唯一重要的機構也僅是軍官委員會。西元1654年議會曾表現出些許的不從，四個月後就被解散了。

不列顛群島被畫分為十一個軍事區，由參謀總長控制，這些參謀長被授予了全權，負責鎮壓保皇黨人和平等論者的騷亂，並採取任何措施，如關閉咖啡館和劇院等，以使清教的道德秩序占據統治地位。西元1657年被馴服的議會將王位送給克倫威爾，但被他拒絕了，無疑地，他是害怕軍官們的反對，不過他接受了王室的標誌以及指定繼承人的權力。

英格蘭人順從這種專政，因為這種獨裁改變了他們多年來在國際之間一直默默無聞的狀態。西元1654年英格蘭與荷蘭人簽署了一份極為有利的和平協議，荷蘭人認可「航海法案」，趕走查理二世和保皇黨的移民，這使克倫威爾得以重新扮演伊莉莎白曾經扮演過的新教保護者的角色，並可以插手法、西衝突。西班牙同意他占領加萊，法國則同意他占領敦克爾克。實際上，克倫威爾已讓英格蘭水手進攻安地列斯群島，並占領了牙買加（Jamaique，西元1655年）。此外他也與馬薩林結成同盟，並派出軍隊。英格蘭人重新在歐洲大陸立足，並守衛著牙買加。儘管如此，克倫威爾對其事業的脆弱性仍有明確的認識。商業階層對他的支持頗有保留，他的財政狀況非常不利，而清教教義也使人厭倦，因而他去世後，大部分輿論都感到鬆了一口氣（西元1658年9月3日），此時克倫威爾亦不費吹灰之力地被任命為護國主，他沒有足夠的權力迫使軍隊這樣做，也沒有足夠的權力面對每況愈下的局勢，六個月後他宣布退位，「殘餘國會」再次召開並譴責獨裁，而將領們則彼此爭奪權力，最後「殘餘國會」被蘭伯特將軍趕走，但蘭伯特將軍又敗在孟克將軍手下，孟克將軍祕密地與查理二世達成了協議。

此時查理二世也抓住了機會發表一份聲明，他答應停戰，尊重思想自由，並承諾補發拖欠軍隊的軍餉，因此議會又將國王請了回來，西元1660年8月29日英王進入倫敦，一路受到人民熱烈歡迎。

英格蘭百廢待舉，但政經的疲乏也正好有利於此，英格蘭人將在很長時期內對這個特殊的時代抱有一份痛苦的回憶：對軍事獨裁、清教徒的過分行為以及平等論思想的厭惡，但至少這個時代讓他們的國家回到了強國的行列。十七世紀的英格蘭革命是一段漫長的穩定時期的開始，這種穩定對於發展是有百利而無一害的。英格蘭革命與經濟的加速發展剛好構成巧合。

第四節　聯合省的鼎盛期

聯合省（荷蘭）的獨立與繁榮

　　荷蘭的分裂是一件大事，兩個部分經歷了不同的命運，西班牙、荷蘭由於埃斯科河（Escaut）河口的關閉而與海洋活動隔絕開來，因法國的兼併而縮小，在這裡，「自然君主」的權力因三級議會的消失而得，但它也使昏昏欲睡的地方自治繼續存在。相反地，聯合省（荷蘭）儘管地狹人稀（居民二百萬），卻在歐洲獨占鰲頭，然而他們的政治卻也動盪不安。

　　沉默者威廉（Guillaume le Taciturne）的兒子——莫里斯·那索（Maurice de Nassau）和腓特烈·亨利（Frédéric-Henri）分別擔任總司令，即三級議會軍事首腦，和包括荷蘭在內的多省總督的職務，他們與西班牙進行了戰爭。停戰十二年後（西元1609-1621年），戰爭就一直持續，在經歷了一連串失敗後，荷蘭人在腓特烈·亨利的率領下於萊茵河南部地區站穩了腳跟，這些地區就成爲聯合省（荷蘭）的公有財產，並被稱作「共有區」。同時他們還在印度群島、庫臘索島（Curacao）和巴西東北部取代了葡萄牙人的位置。西元1639年特龐（Tromp）在多佛（Douvres）外海大敗西班牙船隊，西班牙人認爲荷蘭軍隊太可怕了，所以於西元1648年初和他們在明斯特（Munster）簽署了一份分離的和約，根據和約，西班牙人放棄「共有區」並承認聯合省獨立。葡萄牙在西元1640年已與西班牙分離，但這並不能阻止荷蘭人在葡萄牙殖民地的活動，不過根據「布雷達（Breda）協議」（西元1654年），荷蘭人不得不在西元1651年歸還巴西，但他們保留了馬來西亞（Malaisie）、錫蘭（Ceylan）、開普敦（le Cap）、蘇利南（Surinam）和庫臘索島。

　　荷蘭人多爲水手或商人，他們是萊茵河河口的主人，就這樣指揮著一個勤勞的落後國家，終於使荷蘭成爲歐洲最繁榮的國家，而其他的國家則深受饑荒和流行病之苦，並經歷著一場經濟危機。荷蘭人在世界上無處不見，他們與所有的歐洲國家進行積極的貿易，控制了波羅的海，又進入地中海和土耳其帝國。在歐洲以外，他們一方面從新阿姆斯特丹（現在的紐約）到臺灣（Formose）的廣大地區建立了商行，另一方面不顧禁令與西班牙殖民地進行貿易往來（走私），其基地爲庫臘索島。在日本實行鎖國政策停止與國外接觸以後（西元1638年），荷蘭是唯一獲准與它進行貿易的國家。十七世紀中葉，據估計，歐洲行駛的船隻半數以上是荷蘭製造的。

荷蘭的繁榮來自海洋，但土地開發所起的作用也不容忽視，聯合省成功地比別國更好地解決了生計問題。

荷蘭的土地有一部分應歸功於保衛它的荷蘭人，甚至有一部分土地是與海爭地，或是在以前荒涼的地方改良而成的。針對海洋與河流的協調競爭始於西元1579年，到十七世紀中葉，競爭的成果已很明顯，荷蘭和澤蘭（Zélande）廣闊的沿海圩地都得到了改良。在沿海地區，畜牧業、黃油和乳酪的生產、有根植物蒜頭的種植使災荒得以減少，並可供出口，另外，也開始開發海洋資源，荷蘭漁民的經濟海域一直到達英格蘭海岸。此外，當時酒類還沒有被認為會對身體構成嚴重威脅，所以飲酒是抵抗流行病一種很有用的辦法，還可以為荷蘭水手提神。

聯合省的三級議會曾經建議將十六世紀末建立的貿易公司合併。西元1602年建立的東印度公司（Oost Indische Compagnie）壟斷了與印度洋和太平洋國家的貿易，在那裡荷蘭人取代了葡萄牙人，並把英格蘭人從東南亞島嶼上趕走。

阿姆斯特丹和雅加達（Batavia）的船隊承擔了荷蘭與香料國之間的往來，他們沿印度洋和歐洲海岸蒐集或出賣貨物，賺得的利潤約為15%～20%，公司享有很大的行動自由，它已成為一家荷蘭國有公司，向國家直接或間接地提供高額收入，公司向會議繳納特許權使用費以支援它。公司由十七個經理和一個委員會領導，所有這些人物組成了荷蘭上等資產階級，他們在阿姆斯特丹和荷蘭省的政治活動中發揮作用，把個人的利益與共同的利益劃上等號。西印度公司（West Indische Compagnie）建立於西元1621年，是在與西班牙重新開戰前建立的，它起初只是屬於荷蘭或西班牙王國的一家掠奪公司，荷蘭占領巴西的那些年是它的鼎盛期（西元1640-1654年），但隨著這塊大領地和西元1667年新阿姆斯特丹的失去，這家公司也就瀕臨破產了。這些商業活動養活了一大批海員和商人，並使工業生活變得活躍起來，如造船業、萊頓（Leyde）的呢絨業、哈萊姆（Haarlem）的織布業、得夫特（Delft）的彩陶業、阿姆斯特丹的巧克力和甜酒製造業，以及在由國外流亡者帶來的技術基礎上建立的特殊工業，如鑽石琢磨業等。

阿姆斯特丹是這個經濟強國的中心，它從安特衛普的衰落中得益，並吸引了到達加地斯的大部資金。它在西元1609年所建立的銀行兼營匯兌和存儲業務，此時它實際上也成為了信貸銀行，大的商業票據在這裡協商，各個國家、各種信仰的商人在這裡見面，尤其還有一些葡萄牙猶太人，他們在這裡享有最大的行動自由。當時並不是聯合省的每一個省都像荷蘭一樣，但至少在這個

省，傳統的社會架構已被金錢打亂，我們可以認為這裡的社會已是一個階級社會。

內部的危機

烏特勒支的聯合省是由七個主權國組成：荷蘭、澤蘭（Zélande）、烏特勒支、弗萊斯（Frise）、格羅寧根（Groningue）、奧維利塞（Overyssel）、圭德爾（Gueldre）。當然，其中包括一些附庸國如德朗特（Drenthe）伯爵領地以及像別的國家一樣的臣民。實際上，這些國家因它們的重要程度、財富、社會結構和制度的不同而有很大的差異。

荷蘭和澤蘭是由商業有產階級所統治著，貴族階級除了多朗熱家族作為代表外，就再也沒有什麼了，人口當中絕大部分是勞動者，他們的經濟生活遠遠優於那些生活在歐洲其他國家裡的工人，那些終日被失業和極度貧窮所困擾的人們。東部的各省有一種類似於德國的社會結構，領主們束縛著當地的人口，其中大部分是農村人口，此外在那些重要地區，是由城市貴族來攝政，鄉村貴族，有時甚至是農民，對於地方也有一些管理權，他們參與以下一些人物的任命：城鎮助理地方長官、市長、掌管年金或退休金之類的市或省議員，也就是指負責領年金的那些人。

與西班牙競爭的需求將烏特勒支聯邦緊密地團結在一起，但這只是一種具有中世紀色彩的聯盟，卻類似於瑞士的那種色彩。

聯合政府召集了各省的議員，但是每個省只有一個，並且是輪流擔任首席長官，聯合政府掌管外交事務、軍事武裝力量，還有經濟方面和宗教方面的一些問題，以及共同的財政收支。他們如同一個大使會議，議員有義務不斷地向他們的委託人彙報，他們需要徵求其各自代表的省、市政府的意見和建議等，他們所做的決定也應該必須是統一和一致的，這裡不存在聯合政府的執行機構。行政法院由十二名來自各省的議員所組成，其中荷蘭有三位議員，他們的權限受到軍隊及行政機構的監督，和各省向中央繳納的財政上限制，而行政權分為兩種不同的權力：第一種是由總督、總司令和各省的執政來行使；第二種是由首相或省的顧問律師來行使。這種混亂的權力結構之所以能運轉，是由於荷蘭省的突出地位導致的，它單獨一個省就承擔了56%的共同財政支出，這個省的總督——多朗熱王子凌駕於其他省之上，而他的首相實際上成了外交界的首領。

兩種在政治上和宗教上的聯盟形成，反映出敵對社會的對抗狀態，其中之一清一色地皆被沿海商業資產階級鼓動著、推動著，他們所理解的聯省的行

政管理，就是類似於一個商貿公司的管理，他們非常歡迎並希望共和國能給各省市更多的自主權。十七世紀初，這個聯盟尾隨於烏特勒支的創建者之一奧登巴諾維（Jean Oldenbarnevelt），並以他爲領袖。另一個聯盟則是非常地混雜，接近於東部省分的領主制社會，被一個軍閥所統治著，他們來自於沿海城市的一小群人。這個聯盟以傾向於中央集權政治的多朗熱家族爲首領，多朗熱家族爲中心的集團完全與經濟利益本身所要求的和平背道而馳，它的追隨者不斷地把事態推向戰爭的邊緣。

十二年的休戰過後，兩派之間的對立面不斷擴大，已經滲透到宗教領域內，在這方面，兩種不同的概念顯現出來。自由的資產階級皆爲阿爾明尼（Arminiens）教派的支持者，這個教派拋棄了絕對靈魂歸宿預定論學說，然而此時的多朗熱家族卻贊成戈馬爾（Gomar）的學說，這種學說肯定了永久性的懲罰。阿爾明尼教派的一些牧師已經向荷蘭和弗萊斯（Frise）的政府進諫過，他們被人稱爲「勸諫官」（Remonstrants），他們的主要代言人是格羅修（Grotius，西元1583-1645年），鹿特丹（Rotterdam）的首相，他反對在宗教方面國民權力的優先權，但是多朗熱派成功地於西元1617年夏天在多爾德支（Dordrecht）召開了全民教務會議。多爾德支的教規強迫確立所謂正統的戈馬爾學說（西元1619年）。莫里斯·那索以叛教罪的罪名處死了奧登巴諾維，此時格羅修則成功地逃往法國，首相的職權被削弱了，他也無權掌管外交事務。戰爭的再次爆發則進一步鞏固了多朗熱家族的地位，腓特烈·亨利以一個眞正的君主身分出現，他讓他的兒子威廉二世娶了查理一世的女兒，威廉二世在西元1647年繼承了他父親所有的職權，並擴展了多朗熱家族的王朝統治。《曼斯特（Munster）和約》以後，他反對削減軍隊，強加其意志於荷蘭諸國，但是幾個月之後他就死了，多朗熱派有好幾年一直沒有領袖。

荷蘭嚮往共和的資產階級勝利了，在海牙（Haye）召開的大會議使軍隊從屬於國內權力，使法官的任命權收歸國家所有，但不能取消西元1651年制定的自由否決權制度。由於荷蘭首相的精明強悍，這個混亂的國家漸漸平穩下來，這位首相就是維特（Witt，西元1653-1672年）。爲了與克倫威爾簽訂和約，在維特的努力下通過了排除法，解除多朗熱家族的總督和執政的職權，但這些措施在西元1660年被取消了。然而，隨著年輕的威廉三世的威信提高，荷蘭的各省在他們省內通過西元1667年的永久性法令廢除了執政的職權。

極盛時期

共和政體的和平這一特徵並未延伸到海上，荷蘭人在面對與英格蘭的戰爭時從不退卻，因爲他們要保護自己的經濟利益不受侵犯。

荷蘭和鄰近的這個王國之間存在著許多爭議的焦點，荷蘭人代替了英格蘭人，在與俄羅斯的貿易中，他們把英格蘭人從安蘇蘭德（Insulinde）趕走，在圭亞那（Guyane）設立據點，並且發展了新阿姆斯特丹。兩個國家的漁民爲了在北海捕魚也發生爭執，西元1609年詹姆士一世國王禁止外國人沿英格蘭海岸附近捕魚，格羅修（Grotis）在「自由北大西洋公約」（Mare Liberum）中反駁道：「海洋是屬於全人類的」，這些話當然有利於荷蘭人。英格蘭人塞爾頓（Selden）稍後不久在「關閉海洋公約」（Mare Clausum）中反擊說：「各國應該對自己的近海域具有準擁有權」。由於反對陣營的團結一致和英格蘭國內自身的困難，衝突沒有立即爆發，西元1651年「克倫威爾的航海法案」（L'Acte de Navigation）成了戰爭的導火線。第一次戰爭（西元1652-1654年）最終以一個有利於英格蘭的和約宣告結束，克倫威爾和維特各有顧忌而不願意戰爭不休。第二次戰爭發生在斯圖亞特復辟之後（西元1665-1667年），根據《布里達（Breda）和約》的規定，荷蘭人讓出了新阿姆斯特丹，作爲交換得到了蘇利南（Surinam，於拉丁美洲）。

正是在維特時代，荷蘭人的文明達到了登峰造極的地步，也是在這個時代，出現那個著名的繪畫學院，這裡的繪畫絢麗多彩、形式多樣而富有變化。我們只需要回憶一下他們的名字：以畫風景著稱的赫伯瑪（Hobbema）和呂斯泰爾（Ruysdael），以畫動物畫聞名的波特爾（Potter），還有荷蘭的內地畫家泰爾夫特（Vermeer de Delft），尤其是林布蘭（Rembrandt）。我們還應當提及當時的印刷業的活動，這些活動有助於在十七世紀歐洲所形成的那種無可比擬的自由氛圍。大多數荷蘭資產者過著舒適而樸素的生活，這個時代的人們沒有碰到什麼大的災難，此可以解釋學術研究所遇到的好時機，基礎教育比任何別的地方都普及。萊頓（Leyde）大學是耶穌教派最活躍、最出名的大學。荷蘭是學者雲集的國家：雷文霍克（Leeuwenhoek）、惠更斯（Huyghens），數字計算方面的進步爲其實用性開闢了廣闊前景，例如在制定終身年金利率方面的應用。

聯合省尤其成爲政治和宗教的自由樂土。喀爾文主義吸收了不過只有三分之一的人口，天主教徒眾多，小的教派在這裡找到了避難所，猶太人也比在任何別的地方更少受到捉弄和迫害。史賓諾沙（Spinoza）的作品就是荷蘭人的

精神狀態發展到十七世紀中葉時的一個明證，在用幾何方法證明倫理學一書中，他使神學和數學規則統一。在神學、治學公約書中，他使自己成為直接民主的辯護人。

　　荷蘭人的貿易霸權主義成為英格蘭和法國對外擴張的障礙，其經濟、政治和宗教的自由對於大多數歐洲國家所遇到的經濟危機、對於重商主義的法條規則，和歐洲的宗教排斥異己偏執的做法，無疑是一種挑戰。平和的荷蘭資產階級並沒有感覺到暴風雨的到來。西元1672年聯合省被英法聯軍侵占，僅幾個星期，共和國就完全崩潰了。路易十四拒絕接受給予的優惠條件使荷蘭全民震驚，此外對多朗熱家族的召喚，以及對維特的殘害也令荷蘭人難以相信。西元1678年簽訂了《李梅根條約》（*Le Traité de Nimégue*），聯合省拯救了它們的領土，但卻救不了它們的經濟霸權地位，此時期這種霸權地位已經讓位給英格蘭。它們的輝煌時代已經結束，英格蘭在沿海幾個強國之中稱雄。

第二十一章

歐洲各國

第一節　政治方針

基督教徒和國家

　　有一些像「集團」一樣的國家。在不同的規章制度下，人們可以認識西歐基督教國家有許多共同之處。一切都根據與基督教精神緊密相連的政治慣例和社會觀念決定，這些政治慣例組成眞正的政體，然而基督教徒的統一在國家主權面前則退卻了。

　　西歐的國家意識持續在增長，原因不僅是宗教與王權的關聯或君主政體對封建制度的確立，與鄰國的鬥爭、和王室促成國家語言的統一、商業的快速發展，及因爲印刷術的進步而促進的教育發展，此皆構成西歐的國家意識增長。由於將《聖經》翻譯成德文，路德亦使德文進步了。在西元1539年，法蘭西斯一世通過維萊─科特雷（Villers-Cotterets）法令決定以後的官方文件將皆用法文撰寫，這一措施當時並沒有引起任何的反對意見，此也證明了這一行動的成功。國家，或者說共和政體亦沒有創造單一的民族，而此時期國家主義壯大了，並與民族一起改變，它也成爲一種政治圖騰的表達。

　　十六世紀國家所代表的意義不只是互相對立，而且也使得中世紀所崇尙的基督教的統一思想退步了。兩種傳統權力，包括教皇和世俗國王，在這一時期教皇則完全喪失了對國王的權力，此時雖然理論上國王仍是一國之君，但實質上其政治權力仍然有限。

　　然而，國家觀念的形成，使國王面對教皇時比過去更有權威了。精神權力和世俗權力似乎二者都不可分割。沒有人對封建主義的宗旨提出反駁，根據封建思想，君主的活動必須依據宗教的啓迪，倘若國王不服從，則經常構成鄰國入侵或以上帝的懲罰爲藉口。但是，羅馬教廷不得不減少對國王們的要求。即使十字軍不出征、縮減獻納金，教皇依然爲十字軍布道，他還在某種情況下保持了國與國間的最高裁判資格。因此，西元1496年，教皇亞歷山大六世在西班牙與葡萄牙間裁決分割新土地，但這也激起了法國和英國的糾紛。最後人們也沒能否定教皇對世襲國王的審判權。

　　儘管如此，對世俗而言，君主擺脫了教會的勸導，他們私下尋找基督教的靈感。另外，他們也有自己宗教的特徵。他們用聖物行使上帝的統治權。

　　因此，所有國王都是以特有的儀式由其王國的教會來加冕，但不授予他們宗教等級，在當時基督徒領聖體、聖餐的儀式都被取消了，但國王們依然保存

著一些宗教儀式。他們的顧問也承認「大主教」的作用，即教會世俗權的保護者。

最後，法國和英格蘭的國王擁有被教會承認的神蹟權力〔治好頸部淋巴結病（Guérison des Écrouelles）〕。

由於各種神職人員融入國家體系範圍內，君主們也試圖使其避免受教皇權勢控制。他們想要取消教皇對主教和修道院院長的任命權，並限制羅馬教皇的召喚和什一稅的徵收。在法國，由於布爾熱（Bourges）國事詔書（西元1483年）頒布，也保衛了「法國教會的自由」。路易十二統治時期已瀕臨教會分離，但法蘭西斯一世與教皇簽訂了《波隆那和約》（西元1516年），這項和約給予國王可以代表樞機主教團會議的利益和權力，並以此使國王有權任命大主教和修道院院長。查理五世於西元1523年取得類似的權力。

君主政體

王權來源除了來自宗教外，羅馬法也使國王擁有真正的封建權力，且也成功地執行天主教會的權力。事實上，也還存在著封建君主的政體，如波蘭就是如此，此外也有趨向專制政體國家，如西班牙的卡斯提亞（Castille）等。但是，所有東方式的專制政體都需接受審判，君主不是其臣民的主宰，他必須根據神權和自然權尊重人們的自由和財產，他們必須依據習慣、常規來統治。

臣民可以參與政府的管理，但方法有很大不同，亦有許多特權：（1）當歸屬王國或為了特殊的原因而轉讓的行省或城市特權——英國是地區特權最少的國家；（2）國王必須經常召集會議以取得其臣民財政上的支持；（3）一定數量的團體、城市團體、行業團體以及鄉村團體，國王鑑於距離的疏遠和成員稀少，因此把許多任務託付給他們。當君主財務上求助於他們的時候，各階級大會都試圖乘機擴大其作用。由於缺少強大的王權，亦使其形成一個階級政體。

對於君主來說，專制政體在於對其行動的較少控制，而不在於對其權力較少限制。在階級間和團體間，君主像一個最高裁判者，他必須將其意志強加給其臣民，在需要這個裁判時，他亦取得成功。臣民間的對立能夠以家族、被保護人或階級對立的形式出現。一個有權勢的家族其周圍通常都有一群受其保護者，或者是其附庸，或附庸的佃農以及受惠人和「親信」等。這群人超出封建範圍，也很複雜，他們亦沒有合法性。當封建制度削弱時，受保護者也必須各自發展，在義大利、波蘭、西班牙，甚至法國亦都是如此，此外他們還組成擾

亂集團，企圖制約君主、指導其行動，並得到君主的保證。他們的手段很少變化，而他們之間以虛假的政治相互對立著。

貴族與資產階級間的對立在很大程度上被君主利用了，教皇經常在財政上需要資產階級；相反地，王權又保護他們反對貴族和無產階級，並向一些以成為貴族為目標的人授予貴族頭銜，但這些新貴族只有在幾代以後才與原來的貴族融合，並且要把一些孩子獻給軍隊。在此其間，他們很關心其經濟利益，依然為國王克盡職守。另一方面，貴族沒有國王的庇護，幾乎不能抵抗資產階級。實際上貴族繼續過著奢侈的生活，他們還向國王要求一些政府職位，如軍隊的指揮權、主教和修道院院長等職務，最後還要求增加年薪，因此其獨立地位也受到影響。此時他們也加入受保護的行列，因為許多貴族不可能向國王要求上述職位，只有部分大貴族才有此權力。

總之，在經濟、社會和政治間的這些關係決定了國家的發展，使一些相似的政治制度也有所不同。

第二節　君主政體的形式

十六世紀初的法國君主政體

西元1492年，法國的面積還沒有如此廣闊。《凡爾登條約》的邊界（埃斯科河、馬士河、索恩河、隆河）在這一時期則已經沒有多大的意義了，法國國王對法蘭德斯和屬於奧地利馬克西米利安的阿爾杜瓦（Artois）的領主權只是屬於名義上的性質。相反地，此時普羅旺斯和多菲內（Dauphiné）則重新歸屬法國；盧西隆（Roussillon）屬於亞拉岡王國；下納瓦爾和伯爾尼（Bern）屬於納瓦爾（Navarre）王國；加萊歸屬於英國；亞維儂、弗內森（Venaissin）伯爵領地則從屬於教皇；奧朗日（Orange）是一個獨立的公國；不列塔尼在西元1491年時期曾從屬於法國，但在西元1532年又脫離了。法國王室的範圍也擴展到王國的大部分地區，有些擁有采邑的國王則行使較大的權力，例如：夏洛萊（Charolais，在奧地利的馬克西米連）、阿爾馬尼亞克（Armagnac）、比戈勒（Bigorre）、科曼格（Comminges）、富瓦茲（Foix，屬於納瓦爾國王）、馬爾舍（Marche）、奧弗涅、布爾博郡（Bourbonnais）、福勒茲（Frozes）、博若萊（Beaujolais，屬於波旁公爵），此外屬於瓦洛亞（Valois）家族分支的家族有：瓦洛亞、奧爾良，它一面是布洛亞（Blois，西元1498年路易十二時合併），另一面則是昂古默（Angoulême，法蘭西斯一世時合併），或者屬於一些遠親：阿朗松（Alencon）、旺多姆（Vendome）。

在索姆和羅亞爾（Loire）的區域內存在著與習慣和風俗的不一致，此外，各省通常還有自己的君主和國家（諾曼第、勃艮第、多菲內、普羅旺斯、朗格多克、不列塔尼）。

政府的中心便是隨國王遷移的宮廷，包括為國王服務的王宮，其主要的機構是議院、唱詩班、車馬侍從等。國王的參政院由法國貴族和王室的高級官員，以及法學專家和國王所召集的顯貴所組成。與這個龐大、溫順的參政院相比，國王更喜歡由幾個參議員組成祕密參政院。

顯貴們大部分都是大臣所組成，例如：掌璽大臣、國王不在時主持參政會的法院院長、指揮軍隊的王室總管、法國海軍司令、領導王室的決策者、國王的參政院以及行政法院審查官等。掌璽大臣實際上也就是國王的公證人和祕書。國王的命令通常須透過其官員們的傳達和實施，或者由官員們負責完成任務，在法國王室中總共有12,000名顯貴人士。這些官員所分布的機關範圍也不

斷地在增長。有些像代表國王執法的大法官和宮廷總管大臣，他們擁有軍權、司法權和行政權，但他們將司法職位讓位給其長袍副官，通常爲大法官，而將軍權保留。十六世紀初，可以區分出許多皇室官員團體，例如：軍官、法官和財政官。

在軍官中，又可分爲長期服務軍職者，如一個省或城市的統治者，他們負責維持秩序、掌握軍權和「員警」等，以及短暫軍職者如軍隊指揮官兩種性質。除了符合規定的軍隊沒有長期部隊外，軍官接受王室委託徵兵並指揮他們，而大法官和宮廷總管大臣則負責徵集其他的人員。

司法機構的最高層是高等法院，它是國王本人執法的工具（保留的律法，是國王對所有案件的提審權），也是一種重罪法庭和爭端法庭。然後還有王室法庭（爭議法庭）、最高法院、帳目法院和間接法院，它也類似羅馬元老院制度。王國有七個最高法院，最重要的是巴黎最高法院，其他都是分支機構。這些機構必須審理王國內一半的案件。

每個法院設有一個最高法庭負責重大案件，一個調查法庭負責審判官員和權威人士，由王室法庭立即審判和一個審判罪犯的法庭。國王的利益當然也被國王的檢察官和專業律師們保護。法院的執法能力又與許多「員警」（行政）權力相聯繫。他們也在教會、保安工作和領主事務中保護國王的權力。帳目法庭檢查公共帳目，稅務法庭是稅務事務的最高法庭。

王室法庭（爭議法庭）亦記載其權限的法令，在此法庭也經常發表具有政治意涵的諫書。當三級會議休會的時候，他們則經常批評財政法令。在法院下有大法官和司法管轄區的約八十個法庭。而王國的司法權包括領主的特權、審判權、子爵的領地、法官的管轄區等皆在王室控制之內。

財政則由兩個管理普通財政（產業）和特殊財政（稅收）的行政部門所掌握。國王的產業，除了有形產業外，還包括皇家森林、地產收入和王室產業所徵收的稅，無形產業或者整個王國所收取的稅：動產稅、外僑遺產稅、過橋稅、市場稅，這些租稅都由法國的四位財務官管理。特殊財政由財務官掌管。對於財政，王國分爲四個財政區，其管理處則分別設在巴黎、盧昂、圖爾和蒙貝利埃。

作爲國王收入三分之二的主要稅收是直接稅、人頭稅，且用於保衛王國。所有平民只要不服兵役都要繳納稅款。人頭稅是由國民議會代表們同意的，但國王使其成爲長期的繳納的稅金，並且未經過三級會議的允許就提高稅額。

這是個分攤的稅：總數額由國王的參政會確定。在巴黎近處的省，這筆錢分攤到全體公民身上（以這裡最早由納稅人選出的官員名字命名），堂區居民

亦不例外。其他地方由省政府分攤到教區和堂區。每個村子裡，有一個收稅人員負責將堂區應繳納的稅款數分攤給每個納稅者，並向每人收取稅金。在法國北部的人頭稅按每個人來徵收（個人的人頭稅），在南部地區則按土地徵收（實物人頭稅），這需要對土地評估造冊。如果在查理八世統治時期人頭稅減少了，那麼路易十二統治時期，人頭稅又由西元1507年的一百五十萬法郎上升為西元1514年的三百七十萬法郎。

間接稅是經商稅（特別針對葡萄酒）、運輸稅和鹽稅。鹽稅實際是對鹽的壟斷，有多種項目：大鹽稅制度是一致的，小鹽稅制度則略有不同，它的稅率比較輕，也可免除（如不列塔尼）。

法蘭西斯一世和亨利二世在統治方法上有所改變，但原則是不變的。對於皇帝的陛下稱呼也改為法蘭西國王的稱呼。國家更緊密地與國王連成一體，國王的行政統治也加強了。

行政措施朝向更有效和統一的方向轉變。法蘭西斯一世統治時期，國王參政院祕書的職權擴大。亨利二世將祕書數目定為四名，每個人負責數省的部分職務。西元1551年他們獲得了財政國務祕書的頭銜。法蘭西斯一世不信任各省的統治者，一些要人試圖使自己成為被保護者。西元1542年他取消了他們的權力，西元1545年才將權力還給一些邊境省。法律的組織體系也進步許多，克雷米厄（Chémieu）法令（西元1536年）增加了執法大法官和司法總管的權力。維萊—科特雷特（Villers-Cottrêts）法令限制了教會的司法權力，並賦予規定由教士主持的洗禮和葬禮的民事法及權利。西元1552年亨利二世建立初級法院，是大法院和執法大法官之間的仲介法院。最後分區專員也都被派到各省去了。

西元1523年開始了財政改革，儲金國庫將所有收入都集中起來，王國被分成更多的財政區。為避免資金轉移，收上來的一部分錢用於地方的開支，只有盈餘收入才繳交國庫。國王不斷增加的開銷也迫使他以一些不得已的方法，去取得財政上的優勢，如賣官、借貸，這雖然並不限制其權力，卻限制了行動自由。

外國君主羨慕法國國王有為數眾多的臣民，可以為他帶來許多稅收的財源，國王行政權的統一、王國廣大疆域、眾多的居民及完整的地方法規，這些都是國王的優勢，此外法國人對政治責任也皆很順從。

英國的君主政體

英王國包括英格蘭和威爾斯地區，理論上還加上愛爾蘭，但實際上只有都柏林北部的海濱地帶，那裡的管轄是由愛爾蘭總督為代表。蘇格蘭是個獨立的王國，在西元1485-1529年是英國和平時期。在亨利七世（西元1485-1509年）和亨利八世統治時期，英國的君主政體也表現出其權勢的優勢。他們不存在法國的采邑問題。國王身邊有祕密參政院，與法國的類似，由少數顯貴組成，行政大臣、財政大臣、祕密掌璽官和幾個由國王召集來的親信。他不像法國國王那樣擁有官員團體。在各郡中（相當於大法官管轄區），郡長將許多權力讓給法官，後者是接受國王委託的地方貴族。

三個大法庭座落在西敏王宮區，包括普通訴訟法庭（民事案件）、刑事法庭（犯罪案件）、財政法庭（財政案件），鎮壓暴亂則由一個特殊的王室法庭負責。

英國國王提高稅金不必得到三級議會的同意，其主要依靠皇家產業上海關稅的收入。國王的參政會代替財政部管理絕大部分的資產，國王的財政也得以很好掌握。

由於有良好的財政措施，王權幾乎沒有受到議會干擾，議會包括上議院（具有宗教性質）和下議院。但是由議會所認可的法律被認為高於其他皇家法令，國王幾乎沒有制定重大政策的權力。

改革也使得國王加強了其權力。西元1534年的英國最高法令使國王成為英國教會的領袖，此外僧侶產業的出售又為皇家國庫帶進150萬英鎊的收入。此時由亨利八世及其後人進行的宗教改革沒有遇到任何來自議會的抵抗，也幾乎沒有神職人員的反對，然而並非全國皆如此，部分地區暴動的失敗也顯示了王權力量的加強。

西班牙的君主政體

西班牙的君主政體在西元1516年，當喬安娜‧拉‧福勒（Jeanne la Folle）繼承其母成為卡斯提爾女王後才形成，其母親伊莎貝拉繼承其父斐迪南而成為亞拉岡女王，他去世於西元1504年。事實上從西元1504年起，這兩個王國便有了共同的君主，即斐迪南和伊莎貝拉（兩個「天主教國王」）於西元1469年結婚的結果。因此「天主教國王」亦擴大其領土，將卡斯提爾與伊斯蘭王國格拉納達合併（西元1492年），西元1493年他們又重新占領盧西隆，重新將西班牙領土與納瓦爾王國合併（西元1512年）。

卡斯提爾、亞拉岡和納瓦爾建立三個不同的國家，並由海關界線分開。卡斯提爾是最活躍的國家。此時巴斯克各省和高級軍人階層是自治的。亞拉岡王國為三個自治國家的聯邦：亞拉岡、加泰隆尼亞和瓦倫西亞王國，它們還包含幾個義大利的領地：薩丁尼亞、西西里、那不勒斯等。在查理五世統治初期，他促使荷蘭和法蘭德斯伯爵領地也使用西班牙政治制度體系，而卡斯提爾的領地則不斷地擴大。

卡斯提爾是查理五世西班牙帝國的主要部分，既是本國各種機構的所在地，也是其他君主領地機構的共同所在地，這些機構有個共同特點，即他們組成具有許多行政權力的委員會。

政府的共同機關是行政法院，類似法國的祕密參政會。還有王國參政會，或卡斯提爾參政會、亞拉岡參政會以及西元1524年成立的安德（Indes）參政會。這些參政會具有立法和行政作用，也是最高法院。從西元1480年起，王權在各省由市長來代表，他既是法官又是行政官員，他們特別監視由未等貴族掌握的城市團體。在他們下面，還有治安市長。

財政部門很複雜。收入由以下稅收組成：（1）普通稅、銷售稅、關稅、進山放牧稅；（2）軍費和僧侶補貼收入；（3）服務費，類似人頭稅，但由三級議會決定；（4）安德參政會的收入。卡斯提爾議會僅決定一項服務費，因此國王也只召集平民參與，亞拉岡王國議會作用則更大些。

儘管有不少流浪漢，但西班牙依然秩序井然，此歸功於卡斯提爾城建立的由國王指揮的自衛隊——聖城同盟。但是西元1519-1522年，西班牙被市鎮起義所動搖，人們發洩不滿，反對王權加強和反對權力轉入外國人之手、反對寬容貴族的稅務，因此發生暴動，但之後西班牙仍維持了很長時期的和平，卡斯提爾也得以發揮查理五世帝國中心的作用。

神聖羅馬帝國和哈布斯堡家

日耳曼的神聖羅馬帝國西部界限是埃斯科河、馬士河（Meuse）、包括法蘭德斯伯爵領地，和南部從奧地利世襲繼承來的領地——迪里雅斯特（Trieste），但瑞士各區在西元1361年便不承認其權力，帝國不得不於西元1499年接受事實。東邊是奧地利，包括波希米亞、摩拉維亞。再向北不超過奧德河，波蘭的附屬國普魯士則不包括在內。神聖羅馬帝國在義大利北方，除了威尼斯外，對其他領地也已控制不住了。

西元1356年的黃金詔書規定了帝國的構成。而帝國所任命的官員，包括皇帝在內皆必須由七位選帝侯任命，由三位教會的大主教：梅因茲、特里爾

（Trêves）和科隆大主教；四位世俗的國王：波希米亞國王、薩克森─維唐伯格（Saxe-Wittemberg）公爵、布朗德布格（Brandebourg）總督和萊茵有王權的伯爵所組成，皇帝需要參加三個集團組成的議會：選帝侯集團、王侯集團和城市集團，其政治權力都具相當的影響力，但後者只有發言權而無表決權，梅因茲大主教則代表皇帝的大臣公署，從西元1440年起，皇帝都出身於哈布斯堡家族。

馬克西米利安（Maximilien，西元1493-1519年）根據沃爾姆（Worms）會議（西元1495年），開始了旨在確保內部秩序的改革。禁止內戰，在梅因茲河畔法蘭克福設立一處帝國法院，它對傳播羅馬法律具有很大貢獻。西元1500年帝國被畫分為兩個區，其作用在於保證國家公共安全，這個機構不久之後則更加地穩固。

馬克西米利安還嘗試和奧地利帝國建立一個共同的行政制度。實際上王室法庭後來才進行司法運作，特別是在世襲國家。

帝國的法規被君王的領主權和城市的進步打開了缺口。君王領主權由小貴族所承續，黃金詔書已經承認選帝侯的王權，此包括造幣權、審判權、徵稅權，其他爵位也逐漸竊取了這些權力。

此外德國被分成一些教會封地，特別是在萊茵河岸各區，包括了西北部和南部〔除了選帝侯領地：馬格德堡（Magdebourg）、阿爾貝斯塔德（Halberstadt）、曼當（Minden）、邦貝格（Bamberg）、薩爾茲堡等〕。在世俗公國〔除了選帝侯領地：克萊弗（Cléves）、薩克森、厄瑟（Hesse）、巴伐利亞、符騰堡（Wurtemberg）等〕，及一些自由城市，例如在萊茵河地區和施瓦本（Souabe）地區〔奧格斯堡、紐倫堡、烏爾姆（Ulm）、法蘭克福、埃克斯─拉─夏珀勒（Aix-la-Chapella）、科隆、斯比勒（Spire）、沃爾姆（Worms）、史特拉斯堡、埃爾富特（Erfurt）、呂伯克（Lubeck）、不來梅、漢堡等〕。各領地或城市皆試圖組織具有行政權和表決納稅的三級議會的國家。君王周圍有一個理事會，此外三級議會亦和平解決了由於繼承問題所產生的爭端事件，並確保徵稅的平穩。

在這四百多個領地和城市間，又出現了查理五世西元1522年讓給他的兄弟斐迪南從奧地利宮廷世襲傳下來的國家，此外在西元1626年又由遺產繼承增加了波希米亞和匈牙利王國。世襲國家從馬克西米利安及其後人為建立一個奧地利國家的努力中受益。西元1527年創立的高等法院成為政府的一個有效部門。世襲國家成為在德國和歐洲中部的哈布斯堡王朝政治的主要支點。

改革突出了皇權的倒退和親王權力的加強，它使德國發生了一系列對國家

精神不利的戰爭：西元1523年騎士的暴動、西元1524-1526年西部和南部農民的起義，他們還聯合北部城市加入暴動行列。在這種情況下，馬丁・路德宣布遵守已建立的國家政權。從此，改革也成為一個國家性事件。從西元1526年起，君王和城市組成了兩個相反的集團，查理五世希望以宗教讓步為代價，並建立一個天主教的國家政權。西元1530年，他在奧格斯堡的會議上，使大會通過必須確立天主教的地位。西元1531年斯馬卡爾德（Smalkalde）集團成立，此也致使法國和英國國王允許路德派和神聖羅馬帝國皇帝以武力反抗。米爾伯格（Muhlberg）勝利後，查理五世被大會選為奧格斯堡的家族代理人，但他沒並有令人滿意。新教派的君王們得到了亨利二世的公開支持。《尚博爾德（Chambord）條約》允許他占有梅斯、圖爾和凡爾登。查理五世在梅斯遭受了挫折後不得不與君王們簽訂《奧格斯堡和約》（西元1555年9月25日），於是皇權又後退了一步，每個君王都成了其國家教會的主宰，西元1552年以前的世俗化被承認也是有效的。

義大利的國家

　　義大利被畫分為許多重要的小國、包括教皇國和西元1504年歸亞拉岡國王所屬的那不勒斯王國。城市與其他地區也成立了獨立的城邦國家，這些城市國家通常皆由貴族〔如威尼斯、熱那亞、呂克斯（Lucques）、西恩納（Sienne）等〕所統治，某些城市的僱傭兵首領，他們把國家又轉變為領地〔如米蘭、曼圖亞（Mantour）等〕。這些地方像佛羅倫斯一樣繼承了不同的政治政體，而其中有三個國家超出了義大利的範圍。教皇國的城市如羅馬等皆保持其原有的活力，已成為教皇的僱傭兵首領所統治的城市，由於各種君主權的混合，使得儘管一些教皇如亞力山大六世（西元1492-1503年）和朱利安二世（Jules II，西元1503-1513年）的努力振興，但他們也已經很虛弱了。此外教會統治和國家自身的統治間也有一些混亂。十六世紀時期，中央集權也開始有所發展。從西元1504年起，那不勒斯王國與薩丁尼亞島及西西里一樣，他們皆屬於亞拉岡領地，君主由總督和一個參政會作為其代表，他們依靠城市來遏止鄉村的封建勢力擴展。

　　威尼斯自從有了「固定的領地」韋內蒂（Vénétie）之後，就不僅僅是個國家了。它的一部分毗鄰伊斯特里（Istrie）、達爾馬提亞（Dalmatie）和愛奧尼亞群島（Ioniennes）、克里特島、賽普勒斯和愛琴海上許多島嶼。領主權由一委員會來行使，委員會由西元1506年在金冊上註冊的兩千多家貴族的代表組成，委員會授權給上議院、常務會，其主要執行機構是賢人委員會和十人委

員會，後者首領是個令人生畏的祕密員警，總督是「尊貴共和國」的官方統治者，但亦僅是一個豪華的排場，因爲他被嚴密地監視著。共和國內秩序井然，威尼斯的臣民都很忠誠，而其軍隊、船隊，也使其財源不斷擴大成爲歐洲強國。

相反地，其他國家都要忍受外國的託管，例如：熱那亞共和國常處於動盪不安中，此包括貴族集團與平民的對立、資產階級與手工業者對立、亂黨之間的鬥爭等問題，而財政問題也起重要的作用。

薩伏瓦公國（Savoie）向西部延伸到威尼斯、薩伏瓦、布勒瑟（Bresse）、比格（Bugey）、格茲地（Gex）和沃德（Vaud）地區，東部包括目前的皮埃蒙（Piémont），這是個治理很好的國家，但卻很窮困，它的主要作用是地理位置控制著法國與義大利間的交通，而其政治的改革使其失去了日內瓦和沃德地區（西元1536年）。

米蘭是一個經常易主又不改變法規的諸侯國，佛羅倫斯在當時是個革命城市，其法規複雜又多變，而麥第奇家族的統治與共和國政權也經常不斷地相互更替著。西元1494年法國人入侵佛羅倫斯並將麥第奇家族趕走，並使道明會的薩弗納洛拉（Savonarole）實行基督教的獨裁統治。他於西元1498年被人民起義推翻並處以焚刑，這是由議員馬希阿維爾（Machiavel）所做出的穩定共和政體的必要政策，但西元1512年麥第奇家族在他們家族的教皇里昂十世和克雷蒙七世（西元1523-1534年）的保護下又重新復辟，並建立了眞正的君主王朝。

大多數的義大利諸侯國都試圖加強其自身的權力，主要國家如威尼斯、米蘭、佛羅倫斯、羅馬和那不勒斯都能遵守各城邦之間的平衡；此外，外交的手腕也限制了各城邦間的戰爭。通常戰爭爆發時軍隊由僱傭兵首領所指揮，而引起戰爭衝突的原因也不少，大多是由失敗的亂黨流亡者所煽動，這使得法國與西班牙也被迫參與義大利的戰爭。

北歐和東歐的中世紀君主政體

在北歐和東歐的王國，中世紀時期的君主政體則依然存在，但或多或少也使得王權停頓。

十六世紀時期連接斯堪地那維亞各國的卡爾馬（Kalmar）聯盟政權也開始鬆弛了，瑞典在古斯塔夫（Gustave，西元1520-1523年）時期又重新獨立，但是它也朝著一個專制政體轉變，而丹麥依然是獨立的國家，但丹麥仍舊是中世

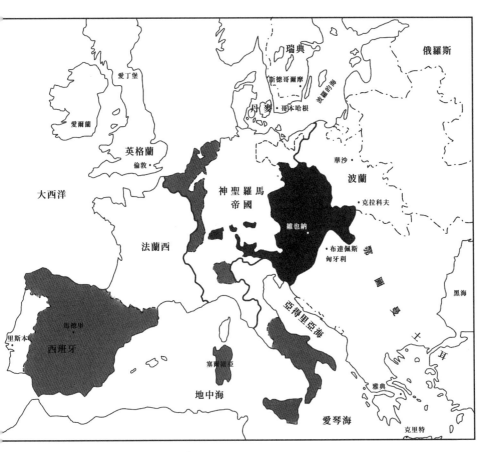

圖7-21-2　十六世紀的歐洲國家

紀的君主政體，王位的繼承是有選擇性的，國王亦不能隨意放棄其王位，此必須由貴族和僧侶組成的議會來決定，這一時期他們的權力在增大，且農奴制度也再次引進。國家的主要財源是厄爾瑟納（Elseneur）的港口稅，從西元1512年起即向所有從南部進入的船隻收取港口稅。

波蘭由波蘭王國和未定邊界的立陶宛大公國所共同組成，王位繼承也是有選擇性的，通常以出讓政府職位為代價，卻也因此保持了雅格隆（Jagellons）王朝的存在（西元1517-1527年）。國王必須依靠上議院或由大主教和大貴族所組成的委員會支持。西元1496年，議會規定上議院成員要由省分裡接受王權委託的議員或貴族成員組成。此外，尼伊爾諾維（Nihilnovi）法律（西元1505年）禁止國王未經上議院和大會同意擅自建立新的機構或法律。國王既沒有軍隊，也沒有財富和行政權，他必須靠自己的產業生活，而實權卻掌握在大貴族手中。在西吉蒙斯一世（Sigismond，西元1506-1518年）統治下，上議院仍然行使其王權，然而面對東正教的俄羅斯和伊斯蘭王國，更加上接踵而來的改革措施，也使這個國家必須依靠羅馬天主教會的支持，而政權最後則又交還給了國王。匈牙利的權威也是類似，但從西元1526年開始，匈牙利的政權大部分皆淪落到鄂圖曼政權手中。

第二十二章

歐洲古典主義的誕生

第一節　宗教的復興

　　在這一段充滿危機的歷史時期，從十六世紀的下半葉，一直到十七世紀的上半葉，出現了歐洲古典主義的文明，其主要表現在：宗教改革者和天主教徒所致力的宗教復興、科學精神的覺醒、巴洛克風格和與古典主義的相結合，最後還有專制主義的進步。在各個領域內，對於受到十六世紀的混亂局面所深深震撼的人來說，對於權威的追求是強加於人的。雖然歐洲的宗教被分為兩大部分，但歐洲人仍有著共同的思維方式和定見。十六世紀末期到十七世紀初期，發生了各種不同教派的教規講義，並逐漸形成各自正統公認的教義：三十人主教會議教規（西元1536年）、路德教派的和諧書（Livre de Concorde Chez les Lutheriens，西元1580年）、喀爾文教派的多爾德萊茲（Dordrecht）主教會議條例（西元1619年）。在俗教徒在宗教改革派中占絕對多數，在天主教會裡也開始占很重要的一部分了。最後一點，在兩大陣營裡，聖寵論和宿命論的問題仍糾纏困擾著教徒們的靈魂，但是相對於它們的共同點來說，其各自本身的特點彰顯尤為重要。羅馬教會竭力從廢墟中復興，而新教教會也極力保持住他們的地位。

羅馬教會的復興

　　羅馬教會，自教皇到低階教士來了一次大換血。教皇的任期、宗教的條規、世俗的教士，透過不懈的努力，全都煥然一新。在嚴肅刻苦的庇護五世（Pie V，西元1566-1572年）當政時期，天主教有了它的幾個主要教義藍本：《羅馬教理書》（Le Catéchisme Romain）、《新日課經》（Bréviaire）和《新彌撒經書》（Missel）、《拉丁文聖經》（Vulgate）或《聖經》的正式譯本，也隨著人文主義者的教育而出現，其餘的書皆被羅馬教廷列入禁書目錄。甘特（Sixte Quint，西元1585-1590年）是一位毫不憐憫的領導者。對教會進行行政管理的教會組織〔聖廷部（Saint-Office）或者宗教裁判所、宗教禮儀管理機構〕旨在實行羅馬中央集權制。羅馬的歷屆教皇極力想建立起對各教區的權威，透過仲介者──到處擴展的教廷大使館，以達到隨時處於諸君王左右。西元1622年宣傳信仰教會組織的產生，剝奪了各君王對在歐洲的殖民地傳教的最終決定權。西元1527年羅馬所受的恥辱得到昭雪，各任教皇繼續包裝，想使羅馬與其身分相稱：天主教的首都、基督教的主要聖地。為此，各宗教組織，加

上教皇做了大量的工作。

　　到了十七世紀中葉，耶穌會的教士們，仰仗他們的聖人和殉教者羅耀拉（Ignace de Loyola）、沙勿略（Francois Xavier）、卡尼西烏斯（Canisius），及他們的一萬三千個成員和五百所的學生到處活動，他們的足跡遍及各地。而其卓有成效多來自於對學生教育的改革上，這些學校都開設在反改革派的戰略要地，如羅馬學院（西元1551年）、安格勒斯塔學院（College d'Ingolstadt，位於布拉格開設於西元1554年），還有開設在巴黎的克雷蒙學院（College de Clermont，西元1555年），他們免費教育來自社會各階層的孩子。接下來，根據西元1599年形成的一種學習比率規定（Ratio Studiorum）建立了中學教育體制：把好學生集合起來繼續深造，形成一種不斷的競爭機制。他們繼承並傳播人文主義的遺產，同時也沒有忘記他們創建者的首要目的——仿效沙勿略。於是人們就看到在歐洲大陸之外，傳教士到處傳播福音，向印度人、中國人，還有拉丁美洲的印第安人傳播。他們的耶穌無所不在論，在很多地區都有著廣泛的影響，甚至於在藝術方面影響也很大。他們的成功，尤其是在貴族上流社會的傳教，引起了貴族階層年輕人們的極大敵意。

　　在城市、鄉村的人民群眾當中，嘉布遣會的修士們（Les Capucins）做著與耶穌會教士們相同的工作，影響也很大，這都是由於他們自身的貧窮，和在瘟疫、火災及戰爭中表現出來的獻身精神。他們還到了宗教改革的地區傳教，有一些人還在神祕主義的復興中謀到了很好的位置，如岡菲爾德（Benoit de Canfield）。相對於產生於十六世紀和十七世紀初，尤其致力於教育和慈善事業的修會來說，人們所參與改革的，只是一些過時的修會，最明顯的例子就是卡爾麥爾（Carmel）修會的改革，它被神祕主義的狂熱分子阿維拉（D'Avila，西元1515-1582年）和拉克華（Jean de la Croix，西元1542-1591年）所變革。如果把卡爾莫（Carmes）地區的修會除外，其餘大多數修會都有著和世俗混合的傾向，譬如說耶穌會修會，他們很多的會員都取得了教士的頭銜，並在塵世中傳教。儘管沒有人明說，但當時的人們都認為女人進隱修院和修們人也是理所當然的事，十七世紀中期，在世俗中就開始到處出現看護病人或接待客人的修女：此即仁愛會的修女。

　　如果我們說那些入修會的教士們在逐漸接近塵世，而那些在俗的教士們卻極力想與世俗區分開。聖職要求教士們有紀律、能力和尊嚴，要做好一名教士所要完成的使命是非常重大的，這場運動從上層和下層同時展開。

　　在巴泰勒米的天使們（Barthélemy des Anges），布拉哥（Braga）的主教，查理・波羅美（Charles Borromée，西元1528-1584年）大主教，還有三十

人會稱爲典範的米蘭大主教的號召和推動下，對招聘的各教區的教士素質逐漸地提高。儘管有主教會議的多次建議，神學院的數量仍然不足。教士們的宗教團體建立起來：巴黎貝魯爾（Bérulle）的奧拉托利會（Oratoire，西元1611年），教士的傳教會或文森先生的遣使會（Lazaristes de Monsieur Vincent，西元1625年成立），奧利耶先生的聖緒爾比斯修會（Saint-sulpiciens de Monsieur Ollier，西元1641年成立），人們看到教士們身著長袍，更加有修養，更專注於傳教布道，更遠離大眾和俗世的娛樂。早在十七世紀初，薩爾斯（Francois de Sales）就曾給出了教士守則，他著重強調了教理教育和慈善活動。到了這世紀的後半期，宗教已在仍對天主教保持忠誠的地區恢復了它的聲望和威信。

宗教生活的恢復

宗教生活的恢復不僅要靠教士們不懈努力，同時也需要那些在俗信徒的努力，這些人在宗教戰爭期間，面對教會的軟弱，教區生活的衰退而自甘墮落，到十六世紀中葉，天主教世界已搖搖欲墜。伊拉斯莫斯（文藝復興時期尼德蘭人文主義者）信徒們的樂觀主義似乎被政治和社會的衝突所帶走，然而人文主義卻在一種篤信宗教的人文主義掩蓋下存活，而這種篤信宗教的人文主義主要創造者就是耶穌會的人。

貝拉曼（Bellarmin，西元1542-1621年）在其論著《我所理解的上帝》（De la Connaissance de Dieu）中，致力於人和人文主義者所稱謂的自然聲譽之恢復。人類（不單指基督徒）是能夠做出一些值得稱道的善行的。莫里納（Molina）闡述，上帝已給予人類足夠的自由，使其透過自己的信仰和善事而拯救自己的靈魂。每一個基督徒，都可以透過完成國家所賦予的義務來使靈魂得救，當然還需要向神父進行懺悔。這個使埃斯科巴爾（P. Escobar）名聲大振的決疑論使得基督教一切都簡單化，有一種和世俗折衷的可能。篤信宗教的人文主義則受聖人薩爾斯（Francois de Sales）的著作《信教生活導論》（Introduction à la Vie Devote）的啓發，努力發展世俗的宗教感情（西元1608年）。

與此同時，薩爾斯也一直在網羅一大批信崇他的傳教士守則的信徒。個人的宗教崇拜和爲慈善事業所做的崇拜活動，標誌著宗教生活的復甦，這首先出現在義大利和西班牙，然後是中歐，最後才是法國和荷蘭，這兩個地方由於宗教戰爭而發展緩慢。

篤信宗教活動在歐洲的展開主要透過教育、傳教活動和慈善事業，並不是只有耶穌會在恢復教育，奧拉托利會和空論派（Doctrinaire）也在法國建起許

多學校。

　　通常是由世俗最先開辦一些小學校，它們往往很難得到宗教和世俗當局的同意，建立許多的教育組織往往維持不多久。另外還有一些在天主教徒聚居區的恢復天主教的傳教活動，像薩爾斯在卡伯雷地區（Chablais）傳教，萊吉斯（Francois Régis）在維瓦萊斯（Vivarais）傳教。此外，重振教會的傳教活動也大量增多：一群教士住在幾個村子裡，一住就是幾星期，他們傳教布道、懺悔、領聖體、解決糾紛，走之前成立一些善會（Confrérie）。在日常生活中，這些傳教活動多少都給人帶來一種娛樂，多數情況下都會在人們的心裡留下很深的印象。在十七世紀的大多數時間裡，這種一貫不懈的努力逐漸地使宗教禮儀變得規範化。贖罪的儀式，朝聖和聖事活動又重新成為人們日常生活中的一部分。

　　這次宗教生活的恢復活動之所以取得很大成效，其中一個重要原因就在於慈善事業方面的革新。教會的施捨通常是為了得到受贈人的支持，以便達到教會的傳教目的。相對於教士們的個人傳教活動來說，建立一些組織機構的計畫更為有效，因為它迎合了當時窮苦人們的願望和要求。

　　慈善事業的急速發展與傳奇人物聖人文森（Vincent de Paul）不無關係。在這個被稱之為「聖人的世紀」裡，文森是虔誠教徒們的很好的榜樣。他曾謀求解決過許多問題：教士們的培養教育、在各鄉村的傳教工作、慈善事業的組織工作。他和路易·馬里亞克（Louise de Manllac）一道，組織慈善機構的婦女和修女，積極獻身於慈善事業，尤其是在投石黨人運動所引起的那場災難中，其表現更為積極突出。

　　信徒們的活動還觸及到政治領域，在法國有一個慈善會非常著名：聖人－聖事協會（La Compagnie du Saint-Sacrement），它是由凡達杜爾（Ventadour）公爵在西元1627年成立的，這裡面的人員非常混雜，社會各階層都有，但最多的還是教會方面的高層人物。

　　由於考慮到工作效率，協會的活動應該是祕密進行，然而這樣就被他們的對手宣揚和誇張，說這個協會的活動不只在慈善事業方面，同時也介入市民生活，並排斥異教和不信教者。協會很快便感受到來自王權的壓力，因為王權對於這樣一個宗教集團還有教階制度感到擔憂。

宗教新需要和辯論

　　神祕主義被煥然一新，透過那些超感覺的方法而對上帝的認識並不只為使人們心醉神迷，而在於用之於行動。在這個時代已經存在了好幾個神祕論的中

心，如阿嘉莉（Acare）夫人的沙龍，它因貝魯爾（Bérulle）而出名，貝魯爾
非常重視聖體聖事，把這化身，也就是基督和聖母瑪麗亞，作為教義的中心所
在，他勸說眾生靈魂都匯到耶穌那裡，並不是像耶穌會會員們所渴望的那種意
志的努力，而是出於一種對自我的摒棄。論及耶穌派的樂觀主義宗教時，貝魯
爾反對一種嚴厲的信仰。貝魯爾的著作晦澀難懂，人們對他著作的了解多來自
他的學生聖西朗（Saint-Cyran，西元1581-1643年）的優美文筆，還有代表著
十七世紀法國天主教的法蘭西學院嚴謹作風。在這種宗教思潮的強勁攻勢下，
加之聖人一聖事協會的活動和王權的管制，不信教者和蒙田的懷疑論的信徒們
不得不屈服了。

　　然而，這種嚴謹作風（Rigorisme）與聖人奧古斯丁（Augustin）所宣揚
的悲觀主義傾向，在某些方面有著關聯，奧古斯丁所堅持的人性墮落論早已
因馬丁路德的再次肯定而受到天主教徒的懷疑。耶穌會人莫里那（Molina）
在反對先天決定論的同時，肯定了人有很大的自主性。辯論從西元1640年的
《奧古斯丁》（L'Augustinus）一書的出版開始展開，這是前任伊普雷主教
（L' Ancienévéque de Ypres）冉森（Jansénius）的遺作，冉森由於聖西朗的緣
故獲得了意想不到的成功。聖西朗是冉森的朋友，曾是王港（Port-Royal）女
修道院的指導神父（Auménier），這個女修道院在西元1609年時，由年輕的女
院長昂遮利克（Mere Angélique）領導下進行了改革。巴黎的王港（Port-Royal
de Paris）吸引了大量的婦女和巴黎的資產階級。然而榭王港（Port-Royal-des-
Champs）卻由一小群來自穿袍資產階層的男人占據著，這些王港的隱遁者
（Solitaires de Port-Royal）整日裡只是祈禱和學習。聖西朗把王港修道院變成
冉森主義的陣地。李希留擔心它與西班牙之間的接觸，於是把聖西朗抓進監
獄〔冉森曾在報紙「火星加里科斯」（Mars Gallicus）上發表文章抨擊法國政
治〕。

　　西元1653年，羅馬教廷批判了奧古斯丁書中的五種主張，王港修道院因
此而成為修行的聖地，冉森主義學說在巴黎的行政官吏階層廣泛傳播，它同
時也吸引了很多投石黨運動中的戰敗者。耶穌會的會員們是教皇的捍衛者，
在極力打擊冉森教派的同時，實際上給法國教會自主論者得到了好處，他們
許多人進了議會、大學和主教團。正當阿爾諾德（Arnauld）在為教皇的判決
進行詭辯的時候，布萊茲·帕斯卡爾（Blaise Pascal，西元1623-1662年，他在
西元1654年已退出王港修道院）出版了著作：《給一個外省人的信》（Lettre
a un Provincial，西元1656-1657年），這是一部強有力的論戰作品，書中有重
新支持冉森教派的觀點。然而，到了西元1656年，神職人員召開大會要求所有

的教士都填寫一張支持教皇反對那五點主張的表，王港修道院拒絕填寫，西元1664年國王又下令要求填寫，這件事一直拖到西元1668年的《教會和約》（La Paix de l'Eglise）才得到解決，在這份和約上，大家一致對這個問題表示沉默，就這樣不了了之。冉森教派的這次爭論證明了宗教覺醒的強大力量，它絕不會毫無原則地順從潮流和趨勢。

歐洲新教徒的宗教生活

　　新教的發展明顯分為三個階段：先是路德主義，然後是一段退縮時期，繼之又起的是喀爾文主義。路德教派經歷了一場嚴重的危機，無論是在神學理論上，還是在教士的規範上。

　　路德死後，梅朗克頓（Mélanchthon）傾向於把德國的宗教改革轉向一種伊拉斯莫斯主義的回歸，並逐漸向天主教靠攏，但是他的做法遭到了強烈的反對，尤其是弗拉西斯·伊利里居（Flacius Illyricus）的反對，他再次強調人在上帝面前的軟弱無力，所以直到西元1580年，路德教派的正統理論觀念才建立起來。

　　當然對於一般的信徒來說，他們很少能觸及深層的爭論。「信徒們對於路德是極其虔誠……，而透過路德，使這種虔誠接近於中世紀的盲目的虔誠」。

　　喀爾文派的傳教士們就經常利用路德學說中的這些不明確的地方，他們用自己的神學理論來對抗路德教派一些教義。實際上，喀爾文派主張一種聖體形式論（Sacramentaire）的改革。喀爾文派教徒不等國家同意就到處修建教堂。牧師由信徒們直接選舉，並依賴貴族和資產階級所控制的主教會議。最後喀爾文派有了個大本營——日內瓦，接收了大量逃難的新教徒，而且有自己的學院培養牧師，並到處派遣傳教士。日內瓦與各個國家的不同教堂都有聯繫。作為中心，西元1576年自己成立了一個神權統治的政府，主教會議掌管著該城市的政治，對整個城市的生活進行監督管理，給世俗居民們營造了一種新教徒似的環境。

　　喀爾文教徒在宗教戰爭中絲毫不妥協，他們不僅堅持靈魂拯救的先天決定論，同時也宣揚罰入地獄的先天決定論。然而一旦危險過去，尤其是在荷蘭的資產階級出現緩和局勢時，阿米尼烏斯（Arminius，西元1609年）即開始限制先天決定論的範圍，但卻受到了戈瑪（Gomar）的抨擊，這既是一場政治衝突，也是一場社會衝突。為了解決這個神學上的問題，荷蘭各城市在多爾德雷茲（Dordrecht）召集了一次主教會議，由在歐洲各地的喀爾文派使節參加。多爾德雷茲的決議肯定了靈魂歸宿先天決定論，而阿米尼烏斯的教徒和牧師也

被罷免。一些人則前往不支持喀爾文主義的國家避難，尤其是法國。在法國，穆瓦澤・阿米勞特（Moyse Amirault）亦企圖使雙方和好，並進行調解，但仍以失敗而告終。

十七世紀上半葉，新教出現了一種全面的大後退，這次衰落或許是由於軍事上的失利所致〔波希米亞、西屬荷蘭（Pays-Bas Espagnols）〕，或許是長年的戰爭所累（法國），或許是因內部的爭鬥（王國境內）。在法國新教的各個團體都各行其事，以自己的教堂、學院為中心。貴族中的新教徒已完全失去軍事權力，此外公開放棄新教的人，在貴族和教士中越來越多，新教的信徒們對新教的教義也越來越漠然。在南特詔書以前，很多人都試圖和天主教聯合在一起。

英格蘭的形勢則完全不同，王室貴族親自領導宗教改革，極力避免與天主教靠近。然而到了勞德（Laud）主教在位時期，英國國教已開始向天主教靠攏，他們設立聖職、教階制度和禮拜儀式。總之，到處都在反抗，清教徒們毫不猶豫地和正統教義對抗，並建立許許多多小的教派。

十七世紀出現的小宗教派別主要有兩種類型：一種是伴隨著宗教的改革應運而生，如孟諾派教徒（Mennonites）和索齊尼派教徒（Sociniens）；另一種是產生於英格蘭最激烈動盪的斯圖亞特時期的再浸禮教徒（Anabaptiste）。它後來被孟諾・西蒙（Menno Simmons）所解救，並主張把宗教生活和世俗生活分離開來，西蒙在荷蘭的資產階層中獲得了廣泛的支持。此外，被到處驅離的反三位一體的教徒（Les Antitrinitaires）這時期暫時在波蘭找到避難所，在這裡，福斯多・索齊尼（Fausto Sozzini，西元1604年）成功地將他們聯合在一起，圍繞著拉庫（Rakow）建立了一個宗教中心，拉庫的教理講義規定在教義上（西元1605年）。然而，索齊尼派教徒後來又被驅逐出波蘭，並受到來自天主教國家和新教國家的圍捕。在英格蘭產生的許多新教派除了公誼會教派（Quakers）外，誰也沒跨越大革命時期。公誼會教是由喬治・福克斯（George Fox）創建起來的，他輕視教義，反對已建立起的各種教堂，要求人們在上帝面前發抖（Trembler），這就是這一派名字的由來（Quaker在英文中是發抖的意思）。公誼會教派雖然繼續存在，但福克斯仍不得不在教派內部與異端光明教派（Illuminés）鬥爭。

到了十七世紀中葉，因內部分裂，新教也受到嚴重削弱，然而新教仍然具有強大的生命力，並積極地推動了歐洲文明的發展，尤其是在科學領域內。當然，相對於天主教蒸蒸日上來說，新教在文學和藝術活動領域出現了暫時的衰退。

第二節　科學思想的覺醒

十六世紀的一些學者對亞里斯多德和托勒密學說理論提出了質疑，但他們所取而代之的學說也僅限於諸如哥白尼的太陽中心說和喬達諾・布魯諾（Giordano Bruno）的宇宙無限說這樣一些天才性的預見，它們只能作為假設提出。為擺脫這種局面必須進行一種以推理論證為形式的變革，這就是十七世紀二十年代的奇蹟。

十七世紀科學上應用了一些新的觀察和計量儀器。蒂肖・布拉埃（Tycho Brahé）建立星象目錄，其豐富和準確程度都是前所未有的。幾年後伽利略在天體觀測中使用瞭望遠鏡，最早的顯微鏡也製造出來。為使數學能應用到物理學中，因而必須對它加以簡化。西元1585年出版《算術》的西蒙・史蒂文（Simon Stevin，西元1620年），在這方面做出了貢獻。代數的符號體系以及最早的三角函數表和代數表，都是西元1600年左右公布的。

當時的學者們都關注於物理學和形而上學所涉及的問題，這就是自中世紀以來人們一直將運動的起源歸因於一種稱為「原動內」的「力」這種情形。儘管有這些抽象的思辨，史蒂文還是發現了「力」的合成原理，如：連通器原理以及流體力學原理（透過船體模型）。

克卜勒（Kepler，西元1571-1630年）和伽利略（Galilée，西元1564-164年）則向前邁進了一步。克卜勒利用蒂肖・布拉埃的觀測結果，將其轉化為數學語言來研究行星運行規律。伽利略則致力於落體和單擺的研究，他放棄了「原動力」的研究，他所要尋求的，與其說是「為何有運動」，不如說是「如何運動」。也是在這時，威廉・哈維（William Harvey）在關於血液循環的研究中取得了成功（西元1615 -1618年）。法蘭西斯・培根（Francis Bacon）在他的著作《新工具》（Novum Organum，西元1620年）中闡述了實驗的作用，僅將理解為與數學所需扮演的角色相似。儘管如此，西元1620年左右，科學還是從關於因果關係的形而上學和美學的論證這種長久的封閉中擺脫出來。

科學家、不信教者和教會

在十六世紀初大學還保持著國際性特徵時，科學家在學術交流中還有所保留，但十六世紀末學者間盛行的挑戰之風帶來了真正的交流。儘管拉丁語仍是國際科學界的正式語言，越來越多的通信聯繫仍是透過本國語言進行，

埃克斯（Aix）地區議會議員佩雷斯克（Peiresc，西元1637年）就充當過學術界的「信箱（Boit aux Lettres）」。不斷擴大的科學家俱樂部中，有羅馬的林塞學院（L'Academia dei Lincei，西元1603年）和巴黎的馬蘭·梅爾塞納教授（P. Marin Mersenne）等團體，這也就是後來皇家科學院的核心。在大學失去其國際性特徵而只具有地區性作用時，科學家們經常研究同樣的一些問題，尋求解決辦法。正因為如此，旋轉線（轉動輪子上的螺絲釘所能運動的軌跡）問題吸引了許多學者的研究，如梅爾塞納、伽利略、羅貝爾瓦拉（Roberval）、托里塞利（Torricelli）、笛卡兒（Descartes）、費爾馬（Fermat）、惠更斯（Huyghens）等等，其中巴斯卡找到了最好的解決方法。

當時大多數人都認為，科學與形而上學是緊密相聯的。由科學精神的覺醒所帶來的理性主義發展並沒有動搖大部分學者的信念，即使那只是範圍縮小的理性主義，但這為那些被稱為不信教者提供了理論依據。其中最著名的要數瓦尼尼（Vanini），即《自然之謎》（*Secrets de la Nature*）一書的作者，他在土魯斯被判處焚刑。另一個詩人泰奧菲爾·維奧（Théophile de Viau）也很有名，但大多數人仍保持謹慎的態度。儘管如此，還是有人一直研究懷疑論（完全的懷疑論），就像勒瓦勒（La Mothe Le Vayer）的《異教徒的美德》（*La Vertu des Payens*，西元1642年）一書中所提到的。

不信教者們在某種程度上引起了教會對科學某些方面的懷疑，然而羅馬教會並沒有拋棄科學提供的那些實用方面。正是如此，西元1582年，教皇格里高利十三世（Grégoire XIII）讓人編了一部特殊的曆法以適應太陽運動的準確性。格里高利曆法很快就被天主教國家所採用，然後被信仰新教的德國（西元1700年）以及英格蘭（西元1752年）接受。不久以後耶穌會教士贏得了可靠的數學家的名聲，特別是在中國。儘管如此，伽利略一案讓我們看到，阻止科學家前進的障礙仍然是《舊約全書》一類的文字。伽利略強調了哥白尼學說系統與《舊約》的衝突。後來教廷聖職部批判了哥白尼學說系統（西元1616年），伽利略被勸說放棄這個學說。表面上屈服的伽利略，不久之後又較為公開地堅持地球並非在宇宙的中心停止不動的觀點。西元1633年教廷聖職所強迫他簽下了公開放棄的一紙聲明，這純粹是形式上要求謹慎的方式。教會人士如加桑迪（Gassendi，西元1656年），幾乎不用擔心了，儘管他們的著作非常大膽。

笛卡兒主義

蒙田（Montaigne）以後的不信教者揭示了一種無目標的懷疑狀態，在這

種狀態中，西方學術思想險些陷入困境，而法蘭西派的神祕主義者卻早提出了
他們的辯駁。大多數學者還是希望在他們自己的領域，即哲學與科學領域來戰
勝不信教。笛卡兒爲那些尋求以通用的科學來保衛基督教的人帶來了一種頗爲
理性的方法。

　　在笛卡兒的限定中包含多個組合部分，他試圖尋求科學的一些原則，透過
數學推理重新構築宇宙學說系統。儘管如此，神祕主義的觀點從來就沒有消失
過。貝律爾（Bérulle）就曾用因果意識對其作出過解釋。在西元1637年，笛卡
兒在荷蘭萊頓出版了法文論著《論更好引導論證的方法及尋求檢驗這些方法的
自然科學中的眞理》。笛卡兒將不信教者的懷疑轉化爲有條理的懷疑，用來爲
行動做準備。所有已接受的結論都被排斥掉了。基本知識被恢復到一種簡單的
對自身存在的事實的確認（我思故我在），從本來存在的觀點中衍繹出另外一
些觀點，正如上帝的觀點證明了上帝本身。能夠以空間與運動來描繪其特點的
物質世界基本上是能夠測量的，笛卡兒研究分析幾何學，與費爾馬（Fermat）
同時發現了這個物理學中最有效的工具之一。

　　笛卡兒主義在某個上帝承認的領域中帶來自由意識的斷言，牽涉了一種調
整行動以適應理性的努力，人的幸福即在於完成他認爲最好的事情。這也導致
了一種行動上的寬厚大度，繼而引發了激情的勝利。

　　笛卡兒的理論並沒有立即獲得成功，但在西元1660年之後，人們開始認爲
他使人重新獲得對上帝、對理性與科學的信念。在一個學術思想混亂的時代建
立起一種確定的信念是非常有好處的。

第三節　巴洛克與古典主義

　　巴洛克藝術風格在十七世紀上半葉出現於歐洲，它表達了一個動盪不安的時代的敏感性，在這一點上比古典藝術強得多。擺脫了許多束縛的巴洛克藝術，既可成為王公貴族的宮廷藝術，也能吸引大眾。它顯示了羅馬宗教代表上天的優勢以及貴族階級代表人間的優勢，透過其誇張的一面，獲得極豐富的裝飾和召喚奇蹟的魅力。同時巴洛克藝術並不強調一致性，從而給民族的建築留下充分表達的極大自由。

　　義大利是巴洛克藝術的發源地，並在多數國家占有相當重要的地位。義大利藝術家被召請到歐洲各國宮廷，從莫斯科到君士坦丁堡。因此外國人也來義大利學習，義大利一直是培養藝術家的地方。卡拉瓦喬（Caravage）和吉德（Guide）等一些人的天才挽救了義大利繪畫藝術，使之不致於沉淪到簡單的平庸中去。戲劇性的、誇張的思想很普遍，它產生了許多精巧的和大膽的新發現。貝爾尼尼（Bernini，西元1598-1680年）改建了聖彼得（Saint-Pierre）大教堂以頌揚大祭司，他以用來歡迎全世界朝聖者的雄偉柱廊，這座聖殿向外部世界敞開大門。柱廊、三角楣、柱子的托座、宏偉的樓梯，一般來說，通常彎曲的教堂正面就由它們組成。所有這些又被放置到由鐘樓、穹頂、噴泉所組成的比例協調的巨大群體中。豐富的雕塑、幾可亂真的壁畫、五彩的大理石、鍍金裝飾，突出輝煌祭壇與華麗廳堂的照明。整個羅馬城彷彿成了真正的舞臺裝飾藝術的場地，要把朝聖者引到靠近天界的地方。在這些長久不滅的壯觀景象之餘，短暫的場景也被上升到藝術的高度。如果說蒙臺威爾第（Monteverdi）透過賦予角色有人格特點的音樂的朗誦調而創造了歌劇，那麼，他的後繼者們則更多地為布景裝飾所吸引。總之，為公開慶典活動服務的暫時性建築裝飾給人們留下了廣闊的想像空間。

　　義大利的巴洛克藝術隨著教會的反改革運動緩慢地傳到了中歐，對於這一點，維也納和布拉格都有最好的證據。在西歐，義大利的影響與西班牙的影響都存在，義大利提供了工藝上的新發現，西班牙則賦予文學和巴洛克藝術一種民族特性，在表達宗教熱情的同時，也表達了一種崇高莊嚴的意境和西班牙建築風格中現實主義的內涵。法蘭德斯的魯本斯（Flamand Rubens，西元1577-1640年）表現了巴洛克藝術的生機與活力，出於對幸福的迷戀、對統治者的崇拜，他毫不費力地跟隨了義大利各種風格的大師學習，然後將自己的熱情洋溢

在畫布上、紙夾上、掛毯上，還有那些典禮的布景裝飾上。

　　然而巴洛克藝術的傳播在荷蘭和法國卻受到了一定的限制。無疑地，荷蘭繪畫與法蘭德斯繪畫同樣表現出了粗獷的風格，但喀爾文教派和中產階級卻對羅馬的富麗排場、義大利的舞臺裝飾、西班牙和法蘭西的神與英雄們不感興趣。相反地，街道與家庭，或更遠一些的城市與熟悉的風景成了通常習慣運用的模式。戴夫特的弗密爾（Vermeer de Delft，西元1632-1675年）給各種平靜的藝術注入了一種真正的詩意。林布蘭（Rembrandt，西元1606-1669年）則不滿意這種過於謹慎的模式。儘管對巴洛克藝術有一種偏愛，他還是將最傳統的那些場景透過對於那些超出感官理解力部分的研究渲染得生氣盎然，尤其是在那些《聖經》故事與自畫像的創作中，他將自己的精神以極佳的方式表達出來。

　　十七世紀初，法國還沒有任何跡象表明這個國家將領導古典潮流，在瑪麗・麥第奇的時代，義大利的影響占了上風，然後是西班牙的影響為主，文藝界也充滿附庸風雅與詼諧文風兩種趨勢的競爭。純潔語言主義者馬雷伯（Malherbe）在十六世紀末、十七世紀初創作，他幾乎沒有什麼影響，要等到笛卡兒主義潮流在文藝界占主導地位後，弗吉拉（Vaugelas）在語法方面的行動才傳播開來，也就在這時候，以巴洛克風格的喜劇著稱的高乃伊（Corneille）在其悲劇創作中以緩慢的進展推向一種更樸實無華的理想境界，給法蘭西文學獻出其古典主義的第一批傑作。

　　法國藝術給人一種印象，就是它只接受一位巴洛克藝術大師瓦勒・格拉斯（Val-de-Grace），因為其國內狀況是與財力匱乏相聯繫，這就促使它限制了豐富的裝飾。儘管如此，那些代表節日和慶典的雕刻藝術，仍證明了所有這些臨時的建築裝飾，依然是巴洛克風格。繪畫藝術則吸收了義大利的工藝，往往還有義大利的主題，但其外部影響則在圖爾（La Tour）和菲利普・香檳（Philippe de Champaigne）等創新的藝術家那裡有所包容。對巴洛克藝術的反動則來自尼古拉・普桑（Nicolas de Poussin，西元1594-1665年），他懷著極大的熱情，試圖尋找在表面之外的一種內在的真實與邏輯。他的作品首先是一種組合。普桑利用一種現實的、真誠的靈感，為了達成這個願望，他甚至不惜從學院派中逃避出來。

　　西元1661年巴洛克藝術風格仍是占優勢的潮流，但是各種抵抗、阻力以及古典的微弱意圖都已顯現出來。在法國，借助笛卡兒主義的潮流，這片領域已經為那些摒棄巴洛克風格的新一代藝術家的誕生做好了準備。

第四節　專制主義理論的發展

政治上的混亂使得人們對權力的集中充滿嚮往，在西元1660年左右，這種強權達到了頂點。經歷了君主制理論的懷疑和殺死君王的行動，專制主義找到了新的擁護者和新的證明。

由於國家與國家之間的差距，在十七世紀上半葉專制主義的理論家們和他們的對手好像是輪流交替著占上風。

在法蘭西第一帝國，有一股具有壓倒性優勢的潮流反對著皇帝加強其權力的行為。阿爾杜西尤斯（Althusius）在他的《政治謀略》（*Politica Methodice Digesta*）一書中提出了關於國家聯邦制的理論，他認為主權屬於整個團體，統治者是選舉出的最高行政長官，他與其選民透過協約相聯繫，同時反抗暴政也是被允許的。實際上這並不等於宣告民主，而是闡述了一個中世紀形式的國家模型，這對「聯省制」這個政體亦是一個證明。伊波利圖·拉彼德（Hippolytus a Lapide，西元1605-1678年）斷言主權並不在國王身上，應存在於帝國中，他預先解釋了《西發里亞條約》。事實上，這些聯邦的觀念為在那些享有領土主權的德意志公國建立專制制度做好了準備。即使哈布斯堡家族也越發地擔心被納入帝國版圖的其他國家之國民不能順從統治。

英格蘭的革命產生了一大批政治著作，表達了最廣泛的各種觀點，從溫斯坦利（Winstanley）的烏托邦式共產主義一直到哈靈頓（Harrington）的貴族共和主義，米爾頓（John Milton）則從另一方面切入，他尤其擁護意識自由、新聞出版自由，平等論者聲稱所有的人都有權透過其代表仲介對法律表示贊成。儘管如此，對查理一世的處決仍說明對宗教的迷戀與對封建君主王朝的神祕主義還沒有完全消失。查理二世在他流放期間接待了許多英格蘭人，這些人特地來觸摸他的傷疤。克倫威爾以其專制統治將英格蘭又重新退到一個君主王朝中，因此革命思想也蒙上了一層陰影，然而它並沒有消失，後來融入了英格蘭資產階級的政治觀點中。

在法國，投石黨運動為誹謗性文字的公開發表提供了場所，所有的人都表現出對統治者的尊敬，只有大臣與總督們受到了譴責。問題不在於要向英格蘭的理論學習借鏡，這些理論自從查理一世的處決將以前亨利四世被刺死時所煽起的那種激情又重新喚醒之後，法國政治理論就一直處於衰落的狀態中。儘管如此，人們仍舉行了討論會，就限制王權進行討論。西元1652年，克勞德·約

里（Claude Joly）出版了供國王借鏡的重要箴言集。他曾任巴黎議會律師，在書中，他得出如下結論：「國王的權力應予以限制、取消，國王們不得隨心所欲處置他們的國民」，「國王們不經人民同意不得向他們徵收賦稅」，而這部著作被宣判焚毀。投石黨運動顯示出其思想落後的特徵，在對王權的限制中，佩劍貴族與穿袍貴族們幾乎沒有得到什麼好處，佩劍貴族對擁護支持一個可以給他們很重要地位的王朝所產生的鬥爭顯得無能為力，穿袍貴族則對不能完全摧毀這種政治而使自己強大顯得憂心忡忡。

十七世紀中期對專制主義的偏愛

十七世紀五十年代我們還找不到一部新的重要著作是替專制主義辯護的，但是更早一些的著作中卻能找到一些新的偏愛，像李希留的《政治遺囑》或是霍布斯（Hobbes，西元1588-1679年）的著作，而笛卡兒主義的迅速發展也使人們的思想傾向於一種有理性的政治秩序。

笛卡兒的所謂「政治」允許有多種不同的解釋方式。有條理的懷疑既不守舊，也非革命，笛卡兒實際上表現出極大的謹慎：尊重權力、法律、政治和宗教習慣；由於在一般規則之外的責任造成了哲人與君王道德倫理上的差別。

霍布斯是斯圖亞特的信徒，他留下了一批豐富的著作，其中，《巨獸》（Leviathan，西元1651年）一書最為出色。前面提到李希留的「遺囑」是一種政治藝術，霍布斯則正好相反，他要建立一種政治科學。霍布斯信奉的哲學是理性主義，他的政治觀點是積極的，他並不主張對君主體制的忠誠，而是擁護一種絕對權力的忠誠，即公眾福利的唯一有效保證。國家對霍布斯來說就是一個人，應該由唯一一個能得到大家同意的人來代表，分權是不足取的，統治者只會在他自己的頭腦中發現自己權力是有限的。霍布斯於是給專制主義提供了一種加強作用，但他非神化的主權應該勝利。霍布斯的理論為西元1660年的復辟提供了幫助，但同時也培養了英格蘭人的政治要求。

就這樣，當路易十四「執掌政權」和查理二世復辟了君主制時，西歐還沒有完全戰勝十七世紀的專制政體危機，但它卻聚集了這種古典文化的諸多因素，這也給它帶來某種意義上的統一和極大的自信。再者，它也不再被自身的局限所封閉，它贏得了海洋，與遠離歐洲的世界中許多大國建立了關係，它同時也開始構築海外的新歐洲，最後為自己的利益展開了對全世界財富的開發。

第二十三章

路易十四時期的法國

第一節　法國社會

　　馬薩林死後，路易十四於西元1661年3月9日「掌握大權」，他曾寫道：「所有地方一切都很平靜」，但同時：「到處都充斥著混亂」。從今天的眼光來看這個見解是正確的。另外，通常被認可的觀點是在路易十四的治理期間法國走出了破產的窘境，法國的人口本該減少10%的，然而地區性的分析表明法蘭西島相對繁榮起來，特別是在南部，大西洋沿岸的港口和相當數量的地區已躲過了西元1709-1710年間的饑荒。無論涉及政治、國家或甚至是經濟現象，路易十四的統治總會給人以辯論的素材。

　　路易十四在法國歷史上扮演重要的角色，其原因不僅可以在王國政治和君主制體系的權力中找到，同樣於潛在的經濟和王國中的人民中也能出現。

人口統計

　　直到現在關於路易十四時人口的數量，歷史學家們都不可能達成一致意見，對西元1661年時的估計在一千六百萬到二千萬之間，事實上似乎更接近後者，不管是多少，王國的人口大約占歐洲人口的五分之一，西班牙有六百萬到七百萬居民，英格蘭還不到這個數字。

　　在西元1694年和1695年進行的人口普查，結果並不完全，它只統計了繳稅者的人口。根據堂區的紀錄，看起來那時的平均壽命不超過二十五歲（現今為七十歲左右），在一百個新生兒中，一年之內剩下七十五個，二十年內剩下五十個，四十年內剩下二十五個，六十年內剩下十個，要使人口保持如此水準需要特別強的生命力。儘管教士的人數龐大，那時獨身主義可不像今天這麼氾濫，配偶死後重新結婚的現象司空見慣，另外非法婚生現象很少，甚至在其他城市也是這樣，而結婚後不生孩子的現象也很少見。控制生育的事例只在妓院行業和一部分貴族中存在，但人口很多的家庭不多，這是由於許多孩子在年幼時就夭折，並且生育也比人們長期認為的要少。人們結婚較晚，女孩的平均婚齡在二十三至三十五歲之間，教會要求禁欲（特別是齋戒期）的年代裡，懷孕的數量較少，哺育期也使懷孕的間隔變長，除了那些家境盈實的人，他們可以用食品代替哺乳。由於缺少富含營養的食品，一再生育使母親死亡，生理機能的衰竭使懷孕停止，在饑荒的年代中就給人這樣的印象。

　　同樣階段性的人口危機衝擊著王國：西元1662年、1670年、1679-1681

年、1690-1694年、1709-1710年，但需要細述一下，人口危機只是對不同的省分有不一樣程度的衝擊，代表它們的不再是鼠疫，這種疾病在地方上最後的病灶於西元1670年消失了，與之對立的是已經困於營養不良的男人女人們還繼續面臨著各種熱病的侵襲，這就是說死亡率表現的是更為鮮明的現象，有錢人就能躲過死亡。現代人認為那時王國的人口在減少，一些人關心僧侶和教民的數量，所有人更在這個「部落」中看到了一種繁榮因素，事實上隨著死亡的過去而來的是巨大的填補，死亡選擇的是減少老邁體衰者，結婚、再婚和生育相當快就重新穩定了情形。這麼看來西元1715年時的王國比西元1661年時人口要多許多，除了透過征服而得一百萬居民，法國自然人口的增長也應有這個數字，儘管如此，直到近西元1740年時人們仍能感覺到低生育率年分中出生人數眾多。

在鄉村中人口數量占總數85%，城市的水準與行政特權有關，而與人口多少無關，對只有幾千人口的城市，人們通常都稱之為小。一般城市有某些重要性是不妥的，這肯定會招致一個鄉村化的開端，對於通常是飢腸轆轆的鄉村人來說，他們適應環境能力差，城市是真正的墳場，同樣城市居民人口幾乎不增長。大體上主教或大法官所在的城市遠離議會，大主教所在的大都市重要的經濟能力在增長，不管怎麼說，近西元1700年時，除巴黎有大約五十三萬居民外，沒有一個城市超過十萬。杜巴涅（J. Dupaquier）列舉如下這些數字：里昂九萬七千；馬賽七萬五千；盧昂六萬；里爾五萬五千；波爾多、南特、奧爾良和土魯斯超過四萬；亞眠、第戎、圖爾、梅茲（Metz）超過三萬，七萬到十萬居民無疑就足夠保證一種城市特徵。

社會團體

社會組織建立在不同等級的基礎上，儘管經濟因素也能產生階級，在階級貴族中等級觀念占有重要地位，每個人的地位反映在教堂中的儀式裡，也反映在服裝上。在不考慮所有財產因素下，絲綢是貴族的專利，呢子（通常是黑色的）屬於平民和教士，麻布就屬於手工藝人，盧瓦梭（Loyseau）的《論等級》一直是關於「等級和頭銜」的參考書。

在國家的三個等級中，人們也能發現同樣稱為等級的不同範疇同樣教士就有兩種等級，特別是近西元1695年採取措施後，增強了主教對神父的權威。貴族的等級與頭銜廣為人知，男王族、公爵和貴族院議員、享有法庭權利的貴族、有頭銜的貴族，最後就是沒有頭銜只有「騎士」稱號的貴族，這些等級比

起佩劍貴族與穿袍貴族間的差別更具價值。盧瓦梭在第三等級中區分出一些人，他們「享有榮譽」，他們姓名前的字超過了名字的價值，就如安戴爾閣下（Le Sieur Untel）和一位名叫安戴爾的人之間的區別，或是姓名前定語的價格超過了姓名本身（可敬的人、誠實的人）。王國的官員占據第三等級的頂層，他們還沒有進入貴族行列。接下來就會遇到不是官員的「文人」：獲大學學位者、醫生、律師，然後是「實業家和工商業者」、公證人、代理人，最後是以「藝術」行業爲生的商人與手藝人，之下是「低等人」（這是指民衆的名詞）：農人、「機械匠」、手工藝師傳或不是「出賣勞力爲生的人」，最後是「強壯的乞丐」、「流浪漢和乞丐」。

一些種類的人無疑不在這個區分範圍之內。被盧瓦梭放在文人後面的金融家，應該占有更爲重要的位置，但這會招致非議。在「大衆」之中，每五個法國人中的四個，就會顯現出階級現象；在沒有團體的鄉村，只要賣出些東西，人們就能自稱爲小販。再說這個社會也不是固定不變的，等級可以建立也可以消失，三個等級間的障礙並不防止授爵和失去爵位，區分等級的障礙也不太高，他們如果不是來源於制度的特微，就是來自協調認可的要求，甚至在後一種情況中爲區分起見，婚姻起了最大的作用。即使這並不是一種強迫要求，人們還是避免與身分低下的人通婚，但這種通婚有時出於婦女的利益而被接受，可作爲一筆可觀的嫁妝的補償是彌補平民或「非貴族」的出身。農村人口以鄉村團體形式生存著，自從君主們爲擴充軍隊而在鄉村中建立組織，這些稅收組織也日趨完善。

這種團體有它自己的議會，經常是在彌撒之後集合起領主的代表、教士、團體內的理事和家庭的主要家長。會談指定收人頭稅的成員並和一個或多個軍人談話。議會同樣得管理共同的財產，保證財產不受篡奪，調整包括共同放牧權在內的權力運用，這項工作在法國東部極爲沉重，那裡團體的實踐活動比起多樹木的西部要發達得多。鄉村團體最終是和堂區並列在一起的，「創造」委員會的領袖是堂區財產管理委員們，他們管理教堂的財產、保養大殿，如果有學校的話也在維護之列。面對團體的是領主階層，他們具有不公平的重要性，其權力往往涵蓋著幾個團體，而其他地方在瓜分完畢後，人們在一片只有一個團體的土地上可以發現好幾個領主，其中一些事實上只擁有領主的權利，他們並不占有土地，也沒有太多的城堡。另外領主常常是相信領地上的公共農場，通常這比「附庸者」要求更多。在世紀的前半團體們由於建築和救助窮人而破產，團體常常欠下領主和資產者的債，得要求允許提高稅收，如可商議的人頭稅，科伯特謀求改善他們的財政以實物或徭役替代領主稅、什一稅、地租等，

比起以錢幣形式的王國稅收要容易蒐集一些。因爲沒有能力賣掉富裕的農作物換錢，農民只能先貸款而後賣掉土地，農民的地產占有一半土地資源，但重新分配時很不公平。在法國北部的城市旁、在進入商業運行的地區旁，因爲要保證資產者和領主的財產，農民的地產經歷了一場完全的倒退，資產者繼續搜括土地，甚至向負債的領主買他們的土地。在這些地區中，社會不公平現象就增多了，平庸而又馬馬虎虎的貴族，他們最好的兒子在軍中服役，他們證明了與現代社會的格格不入，他們就是國家中遠離商業化大道的現實，他們不能忍受經濟活動能力的甦醒。當領主土地成爲經濟開發單位時，邊界年租和賣小麥的所得要比封建權力帶來的多得多，而領主權或封建權力一直是具有魅力的決定因素。經濟來源的收入同樣也是修道院、什一稅收稅人和農場主、地主們的，他們使地租、什一稅或收成商品化了。北部的耕作者或南部的財產管理人，特別是巴黎附近村裡積極而有能力的人被看作是獨立的農民，在他們身旁人們能碰上許多農民。他們擁有一小塊開墾地，就像是博韋（Beauvaisis）的小宗生意人或是簡單的短工，他們通常擁有一間茅屋、一道圍牆、幾小塊地和極少數量的牲畜，他們以公共財產爲生，出賣勞動力並且提供鄉村紡織工業的勞力。他們尤其受到王室稅的增加影響，西元1695年增加了人頭稅，然後在西元1710年又是什一稅、間接稅和鹽稅，以及居民的住房補貼和戰時人員的居所等。那時人民的反抗變少了（西元1675年英格蘭發生印花稅暴動），其原因在於一方面是王國權威的加強，與之作用相當的也是因爲有幾段相當長的時間內小麥豐收，價錢也便宜，這使得農民的生活條件不是那麼地不能忍受。

這段時間裡農民的行爲可能有一個變化產生了。教士的素質慢慢在改善，受過良好教育的教士掌握了很大的權威，他們努力抗拒縱酒作樂的聚會和粗俗的吵鬧，這是緩慢轉變的開端。

城市沒怎麼變換面貌，它仍然很封閉並且晚上城門緊閉，最爲複雜的社會條件相鄰而存，儘管在一些「美麗的街區」內看得到王國官員和貴族喜歡的人，還有發達的手工業和商業，相反地，在鄉村的街區中到處是新來的人。城市化進入幾個地方時仍受到限制，那裡的主題是建造王家廣場（第戎、蒙貝利埃）或是武器場所。

城市與特權及傳統相聯繫。議會中的人民繼續被排擠，城市中的團體也經常是自行聘用寡頭官員和批發商，城市管理不受影響，城市中的團體在於擔憂人民騷動，在饑荒和流行病氾濫時就做得十分賣力。另外他們的自治能力由於王國行政機構的完善而被削弱了，總督監視著他們。

城市中的社團發展起來了，很多貴族都居住在城市裡：穿袍貴族另外在夏

天一部分的時間裡去他們的領地生活，佩劍貴族冬天時離開他們的城堡來到城市，城市中的旅館可就興旺了。人們同樣也能發現一些小貴族，他們沒有封地，在一些小事務所中供職。當官的資產階級和「從事文學的人」，他們的生活相對而言要富裕些，但很辛苦、勤儉而審慎，他們對有秩序的概念很感興趣。在城市社會中的積極因素，批發商和商人們想加入城市資產階級的行列，他們買下一些事務所，並且和所有資本家一樣期望成為貴族中的一員。

人們的職業是各式各樣的，一方面那些需要宣誓就職的職業在科伯特的措施下越來越難以得到，這些職位也能反對花錢購買的行業公職。法律與規則不斷地詳細化，除去繼承的情況外，手藝的獲得事實上是透過一種真正的合作願望和一定繳納金來實現的，所以在一個城市中或一個作坊內並不是透過招聘來組成這樣祕密的合作關係。在由商業資本主義管理的職業中（完全是紡織工業），如果人們有一個職位的話，想要獲取手藝是沒什麼問題的，但師傅得感謝提供他生產原料和出售其商品的商人，這位師傅並不比一個工人過得更好，除非他能成功地脫離商人的手掌心；平時，一個工人可以把他的生活水準維持在平凡的階段，但是麵包供應的價格提高或是失業的時刻來臨，他就會陷入貧窮的困境之中。城市同樣在庇護著一大批人，他們的工作還不能被形容為是「職業」傭人，通常來自鄉村、園丁和半鄉村的種葡萄人、謀生者如挑水人（Poteun d'eau）、推獨輪車者、搬運工等。平時裡創建的大眾醫院數量減少，但生計危機時數量就重新增多，儘管慈善機構和救助機構出現，人們依然很容易碰上窮人和乞丐。

城市是個宗教與文化的大熔爐，十七世紀天主教的重新征服就是依靠城市，新的宗教團體產生於城市中，天主教遷往巴黎就是個徵兆。源於耶穌學校的聖母協會和虔誠會的數量增多，他們的行為不只在新教權中體現，新教權滋生著宗教爭論，而且體現在醫院的建立上，體現在那些選擇窮人和免費學校的慈善機構上。各處努力都付諸實施，德米阿（Charles Démia）在里昂宣布由巴第斯特（Jean-Baptiste）創立了基督教兄弟會學校秩序廳（La Salle de l'Ordre des Écoles Chrétiennes），而它的發展也可以追溯到西元1740年時期。作家們發展了他們的流派，教育得到普及。在小資產階級和「低層人民」中組織起一種在傳統業中招募的眾人選舉菁英、能識字者，致力於大眾文化並且對他的宗教忠心耿耿。

第二節　專制君主政體的鼎盛時期

　　路易十四的統治被認為是絕對君主政體的頂點，儘管以某些人的眼光來看，從十七世紀末至路易十四登基這段時間內國家機器發展緩慢了，這是說，至少在他統治的最初階段，神權達到了顛峰。

神權

　　由於亨利四世被謀殺而引發的政治思潮，在路易十四統治的前一段時期達到了高潮。自從王權加強後神權被肯定了，但神權是在博蘇埃（Bossuet）的筆下才找到完美的表達，在「得自《聖經》話語的政治」或是在路易十四授意的一些作品中，如王子教育紀錄。「皇冠並非是人的皇冠，而是上帝祂的皇冠」，博蘇埃這樣寫道。因此他重複聖保羅（Saint Paul）的慣用語：全能的上帝（Omnis Potestas a Deo）。傳統法國君主政體摒棄了人民。博蘇埃同樣反對投石黨運動（La Fronde）過後不久克勞德‧裘利（Claude Joly）闡述的條約觀點，反對南特詔書廢除後朱里約（Jurieu）提出的觀點。路易十四寫道：「所有人都應該不加考慮地服從。」人民對君主沒有權力，但君主對人民有許多權力。「絕對權力」這個字眼就意味著「獨立的權力」。一些自由分子甚至走得更遠，居埃‧巴爾紮克（Guez de Balzac）或諾戴（Naudé）堅持認為國王擁有這些主體的財產和生命權。這與路易十四的思想深處不相符嗎？博蘇埃把直接權力從法律內區分出來，認為國王們應該監察未賦予他們的權力，這就是說國王們不應受任何控制、不應受任何懲罰。從西元1685年開始新教的抨擊性作者對路易十四的政策發動攻擊〔朱里約（Jurieu）的田園文學、拜勒（Bayle）的文學共和國的新聞、奴隸法國的呻吟〕，並且呼籲在國王與人民之間應該沒有任何契約。在法國，他們只得到一陣微弱的反響，路易十四統治末期，有些高層人士如費納龍（Fenelon）宣布王權的濫失無度不能超越「第二等級權力」的復興：公爵與大臣、議會，極少情況為平民等級，除了向攝政者強加實施已在高等佩劍貴族或穿袍貴族內通過的決議外，他們在路易十四死後就沒做過其他事。在大眾觀念裡，神聖的國王、抹過聖油的領主，這些被賜予有治療世人權力的人們，不完全是在俗教徒。全職授任禮就是他國協議的婚姻，「神祕的配偶和最大的特權」，勒‧布賴（Le Bret）如此寫道。另外路易十四對自己與國家也做了區別，他本來說：「朕即國家。」但他臨死前在病

榻上宣布道：「我即將離去，但國家將永遠存在。」他同意國王不是國家的產權所有者，而是擁有國家主權的人。最後現代人就像「神祕的君主制」一樣認為上帝給了國王特別的恩賜，能把王家意志與公眾財富統一起來。要想讓法國國人改變思想，需要整個十八世紀，王權的氾濫和對君主專制控制的觀念之甦醒。

委員會政府和辦事員的政府

法國人的願望是國王自己管理自己，路易十四了解負責行政的首相並不得人心，人們已經有亨利四世給過的教訓，相比之下路易十四更像他外祖父菲利普二世，他有著思考的精神，有條不紊，具有很強的自我把持能力，他全心投入到國王這個角色中，特別是馬薩林留給他的那些協理大臣離去後，除了富凱（Fouquet）外，他皆曾留住過這些協理大臣。國王永遠得靠「好建議」來治理王國，換言之就是得與世襲顧問、他自己挑選的人、宮廷內王權成員、那些被選舉出來的人（大眾等級，地方各等級）、特別顧問委員會的人〔如商業委員會（成立於西元1664年）〕進行協商。事實上，路易十四清楚記得投石黨之亂，他排除他不能挑選的（他的家族）顧問，並且在特別是穿袍貴族中任命他主要的官員和顧問，這都是他可以問他們任何事情的人。

原則上只有在西元1673年一個僅有的顧問委員會重組。事實上人們能分清國王控制的顧問們、法律顧問與行政顧問。第一類顧問首先有幾個冠以國家大臣名號的人物，是「高級委員會」，他們負責最為重要的事務，包括掌璽大臣、總監察大臣負責金融和國家四個祕書處的人員（戰爭、外國、海軍、國王辦公室）。公文委員會處理與外省的聯繫。王家金融委員會擁有除國王外金融總監察大臣和兩名國家顧問。行政顧問是分配在「國家私有顧問」頭銜的，其金融政策和方針主導許多「會議」，它特別留意君主政權宮廷內的勸戒以及會影響到絕對君制的叛亂。後面提及的顧問委員會的工作由各機關和委員會籌備，其成員選自於提出申請的人，而由國王向他們予國家顧問的要職。

西元1653年建立起的司法、員警和金融總管們西元1664年建立了一個法定機構，這通常就是已經在某一財政區獲得管轄權的申請者，他們得監視司法官員、員警人員（行政）：公共秩序、軍需補給、道路、部隊駐地、宗教問題，最終還有金融問題：人頭稅的分配，然後是什一稅的份額。巴黎有個例外的制度：西元1667年中將警察集中了大部分的權力。直到那時，拉·海涅（La Reynie）控制的秩序仍不為人所知，各省省長們也並沒降至成為裝飾的角色。

總督終究持有行政大權，在外省中他代表著國王，由他來對武裝力量下命令，介入牽涉到國家的事務。經過權利分配，省長們和總督們並沒有受到多大影響。

如此，在那些佩劍貴族或穿袍貴族官員周圍，國王安置了一些使者，他們本身也是官員，在官員與使者之間並沒有什麼本質區別，但使者是國王的心腹，在緊急的時刻國王能利用他們向無效用的行政組織施加壓力，對於那些憑良心做事的官員，他們會用國家名義強加於他們身上。辦事員政府同時也是圍繞著宮廷的政府，組織嚴密，運用政治手段有效地限制了貴族階層。

除非在國主眼皮底下，否則貴族無法實現自己的抱負，自己限制自己追隨細緻的禮節，進行大筆的開銷，貴族等著國王賜給他一切，年金、獎金以及一些毫無價值的恩惠，而路易十四則藝術性地給這些恩惠一個標價，這樣避免混亂重返的保證比起鎮壓投石黨運動所花費的可能要少。宮廷勢力得以巨大地擴張，這使得貴族階層乖乖地被馴服在民房之中（臥室、衣櫃、馬廄、性病）。另外，路易十四為了保證效果明顯，從軍旅中選出菁英士兵安置到保安部隊中來，同時法國籍和瑞士籍衛隊特別注意防範巴黎有所不測。針對貴族強盜行徑〔奧維爾納（Auvergne）的深刻日子，1665年〕和人民反抗的嚴酷鎮壓，使得王國在路易十四統治後半期中儘管稅率瘋狂地上揚，但再沒有發生任何暴動。最後，法律方面：民法（西元1667年）、刑法（西元1670年）、海上法（西元1681年）都已立法確立法規。

福音書和宗教壓迫

年輕的國王，由於沒有反對的聲音，他與情婦曼特農夫人之間的醜聞亦無需做懺悔。路易十四是位極其信奉基督教的國王，他對於他身上永恆福音的責任有深刻的理解。他同樣致力於在天主教教會中維持法國的教會，儘管這使他很破費，他還以不定的形式打擊異教。

路易十四作為俗權君主和教皇發生了衝突（科西嘉衛隊事件，西元1662年；法國駐羅馬大使享受相對特權免稅事件，西元1687年）。王權事件觸及到了法國教會和羅馬教廷的關係，西元1516年的協商重新確定了國王是主教管轄區內世俗財權的所有人，當主教出缺時國王就能拿到這些地方的收益。另外這項權利自從西元1516年以來就沒有賦予過主教的副手，路易十四在西元1673年賦予了這個權利。高層教士，那些國王心腹，特別是官宦子弟沒提出任何異議，只有兩名主教求助於教皇。

西元1681年召開一個教士大會，反對教皇英諾森十一世（Innocent XI）干

涉法國事務。「四項宣言」，這是真正的法國教會憲章，宣稱國王對於教皇來說是獨立的，宣告了宗教評議會對教皇的權威性，宣告教皇有尊重法國教會法律及習慣的必要性。英諾森十一世當時拒絕對國王提名的主教授權，路易十四不願接受分裂，英諾森十一世之死帶來達成和解的可能，教皇接受王權的擴張，國王則廢除那時仍在神學院內教授的「四項宣言」。

與大部分法國人相同，路易十四希望他所有的臣民們都團結在教會之下；從西元1668年直到西元1670年時，人們錯覺地認為彼此都互相接近了，西元1660年時聖事團被解散，教會的和平使冉森教糾紛得以平靜下來。阿諾德爾（Le Grand Arnauld）和尼古拉（Nicole）為國王揮筆服務，由於「宗教適應者」的努力使得與新教教徒達成了和解。法國國教的願望並不是惹新教教徒不快，另外法國新教也失去了它的活力。路德派教徒和喀爾文派教徒除外，他們受到《西發里亞條約》的保護。法國新教徒已經降至一百萬人以下，亦不再作為一個機構團體了。宮廷內部的新教主義表現得很有耐心；牧師們威信極低且公開放棄了信仰，而這時天主教卻一片欣欣向榮，人們傳授著有轟動效應的杜萊納（Turenne）的皈依。「宗教適應者」低估了新教徒對他們信仰的虔誠度，荷蘭戰爭的爆發有效地使聯合的企圖化為泡影。

另外，西元1661年以來人們也以嚴格的方式實施南特詔書：摧毀詔書不允許的已建教堂、晚上進行禮葬等。新教問題同樣也有一種社會現象，在許多地方，大批天主教平民反對新教資產者。對不只一個人而言，新教徒看起來就像有錢人一樣，這種觀念來自於用交懺悔賠償金的箱子，新教徒們以這種交賠償金的方式棄絕與教友間事務中的煩惱。改變信仰免除了人頭稅。尼邁格（Nimeque）和平後，路易十四騰出手來大展身手，新教徒被排除在公職之外，一分為二的公會被取消，通婚被禁止。從西元1680年開始標誌著一種方法的實施，其本質在於派遣衛戍士兵住到新教徒家裡，就彷彿對待那些頑固的納稅人一樣，這是龍騎兵的做法，「穿靴的使者」帶來的這種恐懼使得大批人改換了宗教。儘管路易十四並非完全不知道這些改宗換派所需的條件，他認為事實上法國新教徒已經剩下不多了，並且南特詔書也沒有實施目標了。

西元1685年10月18日的楓丹白露詔書廢除了南特詔書，這是路易十四所採取最得人心的措施，天主教觀點認為，除了在其中發現的精神上的滿足外，還高興地看到新教徒們被置於公共的權利之下，並且這點對新改宗的人尤其是如此，作為代價必得交稅。廢約的結果是沒有預料到的，大臣們得發誓棄絕信仰或離開王國，忠誠的人們既沒有權利實施他們的崇拜，也無權離去。事實上有一大批的新教徒，大約有十五萬人，頂撞制約、士兵和間諜，他們依靠通行

組織離開了法國，他們有些是邊境省分的居民，有些是海員、藝術家、商人，特別是有些強有力的首腦人物，他們來到了日內瓦、荷蘭、英格蘭、布蘭登堡，一直深入到盎格魯－撒克遜美洲和南非，他們帶去了技術和對絕對君主制的仇恨。在那些沒有希望叛逃的省分，由於沒有牧師，新教徒們傾聽說教者的聲音，心靈還不時被點燃，他們心中的虔誠一直由於「避難所」發回的信而維持著。新教徒到沙漠的集會，法國的新教成為一種家庭宗教，天主教教士不可能吸收到如此多的一批「新天主教徒」。人們不時地使用壓迫與說服手段，但收效甚微，法國新教表現得並如天主教法國所希望的那樣，同時期冉森教爭議卻起來了（西元1679年），宗教問題即將困擾路易十四統治的後半期。

第三節　盛大的王國

　　路易十四熱忱地這樣期望，他希望透過武器、財富和光芒四射的文化與藝術而使他的王國強大、受崇敬。同樣屬於「軍事藝術」的軍隊學習將在稍後介紹。

王國的財富

　　路易十四知道他能在經濟事務和殖民事務中找到偉大政策的途徑，他有機會可以使用科伯特的服務部門。科伯特出身於商人家庭而步入政界，他是馬薩林的官員，獲得了他的信任由他介紹給路易十四，而路易十四則加予他重大責任，擔任西元1661年時的國務大臣、建築總監，以及西元1664年時的藝術和製造大臣，西元1665年時任金融總管，西元1669年時任國家海軍祕書和王家祕書。他是個強壯的人，理解力清晰，處事風格有很強的韌性，是個事無鉅細的工作狂熱者。同樣他也貪財而固執，他對主子忠誠之極，但由於欺騙而被抄沒家產處死。

　　成為金融經濟大臣時，科伯特碰到的是嚴峻的條件，路易十四的財政支出不被大多數法國人支持，大型企業經濟進入了不景氣階段。至少法國那個時期對麵包市場進行補貼，這使得工作能在寧靜氣氛中開展。

　　西元1661年時的君主制金融達到了災難性的境地，來年的收入被提前預支，金融總監富凱被撤換，科伯特重組國庫，金融委員會每年都作一個真實帳目的「真實情況」和一個來年用的「預想情況」。他原打算在只要是法國的領土上，一直到法國的南端，都收取人頭稅，但由於地籍冊短缺，他不得不放棄。

　　西元1669年設立了普遍稅制，一批金融學者負責收取稅務、鹽稅，在法國一大部分地區有不同的稅種，即「五種農業稅的延伸」，這些稅種的收入得到了改善。

　　科伯特打算在財富總量幾近不變的思想基礎上實施一種有步驟的重商主義政策，人們並不能只靠鄰居來發財，貿易成為一場金錢之戰，而其總工具就是工業。主要的對手是荷蘭，科伯特與之展開了一場關稅戰（西元1664年的規定稅率，然後是西元1667年十分嚴酷的稅率）。荷蘭西元1672年的入侵受到科伯特的歡迎，因為根據《尼麥格條約（Nimègue）》，西元1678年），又得回復

到西元1664年的稅率。荷蘭強大的經濟能力被淘空了，但獲利的並不是法國。

爲了防止金錢外流，就必須生產奢侈品，爲了使這些奢侈品能順利外銷，就必須在歐洲以質量博取喜愛。同樣科伯特也傾盡全力保護工廠和控制生產，爲此他規定生產、免稅、貸款和訂單都由國家壟斷管制，他招募來鄰國最靈巧的特殊工廠，皇家工廠開始生產家具和地毯，高伯蘭（Gobelins）、薩沃納里（Savonnerie）、奧伯松（Aubusson）等城市生產玻璃、武器。布勒斯特（Brest）、土倫（Toulon）和羅什福爾（Rochefort）的兵工廠都很發達。

「王家工廠」這頭銜同樣是給予有特權的私有企業的，聖高班（Saint-Gobain）的玻璃器皿、旺·羅拜（Van Robuis）的布料在阿布維爾（Abbeville）生產。在這樣的製造業中，工人們必須遵守一種近乎修士的紀律，最常見的是這些工廠都由許多分散的家庭式作坊組成，他們在一位資本家的指揮下工作。同樣也有一部分法國工廠〔諾曼第和朗格多克的地毯、曼納（Maine）和安茹（Anjou）的亞麻布和大麻布、里昂的絲綢，還有圖爾，尼姆（Némes）〕受到政府的控制。科伯特想讓其他行業也這樣實施，並且以這些爲基礎，透過漫長的調查後建立起精準合適的生產規則，一些檢查員監督著工廠的這些實施（西元1669年）。

農業並沒有被忽視，科伯特鼓勵那些工業化的農業：亞麻、大麻、桑和絲蠶的養殖，爲軍隊創建種馬場。西元1669年頒布的森林與水源法規對開採做了明智的規定，並且允許爲海軍生產木料。

科伯特希望法國能在海面上占有一席之地，來與其強大的權威相稱，他試圖讓路易十四對海戰、海上貿易和殖民事業感興趣，在更趨完善的條件下重新推崇李希留的政策，就此發生了東印度公司、西印度公司的建立，北方、遠東與塞內加爾黑人的協定。儘管有宣傳輿論導向，法國人似乎仍傾向於把錢財放到公職上去。在公司內部、在船東中總有不同意見，違心地分幫分派，並且有一批忠心耿耿但時常又脫離現實的官僚，只有東印度公司生存了下來，科伯特的努力並沒有白費，在印度各條大路上沿街布滿了法國的郵局〔波旁島和來自法國旁底什里拉（Pondichéry）建於西元1674年〕。聖多明哥，在北美、南美之間的安地列斯群島（Antilles）被占領了，加拿大也成了新法國。

路易十四的世紀

關於古典主義的研究將在後面章節介紹，這裡所牽涉的只是反映路易十四對文學藝術工作的支持和對此進行的控制。但作家、藝術家和學者就得爲了國王和王國的榮譽奔走，以此換得國王對他們的支持。

　　西元1663年為作家們創建了一個發放年金的名單，西元1671年國王成了法蘭西學院的領導人，學院的工作大大地加快了（西元1694年詞曲的編纂），西元1680年由鄉間隊伍的融合產生了法蘭西喜劇，皇家繪畫和雕塑學會於西元1664年收到了最終法規，從西元1667年開始組織定期的沙龍，西元1671年產生了建築學院，西元1672年又有了音樂學院，西元1666年由天文臺組建了科學院，路易十四還鍾愛出版學者報，這些學院負責協調王國的文學、藝術或科學的積極性。在藝術領域內這作用也許能得到更好的體現，西元1666年創建的羅馬法蘭西學院和在許多外省開課的藝術學校進行一種受查理‧布罕（Charles Le Brun）啟發的教育，他是羅馬學院的永恆領導人和高伯蘭（Gobelins）王家工廠的領導人，他將藝術家們屈服於一種觀念之內。在音樂和舞蹈的領域內，呂力（J. B. Lulli）扮演著一種相同的角色：音樂總監，他可以對任何「幫夥」（管弦樂隊）和王家音樂出版比手畫腳。作為外科醫生的培訓在起初必須經過監護階段，第一位國王的外科醫生親眼看到在整個王國發展的「國王的外科醫生」的團體在路易十四的權威下迅速擴大。

　　凡爾賽宮象徵了路易十四世紀的榮耀，路易十四偉大的計畫有耐心地持續了三十年，但沒有構思出單一的設計，凡爾賽宮是統治內大部分時期的一項龐大建築工程，相反地，這座宮殿的修建可能使路易十四的繼承人們與國王分離，這座宮殿使得路易十四與參與土石工程建設的各類工種的人民和士兵相接觸，這種狀況一直持續到西元1688年。從西元1668年開始，勒沃（Le Vau）負責擴建原始的建築，而勒‧諾特（Le Notre）則修建了龐大的花園。由布罕負責的裝修為太陽王添上了神話般的一筆。西元1682年路易十四入住凡爾賽宮，宮殿由於阿杜安‧蒙薩爾（Jules Hardouin-Mansart）擴建了，朝臣們不得不離開巴黎去生活在其中，或生活在這龐大而輝煌的宮殿旁，這是舉辦官方禮儀儀式的地方（鏡廳），而國王則在瓷器的特里亞儂（1e Trianon）和接下來的大特里亞儂中尋找親密的關係，宮殿的旁邊也修建起了一座新城，各類君主制機構座落在內。

統治後期

　　從西元1689年開始，路易十四的君主政權承受了一些擴大的考驗，而他時常以新的手段來適應新的形勢。

　　路易十四的第一代大臣們隨著盧瓦（Louvois）一起離去了（西元1691年），他們的繼承者：彭沙特蘭（Pontchartrain）、德斯馬黑（Desmarets）錯

誤地上臺。這些都是有才能的人，但他們侍候的是一位職司不明確的國王，年歲使他權威日隆，他真的變成了他自己的首相。他們的工作並沒有得到減輕，由於君主集權制使得地方自治的花費增加了，總督幾乎經管一切，有權關注著各外省（選區或國有領地），以及關注行政領域的事務，他們依靠他們任命的副代表辦事，他們與凡爾賽宮有持續的聯繫，得四處調查並將轄區內狀態的資訊反映給國王。有一件事為各城市行政力量的統一做出了努力，各城都得有一個市長（西元1692年），誠然，這是一個稅務措施，行政機構是一些利欲薰心的人，這項公務太容易被賄賂，西元1699年在各議會城市和海邊城市中設置了員警總監這個職務。

整個形勢變得糟糕起來，從西元1689年到西元1697年間國庫支出一再增加，戰爭（二十七年中有二十一年處於戰爭狀態之中）、農業欠收而引起的饑荒（西元1693-1694年和西元1709-1710年）加重了打擊歐洲的經濟不景氣趨勢。為解決這些困難採取了一些大膽，但更多的是不得人心的措施。為了解決戰爭經費問題，國王想盡方法，眾所周知的如捐納官職。那些捐官引起了人們的憤怒，有時也受到人們的諷刺，人們絲毫沒有意識到這些表面可笑的捐官們卻常常體現了行政制度的進步：「豬舌檢查官」掌管生病牲口的檢查工作、「假髮檢查官」對於這項奢侈品的徵稅工作是必不可少的，這些職位在可以捐納之前就已存在了。從其他稅收來看，這個方法使得享有特權的政客們所操縱的寡頭政治也為解決國家開支做出了貢獻。隨著這些措施產生了新的貴族階級，人們可以根據財產的多寡留在第二等級成為新貴族，否則就成為繳納人頭稅的平民。同時這一手段也大大引起了人們的不滿，但不僅僅如此，由於西元1695年開始徵收人頭稅，在一個向三個等級徵收同一種稅的等級的國家裡，革命思想也被接受了，所有的人都可以根據社會地位大致分成二十二個等級，徵收數量不等的人頭稅。人頭稅於西元1698年被取消，但西元1710年又作為分攤的稅恢復了。西元1710年國王又重新採用沃邦早就提出的所謂「國王的什一稅」徵收的建議，把它作為對收入的二次徵稅，但由於無法檢驗申報的收入情況，收稅情況並不理想，尤其是特權階層。

從傳統的各種增加財政收入的手段來看〔王室的碗碟用來作貨幣，自西元1702年開始求助於銀行家克洛柴特（Crozat）或薩謬埃爾（Samuel）、白爾納（Bernard），拿未來幾年的財產作抵押〕，其中的一些措施表明了財產方面一些觀念的變革。西元1701年出現了信用貨幣，發放紙幣代替從流通領域收回進行重鑄的硬幣。西元1706年發行了一億八千萬鋰硬幣，這使得紙幣很快就失去了原有價值的四分之三，但總財務監督員德斯馬黑透過從流通領域收回一億

鋰硬幣，並實行公債的折換（西元1706年），成功地避免了一場災難。然而西元1715年法國借貸處充斥著各式各樣的紙幣，尤其是戰時。

人們同樣可以察覺到經濟思想的變化，科伯特主義受到批判，西元1700年經濟委員會又重新聚集，各商務城市和港口城市的代表，各商會自選的代表都要求商業自由，印度公司出售要加入由它壟斷的生意所必需的許可證。而且自西元1700年起，法國和西班牙的聯合使得法國沿海貿易復甦，從中得利的是聖馬羅（Saint-Malo）、南特、波爾多、馬賽等。和平已然重建，法國與以前的對手們簽訂了一系列的經濟條約（西元1713年）。

西元1695年法令宣布實施強制性學校教育，尤其是天主教地區新教兒童的登記入學問題，但法律並沒有提出必要的方法。

然而，君主政體還要和上一時期留下來的宗教問題鬥爭，新教問題是王國的一個創傷，國王西元1698年的宣告雖然中止了對拒絕去做彌撒的新天主教徒的迫害，但各地遵守情況並不一樣，孩子們必須遵循教義。在奧格斯堡聯盟戰爭中，荷蘭的威廉王曾經答應新教徒重建南特詔書，里斯維克（Ryswick）和平所帶來的失望引發了受阿波加利普斯（L'Apocalypse）啟發的預言，戰爭重新開始了。西元1702年在塞文山脈（Lévenne）又爆發了起義，有深受大家歡迎的領袖，例如尚‧卡瓦利耶（Jean Cavalier）。卡米紮爾（Camisards）起義很容易就得到了控制，但要打敗實為不易，最後的戰勝需要二萬士兵和維亞（Villars，西元1706年）的靈活性，接著西元1715年牧師安托尼‧庫爾特（Antoine Court）在一處偏僻的地方舉行了教區會議，想消滅異端的企圖完全失敗了。

天主教在法國同樣遇到許多問題，寂靜主義倒是次要問題，它使得曾經捍衛過蓋恩夫人（Madame Guyon）「神的純潔無瑕的愛」這一學說的費內隆（Fénelon）和博蘇埃（Bossuet）對立起來。主教也由於一些原因而失寵於路易十四的費內隆，冉森教徒（Janséniste）的論爭從西元1678年起又重新產生，新一代冉森教徒的觀點更為激烈，冉森教派成了眾多敵對勢力甚至是政治上的敵對勢力的合流點，它獲得低級教士的啟發，從中吸取了獨立的精神，尤其是當主教對於他們的權力加重時（西元1693年）產生的獨立傾向，以及路易十四與主教言歸於好（西元1693年）時要求教會自主權於一身。冉森教徒們在國王、主教和耶穌會會士們面前總是以信仰規則為理由，他們的發言人──《關於新約道德反思》一書的作者凱內爾（Quesnel）普及推廣冉森教派教義，對於人的悲觀主義及其對無等級教會的嚮往。由於信仰（西元1701年）引起的混亂，路易十四於西元1709年驅逐了王港女修道院的修女們，並

把修道院夷爲平地。西元1713年在路易十四的要求下，主教頒布尼吉尼蒂斯（Unigenitus）諭旨，禁止冉森教派的傳播，教會和索邦神學院接受了諭旨，但持保留意見，四十個高級教士拒絕屈服。

　　一種新的精神狀態到處傳播直至王室，由於王儲的逝去（西元1711年），他的兒子，第二位王儲，成了一小群高層人物的希望，他曾受教於費內隆，後者把他教成了一個孝順但沒有野心的人物。被流放到康布雷（Cambrai，西元1699年）的費內隆夢想成爲一個主要的部長，然而博威爾（Beauvilliers）、舍夫爾斯（Chevreuse）以及聖西蒙（Saint-Simon）的大公們將一些職位歸還給貴族，他們對溫和的王權計畫做了調整，期待著和平立刻實現，即使是以恢復十六世紀初的疆界，以對冉森教派和新教徒的鎮壓爲代價也在所不惜。路易十四戴著重孝（西元1712年，勃艮第公爵夫婦和他們的長子逝世），對於西元1709年的入侵，他代表法國沉著冷靜地行使著國王的權利，此時的法國已和他西元1661年掌權時的法國大不相同，但他仍然扮演著五十年前確定下來的作用。當他於西元1715年9月1日逝世的時候，他將法國的王位留給了不到五歲的曾孫，看起來他犯了一定的錯誤，他象徵著過去的時代。

第二十四章

歐洲溫和的君主專制以及國家干涉主義

第一節　英國社會的演變

　　路易十四時代的歐洲並存著兩種政治趨勢，第一：法國君主專制政體的成功為普魯士、奧地利這些國家提供了典範，他們的領土範圍不斷地擴大著，他們有望形成一個市民階層，這一階層將行動的重心轉向將要騰飛的商業，轉向行政管理。一些德意志和義大利的親王，對於更新了自己的行政組織的法國和西班牙懷有著夢想，國家也傾向於將地方的自治法規化、統一化，最終將其消滅，它攏絡了貴族，並且任用市民階級。在歐洲東部邊緣，由於波蘭貴族們阻撓，國家的權力趨向於被削弱，後來瑞典也同樣如此，但在規模上俄羅斯是個例外，沙皇彼得大帝根據自己的意願建立了國家干涉主義制度。第二：另外一個潮流只出現在那些海軍大國，荷蘭大資產階級統治著國家，但在西元1672年的革命以後，它重新確立了史塔索得（Stathouder）總督的職能。自此以後革命動力便來自於英格蘭，在英格蘭形成了一種溫和的君主專制政體，西元1688年的革命最能體現出這一特性，英格蘭看起來是一種新思想的搖籃，但這一思想花費了很長時間才抵達大陸。

　　對於十七世紀末的英格蘭，如果大談自由主義未免失之誇張，但是經濟的發展還是遇上了比較有利的環境，只是在和路易十四開戰的那些年裡情況例外，經濟的發展提高了那些傳播新的精神理念的商人的地位。

繁榮

　　在西元1660-1690年是一段和平時期，使英格蘭從中受益。這段和平時期只被英荷的兩次戰爭打破過（西元1664-1667年，西元1672-1674年），西元1690年以後，將有兩場歷時較長、代價昂貴的戰爭等著，但戰爭並未蔓延到其國土，在第一個時期經濟擴展的速度很快，但在第二個時期就慢下來了。

　　英格蘭一直是個農業型的國家，從十六世紀末開始的轉變在進行著（圈地運動、土地集中、罰款、飼養業的發展），新興種植業的種植範圍得到了擴大，但是只擴大到有限的幾個地區，如倫敦地區和諾福克（Norfolk）地區，主要是一大規模開墾區。英格蘭的一些部門，尤其是在蘇格蘭，農業停滯不前，就這樣地區之間的貧富差距進一步加劇了。由於小麥的價格滑落，莊園主在玉米法案的表決中取得了勝利，這個法案允許在麥價過低的時候，對出口予以補貼。工業的發展節奏相當緩慢，鋼鐵工業開始向伯明罕和雪菲爾德

（Sheffield）集中，儘管煤炭的應用擴展到了工業和家庭，但冶煉主要還是依靠木材，羊毛工業依然占統治地位，國家擁有工業原料、明礬和勞動力。新興的紡織工業中心（如曼徹斯特）出現了，在那裡沒有傳統的市府和行會，企業擁有更廣泛的自由，富有活力的商業資本主義在這裡得到發展的機會，棉花開始被應用了。

　　海上的活動經歷了新的里程，法國對於荷蘭經濟的扼制，使英格蘭人從中獲利，牙買加（Jamaique）的蔗糖、維吉尼亞（Virginie）的菸草、新土地（Terre-Neuve）鄰海的鱈魚又出口到西班牙和葡萄牙，以換取他們的酒和油。東印度公司成爲了一個強大的殖民者，它已經擁有了馬德拉（Madras，西元1639年）。西元1667年查理二世把孟買（Bombay）這一葡萄牙公主帶來的陪嫁地也給了英格蘭。西元1686年加爾各達（Calcutta）公司也成立了，這個公司開始插手殖民地土著王公的事務。

　　重商主義一直盛行著，威廉·佩弟爵士（Sir William Petty）在《試論算術政治》一書中表達的思想：經濟問題由自然法則解決，不歡迎國家的干預，對此英格蘭人少有重視。西元1663年的「裝釘法（Stapple Act）」規定旨在進行國際貿易的製成品，在英格蘭港口享受過境免稅待遇，這一法案加強了「航海法案」。成立於西元1662年的皇家商會（La Société Royale），查理二世是它的保護者，人們可以注意到這一商會尋求著新的資訊和新的方式。倫敦的變化顯示了在國家的生活中，商業的騰飛和經濟的進展。支柱有兩個：西敏宮（Westminster），國王的起居所在，也是王宮的核心；商業區，作爲經濟活動的中心，以一番特有的面貌脫穎而出。但彼此之間的關係不暢，在這個擁有五十萬人口的城裡，西元1666年的火災，和不久就隨之而來的鼠疫，促使人們著手合理地對其進行改造，使其具有一番嶄新的面貌。建築師克利斯多夫·萊恩（Christophe Wren）負責這項工程，對於各方面的嚴格的規定，如衛生方面（泉水）、安全方面（石頭建築，尤其是磚結構的建築物）、治安方面（護罩燈）。

　　戰爭爲海軍的發展提供了機會，修建船隻則又引起了在工業領域的研究，發明專利的數目不斷地增長著，西元1709年在德比（Darby）調試好了用焦炭冶煉，紐科門（Newcomen）的蒸汽機（火力幫浦）出現在礦井之中用於排出地下水。然而經濟上的擴張受到了法國劫掠船進攻的困擾，與荷蘭的結盟並不符合英格蘭的商業利益。確實如此，威廉三世仍然對他身爲史塔索得（Stathouder）總督的那個國家難以割捨，而英格蘭在他看來不過是在對抗路易十四的鬥爭中的一支後備力量。東印度公司業務停滯不前，但新

的市場已被打開，爲未來做著準備〔與葡萄牙簽訂《梅圖昂條約（Traité de Méthuen）》、《烏特勒支條約》〕。西元1696年設置的商業協會（Board of Trade），刺激了出口的不斷增長。

多種信貸制度得到了鞏固，從西元1692年至西元1695年一股投機熱潮席捲了英格蘭，收稅的可能性是有限度的，這就必須求助於借貸，於是蘇格蘭人威廉·派特森（William Paterson）產生了將所有的出票人集中在一個商會的想法，即英格蘭銀行（西元1694年），這個銀行可以從事所有的金融活動。這不啻爲一個成功，於西元1696年成功地實現了對貨幣的整頓，制止住了上升的物價。但在西元1706年投機買賣再度興起，並且伴隨著英格蘭海軍的成功，尤其是在《烏特勒支條約》簽訂以後，規模不斷擴大，其中最著名的商號當屬南部海域公司（太平洋公司，La Compagnie des Mers du Sud）。

兩種不同且彼此競爭排斥的利益左右著英格蘭的公司：土地利益、金錢利益。土地行業裡的經濟巨頭數目可觀，但土地集中於那些大貴族（地主，Landlord）的手中，而他們會毫不猶豫地投身於貿易交易之中，與那些大資產者打起交道。這種商人貴族在議會中的勢力不斷地增長著，在他們和那些鄉紳（Gentry）之間出現了一道鴻溝。這些鄉下的貴族們，自從西元1690年就開始因爲戰爭攤派的稅款，尤其是年金的微薄而深受其害。自耕農的數目持續減少，而缺乏獨立性的農民和工匠數目卻在增加。

復辟與光榮革命

在清教徒獨裁統治之後，面對著洋溢的快樂，復辟一個很寬鬆的時期，宮廷得以重建，節日、比賽、表演劇、酒館在生活中占據了一個很大的位置·查理二世睿智、隱忍、享受生活，但不失小心謹愼，得到了首相克拉倫敦（Clarendon）的輔佐，他實行一種很溫和的復辟。他對那鼓吹君權神授的追隨者們信任有加，他接受未經議會同意則不徵稅，也不調動軍隊，以此避免激怒對手，事實上一切都取決於君主，因爲議會並沒有對他登基附加任何條件。上議院（La Chambre des Lords）得以重建，克倫威爾的軍隊解散了，戰士同時領到了補償金，蘇格蘭和愛爾蘭恢復了自治，然而英國國教徒和異教徒們無法達成一致以便確立一種統一的宗教儀式，而議會（parlement-convention）也分裂了。

選民們從各地選出的代表在倫敦組成了一個無權的議會——「騎士議會」（西元1661-1679年），這個議會採取了一些有利於貴族和土地所有者的措施

（圈地運動法，當地居民不得離開所在堂區的禁令），他們尤其著手進行恢復英國國教的行動。「一致法案」規定牧師們必須在西元1662年修改過的、具有傳播宗教儀式傾向意味的禱告書上簽名承諾。「集會法案」則禁止那些異教教派的成員集會，異教教派的教士們被從他們的教堂中逐出，不得在此教堂方圓五英哩的範圍內居住。英國國教徒擁有政治上的權利，高級教士又可以擔當世俗職務。

在其兄弟約克公爵以及商人的壓力下，查理二世奉行海上擴張的政策，雖說他把敦克爾克賣給了法國國王，從此他只能得到一些年金，但他幫助葡萄牙獲得了獨立（西元1665年），此事令英格蘭重新得到了孟買和丹吉爾（Tanger），後者為英格蘭娶葡萄牙公主得到的陪嫁，英格蘭還取得了在葡萄牙帝國境內的商業利益，但必須向荷蘭宣戰。由於準備得不充分，英格蘭艦隊無法阻止荷蘭魯伊特（Ruyter）上將衝進泰咪茲港灣（Tamse）。《布雷達（Bréda）和約》（西元1667年）使英格蘭贏得了新阿姆斯特丹（紐約），但卻不得不讓出了蘇利南（Surinam），同時在航海法案上對於一些觸犯法案的行為做出讓步。議會悔恨交加，迫使查理二世與荷蘭人和解，然而查理二世需要法國人的錢，他與路易十四簽訂了《多佛和約》，規定英法結盟共同對付荷蘭，並且還要在英格蘭祕密地恢復天主教。西元1672年3月15日，國王獨自發表的寬容宣言（Declaration D'Indulgence）授予允許異教徒進行公開的宗教儀式，而天主教徒可以進行祕密的儀式。這引起了英國國教徒的激烈反應，查理二世不得不放棄寬容法案，接受了「檢驗法案」（L'Acte du Test），這個法案將所有那些拒絕認同英國國教宗教儀式的人、拒絕宣誓英國國教為至高無上的人排除於公職之外，這一法律的效力一直持續到了西元1829年，至少它是反天主教的。從西元1674年到西元1678年，查理二世的統治與議會之間相安無事。君主的權力得到了擴大，而議會的特權亦得以保存，在對荷蘭的戰爭失利後（西元1672-1674年），查理二世成功地阻止了議會將英格蘭拖入對路易十四的戰爭。

但是查理二世沒有子嗣，他的兄弟約克公爵必將繼承王位，他是一個天主教徒，這一點令一部分英格蘭人擔心不已，謝夫特伯里（Shaftesbury）是這部分人的發言人。西元1678年一個叫做泰特斯‧歐埃特（Titus Oates）的煽動者譴責一起所謂的教皇的陰謀。這個國家便處於一場大搜捕之中，天主教徒被關進監獄，教士被處決了。查理二世不得不解散這個無法駕馭的騎士議會。新的議會對於君權充滿了敵意，在議會通過人身保護法，這一確保個人自由、取消新聞管制的法律通過之後，他就讓議會處於休會狀態。輿論集中在兩份截

然相反的請願書上，一份得到了謝夫特伯里的辯護支持，他曾祕密地支持過歐埃特，他要求召集議會，這便組成了鄉村黨（Country Party）；另一個反對召集議會，堅持君主專政的君權神授的觀點，它取得了英國國教統治集團的支持，還取得了宮廷黨（Court Party）的支持。第一部分的那些人被稱作惠格黨人（Les Whigs，這一名稱曾用來指那些起義的蘇格蘭人），第二部分人組成了托利黨（Les Tories，這一名稱曾用來指那些起義的愛爾蘭人）。查理二世不得不讓步，「驅逐法案」（Bill D'Exclusion）在下議院（La Chambre des Communes）得到通過，但未被上議院（La Chambre des Lords）通過，查理二世出於厭煩打發了議會。由於得到了路易十四的資助，查理二世可以不需要議會，輿論對於這種論戰已頗感厭倦，它聽任歐埃特被控毀人名譽而遭受罰款，聽憑謝夫特伯里遭受流放。查理二世死於西元1685年，他留下了一個得以加強了的君主政體。

詹姆士二世（Jacques II）曾經是一位深得民心的上將，憑藉其平庸的才智，他還是按照英國國教的傳統儀式加冕了，在托利黨選舉中他取得了勝利，但是查理二世的私生子茅恩茅斯（Monmouth）公爵發動了叛亂，作為惠格黨的首領，他要求戴上王冠，這引起了一場血腥的鎮壓。從此以後他不再設法讓英格蘭人去適應這位天主教的國王，他採取了一些有利於自己教友的措施，這些措施在人看來不過是挑釁。此外，他在倫敦周圍安置了一支軍隊，他還要求廢除「人身保護法」和「檢驗法案」，這就超出了惠格黨所能接受的範圍，情況迅速惡化了，因為在這時候一場經濟危機正在肆虐著。詹姆士二世利用西元1687年的寬容宣告，中止了「檢驗法案」的實行，打算與一部分輿論結盟。大部分的異教派教徒仍然保持著敵意，而直到那時還對他效忠的英國國教教會也和他疏遠了，教士甚至拒絕在講壇上宣讀新的寬容宣言，有七個高級教士被法院傳訊（西元1688年）。一個出生即受洗為天主教的孩子打碎了英格蘭人對詹姆士二世的女兒瑪麗寄予的希望，她是多朗熱（D'Orange）家的威廉之妻，是一位新教徒。6月30日惠格黨甚至連托利黨的首領都向威廉求助，而他則利用法國軍隊進駐巴拉提那（Palatinat）這一時機，於11月7日在英格蘭登陸，詹姆士二世為眾人所棄，他成功地逃到了法國（西元1688年聖誕節）。

西元1689年1月22日，新的議會召集了起來，它宣布了王位空缺，詹姆士二世和他的兒子被剝奪了王位的繼承權。

在瑪麗的協助下，威廉得以成功，與之前的議會不同，西元1689年的議會為新君主的登基設置了先決條件，威廉和瑪麗在稱王之前必須鄭重地接受「權利法案」（Le Bill des Droits，2月13日），他要承認法律對於君主來說是至高

無上的，法律既不能廢除，亦不能中止，也不能在應用時援引例外裁判權，選舉必須自由進行，代表在議會擁有言論自由，議會應定時召開，唯有代表有權確定稅收的形式和數額，有權決定軍隊人員總額，英格蘭人民的主要權利在這裡都提及了。在幾個月之後，「寬容法案」（La Loi de Tolérance）決定寬鬆地執行「檢驗法案」，這對那些新教異教徒有利。約翰・洛克（John Locke）在西元1690年出版了《政府二論》（Le Traité Gouvernement Civil）一書，他闡釋了「光榮革命」的意思，在書中，他拒絕君權神授的觀點，重新提出了原始的契約精神，闡述了立法權應置於行政權之上，自然法對於人為法應該是至高無上的觀點，後者就意味著天賦反抗暴君的權力。他在《寬容書簡》（Lettres sur la Tolerance）中又補充宗教為私人事務，宗教活動與國家沒有關係，僅天主教是個特例。西元1689年的革命顯示了不再被責難的傳統和趨勢的最終結果，洛克的作品是十七世紀自由思想的出發點。

英格蘭政治轉折點（西元1689-1714年）

　　光榮革命不能解決英格蘭的所有問題，接下來的二十五年才對英格蘭的未來起著決定性的作用，斯圖亞特王朝由於缺少信奉新教的繼承人，英格蘭被奉獻給了外國君主，並不是所有人在此過程中都保持緘默。威廉三世和瑪麗的共同統治一直持續到西元1694年，此後威廉三世又獨自進行統治，一直到西元1702年。瑪麗去世後並沒有留下孩子，而在威廉三世死後繼位的安妮女王，她的孩子也已不在人世了，議會便又一次決定了王位繼承的問題。「立國法案」（L'Acte D'Établissement，西元1701年）決定在安妮女王死後由漢諾威家族的王位候選人，詹姆士一世的後代登基為王。這個法案得到了《烏特勒支和約》的認可。

　　不列顛諸島之間的聯繫經歷了危機得以加強，愛爾蘭最初不甚聽從，克倫威爾進行的新教性質的殖民努力並沒有達到預期的效果，而詹姆士二世又援助愛爾蘭的天主教徒，在革命之後，他們也發動了暴動，詹姆士二世有路易十四的援助，成為了他們的首領，但是他在博因（Boyne）被威廉所擊敗（西元1690年）。鎮壓是非常嚴厲的，天主教會的財產被轉交給了英國國教教會，國家的經濟利益都為英格蘭工業和商業做了犧牲。在沒有接受「立國法案」的蘇格蘭身旁，危險依舊存在著，西元1707年英格蘭政府做出了較大的讓步，使英格蘭、蘇格蘭這兩個國家結為一體。根據「聯合法案」（L'acte d'Union）大不列顛聯合王國成立了，在議會裡有十六名貴族和四十五名平民代表，代表蘇

格蘭，蘇格蘭每年都能得到補助金，而長老會教會在國家裡已成爲了一個建立起來的教會。

英格蘭在政治上發展了，它的一部分職能是作出威廉三世對國家要求的用以維繫對路易十四戰爭所需要的犧牲。威廉三世在惠格黨中挑選出了部長的人選，但他同時也接近托利黨，當然這些人是要傾向於保留王權的。西元1694年國王案要求議會每三年改選一次，這要服從「三年屆滿法案」（Triennal Act），這項法案要求議會每三年改選一次，這就使得英格蘭的政治對於輿論更爲敏感了。安妮女王的登基證實了托利黨地位的上升，同時也擴大了馬爾博洛夫（Marlborough）的影響，而此人確實像一位大將軍那樣，頭腦機智靈活，以托利黨人自居，但他也向惠格黨接近以便發動和路易十四的戰爭。惠格黨人中既有來自於有錢人階層的，也有人來自於自耕農，還有些異教派分子，「低級教會」，英國國教教會中最敵視天主教的教派，還有大革命後任命的一些軍隊官員和貴族。惠格黨出於對路易十四的仇恨而深深地捲入了衝突，路易十四是極端君權主義和天主教的代表，惠格黨人希望一舉摧毀法國的經濟實力。站在他們一邊的還有鄉紳（Gentry），這些人有一些農民和鄉村教士追隨者，他們並不願意傾其國內的全部力量進行這場殊死戰，時機一旦成熟，他們就組成了一支謀求和平的力量，事實上，這兩個派別之間結成的鬆散聯盟，實際上是圍繞在幾個大人物周圍的擁護者之間，不過是順應時務的表面文章。

從西元1709年開始，戰爭不再受歡迎了，安妮女王從馬爾博洛夫那裡收回了權力，她起用托利黨人當大臣，西元1710年的選舉對於托利黨人很是有利，他們和法國締結了和約，當然這和約對於英國還是很有利的。

西元1714年的英國是一個在經濟上進行全力擴張的國家，其海軍力量已經躍居世界第一，而軍隊在與路易十四的戰爭中也獲得了勝利，人們可以設想在不列顛群島上已不存在任何內憂外患，這些戰績卻對英國的王權力量沒有任何好處，中央的行政管理機關更加優秀了，但議會的地位也增長起來，變得舉足輕重，政治生活更發展得如火如荼，一些新近出現的咖啡館成爲了這些活動的中心。西元1695年新聞管制被大大地縮減，於是便出現了一個報刊和極端主義文學的急速發展。包括著名的斯威夫特（Swift）在內的托利黨的宣傳者們反擊了惠格黨徒愛迪遜（Addison）和史迪爾（Steele）。英國人心中洋溢著作爲自由的人戰勝法國的自豪感，而歐洲大陸則對於這種奇異的政體充滿了鄙夷，然而隨著和平時期的開始，英國人的主張開始爲人們所接受。

第二節　國家主義在歐洲的發展

西班牙的復甦

　　政治和行政上的中央集權依據法國提供的模式趨向於加強，但採取的途徑彼此之間各不相同。

　　查理二世的統治看起來似乎是西班牙政治上長期衰退的一個戲劇性的延續，而這個不幸的君主之死是這一衰退過程中所達到的最低點。不管怎樣，西班牙的歷史學家們還是解釋說在波旁王朝的統治之下，這個國家已經戰勝了出現在西元1660年至1700年之間的經濟危機，這一事實說明了西班牙地位的回升，卡斯提爾已經治癒了自己的痼疾，人口停止繼續減少，在一些重新開始發展進步的城市裡，人口甚至有了增長，貨幣地位也得到了鞏固，經濟開始復甦。

　　塞維爾被地位上升的卡地斯（Cadix）移植到美洲的商業去發展。加泰隆尼亞（Catalogne）的復興更爲顯著，在那裡，查理二世的統治是一個繁榮的時期，而加泰隆尼亞人再也不想鬧分裂，而是設法利用自己的經濟發展帶來相對於別的西班牙王權統治區的優勢，這就是爲什麼他們害怕法國人爲西班牙繼位問題提供解決方式的原因，對於加泰隆尼亞的工業來說，法國是一個危險的對手，倒是奧地利人的解決方式在他們看來可以確保與西班牙在義大利的領地之間的聯繫。在若干年裡西班牙被一分爲二：菲利普五世是在卡斯提爾的馬德里，而查理大公則是在加泰隆尼亞的巴塞隆納，和與其結過盟的亞拉崗和瓦倫西亞行使著統治。而菲利普五世對被其盟友拋棄的加泰隆尼亞之戰爭的勝利，是君主中央集權努力的一次勝利。加泰隆尼亞和瓦倫西亞都失去了行政上的自治，菲利普五世帶著法國顧問抵達了馬德里，重新組織規劃國家，因爲國家在此之前不夠系統化，所以其運轉效率實在太低了。由於行政機關又重新充滿了活力，西班牙可以繼續它在經濟上的崛起，並開始政治上的復興。

奧地利君主政權的形成

　　西元1683年，奧地利的哈布斯堡家族將透過繼承獲得的國家：奧地利、斯蒂里（styrie）、卡蘭蒂（Carinthie）、蒂羅爾（Tyrol）、聖凡塞斯拉斯（Saint Venceslas）王國〔包含波希米亞地區、摩拉維亞和西雷齊亞

（Silésie）〕以及非常狹窄的匈牙利王國，全都併入神聖羅馬帝國皇帝的名下，這些國家都是相對獨立的，只有匈牙利王國已成爲神聖羅馬帝國的一部分。然而就是在這一時期，前期統治平庸的里奧波德一世意外地大放異彩，作爲菲利普二世的曾外孫，他視曾祖爲自己的楷模。他並不威名赫赫，很單純，也很有教養，他有協調一個國家所應具備的虔誠心和理智。事實上他的成就一半來自於他對國王職權的履行，一半則源於偶然，其結果當然也是充滿矛盾，一方面由於德意志親王曾幫助拯救維也納，帝國的權威在他們心中降低了，另一方面，對於那些透過繼承得到的國家，他又加強了權威。

里奧波德的統治時期中，奧地利的王權誕生了，君主坐鎮內閣，他不設總理，而是透過一個複雜沉重的行政機器作爲統治這些不同國家的仲介，而「祕密顧問」（Conseil Secret）是這臺機器的主要組成部分，他們負責大政方針的制定，尤其專注於那些透過繼承獲得的國家的事務。同時還存在著一個通常由二十多個外國人組成的「戰爭委員會」（Conseil de la Guerre），爲數衆多的主管部門可以解釋奧地利的行政機關爲何會有熱愛文牘的特點，法律管事部門（Chancellerie de Cour）、帝國管事部門（Chancellerie pour l'Empire）、奧地利、波希米亞、匈牙利的管事部門（Chancellerie d'Autriche de Bohéme, de Hongrie），每一個省都有自己的議會，主要陸續監察司法和稅收活動的執行。

哈布斯堡王朝在君主專制上的進步不僅表現在領土上的大規模擴展，還有它在中央集權上所付出的努力。「祕密會議」不斷地增加，也有一些特別委員會，它們的目的是爲君主提供一些報告，君主可以使他們具備法律效力。

在厄仁（Eugéne）親王的控制下，戰爭委員會發揮著越來越重要的作用，成立於西元1680年的常備軍人數，在世紀末達到了十萬人，這就要求必須尋求新的財政來源：印紙稅，尤其是人頭稅制度的建立（西元1691年）。西元1703年成立了一家國家銀行。隨著維也納的解放，出現了建立一個共同國家的設想，在馮・奧爾尼科（Von Hornigk）的著作《奧地利至上，如果它需要的話》中，就表達了這種見解。這個德意志性質的國家和神聖羅馬帝國之間存在著相當的距離，所以不得不使用奧地利這個含糊的詞彙來指代這個國家，從邊疆地域開始，維也納成爲了中心，成爲了政府的總部和這個國家的象徵。作爲君主的居駐地〔霍夫堡（Hofburg）、美泉官（Schoenbrunn）〕，它吸引著來自歐洲的貴族階層，同時也成了多瑙河流域的貿易中心，成了巴洛克藝術最初藝術形式的搖籃，十八世紀初它的居住人口達到了十萬人。奧地利國家的誕生也伴隨著它的成員國家人口擴展，這就使得和德國人共同進行的，對於從土耳

其獲得的土地進行殖民成為必然，但是這些哈布斯堡國家也不能全部避免出現在中部歐洲發生的社會進程：苦役甚至是農奴的擴展。

約瑟夫一世（西元1705-1711年）比其父更加精力旺盛，他面對著一場由弗朗索瓦‧拉可茲（Francois Rackoczi）領導的起義，由匈牙利領導的這場叛亂是對於維也納中央集權願望的打擊，他積極推動那些反抗天主教鎮壓的新教徒，和那些對於苦役和稅捐的擴大感到不滿的農民，反叛被局限在山區。《斯紮特馬爾（Szatmar）和約》（西元1711年），使匈牙利重新變得規規矩矩，但它做出了相當大的讓步，如允許新教徒的宗教活動自由、行政上和軍事上的自治，它為西元1867年奧－匈和解的達成規劃了藍圖。

查理六世（即前查理大公）的統治開端就是燦爛輝煌的，在西元1713年頒布的國事詔書之中，宣稱屬於哈布斯堡的王國領土整體上的不可分性，這是三十年艱辛努力的結果，當然查理六世也不得不放棄了西班牙，但是《拉斯達特（Rastadt）和約》承認了那不勒斯、薩爾代涅（Sardaigne）歸他所有（後者將與西西里進行交換），一併承認的土地還有米蘭和荷蘭，擁有了後面這兩個富庶且人口眾多的國家，使得奧地利將自己的命運轉而寄託在地中海和北海，於是奧地利成了一個相當大的強國，如同英格蘭一樣，奧地利同樣阻止著法蘭西進行的擴張。

普魯士國家的誕生

將幾個不同質的國家建成一個統一的國家，這種努力中最具有說服力的是由霍亨索倫家族進行的。這項偉大工程的主事者是大選帝侯腓特烈‧威廉（Le Grand Electeur，西元1640-1688年），從時間上來看，他的成就要比里奧波德一世早上幾十年。

自從《西發里亞條約》簽訂後，霍亨索倫家族擁有的領土，從面積上來看，在神聖羅馬帝國中位居第二，僅次於哈布斯堡家族，但它實際上是由許多個分布於各處、彼此之間沒有任何聯繫的小國組成。擴大的布蘭登堡已經從東部的波美拉尼亞、馬格德堡（Magdebourg）、阿爾貝爾斯塔（Halberstadt）獨立區分出來。在西部有克萊弗（Cléves）的公爵領地，包含了曼登（Minden）在內的拉旺斯堡（Ravensbourg）的馬克（Mark）伯爵領地，最後在東部還有波蘭國王的普魯士附庸。經過了三十年戰爭洗劫的布蘭登堡人煙稀少，親王們發現他們的權力無處不受著議會的約束。在易北河以東的地區，貴族們向那些被奴役的農民保證，重建土地上的秩序，他們與君主明爭暗鬥，而資產階級則躲在後面享受著城市的特權，領土之間的合併看來只能寄希望於偶然了。腓特

烈‧威廉勤奮激進，精於思考，經常極為深謀遠慮，他很有權威，但在宗教問題上又很寬容，他經常會根據情勢採取粗野的或是靈活的策略。

腓特烈‧威廉的統治的前期政績平庸，而《奧利瓦（Oliva）和約》的簽訂使普魯士得以擺脫波蘭君主的統治，從那時起他開始了一個名符其實的大選帝侯的作為。在所有的國家之中，普魯士對他的反抗最為激烈，考尼斯伯格（Konigsberg）還是依戀著波蘭，波蘭成了他的內地，普魯士的貴族羨慕波蘭貴族所擁有的自由，只能運用軍隊進行干涉，以此來降伏貴族和資產階級。在柏林的布蘭登堡政府是這位選帝侯的居住地，那裡成為了這個共同政府的核心。祕密顧問最終以負責所有的霍亨索倫國家而告終。他被戰爭專員公署（Commissariat Generale de la Guerre）驅逐，而後者則重新負責所有與軍隊有關的事務，在菲柏蘭（Fehrbellin，西元1675年）的勝利顯示出了國家的軍隊是堅不可摧的。

大選帝侯很懂得如何在他的這些國家內，透過使他的成就帶上貴族和資產階級色彩來盡力獲得道義上的力量，他還從荷蘭和科伯特主義中獲得靈感，懂得如何透過執行一項嚴厲的經濟政策來獲得經濟和財政的力量。貴族在軍隊和高級行政部門找到了一些更為風光的職務，他們就放棄了在議會中擔任的政治角色。在小資產階級的幫助之下建立了一套紛紜複雜的官僚組織。西元1667年在布蘭登堡進行了稅收上的改革，農民們繳納一種直接稅，即攤派稅（Contribution），而城市則需要繳交一種獨特的間接稅，即消費稅被附加在那些規定的商品之上。這一稅收體制被逐漸地擴展到了別的國家，不久對貴族也實行這一稅制，就這樣，親王不再需要議會了，他的臣民所繳納的稅捐，平均起來要超過法國。另一方面他還盡其所能增加公眾財富，他吸引招納來自於神聖羅馬帝國各地的移民，確立了楷模的荷蘭人，尤其是還有因南特詔書被廢止而遭到驅逐的新教徒，他們帶來了自己的技藝和財富。他鼓勵加工生產，這是在戰爭專員總署的監控之下安排的，他試圖將交通路線的終點由斯泰丹〔Stettin，這一路線利用了從斯普里（Spree）到奧德爾（Oder）的運河〕轉向柏林和易北河。鑒於領土的分散，以及唯一重要的港口考尼斯伯格（Königsberg）又遠離中心的事實，他推行一條重視關稅、海上發展和殖民的政策，但這一政策未獲成功。非洲公司在十七世紀初被迫進行清算，然而這位大選帝侯似乎沒有想到他的成就會為將來帶來怎樣的成果，這從他的遺囑把國家瓜分給幾個兒子此一事實可以看出來。

他的長子腓特烈（西元1688-1713年）完成了父親未竟的事業，由於他生性耽於幻想、喜歡豪華，與霍亨索倫家族其他成員形成了鮮明的對比，實際

上，在普魯士的歷史上，他起了很主要的作用。他撕毀了父親的遺囑，從而拯救了父親的事業，從那時起，霍亨索倫國的領土便不再有被瓜分的危險。他獲得了國王的稱號，西元1700年11月，透過和神聖羅馬帝國皇帝重新恢復聯盟，透過派遣部隊助戰，他從神聖羅馬帝國皇帝那裡得到了資助，還獲得了「普魯士國王」這一語意相當含糊的稱號。西元1701年1月18日，腓特烈一世在考尼斯伯格登基，登基的儀式異常豪華。拉斯塔德（Rastadt）的各列強們承認了國王稱號，意味著把霍亨索倫各王國合為普魯士王國的事實。面對著哈布斯堡家族，普魯士國王以第一親王的身分出現在神聖羅馬帝國之中。最後，作為一個景仰路易十四的崇拜者，他的宮廷豪華奢靡，他是萊布尼茲（Leibnitz）的保護人，他創立了藝術學院和科學院，還有作為國家最早的哈爾大學（L'Université de Halle）。當然他也不會忽視軍隊，在他死時，留下了一個被大筆開銷虧空的國家，然而他已將這個國家轉變成一個受人尊敬的君主專政的政權，這個國家擁有一個充滿活力的首都，而《拉斯塔德條約》也承認了它擁有斯泰丹這個有價值的出口。

在斯堪地那維亞半島上進行的試圖實施專制主義的努力

在丹麥和瑞典之間進行的戰爭，其經費由兩國的王權來負擔，受益者則是貴族，在丹麥貴族政權因為要對戰爭的失利負責，故而在西元1660年崩潰了，而直到那時還實行選舉制的王權，宣稱改為繼承制，隨後又成了世襲制（王位法，西元1663年）。在腓特烈三世的統治之下，資產階級能夠獲得一些行政職位。儘管君主失之無能平庸，國家還是能夠自我協調組織，然而在社會裡保持優勢地位的還是貴族。

瑞典在把自己建成一個波羅的海帝國之後已精疲力竭了，面對這場勞民傷財的戰爭，國王不得不出讓一部分領土以平衡收支，就是因為這樣，不僅國王的收入減少了，而且在古斯塔夫・阿道夫（Gustave-Adolphe）死後，貴族在政治上占的作用得到了發展，此外自由農民和屬於國王的農民數量減少了，而屬於貴族領主的農民數量增加了，這就是查理十一為什麼要抑制減少貴族占地的原因（西元1680年），重新占有的土地只能用來供養一支身兼農民、戰士兩職的軍隊（安代爾塔制度，Systeme de l'Indelta），如此自由農民有了保障。東歐曾經歷過的農奴制度，這些農民得以倖免。查理十一摧毀了「里克斯塔格（Riksdag）」（即議會）和上議院（顧問），取得了完完全全的勝利，但他的成就受到查理十二進行的戰爭破壞，這場戰爭也使得貴族得到了補償，與此同時，一個官僚機構也已建立起來。

第三節 彼得大帝和俄羅斯的變化

在歐洲的北部和東部，主要是在瑞典和波蘭這些資產階級力量微弱有限的國家裡，貴族們擴大著自己的領地和政治上的影響力，王權的力量只好退避三舍。在這種大趨勢下，俄羅斯是一個例外，在一個這樣的國度裡，干預主義國家傳統已經確實地根深柢固。君主身上集宗教和貴族性質於一體，約束他行使權力的，只有君權神授這一法則。事實上這個人口居住分散龐大的國度裡，一切都涉及到了實力的問題。彼得大帝並沒有在俄羅斯創建一種新的國家干涉主義，他所做的不過是追隨傳統，透過借鑑學習西方行政管理的手段技術增加自己的實力，他希望以此使自己龐大的國家充滿生機。這一切在進行時充滿了粗暴，在俄羅斯的歷史上，這種粗暴是司空見慣的，他的成就也使得俄羅斯國家和社會出現了一些轉變，現代俄國就是從這些轉變中誕生的。

彼得大帝和他的統治

俄羅斯有將近二十五年的歷史動盪不安，這一時期先後經歷了亞歷克斯・費多爾（Alexis Fedor）的兒子，之後是沒有心機、單純的伊凡（Ivan）和他的異母兄弟，十歲的彼得，以及伊凡的長姐蘇菲（Scphie）的攝政。蘇菲精力旺盛，她開始進行改革，使自己的國家參加了反土耳其的神聖聯盟。她野心勃勃，根本就無視彼得的才智，為了保住自己的權力，她只等時機一到便要將他除去。但彼得和他的朋友們卻先下了手，蘇菲被監禁在一個修道院裡（西元1689年）。他的統治初期是相當令人失望的，這個新上臺的沙皇通常被看作為一個幼稚的人。他身高體大，無知且放蕩不羈，性格衝動而古怪，有著無限的好奇心，缺乏思辨的精神；他將自己的心意付諸於實際，沒有什麼能夠使他後退；他放任自己，在少年時代與各種社會地位不一樣的人為伍，他們之間進行一些軍事性的聚會（尋歡作樂者）；他在郊區混跡於一些外國人之中，在那裡，他聚精會神地聽著傑尼瓦・弗朗索瓦・勒弗爾（Genevois Francois Lefort）之流，跟他談論西方、君主、商人、冒險者，奇怪的事情是，這位莫斯科人著實對海軍有著一股激情。

在成為君主之後，他的行為舉止也少有變化，彼得大帝將他這些「尋歡作樂者」中的朋友們轉變成了現代俄國最初的兩個軍團。西元1693年他親自前往當時俄羅斯僅有的一座港口阿克罕格斯克（Arkhangelsk），從此他便夢想

著獲取通往自由海域的出路。西元1696年彼得大帝奪取了阿佐夫（Azov），由是他就開始到西方微服私訪，他去了荷蘭、英格蘭、奧地利，尤其對荷蘭的海軍造船工地感興趣，還在阿姆斯特丹的交易所也令他興趣倍增，多朗熱（D'Orange）家的威廉以及里奧波德一世都曾接待他，但路易十四卻拒絕見他。由於一些史泰席（Streltsi）的民團發動叛亂，這種叛亂得到了蘇菲的鼓勵，還由於他的這些反傳統的行為，令一些人擔心不已，使他不得不立即返國。在他回國後，那兩個軍團鎮壓了這場叛亂，彼得大帝進行的鎮壓是血腥的，他利用鎮壓帶來的恐懼感，強迫他的臣民穿短身衣服、剪去大鬍子，還要交稅。

然後開始一段時間（西元1699-1717年），在這一時期裡，彼得大帝透過下達敕令進行了往往是操之過急，而又彼此矛盾的一連串改革。

他領導了反對瑞典的戰爭（北方戰爭），在納爾瓦（Narva）之敗後，由於他的對手犯的一些錯誤，同時也由於他的軍隊有了進步，他取得波爾塔瓦（Poltava）之役的勝利。由於對土耳其人不夠謹慎的進攻，他被蘇丹的軍隊俘虜了（西元1711年），但是他只是透過廉價地把阿佐夫讓給了他們就得以脫身了。西元1717年，戰爭、索賠要求和叛亂將俄羅斯拖垮了，這一時期被俄羅斯歷史學家形容為大混亂時期，然而還是有一些成果的：對瑞典人的勝利、聖彼得堡的建立、建立在烏拉爾區的奧涅加湖（Onega）、基礎的鋼鐵工業、陸軍和一支現代海軍的創立，以及一支新的技工和官員力量被安排就職。在他於西元1717年至西元1718年第二次到歐洲旅行時，彼得大帝到處受到了接待，即使是在巴黎，他也以一個受尊敬的君主身分得到了接待，回國後他處決了皇太子，以及那些趁他不在時謀劃作亂的人。

在最後那些年裡平靜了許多，新一代的俄羅斯人甚至準備要接那些為彼得大帝服務者的班，新的機構已擺脫了那種臨時應付的狀態，彼得大帝的成就變得更為清晰、更為鞏固了。

俄羅斯的轉變

最顯而易見的轉變是建立了一個脫離傳統與俄羅斯環境的首都，它是人工建立的，但是位置選擇得好，設計也相當不錯，足以使它在幾年之內取代了莫斯科。西元1703年彼得大帝命人建立了一個軍火庫、一個堡壘，作為城市的中心，西元1704年他決定把它定為國都，西元1712年他把政府總部也遷到了這裡。聖彼得堡是俄羅斯諸王子們親自率領從各個省分徵調的工人督建的，最顯

赫的特權貴族以及最富裕者必定在那裡建造一座皇宮或是房屋。這個城市的運河系統很像阿姆斯特丹，而它的整體輪廓則和凡爾賽相似。在彼得大帝去世時，聖彼得堡還不過是一片工地，但它已經擁有了大約十五萬居民，而這作為港口已經開始負責分流對外貿易的一部分。

中央政府得到了深刻的改革，西元1711年權貴集中的杜馬（Douma）被由二十個成員組成的上院（Sénat）所取代，它主要負責國家在總體上的政策，但是從西元1722年開始，它要受隸屬於沙皇的總檢察長的監督。各個部委（外事、戰爭、商業）由樞密院成員負責，這就如同瑞典和奧地利一樣。樞密院扮演著特別法庭和祕密員警的多重身分。在行政畫分上，由十一個總督府負責管理五十個級別上低一級的省，而省又分成為數眾多的區。當地的貴族們分管著很大一部分，這種官僚機構通常都是過為沉重，而且滋生出眾多的貪汙腐敗分子。而沙皇的命令一旦遠離了聖彼得堡，其威力就被大大地削弱了，當然總是會有一些專員和監察員傳達沙皇的旨意。

彼得大帝掌握著軍隊和教會，這兩樣都是他的工具，軍隊於西元1716年被重新組建，超過了十萬人，在他的統治末期，這支軍隊已經完全地俄羅斯化了，它經常為國家政權提供強大的力量支援。教會被彼得大帝改造為國家的工具，西元1721年他取消了莫斯科的主教一職，他代之以聖教區會議（Saint-Synode），這是一個高級教士組成的組織。管理寺院的部門負責管理著教會的財產，對於那些教士他們只能得到一些生活的最基本必需品，而其餘的財物則歸國家占有。

但為了做到這些，代價也是昂貴的。彼得大帝從奧地利和法國人的經驗中汲取靈感。他實現了一項重要的財政改革，各項稅收的基礎是人頭稅，這就要求對人口進行一次全面的普查，儘管可能仍然還有遺漏，普查結果表明俄羅斯境內有五百七十五萬男人，這也就是說，在整個帝國境內有一千二百萬居民。

俄羅斯社會的轉變

在各個省裡，貴族的影響力不斷擴大著，每一個區域都有一個貴族顧問輔佐當地的總督，只有貴族始終有權力壟斷著對農奴的所有權。正如他的前任一樣，他從貴族之中選出行政機關和軍隊裡需要的幹部，若是還不夠，就從那些因為才幹卓越，剛被他授予貴族頭銜的人中選拔，他透過設立進階表，將這種組織人才的形式系統化。貴族等級的確立，原則上是根據其擔負職責的大小，而不是他們的出身和財產多少，事實上這三個因素彼此是相互聯繫的。彼得大帝在西元1714年決定，貴族的幾個兒子之中，只能有一個繼承家產，這

就使得其餘的幾個兒子只能從軍，為了實現這一目標就必須到新式學校裡去學習，於是在不同的貴族之間，財富上的巨大差異一直存在著。皇帝的寵臣，例如蒙奇科夫（Menchikov）收斂了眾多的土地和農奴。在聖彼得堡，貴族形成一個對國外非常開放的社會階層，其中最有力的一個例子就是塔提科什夫（Tatichtchev），他成了烏拉爾礦區的頭目。市民階層的形成則是工業和商業發展的結果。

　　沙皇亞歷克西斯（Alexis）就曾經呼籲外國人到俄羅斯來，由荷蘭人在土拉（Toula）建立的鋼鐵工廠表明數量還是太少，不足以滿足抗擊瑞典的需要。在奧涅加湖畔，尤其是在烏拉爾地區，以及尼維昂斯克（Neviansk）地區，出現了一些工廠，這是由於來了一些被高額價錢吸引的外國工頭，還有那些被迫離鄉背井、被農民的馬車從鄰省運來的手工業者和農民，他們之中的一部分成為了工廠的奴隸。最難以安置的企業由國家親自安置，但很多並未成功，一旦企業興隆起來，就被轉讓給了個人，而其他的工業（紡織業等）則是由一些貴族在自己的領地上，甚至還有一些是被授權擁有農奴的商人創建的。商業貿易的通道活躍了起來，最為活躍的則是連結涅瓦河（Néva）與聖彼得堡的伏爾加河（Volga）這一通道。透過一條人工運河，它可以將烏拉爾地區的產品運至莫斯科。在城市裡居住著一些農奴，農奴主以收取租金的方式送他們到那裡去工作，這種租金有時可以成功地買回他們的自由。在城市裡，儘管市民階層不甚確定，但是他們的數量很少，然而還是可以看見幾個成功的例子，例如尼基塔・德米多夫（Nikita Demidov），他本是土拉地區的一個鐵匠，後來成為了烏拉爾地區的幾個大工業主之一。

　　構成人口的幾乎都是鄉下農民（97%），他們的工作負擔極重，尤其是在人煙稀少的北方地區更為如此，另外租金也很高昂，這些負擔實在太沉重了，很多農民逃往那些尚未開墾的地區，如烏克蘭或是烏拉爾，在那裡他們被視為國家的農民，也就是說成為了自由人。但是沙皇時常會把一些開墾過的土地作為禮物贈送給自己的寵臣或是官員，為了免於失去自由，一些國家農民便跑得更遠些，他們到了西伯利亞，或是到了裏海地區，他們使得那些巴基爾人（Bachkir）慢慢後退。然而絕大多數的農民不得不接受自己的命運，居住在領主區內，在那裡，生計絕對需要依靠領主，其控制著鄉村工場和市場。彼得大帝統治下，一些有利於貴族的社會的轉變就是這樣進行著，同時西化的傾向出現了：泰朗（Térem，即婦女的閨房）的開放（西元1702年）、對於殺死殘疾人和私生子的禁令，這些改革趨向於將社會一分為二。此時最重要的是國家實力的增加，它使得俄羅斯位列大國。

第二十五章

歐洲文明及歐洲社會

第一節　西元1661年後的巴洛克主義和古典主義

　　在西元1661年至1740年這一時期，歐洲文明經歷了遠比表面看來更為深刻的變化，從各國情況來看，藝術的表現形式仍一直沿襲巴洛克主義及古典主義風格，科學上的發現僅被有限地應用於實踐之中。產生於十七世紀二十年代的笛卡兒主義思想已經得到了廣泛的傳播，然而在西元1740年的歐洲一部分高層知識分子拋棄了傳統的價值觀念。笛卡兒（Descartes）曾想過要挽救宗教，笛卡兒主義為那些傳統的統治思想的叛逆者提供了一個鬥爭武器，對幸福的追求不再被視為一項集體的社會事業，而是一件個人私事。相反地，人文主義的共同事業也變成了對幸福的追求。毫無疑問，在西元1740年，這些新思想尚未將整個歐洲推進我們所說的現代世界。還需整整一個世紀來完成這所有的一切，但這些新思想已經為其開闢了道路。

　　文藝復興運動中萌生的這兩種藝術流派，繼續將歐洲畫分為兩個部分。

　　義大利對於誕生於本國境內的這門藝術一直是情有獨鍾，在羅馬，貝爾尼（Le Bernin）畢生追求他的這一藝術事業直到西元1680年過世為止，而他的門徒們則使這個天主教世界的首都印上了他的建築風格。與此同時，其他的巴洛克藝術中心也應運而生：威尼斯，在那裡，隆格那（Longhena）建造了薩魯特教堂（L'église de la Salute），還有杜林（Turin），朱瓦拉（Juvara）為該城新建了一些凱旋門式紀念碑。巴洛克藝術風格已經在西班牙的繪畫藝術領域內得到了充分的體現，並且在朱利蓋拉（Churriguerra）家族的影響及推動下進而統治了西班牙的建築和雕塑領域，該家族以其「朱利蓋拉風格」在整個十八世紀給西班牙藝術打上了一個深深的印記，該藝術充分體現在祭壇後所布置的裝飾品及一些重要的建築物上，在其上集中了許多人物眾多的畫面，沿襲西班牙人喜愛的富麗堂皇及悲愴動人的傳統風格，組合運用了大量的細節描繪和黃金裝飾。在此前一個時期，由義大利藝術家引入的巴洛克藝術風格在歐洲中部取得了勝利，直到該世紀末期依然是這些義大利藝術家在布拉格、維也納和慕尼黑（Munich）建造皇宮和教堂。與此同時，在菲希爾（Fischer），貴族愛爾拉齊（Erlach）和希爾德勃蘭特（Hildebrandt）的努力下，一個新穎的流派在維也納，這座從土耳其人手中解放出來並成為一個偉大國家的首都的城市中誕生了。接受羅馬巴洛克風格及威尼斯巴洛克風格啟發而形成的維也納巴洛克

藝術風格，逐漸退化為追求一些優美而且複雜的形式，發展成了洛可可藝術風格。

在雕塑家皮埃爾・普傑（Pierre Puget）的影響下，巴洛克藝術風格傳到了法國，尤其是對南方地區產生了較大的影響。西元1665年貝爾尼被召請到巴黎，為羅浮宮的重建工程制定一個計畫，但是法國的建築師千方百計地阻撓該計畫的實施，這一失敗給古典主義藝術風格的蓬勃發展開創了一條自由之路，而巴洛克藝術風格在法國受創的阻礙並非僅此一例，在詩歌領域內，滑稽地模仿英雄史詩的詼諧體詩和田園體詩歌大約在西元1660年左右消失了。

然而在那些為慶典、節日和演出而臨時修建的建築中，巴洛克主義藝術風格在各地都取得了輝煌的勝利，即便是在法國也是如此。劇院一般均採用義大利式的裝飾和設施裝配，義大利人最終還是在音樂領域內占據了統治地位，在凡爾賽的魯利（Lulli）和在維也納的塞斯提（Cesti）成了協奏曲和奏鳴曲這兩項產生於義大利的音樂藝術形式的熱心傳播者。在史卡拉地（Scarlatti）、科勒利（Corelli）和維瓦第（Vivaldi）的努力下，音樂的表現形式日趨豐富與規範化，人們到處尋覓義大利歌唱家和演奏家。而義大利巴洛克主義的巨大勝利要屬義大利歌劇，義大利式的布景、歌劇主題、音樂及演奏風格無不洋溢著「奇幻、悲愴和溫柔」的情調。

古典主義歐洲

當路易十四成為其「自己的總理」之際，一些法國作家及藝術家為古典主義藝術創造了為數眾多的傑出作品。為了抵制馬薩林曾鼓勵過的義大利潮流，為反對那些常常鍾愛風雅的投石黨人及為與外省鬥爭，路易十四有可能扶植了法國古典主義的發展。可是不管怎麼說，國王對兩個流派的作家均發放年金，而且西元1668年為國王上演的「快樂島」（Les Plaisirs de l'Ile Enchantée）這齣戲採用了久負盛名的義大利式舞臺裝置術。古典藝術得到了資產階層的支持，尤其是在巴黎，該藝術體現了有序、簡潔和自然之風格。該藝術同樣反映了高層知識分子向笛卡兒主義的轉變。作家們本能地發現了一些可以淨化他們的創作才能的規則，而且布瓦洛（Boileau）在他於西元1674年所寫的《詩歌的藝術》一書中記敘了這些規則。這種自我約束的做法也正符合了為路易十四及大部分上層人士所認同的一個總體趨勢，這一趨勢與宗教觀念和波舒埃（Bossuet）的君主制觀念，以及對個人主義政治作風和對光明派教義的不信任有機地結合起來。對上帝旨意的敬服和笛卡兒主義一同迫使人們遵守自然的

法則。古典藝術同時也是君主制的藝術和國家主義的藝術，路易十四成了遠遠超過王國內其他人的最大藝術事業資助者，上帝的榮耀和國王的榮耀是那些大作家、大藝術家們致力於追求的兩大目標。在路易十四的統治前期，冉森教派教義未能阻礙君主制理想和古典主義理想的蓬勃發展及廣泛傳播。事實上，面對義大利人和西班牙的虔誠，就像面對宗教改革（Réforme）一樣，冉森教派經常表達了法國人內心深處的心靈趨勢，主張不抗爭的冉森教派教義，倡導人們生活在這個世界上，必須遵守政治秩序和社會秩序，就像遵守自然界的規則一樣，還認為去改變已知的事物是徒勞無功的，這樣對規則的遵從成了阻止一切想改變現有秩序之意圖的一道柵欄。

西元1670年左右，在法國的文明史上出現了一段較為特殊的時期，這一時期內，巴洛克主義藝術風格尚未遭到肅清，布朗尚未真正確立起其在繪畫界的領導地位，然而此時，君主和一大部分宗教界上層人士（包括新教徒），儘管存在著宗教上的爭論，但出於共同的愛好和普遍的對高貴、可愛、節制和理性的偏愛，他們經常聚集到一塊。

這是一個產生古典主義的「偉大傑作」的時期，該時期一直延續到西元1690年左右，只要提起一些人的名字即可說明這一點，莫里哀（Moliere）、拉封丹（La Fontaine）、拉辛（Racine）和布瓦洛，一些建築師如克勞德·佩侯（Claude Perrault）、朱勒·阿端·蒙沙特（Jules Hardouin-Mansart），一些雕塑家如吉拉爾東（Girardon）和柯塞沃克（Coysevox），一些畫家如勒·布朗（Le Brun）、米尼亞爾（Mignard）和默倫（Van der Meulen），園藝創造者諾特爾（Le Nôtre）。

大約在西元1690年左右，針對一些官方作家及藝術家的專橫跋扈作風產生了一股反抗潮流，從西元1687年起，查理·佩侯（Charles Perrault）在科學院（Académie）揭開了老一輩知識分子和新一代知識分子之間的大爭辯，他推崇新一代知識分子的作品，並且指出從今往後對老一輩作品的模仿是沒有意義的，法國的文學從此由為國王服務的榮耀這一義務中解脫出來。藝術擺脫了靠專制君王的資助為生的局面，悄悄地，巴黎又重新取代了凡爾賽的位置。主題也發生了變化，文學更富有道義感和教育性〔布律耶爾（La Bruyere）、費內隆（Fénelon）〕，或是更具有哲學意味〔方特內爾（Fontenelle）〕，甚至具有了鬥爭性〔（拜爾（Bayle））〕。繪畫藝術摒棄了豔麗繁華的風格，轉向以里戈（Rigaud）和拉吉利埃（Lar Gilliere）為代表的肖像畫藝術，或是轉向一些現實主義的物景畫或華托（Watteau）風格的作品。路易十四去世後，路易十四的凡爾賽藝術要充分發展還需要一段時間。伏爾泰（Voltaire）表現了巴

黎的覺醒和復甦，而孟德斯鳩（Montesquieu）則表現了外省的復甦，新一代作家及藝術家占了上風，取得了優勢地位，而詩歌藝術在一定程度上衰退了。在眾多文學體裁中最受歡迎的是戲劇、哲學論著、小說、小品文和書信體作品，這反映了人們偏好的改變，尤其是道德觀念的改變。關於道德價值的變化，方特內爾、馬里沃（Marivaux）、沃夫那格爾（Vauvenargues）曾就其幾個方面做了具體的闡述。然而這一演變過程正是在古典主義藝術風格背景下發生的，笛卡兒主義在牛頓（Newton）大發現後失去了其在科學上的價值，但他卻把它的方法強加給每一個人，而形式、內容結構和風格與偉大的古典主義作家所確立的並沒有什麼不同。另外，語言更加規範化了。在繪畫領域內，古典主義風格仍作為一條規則而繼續存在，尤其是在羅伯特·科特（Robert de Cotte）和賈克·加布里耶（Jacques Gabriel）的作品中這一點得到了充分的體現。宮廷藝術在一定程度上的衰弱給城市藝術提供了一片自由的天地，自此，出現了一些形式更為多樣化而且房間更小的套間。雕塑藝術仍秉持著古典主義藝術風格，以尼古拉（Nicolas）兄弟和庫斯圖（Guillame Coustou）為代表。哈莫（Rameau）和科普蘭（Couperin）給古典音樂下了定義，而且透過摒棄義大利的影響淨化了古典音樂。新的偏好顯得更加貼近生活，鑲飾在古典主義風格的建築物之上的洛可可式裝飾、更為輕快的繪畫〔布歇（Boucher）〕，尤其是更加舒適、優雅和舒心的家具。

法蘭西光芒

人們常談到十八世紀法國的文化霸權地位，並且經常使用「法國的歐洲」這一字眼，就這個問題雷奧（L. Réau）提出了以下不同的原因：法語是用於社會交際尤其是上層交際的語言，凡爾賽宮和巴黎的沙龍對歐洲各國貴族的強大吸引力，最後是其強勁的擴展能力，以一批法國人移民國外為標誌，這批人的重要性遠不在其數量的多寡，而在於這些人大都是法國的菁英分子，如到國外尋求避難而且很快就被吸收的新教徒、由於凡爾賽的工程停工而陷入失業狀態的藝術家、那些由於法國銀行法破產倒閉的銀行而引發騷動的人群，以及一些敬仰外國君王的法國人。儘管路易十四曾對一部分歐洲地區表示過不滿之情，但這種影響仍從十七世紀末期開始發揮其作用，西元1714年重建和平後更加有利於這種情況。需要指出的是法國政府為了阻止學者和藝術家的外流，採取了一切能採取的措施，另還需指出的是第一個用法文撰寫的國際性條約正是《拉斯塔德條約》（Le Traité de Rastadt）。西元1774年，俄羅斯和土耳其兩

國運用這種語言簽訂了和平條約。路易十五的政府沒有為擴大這一影響做過任何工作，而路易十四的政府採取一些有力的措施，並且取得了許多堪稱楷模的成就，進而將其推薦給整個歐洲。

同樣地，法語一時之間也成了備受哲學家及學者青睞的語言，他們非常欣賞法語的精確性和與拉丁文相較之下的優越性，因為拉丁語已不適合用於表達一些新的觀念了。萊布尼茲經常出版法文作品，接著在西元1743年柏林學院（L'Académie des Sciences de Berlin）也開始出版法文作品。外國國王使用法語與外國人通信，而且有時候跟本國人也使用法語，腓特烈二世用法文寫成了他的回憶錄（Mémoires）。與此同時，許多法語詞彙經常是原封不動地大量湧入其他語言之中，這些詞彙主要是些軍事技術、教育、藝術、家具、時裝和烹飪方面的術語。在十八世紀早期，法蘭西文化對所有國家的文字都產生了顯著的影響，只是對各國的影響程度不盡相同。在藝術領域內，法國的影響同樣是非常顯著的，各國國王都想擁有他們自己的凡爾賽宮、自己的特里亞儂城堡（Trianon），和自己的瑪利公國（Marly）。凡爾賽的公使雖然今天已經不復存在了，但人們仍可以從眾多的複製品中一睹其原貌：皇家廣場以及塑像、里戈的皇室肖像畫、由布朗設計戈貝林（Gobelin）完成的天花板建築和寓意畫壁畫裝飾、十八世紀建於庭園和花園之間的巴黎公館，均是各地競相仿效複製的對象。

最為炙手可熱的法國藝術家大概要屬羅伯特・科特（Rcbert de Cotte，西元1656-1735年），他曾在凡爾賽工作過，接著又效力於菲利普五世（布恩・勒提羅，Buen Retiro），成為科隆〔Cologne，波昂（Bonn）城堡〕和巴伐利亞的合格選民〔斯萊斯海姆（Schleissheim）城堡〕。這樣古典主義藝術風格就滲透到了巴洛克的領地，在那些巴洛克主義尚未扎根的歐洲邊緣地帶，法國的古典主義長驅直入並未遇到什麼障礙，勒布隆（Leblond）被彼得大帝召到了聖彼得堡，他仿照凡爾賽宮為這座城市建造了許多林蔭大道，哥本哈根（Copenhague）、斯德哥爾摩（Stockholm）和柏林都受到同樣的影響，有時這些影響是那些逃亡的新教徒帶來的，甚至一些不拘一格的大藝術家如克里斯多夫・雷恩（Christophe Wren），也不敢忽視法國人講授的課程。

這個在很大程度上應歸功於法蘭西文化的古典主義，開始滲透入巴洛克歐洲，法國的影響在義大利、西班牙和英國較小，對北方和東部地區國家的王宮及貴族階層影響較為有限，而在荷蘭和德國這種影響要強得多。法蘭西文化影響受到了各國傳統勢力的阻撓，相反地，在宗教藝術和大眾藝術方面，巴洛克主義藝術更尊重了各國的傳統。

第二節　科學的急速發展

不論是西元1660年還是西元1770年，都不是科學發展史上有轉折意義的年分，因為在這一時期科學史的發展已經成了一個連續的創造過程，其每一個小階段，都是由在不同領域內取得的發現串聯組合而成的。因此，那個時候的科學知識是統一和一體的、包羅萬象的。哲學詞彙可以同時包含精確的科學（指數學、物理等學科）、道德科學和政治科學。孟德斯鳩將其主要原則的獲得歸功於馬勒伯朗士（Malebranche，西元1637-1715年），而布豐（Buffon）則將其歸功於萊布尼茲。共同的文化遺產把各國知識界聯合起來，並從中產生了許多學者，如此形成了人們所說的歐洲科學界，另外一些激烈的大辯論使這個科學界更加充滿了活力，其中最著名的辯論是由笛卡兒和牛頓兩人引發的大辯論。

科學界

在十八世紀的後半期，由於創建了許多科學院，以及各國國王還有公眾輿論對此表現出了興趣，學術界獲得了巨大的發展。

在義大利，眾科學院的搖籃—— 西蒙多科學院（L'Accademia del Cimento，西元1657-1667年，座落於佛羅倫斯）以出版學術報告的形式相互間交流經驗。事實上，與西元1648年產生於巴黎並得到皇室庇護的學術會議一樣，在當時的義大利也出現了一些學者的集會。成立「科學院」（L'Académie des Sciences）之後，科伯特為它制定了章程（西元1666年），科學院被置於國家的監督之下，負責研究國家向其提出的問題和管理發明專利證書的審核簽發事宜，並且獲得了不計其數的物質援助。相反地，倫敦皇家學會（La Royal Society de Londres，成立於西元1662年）一直是一個私立的機構。巴黎的榜樣相繼為柏林（西元1710年）、聖彼得堡（西元1724年）、斯德哥爾摩（西元1739年）所追隨。一些重要的工作和使命被交給了科學院的成員，例如繪製法國地圖的工作交給了凱西尼（Cassini），另外還有一些諸如在祕魯、拉波尼亞（Laponie）和好望角（Cap de Bonne-Espérance）測量地球子午線的使命（西元1736-1737年），各國君王都競相招納最為傑出的專家學者。此後，沒有經過太久的時間，歐洲的各國政府抓住每一百二十年才發生一次的水星（Venus）和太陽相合的機會，共同商討測量太陽到地球的距離的大計（西元

1761年和1769年）。的確，在那個時代科學研究的器材還是相當有限，而且除了天文和地理研究以外，其他研究也不需要太多的資產，所以科學研究能一直成為業餘愛好者從事的領域。

十八世紀初期，熱愛科學的精神已廣泛傳播開來，除了國家的一些舉措外，學術界的刊物也產生了巨大的影響：《學者報》（*Jounal des Savants*，西元1665年），以及皇家學會的《哲學學報》（*Philosophical Transaction*）。雖然不可能完全被法語取代，但拉丁語還是漸漸地被廢棄不用了，這對各學者之間的相互接觸交流不利，但卻使人們對科學偏愛的領域更加開闊了，此時出現了一些向公眾教授的課程，例如在巴黎，諾雷（Nollet）的公共課程（西元1734年），因其當場演示一些實驗而吸引了許多人。一些普及科學知識的書刊也大量增多，如修道院長普魯希（Pluche）的：《大自然的景觀》（*Les Spectacles de la Nature*，西元1732年）。不久，在一些圖書館的附近，一些大學者如伏爾泰等人建立了一個自然科學論著收藏室，或是一個物理研究所，儘管這個有文化、有知識的公眾，仍然表現為文學的業餘愛好者，但他們對科學卻尤為關注。他們在宗教的沉思、良心的審檢、自我控制能力的訓練、人類情感的分析和風格的研究上所花的時間減少了，更多的時間用於對自然的觀察和哲學思考。

實驗發展

笛卡兒為精確的科學配置了一件必不可少的工具——數學，並且傳播了宇宙機械論觀念，從而取代了亞里斯多德的學說，以及對萬物有靈的狂熱信仰。毫無疑問，笛卡兒的機械運動定律是錯誤的，但是撇開這些理論在實踐運用中的錯誤，笛卡兒學說賦予了宇宙這麼一個形象：宇宙是一部絕妙的機器，而上帝這個無比高尚的「鐘錶匠」正是透過一系列的撞擊和擠壓操縱著這臺機器的運作。十七世紀末期，方特內爾（Fontenelle）傳播了這一觀念。十八世紀初期，該理論進入了學校教育的課程。在馬勒伯朗士的影響下，笛卡兒主義開始走向科學的實證主義，把因果關係的研究留給了「上帝的神祕領地」。與此同時，他號召學者放棄研究現象時的形而上學的思辨。

接著，對事物的觀察方面取得了長足的進步，由於荷蘭人惠更斯（Huyghens）製造了一些光學儀器，而且在巴黎（西元1667年）和格林威治（Greenwich，西元1676年）建造了一些大型的天文觀測臺，天文觀測尤其有了巨大的進步。此外，實驗漸漸地轉變為數學不可分割的一個附屬部分。因而萊布尼茲摧毀了笛卡兒的機械運動論，重新倡導運動中的物體之間固然存在著

作用力的理論，例如離心力、地球重力或者是星球間的引力。在這種情況下，笛卡兒主義就又一次面臨了考驗。

這就需要牛頓（Isaac Newton，西元1642-1727年）來立下一個確定的定義，並且從一些現象提出量化的定律。牛頓接受了良好的數學教育，非常年輕時就被皇家學會所吸收，並且在萊布尼茲和貝爾努利兄弟（Freres Bernoulli）領導的微積分學領域的研究中，對數學的進步做出了貢獻。他是一個虔誠的宗教信徒，他批判笛卡兒的機械論，因為其中包含著無神論的因數。他又是一個充滿幻想的人，滿腦子的神學思想，他力圖給自己的世界觀樹立一個目的論（Finalité），然而他的方法正好與笛卡兒的方法相反，後者透過理性分析重新構造了這個世界，並且將他的方法運用在各個不同的科學領域，而牛頓則從現象出發，他從正規的實驗出發利用推理的方法進行概括歸納。他的天才想法是將地心重力和星球間的引力進行比較，西元1687年他出版了總結報告《自然哲學的數學原理》，在該報告中他闡述相距物體間相互作用力的觀點：宇宙引力，並且利用它解釋地心重力和潮汐現象。然而，這部在笛卡兒主義鼎盛時突然冒出的著作受到了相當的冷落，大部分法國學者在路易十四戰爭結束之前都沒有真正承認它。在其原則的第二版中，為了維護他的作品，他對其想法做了更為詳盡的闡述。儘管牛頓對事物起因探討的態度不如馬勒伯朗士那麼堅決，但他主張繼續實驗。

與此同時，笛卡兒理論又受到了來自洛克的衝擊，笛卡兒認為觀念是天賦的，而洛克在他的一篇關於人的知性的文章中明確指出：人的觀念來自於人的感覺。笛卡兒的科學體系開始崩潰了，十八世紀，笛卡兒主義只剩下了其方法，其條理化系統化的懷疑法，對「明顯事實」的追求，數學工具至上的觀念，以及包含了絕對決定論的宇宙機械論觀點。

科學知識的發展

科學發展進步的領域越來越大，數學這項工具還不是很完善，萊布尼茲和牛頓的後繼者補充並且發展了微積分學，另外，貝爾努利兄弟和厄勒（Euler）的論著使數學具有了實用性的特點。理性機械論的發展大大促使了物理的進步。在天文學方面，牛頓的思想激起了許多大論戰，同樣尚待證實。一些學者尤其是法國學者，在觀測眾多不同現象時，紛紛運用這些觀點。

對地球偏率的測量工作在兩極地區由莫普求斯（Maupertuis）的考察隊進行，同時克萊羅（Clairaut）在拉波尼亞（Laponie），而拉・康德米那（La

Condamine）和布格（Bouguer）在祕魯進行實地測量（西元1735-1737年）；
布格接著是蘇格蘭人馬斯科林那（Maskeline）測量了在赤道和高山地區的
地心重力的大小。關於某些星球對於其他星球運動的影響問題的研究，同樣
也取得了很大的發展。潮汐理論由厄勒和貝爾努利於西元1740年提出。在這
個時候，雖然牛頓的理論尚未被所有人接受，但學者們已經普遍認同了這些
理論。相反地，在物理方面，牛頓卻把光學理論引向了一條錯誤的道路。但
在其他方面物理取得了巨大的進步。西元1724年至西元1742年間，法倫海特
（Fahrenheit）、雷奧姆（Réaumur），最後是賽勒西斯（Celsius）製造了溫度
計。電仍未脫離其「神祕之境」，依然具有神祕色彩。英國人格雷（Grey）
證明了電的傳導性，而法國人費伊（Fay）提出了電和閃電的相似性，與此同
時，修道院院長諾雷開始進行電的實驗，反映了當時對電的研究已經非常盛行
了。

　　自然科學在很長的時間內停留在定性觀測的範圍內。在化學領域內，研究
的主流是對決定機體內所有相互作用的化學反應的共同因素的研究。德國人斯
塔爾（Stahl）認為他已經在一種未被察覺的液體中發現了這個共同的因素，
即燃素。這一學說可以解釋當時人們所知的事實或現象，但是這條錯誤的發展
道路，在該世紀所剩的三分之一時光中，嚴重拖滯了這門科學的發展。和化學
毫無關係的地理學也開始向觀測這一領域開放。人們考察一些岩洞或者研究火
山現象。丹麥人斯特儂（Stenon）透過對托斯坎尼（Toscane）地層的分析推
測在該地區是沉積作用形成的地層，而且他還按照時代順序對化石進行分類。

　　顯微鏡的問世使人們對活組織〔馬爾皮奇（Malpighl）〕、昆蟲〔李文虎
克（Van Leeuwenhoek）〕、哺乳動物的卵子、人類的精液，以及一些細菌的
研究成為可能，但是遺傳之謎仍未被揭開。最終原因是觀念阻礙了自然科學的
發展。修道院院長布魯希（Pluche）在《大自然》一書中對其進行了自鳴得意
的發揮：「海潮是為了使輪船更容易駛入港口而被製造的……」對生物的分
類還需有更大的研究。對動物而言，人們一直沿用亞里斯多德的分類法，瑞
典人李內（Linné）在其於西元1735年首次出版的《大自然體系》（*Systeme de
la Nature*）一書中改進這些分類法，他簡化了分類法。然而在每一種生物中，
他只看到了造物主（Créateur）的作為，而且沒有想到這些物種是會發生變化
的，另外，在他的分類表中還有不少錯誤。

第三節　新思想

　　我們已經注意到了，保羅·阿札爾（Paul Hazard）研究的「歐洲人的意識危機」問題並不像他所想像的那樣突兀、出人意料，也不似他想像的那般普遍、廣泛。古典思想在歐洲的勝利只不過是一個持續鬥爭的過程。

　　「古典時代」的特點是一個短暫的平衡，這並沒有阻止思想的演化過程。思想誕生於荷蘭，這個國家的經濟活動和商業城市的社會結構都是相當特殊的；該思想輕而易舉地開始在英國大放異彩，但只要法國的有識之士沒有認同它，其在歐洲大陸即寸步難行。

荷蘭——新思想的搖籃

　　這個聯合省（Les Provinces-Unies）是一個非常奇特的「思想的十字路口」。荷蘭在十七世紀是等級社會的典範，在大城市中，資本主義的資產階級一貫保持著寬容和自由的思想，這種思想在這些城市中比在其他地方有更大的發展，荷蘭因此成為許多人的避難所，他們大多是因其政策活動而遭到了迫害：斯圖亞特的擁護者，接著是英國的共和主義者、路易十四或者詹姆士二世的反對者（洛克）。許多不同的宗教團體和睦相處，甚至猶太教教徒和索奇尼教派教徒（Socinien）也是如此。在南特詔書取消之際，一些新教徒來到了荷蘭，他們傳播了在歐洲應用最廣的語言，並且將用荷蘭文和英文寫的作品翻譯過來，進而將其廣為傳播。洛克的著作尤其是因為法文版的大量傳播而成了眾所周知的作品（西元1700年）。最後，荷蘭當時是歐洲主要的印刷出版中心（阿姆斯特丹、萊登），在此出版了許多在別處尤其是在法國遭禁的作品，正是這些新教徒主持出版了許多文學報刊，如拜爾（Bayle）的《共和國新聞》（*Les Nouvelles de la République des Lettre*）。在《奈梅亨（Nimegue）條約》簽署之後，荷蘭的經濟地位雖有所下降，但在思想領域內卻取得了一個非常重要的位置。

　　在這個曾接待過笛卡兒的國家中，笛卡兒主義的傳播是相當廣泛的。正是在這個地方，這個屬於阿姆斯特丹猶太人團體的史賓諾沙（Spinoza，西元1632-1677年）才可以毫無顧忌地思想和寫作，在他的《神學政治學論著》（西元1670年）中，他認為《聖經》是一部人寫的作品，批判奇蹟和寓言，斷言信仰和理性必將分離，而且在宗教信仰和政治方面引入了自由的概念，認為

這是一個不受時效約束的自然權力。無論如何，他信任國家，像聯合省這樣的國家，由它來捍衛並且體現個人的各項權利。在他的《倫理學》（西元1677年）中，他陳述了只存在一個上帝的思想。但是史賓諾沙的思想沒有被人理解，他使天主教徒和新教徒感到害怕，人們認為他是一個無神論者，而且某些人從其作品中找出了一些對啓示宗教和絕對專制君主制的批評。

皮耶·拜爾（Pierre Bayle）的影響要深遠得多，他是法國南部的新教徒，後來成為色當（Sedan）、科學院和鹿特丹（Rotterdam）的哲學教授，他以信札還有《彗星來臨之際的退想》（Pensées a l'Occasion de la Comete）享譽歐洲知職界，在其後一部書中他摧毀了關於預兆傳統觀念的權威地位，區分了相伴相隨關係和由因及果的關係，反對絕對論和奇蹟論，《來自共和國的消息》一書至少反映了在荷蘭的新思想發展方向，在該書中他更多地探討了博學問題和倫理問題而不是純文學。在南特詔書取消之際，他發表一些抨擊文章要求信仰自由，最後，在西元1690年至1697年間，他出版了《歷史批判典》，在其中他力圖將人類的錯誤羅列成一張表。十八世紀，該作品大大促進了批判精神的發展，並且為它提供了各式各樣的論據。

新思想影響下的法國

在法國，人們長時間以來一直認為這個新思想主要是由「英國思想」組成的，這些思想自《烏特勒支條約》簽署以來，在王國內流傳開來。的確，戰爭的結束使英國和法國間的眾多交流成為可能，而且攝政期政治給予了革新者更多的表達自由，然而思想的演化進程早在此以前就已經開始了。這些思想的主要組成部分可以在那些笛卡兒主義的方法進行的研究和思索中找到。一項巨大但暗地裡進行的工作，由一些世俗和宗教的博學者完成了，其中聖莫爾（Saint-Maur）改革後的本篤會修士（Bénédictin）、奧拉托利會會員（Oratoriens）和基督會會員，後二者組成了一個聖人的續編組（Bollandiste），使「聖人的生活」更加純潔。古老的作品被重新匯集精心編訂。西元1678年查理·杜·康歇（Charles du Cange）出版了他的《中世紀拉丁語古詞字典》（Glossaire du Latin Médieval）。透過《論外交》一書，馬比雍（Mabillon）奠定現代外交手段。所做的這些努力在當時的歐洲是經常發生的事。在英國，班特利（Bentley）將原始時期的見證物進行有條有理的分類。神聖的歷史其本身也成了進行重新排序的對象。在史賓諾沙之後，奧拉托利會會員理查·西蒙（Richard Simon）在他的《舊約評論歷史》（Histoire critique de l' Ancien Testament，西元1678年）一書中，指出了所有寫穆瓦茲（Morse）

的書都有一個共同的特點。

　　另外，笛卡兒主義的方法鼓勵了皮浪的懷疑論（Pyrrhonisme）的發展，洛克斷言所有知識的源泉存在於我們的感覺之中，並且從中提出了經驗論哲學思想，不主張去追尋那些「第一真理」，只認為那些與我們的生活有關的真理才是有用的。與此同時，由巴斯卡（Pascal）提出的，但一直遭尋求一般性的古典主義者排擠的相對性思想，重新獲得了生命力。時間上愛好的相對性：西元1687年查理‧佩侯（Charles Perrault）支持法國科學院的觀點，認為法國的現代作家，即指當時的作家，其成就已經超過了古希臘和古羅馬作家。這就是「新的」與「古典」作家的爭論，後來路易十四平息了這場爭論。從此以後「現代」這個詞帶上了讚揚的意義。空間上的相對性：旅行札記大量增多，並且告知歐洲的文人尤其是東方人和遠東的風俗時尚。對土耳其和波斯有了進一步的了解，而且新的時尚也成了一潮流（土耳其色彩的作品），這種新的時尚和古蘭經一樣。西元1704年，《一千零一夜》被譯成了法文，伊斯蘭教也不再被視為魔鬼的宗教了。

　　人們經常談論東方人的智慧。暹邏大使的到來引起了路易十四朝廷上下的極大好奇。耶穌會教士們為了讓人們接受中國的傳統禮儀，撰寫了一些有關中國的讚揚性文章，原始的善良人的神話也重新盛行起來。事實上，這種對不同文明的參照，是作家們用以揭發歐洲流弊的一種常用手法。

　　路易十四的去世標誌著一種思想的失勢，同樣，他的同代人萊布尼茲的逝世也很能說明這個問題。意識到各文明和各宗教間存在著差別這一點後，萊布尼茲的思想帶上了普遍性的特點，主張人與人之間的和睦相處，以及他們信仰的相互協調〔與博蘇埃（Bossuet）相接觸〕，他希望至少能促成基督教的聯合或者是歐洲人的聯合，他的失敗標誌著這個統一歐洲基督教的夢想破滅，同樣地標誌著使科學屈從於哲學嘗試的終結。

　　但是在這個時候，巴黎又重新扮演了法國文化之都的角色，我們可以看到新開設了一些英國式的俱樂部〔安特索爾俱樂部（Club de l'Entresol），西元1726-1731年〕、一些著名的咖啡廳〔普羅科普咖啡廳（Le Procope）〕，還有一些貴族沙龍，在那裡，作家有時被當作藝術家接待：德朗貝爾夫人（Mme de Lembert）的沙龍、唐辛夫人（Mme de Tencin）的沙龍以及杜德豐夫人（Mme du Deffand）的沙龍。針對凡爾賽，外省也不甘示弱，外省的一些主要城市中紛紛建立了一些科學院，透過這些科學院，巴黎的輿論得到了傳播並且呈多樣性發展，在貴族和有文化的資產階級當中，產生了反對傳統觀念權威地位的思想，並且更加自由地傳播開來。人們閱讀拜爾的作品，而且方特內爾

（西元1657-1757年），科學院的祕書，受寵於巴黎的各個沙龍，作家扮演了新思想主要推動者。

從西元1680年開始，新思想的發展方向發生了一個轉變。十七世紀基督教的人文主義主要是關注人的自身。現在我們看到的人，是處於不僅是與自然界和上帝的關係，而且還有與其所處的圈子以及制度機構的關係之中的社會動物，只接受那些透過觀測或實驗而認識的事物已成了一種風氣，宗教、政治和社會機構必須屈從於理性的啓示。同時，對人類理智的信念產生了人類進步的思想。總有越來越多的人相信：黃金歲月不在往昔之中而在未來，並且認為人類將是這個美好未來的創造者。

新思想對政治思想的影響結果

在這些發展趨勢上，這些思想遠未能達到協調一致，而且對制度進步的信仰，也呈現出多方面的矛盾，在法國我們可以區分出三種不同的思潮。

第一，親英現象十分普遍，有一大批曾在英國居住過的作家作爲其宣傳者，例如伏爾泰、孟德斯鳩和修道院院長普雷沃（Prevost）。洛克所著的《政府論》表述了這些思想：社會契約、人民的主權、宗教的容忍、對教皇主義及神權專制的批判，這些正是伏爾泰在他的英格蘭書簡中所宣傳的，或者是孟德斯鳩（Montesquieu）所宣揚的波林布洛克（Bolingbroke）領主的權力均衡。

第二，人們可以清楚地看到一股來源於費恩龍（Fenelon）和勃艮第（Bourgogne）公爵的親信的貴族潮流，它喜歡回溯到李希留以前那樣的絕對專制王朝，這種專制由於大量分封王國而受到削弱。這股潮流因為貴族反應熱烈而成熟，它反對路易十四、反對他的官員的獨裁政府、反對他的戰爭，這股潮流的和平自由性質來自什麼地方呢？它是回憶錄作家聖西蒙（Saint-Simon）的保護人，昂特蘇爾（Entresol）俱樂部的捍衛者，在那裡，聖皮耶爾（Saint-Pierre）神父闡述了他的永遠和平方案，特別是布蘭維里葉（Boulainvilliers）和孟德斯鳩的保護人。西元1727年布蘭維里葉伯爵出版了他關於法國古代議會的通信集（它涉及到了普遍的國家體制），西元1732年他又寫了法蘭西王朝簡史，他夢想把法蘭西重新建成一個這樣的國家：在它裡面那些征服法國而被剝奪了特權的法蘭克貴族後代，將重新奪得他們的特權。然而這個封建制度的衛道之士接受了一些改革，諸如在稅收面前的平等。孟德斯鳩擔任波爾多議會的書記長官，於西元1721年發表了《波斯人信札》，針砭風俗和陋習，隨後他又發表了《論法的精神》，除了權力分離和著名的分析：王朝建立於幸福、共和

建立於道德、貴族建立於恐懼鬥爭之外，他又重提了布蘭維里葉的理論，反對王朝依靠特權侵占篡奪，要求其中需要有一些中間機構介入：議會、地方政府。他的自由主義對於貴族階級可沒什麼益處。

第三，一股資產階級君主立憲潮流以相反方式表現出來。首先是杜博（Jean-Batiste Dubos）在他的君主專制建立之評論中，肯定應該把被封建主奪去的王室權力拿回來。杜博的辯白不是因為神權，而是因為這是對國家的一種義務。這是一種積極而實用的政治制度，有能力抓住一切可能來進行合理的改革。這種思潮實際上就是後來伏爾泰的思想。不久，它喚起了百科全書派。

而在歐洲大陸上已有了與它一樣的東西，這竟是已經耀眼的專制獨裁。

第四節　社會觀念的變遷

　　經濟交換的急速發展，資產階級地位的上升，社會制度的批判展現了社會價值的轉變。階級社會已從荷蘭的戰爭中消失，在英國也走向滅亡，它所喚起的僅僅是一些遺跡，現在轉到了法國。金錢，即使在階級社會中，它的作用也從來沒有消失過，逐漸上升爲社會所承認的第一要素，這展現了不同的認識。財產實際上在各種個體之間形成了一個新的社會階級，其地位完全是由個人物質財富的生產而決定。同樣，由於這個原因，人們進入一個軍隊和宗教都退居社會次要地位的時期，一切爲了經濟活動的利益，追尋個人幸福。

武力在社會中的退居次要和經濟的發展

　　從十七世紀中葉以來，武力在社會地位中的衰微就在英國開始，這是由於島嶼給予它的安全感，以及隨後由獨裁的軍事統治者克倫威爾所引發的不信任。荷蘭認識到這一點，尤其是在西發里亞和平以後。而在法國則正好相反，因防衛的需要以及路易十四的政策所需，組建了一支龐大的軍隊，它在帝國上下擴展或是維護了一種尚武精神。由於類似的原因，在歐洲大陸大多數國家都存在著同樣的情況。在路易十四的戰爭期間，「鋼鐵邊境」幾乎言如其實，在西元1814年以前，法國沒有遭到什麼嚴重的侵略，對這些戰爭的痛苦回憶，路易十五的對外戰爭在資產階級甚至在貴族階級中都導致了對軍隊威信的降低，它的作用顯得更爲不明顯。在人民群眾中最為重要的原因，是這項義務已由一些邊遠的教士或最貧窮的人擔當，戰士已讓位於僱傭兵。

　　同時一種人道的、實用的理想正在發展。經濟的推動鼓勵個人創造發明，要求打破基督教觀念的束縛，它宣稱社會反對個人，事業上的成功、特權不再被看成是加重奴役的社會義務，例如它澄清了社團實踐的結束和跨越。早在經濟學家們意識到以前，低廉的價格早已取代了公正的價格（劣幣驅逐良幣），甚至在法國，在領主和農民的關係中，人與人之間的相互尊敬之情差不多退步了，在軍隊中，上尉和士兵之間的關係也是這樣，顯然它並不會自己引退，除非一個新的制度來代替舊的制度。資產階級繼續存在貴族階級中，且接納了後者的行為舉止，貴族輕視經濟活動，總是為階級社會辯護，為了形成一個新的社會觀念，必須使後者的目標發生分歧。

宗教的社會地位下降和對幸福的尋覓

相對思想的進步，個人主義的甦醒使得社會不再僅僅是服務於神的旨意，而且可以改變、可以改善。雖然對進步的信念還沒有找到領導者，然而，它已經透過科學界的菁英分子以及透過學者們的促進表現出來。社會的目標不再是對永恆獲得拯救的共同追求，而這一點是所有的基督教信徒們所最珍惜的，靈魂的得救變成了個人私事。在社會意識中，它的地位被追求個人幸福所取代，當然這應該在制度允許的範圍之內。幸福的道路是由個人自由和與個人的天生權利相應的經濟自由築成，人們逐漸意識到了競爭的作用和社會的多變性。

階級社會的論述

作為階級社會中的教士和貴族在這場新思潮中所能遭受的只是苦難，一個新的社會階層出現了，它在擁有戰士以前，先有了思想家（其中有些是教士）。企業領袖、中間商，及其一些組織在商品經濟體現出了巨大的作用，獲得新的威望。在這個階級的最底部是那些僅僅能夠被動地用他們的雙手來參加生產競爭的人們。個體的個人價值以及他擁有的財產多寡被看成是越來越重要的因素。

西元1740年左右，這些階級社會在英國和荷蘭已經幾乎完成，而在法國還僅是一種趨勢罷了。明顯地，階級制度在很長一段時期內，仍在人們的精神領域及社會關係中留下痕跡，但是金錢的地位已經明顯變得合情合理，人們逐漸走向一個階級社會。

第二十六章

歐洲啓蒙專制時期

第一節　啓蒙專制政治構成要素

在啓蒙時代的歐洲，引人注目的不僅僅是法國和英國這兩個國家，從西元1740年起，一個哲學家登上了普魯士的王位，並且組成了一個新型的政府，幾乎與英國政府一樣，它歡迎和推崇啓蒙思想家的思想理論，這就是「啓蒙專制政治」。腓特烈二世的競爭對手遍布歐洲大陸的許多國家，這些國家的君主和臣子們多少懷著些信心、毅力和決心以及良好的願望，並試著採取一些新的政策原則來對待社會地位和政治地位不同的各個等級。

這種說法的興起至今也不過一百年左右，它是指一些嘗試，不僅是原則上的嘗試，同樣有許許多多的實例。

「啓蒙專制政治」貫徹始末的特性是對國家的狂熱頌揚，否則也算不上什麼新事物，沒有新奇感了。

李希留和路易十四的法國式專制政治早就已經給人們提供了一種國家控制論的模式，並且在歐洲廣爲傳播。另外，「國家利益」並不是法國的專制制度的固有特性。路易十四的仿效者們與國家議會進行了鬥爭，並且確認了他們無限制提高稅收的權力。毫無疑問，這些至高無上的特權和國王行使的大權都是以宗教作爲其合理的辯護詞。由博蘇埃（Bossuet）宣揚的「君權神授」在普魯士比在法國更爲現實。這種觀點在西班牙以及剛形成的普魯士王族中依然存在。然而，透過行使他的「國王之職」，路易十四把自己變成了國家的公僕，這個「中土國王」宣稱自己是國家的第一公僕，到後來，路易十四也想使其專制統治具有笛卡兒主義色彩：國王必須自始至終依靠理性治理國家，這和宗教是不可分的。

除了宗教外，所有這些因素均構成了「啓蒙專制政治」，所有這些使這個英明的專制獨裁者成爲名符其實的「身邊無耶穌會有奸臣佞子的路易十四」。事實上，就像路易十四那樣，「啓蒙專制者」是他那個特定時代的人物。

很自然，他接受了他那個時代的菁英們所倡導的一些辭彙：公益、仁愛以及各族人民的共同幸福、仁慈等，而且對於某些人來說這並不是些空洞無意義的字眼，對於大部分人而言，其中包括懷疑論者腓特烈二世在內，他們認爲這是對啓蒙思想家們對國內能做出的貢獻之合情合理的估計：各民族的共同幸福、有保障的稅收秩序和來源、國家的昌盛，這都不是新鮮東西，但各民族人民的共同幸福則是啓蒙思想運動或是奧夫柯拉朗（Aufklärung）運動（啓蒙

時代的理性主義思想運動），主要倡導在十八世紀的德國推動思想文化的解放中提出的一個概念，也就是說，物質的幸福和滿足而靈魂精神上的不平靜和不滿足。為了達到這一目標，一些曠達的君王很願意聽取啟蒙思想家的教導，就似在一個世紀前，國王們常聽取他們的心腹親信一樣。哲學家和君王之間相互討好、取悅，伏爾泰和狄德羅曾大肆頌揚腓特烈二世和凱薩琳二世（Catherine II），君王們也非常關心他們思想的傳播，某些啟蒙思想甚至發展到要恢復孟德斯鳩所怒聲痛斥的專制政治，這就是重農學派的主張。西元1767年魁奈（Quesnay）在他的《中國專制政治》一書中稱讚中國政府，梅斯傑‧李威利（Mercier de la Riviere）在《自然秩序和重要的社會政策》一書中，指出在保證財產權力和自由權力的同時，法律的絕對權威導致了帝王的絕對權威，即產生了「法律上和財產上的專制者」，所以國王可以既是一位專制者，但同時又是一個賢明的人。

　　另外，哲學家們，甚至盧梭，很難想像一個偉大的國家政府應該是民主的，甚至他們認為其政府也不一定要符合一些絕對原則，他們僅僅希望國王能運用他的權力朝著啟蒙運動的方向進行改革。在他們的內心深處，他們呼喚個人自由和權力平等，但總的說來，他們常常只滿足於宗教間的寬容共存、稅收負擔的平均化、對法規的改革和教育的擴展和普及。大約到了西元1780年，在普魯士、俄羅斯和哈布斯王朝，連一直維繫著的等級制度都沒有使這些哲學家們感到有何不安，更不用說國家政權和宗教之間千絲萬縷的聯繫了。他們還以其筆桿子來擁護這些「啟蒙專制者」，說他們是「純粹真理的曠達支持者和實踐真理的權威技師」，它的典範便是腓特烈二世。

　　作為一個典範君主，腓特烈取代了路易十四的位置。腓特烈二世沒有必要在普魯士強制推行干涉控制政策，因為早已經這樣做了，相反地，他是一個啟蒙專制政治的締造者。

　　我們可以在反馬基維利（義大利政治家，主張為達到目的而可以不擇手段）的運動中看到他的施政原則，這場反馬基維利主義運動（西元1739年）應歸功於沃爾夫（Wolf）和奧夫柯拉朗（Aufklarung）運動，同樣也要歸功於伏爾泰引導了這場運動。腓特烈二世在聖蘇西（Sans-Souci）的圓桌上接待哲學家們，也確定了從西元1746年到1756年這一和平年代的施政方針。他知道如何使啟蒙運動的思想適用於他的國家所要具備的條件，「布蘭登的奇蹟」更增加了整個歐洲對這位天才的國王和這個國家的敬仰之情，因為他與它幾乎是孤身一人與三個強國進行著堅韌不拔的抗爭。

　　還應該指出的是，啟蒙專制政治不是發生在那些新近成立但尚未統一起來

的國家中，就是在那些落後的國家，再者就是那些只有在幾座城市中存在著資產階級或是資產階級的力量非常薄弱的國家中，所以國王應該依靠那些有可能接受啓蒙思想參與啓蒙運動的貴族們，並且應該向他們做一些大的讓步，尤其是在普魯士和俄羅斯更應該如此。農民在莊園主的專橫統治和殘酷剝削下過著悲慘的生活，在易北河（Elbe）的東部地區，除了處於無政府主義的波蘭外，其農奴和苦役的數目仍在不斷地擴大，歸根究柢資產階層力量的菲薄也限制了公眾輿論應有的作用，所以這一切看起來像是獲得這麼一個結論：啓蒙專制政府和既敏感又變化不定的公眾輿論是不能相容並存的。這就是在法國進行的這些嘗試之所以失敗的原因之一，應該說由這幾個大臣和總督領導的一些專制制度的改革，也不是和啓蒙專制政治完全風馬牛不相及，還是有相類似之處的。

第二節　普魯士和俄羅斯

　　普魯士的情況和俄羅斯有某些相通之處，作為這兩個剛剛被它們獨斷專橫的前輩（腓特烈・威廉一世和彼得大帝）改造過的國家的繼承人，這兩個受法國式教育的君王——腓特烈二世和凱薩琳二世，同樣很聰明而且又很有犬儒主義作風，他們均依靠貴族的幫助使其人民老老實實地為國家服務，但這兩個國家的區別也不小，因為這兩個國家的大小和形成的情況不盡相同。普魯士是一個人為形成的國家，它是由一些相互不協和的日耳曼小國合併組成的，其內部也很不一致，而俄羅斯可是一個有著悠久歷史的國家，在那裡，傳統的力量非常強大，它既是一種無與抗爭的統一力量，又是一種驚人的慣性力。

腓特烈二世及普魯士

　　啟蒙專制政治好像在普魯士比在其他地方更易實行，國土的侷促狹小更顯得國王的權威無所不在，而且一連串的勝利也使這個王朝深孚眾望，亦享有很高的威信。霍亨索倫家族（Hohenzollern，德國的一個皇族，西元1701-1918年間統治著普魯士，西元1871-1918年間統一了德意志帝國，西元1866-1947年間統治羅馬尼亞）的領地後分為三個部分，其中主要的兩個部分屬於東歐地區，首先是布蘭登堡和它的一附屬領地，即波美拉尼亞（Poméranie）東部地區和斯特丹港（Port de Stettin）；接著還有東普魯士的公爵領地，這是一塊深深嵌入廣大波蘭腹地的土地，不僅如此，它還擁有了科尼格斯勃格港（Port de Königsberg）；第三部分土地則在易北河西畔，屬於西歐地區：克拉夫（Cleves）、朱里埃（Juliers）、勃格（Berg）以及和馬格德堡（Magdebourg）相連的地區，這片地區由許多狹小而且零星分散的土地組成，但它們都很富裕。所有這些地區的人口加起來不過二百二十萬人，在西部的人口密度達到了每平方公里四十人左右，但在其他地區，人口密度則下降到每平方公里不足二十人。在布蘭登堡，三十年戰爭造成的創傷還沒有完全恢復，卻又發生了西元1709年到1710年的饑荒和鼠疫，此也造成了巨大的災難和損失。除了西部地區外，其他地區的經濟也一直不很景氣，且都缺乏活力和生氣，儘管一些大莊園的小麥出口有了發展，但粗放經營的農業仍占主導地位，擁有廣大的眾多領地的莊園主「容克」們（Junkers，普魯士貴族地主）自己經營一塊鄰近的且重要的莊園領地，而把剩下來的領地分配給一些農民去經

營。這些土地是非世襲的而且是不可轉讓他人的，有時甚至可以把土地從農民手中收回，存在主僕依附關係的農奴數目還相當多，而其他整日做苦役的莊園依附者也感覺到他們的經濟和法律地位也快淪落到農奴的地步了。莊園主同時又是國家公職人員，他們對農奴行使低階裁判權（除生殺大權外的其他裁判權），他們可以提高國王的稅收，可以在本地區內招募和培訓其軍團的軍官。而商業還是很蕭條，貿易活動一般都向漢堡集中後再轉移，手工工廠只是爲滿足國家及軍隊的需要而進行生產。

腓特烈二世是一個文人又是一個哲學家，是一個偉大的軍事統帥又是一個偉大的外交家，同樣也是一個傑出的行政統治者，透過一些監察機構和發送調查問卷的形式，他可以了解所有情況、處理一切事務。在他的統治時期（西元1740-1786年），無論在哪個領域內的工作量都是極其可觀的，他自己就是「盧弗瓦」（Louvois，西元1639-1691年，法國一位能幹的政治家）和「科伯特」。他的政績可以分爲兩部分：一部分是以幾乎一成不變的政策手段繼續其先輩們的事業；另一部分則是受啓蒙思想啓發而取得的。

但權力的集中和官僚主義作風接踵而至，腓特烈不再召集他的大臣們共議國事，而只以內閣命令的形式通知他們去執行，一個由國王從各省有名望人士中挑選任命組成的政府特派員網絡漸漸發展起來，他們兼管財政、經濟以及軍隊事務。

土地集中合併的步伐加快了，這也正是霍亨索倫家族所夢寐以求：錫雷西（Silésie，西元1742年）、東弗雷茲（Frise Orientale，西元1744年）和東普魯士（西元1772年）。國土面積增加了一倍，除了西部地區外，普魯士的國土後來很快就連成一片了。一些招聘服務機構加快移民入境速度，積極安排殖民者入境定居（交通旅費免收，分配給他們土地、牲口、工具及設備，暫時免除稅收和服兵役義務），三十萬殖民者在此安家落戶，腓特烈二世留下了一個五百七十萬居民的王國。

但這些哲學思想沒有對腓特烈二世的經濟政策產生任何影響，他廢除了皇家莊園內的農奴制，國王的佃農，總的來說是比較寬裕的，他們組成了一個農民的菁英階層，眼界開闊，易於接受一些變革。而在其他地方，他僅僅限制了一下農奴的勞動量和排擠農奴的現象。長子世襲財產制和專門爲他們服務的抵押貸款銀行的創立，使容克的地位更加有利。沼澤地的排水工程仍在繼續進行之中，在「七年戰爭」中受到摧殘的地區，其重建家園的工作也得以落實。工業生產亦掀起了一個令人注目的高潮，腓特烈二世推行科伯特主義政策（即重商主義政策）。在城市中，自西元1735年以來，一些國家掌握的工廠作坊逐

漸轉變爲國家工業政策的調節工具，工人們被嚴密地監管起來。在鄉村地區也只有少數幾種職業，如被允許的紡織業、冶金業，莊園主們牢牢地控制著這一切。禁止出口羊毛和限制進口棉紡織品、服裝和奢侈品的政策規定，手工工廠享受優待的制度亦促進了紡毛（錫雷西、西部地區）和紡麻工業、煤炭採掘業、冶金業、玻璃製造業（西部地區）的發展。溝通易北河和奧得河之運河的竣工使貨物運輸中轉站由錫雷西轉向斯特丹，商業運輸船隊和貿易公司：東印度公司、東方公司（Levant）以及創建於西元1765年的皇家銀行無不體現了腓特烈二世的多方面政績。

國王的莊園是非常遼闊的，規模極其龐大，西元1740年在隸屬霍亨索倫王室的土地上生活的皇家佃農占了全國農民的四分之一，並且其創造的收益在國家財政收入中占有重要的份額。當時還存在土地稅，按土地上佃農數目來課徵稅款。在城市中，徵收消費稅，這是一種在城市入口處對商品課征的稅收，它取代了直接稅。由於他的苦心經營，腓特烈二世終於積聚了相當於三年國家收入的鉅額戰爭資財，其中大約有一半被用於軍隊開支。

腓特烈二世繼承了其父軍事上的宏圖大業，西元1786年普魯士軍隊人數達到了十八萬六千人，亦即相當於法國軍隊的數量，而法國的人口要比普魯士多四至五倍。招募外國僱傭軍是對按區徵兵制度的一種補充，軍隊是國家的支柱，因此軍隊中的軍官之職都由貴族擔任。軍隊幫助行政機關維持社會秩序、徵收稅款、監管價格和一些工場作坊，而且以其巨大的需求來刺激經濟發展，最後先前的士兵中也出了一些下級公職人員。

面對這個具有傳統色彩的宏偉大業，對一些哲學家原則的實施就顯得很微不足道了。腓特烈二世對所有的宗教派別一視同仁，一律實行寬容的政策，對錫雷西和東普魯士的兼併給他帶來了大約二百萬的天主教臣民。但是他的文化管制一直很嚴謹，他關心教育事業的發展，建了許多傳統中學（Gymnases）和一些現代化學校，他努力掃除文盲現象，並不是爲了解放人民，而是出於國家的需要，這個無神論主義的國王卻讓人教導其臣民要有對上帝的敬畏之心。他的宰相科色基（Cocceji）和卡爾美（Carmer）制定了一部「腓特烈主義法典」以維護農奴制。他也加入了共濟會，以便更好地監視它。他使許多學者和作家慕名而來，尤其是法國的學者和作家，如伏爾泰和莫佩迪爾（Maupertuis），吸引他們加入柏林科學院，創建了以純粹的洛可可風格著稱的無憂無慮派。但到了他的晚年，他變得吝嗇起來，只要不是用於軍隊的開支，他都大肆加以削減。這位哲學家國王把德意志民族的愛國之心凝聚起來，而且使奧夫克拉朗運動的主張喪失了其內在的普遍意義，進而變成了一種培養

國家觀念的主張。由共濟會（Franc-Maconnerie）支持的啓蒙運動只是寄隅於一些小王朝中，比如威瑪王國內，該小國的總督保護了哥德（Goethe）；相反地，歐洲的感傷主義運動在德國卻找到了它的風水寶地，該運動推崇「玫瑰十字會」（Rose-Croix，十七世紀德國的一種神祕結社）的神祕論和早期的浪漫主義，並且深受其影響。

凱薩琳二世和俄羅斯

儘管在「德國人統治時期」出現了一些不良跡象，彼得大帝的主要功績還是保存下來了，可是該功績的發生卻戛然而止。到了彼得的女兒伊麗莎白時代（西元1741-1762年），在丘法羅夫黨人（Chouvalof）的建立和推動下，俄羅斯的國家主義才重新得以發展。

參議院重新獲得了他們的特權。透過稅收專收權和徵收間接稅等辦法，稅制得以發展和加強，但也不是一點開放的觀念都沒有，因為於此同時，出於鼓勵商業發展的目的，海關事務被取消了（西元1754年）。另外，烏拉爾地區（Oural）的礦產開採業和冶金工業的發展擴大（這裡出產了俄羅斯三分之一的鐵），與小麥生產一樣，成了對外商貿的刺激物。西方化的進程也加快了，繼受德國影響之後，緊接而來的是在當時的歐洲處於鼎盛時期的法蘭西文化。法國的戲劇和小說被譯成俄文，孟德斯鳩和伏爾泰也成了俄羅斯家喻戶曉的人物。由彼得大帝所創建的「聖彼得堡科學院」（L'Académie de Saint-Pétersbourg）同樣也正是由一所大學和一所中學所組成，在那裡俄國人接替了原先外國人所占據的位置，西元1754年至西元1755年又建立了莫斯科大學和聖彼得堡大學，並且後來轉變爲研究人文和自然科學的院校。然而，傳統文化力圖抵制莫斯科的「斯拉夫語學院」（L'Académie Slavonique）和創建於西元1737年的一些專家討論會。此外，羅摩諾索夫（Lomonossov，西元1711-1765年）爲俄文語法制定了更爲明細清晰的規則，而且還爲俄羅斯文字的復興做了一些準備工作，一些貴族子弟學校的上層教育更加使俄國的學校西方化，但也使廣大人民群衆更沒有機會接受學校教育。因此，伊麗莎白親近俄羅斯的貴族，大莊園（Pomiestié）的地位得到了鞏固。一種名爲羅布洛克（L'obrok）的貨幣租金形式在一些邊遠地區十分盛行，在這裡非常有必要吸引一些居民耕種這些莊園主們無法利用的土地。在那些擁有肥沃的黑土地區，鄰近一些商貿中心的地帶：大城市和波羅的海沿岸各大港口，巴爾克奇那（Barchtchina）或是繁重的徭役是司空見慣的。由於這些存在，莊園主的一些保留領地成了小麥

工廠，而農民也成了農奴，國家把農民劃歸這些莊園地產主（Pomietchiks），由他們來維護社會秩序和提高稅收。西元1760年莊園主的法庭獲得了把那些被判刑的農奴流放到西伯利亞的權力，在自己的莊園裡，這些波米耶基克（Pomietchick，俄國農莊地主）亦模仿推行彼得大帝的政策。貴族們獲得了開辦手工工場的權力，他們壟斷了商業貿易和地方工業生產，他們在生產車間或大車運輸中，像使喚奴隸一般地使用勞動力，然而貴族的開支還是迅速上升，超過了收入的增加，到了入不敷出的地步，因為在西方化的過程中同時伴隨產生了一種前所未聞的極度奢華現象。因此，於西元1754年創建了貴族銀行（Banque de la Noblesse），透過抵押他們的土地和農奴，貴族們可以向其借款。彼得三世這個充滿稚氣的王子使貴族階層很是不滿（西元1762年2月），他把貴族與國家事務分離，不使其插手國家大事，但又以驅逐流放威脅那些因不滿而辭職的貴族。同時他得罪了教會和軍隊，因為他讓那些不信教的官員來管理教會的財產，而且想使俄國軍隊也實行普魯士式的編制和管理方式，沙皇伊麗莎白害怕失去人心，因此讓人把彼得三世軟禁起來，然後把他絞死（西元1762年6月）。

凱薩琳二世（西元1762-1796年）是一位德國公主，接受的卻是法國的教育，她接受啟蒙思想，但後來又轉為推崇俄羅斯的民族文化，這個女獨裁者在她的情人們奧爾羅夫兄弟（Orlof）、波提姆奇尼（Potiemkine）的輔佐下，繼續彼得大帝的基業。為了達成她的目標，她表現出了活潑詼諧的性格和過人的精力、非常有理性的聰明才智、大膽的心計，她經常和法國的大哲學家通信保持聯繫，並邀請他們訪問聖彼得堡，西元1773-1774年，狄德羅亦應邀前往聖彼得堡。

她收購藝術珍品，並有意成全西方的這些作家，透過他們來宣布她的改革方案。她重擔在肩，但以堅韌不拔的毅力去完成，這個俄羅斯女王是永遠不換防的哨兵。

我們可以明顯地感受到凱薩琳二世時期統治者對人民反抗活動的恐懼心理，這種恐懼先是由普加喬夫起義引起（Révolte de Pougatchev，西元1773-1774年），接著是由法國大革命造成的。她統治前幾年的明顯特點是有改革的微弱意願但並不堅決，而且採取的政策明顯有防範農民造反之意。

西元1766年一項納卡茲法令（Nakaz）否決了這些受貝卡里亞（Beccaria）和孟德斯鳩思想影響的各項改革方案。西元1767年由貴族議員、城市議員和提呈陳情表的農民代表組成了一個立法委員會，負責準備制定一部法典以便讓沙皇知道其臣民的思想和願望。凱薩琳對其帝國內的一切宗教

教派均一視同仁，推行寬容的政策，除了對合併教會教徒、屈從於羅馬的東正教教徒（是指改信天主教，但仍保持自己儀式的東正教教會）。她讓貝特斯基（Betzki）撰寫了一份發展教育的計畫綱要，事實上只是建了幾所學校，包括為貴族女兒建立的斯摩爾尼學院（Institut Smolny，西元1764年）、貴族子弟軍事學校（Ecole Militaire des Cadets，西元1766年）和孤兒學校（Institut des Enfants Trouvés）。貴族與國家政務分離的法令仍未取消，但不管怎麼說，國家政務還是蒸蒸日上。西元1765年成立的所謂「自由經濟研究組織」（La Société Libre d'Étude Économiques）力圖鼓勵農學家們努力工作，卻沒有為廣大的農民做什麼事，這些農民不得不遭受一些修道院財產世俗化而帶來的損失，同時又要承受沙皇把領地賜予其寵臣的苦難。如果這樣下去的話，他們之中許多人的地位將變得更為不利，所以許多人參加了起義。普加喬夫冒充彼得三世躲過了追殺他的刺客，並且利用與土耳其人作戰之機，成功地把因各種不同原因而不滿現狀的人聯合起來，如渴望自治的哥薩克人（Cosaques）、受不公對待的南烏拉爾山地的巴喬基爾人（Bachkirs）以及烏拉爾地區的工人等。他在奧倫堡（Orenbourg）建立根據地，爭取了廣大農民的支持，爭取了喀山（Kazan），後來被蘇弗洛夫（Souvorov）擊退到伏爾加河（Volga）以東地區，爾後被出賣並處以死刑（西元1773-1774年）。

　　普加喬夫起義又使凱薩琳二世更加提防農民，她加快了推行有利於貴族的行政改革步伐。

　　西元1775年的法令賦予俄羅斯一種行政上和法律上相一致的區域畫分法：省區、社區，最高統治者由沙皇任命，而一些下級官員則由納稅選舉人選舉產生。貴族成為歸特別法庭管轄的人，貴族憲章（Charte de la Noblesse，西元1785年）對該法令做了補充，並且賦予這個議會中的特殊等級一種代表沙皇對其擁有的奴隸行使權力的特權，以及對一些高級行政職位的壟斷權。由於教會財產的世俗化、人頭稅和關稅的增加、酒類的專賣權以及西元1785年後由於通貨膨脹等原因，國家收入得以增加，因此擴張領土和開發烏克蘭（Ukraine）的費用有了保證。在俄羅斯參與瓜分波蘭之際，它侵吞了一些哥薩克小國家，從土耳其人手中奪取了南烏克蘭（西元1774年）、克里米亞（La crimée）和庫班（Le Kouban，西元1783年），以及後來建了奧德薩（Odessa）的地區。

　　非常迅速地增長的人口，兼併領土以及吸引殖民者侵入定居措施使俄羅斯的人口一直保持在歐洲第一位（西元1796年有二千九百萬人口，即比西元1730年增加了二倍）。烏克蘭在很短的時間內就成為俄羅斯的經濟中具有重要地位的一個省分，在一些機構的招引下，部分德國人、巴爾幹半島居民及其他省分

的俄國人來到這裡發展小麥種植業，並在沿海地區種植地中海作物。他們擁有黑海（La Mer Noire）沿岸的港口，建立了凱爾森港（Kherson）、塞巴斯托保爾港（Sébastopol），並和奧德薩打開了與近東地區（Le Proche-Orient）和地中海地區發展關係的窗口。與此同時，工業也發展起來了，職業和生產上的管理限制按照一些大哲學家的意願而取消，這也是貴族們為了獲取更大的經濟利益而共同促進經濟發展的措施。西元1770年俄國冶金半製成品的出口量超過了瑞士取得了第一的位置，而烏拉爾地區的產量也占了全俄的四分之三，呢織物和帆布一般出產於俄羅斯中部地區。

經濟的蓬勃發展同時也促成了一個資產階級的雛形，商人和技術人員不斷增加，並且其中一些人漸漸富裕起來，儘管貴族們極力對文化教育加以限制，以使只有貴族才能接受教育，但他們仍漸漸地掌握了文化知識。當法國大革命爆發之時，凱薩琳二世簡直是如臨大敵，處境危急。她加強了文化思想管制，放逐了像詩人拉迪斯喬夫（Radistchev）和政論作家諾維科夫（Novikov）這樣有獨立思想傾向的人，而且還成了反對革命討伐運動的領導者。在俄羅斯就像在普魯士一樣，啓蒙專制政治是為沙皇服務的，是為貴族謀利以及為加強和鞏固傳統的社會結構而存在的。

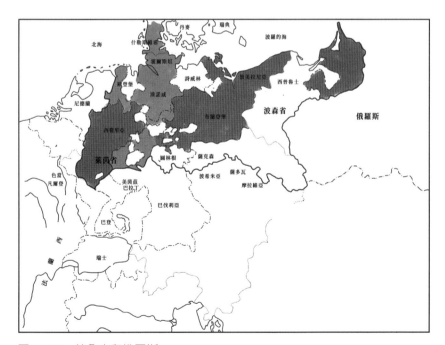

圖7-26-2　普魯士和俄羅斯

第三節　啓蒙專制政治的實踐

　　在大多數歐洲國家內所進行的啓蒙專制政治的嘗試，都受到了諸多限制而且是很不完全的，一些政治家，有時甚而是極其平庸無為之人，又有一些或是如曇花一現或是很快就喪失民心的部長們，他們不能依靠一個極為強大的等級或是社會集團，他們未能擺脫沉重習慣上的束縛，也沒能破除思想上一些根深柢固的舊觀念，每個國家的情況又各有不同。

　　人們一般較少關注地中海國家的啓蒙專制政治，大哲學家總是將目光投向北方的一些大國，而很少注意這些南方的國家，在這些國家中壓倒一切的教會勢力似乎註定使他們的人民變得墨守成規、安於現狀，而且這些古老的城市文化長期以來造就了當地人敏感而一觸即發的性格，這也促使國王不得不謹慎行事，甚至在那些資產階級力量強大到足以支持他們事業的地方也是如此。

　　在義大利，啓蒙專制政治很有地方色彩，其中一些國家並沒有受啓蒙運動的影響太大，還是維持老樣子，如熱那亞（Genes）、威尼斯、教皇國。而其他國家如米蘭、皮埃蒙和帕爾馬（Parme）及那不勒斯等，啓蒙政治的嘗試或多或少要深入一些或更為澈底一些，最後托斯卡尼（Toscane）取得了一些不容輕視的政績。儘管存在著這些差異，但在義大利，至少是在義大利的北部地區，仍有一股以一些啓蒙哲學家為代表的崇尚啓蒙思想的潮流，我們不宜把十八世紀時義大利的這種沉睡遲滯狀態過分地誇大。

　　在米蘭、杜林（Turin）及里渥那港（Port de Livourne）的經濟活動非常活躍，一些奢侈品總是大量出口。現代考古學的誕生，對於旅行者來說可謂又一新的吸引，使他們可以重新發現一個全新的義大利。某些受法國影響的潮流也在這裡得到了發展，一方面由於皇帝派思想的復興，後成了義大利的教會自主論，以及它與「冉森教派教義」（Jansénisme）和里歇主義（Richérisme）的相互融合，對教士的敵對情緒日益高漲；另一方面，模仿路易十四的專制政體有力地支持了一場保皇運動，並由此確立了國家的權威。義大利北方城市中有一個非常活躍的資產階級，而且啓蒙思想在許多科學院和社團組織中得以廣泛傳播和深入發展，這裡的大學已躋身於歐洲最具活力的大學之列，這些大學和伏爾泰以及斯潘朗紮尼（Spallanzani）一道投身於倡導科學的運動中。最後，貝卡里亞（Beccaria，西元1738-1794年）為制定一部更為人道的刑法奠定了基礎，也構製了基本刑法的框架。義大利人對社會科學尤感興趣，在米蘭「愛國

主義社團」（La Société Patnotique）鼓勵開發農業耕作技術，而米蘭和皮埃蒙地區租佃制度也得到了發展，進而取代了土地收益分成制。在藝術方面、義大利仍占有舉足輕重的地位，在義大利興起了一股反對巴洛克浮華主義風格的藝術流派，羅多里（Lodoli）開創了實用主義建築理論。

　　啓蒙獨裁者的最好例子是哈布斯堡的奧地利大公里奧波德（Léopoid），也是托斯卡尼（Toscane）大公爵和後來的皇帝里奧波德二世（西元1765-1792年）。雖然他的名字被他的兄長約瑟夫二世（Joseph II）的光輝所掩蓋，但也許正使里奧波德更好地推行了人們所謂的「約瑟夫主義」（Josephisime）。托斯卡尼的經濟活動在他的鼓勵下蓬勃發展起來，里沃那（Livourne）自由港可以與熱那亞和威尼斯相提並論，司法變得更加人道化，如改革監獄制度、取消酷刑等，莊園主的裁判權受到了限制，羅馬教廷的宗教裁判所也被取消了，一些神學院被重新改組，部分修道院被封閉，但是只在限制主教派教會權力的里西（Ricci），冉森教派主義嘗試卻失敗了（西元1787年）。正是在義大利的北部（威尼斯和熱那亞除外），現代化的進程是最快的，米蘭在奧地利人的手裡不論是經濟活動還是文化事業均得到了真正的發展。在薩丁尼亞王國（Sadaigne），維護王權的國王們也漸漸地能接受以像阿爾弗里（Alfieri）等哲學家爲代表的啓蒙思想。在杜林建立的科學院，農奴制度的廢除，制定了一部法典以及實行了一次稅制改革，這一切均證明了這一點。在帕爾馬於總理提羅特（Tillot）執政時期（西元1759-1771年），波旁王朝當政，法蘭西的影響占有絕對優勢地位。同樣地在那不勒斯王國也有一段啓蒙專制政治經歷，這是一個爲地主貴族和教士所控制的國家，教士人數眾多，占有了全國三分之一的土地。塔呂西（Tanucci）於唐‧卡洛斯（Don Carlos）的繼承者斐迪南四世（Ferdinand IV，西元1759-1774年）執政初期擔任總理之職，他減少了教士的人數，也削減了他們的財產數量，並且迫使他們也必須納捐賦稅。一個商業貿易聯合組織（Giunta del comercio）試圖透過鼓勵發展工廠製造加工業來推行重商主義政策，而與此同時，法國啓蒙哲學家的朋友卡拉克西奧里（Caraccioli）正試著在西西里島推行變革。藝術也有所發展，如龐貝的考古發掘。西元1774年塔呂西被撤職後，改革事業即半途而廢，那不勒斯王國也就一直停留在最落後的歐洲國家之列。

西班牙和葡萄牙

　　在波旁王室成員當權之下，兩國與法國的關係是非常開放的，並無多少限

制，年輕的貴族們比以前更常地跑到庇里牛斯山脈（Pyrénées）的北部地區，對法語知識的加深了解和日益豐富，使法語進一步成了傳播哲學思想的工具。的確，在該世紀的前半期，控制管理書籍進口的宗教裁判所對書本還不是很警覺，書籍的走私非常盛行，因此在宮廷裡，也包括在一些法官和行政官員中，也有不少人接受啟蒙思想（稱Iliustrados）。各種報刊文學社團和經濟社團的資產階級讀者或成員的人數越來越多，而且這些人只能把西班牙引向一條澈底而深刻的變革之路，他們主要是想讓他們的國家再度振興起來，但和其他國家的改革者不同，他們力圖想從其民族輝煌燦爛的過去中找到復興國家的途徑。面對擁有眾多宗教團體支持的教會勢力，還有那對其特權依依不捨的貧窮末等貴族（Hidalgos），以及滿腦子充斥著傳統舊觀念的廣大人民群眾，他們感到非常勢單力薄和孤立無援，因此這些啟蒙運動者也沒能超越保皇主義這一範疇。

　　早在斐迪南四世的時候，安斯那達（Ensenada）的侯爵就已經著手制定了一些改革計畫，查理三世（Charles Ⅲ，西元1759-1788年）這個辦事認真而又勤政辛勞的國王早先曾統治過那不勒斯王國，他重用一些「大經濟學家」的追隨者，如任命阿蘭達（D'Aranda）和康波馬內斯（Campomanes）為總理，而他們也正好知道如果充分利用這個以人口迅速增長為顯著特點的有利形勢。為了確立國家的權力及威嚴，改革家們小心翼翼地開始向教會勢力展開攻勢，迫使主教的訓令以及宗教裁判所的決議必須提交政府部門審批。耶穌會的會員因被指控有煽動人民武裝起義之罪而被驅逐流放，而且昔日專橫跋扈、不可一世的宗教裁判所也已是虎落平陽，變得對政府相當地恭順，喬夫拉諾斯（Jovellanos）也在試著對一些耶穌會成員遺棄的學校進行改革。這些不同的措施對經濟均產生了正面的影響：取消了內部的各個關卡、實現了穀物的自由流通交易、取消了卡地斯（Cadix）在與美洲貿易方面的壟斷權以及工業生產行會組織的壟斷權。相反地，反對梅斯塔（Mesta）的措施卻沒怎麼奏效，一些灌溉工具的興建使耕作土地面積得以擴大，也有些人曾經在國內進行殖民化的嘗試，其中包括在塞拉‧莫勒那（Morena）進行的殖民化試驗，這次試驗是由總督奧拉維德（Olavide）領導進行的，但他受到了來自宗教裁判所的阻撓，而且還遇到了郊區農民的反對。在加泰隆尼亞地區，工業生產繼續得以發展，在巴斯克地區、阿斯圖里斯地區（Asturies）和馬德里情況也大致相同，幾條大道被開通完成，建立於西元1782年聖查理銀行（Banque de Saint-Charles）的業務量並不是很大。到了查理三世的統治末期，一股反動勢力在總理弗羅里達‧布蘭卡（Florida Blanca）執政時開始抬頭。

　　儘管其方法和西班牙迥然不同，但發生在葡萄牙的啓蒙專制政治嘗試卻是在同樣的不利環境中進行的。蓬巴爾（Pombal）侯爵即平庸無為的國王約瑟夫一世（Joseph I，西元1750-1777年）的首相，依靠員警的力量採取行動，進行了急風驟雨般的改革，他是第一個下令驅逐耶穌會成員（西元1759年）以及監督修道院和宗教教育機構的人。他重建了毀於西元1755年地震的里斯本城（Lisbonne），在經濟方面，他根據不同情況相應地採取了保護主義或是自由貿易主義措施，他在約瑟夫一世去世後受到了冷落，並且他的功績也付諸東流，幾乎什麼也沒留下。

北方國家及荷蘭的啓蒙思想和啓蒙專制政治

　　在這些歐洲的北部國家中，議會在國家中占據了比專制政權更為重要的地位。這些國家中的大多數都處於衰退時期，啓蒙運動思想要不是引導他們進行啓蒙專制政治的嘗試，把自己標榜為已經受到威脅的國家自主獨立性的捍衛者（瑞典），或是自稱從國外的經驗中得到了啓發而進行嘗試變革（丹麥），要不就是帶上革命色彩（荷蘭和波蘭）。

　　在腓特烈四世和克里斯蒂安七世（Christian VII）的統治下，丹麥的國內政局非常穩定，政府掌握在德國人手中，如改革家伯恩斯托夫（Bernstorff，西元1751-1770年），繼而是斯圖恩瑟（Struensee）。後者在短短的十六個月內就打破了國家的社會和政治結構，如廢除了農奴制和行會組織，強調提倡個人自由，倡導宗教和解。但斯圖恩瑟被揭發與皇后有私通關係而被處以死刑（西元1770-1772年）。緊接著掀起一股保守主義和反德意志的反動浪潮，改革的事業直到西元1784年才在極力實用主義的形式下重新邁上正軌。

　　在十八世紀瑞典經濟也經歷了一段繁榮時期，西元1720年憲法賦予里克斯達格（Riksdag）非常廣泛的權力，國家經歷了一場四個等級之間的鬥爭：教士、貴族、資產階級、農民。貴族們反對平民有加入皇家委員會的資格。另外瑞典又因存在黨派之爭而顯得很不統一：「夏波」黨人（Chapeaux，帽子之意）較多由貴族組成，傾向於重商主義理論，而「博內」黨人（Bonnets，便帽之意）大部分為資產者和教士等神職人員，這兩個黨派的畫分沒有分明的界線。最後還指出瑞典所處的外部環境十分艱難：有兩個敵對的集團對它施加壓力，法國支持「夏波」黨人，而英國和俄國則支持「博內」黨人。古斯塔夫三世（Gustave III，西元1771-1792年）這位接受法國式教育的王子，在他剛登上王位之際便利用俄國和土耳其作戰的良機，成功地發動了一次政變，把在稅收

改革上束手無策，和在宣戰問題上猶豫不決的里克斯達格趕下臺，受啓蒙思想影響的改革也就漸漸地被廢止了。事實上，古斯塔夫三世恢復了王權，但卻把國家的沉重負擔留給貴族去承擔。到了西元1789年，對俄戰爭遭到慘敗之後，他強迫貴族們接受所謂的「聯合安全法令」（L'Acte d'Union et de Sécunté），該法令允許平民可以透過正當途徑擔任幾乎所有的國家職位，而且也允許農民購買貴族的土地，所有這些政策激怒了貴族階層，他們最後派人刺殺了國王，這些政策才告終結。

荷蘭的情況比較複雜，經濟一直是比較繁榮的，一個強大的潛伏資產階級集團利用荷蘭各聯省總督職銜的空缺，借助由攝政者控制的市政寡頭勢力，終於獨攬了大權，然後西元1747年，隨著法國的入侵，重新設置了聯省共和國執政並且宣布其有世襲權。但這個聯省共和國執政卻沒能樹立起權威，由於荷蘭插手美洲戰爭（西元1780年）而引起了一場嚴重的經濟危機，這使黨派之間的鬥爭更爲激烈。深受啓蒙思想薰陶的攝政者黨派，以及滿腦子法國哲學思想和備受美洲典範鼓舞的愛國黨人，聯合反對奧蘭治（Orangiste）王朝擁護者組成的政黨，聯省共和國執政官的權力受到了限制。西元1787年在英國及普魯士軍隊的支持下，奧蘭治王朝的擁護者們重新取得了政權，而正當此時，他們的敵手們因法國國內發生困難而無暇顧及他們，於是被迫逃到巴黎避難。

波蘭的情況

波蘭的社會背景完全不同，而且複雜曲折迭宕得似一幕長劇，其中人們可以找到斯塔尼德斯塔阿特（Ständestaate）根深柢固的無政府主義傳統，和強大鄰國的深重威脅。按比例而言，波蘭擁有一個人數最多的貴族階層（占人口總數的8%），他們代表著一個物質條件優厚、精神思想開放的階層，一些貧困的小貴族（Szlachta）一般爲一些大莊園主效力，這些人是那廣大的租金制或者是服徭役制莊園的主人。事實上他們的境況與俄羅斯的波米喬基科（Pomietchiks，莊園主及農奴主）比起來並不佳，因爲他們的土地散布全國各地，經營收益並不是很好，而且由於城市工業以鄰近國家的產品競爭的存在〔薩克森、西雷西（Silésie）、波希米亞、捷克〕，鄉村工業發展舉步維艱。與此同時，這些莊園主們過著一種窮奢極侈的生活，而且豢養了一大批的政客，支出消費大幅度上升，另一方面，農奴制於該世紀末期逐漸地走向衰弱。

在奧古斯特二世（Auguste II）和奧古斯特三世統治時期（西元1697-1764年），亦即薩克森的沉眠時期，國王的權力下降了，由於自由否決權的存在

（Liberum Veto），議會（La Diete）的力量不是很大，波蘭幾乎成了俄羅斯軍隊的軍事基地。然而正是在貴族的內部，啓蒙思想才得以傳播。官邸位於洛林地區的前國王斯塔尼斯拉斯·雷茲克茲尼斯基（Stanislas Leszczynski）於西元1749年出版了《自由之聲》一書，在書中他提出了一些大膽的改革建議，如修改憲法、取消農奴制和徭役、保證人人有機會得到國家公職、保障教會的財產權益。在科納斯基（Konarski）接著是議事司鐸雨果·科隆塔基（Hugo Kollontaj）的支持和推動下，克拉科夫（Cracovie）大學內掀起了一股啓蒙思想潮流，方特內爾（Fontenell）、孟德斯鳩，接著是大重農主義學者（Physiocrates）和亞當·史密斯（Adam Smith），對這部分知識界菁英分子都有深遠的影響。

　　西元1764年凱薩琳二世把她的情人波尼亞托維斯基（Stanislas Auguste Poniatowski）推上了王位，此人是一個有哲學家氣質的國王，夢想著推行一些他認爲必不可少且勢在必行的改革，渴望擺脫俄羅斯的影響，但卻沒有贏得「國家黨」的支持。凱薩琳二世強迫他恢復經他取消的「自由否決權」（西元1767年），並支持傳統保守派發動的叛亂〔結成拉多姆（Radom）聯盟〕，派軍隊進駐波蘭且聯合腓特烈二世和奧地利的瑪麗·泰雷莎（Marie-Thérèse）對波蘭進行了第一次瓜分（西元1772年）。這個國家被截去了出海口通道，也喪失了三分之一的居民，而且事實上是由俄羅斯大使管轄統治著。然而斯塔尼斯拉斯·奧古斯特（Stanislas-Auguste）在等待他的時機，此情此景下，所有的改革都是不可能進行的，他只進行了有限度改革，如取消酷刑、廢除內部關稅，並且建立了一個「國民教育委員會」。趁俄土爭戰之際，在一些貴族改革派的支持和法國大革命的鼓舞下，他頒布了西元1791年憲法，把專制制度變爲世襲制，並且廢除了「自由否決權」，賦予貴族階級在議會中的代表權，從而也使議會成爲一個名符其實的議事機構。這樣，俄羅斯軍隊捲土重來，又一次入侵波蘭，國王拋棄了那些改革者，同意第二次瓜分他的國家（西元1793年）。正當其時，科隆塔基（Kollontaj）和科約斯科（Koszciusko）將軍積極動員全民族進行抵抗，想透過法國大革命式的改革方法來團結廣大的農民，但沒成功。波蘭還是被擊敗，並於西元1795年再度從地圖上被抹去（第三次瓜分），歸根究柢，波蘭成了其鄰國啓蒙專政者的犧牲品。

第四節　奧地利的情況

　　奧地利的情況表面上看來非常簡單，但由於哈布斯堡家族的各個小國的社會形勢和思想道德狀況極為複雜多樣，使奧地利的局勢在事實上變得錯綜複雜。

　　啟蒙專制政治最具代表性的字眼是「約瑟夫主義」（西元1780-1790年），但這並沒有使人忘卻了瑪麗·泰雷莎女王（西元1740-1780年）所創的功績。說實話，奧地利經歷了兩種形式的啟蒙專制政治，一個是瑪麗·泰雷莎和她的總理科尼茨（Kaunitz）推行的啟蒙專制政治，另一個則是約瑟夫二世所採取的啟蒙專制統治方式。

　　瑪麗·泰雷莎登上王位經歷了一個戲劇化的曲折歷程，這位精力充沛的女王是一名極為虔誠的教徒，對天主教會或是羅馬極為恭順，但卻不會允許任何改革，除非是為了加強她的王權的需要，抑或是為了避免國家遭到瓜分而進行的改革。

　　在得到了一塊比霍亨索倫家族差的地方，她做了一些謹慎又很有限的努力，想把行政大權集中起來，但在她統治下各小國的情況紛繁複雜，使她這些努力付諸東流，此宿願也終成南柯一夢。她尤其同意與其並列設置一個匈牙利王，透過西元1741年與匈牙利貴族簽訂的協議規定由該王統治其他領土，因此在這個主題上我們可以這樣寫道：她是奧匈二元帝國的鼻祖。與此同時，組成「神聖帝國」（Saint-Empire）的各國（奧地利和波希米亞）間的關係得到了加強，但也不太可能採取措施影響各國的協議，因為這些國家一直保持其獨特的制度體制。不管怎樣，當解除了奧地利繼承危機後，總理奧格維茨（Haugwitz）對設在維也納的中央政府進行了專業化分工改組：國家總理署（Chancellerie d'Etat）負責外交事務，戰爭委員會、公共事務指揮所（Directoire Publicis）專門處理奧地利和波希米亞的政治和金融事務，還有最高審判法庭。此外，地籍制度也建立起來。但是從「七年戰爭」中可以看出，奧地利的實力還是相當地弱，因此瑪麗·泰雷莎轉向起用總理科尼茨（西元1711-1794年）。

　　科尼茨應該屬於哲學家總理之列，在奧夫克拉朗（Aufklarung）運動影響下，以及法國大啟蒙哲學家的薰陶下，他對教會表現了一定程度的反感，在領導政府方面，他的思想與鄰國的腓特烈二世相近。他是從西元1760年到1780年

間奧地利的主要政治風雲人物，「科尼茨主義（Kaunitzisme）」也爲以後的「約瑟夫主義」奠定了基石。科尼茨本想迫使教會屈從於國內，但瑪麗・泰雷莎並不同意，只讓他在米蘭推行這項政策。西元1761年創建了「國家理事會」（Conseil d'Etat），這是一個凌駕於所有其他部門之上的機構，「王朝辦公署」（Chancellerie de Cour）取代了以前的「公共事務指揮所」，而且只負責政治事務，金融財務官員分歸各個專門機構負責，維也納銀行成了國家銀行，開始發行紙幣（西元1762年），省級行政機構漸漸地亦失去了其附帶有教會的特點，一些封建組織形式也因適應更好地爲現代國家服務的需要衰退了。各省統治者和各區的首腦對中央政府的依賴性也日益加強，自主自決性在削弱，但另一方面，各省設置了地方議會。在匈牙利，一些貴族對國王不很順從，其中有一部分人手中掌握著一些大莊園，而且在這些莊園中生活著許許多多的農奴。一切還是老樣子，什麼也沒變，並且瑪麗・泰雷莎偏向天主教徒而排擠新教徒和東正教徒。

和大多數啓蒙時代的總理大臣一樣，科尼茨也讓人制定了一部刑事法典（西元1768年），抑制了耶穌會（西元1773年）後，各地都致力發展初中教育事業，並使其面貌煥然一新，爲促進職業教育的發展，各地做了巨大努力也下了大功夫，維也納大學亦成了國家級大學。在科尼茨鼓動支持下，瑪麗・泰雷莎的政策一直保持著家長式和經驗主義風格。瑪麗・泰雷莎爲限制過度徭役做了很多工作，莊園主對農民土地的收購受到了有效的控制，在波希米亞地區的一些耶穌會的古老莊園內，農奴制終於廢除了。

這種政策恢復了該地區的活力，很快誕生了多瑙河流域的文明，在這些德國、義大利、法國的文化互相影響下匯聚在一起，其中心是布拉格（捷克）、佩斯（Pest，匈牙利）、薩爾茲堡、（Salzbourg，奧地利）、林茲（Linz，奧地利），特別是維也納。在首都經常舉辦一些沙龍，上演歌劇〔格呂克（Gluck）、莫札特（Mozart）〕以及室內音樂〔海頓（Haydn）〕。巴洛克藝術取得了輝煌勝利，成爲一派主流，接著新古典主義悄然興起。如果說法語取代了拉丁語而成爲啓蒙時代上層人物的共同語言的話，同樣的，由於社會的進步，德語也得到了發展，但無論如何，一些地方文化（尤其是匈牙利文化）並沒有就此衰弱窒息而亡。

約瑟夫二世啓蒙專制政治的失敗

在其父去世後（西元1765年），約瑟夫二世登基成了皇帝，並和他的母親

一起成為哈布斯堡家族各國的攝政者。事實上他的統治是從瑪麗·泰雷莎去世後才真正開始的（西元1780年），自他登基即位之日起，約瑟夫二世就千方百計想在他十五年的聯合攝政期間內實現一切他夢想著去完成的事，這種強烈的行動欲望甚而使他無視於科尼茨的意見。這個國王，百科全書派學者和重農主義者的朋友，被認為是啓蒙專制獨裁者的典範是因為他採取了澈底激進的措施，毫不猶豫地破除了傳統習俗，事實上他的頭等心事便是加強國家的力量。他仿效腓特烈二世進行改革，但他卻沒有考慮到這麼一個事實：在他的這些小國中，他所肩負的使命要比在普魯士的腓特烈二世的任務艱鉅得多。在由科尼茨設立的行政機構中，他排擠貴族人員，並使行政機構逐漸官僚主義化，整個行政機構的人員更新是透過大學畢業生中招聘完成的。約瑟夫二世確信他的各個小國會給他帶來額外的收入來源，因而他致力要把這些國家變成一個自給自足的經濟整體，以利他推行科伯特主義政策。一個貫通全國的公路網工程也已破土動工，而且工業生產得到了刺激，增長迅速，尤其是波希米亞地區很好地抓住了這次發展機會。帆布製造業、布製造、棉織品生產、造紙業和玻璃製造業均得以空前發展。

儘管理性至上的觀念在他的腦子裡已是根深柢固，但約瑟夫二世對天主教仍是相當感興趣，他想把教會直接置於國家政權管轄之下，並使它適應這個由理性統治著的社會。他的宗教政策體現了兩點：寬容和解，以及一種叫「約瑟夫主義」的政教合一制度。

西元1781年的宗教寬容法令給予所有的基督徒宗教活動的自由，然而新教徒卻沒有得到全部的平等權利，除了一些小教派以外，宗教迫害已經根本上停止了，猶太人也不再被強迫佩帶區別標誌，而能進入大學學習了。約瑟夫二世依仗他的「神授君權」和天賦的權力，同時以費布羅紐斯（Fébronius）的思想（與法國教會自由論的思想極為相近）為依據，迫使他所屬的各國的教會進行一次真正意義上的教會改革，以適應現代社會（Aggiornamento）：抑制靜修修會、拍賣他們的財產用於支持社會救濟事業的發展（西元1781年）、對世俗神職人員進行國家公職化、使教士成為國家的雇員、創建國家神學院（西元1782-1783年）。這個「虔誠的信徒國王」對宗教活動也進行了干預：取消一些宗教禮節、限制聖骨和朝聖等宗教活動儀式。

在一些經濟學家和人道主義者的推動下，約瑟夫二世所採取的社會改革政策尤為大膽，在日耳曼地區，農奴制被廢除了，但獲得人身自由的農奴必須購買他們的土地或者向農奴主支付租金（西元1781年），農奴主的莊園徭役也被取消了，但同樣地，農民必須將其收入的12.5%交給農奴主（西元1789年）。

西元1773年確立了初級義務制教育的基本原則，文化管制也實現了非宗教化，西元1787年頒布的約瑟夫法典莊嚴地宣告在法律面前所有人一律平等，而且在刑事審判方面，深受貝卡里亞（Beccaria）的影響。

毫無疑問，所有這些措施並不是在所有的小王國中均被自覺主動地貫徹執行的，約瑟夫二世爲此做了巨大的工作，同時他又同樣盡心盡力地採取措施以促進各個民族的大融合，德語逐漸成了中學、神學院以及高層行政機構的通用語言，而維也納也成了這個「帝國」的心臟。然而約瑟夫二世侵犯了不少人的利益，而且當時在其各王國中奧夫克拉朗運動的支持者並不多，充斥著官僚主義作風的行政人員很難跟上改革的節奏。匈牙利貴族的反抗幾乎與剛不久爆發的土耳其人的戰爭一樣棘手，爲了安撫他們，約瑟夫二世不得不放棄廢除徭役的改革措施。在荷蘭，「靜態黨」（Statiste）要求維護傳統的自由權力，並且與要求政治自由的「馮科基主義者」（Vonckistes）結成了聯盟，這個聯盟的形成迫使奧地利軍隊鳴金收兵（西元1789年12月）。他的繼承者奧地利大公里奧波德成了皇帝里奧波德二世（西元1790-1792年），爲了恢復統治秩序，他力圖與貴族階層謀求妥協和解，而且廢棄了許多項改革，僅有廢除農奴制，以及宗教和解和世俗化並使宗教相對於羅馬更加獨立自主等成果被保留下來。

約瑟夫二世政策的失敗在法國大革命爆發時開始顯露出來，在傳統的專制制度背景下，在東歐是不再有可能出現啓蒙專制政治的，而且在中歐和東歐，如果沒有貴族階層的擁護支持，啓蒙專制政治也是不可能的。

第二十七章

世界和國際關係

第一節　歐洲各國關係

　　十八世紀末的國際關係深深地打上了一個雙重特性的烙印：各國政府之間的關係，更深入地說，應該是各國王之間的關係；另外就是各國人民之間的關係，尤其是那些組成各自民族國家的人民之間的關係。如果說國際間政治經常表現出的是各國王間的一場賭博遊戲這一特徵的話，那麼人民不僅僅作為賭具參與其中，而且還對外交、戰爭及和平產生自身的影響，尤其在像英國和法國這些公眾輿論起一定作用的國度內更是如此。我們可以清楚地區分兩個民族間的地區性衝突和他們在世界範圍內的較量，後者促使誕生了歐洲以外的第一個歐洲人的國家：美國。

歐洲各國關係的總體特徵

　　各國政府和國家間的關係也呈多樣化發展趨勢：商業貿易關係、文化還有政治關係，但所有這些關係都是由大小戰爭支配確定的。在當時，戰爭被認為是一種極為正常的現象，戰爭幾乎是人們普遍關注的一個焦點，但它本身很少是一場全面的戰爭。

戰爭

　　儘管如此，十八世紀時，在人道主義思潮中產生了一種和平主義運動，並且和歐洲的世界主義思想相互呼應而走到了一塊。啟蒙哲學家們並不認為戰爭是只能透過祈禱否則無法避免的不治之症，他們研究戰爭以期能戰勝它或者使它變得不那麼殘酷可怕。聖彼得修道院長（Abbé de Saint-Pierre）雷斯克茲尼斯基（Leszczynski）夢想著建立一個各國王的統一聯盟。伏爾泰指責波蘭人民進行抵抗，而大部分哲學家都贊同進行防禦性的戰爭。同樣地，孟德斯鳩把那些出於援助聯盟需要，以及為防止出現一個罪惡的國王而進行的戰爭，也劃歸正義的戰爭之列。孟德斯鳩、狄德羅和盧梭均認為，職業化的軍隊還不如把整個民族都武裝起來。正是在歐洲的世界主義思想影響下，各個敵對國家的僑民有可能保持良好的私人關係，人民群眾仇視外國的情緒與巴黎沙龍的親外國態度形成了鮮明的對照，在法國，群眾劇院成功地上演了一些喚起人民對輝煌戰績回憶的劇幕和啞劇。此外，外國商人和技術人員之間的摩擦事件也不少，反抗占領者的運動有時非常激烈，如西元1746年在普羅旺斯、1756年在漢諾威，

西元1745年英國也經歷了一場全國性的動盪，而法國在德國薩克森地區的羅斯巴喬進行的戰役，由腓特烈二世的軍隊戰勝了法國軍隊，取得勝利。法國在自羅斯巴喬戰役（Rossbach，西元1757年11月5日）失敗後，開始進行重整軍隊的工作，準備東山再起，在大革命期間，這種民族潮占了上風。

　　原則上，戰爭割斷了各國的商業貿易關係，各國均對屬於敵對國家僑民的商品實行沒收的政策，一些由官員簽發的海上行劫文書，允許海上私掠船對商船進行登船檢查。有時，各國也沒有料到這樣會引發戰爭，而西元1755年英國就經歷了這樣的事。然而在該世紀的大部分時間內，戰爭仍未能完全阻滯貿易的發展，商貿活動可以得到逗留許可證與非涉及軍用必備物品和食品的貿易許可證，以及尤其是透過一些中立國得以維持和發展。在美洲戰爭期間以制止「走私戰爭物品」為由檢查中立國的船隻，無視瓦特爾（Vattel）於西元1758年出版的《人的權力》一書中所闡述的一些基本原則，維爾熱妮（Vergennes）和凱薩琳二世先後表示贊同這些原則，這也使大多數交戰國和中立國均接受公海自由的原則。海洋自由原則並不適用於在一發炮彈射程之內的「領海」海域。還應指出的是安地列斯的海盜在和平時期（西元1715-1739年）遭到英國軍隊和法國海軍強有力的打擊，已經在這一海域絕跡了，這使西班牙人可以放棄其艦隊護航制度，而且也使海洋保險公司可以大大降低其保險費。西元1770年後大西洋地區薩萊（Salé）的海上行劫事件開始下降了，但在地中海地區仍很猖獗，如阿爾及爾（Alger）、馬爾他（Malte），並且在南部海域又有東山再起之勢。

　　在陸地上，人們普遍認同殖民地也可以捲入歐洲的戰爭，中立國的地位並不能阻止一方交戰國的軍隊借道橫穿它的領土（Transitus Innoxius），但在該世紀的後半期，人們認為這要看中立國政府是否准許。對敵人土地的軍事占領相當於對其領土的暫時兼併，協議進貢條約的簽訂可以使被占領國免遭被洗劫一空之災，占領者不僅搜括走了金銀錢財，而且也在此招募軍隊，西元1746年法國人徵召了荷蘭的民兵力量，而在西元1755年腓特烈二世把薩克森軍隊劃歸其麾下。正式的投降可以使戰俘與平民百姓免遭屠殺（在俄土戰爭期間除外），在歐洲關押戰俘相當盛行，但歷時很短。從和平時期開始，各國就簽訂一些交換可能的戰俘條約，以相同的軍銜一個人換一個人，這表明戰爭已經相對地更加人道了，同樣軍隊的紀律性也加強了。但是如果沒有更好地解決軍隊補給的途徑，軍隊和平民老百姓之間的關係很難得以緩和，搶劫財實現象減少了，但是士兵偷盜農民田間糧食的現象卻盛行起來。另外，西方人野蠻殘酷的天性在減退，他們對戰爭帶來的災害越來越敏感和警覺了，至少這些士兵給他

們本國造成的損害比以前少多了。

外交

外交手段的運用漸漸走上規範化的道路，但仍然保留了一定的靈活度，也出版了一些外交條約，大使館漸漸成了常設機構，但為數還不多。

在其他國家的首都，國王經常是由一些全權部長或是駐留人員代理，最後領事機構的發展表明國王之間的關係同樣變成了各族人民之間的關係。在外交部和使館內組織建立了一些由一個職員負責的辦公室，大使館文書的作用增加，地位也上升了，大使往往是軍事貴族以及法官律師中的顯赫人物，但很少是教士。外交官在行為和處事風格上模仿朝臣，因為關鍵問題在於透過其行為影響各國國王，但外交尚未成為一項界定分明的專門職業。除了正式的官方外交，還存在著一種祕密外交，它跟以前一樣通常利用各國國王的喜好和金融需要開展外交活動。「聖喬治騎馬像」（La C'avalerie de Saint-Georges，英國貨幣，貨幣上有聖喬治騎馬像）在外交中扮演了一個非常活躍的角色。波旁王朝和哈布斯堡王朝的鬥爭一直持續到西元1755年，在整個十八世紀王位繼承引發事件頻頻發生（西班牙、波蘭、奧地利、巴伐利亞）。在那些沒有形成統一國家的地方（如義大利）經常發生領土相互交換的現象。在此期間，德國尤其腓特烈二世，多次呼籲全國輿論聲討法國和使用德國僱傭軍的英國。在該世紀末期，我們可以看到，爆發的戰爭一般是由那些尚未或者幾乎沒有形成國家民族引發的，如美國和波蘭的情況就是這樣，最後各領土間的法律關係減少了。因而外交不僅考慮各種戰略因素，而且也考慮商業因素以便進行邊界畫分簡易化的談判。西元1789年，法國和一些日耳曼人的國家就這方面都做了巨大的努力，各國政治由王朝性質逐漸轉變為更具有國家性的政治。

軍事藝術和各國軍隊

戰爭人員的專業化首先在德國，接著是其他地方均顯示了軍事藝術的進步。在法國直到羅斯巴喬戰役後，管理軍事戰爭的機構才交由軍人控制，直到此時，各級軍官們才同意統一穿他們軍用部隊的制服，並開始注意軍事技術的研究。在十八世紀期間，探討軍人存在的目的以及建立在效力和服從基礎上的軍事倫理學方面的著作，像雨後春筍般大量湧現，到了十八世紀末期，這類著作一般與貴族的反擊以及反歐洲世界主義和反和平主義的思想潮流有著密切的關係。因此，在大多數國家形成了一個軍人社會，其特點是軍營一般均分布在距老百姓的社會更為遙遠的地區，至少普通士兵和下級軍官的駐地都是這樣的。

　　軍隊中的軍官無論在哪裡都是從貴族中招募的，那些獲爵位的貴族尤其想擁有軍隊為他服務，資產階級，尤其是在該世紀中期的法國，順利地進入了軍隊，或是在一些技術部隊任職（有才之士），或更多的是在其他軍隊中以購買的方式取得了軍職。一些法國部長試圖在下級軍官中排擠平民，但是這樣做的結果只能使法國的軍隊結構與歐洲其他國家的軍隊趨於雷同。他們極力反對金錢在軍隊中的作用，西元1762年宣布軍隊財產歸國王所有，不再歸連隊長官所有；西元1776年逐步取締軍隊職位的買賣；西元1781年頒布塞居法令（Édit de Ségur）。各地的軍官培訓機構得以空前發展，建立了一些專門的炮兵學校、軍事工程學院和貴族軍事學校（普魯士、俄羅斯、奧地利、英國等）或是軍事等級（法國，西元1750年和1776年），而且下級軍官的教育培訓也得到了比以前更多的重視。

　　士兵的招募是透過按區招募制進口的（瑞典、普魯士、俄羅斯），把一些人的名字從其出生時起就登記到軍事徵募冊上（普魯士），而且服役期非常長（俄羅斯是終生服役制）。其他地方的地方民兵組織，仿照法國民兵制度組建，同時它們要承擔一些輔助性任務，作為軍隊的預備力量存在。但最主要的方式一直是招募義務兵，這種方式使軍官和士兵間殘存的封建關係得以維繫，並創造了一種擺脫經濟危機的方法，如在經濟形勢不佳時，服兵役的津貼自然就下降了。另外，該方式還可以把那些失望的人、失去社會地位的人以及不適應社會生活的人招集到軍隊中，這樣有利於維護社會秩序的安定。在法國大約到十八世紀中期左右，招募士兵的難度越來越大，而且隨著民族感情的加深，招募外國僱傭軍的方式顯得更加難以實現。現在瑞士人還繼續為外國人效命，我們可以在西歐所有國家的軍隊中找到瑞士人，他們在軍隊中形成了一支軍隊。十八世紀的軍隊並非像人們常說的那樣完全是從社會渣滓中招募而來的，從一國軍隊叛逃到另一國軍隊的所謂流動士兵，人數減少了。另外，在一個國家中，服兵役還是一個促進各民族融合的普遍因素，它促進了官方正式語言的傳播普及，並且一些退役老兵成了下級國家公務人員，為公益事業貢獻。在法國，稅務局職員多為過去的老兵，而且因實行了一些社會措施，士兵的境遇有所改善：撫恤金、軍人子女學校建立（西元1788年），但在軍隊中引入普魯士軍隊的軍紀條律以及晉升的巨大困難也造成了士兵的強烈不滿。

　　由於在軍務部內分設了一些專門化的辦公室，而且軍事專員和負責「具體事務」的軍官（少校、中士、勤務長）的人數增加了，另外軍銜等級明確，於是戰事管理機制也完善起來了。運輸、物質供給經常是由「外界承攬」的，供行軍部隊用的糧秣倉庫可以是由政府經辦的，也可以承租私人經營管理的，軍

事醫院和軍營有所增加但仍未能滿足需求。

十八世紀科學技術取得了長足的進步，但是很明顯地，防禦工事（加固要塞技術）自沃班（Vauban）以後很少有所發展。堅固的城堡要塞在爭奪西班牙王位的戰爭中對法國起了一定程度上的保護作用，而在「七年戰爭」中又使德國得了有效的保護屏障。步兵在各軍種中占據了主要地位，步槍的發射速度也提高了，法國西元1777式步槍在當時是最為先進的，在法國大革命中和法蘭西帝國期間的戰爭中均使用這種步槍。尤其是因為部隊調用更加機動靈活，騎兵也呈多樣化趨勢發展（輕騎兵，接著是騎兵隊），由這些輕騎兵負責偵察和對敵人實施突襲，奧地利的騎兵是最負盛名的。在炮兵部隊方面，優勢首先是屬於普魯士人的（腓特烈二世的馬牽引炮兵部隊），但後來格里博瓦爾（Gribeauval）實現了法國炮兵裝備的標準化，使火炮更加機動靈活，精確度更高從而使炮兵實力超過了其他國家的炮兵。腓特烈二世的勝利賦予了普魯士軍隊極高的聲譽，各國競相採用「機械化的訓練方法」，以及普魯士的軍紀及更靈活的戰術策略。較小的戰鬥部隊取代了以前龐大的列陣，而且競相使用腓特烈二世愛好的斜形戰鬥隊列。應該指出的是所有這些進步幾乎都是在一些歐洲的大戰之後取得的。西元1789年法國軍隊的技術裝備是最好的，但是其精神上存在的危機終使其被世人所疏忽。

同樣地，海軍也得到完善，軍艦造得越來越大而且更易於駕駛，但船員的招募一直是一個棘手的問題。在法國由於實行了軍事應徵訓練制度，基本上也解決了這一問題，英國則仍實行強徵水兵制度和津貼制度。在該世紀中葉左右，舊時的雙桅小戰艦消失了，因為軍艦變得越來越貴，各方均避免摧毀軍艦，更希望從敵人手中繳獲軍艦，英國人炮擊敵方軍艦吃水線以上的部分，而法國人卻轟擊敵艦的桅杆，以圖打斷它並俘獲軍艦，這種戰術也一直延用下來，直到美洲戰爭時舒弗倫（Suffren）才廢棄該戰術。為維持一支海軍，必須對港口設施進行更新：勒阿弗爾港（Le Havre）、布列斯特港（Brest）、洛里昂港（Lorient）、瑟堡（Cherbourg）、普里矛斯港（Plymouth）、樸茨茅斯港（Portsmouth）、拉克魯尼亞（La Corogne）、聖彼得堡、敖得薩港等。海軍軍官屬於航海界人員，但他們自己內部也有一些行政領導者（在法國謔稱為「魷魚骨片軍官」），而一般也不為人看好。

陸軍和海軍戰鬥力的改善花費了許多資金財富，這使一些大國債臺高築（英國、俄羅斯），法國的財政力量也沒能力承擔美洲戰爭的巨額花費。另外，儘管有一個相當長的和平時期（西元1763-1792年），但軍隊仍然是各個國家生活中最重要的組成部分。

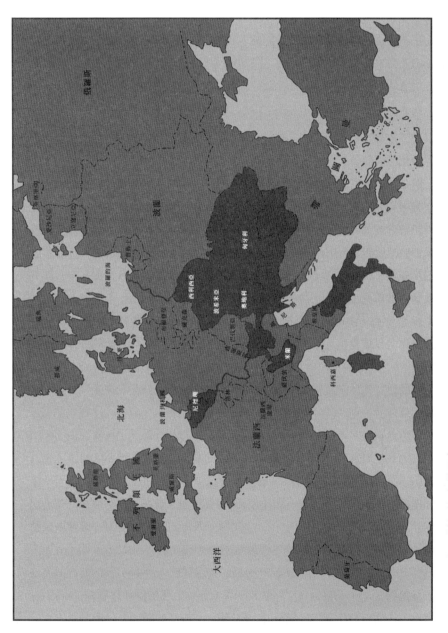

圖7-27-1 十八世紀的歐洲國家

第二節　歐洲的衝突

　　歐洲大陸的政治始終圍繞著兩個中心環節發展：一是奧地利的王位繼承問題，由此產生了奧地利和普魯士之間的對抗，並引發了兩場戰爭，即爭奪奧地利王位之戰和七年戰爭；二是俄羅斯及奧地利對一些古老而衰弱的國家之擴張，如波蘭和土耳其。

普奧之爭

　　西元1740年，當法國剛剛在歐洲大陸找回仲裁者的地位後，不久就爆發了英西戰爭。而這個「中土國王」（Roi-Sergent，指腓特烈‧威廉一世）和皇帝查理六世此時也相繼去世，前者把普魯士交由腓特烈二世管理，後者則把哈布斯堡家族的財產留給了他的女兒瑪麗‧泰雷莎。儘管各權貴對先王頒布的「國事詔書」予以擔保和認可，但瑪麗‧泰雷莎的繼承權仍然遭到了某些人的異議，其中最主要的是巴伐利亞王國的查理‧阿爾貝（Albert），他的妻子就是由於這個「國事詔書」而喪失了繼承權。腓特烈二世趁奧地利一片混亂的局面占領了西雷西〔Silésie，莫爾維茨（Mollwltz）戰役的勝利，西元1741年4月〕。在長期形成的與奧地利主室對抗傳統的驅使下，法國政府決定插手奧地利支持查理‧阿爾貝，後者在貝爾‧伊斯爾（Belle Isle）元帥的安排下，先後在林茲（Linz）和布拉格住下（西元1741年11月），並且在法蘭克福接受加冕而成為皇帝（西元1742年2月）。瑪麗‧泰雷莎表現出了其充沛過人的精力，她給匈牙利人很大的自治權，把西雷西讓給了腓特烈二世，她與英國進行談判得到了英國的貸款援助，而且還收復了布拉格。這時期形勢發生了逆轉，英國、奧地利和皮埃蒙（Piémont）在沃姆斯（Worms）結成了一個共同反對法國的聯盟（西元1743年），法國繼而向英國宣戰，法國軍隊被迫撤離「奧地利王國」的領土，歐洲皇家聯軍進逼法國並威脅梅斯地區（Metz）。腓特烈二世深恐奧地利取得勝利，也擔心失去西雷西地區，於是對奧地利重新採取敵對態度，並且搶占了布拉格。正當此時，莫里斯‧薩克森（Maurice de Saxe）統帥一支法國軍隊開始了對荷蘭的征服〔豐特奴瓦（Fontenoy），西元1745年〕，查理‧阿爾貝於西元1745年去世，弗朗索瓦‧洛林（Francois de Lorraine）──瑪麗‧泰雷莎的丈夫被選舉為皇帝。法國的處境有所好轉，法國繼續進行一場戰爭，但戰爭的對象已經改變，荷蘭被征服了，法國軍隊

開進了「聯合省」。在殖民地地區，英國人和法國人也是勝負輸贏相當，考慮到人民經連年戰爭已疲乏不堪，路易十五簽署了「國王的而非商人的」和約，即《亞琛條約》（*Traité d'Aix-la-Chapelle*，西元1748年），他放棄了荷蘭。這場戰爭使多方受益：腓特烈二世保住了西雷西，唐菲利普〔Philippe，即西班牙菲利普五世和伊莉莎白‧法內茲（Farnése）的兒子〕得到了帕爾馬（Parme），皮埃蒙吞併了諾法爾（Novare）。

而這種方式達成的和平也必將引發新的戰爭。另外在印度和美洲，英國人和法國人之間的積怨暗中不斷加深。奧地利不甘心失去西雷西，而腓特烈二世也正爲保持這個征服果實而秣馬厲兵。法國不得不與英國進行一場海上以及殖民地的角逐，而且在當時的歐洲正醞釀著一場新的戰爭，在這種背景下，法國政府顯得舉棋不定，擔心會深深地陷入這一場或另一場戰爭中而不得自拔。因此，在歐洲戰爭的間歇期間只持續了很短的一段時間，而且此時間最主要的特點是各個盟友關係的崩潰和瓦解。

西元1748年法國和普魯士聯手對付英國以及與俄羅斯結盟的奧地利，英國政府認定與法國的這場戰爭已經勢不可擋，於是下令其艦隊扣押所有的法國商船，這些敵對行動的實施剛開始時很不順利。法國人占領了米諾克（Minorque，西元1756年4、5月間），然而喬治二世企圖保持他在漢諾威的選帝侯領地，他與俄羅斯締結了同盟關係（西元1755年9月30日），普魯士處於被包圍的狀態，於是腓特烈二世同意向喬治二世提供對其漢諾威領地擁有權的保證──《西敏條約》（*Traité de Westminister*，西元1756年1月16日）。這一條約使法國、奧地利以及瑞典感到不安，曾在巴黎任大使之職（西元1750-1752年）的科尼茨（Kaunitz）很早就已經爲法國及奧地利的重修舊好做好了準備工作，並且娶了龐巴度夫人（Mme de Pampadoun）爲妻。《西敏條約》在法國被視爲法普同盟瓦解的標誌，西元1756年5月1日簽署了第一個《凡爾賽條約》（*Traité de Versaillees*），透過這個條約法國和奧地利相互承認各自的國家主權，並且透過一個祕密條款，這兩個同盟國家相互保證在遭到普魯士軍隊入侵時，提供有限的援助。瑞典也與法國加強了同盟關係，對普魯士的包圍之勢並沒有比前一年有所緩解。爲了加速結盟步伐，腓特烈二世向奧地利發出了最後通牒，並入侵了薩克森地區（西元1756年8月9日）。對薩克森地區的搶奪造成的影響與所預料的正好相反，奧匈帝國周邊國家都站到了奧地利一邊。俄羅斯也表示援助瑪麗‧泰雷莎，如果奧地利收復西雷西，她向法國保證對其讓與部分荷蘭土地，而且法國將得到給菲利普的一些實惠，但法國也因此捲入了這場歐洲大陸之戰。

　　「七年戰爭」對於普魯士來說可謂一波三折，極具戲劇性。在此期間，腓特烈二世是以普魯士的存亡作賭注，並且憑著他天才般的才幹，霍亨索倫家族的團結合作精神，利用英國的貸款和各敵對同盟國缺乏協調的弱點，拯救了普魯士。西元1757年法國軍隊奪取了漢諾威，克羅斯特茲豐（Capitulation de Klosterzeven）投降，俄羅斯人入侵了東普魯士地區，瑞典人入侵東波美拉尼亞地區，奧地利人奪回了西雷西，一支法蘭西德意志軍隊占領了薩克森地區，但是腓特烈二世在羅斯巴喬澈底擊潰了這支由蘇比斯（Soubise）統率的法蘭西聯軍（11月5日），並且在洛伊滕（Leuthen）擊敗了奧地利軍隊（12月25日），喬治二世宣告廢除克羅斯特茲豐的投降。五年之間，腓特烈二世在其諸位將領的精心輔佐下，與其對手展開了針鋒相對的鬥爭，始終不屈服。西元1758年法國人在克萊弗爾德（Krefeld）遭到失敗，而俄羅斯人在左尼多夫（Zorndorf）被打敗了，但西元1759年腓特烈二世在昆尼斯多夫（Kunersdorf）遭到了慘敗。從此以後，戰爭轉移到普魯士內進行，普魯士飽經了戰爭之創傷，俄羅斯軍隊甚至還曾於西元1760年間短暫地占領過柏林。而在此期間，庇特成功地扭轉了英國的形勢，法國喪失了印度和加拿大。支持法國的西班牙也參與了戰爭（西元1762年1月5日）與法國人並肩作戰，但卻沒有起到任何作用，英國人占領了馬提尼克島（Martinique）和古巴。當沙皇伊莉莎白逝世的時候（西元1762年1月5日），普魯士已經極為衰竭了，而繼位的彼得三世是一個腓特烈二世的仰慕者，他使俄羅斯改變了陣營。儘管凱薩琳二世宣布過她的中立立場，但聯盟還是分化瓦解了，而英國從其自身考慮，已經達到了其目標，新任國王喬治三世開始考慮重建和平了，庇特（Pitt）由此不得不讓位給布特（Bute，西元1761年9月）。西元1763年2月15日於哈布斯堡（Hubertsbourg）在戰爭前的狀態基礎上簽訂了和平條約，而在五天之前，《巴黎條約》的簽訂結束了英法戰爭。七年戰爭摧毀了普魯士，但同時，也使它成為一個受人尊敬的強國，奧地利人被迫放棄西雷西，而因為同時進行了兩場戰爭，法國事實上成了最主要的輸家。

俄羅斯的擴張和瓜分波蘭

　　波蘭的奧古斯特三世（Auguste III）死後，在俄羅斯軍隊的壓力下，西元1764年9月波尼亞托維斯基（Poniatowski）被選為波蘭國王。西元1768年2月的條約使波蘭成了俄羅斯的一個保護國，「巴爾聯盟」（La Cofederation de Bar）的反抗活動很快被凱薩琳二世的軍隊鎮壓下去了。

　　舒亞瑟（Choiseul）想透過慫恿蘇丹向俄羅斯人宣戰來拯救波蘭，但是俄羅斯人侵入了克里米亞地區、摩達維亞和瓦拉齊亞的羅馬尼亞人的親王領地，奧爾羅夫（Orlov）的艦隊駛入了地中海，把軍隊運至莫萊（Morée）登陸，在斯特奇梅（Tschémé）擊潰了土耳其艦隊（西元1770年3月6日），但卻沒能使達爾達內爾人（Dardanelles）屈服。然而腓特烈二世和約瑟夫二世對俄羅斯軍隊的步步進逼很是不安，他們先後進行了兩次會晤。與此同時，腓特烈二世向凱薩琳二世建議瓜分波蘭。這個解決方法使瑪麗·泰雷莎大為光火，她與土耳其簽訂了同盟條約（西元1771年7月），為了能騰出手來瓜分波蘭，凱薩琳二世宣布放棄對巴爾幹半島的征服行動，因為可以得到一大片富饒的波蘭土地。俄羅斯同意瓜分波蘭，這回奧地利也參加進來了。對波蘭的第一次瓜分使腓特烈二世得到了與東普魯士接壤的大片波蘭的內陸地區，以及不包括這座城市在內的「但澤走廊」（Couloir de Dantzig，有九十萬居民）；對凱薩琳二世來說，這次瓜分使俄羅斯的邊界向西推進了許多（得到一百六十萬居民）；而奧地利則獲得了加利西東部地區（Galicie Orientale）和小波蘭（Petite Pologne，得到了二百三十萬居民）。儘管爆發了普加喬夫（Pougatchev）起義，但俄羅斯由於蘇佛羅夫的勝利（Les Victoires de Souvorov），因而強迫土耳其蘇丹簽訂了《庫特處克·卡依那德基條約》（*Trarté de Koutchouk-Kainardji*，西元1774年7月），該條約使俄羅斯取得了通向黑海的通道，並取得了對克里米亞地區真正的保護權以及使用土耳其所有港口的權力，而且還在巴爾幹半島地區充當了東正教保護人的角色。俄羅斯向奧地利提供幫助，結果是使奧地利取得了比科維尼亞（Bukovine）。

　　很快地，人們的注意力就轉向了西部地區，巴伐利亞的繼承問題給奧地利提供了一次機會，使其有可能以遙遠又極不順服的波蘭領土來換取這個國家。但腓特烈二世支持多彭（Deux-Ponts）的王子繼承王權，而維爾吉尼（Vergennes）亦計劃武裝干涉美洲支持那裡反抗英國的起義者，並拒絕援助盟國奧地利，奧地利和普魯士之間的這場短暫戰爭在俄羅斯的調停下結束了，通過《切申和約》（位於波蘭的城鎮）（*Paix de Teschen*，西元1779年）約瑟夫二世被迫放棄巴伐利亞，只保留了「旅館區的界限」（Quartiers de I'lnn）。早些時候爆發的英法戰爭給各國的商業利益帶來了巨大的損失，並且由此形成了一個「中立軍隊聯盟」，試圖迫使各國遵守海洋自由原則（西元1780年）。

　　由於巴爾幹半島各民族基督徒的覺醒，土耳其的政治進一步衰弱下去，尤其是在希臘港口從事貿易活動的資產階級中，這一現象表現得更為突出，這些人受過較好的教育，且與地中海西部地區有密切往來。凱薩琳二世向約瑟夫

二世提出了一個瓜分計畫，即「希臘計畫」（西元1782年），該計畫包括建立達西亞王國（即羅馬尼亞）和一個希臘附庸國兩部分內容，此外計畫中還提出了有利於俄羅斯及奧地利的領土瓜分方案，並打算對法國（埃及）以及普魯士進行一定的補償，但是法國及英國對此並不感興趣，相反地使該計畫停頓了，俄羅斯只好暫時先兼併克里米亞地區（西元1783年）。凱薩琳二世和約瑟夫二世（Joseph II）本想在西元1787年再找機會重新拋出該計畫，但此時土耳其人和瑞典人先後對俄羅斯發動了進攻，約瑟夫二世進行干預，於是在摩達維亞、瓦拉幾亞（Valachie）和塞爾維亞（Serbie）亦都發生了多次起義。西元1789年蘇佛羅夫（Souvorov）的俄羅斯人以及奧地利人取得了巨大的勝利，但是反對約瑟夫二世改革的騷亂卻已蔓延到了荷蘭和匈牙利。在約瑟夫二世死後，里奧波德二世為了確保他的王位，比較親近於腓特烈二世並與土耳其人簽訂了《錫斯托瓦和約》（La Paix de Sistova，西元1791年8月）。凱薩琳二世接著在雅西（Iassy）與土耳其簽訂了類似條約（西元1792年1月），並獲取了敖得薩（Odessa）地區。

最近的這次戰爭具有重大意義，它把人們的注意力從法國的各大事件上引開，向人們提出了「東方」的問題，人們從此再也不能忽視巴爾幹半島某些基督教民族嚮往自由的呼聲，以及土耳其帝國衰弱這一事實。英國和法國希望土耳其帝國能維持其領土的完整性，因為他們害怕俄羅斯人會對地中海地區及亞洲地區有所企圖。在他們的眼中，埃及成了一個關鍵的戰略要地，因為它是地中海貿易的中樞，又是去往印度的便捷通道。

世界和英法之爭

西元1740年歐洲人的商業貿易區域迅速擴大，他們的海外機構也增加了，但這種擴張尤其是由英國人和法國人實現的，這兩個國家的人幾乎在全世界的各個地方都展開了一場你死我活的爭鬥。我們可以區分出兩個區域：一個是印度洋地區和遠東的一部分地區，在那裡歐洲人曾不惜以大量的貴重金屬換回各種價格奇昂的奢侈品；另一個區域是大西洋地區，歐洲人在此開闢殖民地，或是透過開採礦產，或是向該地區輸入工業製成品，從當地人民手中搜括了大量的錢財。這兩個區域中間的中國至此還未為歐洲人所控制。

印度、法國人和英國人

在亞洲大陸的鄉間地區，人民的購買力極低並且過著一種自我封閉的生

活，歐洲的產品只能吸引那些商人，那些依靠各種代理商行過活的富人以及一些王公貴族，他們是軍火及裝備的購買者。反過來，歐洲人來此尋找香料、棉布織品和一些奢侈品，透過在印度與印度人做生意，這些歐洲國家彌補了一部分國家結算的赤字，而當地的商人只起了一個輔助性的作用。法國人是最後一個來到印度這片土地，但他們卻構成了對英國最強有力的競爭對手。英國的東印度公司和法國的東印度公司透過各自的代理機構在印度大量蒐集各種產品，不僅有印度本土的產品紡織材料：「馬德拉斯布料」（Madras，一種色彩鮮豔，絲綢交織的布料，多產於印度）、高級密織薄紗、絲織品、香料、染料，還有阿拉伯國家的咖啡、茶葉、絲綢以及中國的瓷器，接著這些公司產品運往歐洲。

　　而其時，當地的各領主都已經擺脫了「蒙兀兒王朝」伊斯蘭帝國（Empire du Grand Mogol）的控制，在西北部地區錫克教徒（Sikhs）和拉其普特人（Radjpoutes，英國統治印度時期的文獻中對原印度拉其普他那地區居民的稱呼）結成了聯盟，而與此同時，馬拉斯人（Mahrattes）的戰士和入侵者很快地散布到德干高原（Dekkan）北部地區，古波斯人（Perses）和阿富汗人（Afghans）也進入了印度。於是，先是法國公司的人員，接著是英國公司人員，他們再也不只滿足於埋首作生意了，他們參與了政治鬥爭。法國總督杜馬（Dumas）以及西元1741年後的杜普雷斯（Dupleix）給自己加了一個「司法官」（Nabab）的頭銜，並且組成了一支由法國人及印度士兵（Cipayes，舊時歐洲國家殖民軍隊中的印度兵）組成的軍隊。西元1744年早已不感興趣的英國人開始採取敵對行動，並且慫恿使馬拉特人襲擊法國人的各種代理機構。在法蘭西島及波旁總督馬黑・波爾多內（Mahé de la Bourdonnaye）的幫助下，杜普雷斯巧妙地保衛了法國機構組織，波爾多內奪取了馬德拉斯（Madras，西元1745年），而且杜普雷斯解救了彭迪謝利（Ponsichéry，西元1748年）。儘管《埃克斯・拉・夏貝爾條約》把馬德拉斯歸還給了英國人（西元1748年），但是敵對的行動並沒有就此停止，在布西（Bussy）這支小軍隊的幫助下，杜普雷斯在卡爾那提克地區（Carnatic）以彭迪謝利和馬黑為中心建立了一個名符其實的保護國，另外還在德干高原和西爾卡爾（Circars）海岸地區以亞那翁（Yanaon）和瑪居麗（Mazulipatam）為中心建立了一個法國勢力範圍。英國公司很快就做出了反應，並採取了相應的行動，由羅伯特・克里人（Robert Clive）統領的英國軍隊於特里特齊那巴厘（Tritchnapaly）擊敗了法國軍隊及其保護國的軍隊。然而法國政府並不贊同杜普雷斯的這種擴張性政策，因為他擔心該項政策會給法國帶來不良後果，於是解除了杜普雷斯的職務。兩個公

司決定限制其在印度的商貿活動，透過《哥德赫條約》（*Traite Godehes*），他們放棄了其所有的保護國和盟友，然而只有法國人單方面地放棄了一些東西。英法戰爭還是再度爆發，這個和約並沒有被付諸實施，布西在德干高原地區保持了其原有的地盤，而此時克里夫占領了尚德納戈爾（Chandernagor），在普拉塞（Plassey）擊潰了孟加拉地區（Bengale）的蘇巴勃軍隊（Soubab，西元1757年），並把該省置於自己的統治之下。法軍的統帥拉利‧托朗達爾（Lally Tollendal）堅強地守衛著卡爾那提克，但是由於他不能理解印度穩定，在馬德拉斯遭到了失敗，於彭迪謝利被迫投降（西元1760年）。接下來的一年內法國人在印度的機構及據點相繼喪失，然而在《巴黎條約》中法國人以犧牲加拿大和路易斯安那（Louisiane）為代價從英國人手中換回了在印度的五個法國據點（西元1763年），兩國仇恨的戰火從美洲大陸一直蔓延到印度這片土地上。海軍元帥蘇弗倫（Suffren）來到了印度援助布西和邁索爾（Mysore）的蘇丹哈依德爾‧阿利（Haider -Ali），在《凡爾賽和約》（*Paix de Versailles*）簽訂之際，他取得了一次戰役的勝利（西元1783年）。克里夫出於英國利益的考慮採用了布普雷斯的政策，如此印度逐漸變成了英國的一個保護國，但其「印度公司」卻已到了倒閉的邊緣，西元1773年的「調整方案」（Le Regulating Act）把該公司置於國王及英國議會的保護之下。繼克里夫後上任的是華倫‧海斯汀（Warren Hastings），他在印度組建了英國行政機構。西元1784年「印度法案」（L'India Bill）增強了政府對該「公司」的控制權，但是由於其遠離倫敦，該公司還是享有極大的自治權力。英國人向當地的居民徵收賦稅並把孟加拉地區的鴉片賣到了中國，此外在英國人附近及錫蘭地區（Ceylan）的荷蘭人則致力於開發英蘇林德地區（L'Insulinde），他們在那裡經營種植園，歐洲人成了香料、糖、棉花、靛青和大米的銷售商，於是西歐各國的貿易收支差額也朝著有利的方向發展，開始出現了一些盈餘。

第三節　中華世界的演變

　　在十八世紀的前半期，中國對歐洲人來說仍是一個極具吸引力的國度，傳教士們頌揚佛教教義某些方面的特徵，並且爲復興「中國教義」（Rites Chinois）曾進行了不懈努力和鬥爭，哲學家們也高度讚揚一個近乎自然、寬和融洽與尊重功德的社會組織形式。中國社會就像一部有著深刻發展變化的戲劇，而推動其發展變化的最主要動因之一，則是人口的大幅度增長。在整個十八世紀期間，中國的人口從一億發展到了三億，到了大約西元1750年左右，中國的人口與資源平衡被打破了，從此在以後的兩個世紀中，中國社會一直處於營養不良的狀態中，向東南的移民不斷增多，由此也產生了對西部地區進行殖民征服的動力。在乾隆皇帝統治時期（西元1736-1796年），滿族大將兆惠摧毀了新疆準格噶爾部（西元1757年）並設置了新疆省（一個新的邊境省），西藏也在中國的控制之下。

　　與此同時，中國實行了閉關自守的政策，在北京，那些作爲技術人員的耶穌會成員繼續得到了當局的寬待，而西元1746年後，那些改信基督教的中國人則受到了宗教迫害。西元1720年後，歐洲的商人再也不能直接與中國做生意，只能透過設在廣州的一個叫公行（Co-Hong）的仲介機構進行商貿活動，西元1757年歐洲人的商貿活動被限於這個港口的一片狹小區域內，而且他們必須在2月到9月間離開。這種政策使中國自己關閉了通往科學進步，尤其是技術進步的那扇大門，但卻沒有阻滯商業貿易的發展。在西元1740年和西元1780年間，與中國的貿易總額增加了兩倍，其中英國人占第一位，但他們受到了與安南地區（Annam，越南）相勾結的法國人強有力的挑戰，接下來第三位是美洲人，交易一般都集中在茶葉、絲綢、瓷器以及生漆家具的購買上，然而同時，英國人也開始向中國出售一些輕羊毛紡織品，尤其是鴉片。正當中國閉關自守的時候，歐洲人與中國做生意的願望卻日益強烈起來，他們對中國行政機構的繁文縟節和刻板已經感到不耐煩了，而這也把他們腦海中這個「智慧的國度」的神話也抹去了。

　　在十八世紀與西印度人（印第安人等美洲人）的商貿活動比與東印度人（印度人）進行商貿活動更具有重要意義，因爲西印度人的貿易產生一個刺激物、催化劑的作用。它爲歐洲的商業貿易活動提供了所必要的貴重金屬，而且這個新大陸爲歐洲工業製成品提供了一個廣闊的市場，因爲根據《殖民條

約》，各國都禁止在各自的殖民地開辦工廠。而商貿活動最活躍的地區是安地列斯群島和美洲北部的大西洋沿岸地區，因此這一片地區成了英國人和法國人激烈爭奪的對象。與此同時，拉丁美洲一直保持著其重要地位，在西班牙的殖民地內，其殖民經濟建立在大莊園的粗放畜牧業和出產衣料糧食的耕作業之上。這些殖民地以礦產產品（尤其是墨西哥的白銀）支付進口的歐洲工業製成品和被販運到美洲的非洲黑人，而事實上這些錢幣絕大部分落到了英國人和法國人的口袋中。英國人的走私活動尤為猖獗，於是法國人和西班牙人聯合起來共同對付英國人。在巴西，透過《梅蒂翁條約》（*Le Traitède Methuen*），英國人獲得了銷售他們的產品換取黃金的權力。在安地列斯群島，除了那些長期來一直被開發經營的島嶼外（古巴、波多黎各、牙買加），還增加了一些法國人占據的島嶼：馬提尼克（Martinique）、瓜特羅普島（Guadeloupe）、多明尼克島（Dominique），尤其是聖多明哥島。儘管西元1763年法國失去了多明尼克島，但這些法屬島嶼的人口在西元1735年到1789年間仍增長了二倍，達到了七十五萬居民，其中超過80%是黑人奴隸。在各地由於咖啡、棉花和可可的種植，單一的糖料作物逐漸消失了。

種植園的中心是園主的住宅，在其周圍零散地分布著黑人居住的簡陋茅屋（從五十個到二百個不等）和一些附屬建築物：榨糖作坊，同時還產出糖漿的製糖作坊，蘭姆酒的製造作坊。糧食作物日漸枯竭，因而需要引進轉作的耕作方法種植糧食蔬菜類作物，尤其是需要大量施肥。另外由於衛生狀態極為惡劣，勞動力很少能在種植園勞動十五年以上，而奴隸的價格又翻了一翻，因此種植園的經營收益開始下降了。危機首先在開發經營較早的英國人占據的安地列斯群島上發生了，英國殖民者從其政府取得了在北美洲英國殖民地範圍內的食糖準專賣權（西元1733年），以及把他們的產品銷往歐洲的權力。儘管如此，北美洲的英國人還是想從法國人的安地列斯諸島購買食糖，因為那裡出產的糖比較便宜，這也正加劇了倫敦和巴黎之間的矛盾衝突。危機直到該世紀晚期才波及法國人占據的安地列斯諸島，一些大種植園主頻繁地到法國去度假逗留，另外加上缺乏有技能的合格勞動力，種植園的經營管理受到了嚴重的影響。

英國人為防範法國人而在美洲的廣闊土地上展開了激烈的爭奪，其中包括大西洋沿海地區，哈德遜灣（Bale d'Hudson）和密西西比河流域的廣大地區，除了海岸地區和聖羅倫斯河流域（Saint-Laurent）之外，大多地區的人口分布很稀疏。法國人在加拿大〔西元1713年失去了阿卡地地區（Acadle）〕建立了一個由教士階層統治的莊園制農業社會。由於來自宗主國的移民人數比

較少，儘管在美洲有一個較高的出生率，但還是不足以使這些廣闊地區的人口密度有本質上的變化。因此在該世紀中期，加拿大的人口最多不超過六萬居民，主要的集居地是魁北克和蒙特婁（Montréal）。這兩個港口輸出皮毛、木材、焦油瀝青和乾魚，並輸入軍火、工具、布料、食糖，但由於該地區的人口數量不大，因而輸入輸出的商品數量都很小。路易士堡（Louisbourg）的哨所守衛著加拿大狹窄的入海通道，除了蒙特婁外，我們只能在去大湖區（Grands Lacs）和俄亥俄（Ohio）峽谷的通道上找到幾個堅固的堡壘，如弗隆特納克（Frontenac）和德托瓦特（Détroit），在這些地區，我們只能找到設陷阱捕捉毛皮獸的獵人和皮毛販賣商人的蹤跡，他們一般和印第安人有聯繫，修倫人（Hurons）對他們比較友好，而易洛魁人對他們卻充滿了敵意。在墨西哥灣，紐奧良是整個路易斯安那唯一的集居地，這是一個廣大的草原地區，橫跨密西西比河和俄亥俄河，但在那僅居住著不到一萬名法國人。

英國人則聚居在哈德遜灣、紐芬蘭島、阿卡地，尤其是在海岸線和阿帕拉契山脈（Applaches）之間的十三個殖民地，這片土地從北部的阿卡地一直延伸到西班牙人占領的佛羅里達。這些殖民地的人口迅速膨脹，當時已經達到了一百五十萬名左右的居民，其中三分之二是白人，而且主要是英國血統的白人，剩下的主要是在南部地區工作的黑人奴隸。南方的殖民地從事的是一種種植園經濟（菸草、大米、靛藍值物），而北部殖民地的農業更接近加拿大的農業經濟，經營木材、皮毛、製造蘭姆酒，而且還擁有船舶製造廠。在費城（三萬居民）、波士頓（Boston）、紐約已經出現了城市生活。儘管有一些專賣性條令禁止殖民地出口工業製成品（向英國提供的輪船除外），北部和中部殖民地的商貿活動還是相當活躍，倫敦政府允許他們向安地列斯群島甚至歐洲出口穀物、肉類、木材、魚，向非洲出口蘭姆酒，在當時，黑奴販子以蘭姆酒作為奴隸交易的貨幣。他們同時從英國進口工業製成品，從安地列斯群島進口水果和食糖，由於這些殖民地為英國提供了一條好的銷路點，更重要的是，英國人占領的安地列斯群島正陷入一場深重的危機之中，因而英國對這十三個殖民地就更感興趣了。英國人在南部的殖民地和牙買加，主要與西班牙發生了衝突，而相當猖獗的走私活動使西班牙蒙受了巨大的損失，到了該世紀中期，英國政府和中部及北部的殖民者們更擔心的是法國人的擴張行動。英國的開拓者們翻越過阿帕拉契山脈，在俄亥俄峽谷和法國人遇上了，英國人向西部發展受到了阻礙，很快地英國人意識到把法國人從美洲大陸上趕出去已成為一個迫切的需要。在奧地利的王位爭奪戰中，英國人和法國人已是兵刃相見，展開了激烈的爭奪，英國人奪取了路易士堡（西元1745年），但後來在《埃克斯·拉·

夏貝爾和約》中，英國人又被迫把路易士堡歸還法國人。事實上，殖民者間的敵對鬥爭一直沒有停息，英國人試圖在俄亥俄峽谷建立一些哨所堡壘，而法國人則把它們奪了過來〔杜科斯那堡（Fort-Duquesne）和內塞西德堡（Fort-Nécessité），西元1753年和1754年〕。當英國人和法國人之間的戰火重新燃起的時候，法國人，幾個由蒙特卡爾姆（Montcalm）領導的士兵，大部分是加拿大人的民兵在大湖區和俄亥俄河流域連續取得進展，但是庇特（Pitt）把沃爾夫（Wolfe）和兩萬五千名英國士兵派到美洲，英國軍隊得到了眾多殖民兵的支持和援助，而法國人卻是孤立無援，於是沃爾夫奪取了杜科斯那堡，西元1758年後成了匹茲堡（Pittsburg）。西元1749年魁北克也落入英國人之手，西元1760年英國人征服了整個加拿大，而後法國人在《巴黎和約》中宣布放棄這一地區，法國同樣也放棄了路易斯安那，西部地區讓給了英國，位在密西西比河東岸的領土和紐奧良歸屬西班牙，作爲對其丟失佛羅里達的補償，因爲在此之前，英國人徵收了佛羅里達。

英國人在各地都取得了勝利，然而英國人也不得不把一些島嶼讓給法國人，包括馬提尼克島、瓜特羅普島和聖多明尼克島，這些島嶼在現代人眼中可比加拿大的幾阿彭（Arpent，加拿大的面積單位，約爲36,802平方英呎）雪地要有價值得多。英國人向法裔加拿大人保證他們有進行宗教活動的權力，並保護他們的財產安全，接著又通過「魁北克法案」（Quebec，西元1774年），推行了更加自由的英國法律，在西元1791年加拿大成爲一個自治省分。法國政府放棄加拿大，也犧牲了這裡的加拿大人，另一方面這使他們更輕易地就歸順了戰勝者，但是憑藉他們極高的出生率與他們對基督天主教的虔誠和篤信，他們並沒有被美洲的盎格魯－撒克遜人所同化。

第四節 美國的誕生

　　在美洲，英國和其殖民地工作取得了戰爭的勝利。在西元1763年時沒有任何跡象顯示他們之間的關係會破裂，然而漸漸地在美洲的英國人形成了自己的特點，而且他們的經濟利益也逐漸與其母國不一致。只要各個殖民地之間仍然存在著相當大的社會結構、經濟和思想狀況的差異，這十三個殖民地之間的統一似乎便更不可能。

西元1763年十三個殖民地地方主義傾向和統一的因素

　　西元1790年因出生率很高，尤其是由於移民潮的大量湧入，美洲的人口已達到了四百萬，有三百二十五萬白人，其中80%白人的原籍為英格蘭，而在中部殖民地我們可以找到荷蘭人、瑞典人、新教徒、德意志人和猶太人的後裔，所有這些人很快就在這個「盎格魯－撒克遜的大熔爐」（Melting Pot）中被同化了。七十五萬黑人的十分之九集中在南部地區。絕大多數的殖民者信仰新教，尤其是喀爾文教派教徒，但同時，他們又細分為各種不同的分支教派：公理會教徒、英國國教徒、長老會信徒、路德教派教徒、浸信會信徒（Baptistes）還有衛理公會教徒（Méthodistes），一般來說他們之間互相排斥，彼此不能相容，而公誼會教徒（Quakers）除外，尤其是在北部地區或是新英格蘭地區，占統治地位的是清教徒的思想。在南部的殖民地社會和清教色彩的新英格蘭之間並沒有什麼相似之處，都是些白人莊園主，他們一般出身於貴族階層和英國國教教士階層，以出口熱帶糧食作物為生，並在種植園使用大量的黑人奴隸，而新英格蘭的社會則是由一些小地主組成，他們種植糧食，飼養馬匹和牛。同樣還有兩類不同的居民，一是北方港口的城市居民，他們擁有大規模的工業、海洋業（捕魚業）、船舶製造業、商業和較發達的知識文化生活；另一種則是在「邊境」地區的開拓者，他們富有冒險精神和個人主義，這些殖民地的距離遙遠而且其建立的情況比較特殊，這都使這些殖民者們可能擁有他們自己的政府，大部分殖民地的總督是由國王任命，代表國王和倫敦的議會（Parlement de Londres），但該總督的權力受到地方議會的制約，而在不同的殖民地，這些地方議會的選舉方式是各不相同的，因而這些殖民地中不僅存在著擺脫倫敦控制的「自治」要求，還存在著獨立於周圍殖民地的願望，這也就難怪西元1754年當富蘭克林（Benjamn Franklin）在阿爾邦尼（Albany）議

會上提議聯合起來對付法國人時，沒有得到任何的結果。

　　然而，這些殖民地之間也不乏共同之處：說英語、重視教育，尤其是在新英格蘭只有5%的人是文盲，好幾個大學已是名聲顯赫：哈佛大學（Havard）、耶魯大學（Yale）和普林斯頓大學（Princeton），圖書館的藏書數目眾多，同時也出版了一些宗教的和科學類的著作，發行了一些報紙刊物和年鑑，如富蘭克林的「可憐的理查」（Le Pauvre Richard）。美洲的英國人同樣也意識到了他們是上帝的選民，他們十分嚮往西元1689年「光榮革命」確立的原則和「自治的政府」，他們也尊敬英國王權和議會，仍處於二者的權力管轄之下，尤其是在商業貿易方面，因爲他們的商貿活動緊密地依附於英國商務部（Board Of Trade）。

十三個殖民地的獨立

　　非常可笑的是英國人要去統一這十三個殖民地，但這統一的矛頭卻是指向自己。

　　在取得戰爭勝利後，英國的財政已是債臺高築，議會不得不提高稅賦，而格林維爾（Lord Grenville）將稅基擴大，對美洲的臣民也徵收稅捐。殖民者們堅決反對這些稅，如食糖稅和對安地列斯群島出產的產品徵收的稅收，對於這些奉行重商主義的殖民者來說，這一切只能是讓英國受益而使他們的利益受到損害。他們以不出席倫敦議會的方式以示對這些措施的抗議，西元1765年開徵的對所有出版物徵收的印花稅同樣涉到了各個殖民地，這些殖民地於是不再付出更多的稅捐，同時殖民地居民還有接待英國士兵讓其在家裡住宿的義務。於是他們組成了一個印花稅議會（Congres du Timbre），並聚集了許多抗議者，格林維爾不得不放棄這項印花稅並且減輕了稅收，但「宣示法案」（Declatory Act）賦予倫敦議會一個對殖民地議會提交的決議可以行使否決權的權力。湯生（Townshend）進行了一次新的稅收方面的嘗試，但沒有成功（西元1767-1769年）。針對英國士兵的敵意行爲招致了一場血腥鎮壓：波士頓屠殺事件（Masssacre de Boston，西元1770年），英國的商品遭到了抵制，尤其是東印度公司運到美洲的茶葉（波士頓茶葉事件，Boston Tea Party，西元1773年）。英國政府對此反應極爲強烈，並通過了一系列「不寬容議案」（Intolerable Acts），封鎖波士頓港口，限制麻薩諸塞（Massachusetts）的自治權，最後魁北克提案（Le Quebec Act）將加拿大的領土擴展到大湖區和俄亥俄河之間的地帶，限制新英格蘭向西擴張領土。

　　在一些人的號召下，如組織了「自由之子」（Fils de la Liberté）
的山姆・亞當斯（Samuel Adams）以及「通訊委員會」（Conutés de
Correspondance），殖民者們進行了各種反抗運動，而且在西元1774年各殖民
地代表聚集於費城召開了第一屆大陸會議（Congres Continental）。他們承認
國王的權力但拒絕承認倫敦議會的權益，殖民地有自己統治自己的權力。西元
1775年在萊辛頓（Lexington）開始了敵對行動。第二次大陸會議同樣在費城
召開，決定組織一支軍隊，並將其交由喬治・華盛頓（George Washington）指
揮調度。一個報刊業運動，由湯瑪斯・潘恩（Thomas Paine）組織的「共同的
心聲」（The Common Sense），引導公眾輿論轉向獨立的思想。西元1776年7
月4日大陸會議通過了「獨立宣言」，這一宣言表明在這些殖民地上，洛克、
孟德斯鳩和法國一些大啓蒙思想家的思想已取得了勝利，深入人心，該宣言
肯定了人是自由的，在法律面前是人人平等的，而且生存、財富以及對幸福
的追求是人的基本權力。毫無疑問，這些「奠基者」包括富蘭克林、傑佛遜
（Jefferson）、華盛頓等人，只要在當時的政治環境下按部就班地實行這些原
則就可以了，但同時這些原則，尤其是在經濟和社會方面，有可能如一些「激
進主義者」所設想的那樣取得更大的發展。

　　英國政府並沒有馬上就陷入危險的處境之中，其可以依靠「保皇派」的
支援，大約占了美洲人總人口的三分之一（北方的托利黨黨徒，南方的各激
進派白人小團體），此外還可以依靠加拿大。這些優秀的英國士兵對該地區
很不熟悉，不得不在遠離倫敦五千公里的地方進行戰鬥。這些「起義者」
（Insurgents，在法國人們也這樣稱呼他們），組織的戰鬥人力大多不太適合
打陣地戰，而喜於打游擊戰，他們的人力也經常發生變動，因爲他們的頭腦中
仍保留著一些民兵的思想觀念，而且很不願意離開他們居住的地區，他們的軍
官大多是平庸之徒，然而這些「起義者」得到了一些歐洲志願者的援助，有拉
法葉（La Fayette）、馮斯德本（von Steuben）、科斯鳩斯科（Kosziusko）。
英國軍隊在薩拉托加（Saratoga）的投降（西元1777年10月）使法國政府決定
與美國簽訂《通商和結盟條約》（西元1778年2月），進而接著參與了美洲
戰爭。法國提供武器和資金，派遣了羅尚博（Rochambeau）遠征軍到美洲參
戰，在海上一直使英國艦隊處於劣勢，還把西班牙人和荷蘭人也拉進了美洲戰
爭，使其與法國人一起對付英國人，而且西班牙人還收復了佛羅里達地區。在
約克城（Yorktown）投降後（西元1781年10月17日），英國已經被中立國同盟
（Ligue Desneutres）孤立，不得不與美國進行談判，承認其獨立。法國沒能堅
持到這場戰爭的最後，在《凡爾賽條約》中只得到了一些有限的利益：收復塞

內加爾（Sénégal）、聖彼得和米克隆（Miquelon），而且原則上收回了西路易斯安那，並獲得了曾於西元1713年丟失的敦克爾克港強化工事的權力。西班牙重新獲得了米諾克（Minorque）和佛羅里達。領土限於密西西比河以東的美國作爲一個新國家漸漸爲世人所承認。

美國憲法

然而人們仍可以懷疑，美國到底是否爲一個眞正意義上的國家，因爲其組織渙散、難以管理，而且一場金融和經濟危機使這種混亂局面繼續維持下去。費城的大陸會議曾經承認每一個邦聯政府均有制定各自的憲法的權力，在西元1780年經過長時間的討論後，這一權力最終得以實現。

這些憲法有一些共同點：它們均保障個人的人身自由和保障私人財；莊嚴宣布人民擁有至高無上的權力，即主權在民，並且該權透過一個政府首腦和一、二個議會得以貫徹和行使，這個政府首腦的行政權力受到這些議會的嚴格監督。我們還可以發現不少相異之處：取得選舉權的納稅額在各聯邦不盡相同；對於教會和奴隸制度的立場也各不相同。大陸會議的任務是想在十三個小國間建立一個邦聯政府，但是各個小國的地方主義思想反對建立一個強大的中央政權。西元1777年11月制定的《邦聯條款書》賦予議會制定對外政策、製造錢幣和仲裁各邦聯國之間衝突的權力。

事實上，邦聯是一個實行「自由否決權」的國家，也即如要提高稅收、管制商業活動、組建陸軍和海軍等，必須要得到所有加盟國的一切同意方可實行，而且各加盟國自己執行這些法律，不受邦聯政府管制。各加盟國一直拖到西元1781年才簽署《邦聯條款書》，以表示對其的認可和接受。

邦聯政府面對深重的金融危機顯得束手無策，一項涉及面廣泛的徵稅決議被一推再推，一直不能付諸實施，與英國商貿關係的暫時中斷也引發了一場商業危機，而此時法國又沒有能力取代英國的商業貿易地位，因爲法國的產品價格太高，而且重商主義思想又對某些美國產品的進口設置了障礙。尤其是北方各州深受危機之害，它們試圖與歐洲北部地區和中國發展關係，但沒有取得太大的成功。當商貿界要求建立海關機制以保護剛剛起步的工業時，西部的農民揭竿起義反對各種稅捐〔薩斯起義（Shays），西元1786年〕，美國國會把從保皇派手中沒收而來的土地以及位於俄亥俄河流域的土地進行拍賣，這種拍賣對那些投機者是非常有利的，紙幣的匯價迅速崩跌也使國家的信用隨之一落千丈，最後在解決西部土地的問題上各州的分歧很大。

　　這個問題最後得到了解決，西元1785年5月的法令規定以六英哩見方爲單位，把西部地區畫分爲若干小塊土地，將其以低廉的價格出售給殖民者，或是轉讓給參加過戰爭的退伍軍人，或是將其劃歸學校。西元1787年7月13日的法令在原則上肯定了：一個人口達五千居民的殖民地區自然構成一塊擁有一定自治權的「土地」，而當其人口達到六萬居民時，就可以成爲一個州。

　　爲了擺脫無政府狀態，各州在維吉尼亞州的建議下派遣他們的代表參加一個「聯合大會」（Convention），該會在華盛頓的主持下於西元1787年3月先在安那波里斯（Annapolis），接著在費城召開，大會議員全是資產階層人士，他們對辛辛那提（Cincinnati）人的舉動（成立各個退伍老兵組織聯合會）很是敏感，並且希望能維持公眾秩序，保持繁榮，保證國家的統一和國家信譽。西元1787年憲法的制定尤爲不易，它是各方相互妥協的產物，總的來說，北方各州在商業貿易權力上的要求得到了滿足，而南方各州則得到了維持奴隸制度的權力。一個聯邦政府成立了，「主權在民」這一說法不僅在各州的法律條文中有陳述，而且也寫入了聯邦法律條文之中。儘管三權中的每一權均源自於人民，但三權之間是嚴格區分的，行政權交由一個經二輪選舉產生的任期四年的總統行使，立法權歸屬美國國會，國會由參議院和眾議院組成，每個州的州議會選舉兩名代表組成參議院，至於眾議院則是由各州根據各自的選舉法選舉產生代表組成，代表人數與該州的人口數成比例（黑人沒有投票權，但其人口數按五分之三的比例計入該州人口）。總統對國會的各項決議有暫時停止的否決權。最後司法權屬於最高法院，該法院由總統任命的經參議院批准的九名法官組成，仲裁總統和國會以及聯邦政府和各州之間的衝突。對憲法的修正案可由國會的三分之二議員提出，並且要經過四分之三的州批准。

　　對該憲法的波動是由各州的人民來完成的，聯邦主義者和反聯邦主義者之間的對立極爲尖銳，羅德島州（Rhode Island）直到西元1790年才同意批准該憲法，然而在費城召開的國會上決定了於西元1789年3月4日開始實施該憲法，同時此次會議還選舉喬治‧華盛頓爲美國總統。儘管美國的獨立主要應該算作一次成功的起義，但它的出現就像一場革命，尤其是在歐洲人的眼中更是如此，它還是孟德斯鳩和盧梭確立的原則的第一次實踐，因此它具有典範的意義，尤其是在法國。不論如何，在當時僅有幾個有遠見者猜想到這是一個有著巨大發展前途，而且孕育著一種新文明的國家剛剛誕生。

第二十八章

遠東和印度地區

第一節　明朝統治下的中國

　　中國文明不僅在中國，在日本也產生深遠的影響。不過在歐洲人到來的時候，這兩個國家的命運和態度都互不相同，正如它們的自然資源、社會和組織形式都不同一樣。

　　明朝於西元1368年趕走蒙古侵略者之後建立，因而它對外國人表現出極度的不信任。中國人認爲他們的國家是世界的中心，只有這一部分才是文明世界。十五世紀以後，歐洲人對印度洋不再感興趣，而把注意力重新集中在遠東。對於歐洲人來說，中國是一個比印度更大的人文群體（官方數字爲六千萬居民，實際上可能有一億五千萬），尤其因爲中國的居民主要聚居在沿海一帶，而中國人與西方人的接觸也正是在那裡建立起來的。

　　中國的宗教體制和政治體制與西方文明沒有任何共同點。中國宗教的基本因素是「道」，「道」既是至高無上的，又是純潔的、智慧的，它是天理和社會美德存在的基礎，它調節著陽（雄性的本源）與陰（雌性的本源），天與地以及萬物以滋生的陰陽結合，使它們協調一致。每一個本源都有一些神和無數的小神與之相聯，在這個經過推理的、等級分明的宇宙中，諸神的職權都是已確立好的。天理意思是指一種永恆的政治秩序和社會秩序。任何革新的措施都被視作是有悖天理的。皇帝從上天那裡接受任命，必須保持這種秩序。也因爲這個原因，各個時代互相關聯，於是人們對祖先頂禮膜拜。確實，存在著的家庭只不過是一個家族血統暫時的體現而已。既然祖先曾經保持了天理，那就應該尊敬他們、效法他們。中國人的這些共同信仰並不排除各種宗教形式的並存。

　　在十六世紀和十七世紀就同時存在道教、儒教和佛教。道教的創始人是老子（西元前七世紀），勸導人在保留個人靈魂的同時，透過苦修與「道」合而爲一。或者表現爲一些道觀中所講授的神祕主義，或者表現爲平民百姓一些比較迷信的做法。佛教宣揚不可知論。孔子（西元前六世紀）說過：「我們對神一無所知」。它尤其是一種倫理道德，強調犧牲個人的利益以保全家庭和國家的利益，強調注重傳統。十一世紀後在印度遭到禁止，因而傳入中國的佛教有了很大的發展。它既是一種生活的準則，又是一種宗教。生活就是痛苦，所以必須透過感悟、透過對宇宙的思考、透過對註定要受苦的一切生靈的憐憫來清除活著的欲望，進入涅槃，這是一種靈魂與永恆的生命融合在一起的絕對境

界。其實，這宗教並不互相排斥，而且往往互相滲透，不存在互相對立教派，各地的廟宇常常是對各種信仰相容並包。

整個帝國組成一個大家庭，其家長就是皇帝。由於皇帝可有三宮六院，因而繼承法的問題比較模糊。皇帝首先必須尊重天理賴以存在的禮儀，否則就有大難臨頭。儘管皇帝是萬能的，他還是接受大臣對他的忠諫，大臣們對帝國內任何有悖禮儀的行爲非常警覺，一有發現便立即指出。皇帝由六個重要大臣以及另外一些等級分明的普通大臣來輔佐。介於皇帝、市鎮和家庭之間的是由衆多的官員和龐大的官僚機構組成的政府，官僚機構按省、府、縣分成各個等級。

官員們對於他們的上級負有兒子的義務，對於下級則享有父親的權力。每個官員都負責在他轄區內祭祀祖先，舉行典禮的任務，司法、財政和軍隊也都由他們管理。

明朝傳播著一種政治哲學，它來源於孔子的倫理道德，其特點是服務於貴族政治，專制而保守，這種哲學的創始人是十二世紀的一位學者朱熹。「陽」成爲發展的本源，而「陰」成爲倒退的本源，人應該盲目地服從天理。十六世紀王守仁對這種逆來順受的學說提出了反對意見，他主張在人的內心尋求良知，但王守仁的哲學在十七世紀初遭到了排斥。朱熹的哲學體系產生了重要的政治影響和社會影響，由他啓發而產生了一種政治哲學，根據這種哲學，出現天災人禍就意味著陰盛陽衰，意味著上天從皇帝那裡收回了任命。朝代的更替不再被視爲一種革命，而是順應天理的必要表現。朱熹的學說同時還導致社會等級被嚴格確定下來，這與個人的不平等和必要的社會分工都是一致的。

社會

中國社會是由帶有家長制特點的家庭組成的，每家都有幾十人，共用同一個祖先的姓氏，由一家之長向祖先的靈位匯報他的所作所爲，他是因長子的身分而成爲家長的，他對家庭成員擁有絕對權力，政府只認識每家的一家之主，所以家庭是基本的行政單位。不過，在明朝時期又形成了「族」，「族」是家庭的聯盟，近似於村莊，族長在族人大會的協助下主持共同的祭祀，負責司法、分攤和徵收稅捐。族人互相關聯，並互相監督。

中國社會對知識分子和平民百姓已經區別對待了。十七世紀，中國社會成爲了一種等級社會，在這個社會中，有才能的人發揮很大的作用，因爲實行科舉取士，只有社會等級極高的人才能世襲爵位，而且每繼承一次，爵位就有所

降低。高居社會最頂層的是皇族的成員（約十萬人）和貴族，貴族經常來自武官家庭，這兩種人都較少擔任官職。另外還有太監，大部分太監都是自願淨身的，他們是皇帝的直接代言人，監視著政府和軍隊，管理皇家的工廠和領地。

知識分子形成了一個菁英集團，他們是通過層層嚴格考試──鄉試、會試和京試，才得到各自的官銜，這些考試都無一例外地要求針對一些文學提綱撰寫論文。如果是官員的子弟，那麼他們考完試後很快就會有官職。升官是在上級視察後按照一種非常嚴格的等級來進行的。不同官銜具體表現在鈕扣的不同上，不同的官職則具體表現在袍服的不同上。官員都擁有地產，其他小官的俸祿則主要靠向他們所轄的居民徵收。這個菁英集團中還包括武官，他們是通過特殊的考試後被錄用的，一經錄用他們就可得到貴族的封號。科舉取士防止了因近親結婚和官位世襲而形成一個封閉的社會集團，一家人兩三代都在公共部門任職的情況很少，從來沒有過子弟金榜題名的家庭在十七世紀中期培養出了40%最優秀的人才。中國的菁英人物似乎與法國的貴族居於同一數量級，即相當於總人口的1%～2%。

商人有時很容易發財，尤其是那些國家加強了他們開採礦山和經營由鹽稅局管理的鹽貿易的商人。這些商人透過購買科舉考試的等級、購買地產，或是透過奢侈的生活，千方百計地擠入菁英人物的圈子。不過一大批手工業者在某些城市中的出現意味著一種商業資本主義已經誕生。80%的中國人是農民，土地屬大地主所有。大地產被分成小塊，租給各家各戶耕種。當時還存在半手工業者、半商人、半農民的人，以及農業工人，最後某些農民同時還是士兵。

十七世紀農民的處境趨於惡化，除了自然災害如水災、旱災、蝗災不斷以外，皇室的稅收和官吏的敲詐也有所增加。由於玉米和甘藷的引進，農業有了一些發展，但趕不上人口的增加。由於土地缺乏，佃農所必須交的地租就越來越高。農民們尋求官員的保護，而皇帝卻透過任用更多的太監，招集一大批鷹犬並分封給他們土地來削弱官員的勢力，這使農民的處境更加艱難。有人認為明朝已進入「陰」的階段，上天要從它那裡收回委任。從西元1619-1640年，全國的叛亂風起雲湧，封建領主們組織起來反抗太監們的巨大權力，官員們或是處於觀望狀態，或是做出抉擇，農民們不再交稅，盜匪四處橫行，其實這是農民叛亂的表現，中國將成為它的近鄰滿洲人唾手可得的獵物。

滿洲人的征服

十六世紀在中國北部邊境游牧的通古斯族、女真人，開始在滿洲里定居下

來。一個氏族首領努爾哈赤（西元1559-1626年）將他們組織起來，建立了國家，他們從此被稱為滿洲人，開始吸收中華文化，進而威脅到北京。西元1636年努爾哈赤的兒子自立為皇帝，並將他的朝代命名為清，但是西元1637年，中國一個集團的首領李自成在四川揭竿起義，他向農民許諾廢除稅捐。西元1644年李自成進入北京，皇帝被迫退位並自殺，但將軍吳三桂在滿洲人兵臨城下的情況下，寧願與他們聯合起來共同對付李自成，另外他還得到了知識分子的支持。李自成被打敗並被殺，但滿洲人拒絕離開北京，並把權力交給了他們的皇帝順治。中國的大部分地區還有待征服，明朝的遺民選出了一個皇帝，在葡萄牙人的幫助下把持著南方。葡萄牙人為他們提供武器，並使明朝的最後一個皇帝皈依了基督教。西部甘肅省的伊斯蘭教徒發動了叛亂，另外，一個也皈依天主教的海盜鄭成功宣布自己為臺灣和揚子江口的主人。

西元1683年滿洲人依靠他們的騎兵和炮兵在全國範圍內建立起秩序，這些騎兵和炮兵都是由北京的耶穌會會士組織的。

為了不因征服而失去自我，滿洲人避免和中國人融合在一起，他們禁止滿漢通婚，規定被征服者必須留長辮，作為他們被奴役的標誌。他們仍然以軍隊的形式存在，他們的軍隊叫做八旗軍，被分散成各路駐軍，駐紮在各戰略要點。至於其他，他們保留了明朝的政治體制，僅僅只是使之為己所用，並消除了那些最激起民憤的惡習流弊。他們取消了封地，那些分發給清皇族成員和八旗子弟的土地收歸國有，又比照明皇官員對付太監的方法來報復這些官員，中國人似乎很容易地順從了這種外來的統治。另外，滿洲人還採用了朱熹的學說，有人說十七世紀末中國盛行吸食鴉片也是與這種順從相關聯的，但是國內秩序的重建不正說明了上天已降大任予滿洲人嗎？

另外，統治者還擊退了侵略者，保障了帝國的安全。康熙皇帝（西元1662-1722年）聰明過人、精力充沛，他使帝國強大起來。康熙規定土克斯坦的游牧民族歸北京管轄（西元1695年），接著西元1713年他又將這些民族趕出拉薩，並冊封了一位臣服的喇嘛，這使他在佛教徒中享有很高的威望。康熙同時還面臨著已經到達黑龍江的俄羅斯人的侵略，透過法國耶穌會會士張誠（Gerbillon）從中斡旋，雙方在尼布楚（Nertchinsk）簽署了一項協定，根據協定，俄羅斯人只得到黑龍江上的這座城市，但它可以有權每年派遣一支商隊去北京（西元1689年）。

由於國內秩序穩定，對外國家安全得到保障，中國人口繼續增加，農業繼續朝園藝方向發展，商業資產階級繼續成長壯大，銀行的建立如雨後春筍般，商業資本主義似乎已使眾多城市工廠和村工廠活躍起來，藝術得到了一定的復

興，北京的紫禁城被重建，皇家的陶瓷製造業當時達到了頂峰。但是除了中國南方還繼續存在一種接近自然的新穎的藝術外，滿洲的社會制度產生的必要效果就是鼓勵人們遵循傳統，繪畫成爲一門文人的藝術，芥子園（西元1701年）等畫譜的出版使這門藝術獲得了靈感。文學成爲宣傳的工具，它歌頌清王朝，歌頌對統治者、對傳統的服從。明朝後期的宮廷已經對歐洲的科學和技術表現出一定的興趣，滿洲人對身爲數學家的耶穌會會士的工作非常滿意，但朱熹學說的發展吞沒了人們對科學的好奇心，使中國人對革新更持懷疑態度，也使中國文明停滯下來。

第二節　日本

　　這個國家的文明與中國文明如出一轍，但它的宗教體系卻很獨特，國教（神道）與佛教是結合在一起的，日本人認為宇宙是由眾多神靈推動的，他們對祖先，尤其是對太陽的後裔——天皇的祖先頂禮膜拜，不過他們被分成了很多教派，其中的「禪派」不是像印度的瑜伽力圖在靜思中得到感悟，而是力圖在個人的行動中得到感悟，它對於封建主和軍人有很大的影響。相反地，日本的社會體制和政治體制與中世紀西方的體制並不是沒有共同之處的。在日本的天皇與中國的皇帝之間並沒有本質上的不同，兩者都是帶有宗教色彩的人物，但是天皇在京都閉門不出，兩個世紀以來他都將政治權力交給一個世襲的宮相——征夷大將軍來掌管，而封建制和領主制已確立下來。各省的總督或大名已成為獨立於中央政府——幕府的領主，他們擁有土地並竊取王權，與國外保持著直接的聯繫，有一些武士聽從他們的調遣，這些武士形成了一個豢養的貴族階層，其薪俸是由稻米支付的。如同西方的修道院一樣，這裡的寺廟擁有很多地產，寺廟的方丈行使與大名相類似的權力。

　　人口大部分是由農民組成的，他們在小塊土地上手工種植稻穀，並從事一些家庭手工業如服裝、工具。貨幣非常少見，薪俸和稅捐都是以稻穀來衡量和支付的，稅收和領主開發的地產都是以村莊為單位，村莊擁有一些市鎮的財產，農民們共同承擔稅捐，村長負責登記每個農民的戶籍和產量，一些專門的代理人為領主徵收稅捐，它至少達到了收成的五分之二。

　　十六世紀的日本總括特點就是停滯不前，儘管出生率很高，日本人口仍然沒有什麼變化，因為饑荒頻繁，大名之間的戰爭和農民的叛亂使國家動盪不安。城市設施很不完善，其實就是一些商業活動貧乏的堡壘，精神生活暫時停止了，作為國教的神道不能阻擋佛教的發展，文人在政府中所起的作用不如中國。不過，由於海洋生活比較活躍，日本人對外部世界表現出比中國人更大的好奇心。

　　十六世紀末發生了很大的轉變，西元1568年足利朝被驅逐的征夷大將軍曾經求助於一個領主織田信長。織田信長在非常富饒的中部省尾張（Owari）自立為王，並在那裡建立了一個堪稱模範的政府。他終於在西元1573年取代了足利義昭，著手恢復幕府的權力，為此必須粉碎大地主和寺廟的反抗，平定農民的叛亂，他的事業得到了德川家康（Ieyasu）的繼承。家康建立了德川幕府時

代，它統治日本一直到西元1868年，這場鬥爭結束的時候，日本已經統一在征夷大將軍的權力之下，他的領地覆蓋日本群島的中部地區以及各大城市。爲了防止封建主義死灰復燃，所有的大名都被迫服從一項嚴格的制度：禁止結婚，未經征夷大將軍允許不得私建城堡，每隔一年必須到位於京都（現在的東京）的征夷大將軍府內居住，並將家人留下以充當人質。大名們被迫過著幕府中昂貴的生活，紛紛破產，失去了他們的獨立性。

實際上，幕府制度仍然是一種封建制度，甚至於老闆與僱傭者之間的關係也成了附庸關係。與此同時日本孤立起來，對朝鮮戰爭（西元1592-1598年）失敗後，幕府將軍們放棄了積極的對外政策，十七世紀上半葉時，日本人逐漸封閉起來，不與歐洲人來往，在既沒有對外戰爭又沒有對內戰爭的情況下，武士們只好潛心於文學與藝術，但對武士精神始終沒有放棄。

國內秩序重新建立起來，政局穩定，這對日本的經濟和社會都產生了重要的影響：商業得到了急速發展、商業資產階級形成、農民的處境惡化。大名們不得不去京都逗留，以及不斷地往返於京都與他們的封地之間，這使商業得到了復興。巨大的花費很少能用稻米結算得清，大名們需要錢，他們賣掉大米，對手工業產品徵收稅金，提前支取地租或年金。武士們紛紛仿效，商人們從中牟得暴利，他們互相勾結，以使價格保持在較高水準。由於農民的子女到城市中打工以賺取一點補充收入，手工業因勞動力豐富而得到了發展，城市成爲了商業中心。十八世紀初，京都居民達到五十萬人。十七世紀末的貨幣危機和經濟危機給了大名和武士們沉重的打擊，而商人們卻獲得了很大的成功，這些轉變的後果都由農民承擔，西元1586年的一道法令把一部分封建權力轉交給國家，反對發給大名年金。德川家族就這樣將30%的稻米產量據爲己有。農民們不得不放棄收成的三分之二。誠然他們不能再被人從土地上趕走，但他們也無權將土地賣掉。由於貨幣經濟的發展，他們願意生產更多的產品，放棄家庭工業，但他們卻欠下很多債。

德川政體最終使日本的政治結構、社會結構和思想結構都僵化起來。對祖先、對上級、對國家和對天理崇拜成爲日本治理道德的基礎，這種現象甚於以往任何時代，但貴族崇尚行動的精神卻沒有因此而埋沒。朱熹哲學和王守仁哲學的同時興盛正說明了這一點。不過日本文明仍散發著奪目的光彩，繼十六世紀的貴族文藝之後，德川時代的資產階級文藝也很發達，它使傳統題材得到傳播，使戲劇普及開來，如同整個信奉儒家學說的遠東一樣，日本人對科學沒有太大的興趣。另外，隨著日本越來越與外界隔絕，這種文明也變得封閉起來，但與此同時也出現了一些可使日本社會出現轉變的經濟條件和社會條件，這些

轉變即使不是自發的，至少也是由日本人自願承受的。

歐洲人在遠東

　　歐洲人在中國遇到的情況比在印度和日本遇到的情況不利得多。中國，這個世界的中心，只與自認為附庸的蠻族保持著官方關係。從十五世紀末開始，皇帝禁止他的臣民與海外進行貿易，這使得商業交往非常有限。有些使節向皇帝轉達他們的君主對皇帝的敬意，於是他們就獲准在某些港口的小鎮進行貿易，並在那裡建立貨棧。官員們只發放給某些中國商人許可證，允許他們與國外進行貿易。另外，一些中國人和日本人進行著數額龐大的走私活動。

　　中國人與葡萄牙人之間進行持續的接觸是從西元1511年葡萄牙人駐守在馬六甲以後開始的，有這種接觸是由於葡萄牙人向中國銷售胡椒，他們派往中國的第一個使團失敗了，因為它既沒有向皇帝致意，也沒有向皇帝進貢，葡萄牙人只好進行走私。另外，他們自稱為暹羅附庸，所以在廣東對面的澳門駐守下來（西元1554年）。西元1544年以後，由於一艘船每年往返於日本與葡萄牙的屬地之間，所以這兩地之間建立起穩定的聯繫。葡萄牙人把印度的香料、象牙、珊瑚和中國的生絲帶往日本，又從那裡帶回金屬、漆木、瓷器，尤其是白銀，這種交易很少涉及到歐洲。西元1580年西班牙和葡萄牙的合併排除了西班牙和葡萄牙的競爭，因此對葡萄牙人非常有利。西元1565年後，西班牙人一直駐守在菲律賓，西班牙人、葡萄牙人和中國人在菲律賓與中國之間建立起商業往來。另外，「馬尼拉大帆船」每年將墨西哥和歐洲聯繫在一起。大帆船從美洲帶回必要的金銀以購買中國的絲綢和瓷器，於是中國的絲綢和瓷器傳到馬尼拉，接著又傳到墨西哥和歐洲，西班牙帆船在中國海域隨處可見。當這種通過太平洋進行的貿易正在發展的時候，荷蘭人蜂擁而至，並阻礙了澳門與印度之間的貿易。

　　從西元1640年開始，歐洲在遠東的貿易被分散了，葡萄牙人與荷蘭人成為競爭對手，荷蘭人占有很重要的地位，他們從中國人那裡得到了駐紮在臺灣的權利，西元1642年他們又奪取了馬六甲。另外，到世紀末，歐洲貿易額逐漸減少，澳門與馬尼拉之間的交往也不頻繁了，日本逐漸閉關自守，拒絕外國人。西元1636年外國人僅僅只能停留在出島（Deshima）上，西元1642年荷蘭人成為唯一停留在出島的歐洲人，西元1688年准許進入日本的荷蘭船隻和中國船隻的數量減少，以減少日本白銀的流失，日本人也不許離開他們的國家，否則就會被處死。在中國，荷蘭人被鄭成功趕出了臺灣（西元1662年）。墨西哥的白銀採完後，西班牙人也活躍不起來了。

　　不過，十七世紀末中國與西方的商貿關係有所好轉，歐洲人可以在廣東設立商行，但必須以廣東商人公會爲仲介，一些新的合作夥伴也粉墨登場。「東印度公司」在西元1699年與廣東建立了持久的聯繫，類似的「法國公司」以及後來的「中國公司」也都參與了商貿活動，直到西元1713年法國禁止進口中國絲綢爲止。不過從西元1703年開始，幾艘法國船隻通過南美洲到達中國，但是這種「南部海洋」上的貿易遇到了英格蘭人和西班牙人的競爭。前述，西元1689年後每年都有一支俄羅斯商隊去到北京。一種新的受到歐洲人青睞的產品——茶葉，在英格蘭貿易和俄羅斯貿易中占有越來越重要的地位。

　　西元1549年8月5日，方濟·沙勿略（François Xavier）到達日本，在經過一番試探，意識到橫亙在遠東宗教與基督教之間的鴻溝後，他僅僅只是宣揚上帝即造物主的存在，宣揚靈魂不滅，他僅在給人洗禮之後才談到耶穌基督。此外他還想到中國傳教，但他還沒到達中國就在澳門附近疲勞而亡了（西元1552年）。之後一些葡萄牙商人被吸引到這裡，福音傳教從他們那裡得到了相當可觀的物質支持，但這也讓日本人很看不起。十六世紀末，由於方濟·沙勿略的威望和范禮安（Valignani）的布道，很多大名和上流社會的男男女女都皈依了基督教，日本形成了一個教士階層。不過，德川家族統一日本後支持神道和朱熹學說，宗教理性開始影響封閉的日本社會，尤其是當日本的基督徒遇到一些困難因而揭竿而起以後。由於荷蘭人對提供槍支武器抑制，所以只有他們才獲許在這裡經商。十七世紀末，日本的基督徒開始逐漸消失。

傳教士對中國的傳教直到西元1554年才從澳門開始

　　一個名叫羅明堅（P. Ruggieri）的耶穌會會士爲傳教做了一些準備，他編纂了一本拉（丁語）漢（語）詞典，還經常與官吏交談，他對於歐洲科學，尤其是對數學的精通使官吏們震撼不已。進行福音傳教的主要人物是利瑪竇（P. Mathieu Ricci），他於西元1582-1610年期間生活在中國，他從孔子的書中提出一些基督教的原則，並使一部分人皈依了天主教。不過他希望皇帝能取消對基督教的禁令。西元1601年他獲准去到北京，爲中國人繪製了一幅世界地圖，並將歐幾里德的幾何學翻譯成中文，同時他還創造了一種更深入的使自然神論向基督教轉化的的福音傳教方法。由於他主要是對信奉儒家學說的文人傳教，而對於這些文人來說，神祇代表著各種自然力量，禮拜只是一種世俗的儀式，所以他允許基督徒們按傳統方式禮拜，只要他們在做禮拜的時候心裡想著耶穌基督就行了，這就是所謂的「中國式的儀式」。在耶穌會會士的領導下組成了一

些小的基督教團體，這些耶穌會會士住在紫禁城中，把他們最好的數學家、天文學家和工程師從歐洲請來。湯若望（Adam Schall）就接受了制定曆法的任務，傳統節日和儀式都是根據曆法而確定的，而在此以前負責這項工作的伊斯蘭天文學家犯了好幾個計算不精確的錯誤。他為皇帝鑄造了一些大炮，滿洲人到來，他懂得及時地轉向他們一邊。中國與西方僅有的一些官方往來都是透過耶穌會會士進行的，西元1650年皇帝頒布一道詔書，宣布基督教為好的宗教，於是耶穌會會士得以在北京建立一個教堂，西元1692年，公眾都可以信仰該教。

　　不過，歐洲人並沒有能夠蠶食中國文明，如同印度宗教一樣，中國宗教由於包羅萬象，能夠滿足亞洲人的精神需求，並使他們有可能對未來充滿希望，這些都使他們覺得基督教沒有任何精神用處。

第三節　印度

印度一個重要的人文群體，約有一億居民，其中三千萬居民在德干高原，也就是說比整個歐洲還多，這個群體的宗教組織和社會組織使它無力抵禦外來侵略者，但也使它不能被他們同化。

印度文明的基礎是由一些原始的宗教信仰組成，在古老的宗教文獻吠陀上，各種注釋、神祕主義的論文、史詩和哲學體系層出不窮，還有一個口頭流傳下來的教義，印度的多神教包括一種思想，即眾神都是唯一本源於婆羅門，婆羅門就是人體和物體中普遍存在的永恆靈魂的創造者。印度教包含靈魂轉生說，即靈魂在人體或物體上重複再生，而這個選擇是由前世這個靈魂與外界之間建立的聯繫或者說因果報應決定的，也就是由它的行為決定的。行善可使靈魂在上等人體內再生，作惡則使靈魂在賤民體內再生。活著被視為一種痛苦，人只有透過使自己獲得解脫的方法來消除因果報應，方可擺脫再生的必要，這種方法稱為「瑜伽」，它建立在禁欲、默禱的基礎上，它能保證個體的消失，或者說將個體融入婆羅門中，這就是「涅槃」。印度的多神首先包括「自在」（Ishvara），它是婆羅門精髓的完美體現，在「自在」之後又有不計其數的神，其中著名的三神是：梵天（Brahma）、毗溼奴（Vichno，保存者）和溼婆（Siva，個體的毀滅者，由此甚至保證基本的統一體的轉回）。這些神可以透過一系列的變化體現在人或物體的身上。

印度的宗教表現出一種與歐洲人相去甚遠的思維方式，這種思維方式對整體很敏感，對於人體與物體之間、個體與全體之間、空間與時間之間的關聯具有感應力，所以與歐洲的思維方式相比就表現出其弱點：沒有分析能力，對現象以及可測量的東西，即對科學缺乏興趣。另外，印度教徒不重視哲學體系中的矛盾，樂於接受一切諸神混說，例如把基督教看作耶穌的瑜伽，把伊斯蘭教看作穆罕默德的瑜伽，但他們不能採納外來的思維方式。

印度社會停滯的另一個因素是它被分成了各個封閉的種姓或團體，每一個種姓都對應著宗教上一定程度的純潔或不純。有相同種姓的人之間才能通婚，屬於某一個種姓是世代相傳的。不同的種姓對應於不同的職業、出身和習俗等，因而人們根據其宗教純潔的程度，而不是根據其在社會上的職務或其經濟力量來畫分等級。印度人被分成四個種姓：婆羅門（僧侶）、剎帝利（武士）、吠舍（農民和商人）、首陀羅（奴隸），而那些不純潔的人或賤民就不

用提了。十八世紀，在吠舍和首陀羅之間或許還存在著兩百個種姓和兩千個次種姓。每個次種姓都有一個世襲的首領，由一個元老協助。這種體系使面臨外國人的印度人被分裂了，但它也把不同的種族融合在一起，並使面臨侵略者的社會與文明保持統一。印度看起來像一個巨大的實體，既是可滲透的，又是固不可摧的，事實上，它是不可觸犯的。

蒙兀兒王朝統治

　　十五世紀末，被伊斯蘭教徒征服的印度在印度河－恆河平原建立了拉合爾（Lahore）和孟加拉（Bengale）的阿富汗王國，在德干高原北部也建立了很多國家。只有德干高原南部倖免於被征服，但從西元1565年起，它也分裂成許多公國，分屬不同的領主。十六世紀初，一位土耳其斯坦（Turkestan）的蒙古王子在土耳其炮兵的幫助下，輕取拉合爾王國。他建立了蒙古人的伊斯蘭教王朝——蒙兀兒帝國，首都定在德里阿格拉。他的孫子阿克巴（Akbar，西元1542-1605年）是一位眼界開闊的武士，他將權力擴展到印度的大部分地區。他在一些軍官的幫助下實行親政，這些軍官沒有封地，他們加強自己的職權，周圍有一批士兵和文人輔佐。蒙兀兒帝國到達鼎盛期時是一個強大的政治實體，但沒有經濟支持，君主沒收貴族的遺產，向農民和手工業者徵收重稅，向商人強制性貸款。在這種情況下，只可能存在一種供養經濟，地方市場只能並存。阿克巴做了一些努力，用有抵押的官吏代替農場主官，限制國家的稅收。儘管如此，這樣一天一天下去，只是使宗教的神祕主義得到了一定的加強。阿克巴認識到這一點，而且他對於當時正在發生的印度教的復甦並非一無所知。他廢除了對朝聖徵收的賦稅，取消了伊斯蘭教徒強加給印度教徒的羞辱性標誌（西元1564年），敘述令人快慰的羅摩神（Rama）活動的史詩《羅摩衍那》（Ramayana）被重寫。從西元1574年開始，阿克巴一方面仍然是伊斯蘭教遜尼派教徒，一方面尋求一種普遍的宗教。西元1578年他召集一些伊斯蘭教學者、婆羅門和葡萄牙耶穌會會士開了一場討論會。西元1593年他頒布了一個寬容法令，但進行反抗的伊斯蘭教徒遭到了鎮壓。

　　在阿克巴的後繼者統治期間，這些革新措施被放棄了，人們又回到農場主官吏的體制，賦稅增加了，農業和工業退步了，饑荒更加頻繁，餓死的人也變得更多，而君主們窮奢極欲，在德里阿格拉建起了很多美麗的建築，帝國開始解體。沃朗·澤布（Aureng Zeb，西元1657-1707年）領導發動了一場猛烈的伊斯蘭教徒起義，他想強制德干高原的什葉派王國和印度教徒都信仰遜尼派伊

斯蘭教。在二十六年的戰爭中，他征服了德干高原的王國，但被德干高原東部堅信印度教的農民馬拉塔人打敗。威脅蒙古統治的另一個因素是西北部的錫克人。十六世紀初，在伊斯蘭教的影響下，拿那克（Nanak）曾經在印度教範圍內宣揚存在一個唯一的、永恆的、萬能的神，祂是世界的創造者，拿那克呼籲所有的人，不分種姓區別，使傳統宗教擺脫眾多儀式的束縛。他的弟子，錫克教徒，於宗教領袖的領導下，在成為他們的聖城的阿姆利則（Amritsar）周圍組織起來。他們起初受到了阿克巴的宗教寬容，但後來遭到了迫害，尤其是遭到了沃朗・澤布的迫害。他們組織了一個武士等級進行反抗，武士們是從各個種姓中招募的，都接受過刀劍的洗禮，能食生肉，擺脫了印度教儀式的束縛。沃朗・澤布死後，蒙兀兒帝國在馬拉塔人和錫克教徒的進攻下滅亡。

在印度的歐洲人

考慮到海洋貿易和福音傳教，葡萄牙人沒有對印度的國家採取任何不利的行動，他們僅僅只是建立了一些設防的商行。相反地，他們透過對阿拉伯人動用武力樹立了威望，並使阿拉伯人臣服自己。印度洋的海洋貿易是根據季風的轉換來決定的。從三月到六月，船隻離開印度航向紅海或波斯灣，從九月到四月，航向遠東。阿拉伯商人、波斯商人、瑣羅亞斯德教商人和中國商人都已經運用了商業協定、匯兌、利息、貼現、擔保等手段。葡萄牙人掌握了東非與印度之間貿易的壟斷。

包括阿爾布蓋爾克（Albuquerque）在內的幾個精力充沛的首領為葡萄牙建立起真正的制海權，其中心為果亞（Goa）。葡萄牙人同時駐紮在蘇拉特（Surate）、迪汝（Diu）、達蒙（Daman）、科山（Cchin）、可倫坡（Colombo），他們的商人甚至在孟加拉的胡格里（Houghli）也有出現。他們還迫使地方的親王臣服他們，並從這些人手裡獲得了巨大的商業特權。印度的領地依賴於東非、波斯灣和島嶼的領地。在東非，索法拉（Sofala）、莫三比克、蒙巴薩（Mozambique）和馬加多克索（Magadoxo）的港口保證了他們與歐洲的聯繫，也保證了他們與包括擁有金礦的著名的莫諾摩達巴（Monomotapa）在內的土著王國進行富有成效的接觸。霍爾木茲海峽和馬斯喀特（Mascate）使他們得以通過波斯灣與阿拉伯國家進行貿易。往東，安汶（Amboine）島和帝汶島的獲得為他們提供了一部分東南亞島嶼的貿易，馬來半島的獲得則為他們打開了通往中國和日本的道路。

葡萄牙人進行兩種貿易：從亞洲到歐洲的貿易，以及從印度到印度的貿

易。第一種貿易是由國王壟斷（香料、染料、銅和黃金），是由印度公司（Casa da India）來管理的，這個機構以里斯本為起點，在歐洲銷售從印度購得的產品，又在歐洲購買用於海洋運輸業和用於維持葡萄牙哨所的製成品。但是，印度人對歐洲產品不太感興趣，向他們買東西必須用黃金支付，因此葡萄牙人就運用莫諾摩達巴的黃金和東南亞島嶼的產品進行交易，這樣就有了從印度到印度的貿易。西元1545-1552年經濟危機過後，葡萄牙國王除了保留對銅的壟斷權之外，放棄了其他的壟斷權。儘管伊斯蘭教徒正在覺醒，駐紮在菲律賓的西班牙人用錢進行干預，英格蘭商人和法國商人相繼出現，葡萄牙在亞洲的帝國只在西元1596年後，隨著新的競爭者荷蘭人的到來才現出衰退的跡象。

當第一支荷蘭艦隊到達東南亞的時候，形勢非常有利，葡萄牙和土著居民都被長期的戰爭弄得精疲力竭。西元1602年荷蘭公司都合併為東印度公司，它取代了葡萄牙人在昂勃瓦納的位置。在一個叫科昂（Coen）的總督煽動下，荷蘭人開始征服領地，或者讓購買了歐洲產品因而欠債的土著親王將領地拱手送給他們。他們在那裡開闢了一些植物園，以便用其產品來支撐他們在印度購買的貨物，他們尤其發展了從印度到印尼的貿易。西元1617年他們建立了巴達維亞（Batavia），西元1684年則控制了整個東南亞，同時他們將葡萄牙人從可倫坡、內加巴坦（Négapatam）和馬六甲趕走（西元1636-1662年）。為了避開葡萄牙艦隊，他們養成了直接從好望角到印度的習慣，這就是為什麼他們在開普敦設置一個中途停靠港以使船隻得以休息（西元1652年）的原因。荷蘭人對土著居民表現得很嚴厲，但對中國助手和阿拉伯助手卻很體諒，他們不千方百計地進行福音傳教，在將伊斯蘭教徒吸引到東南亞來的同時，他們並不鼓勵在東南亞扎根，何況這種伊斯蘭教帶有強烈的印度教色彩和地方傳統色彩。

西元1600年創立東印度公司的英格蘭人於西元1622年在霍爾木茲設立了一個商行，又將葡萄牙的商行據為己有，迫使葡萄牙人將孟買讓給他們，迫使印度王子將馬德拉斯，接著又將加爾各答讓給他們。由於無力與擁有種植園的荷蘭公司競爭，又受到內戰的牽制，英格蘭人不得不將東南亞讓給荷蘭人（安汶大屠殺，西元1624年）。路易十四統治時期，法國人加入印度洋貿易中。法國公司建立於西元1664年，它依賴於西元1655年就已占領的法蘭西島和波旁島，迫使沃朗·澤布將蘇拉特（Surate）和香得那果（Chandernagor）讓給它，並建立了朋迪榭里（Pondichéry）。英格蘭人和荷蘭人力圖消滅法國人，但沒有成功。十七世紀末，荷蘭人的勢力僅限於錫蘭和馬六甲以東，印度只有英格蘭人和法國人出現。

從印度到印度的貿易比從印度到歐洲的貿易顯得更有成效，由於對商人徵

稅，這種貿易對印度君主極為有利，但這並沒有造成當地資本主義的誕生。況且也不能誇大十七世紀歐洲與印度之間交易的重要性，歐洲的產品除了以小商品的形式銷往非洲和東南亞，以設備的形式銷往歐洲的機構，很難找到市場。相反地，西元1686年法國人以及西元1700年英格蘭人為了保護民族工業而禁止進口絲和棉織品，但是這些接觸已足以使歐洲人對亞洲越來越關注。

西元1493年，葡萄牙人曾經從教皇那裡獲得了對他們在非洲和亞洲的所有領地進行宗教保護的權利，各國去那裡傳教的教士都受葡萄牙國王管轄。

果亞（Goa）的大主教將他的權力擴張到整個主教教區的範圍，教士在士兵的支持下用武力強迫土著居民改宗，但只是在表面上達到了目的，他們只有透過讓歐洲人與下等種姓的女子聯姻才能獲得真正的成果，而且是非常有限的，但這種做法使基督教在上等種姓的人眼裡失去了信譽。另外，基督教化意味著葡萄牙化。方濟・沙勿略（Francois Xavier）和一些耶穌會會士的到來使福音傳教出現了一個新的發展，並使當地形成了一個土著教士階層。但方濟・沙勿略的眼光看得更遠，他前往馬六甲、安汶，於西元1549年到達了日本，最後在西元1552年快到達中國的時候精疲力竭而死。范禮安（P. Valignani）成功地使大約十五萬名信仰景教式的基督徒歸順了羅馬，這些基督徒早在歐洲人到來之前就已逃到印度避難。針對上等種姓傳教的耶穌會會士終於從阿克巴那裡獲得了傳教的自由（西元1600年），但結果並不盡如人意。

有一位叫諾比利（Robert de Nobili）的義大利耶穌會會士，他效法利瑪竇（P. Ricci）在中國的例子，西元1606-1656年居住在印度，他認為印度教並不妨礙基督教的傳播，應該接納它並向它灌注基督的信息。他成功地使自己為婆羅門種姓所接受，並為他們中的某些人洗禮，希望照這樣帶動其他所有人。在各個種姓中都有一些耶穌會會士活動，諾比利的努力取得了一定的成功，但也使果亞的大主教和其他的宗教等級擔憂。不過，羅馬容忍馬拉巴禮的宗教儀式（Les Rites Malabares，西元1623年），此後西元1706年又在形式上，以及西元1745年由教皇諭旨從實質上禁止了這種儀式。

實際上，基督教在印度僅僅只是排擠了伊斯蘭教，在歐洲機構之外，印度文明與印度教仍然滿足著這個巨大世界的精神嚮往。

第二十九章

穆斯林地區和非洲內陸

第一節　穆斯林國家

　　歐洲人並不是舊世界覺醒的唯一外來因素，選擇了不同道路和形式的伊斯蘭國家表現得還是很有能力的。在伊斯蘭世界裡，鄂圖曼帝國，由於它的領土從摩洛哥伸展到波斯，從莫斯科公國伸展到衣索比亞（Ethiopie），加上其君主同為宗教領袖，穆罕默德的繼承人，所以是比較重要的國家，但不是唯一重要的國家。到十七世紀，它仍然代表著一支軍事力量和政治力量，但它的衰落使歐洲人忽視了伊斯蘭國家在非洲和亞洲的擴張。

鄂圖曼擴張的停止

　　鄂圖曼帝國是一個與基督教歐洲不同的世界，儘管臣服於蘇丹的那些國家仍保留自治，而且這些基督徒與中歐和西歐的基督徒之間的文化接觸和經濟接觸都沒有消失。我們還記得土耳其帝國首先是建立在鄂圖曼土耳其軍隊基礎上的，蘇丹即軍隊的首領。這支軍隊的成功或失敗直接影響著帝國的政府。蘇里曼大帝（Soliman le Magnifique）曾經是歐洲最強大的君主，但是西元1529年他在維也納遭到失敗，僅僅只能鞏固他在匈牙利的統治。在他逝世五年以後，鄂圖曼在勒班陀戰役（Lépante）的失敗標誌著在地中海地區進攻的停止。土耳其進攻停止的原因中，既有外在原因，也有內在原因。

　　鄂圖曼帝國在極其漫長的國境線上作戰，除了歐洲前線、地中海前線外，它還必須堅守東方的戰線，在這裡，它緊鄰波斯帝國，與亞洲相接，在印度洋與葡萄牙毗鄰。定居在蘇伊士、亞丁和巴士拉的土耳其人接到印度洋伊斯蘭教國家的支援請求，在這些國家，葡萄牙人商業活動使大量黃金外流，製造了經濟緊張。作為唯一同時在地中海和印度洋地區都擁有領土的強國，土耳其重新打通了蘇伊士的通道。

　　波斯的戰爭目的是對一些重要地區的擁有權：亞美尼亞、美索不達米亞、亞塞拜然、大不利茲（Tabriz）等，同時這些戰爭也有宗教方面的原因，屬伊斯蘭教中遜尼教派的土耳其人視信奉什葉派（Chiite）的波斯人為異端。經過五十年的混亂戰爭，儘管波斯人得到遙遠的帝國皇帝以及後來的菲利普二世的支持，土耳其人仍在裏海沿岸站穩了腳跟。在阿巴斯大帝（Chah Abbas le Grand，西元1587-1628年）統治時期，土耳其人遇到了一個令人生畏的對手，這個對手攻打了巴格達並在西元1623年將其占領，使得土耳其人在蘇丹穆拉特

四世（Mourad Ⅳ，西元1623-1640年）統治時期發動突然**襲擊**，重新奪回了這個城市，這發生在西元1632年。

土耳其人因此不能使他們在西海岸的努力繼續發揮很大作用了，他們逐步開始與基督教國家建立正常關係。他們早已與威尼斯人和法國人建立了商業貿易關係，在十六世紀，尤其在西元1604年，與法國簽訂的領事裁判權條款經過了修訂，這些條款給法國人在其港口、地中海東港都提供了優先的特權。法國人的商行形成了小型的國家，安置在圍起來的街區裡，它們由受到各省巴夏（Pacha，土耳其總督）保護的領事來管理。如果不是蘇丹的官員所派來的巡查者給他們帶來一些不安的話，他們從事一種能帶來收益的轉口貿易。英格蘭人和荷蘭人在地中海東岸的商行同樣地也獲得了這些特殊優惠待遇。

土耳其蘇丹與第一帝國皇帝簽訂的《君士坦丁堡協定》使將近五十年的戰爭有了一個暫時的終結（西元1568年），後者屈辱地向前者納貢，放棄了除普瑞斯堡（Presbourg）一片很小的土地以外的全部匈牙利領土，而且承認了土耳其在羅馬尼亞公國的封建君主權。十六世紀末，戰火又重新燃起，帝國皇帝利用了蘇丹的一個封臣獨立的姿態，這個人名叫布拉夫（Michel le Brave），他曾將羅馬尼亞的瓦拉齊亞（Valachie）、摩達維亞、川夕法尼亞諸公國短暫地統一在他的手中（西元1599-1601年）。西元1601年簽訂的「斯維達托洛克（Svitatorok）」條約免除了帝國皇帝納貢的義務。帝國皇帝的子民有了在鄂圖曼帝國內自由經商的權利，經過協商，他們為經營的商品交付3%的從價稅，最後天主教的活動自由也得到了保障。

政權的衰落

鄂圖曼帝國的衰落主要是內部原因引起的，整個國家都依靠軍隊首領蘇丹，西元1517年蘇丹也成為宗教領袖，他有權動用物資、人力，同樣蘇丹的個性也是非常重要的。

蘇里曼大帝（Soliman）的後繼者們幾乎都不能勝任其地位，因為一夫多妻制的緣故，關於繼承王位的定規並不存在，蘇丹的后妃們想方設法要使他們的兒子被指定為王位繼承人，王子們被養在宮幃之中，變成他周圍人的一種取樂工具。蘇丹想要鞏固自己的政權，就得殺戮他的兄弟，由於荒淫無度使他們身體衰敗，很多人年紀輕輕就送掉了性命，而將繼承權留給一個小孩，他們將政府交給朝中的大臣們，只在心血來潮時才干預一下國家事務，正如人們極少看到他們帶領自己的軍隊，他們完全失掉了軍事權力。

　　由於缺少穩固的政治組織結構，蘇丹的無能導致了無秩序的混亂狀態，重要大臣的任命往往受一些陰謀控制，國家的財政狀況也越來越壞，同時賦稅也增加了，政府開始出售公有財產、出售法官、學者（教授和博士）、阿瑪目（教長）直至近衛軍士兵的職位。為了提高這種買賣的收入，這種職位增加了很多，而且那些正式任職者都被撤銷。同樣為蘇丹效忠的精神與神聖道德都大大減弱。到十七世紀的時候，近衛軍士兵完全失去了其軍事上的價值，在西元1582年買賣對於采邑、給士兵的封地也很盛行，這些封地被當作禮物送給宮廷中的男女們，或是被大臣、巴夏（總督）們用來清償債務和囤積起來。軍隊的徵兵也受到了影響。貝伊（Beys，高級官員）和巴夏們擁有大量的產業，只要他們的領地稍微離君士坦丁堡遠一些，他們就以一種越來越不受管束的方式行事，而且他們還非法徵稅。

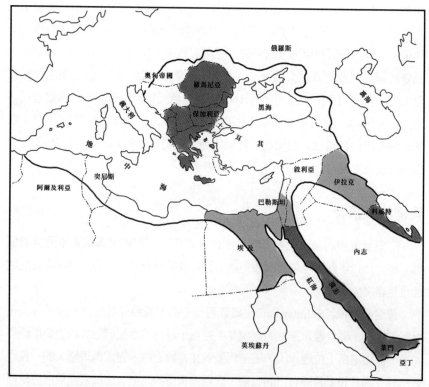

圖7-29-1　鄂圖曼帝國的衰落

這種政治權力的衰落帶來一個意想不到的後果，那就是基督徒所得到的聲望及重要性。自從攻占君士坦丁堡以來，蘇丹就利用了他們精神和力量上的幫助。基督徒參與政治管理，這種情況沒有消失，蘇丹甚至允許建立基督徒的行政機關，君士坦丁堡的伐納爾城（Phanar）就是這種情況，它是由這個城市的主教來管轄的。為了打擊山裡的強盜，村裡得以授權成立民兵組織。曾經有一位精力旺盛的蘇丹穆拉特四世，或者一位名為科普利里（Koeprili）的首相（西元1566-1568年）激烈地抨擊行政管理部門的缺失，但是這些有始無終的努力，並未能阻止它的衰落。

穆斯林國家的擴張

由於伊斯蘭教教義的一般特點，不斷地適應從西歐引進的技術，以及伊斯蘭傳教士和商人的活動，伊斯蘭國家在內部和外部都得到了發展。

得以發展的一個主要原因在於伊斯蘭教的簡要。伊斯蘭教義用幾句話就可以概括：真主是唯一的，應完全信任真主，沒有神職人員，宗教儀式簡單，道德準則靈活，它不排除過神祕生活的可能性，同時又適應地方的風俗習慣（允許一夫多妻制）和政治狀況（首領的道德準則和老百姓的道德準則），另外還許諾所有的信徒都可進入一個具體的天堂，尤其是不會對在聖戰中死去的人進行審判。這種信仰既適合在《可蘭經》中發現了《舊約》和《新約》回聲的基督教徒，又適合婆羅門教徒，甚至泛靈魂論者。

在歐洲的土耳其，某些地區如阿爾巴尼亞已完全伊斯蘭教化了，另外叛教的人也比比皆是，其中有很多以此換取自由的俘虜，包含西方國家的避難者以及與本國司法發生衝突或遇到各種困難而到此的人，也有定居在伊斯蘭國家的商人，甚至還有非洲或亞洲的西班牙或葡萄牙駐軍中的逃兵，另外還有回到伊斯蘭國家的摩里斯科人。這些叛教者在商業和政府中發揮重要作用，他們使歐洲技術更易於採納，但也不能過於誇大他們的作用。西元1683年，歐洲的基督教不僅在西班牙或維也納的山口，也在巴爾幹半島將伊斯蘭國家趕回去，因為這裡大部分的居民都篤信自己的宗教。

在非洲和亞洲，伊斯蘭國家的擴張更多是靠商業或傳教達成，而不是靠軍事力量和政治力量。在印度洋沿岸都有伊斯蘭商人，他們在一些港口建立了殖民地，當地政府承認他們在行政上自治。葡萄牙人寧願利用這些商業網絡，而不願摧毀它們，於是伊斯蘭商人跟著葡萄牙人踏上了新開發的商路。葡萄牙人最得力的助手還有東南亞島嶼的馬來人，他們在印度支那和中國發揮很大的作

用。在蘇丹的支持下，宗教團體和大清眞寺派遣傳教士又建立了一些清眞寺：
這是一些包括招待所，有時還包括由伊斯蘭教學者任教的大學寺院。在亞洲和
非洲的商路上，伊斯蘭國家的足跡已遠遠超出了它的範圍。

　　但是這種說法也不是到處適應而一成不變的。在北非，地方政權由當地君
主掌握，或者由代表土耳其君主的近衛軍掌握，除此之外，海盜和游牧者也在
行動。海盜們組織了以頭目（Deys）爲首的眞正行會，頭目在阿爾及利亞、
突尼西亞與土耳其的巴夏爭奪政權，在摩洛哥與蘇丹爭奪政權。西元1590年
一個頭目在突尼西亞建立了自己的統治。在阿爾及利亞，綽號爲「紅鬍子」的
海盜家族中的一員卡爾德丁（Khayr-ed-din），建立了阿爾及爾市政府（西元
1518年）並向鄂圖曼蘇丹表示敬意，阿爾及爾成爲土耳其在西方的主要基地，
但隨著鄂圖曼帝國的衰落，近衛軍和海盜開始爭奪權力。儘管「柏柏爾」國家
的權力已擴展到一部分高原上，它主要還是靠貿易和海上行搶維生。它成功地
消滅了西班牙駐軍和法國駐軍。非伊斯蘭國家的商人，尤其是猶太人和馬賽
人，只要購買出口許可證並繳納出口產品的關稅，就可停留在各個港口。歐洲
的武器和布匹被用來交換皮革、蠟、羊毛、穀物以及購回被搶劫的產品。有一
些俘虜背棄了他們的宗教，在阿爾及利亞定居下來，但是，除了那些被海盜們
逼迫賣淫的年輕女子或被用來擔任專門工匠的年輕男子，海盜們還是想利用俘
虜來勒索錢財，海盜們總是與定居在此的教士，尤其是聖文森・保羅（Saint
Vincent de Paul）的遣使會會士，協商釋放俘虜的條件。總的來說，柏柏爾人
經常與法國人保持正常關係。阿爾及利亞和突尼西亞的海盜和商人過著非常奢
侈的生活。到十七世紀中葉，海上行動登峰造極的時代，阿爾及爾約有十萬居
民，其中二萬五千到三萬爲俘虜，它與歐洲和地中海保持著經常的聯繫，與非
洲大陸的聯繫則較少。

　　在伊斯蘭教國家的西部邊緣，葡萄牙人在十六世紀統治了大西洋海岸，
並從商隊手裡搶走了米拿（Mina）的黃金交易，但它從世紀中葉就開始衰
落，荷蘭人占據了米拿。商隊在海洋貿易進行報復，游牧者又恢復了一度失
去的軍事上和政治上的重要地位，他們轉向摩洛哥，在那裡掀起聖戰，把葡
萄牙人從他們的大部分商行中趕出去，建立了一個南方王朝，薩阿迪安王朝
（La Dynastie Saadienne，西元1553年），允許薩雷（Salé）的海盜發展他們
的活動。摩洛哥成爲曼索爾（El Mancour）領導下一個有組織的國家，他把
首都定爲馬拉喀什（Marrakech），建立了臣服部落的軍事政府，並成功地控
制了那些狂熱的、經常不馴服的宗教中心。西元1578年曼索爾摧毀了國王塞
巴斯提安（Sebastien）率領的葡萄牙東征軍。西元1591年他擊敗了廷巴克圖

（Tombouctou）黑人的王國。另外，他與歐洲人，尤其是英格蘭人保持著商貿關係，到他去世的時候（西元1603年），摩洛哥又重新分裂了。一個由摩里斯科海盜組成，有時還有英格蘭海盜加入的共和國在薩雷建立了，西元1628年擺脫了蘇丹的控制。薩雷人就放棄了聖戰，把海上行動作爲商貿之外的輔助手段，尤其用俘虜來交換武器。薩阿迪安王朝被阿拉威特王朝（La Dynastie Alaouite）代替，這一王朝最初是由南方的宗教中心支持的，王朝最有名的代表是殘暴而奢侈的國王伊斯馬依爾（Ismail，西元1672-1727年），他把首都定在梅克內斯（Meknés），並把它建成一座皇城。他重新發動聖戰，從西班牙人手裡奪走了幾乎全部的駐防地，但最後又與基督徒重建關係，先是與路易十四，因爲他想與之結盟共同抵抗西班牙，接著，西元1700年以後又與英格蘭人建立了聯繫。在他死後，摩洛哥又陷入了無政府狀態。

在其東部邊緣，伊斯蘭國家的力量由於異端的出現而被削弱了，不論在土耳其帝國的內部還是外部都有異端出現，如阿加·可汗（L'Aga Khan）的忠實信徒，但是最重要的，對於伊斯蘭國家的統一最危險的是伊朗的什葉派（Chiites）教徒，與奉行遜尼（Sunnite）儀式的全體伊斯蘭教徒相反，他們拋棄傳統或信條，而僅僅只遵循《可蘭經》。遜尼派教徒和什葉派教徒彼此深深仇視。什葉派是一種專橫的教派，而非採取自願的原則，所以顯得很嚴酷。在十六世紀初建立的賽菲維德王朝（La Dynastie des Séfévides）時期，它成爲了波斯人的國教。

賽菲維德人都是依靠於土耳其部落的游牧民族，但是在偉大的阿巴斯一世（Chah Abbas I，西元1587-1629年）在位期間，波斯的君主制帶有新的特點。他不再從通常的游牧部落中挑選大臣和官員，而是組織了一個「阿巴斯之友」部落，這些人都是從伊朗部落中挑選出來的，並且沒有封地。他把他的國家分省，並定都伊斯法罕（Ispahan）。從傳統上來說，這個君主制完全是由國王阿巴斯所控制的，國王是先知的代言人，高於一切法律之上。這個君主聽從兩個英格蘭紳士安東尼（Anthony）和羅勃·雪萊（Robert Sherley）的建議，組織了一支強大的軍隊，這兩個英格蘭紳士爲軍隊配備了五百門大炮和六萬支火炮。中央集權的政府禁止游牧民族搶劫，加強交通治安，制定了殘酷的法律，嚴格徵稅。秩序的重建使得公路得到保養，商業也蓬勃發展起來，外國人蜂擁而至。阿巴斯成功地重新統一了波斯，並籌劃了邊境省，把這方面安排妥當之後，他又調頭攻打土耳其人，把他們趕出了亞塞拜然、喬治亞和美索不達米亞。在英屬東印度公司的幫助之下，他取代葡萄牙人，占領了霍爾木茲海峽（西元1622年），在那裡安置英格蘭商人和荷蘭商人，這就使橫貫鄂圖曼帝國

的商隊無利可圖了。阿巴斯壟斷了絲綢貿易，這占出口印度、東南亞島嶼和歐
洲產生的大部分。相反地，荷蘭和英格蘭的布匹以及歐洲的奢侈品進入了歐
洲。伊斯法罕成爲一個美麗的城市，來自印度、中國和歐洲的手工業者都聚集
在那裡。由於它的宮殿和清眞寺，它成爲了一個著名的民族藝術中心。

　　阿巴斯死後，賽菲維德王朝開始衰落，君主們終日紙醉金迷，過著燈紅酒
綠的生活，任憑軍隊紀律渙散、行政機構買賣官職、子承父職。土耳其人趁此
機會重新奪取了巴格達（西元1638年）。商業仍然很興盛，但獲利的是歐洲
人，尤其是荷蘭人，接著是法國人。路易十四爲法國的印度公司爭取到一些特
權，後來又獲得了對波斯王國的基督徒進行保護的權利（西元1683年）。西元
1715年他在凡爾賽宮接見了一位波斯使者，簽訂了一項新的商貿條約。然而阿
富汗在西元1722年叛亂，俄羅斯也顯得咄咄逼人，波斯陷入無政府狀態。儘管
存在各種分歧，伊斯蘭世界仍然是一個實體，由於同一種文明，這個實體相對
來說是統一的。在這裡，波斯語是詩歌的語言，土耳其語是軍隊和政府的語
言，阿拉伯語是宗教和科學的語言，每一種語言都繼續向外推進，尤其是阿拉
伯語，印度洋所有的商行都懂得這種語言。伊斯蘭信徒參與了印度、中國和黑
色非洲的生活。

第二節　非洲內陸

「非洲人」這種說法如果從居民的角度來講，與美洲人這種說法是同樣有道理的。十七世紀，除了一個由伊斯蘭信徒組成的白人非洲，還有一個廣闊的黑人非洲，這一部分各不相同，北部和東部受阿拉伯影響較深，東部輕微地受歐洲影響，在阿比西尼亞高原和上尼羅河還存在一個基督教非洲，最後在非洲大陸的地中海邊緣則存在一個成長中的新歐洲。一般來說，是外來因素的湧入引起了巨大的轉變。

面對穆斯林和基督教的內陸非洲

黑色非洲沒有什麼社團，也沒有什麼組織，仍然是不信教的，但廣泛地受到了伊斯蘭教的影響，從局部來講，則受基督教影響較大。

在撒哈拉沙漠以南，蘇丹彷彿是游牧的白人伊斯蘭教徒與黑人定居民族之間的接觸區。它的周圍建立過一些曇花一現的大帝國：馬里（十四到十七世紀）；桑海帝國（Sonhrai）的都城在加渥（Gao），它在擁有火器裝備的摩洛哥人進攻下滅亡；以塞古（Ségou）城為中心建立的帝國，在它的建國者去世後（西元1710年）也滅亡了；查德湖邊的博爾努（Bornou）王國，它是十六世紀一位伊斯蘭游牧部落首領建立的。蘇丹當時不重視海岸，它與外界的接觸僅僅透過撒哈拉沙漠來實現，沙漠商隊就是從那裡到來的，另外伊斯蘭教也進入了蘇丹。

相反地，有的國家如幾內亞和剛果就是透過大西洋來接受歐洲的影響。當時沿海岸及河岸有一些小的統一體，它們勉強組成了一些國家，如十七世紀的阿散蒂聯盟（Achantis）或十八世紀茁壯成長的達荷美王國（Dahomey）。貝寧王國（Bénih）是貝寧城周圍一種獨特文明的中心，但它在十八世紀衰落了。再往南，巴剛果（Bacongo）民族在十六世紀初建立了一個王國，其君主改變宗教信仰並與葡萄牙國王保持著良好的關係。當剛果王國國內支持葡萄牙人和荷蘭人的民族紛紛叛亂，剛果因而成為兩國對抗的犧牲品時，它也就垮臺了（西元1665年）。

伊斯蘭教徒和基督教徒在東非交鋒，尚比西河下游被一個叫做肖拿（Chonas）的民族占領，其首領莫諾摩達巴（Monomotapa）以自己的名字為國家命名，這個國家在歐洲人看來就是希巴女王（Saba）的王國。莫諾摩達巴

國與索法拉（Sofala）的阿拉伯人進行貿易，這些阿拉伯人用絲織品和珍珠換得黃金和象牙。西元1505年葡萄牙人在索法拉，接著又在蒙巴薩（Mombasa）取代了阿拉伯人的位置。他們在莫諾摩達巴國強制建立君主權，開闢了幾個種植香料的種植園，並使用當地的黃金與印度進行貿易。從西元1660年開始，阿拉伯人奪回了一部分海岸。歐洲人對馬達加斯加不感興趣，不過李希留考慮在那裡進行有限度的移民，多番堡（Dauphin）在西元1643年建立，法國宣稱對這個島嶼有宗主權。事實上，科伯特（Colbert）只爲了荒涼的波旁島而放棄了多番堡，一些法國移民在波旁島安家立業並發展咖啡種植，而荷蘭人則在模里西斯島站穩了腳跟，西元1715年法國人取代了荷蘭人，並將這個島變爲法蘭西島。這兩個島嶼構成前往印度群島之路途中一個很好的中途停靠港。在馬達加斯加，一些由馬來人的後裔組成的征服者，霍瓦人（Hovas），由於他在高原上組織了梅里拿（Mérina）王國，並建立了首都塔那那利佛（Tananarive，十六世紀）。

基督教非洲的繼續存在

在上埃及和阿比西尼亞（衣索比亞）高地，一些科普特人和信仰耶穌單性說的基督徒團體繼續存在。阿比西尼亞人建立了一個國家，其首領衣索比亞皇帝強制附庸國國王和已成爲封號主的總督服從他的權力，但這種權力是相當不穩固的。由於這個基督教國家的出現，亦誕生了關於教士約翰（Jean）的傳說，葡萄牙人將陰謀包圍伊斯蘭教徒的希望就寄託在他身上，但這只是一個夢想，相反地，伊斯蘭教徒侵略阿比西尼亞，多虧了葡萄牙人的幫助，國王才被救出來（西元1541年）。十七世紀對於阿比西尼亞來說是一個相對繁榮的時期，它的民族特點不僅對於周圍的伊斯蘭階層表現出來，而且對天主教傳教士也表現出來，後者由於說服了衣索比亞皇帝歸順羅馬教廷，引起了極大反應，最終被驅逐出去（西元1632年）。阿比西尼亞王國開始自省，十八世紀時陷入了無政府狀態。

大西洋沿岸的歐洲人

歐洲人當時把整個幾內亞海灣沿岸，包括剛果海岸，有時甚至包括安哥拉海岸，都稱爲幾內亞。他們不可能進入使他們聞而生畏的非洲內部，葡萄牙人僅僅只是在易於航行的地點分散建立了一些哨站，他們在那裡用鐵棒、絲織品、玻璃飾品（小商品）、燒酒、火器等交換黃金、象牙、樹膠、幾內亞胡椒

和奴隸。與人們可能想像的相反，通往印度群島的海路並不比連接非洲與巴西和非洲與安地斯群島的海路更爲重要。對於歐洲人來說，非洲成爲美洲大陸的補充，歐洲人的出現爲非洲帶來了一些好處，但也帶來更多的災難。一方面，玉米和木薯等食物種植的引進不可低估，但歐洲主要的船舶都是合法地或祕密地大量運輸奴隸，這種販奴貿易在十七世紀由於船舶數量少、噸位低，因而受到限制，到了十八世紀才得到巨大發展。要不是販奴貿易鼓勵土著酋長對部落進行侵襲，並將俘虜賣給黑奴販子，非洲的黑奴早就被歐洲人賣光了。黑奴貿易使沿海地區人口減少。按「頭」點算的黑奴順北赤道洋流被送到美洲，損失至少有五分之一，到達後，他們先休息幾個星期，然後就被賣給移民。三角形的航線是這樣規劃的：帶著小商品從歐洲出發，到非洲交換黑奴，到美洲後再用這些黑奴交換巴西木材、糖或咖啡，然後順墨西哥暖流回到歐洲。

　　駐紮在維德角（Vert）、米拿（黃金海岸）、聖多美（Sao Thome）小島和巴西的葡萄牙人在十六世紀初統治著南大西洋，但西元1637年荷蘭人進駐科雷（Gorée）並占領了米拿。法國人與塞內加爾公司展開了競爭（西元1634年）。西元1659年他們建立了聖路易，接著占領了科雷，統治了塞內加爾的貿易，而英格蘭人則進駐甘比亞（Gambie）和黃金海岸。丹麥人、瑞典人和普魯士人在「幾內亞」沿岸都擁有商行。在西班牙王位繼承戰爭期間，法國人從西班牙人手中得到了在西班牙帝國進行黑奴貿易的壟斷權，而在《烏特勒支（Utrecht）條約》（西元1713年）中，他們又不得不把壟斷權讓給英格蘭人。在歐洲戰爭中，商行往往從一個國家轉到另一個國家手裡。在十八世紀初，它們的重要性沒有再增長。法國人與英格蘭人的競爭使非洲市場變得活躍起來。

非洲南部一個新歐洲的誕生

　　歐洲人很晚才理解好望角的意義，葡萄牙人由於有安哥拉和索法拉（Sofala）兩個中途停靠港而忽略了開普敦，只有西元1652年的荷蘭人利貝克（Van Rlebeck）才在開普敦建立了第一個殖民地，但殖民地開始時經歷了一段困難時期。法國新教徒來到這裡，而他們必須融入荷蘭人中，向荷蘭人傳播他們不可妥協的喀爾文教義。另外，隨著占領的推進，霍屯督（Hottentots）黑人被趕到內陸，而同時又有黑人進口，只有改變宗教信仰的霍屯督人和混血兒可以留下來，但他們的地位低下。一個歐洲殖地就這樣在非洲南部建立起來，但它與歐洲的聯繫是非常有限的。

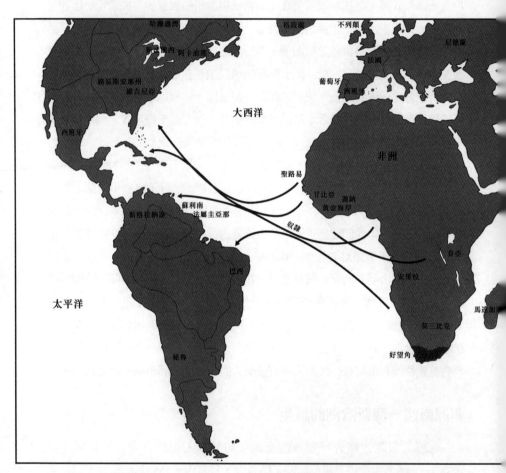

圖7-29-2　黑奴貿易

參考書目

第一章

【1】 Henry H. Q. Heng, «The Genome-Centric Concept: Resynthesis of Evolutionary Theory», BioEssays, Hoboken, NJ, John Wiley,Sons, vol. 31, no 5, mai 2009.

【2】 Marc Groenen, Le Paléolithique, 2008.

【3】 Mario d'Angelo, Isabelle Goubie, Diversité Culturelle et Dialogue des Civilisations: l'évolution des Concepts de 1990 à 2001, 2002.

【4】 Albert de Pury, «Les "Sémites" n'existent pas», Le Temps Stratégique, no 89, Septembre/Octobre 1999.

【5】 陳廷璠譯，世界文化史。

第二章

【1】 Philippe Borgeaud, Aux Origines de l'histoire des Religions, 2004.

【2】 Claire Lalouette, Textes Sacrés et Textes Profanes de l'Ancienne Égypte, 1984.

【3】 Isabelle Klock-Fontanille, Les Premiers Rois Hittites et la RepréSentation de la Royauté dans les Textes de l'Ancien Royaume, 2001.

【4】 劉增泉，西洋上古史，2010年。

第三章

【1】 Georges Roux, La Mésopotamie, 1995.

【2】 Paul Garelli et André Lemaire, Le Proche-Orient Asiatique, 2001.

【3】 Claude Baurain et Corinne Bonnet, Les Phéniciens: Marins des Trois Continents, 1992.

【4】 劉增泉，美索不達米亞，2013年。

第四章

【1】 Maurice Sartre, Histoires Grecques, 2006.

【2】 Alain Billault, Les 100 Mots de la Grèce Antique, 2012.

【3】 John Alty, «Dorians and Ionians», The Journal of Hellenic Studies, vol. 102, 1982.

【4】 Michel Mastorakis et Micheline van Effenterre, Les Minoens, l'âge d'or de la Crète, 1991.

【5】 劉增泉，希臘史，2003年。

第五章

【1】 Raoul Lonis, La Cité dans le Monde Grec, 2000.

【2】 Luc Brisson (dir.), Platon: Oeuvres Complètes, 2008.

【3】 Philip de Souza, The Greek and Persian Wars, 499-386 BC., 2003.

【4】 Victor Davis Hanson, La Guerre du Péloponnèse, 2008.

【5】 Werner Jaeger, «L'Éducation d'État à Sparte», dans Paideia: La Formation de l'homme, 1988.

【6】 P. J. Rhodes: The Athenian Empire, 1985.

【7】 Janick Auberger, Historiens d'Alexandre, 2001.

【8】 劉增泉，西方文明之初──古希臘城邦，2015年。

第六章

【1】 Dominique Briquel, Les Étrusques, 2005.

【2】 Élisabeth Deniaux, Rome, de la Cité-État à l'Empire: Institutions et Vie Politique, 2001.

【3】 John Scheid, La Rreligion des Romains, 2010.

【4】 Yann Le Bohec, l'Armée Romaine sous le Haut Empire, 2002.

【5】 Yann Le Bohec, Histoire Militaire des Guerres Puniques, 1995.

【6】 Jean-Louis Brunaux, Les Gaulois, 2005.

【7】 E.B. MacDougall, W.M.F. Jashemski, eds., Ancient Roman Gardens, 1979.

【8】 Jean-Christian Dumont, Servus. Rome et l'Esclavage sous la République, 1987.

【9】 Marcel Le Glay, Rome: Grandeur et Décadence de la République, 2005.

【10】 Robert Étienne, Jules César, 1997.

【11】 劉增泉譯，羅馬與中世紀，1997年。

第七章

【1】 Paul Petit, Histoire Générale de l'Empire Romain: Tome I, le Haut-Empire, 1974.

【2】 J. Wacher (ed.), The Roman World, 2002.

【3】 Stephen Kershaw, A Brief History of the Roman Empire, 2013.

【4】 Claude Nicolet, Rome et la Conquête du Monde Méditerranéen 264-27 av. J.-C., 1978.

【5】 François Blanchetière, Enquête sur les Racines Juives du Mouvement Chrétien, 2001.

【6】 Yann Le Bohec, L'Armée Romaine sous le Bas-Empire, 2006.

【7】 Chester G. Starr, The Roman Empire 27 B.C.-A.D. 476: A Study in Survival, 1982.

【8】 劉增泉，羅馬文化史，2005年。

第八章

王仲孚，中國上古史，1988年。

第九章

【1】 陳廷璠譯，世界文化史，1958年。

【2】 余幼珊等譯，古文明之旅，2003年。

【3】 陳水逢著，日本文明開化史略，2016年。

【4】 老安等譯，古代文明，2003年。

第十章

【1】 Godefroid Kurth, Clovis: le Fondateur, 1896.

【2】 Régine Le Jan, Les Mérovingiens, 2006.

【3】 Pierre Maraval, La Véritable Histoire de Constantin, 2010.

【4】 Lapidus, Ira M. A History of Islamic Societes, 1988.

【5】 Éginhard, Vie de Charlemagne, 1994.

【6】 劉增泉，羅馬與中世紀，1997年。

第十一章

〔1〕 Pierre Riché, Les Carolingiens, une Famille qui Fit l'Europe, 1997.

〔2〕 Michel Reeber, L'islam, 2013.

〔3〕 Dominique Barthélemy, L'an Mil et la Paix de Dieu: La France Chrétienne et Féodale (980-1060), 1999.

〔4〕 Jean-Pierre Poly et Éric Bournazel, Les Féodalités, 1998.

〔5〕 Karl Ferdinand Werner, Avant les Capétiens: L'Élection du Chef de l'État en France de Hugues Capet à nos Jours, 1988.

〔6〕 Michael Angold, Byzance: Le Pont de l'Antiquité au Moyen Age, 2001.

〔7〕 Martin Aurell, Des Chrétiens Contre les Croisades (XIIe-XIIIe Siècle), 2013.

〔8〕 Robert-Henri Bautier, Études sur la France Capétienne, de Louis VI aux Fils de Philippe le Bel, 1992.

〔9〕 Brenda Bolton, Innocent III, Studies on Papal Authority and Pastoral Care, 1995.

〔10〕 王任光，西洋中古史，1987年。

第十二章

〔1〕 Ivan Gobry, Les Capétiens (888-1328), 2001.

〔2〕 Jean Flori, Philippe Auguste-La Naissance de l'État Monarchique, 2002.

〔3〕 Gérard Sivéry, Louis IX, le Roi Saint, 2002.

〔4〕 Marc Bloch, La France sous les Derniers Capétiens 1223-1328, 1958.

〔5〕 Frank Barlow, The Feudal Kingdom of England, 1042-1216, 1999.

〔6〕 François Guizot: Histoire de la Civilisation en France, 2008.

〔7〕 Dominique Barthélemy, Nouvelle Histoire des Capétiens (978-1214), 2012.

〔8〕 Jean Gimpel, La Révolution Industrielle du Moyen Âge, 1975.

〔9〕 劉增泉，西洋中古史，2001年。

第十三章

〔1〕 Charles Homer Haskins, The Rise of Universities, 1972.

〔2〕 Ean Favier, La Guerre de Cent Ans, 1980.

〔3〕 Bernard Guenée, Du Guesclin et Froissart: la Fabrication de la Renommée, 2008.

〔4〕 Colette Beaune, Jeanne d'Arc, 2004.

〔5〕 Pierre Champion, Louis XI, 1928.

〔6〕 Marie-Nicolas Bouillet et Alexis Chassang (dir.), 1878.

〔7〕 劉增泉，法國史，2010年。

第十四章

〔1〕 Christine Carpenter, The Wars of the Roses: Politics and the Constitution in England, c. 1437-1509, 2002.

〔2〕 Sylvain Gouguenheim, Frédéric II. Un Empereur de Légendes, 2015.

〔3〕 Michel Heller (trad. du Russe par Anne Coldefy-Faucard), Histoire de la Russie et de son Empire, 2009.

〔4〕 Jean Boulier, Jean Hus, 1958.

〔5〕 Jean-François Boisset, La Renaissance Italienne, 1982.

【6】袁傳偉，西洋中古史，1989年。

第十五章

【1】Robert Klein, L'Âge de l'Humanisme, 1963.

【2】W. K. Ferguson, Renaissance in Historical Thought, 1950.

【3】T. Burckhardt Jacob, The Architecture of the Italian Renaissance, 1960.

【4】Jean Delumeau, Naissance et Affirmation de la Réforme, 1965.

【5】Pierre Chaunu, Le Temps des Réformes, 1975.

【6】R. H. Tawney, Religion and the Rise of Capitalism, 1926.

第十六章

【1】Arnaud Esquerre, La Manipulation Mentale: Sociologie des Sectes en France, 2009.

【2】Pierre Chaunu, Le Temps des Réformes, 1975.

第十七章

【1】F. Mauro, L'Expansion Européenne, 1964.

【2】J. Godechot, Histoire Atlantique, 1947.

【3】J. Meyer, Européens et Autres, 1975.

第十八章

【1】H. Lapeyre, Guerre Religieuse, 1962.

【2】P. Touchard, Histoire de la Pensée Politique, 1963.

【3】M. Perot, Guerre Religieuse Française, 1987.

第十九章

【1】J. H. Eliott, Empire Espagnol, 1963.

【2】M. Deveze, L'Espagne Pendant le Philippe IV, 1972.

【3】Roland Émile Mousnier, L'Assassinat d'Henri IV, 1964.

【4】Roland Émile Mousnier, Capitale au Temps de Richelieu et de Mazarin, 1978.

第二十章

【1】P. Jannin, Angleterre du XVIIe Siècle, 1968.

【2】G. Davier, Première Famille Stuart, 1961.

【3】G. M. Trevelyan, Histoire Sociale Anglaise, 1949.

【4】P. Geyl, Pays-Bas au XVIIe Siècle, 1961.

第二十一章

【1】B. Lapeyre, La Monarchie Européenne au XVIe Siècle, 1967.

【2】M. Bloch, Roi Magique, 1924.

【3】R. Tyler, Roi Charles V, 1960.

【4】 L. Cahen, Changements Politiques dans la Grande-Bretagne Moderne, 1960.

【5】 R. Mantran, Histoire Turque, 1952.

第二十二章

【1】 J. Delumeau, Le Catholicisme entre Luther et Voltaire, 1971.

【2】 R. Taveneaux, Le Catholicisme dans la France Classique, 1980.

【3】 L. Gognet, Le Jansenisme, 1961.

【4】 L. Tapie, Baroque et Classicisme, 1957.

【5】 J. Touchard, Histoire des Idées, 1961.

第二十三章

【1】 R. Mousnier, Le Pays et la Société de François I et de Louis XIV, 1967.

【2】 H. Methivier, Le Siècle de Louis XIV, 1971.

【3】 P. Goubert, Louis XIV et 20 Millions de Français, 1966.

【4】 F. Braudel, Histoire Economique et Sociale Française, 1660-1789, 1970.

第二十四章

【1】 G. Clark, The Later Stuarts, 1660-1714, 1959.

【2】 R. Portal, Pierre le Grand, 1961.

【3】 Mousnier, La Colère de l'Agriculteur, 1968.

第二十五章

【1】 L. Ream, La France Domine l'Europe, 1938.

【2】 R. Taton, Histoire de la Science, 1965.

【3】 H. Lavedan, Histoire du Développement Urbain, 1941.

【4】 P. Hazard, Crise de Conscience Européenne, 1965.

第二十六章

【1】 V. I. Tapie, Europe Centrale et Orientale de 1689 à 1796, 1969.

【2】 Fr. Bluche, Autocratie des Lumières, 1969.

【3】 J. Sarrailh, Lumières Espagnoles au 18ème Siècle, 1954.

第二十七章

【1】 G. Zeller, The Oxford History of the American People, 1965.

【2】 D. Fasquet, Histoire Sociale et Politique Américaine, 1924.

【3】 M. Deveze, L'Europe et le Monde à la Fin du XVIIIe Siècle, 1970.

第二十八章

【1】 K. M. Panikkar, Histoire Indienne, 1958.

【2】 A. Toussaint, Histoire de l'Océan Indien, 1961.

【3】 J. Lequiller, Nouveau Monde Asiatique, 1974.

第二十九章

【1】 F. Mauro, Développement Européen, 1956.

【2】 R. Grousset. Histoire Asiatique, 1957.

【3】 A. Miquel, l'Islam et sa Civilisation, 1968.

【4】 R. Cornevin, Histoire Africaine, 1966.

1WI3

世界文明史（上）：文明的興起

作　　者	劉增泉
發 行 人	楊榮川
總 經 理	楊士清
總 編 輯	楊秀麗
副總編輯	黃惠娟
責任編輯	羅國蓮
封面設計	姚孝慈
出 版 者	五南圖書出版股份有限公司
地　　址	106台北市大安區和平東路二段339號4樓
電　　話	(02)2705-5066
傳　　真	(02)2706-6100
劃撥帳號	01068953
戶　　名	五南圖書出版股份有限公司
網　　址	https://www.wunan.com.tw
電子郵件	wunan@wunan.com.tw
法律顧問	林勝安律師事務所　林勝安律師
出版日期	2019年9月初版一刷
	2022年10月初版二刷
定　　價	新臺幣800元

國家圖書館出版品預行編目資料

世界文明史（上）：文明的興起／劉增泉著.
　-- 初版. -- 臺北市：五南圖書出版股份有
　限公司, 2019.09
　　冊；　公分.
　　ISBN 978-957-763-655-3（上冊：平裝）--

　1.世界史　2.文明史

713　　　　　　　　　　　　108015148